中国邮政
CHINA POST

2017中国邮政集团公司年鉴

中国邮政文史中心（中国邮政邮票博物馆）◎编

中国文史出版社

图书在版编目（CIP）数据

中国邮政集团公司年鉴．2017 年 / 中国邮政文史中心（中国邮政邮票博物馆）编．—北京：中国文史出版社，2018.8

ISBN 978-7-5205-0448-5

Ⅰ.①中… Ⅱ.①中… Ⅲ.①邮政业务 – 企业集团 – 中国 –2017– 年鉴 Ⅳ.①F426.63-54

中国版本图书馆 CIP 数据核字（2018）第 177923 号

责任编辑：李晓薇

出版发行：中国文史出版社
社　　址：北京市海淀区西八里庄 69 号院　　邮编：100142
电　　话：010 – 81136606　81136602　81136603（发行部）
传　　真：010 – 81136655
印　　装：北京地大彩印有限公司
经　　销：全国新华书店
开　　本：889mm × 1194mm　1/16
印　　张：20.5
字　　数：753 千字
版　　次：2018 年 12 月北京第 1 版
印　　次：2018 年 12 月第 1 次印刷
定　　价：238.00 元

《中国邮政集团公司年鉴》编委会

《中国邮政集团公司年鉴》编辑部

编辑说明

《中国邮政集团公司年鉴》由中国邮政集团公司主管。所载内容主要包括中国邮政集团公司总部、中国邮政集团公司控股公司及直属单位、各省（市、自治区、直辖市）分公司工作，是一部全面、翔实记录全国邮政工作的纪年性资料工具书。

《中国邮政集团公司年鉴（2017）》以年鉴体例为基础，根据邮政特点采用分类编辑，分为“专文”“综述”“大事记”“网路建设”“邮政业务”“业务发展”“邮票发行及集邮”“企业管理”“邮政科技”“党群工作和精神文明建设”“交流与合作”“控股公司和直属单位工作”“各省、自治区、直辖市分公司工作”“重要文献”等14个栏目。起止时限为2016年1月1日至12月31日，个别条目采取了追溯的办法，以保证文献的连贯性。

本年鉴所涉及单位名称除第一次出现时使用全称外，其余均采用简称，如:“中国邮政集团公司”简称“集团公司”，“中国邮政集团公司内蒙古自治区分公司”简称“集团公司内蒙古分公司”，“中国邮政集团公司广西壮族自治区分公司”简称“集团公司广西分公司”，“中国邮政集团公司西藏自治区分公司”简称“集团公司西藏分公司”，“中国邮政集团公司宁夏回族自治区分公司”简称“集团公司宁夏分公司”，“中国邮政集团公司新疆维吾尔自治区分公司”简称“集团公司新疆分公司”，“中国邮政储蓄银行股份有限公司”简称“邮储银行”，“中国邮政速递物流股份有限公司”简称“速递物流”，“中邮人寿保险股份有限公司”简称“中邮保险”，“中邮证券有限责任公司”简称“中邮证券”，“中国邮政广告传媒公司”简称“中邮传媒”，“石家庄邮电职业技术学院（中国邮政集团公司培训中心）”简称“石邮学院”，等等。

本年鉴所载全国性统计资料和数据均未含香港、澳门特别行政区和台湾省；部分内容含港澳台地区。全书数据因各单位统计层级、口径不同略有差异。

本年鉴在编辑过程中，得到各单位的大力支持，在此谨致以诚挚的感谢。因编辑水平有限，不足之处，敬请批评指正。

《中国邮政集团公司年鉴》编辑部

2017年12月

目　录

邮政业务 45

业务发展 55

企业管理 83

邮政科技 101

党群工作和精神文明建设 107

交流与合作 121

控股公司和直属单位工作 131

各省、自治区、直辖市分公司工作 159

专 文

加快转型升级　着力提质增效

——集团公司总经理世界邮政日致辞

（2016 年 10 月 9 日）

10 月 9 日，我们迎来了第四十七届世界邮政日。在此，我谨代表中国邮政集团公司，向全国邮政广大干部职工和离退休老同志致以节日的祝福！向长期以来关心和支持中国邮政事业发展的各级党委、政府、社会各界和广大邮政客户，表示衷心的感谢！

2016 年适逢中国邮政开办 120 周年。回首中国邮政 120 年沧桑历程，伴随着中国人民为争取民族独立、人民解放和实现国家富强、人民幸福而进行的波澜壮阔的革命、建设和改革的历史进程，一代代邮政人始终牢记使命、艰苦奋斗、改革创新、无私奉献，谱写了中国邮政不断发展壮大的辉煌篇章。目前，中国邮政已发展成为经营邮政基础性业务、金融业务、速递物流业务和电子商务的现代企业集团，在维护国家通信安全、保障公民通信权利、履行普遍服务义务和促进经济社会发展中发挥着重要作用。中国邮政在 2016 年《财富》“世界 500 强排行榜”中位居第 105 位，在“2016 中国企业 500 强”中排名第 21 位；邮储银行在《银行家》“2016 全球银行 1000 强”排名中，总资产位居第 22 位。

今年是“十三五”的开局之年。“十三五”时期，是我国全面建成小康社会的决胜阶段，也是中国邮政建成世界一流邮政企业的关键时期。我们要以“四个全面”战略布局为统领，坚持五大发展理念，紧紧抓住中央深化国有企业改革的重大机遇，稳步推进集团公司的公司制改革和邮务事业部制改革，进一步激发企业活力。我们要着力实施创新驱动发展战略，落实“互联网 +”行动计划，加快移动互联网、云计算、大数据、物联网等新技术的应用，创新业务模式，提升管理精细化水平和运行效率，推动企业转型升级。我们要认真做好邮政普遍服务和特殊服务，积极承接政府公共服务项目，打造线上线下相结合的 O2O 综合便民服务平台。深入落实国家精准扶贫战略，创新开展电商扶贫、金融扶贫。我们要紧紧抓住国家出台的促进保险业、快递业、农村电商发展的政策机遇，深入实施“一体两翼”经营发展战略，着力打造中邮保险业务、包裹快递业务和农村电子商务三大新增长极。我们要围绕国家“走出去”战略和“一带一路”倡议，积极推进国际和港澳台合作，开辟邮政发展新空间。同时，我们要深入贯彻党中央全面从严治党要求，坚定理想信念，增强政治意识、大局意识、核心意识、看齐意识，切实加强党风廉政建设，为深化邮政改革、推动转型升级提供坚强的政治保障。

站在新的历史起点上，我们将深入贯彻习近平总书记系列重要讲话精神，以“情系万家、信达天下”为使命，不忘初心、继续前进，敢于担当、勇于创新，加快转型升级，着力提质增效，全力推进世界一流邮政企业建设，为全面建成小康社会做出积极贡献！（源自新华网）

贯彻五大发展理念　加快推进转型升级 为建成世界一流邮政企业而奋斗

——2016年中国邮政集团公司工作报告

（2016年1月23日）

这次会议的主要任务是：全面贯彻落实党的十八大和十八届三中、四中、五中全会及中央经济工作会议精神，以习近平总书记系列重要讲话精神为指导，以“四个全面”战略布局为统领，总结2015年和“十二五”时期邮政工作，分析面临的形势，明确“十三五”时期的发展目标，安排部署2016年工作，动员全国邮政干部职工认清形势，统一思想，扎实工作，为建成世界一流邮政企业而奋斗。

一、2015年工作情况和“十二五”工作总体回顾

2015年，我们认真贯彻落实党中央、国务院的决策部署，主动适应经济发展新常态，实施“一体两翼”经营发展战略，锐意改革，开拓进取，攻坚克难，圆满完成了全年目标任务。集团公司总收入完成4381.6亿元，同比增长8.3%。按利差口径集团公司总收入完成3179.9亿元，同比增长10%，其中，邮政公司完成收入1271.2亿元，同比增长9.2%；邮储银行完成收入1897亿元，同比增长9.4%；速递物流完成收入276.5亿元，同比增长11.6%；中邮保险完成收入283.6亿元，同比增长9.1%；中邮证券完成收入4.6亿元，同比增长95.6%。集团公司实现利润总额393亿元，同比增长10.2%。国有资本保值增值率达122%。

一年来，我们重点做了以下工作。

（一）邮政经济平稳健康发展

一是平台功能日趋完善。按照“一体两翼”经营发展战略，初步建成了线上线下相结合的邮政综合便民服务平台。线上：推进邮政与互联网融合发展，网上营业厅、手机邮局、微信邮局、网上银行、手机银行、微银行等电子渠道功能不断完善。线下：推进实体渠道建设，邮政网点改造和转型升级效果明显。新增便民服务站、“三农”服务站、村邮站10.4万个，新增ATM、CRS1.5万台。依托平台，认真做好普遍服务和特殊服务，创新发展函件、报刊、集邮等邮政基础性业务；积极承接政府公共服务，开办各类代理代办代收代缴等便民业务；支撑金融翼、寄递翼发展，大力发展农村电商。二是金融翼快速发展。邮储银行总资产达7.3万亿元，位居国内商业银行第5位；各项存款（含代理）达6.3万亿元，同比增长8.6%；贷款余额（含专项债）达2.5万亿元，同比增长31.6%。中邮保险期交保费收入达62亿元，期交规模列银保系寿险公司首位。邮政公司代理金融业务收入达723.5亿元，同比增长13.9%。中邮证券客户数量和资产规模同比分别增长293%和62%。三是寄递翼较快发展。包裹快递业务量收分别完成21亿件、384.6亿元，同比分别增长29.1%、10.6%。国际寄递业务量收分别完成6.8亿件、162.2亿元，同比分别增长67.4%、23.2%，跨境电商轻小件寄递市场占有率超过60%。去年6月，集团公司实施了包裹快递业务改革。这项改革得到了各省的积极响应，但是各省工作步调的差异非常大。有的省动作缓慢，比如去年11月我去一些省调研，还没有实质性的动作；有的省工作力度大、行动快、成效好，比如河南、重庆，2015年6—12月份电商快包分别同比增长277%、141%、539%，重庆的标快业务也发展得非常好，同比增长47%；东部大省如广东、江苏，虽然基数很大，但是发展步伐也明显加快，同比增长达40%以上。四是资本运营取得明显成效。完成邮储银行引进战略投资者工作，融资451亿元。银行引战非常成功，一是达到了“引资、引智、引机”的目的，既有境外的著名金融机构，也有国内的大型国有企业，还有一些与邮储银行互补性、发展前瞻性非常耦合的企业，比如蚂蚁金服、腾讯和中国电信，对发展互联网金融将提供很大帮助；二是价格卖得比较好，市净率达1.18，高于二级市场银行股的价格，得到了业界和境外

很多媒体的一致好评。成立中邮资本管理公司，参与设立前海再保险公司，战略投资蚂蚁金服，成效已经显现，我们入股的时候估值是300亿美元，现在的估值已经达到近500亿美元，增长达50%以上。邮储银行成立消费金融公司。邮乐网启动第二轮融资。

（二）企业改革不断深化

一是完成了“子改分”工作。集团公司、速递物流股份公司与所属省公司由母子公司制改为总分公司制。二是包裹快递业务改革稳步推进。按照“三统一”的原则，完成了产品整合，推进了邮速间信息资源的整合与共享，强化了集团公司对省际和省内陆运网的统一管控和指挥调度。三是网运改革成效明显。实施了陆运网转型升级，调整优化了75个一、二级邮区中心局，推进了甩挂运输和散件化、流水化作业流程再造，完成了8个省的陆运网资源整合，提升了全网运输时效，快递包裹全程时限较改革前缩短了32个小时。四是板块协同发展机制更加健全。整合各板块资源，实施了邮政代理营销银行公司业务、中邮期交“百亿工程”等7个跨板块重点协同项目。完成了邮银关联交易定价机制和同业竞争业务边界梳理工作。

（三）能力建设取得进展

一是信息化建设快速推进。ERP项目财务模块在邮速全面上线运行。新一代寄递业务信息平台、CRM系统、大数据平台和硬件资源池工程等全网重点信息化项目稳步推进，金融网点集中授权系统顺利推广实施。二是实物网能力不断增强。航空机队规模达26架，自主航空网已覆盖22个省。完成了22个大型工艺改造项目、51个小型改造项目，实现了分拣、转运环节流水化作业，全网日处理能力达1200万件。加快投递网建设，智能包裹柜达1.1万台，人工自提点达9.5万个，新增投递汽车3688辆、电动三轮车1万多辆、PDA 4.8万台。

（四）管理效能进一步提升

一是财务管控更加科学。全面推进省级会计集中核算，对省邮政分公司实施利润目标摘档管理，配合财政部建立了普遍服务亏损核算和补偿长效机制。二是人力资源配置持续优化。通过业务外包、劳务承揽等方式，减少使用从业人员8.2万人。完成薪酬分配制度调整优化工作，对领导人员实行工资总额与人均工资“双调控”政策，进一步缩小内部收入分配差距。三是经营秩序进一步规范。严厉查处违规经营、业务摊派、虚列收入等问题。开展“两加强，两遏制”专项检查和民间借贷风险排查整治“回头看”等活动，加大案件和不良贷款追责力度。四是审计监督和集中采购管理不断强化。加强邮政全行业财务收支、工程建设、中央预算内资金建设项目等专项审计检查。规范采购工作流程，完成集团公司两级集中采购项目2160个，节约预算资金22.5亿元。五是安全生产管理进一步加强。严格落实安全生产主体责任，强化资金、邮件、信息网、航空、消防、交通和员工等安全管理，保障了全网安全运行。

（五）邮政服务成效显著

一是切实做好普遍服务和特殊服务。参与《邮政法》和《邮政普遍服务监督管理办法》修订工作。全面完成列入国家“十二五”规划的8440处空白乡镇局所补建运营工作，邮政网点乡镇覆盖率达100%。做好党报党刊发行工作，深入推进机要通信专项整治活动。开展提升服务质量专项活动和无着邮件清理整治活动，普邮全程时限达标率达99.8%。二是服务“三农”和小微企业成效显著。截至2015年末，邮储银行涉农贷款余额7479亿元，同比增长26.7%；小微企业贷款余额6552亿元，同比增长17.6%。强化县域中邮保险服务保障，累计保额达276亿元。做好电子商务进农村示范工作，全面推广应用邮掌柜系统，完善农村地区物流配送服务，推进“工业品下乡，农产品进城”，农村电商交易额累计达131亿元，全年配送农资112万吨，赢得了各级党委政府的充分肯定和广大农民的欢迎。三是商务寄递服务质量明显改善。城市快递包裹当日妥投率稳定在89%以上，妥投信息实时反馈率提高到88%。EMS客户满意度居行业领先地位，首度达到五星级快递企业标准。

（六）党风廉政建设扎实推进

严格按照党中央要求，认真落实党风廉政建设党组（党委）的主体责任和纪检组（纪委）的监督责任。认真开展“三严三实”专题教育。落实中央专项巡视整改要求，将巡视反馈的“四个淡漠”突出问题细化为29个重点问题，落实责任，加大整改力度，对腐败问题“零容忍”。创新完善纪检监察体制机制，加强纪检监察组织建设。对13个下属单位开展内部巡视工作。开展了落实中央八项规定纠“四风”、清理“小金库”、选人用人等8个方面的专项自查整改工作，查处和纠正各类违规违纪行为。

（七）干部职工队伍建设得到加强

一是全面加强干部队伍建设。全年调整高管人员251人次，加强了各级领导班子建设，充实了后备干部队伍。首次举办中央党校分校班。开展省市邮政企业主要领导战略管理轮训。强化干部监督，聚焦领导人员档案造假、违规兼职、“裸官”“天价培训”等开展专项整治，深入推进“一报告两评议”，不断提高选人用人公信度。二是着力提升人才队伍素质。制订了人才发展规划，实现薪酬分配体系与人才评价体系的衔接。开展大规模职业技能鉴定，成功举办邮政业务营销员国家级职业技能大赛。三是深入推进精神文明建设。推进企业文化理念识别系统建设。开展“金方向盘汽车驾驶员”表彰活动。39名同志荣获“全国劳动模范”称号。启动了中国邮政开办120周年系列宣传活动。2015年是“十二五”的收官之年。回顾“十二五”

时期，邮政工作得到了党中央、国务院的高度重视。五年来，习近平总书记、李克强总理等中央领导到邮政生产经营场所考察工作。李克强总理、张德江委员长、汪洋副总理、马凯副总理等中央领导多次对邮政工作作出重要指示。尤其是2015年，李克强总理先后在深化国有企业改革和发展座谈会、金融企业座谈会上听取中国邮政工作汇报，充分肯定了邮政改革发展和服务民生成绩。党和国家领导人对邮政工作的关心和支持，使我们倍感振奋、倍受鼓舞。

——过去的五年，是发展速度稳步加快、经济效益显著提高的五年。我们坚持科学发展，制定了符合邮政实际的发展战略，着力推进转型升级，实现了跨越式发展。集团公司2015年业务收入较2010年翻了一番多，年均增长18.2%，比同期我国GDP年均增幅高出10.4个百分点。五年累计实现利润1631.2亿元，年均增长27.6%（尤其难能可贵的是，河南、安徽、江苏、山东、广东、重庆、湖北、辽宁、四川等省邮政分公司通过开拓经营、精细管理，一举甩掉了亏损大户的帽子。2015年中国邮政实现的利润已经远远高于中国电信和中国联通，可以说，穷邮政已经成为历史，现在与1998年邮电分营时相比，真可谓翻天覆地、沧海桑田）。在2015年《财富》“世界500强企业排行榜”中，中国邮政位居143位，比2011年提升了200位；在“2015中国企业500强”排名中位居22位，比2011年上升了15位。

——过去的五年，是各项改革深入推进、企业活力充分迸发的五年。我们全面深化改革，完成了邮储银行股份制改造，对包裹快递业务进行改革。实施“子改分”改革，确立了以利润为导向的财务管理体系。实施干线运输方式改革，打破了60多年干线主要依靠铁路运输邮件的方式，构建了长途以火车为主、中短途以汽车为主的新型运输网络。

——过去的五年，是科技引领成效凸显、竞争实力大幅提升的五年。我们累计投入资金886亿元，加强邮政能力建设。以平台化理念编制信息化规划，加快推进信息网建设，提升企业战略决策、集约管理、业务协同等能力；采用新技术，按照“新架构、新标准、新流程、新制度、新工艺、新系统”的理念，加快建设“国内领先、世界一流”的陆运网。

——过去的五年，是员工收益增加较多、企业凝聚力明显增强的五年。我们坚持发展依靠员工，发展成果由员工共享。集团公司三次调增基本工资，主要向基层一线员工倾斜，各级企业加大绩效奖励力度，员工收入实现较快增长。与2010年相比，截至2015年底合同用工人均工资增长64%，劳务用工人均劳动报酬增长120%，分别是国有企业在岗职工平均工资增幅的1.2倍和2.2倍。员工五险一金综合参保率较2010年提高了10个百分点，建立了全集团统一的重大疾病保险和意外伤害保险制度，实现了企业年金全覆盖，增强了企业的凝聚力和向心力。

——过去的五年，是邮政品牌日益彰显、社会影响不断扩大的五年。我们高举服务旗帜，做好邮政普遍服务和特殊服务，积极承接政府公共服务，为社会提供各类邮政便民服务，积极践行普惠金融，得到了各级党委政府和社会各界的充分肯定。《人民日报》《光明日报》《经济日报》等主流媒体在头版头条报道了中国邮政改革创新、转型升级的新成就，展示了中国邮政良好的社会形象。

回顾“十二五”时期的工作，我们创造了不平凡的业绩，也积累了十分宝贵的经验，对我们今后的工作具有十分重要的指导作用。

第一，集团战略是引领中国邮政科学发展的行动指南。“十二五”期间，我们坚持把发展作为第一要务，准确研判形势，明晰战略方向，从战略高度指导全国邮政改革发展实践。提出了“建设世界一流邮政企业”的战略目标，明确了“廿四字中心任务”（也就是2012年提出的“深化改革，创新发展，转变方式，整合资源，科学管控，构建和谐”），确立了“一体两翼”经营发展战略和信息化引领的科技兴邮战略，初步构成了比较完整的战略体系。在集团战略的引领下，我们全面深化改革，加快转型升级，发展的质量和效益不断提升。

第二，改革创新是激发企业发展活力的不竭源泉。“十二五”期间，我们坚持以改革创新促发展，针对长期积累的老问题和面对的新挑战，明确改革创新的方向和重点，推出了一系列事关邮政长远发展的重大改革举措，进一步理顺了体制机制，解放和发展了生产力。

第三，科技兴邮是提升企业核心竞争能力的重要途径。“十二五”期间，我们坚持信息化引领的科技兴邮战略，积极落实“互联网+”行动计划，将信息化贯穿到企业生产、经营、管理及客户服务全过程，推动流程优化，辅助科学决策，进一步提升了中国邮政的核心竞争能力。

第四，以人为本是邮政事业发展的本质要求。“十二五”期间，我们坚持“人民邮政为人民”的服务宗旨，扎实做好普遍服务和特殊服务，积极服务“三农”和小微企业。坚持人才强邮，提升了干部职工队伍素质。不断改善员工生产生活条件，切实提高员工收入，增进了员工福祉。

第五，加强党建是邮政改革发展的根本保证。“十二五”期间，我们坚持全面从严治党，加强思想建设、组织建设、作风建设、党风廉政建设和制度建设，促进全系统形成风清气正、崇廉尚俭、干事创业、遵纪守法的良好政治生态，为中国邮政持续健康发展提供了坚强的政治和组织保证。

“十二五”期间的成绩，是在宏观经济形势严峻复杂、变化很大的形势下取得的，是在改革不断深入、新旧矛盾相互交织的环境下取得的，是在金融市场竞争更加激烈、利率市场化快速推进的情况下取得的，成绩来之不易。这是党中央、国务院正确领导的结果，是中央有关部门、地方党委政府大力支持的结果，是全体员工奋勇拼搏的结果。在此，我代表集团公司党组班子，向关心、支持邮政事业发展的各级领导，向全国邮政干部职工、离退休老同志，表示衷心的感谢并致以崇高的敬意！

二、“十三五”时期邮政发展面临的形势和任务

“十三五”时期是我国全面建成小康社会决胜阶段，也是中国邮政加快改革创新，推进转型升级，建成世界一流邮政企业的关键时期。中国邮政作为现代服务业的组成部分，与国家经济社会发展紧密相连，我们必须立足服务国民经济发展大局，谋划邮政改革发展工作。要认真贯彻落实党中央、国务院的决策部署，不断提升把握机遇、应对挑战的能力和水平，充分调动各级领导人员和广大员工干事创业的积极性，推动中国邮政持续健康发展。

（一）深刻认识邮政发展面临的形势

党的十八届五中全会指出，“十三五”期间我国发展仍处于可以大有作为的重要战略机遇期，也面临诸多矛盾叠加、风险隐患增多的严峻挑战。推进供给侧结构性改革，是适应和引领经济发展新常态的重大创新，是适应我国经济发展新常态的必然要求。对中国邮政来说，是机遇与挑战并存。

从发展机遇看：一是宏观经济环境有利。党的十八届五中全会提出，未来五年我国经济要保持中高速增长水平，这将为邮政发展提供良好的经济环境。国家重视加快发展现代服务业，出台了关于深化国有企业改革的指导意见，出台了促进普惠金融、现代保险服务业、快递业、农村电子商务发展的一系列政策措施，为邮政发展提供了有利条件。中央经济工作会议提出，要采取措施降低实体经济企业的人工、财务等生产要素成本，降低企业税费、社会保险费等负担，这将提升企业利润空间，增强企业活力。二是技术进步带来新机遇。移动互联网、云计算、大数据、物联网与人工智能等新技术广泛而深入的应用，引领经济社会发展新方向，为邮政加强技术应用、创新业务模式、优化资源配置提供了有利条件。三是我们有坚实的发展基础。经过“十二五”期间的改革发展，企业竞争实力进一步增强，员工队伍素质进一步提升，为“十三五”发展奠定了坚实基础。“机遇”实际上是一个哲学名词，机遇抓住了就是优势，抓不住就是挑战。

从面临的挑战看：一方面，市场竞争出现新动向。在金融行业，随着利率市场化、人民币国际化，传统银行在资产负债、风险管理、利率定价机制方面需相应调整；随着金融脱媒，银行存、贷、汇三大核心功能和渠道、资金、客户关系面临挑战。在快递物流行业，一些市场主体通过同业合作、跨界融合、资本运作等方式，积极向综合物流转型，加速农村和海外市场布局，正在威胁邮政既有优势；“干线运输＋分仓＋落地配”模式将成为国内电商寄递服务的主流趋势，对我们提出了新的要求。在传统邮政业务市场，函件、报刊发行等业务正受到互联网等新技术的冲击。另一方面，企业发展中还存在一些问题。一是企业运行体制机制与现代企业制度要求还有差距，企业管理的精细化水平还不高，企业运行效率有待进一步提升。二是产品和服务体系不够完善，还不适应互联网时代客户需求个性化、多元化、高效化的要求。三是近年来包裹快递业务与行业发展差距很大。四是板块之间资源共享不足，联动激励不够。五是从中央专项巡视反馈的问题看，党风廉政建设离党中央要求还有差距。

面对有利与不利因素交织、机遇与挑战并存的复杂形势，我们一定要以战略思维、辩证思维、创新思维，把握大势，明确方向，科学决策。要以主动作为、勇于负责、敢于担当的精神，充分利用一切有利条件，克服一切困难，赢得发展的主动权。回顾历史，我们克服了邮电分营以来一个又一个困难，取得了足以让我们自豪的辉煌成就。展望未来，我们必定能够成功应对发展道路上的一个又一个挑战，创造更加美好的明天。

（二）“十三五”时期中国邮政的发展目标

以党的十八届五中全会精神为指导，深入贯彻习近平总书记系列重要讲话精神，以“四个全面”战略布局为统领，紧紧围绕建成世界一流邮政企业战略目标，深入实施“一体两翼”经营发展战略、信息化引领的科技兴邮战略、以人为本的人才强邮战略，加快改革创新，推进转型升级，切实履行邮政普遍服务和特殊服务义务，将中国邮政集团公司建设成为以综合便民服务平台为基础，以金融翼和寄递翼为重点，以中邮保险业务、包裹快递业务和农村电子商务为新的增长极的现代服务业集团。

到2020年，中国邮政集团公司收入规模力争达到7000亿元；力争进入世界500强企业前100名、中国100强企业前20名、世界邮政前2名；从业人员人均收入与企业效益同步增长。经测算，要实现7000亿元目标，年均增长要达到9%左右，压力是比较大的。但是希望也很大，除了正常的增长外，我们还有几个新的增长极。第一是中邮保险。目前，我国保险业与西方保险业相比，还存在非常大的差距。西方发达国家一般是保险业发展的规模与速度要高于银行业，而我国恰好相反，而且差距很大。到去年年底，我国银行业金融机构总资产达194万亿，而保险业的总资产才12万亿，是银行业的近二十分之一，因此我国保险业发展空间巨大。并且，保险的统计口径与传统的统计口径不一样，保费收入可以全部作为业务收入。所以，下一步如能抓好中邮保险，对迅速扩大规模是

极为有利的。第二是包裹快递业务。经过三四年的“挤水分、夯基础、强能力、明战略”，包裹快递业务已经具备快速发展的条件。大家都知道，电子商务发展迅猛，寄递业竞争十分激烈，下一步如果我们的包裹快递业务还不能在市场竞争中脱颖而出，那就可能会在竞争中消亡。前几年还有一些客观的、历史的、方方面面的因素，通过这几年的工作我们把基础夯实了，如果还不能快速发展，那就不具备在市场中参与竞争的资格。第三是农村电商。农村电商的市场前景广阔、潜力巨大，下面我还要谈到这个问题。经过研究和测算，我相信，只要我们共同努力，“十三五”达到7000亿元的发展目标是可以实现的。

按照2014年的数据，从世界邮政排名看，排在我们前面的是日本、德国、美国三国邮政。日本邮政营业收入1296.9亿美元，德国邮政营业收入778亿美元，美国邮政营业收入678亿美元。中国邮政排第四位，收入换算成美元是657亿美元，和美国邮政只差21亿美元。美国邮政近几年一直负增长，并且缺乏金融、包裹快递、农村电商这样的新增长极。如果不是汇率变化的因素，2015年我们已经超过美国。所以在“十三五”期间，如果没有大的变化，我们有望超过德国。在利润方面，按照2014年度的数据，我们是46.4亿美元，美国邮政亏损55亿美元，德国邮政是27.5亿美元，日本邮政是43.9亿美元，所以从利润数据来看我们已经排在世界邮政第一位了。

（三）牢固树立和贯彻落实五大发展理念，着力推动中国邮政向现代邮政转型升级

党的十八届五中全会指出，实现“十三五”时期发展目标，破解发展难题，厚植发展优势，必须牢固树立创新、协调、绿色、开放、共享的发展理念。五大发展理念对中国邮政具有很强的指导作用，我们必须深入学习领会，准确把握深刻内涵，紧密结合邮政实际抓好贯彻落实。我们要准确把握适应、引领经济发展新常态的要求，加快转变发展方式、加快调整业务结构、加快打造新的增长极，着力推进转型升级，做强做优做大中国邮政。

第一，坚持深化改革，在完善现代企业制度上取得新突破。习近平总书记指出，改革是最强大的发展动力。要落实中央关于深化国有企业改革的部署，完善企业法人治理结构，构建科学的集团管控体系。在财务管控上全面实行零基预算，在人工成本配置上全面实行弹性预算，强化集团管控能力。完成邮储银行上市工作；推动速递物流公司混合所有制改革，引入战略投资者和产业资本；实施邮务事业部制改革。

第二，坚持创新驱动，在转变发展方式上取得新突破。创新是引领发展的第一动力，要依靠创新驱动发展，在全系统开展全员创新活动，不断提高发展的质量和效益。一要从过于注重规模速度的粗放增长，向既注重发展速度，更注重发展质量和效益转变。要解放思想、转变观念，更加注重依靠科技创新、人力资本素质提升、精细化管理和商业模式创新来驱动发展。要树立投入讲产出、运营讲效率、经营讲效益的理念，努力以最少的资源投入取得最大产出，减少生产经营过程对能源的消耗和对环境的污染，实现绿色发展。二要从只注重经营产品，向既注重经营产品又注重经营渠道平台转变。积极打造线上线下相结合的O2O综合便民服务平台，以平台支撑邮政发展。三要从只注重满足客户需求，向既满足客户需求又注重创新有效供给转变。努力提供适合客户需求的产品和服务，不断丰富三大板块的产品和服务。四要从只注重传统的门店服务方式，向既做好门店服务，又注重利用互联网、大数据等新技术创新服务方式转变。不断完善网上营业厅、网上银行、手机邮局、手机银行、微信邮局、微银行的服务功能，以大数据支撑客户开发和营销服务，更好地拓展市场。

第三，坚持市场导向，在打造增长极上取得新突破。在市场竞争不断加剧，新技术、新业态不断涌现的形势下，必须根据市场需求的变化，寻找新的经济增长点。一要加快发展中邮保险业务。目前我国人均GDP已达7000多美元，按照发达国家保险发展规律，人均GDP达到这一水平后，保险业就进入一个发展的黄金时期。从我国保险的密度和深度看，保险业还有很大的发展空间，我们要创造条件使中邮保险成为新的增长极（我国现在的保险密度大概只有发达国家的三分之一，深度只有发达国家的二分之一，所以保险发展的空间十分巨大）。二要加快发展包裹快递业务。要抓住电子商务蓬勃发展带动包裹寄递快速增长的机遇，积极对接电商平台，对标行业发展水平，着力提升包裹快递业务的市场份额。三要加快发展农村电商。树立经营平台的理念，以邮乐网平台和邮掌柜系统为支撑，促进“工业品下乡，农产品进城”，推动农村电商与“两翼”业务协调发展。四要加快拓展城市邮政市场。在产品开发、市场营销、资源配置上要加大力度。包裹快递业务要着力开发适合城市市场需求的产品和服务，满足城市需求；邮储银行要认真总结城市业务发展经验，加大城市客户营销服务力度，促进转型发展。五要加大资本运营力度。以集团公司整体上市为方向，分步推进有条件的业务单独上市，提高邮政整体资产证券化水平（分板块来看，金融板块，加快推进邮储银行发行上市工作，有效解决资本金补偿问题，然后通过银行的正常分红迅速做大中邮保险、中邮证券的资产规模，达到一定规模后，适时再对中邮保险和中邮证券引战上市；同时，可考虑在速递物流专业引进战略投资者。分业务来看，比如集邮业务效益很好，可适当剥离出一部分包装上市；再如报刊专业，还有邮政的设备制造业，快递包裹生产线的生产技术在国内是一流的；资产公司、大数据中心，如果发展顺利，也可以尝试在新三板进行上市，在这些基础上再适时推动整体

上市）；建立和完善多元投融资平台，利用社会资本促进企业竞争实力显著提升；积极开展资本市场和产业市场投资，通过收购、兼并重组实现快速扩张，拓展邮政发展新领域。

第四，坚持科技引领，在提升核心竞争能力上取得新突破。要坚持科学技术是第一生产力的理念，积极构建技术先进、开放共享的邮政信息网，促进信息网资源融合，实现数据资源、应用软件和基础设施的共用共享。要积极应用云计算、大数据、移动互联网、物联网等信息技术，创新企业运营模式，提升客户体验和生产效能。要系统优化作业流程，大力推进自动化、智能化工艺和设备的应用，实现各环节生产作业的高效运转和环节间的无缝衔接，提高管理效率和精细化水平。加大投递终端能力建设力度，提高服务水平。

第五，坚持开放合作，在拓展邮政发展空间上取得新突破。适应经济全球化趋势，树立开放合作、共享共赢的理念，积极优化企业资源配置。一要充分聚合内部资源，推进“一体两翼”协同发展。建立健全三大板块在产品开发、资源共享、市场拓展、品牌建设上的协同机制，促进板块协同发展。健全金融板块内部合作机制，充分发挥金融板块各子公司优势，提供银行、保险、证券、投行、资产管理等综合性金融服务（集团公司已决定在集团层面建立金融板块协同发展机制，我亲自来抓）。二要发挥邮政资源优势，加强对外合作。不断探索优势互补、强强联合的社会合作模式，积极与各级政府部门合作，承接政府重大战略任务和公共服务项目，丰富邮政服务内涵；推进与其他企事业单位和产业链上下游伙伴合作，实现共赢发展。三要积极服务国家“一带一路”倡议，大力拓展国际市场。要适应我国已经成为世界第一货物贸易大国的地位，加紧完善中国邮政海外网络，实现速递物流全球化发展。积极探索邮储银行国际化经营布局，稳步开设海外机构。探索拓展中邮保险的产品服务、资金运作等海外业务市场。

三、2016 年主要工作安排

2016 年是我国全面建成小康社会决胜阶段的开局之年。做好 2016 年的改革发展工作，对中国邮政“十三五”开好局、起好步，建成世界一流邮政企业具有十分重要的意义。2016 年工作的总体要求：认真贯彻落实党的十八大和十八届三中、四中、五中全会及中央经济工作会议精神，以习近平总书记系列重要讲话精神为指导，以“四个全面”战略布局为统领，主动适应经济发展新常态，坚持稳中求进工作总基调，落实五大发展理念，深入实施“一体两翼”经营发展战略，加快改革创新，推进转型升级，努力实现“十三五”邮政发展的良好开局。

2016 年的主要发展目标：集团公司总收入达到 4646.7 亿元，同比增长 6.1%。按利差口径集团公司总收入达到 3411.9 亿元，同比增长 7.3%，其中，邮政公司收入 1360 亿元，同比增长 7%；邮储银行收入 1976.6 亿元，同比增长 4.2%；速递物流收入 326.3 亿元，同比增长 18%；中邮保险收入 326.4 亿元，同比增长 15.1%；中邮证券收入 5.67 亿元，同比增长 23.3%。集团公司利润总额 414 亿元，同比增长 5.4%。劳动生产率稳步提升，从业人员人均收入与企业效益同步增长。

为实现上述目标，要重点抓好七个方面工作。

（一）创新发展，构建“一体两翼”协同发展新格局

按照“一体两翼”经营发展战略，积极促进邮政金融业务、寄递业务和邮政基础性业务与互联网的融合发展，加强各板块间业务、客户、品牌、渠道协同，促进各板块资源共享，加快转型升级步伐。

一要加快平台经济发展。要加大线上线下渠道资源整合力度，进一步打造线上线下相结合的 O2O 综合便民服务平台。线上，要积极推进在线业务平台整合和建设，加快推进函件、报刊、集邮等邮政基础性业务与互联网的融合发展；线下，要优化邮政支局所、报刊亭、便民服务站、“三农”服务站、村邮站等网点功能，依托邮政营业场所，加大 ATM、CRS 及自助设备布放，推进“N 站合一”，努力提高实体渠道各类资源的利用效能。要创新发展邮政基础性业务：账单要持续拓展以约投挂号为重点的凭证类寄递市场；商函要创新推进多渠道多媒体整合营销；封片卡要加大个人消费市场的开拓力度；报刊业务要在巩固存量市场的同时，引进图书、动漫、数媒产品；集邮业务要坚持文化与科技引领，推动集邮文化产业建设。要不断叠加政府公共服务项目和社会电商需求项目，形成以邮政服务、文化传媒、政务代办、便民金融、电商寄递等为一体的综合产品服务体系，为邮政金融翼和寄递翼的发展提供平台支撑。

要加快发展农村电商，基于邮乐网平台和邮掌柜系统，发展“邮乐购”加盟店，成为农村电商的主力军。要注重做到“三个结合”，即：工业品下乡与农产品进城相结合；线上与线下相结合；农村电商与邮政业务相结合，推动农村电商与“两翼”协同发展。要提高对发展农村电商重要性、必要性、可行性的认识。农村电商是当前和今后一段时期发展的重点，也是“十三五”时期的一个新的增长极。在农村电商发展上：一是中央有号召，中央历来高度重视“三农”工作，在 2014 年中央经济工作会议上习近平总书记和李克强总理都谈到了农村电商，而且在谈到农村电商时总理还点到中国邮政应该在这方面发挥作用；二是央企有责任，总书记和总理都提出，央企不仅是简单的经济组织，还承担着一些社会责任和政治责任；三是邮政有能力，我们在农村地区已经有了比较完备的、适

应农村电商发展的网络；四是农村有需求，目前农村地区的商品流通体系还很不健全；五是企业有效益，从一些省反馈的信息看，我们已经找到了在农村地区发展农村电商的路子和模式，即“三个结合”，线上线下相结合、工业品下乡和农产品进城相结合、农村电商和邮政业务相结合。我们一定要转变观念、提高认识，这将是一个非常巨大的市场。当前，要着力抓好三项工作：一是要继续做好与200个全国农村电商示范县的对接工作，加上2014年的56个，财政部和商务部已经在全国确定了256个电子商务进农村综合示范县，各省都要主动对接。二是要坚持业务推进与品牌打造相结合。“邮乐购”为农村电商的唯一渠道品牌，要统一标识。三是要进一步完善县到乡、乡到村的物流配送体系，成为农村电商物流配送的主导者，尤其是农村电商发展比较好的省要先行一步，把配送体系做好。江西已经探索出一些经验。比如，他们得到了政府的支持，政府给予一定补贴，用于运邮和购车等方面；同时，由省邮政管理局牵头，建设农村邮政配送网络，并对社会开放，其他快递公司进入这个平台，需交代投费用，5千克以下3—5元，5千克以上5—8元，我认为很好。我们还要向政府说明，虽然农村配送网络的建设成本投入是一次性的，但运营成本将是长期的，并且很高。希望各省邮政分公司主要领导对发展农村电商工作要亲自过问，亲自调研，亲自推动，当我去调研的时候，你们不要光讲如何发展金融业务，还要讲如何发展农村电商和包裹快递业务。

二要打造邮政金融产业体系。要充分利用邮政金融牌照齐全的优势，按照“产融结合、协同发展”的理念，推进邮政公司、邮储银行、中邮保险、中邮证券、中邮资产的业务创新和协同发展，打造邮政金融产业体系。

银行业务：坚持“存款立行”理念，稳定负债业务增长，依托“自营+代理”优势，通过发展理财、第三方存管等业务吸引资金流入，通过主动负债拓宽资金来源。加快资产业务结构调整，巩固“两小”和消费信贷业务优势，拓展优质公司客户信贷市场，促进“大同业、大资管”业务转型升级，推动农村和城市两个市场协调发展。积极稳妥加大信贷投放力度，抓住时机尽快提高存贷比。高度重视风险管控，实现高质量的发展。

保险业务：要充分发挥“自营+代管”政策优势，夯实“承保+投资”双轮驱动的盈利模式，持续推进转型发展和价值成长。提高银保渠道经营质效，优先发展中邮保险，确保完成期交“百亿工程”目标。完善个险、团险等业务功能，强化个险、团险配套工程，构建全功能业务体系。创新产品研发，实施产品开发升级。加快专业化运营体系建设，提升支撑和服务水平。拓展股权、债权、不动产等投资新渠道，持续优化投资结构，稳步提高投资能力和收益水平。

证券业务：完善并推广“自营+协同”发展新模式。依托邮政资源，加快推进分支机构建设，建立板块间业务、系统、资源开放机制，加快实现耦合式增长。加强与邮储银行在第三方存管业务上的合作。发挥互联网证券牌照优势，提升互联网证券服务能力。

资产业务：坚持“资产管理+产业投资”的业务模式，按照运营资产的理念，着力推进不动产开发盘活。把握一、二级市场投资机会，推进股权投资、量化投资，着力提升资产管理效益（这方面的重点是盘活固定资产，尤其是位于城市中心区域的邮政房地产）。

代理金融业务：要认真落实新版《代理营业机构管理办法》，抓好发展储蓄存款这一根本业务，保证余额增长，巩固储蓄存款市场地位。综合用好理财、保险、贵金属、第三方存管等产品，满足客户多元化需求。积极营销公司、信贷等业务，丰富代理网点服务内容。深化网点转型，优化网点布局，加快推进实体与电子渠道协同发展，提升网点产能。

三要做大邮政寄递翼。突出抓好四大重点业务，着力扩大市场份额。

标准快递业务：要继续巩固政务类市场，与政务服务平台对接，做大存量项目，拓展增量项目。邮速双方都要加大商务市场拓展力度，既要提升在核心商务区域的营销能力，又要注意优势互补、协同发展，共同做大银行、保险、房地产、通信行业市场和校园、写字楼等商务市场。2015年6月印发的《关于全面开发国内包裹快递市场的指导意见》里明确提出，我们要充分发挥两个主体的优势，共同做大市场，尤其是商务类市场。但从目前的情况看，离我们期望的目标还有很大差距。这块市场竞争十分激烈，邮速双方都要站在全局的角度思考问题，对长时间不能扩大市场份额、提高市场占有率的区域，客户要向对方开放，共同做大规模。

电商寄递业务：要深化与电商平台总对总对接。以重点城市为突破口，细分市场，抓好产业集群、农产品进城、落地配和同城配送等重点电商寄递市场的开发。同时，积极推进“仓储+配送+供应链金融”综合服务模式，切实增强核心竞争能力，快速抢占市场。

国际寄递业务：要围绕国家“走出去”战略和“一带一路”倡议，加快海外布局，加快国际市场开发。集团公司专门成立了国际寄递业务工作组，协调邮政业务局和速递物流公司，全面负责国际寄递业务的经营管理工作。一是要整合国际寄递业务资源，注重出口和进口两个市场拓展，构建邮政和商业两个渠道，推进境内、境外两个布局，统筹安排，统一推进，巩固跨境电商寄递市场的主导地位。二是要采用项目制管理，形成销售、运营和售后三位一体的解决方案，推进与易贝、亚马逊、速卖通等大型电商平台的深入合作。三是要构建邮件寄递、商业快件、保税仓、海外仓、海外购等多产品体系，统一售后服务体系。四是要主动与各国邮政进行多边和双边合作，增加国际小包重点路向境外信息跟踪功能，扩大国际e邮宝的通达范围。五是要加强邮政口岸和商业口岸能力建设，重点扩充国际邮件互换局处理场地，提升处理能力。六是要优化国际邮件境内处理流程，缩短国内段时限，加强对航空公司监控，强化全程时限KPI管控。国际业务也是我们一个新的增长极，目前在这一块我们还有些相对优势。国家邮政局马军胜局长多次对我说，这个优势再不抓住，一两年后可能就会消失。我们一定要有紧迫感，加快推进相关工作。一是加大国际业务能力投入，提升信息化和海外互换局处理能力；二是探索在重点区域建立海外仓，除美国外，还要考虑在欧洲、俄罗斯等区域加大建设力度，以及尝试建立海外区域配送网络，提升落地配能力；三是改革经营管理体制。

合同物流业务：要夯实行业核心客户供应链物流服务，满足客户电商化销售模式的物流需求，成为品牌制造企业B2B与B2C融合发展的首选综合物流服务商。

四要加大资本运营力度。尽快确立集团公司资本运营规划和资产证券化路线图，运用资本运营手段推进“一体两翼”战略实施，推进相应的资产和业务重组。研究设立物流产业基金，开展物流领域战略投资，提升寄递翼综合实力。推进有条件的业务板块引战上市，完善治理结构，提高竞争能力。梳理整合现有对外投资企业，清理长期没有效益的对外投资的“僵尸企业”。“子改分”后我们通过清理发现，省邮政分公司这些年来开设了不少“子公司”或“孙公司”，有的经营管理比较好，但绝大部分经营管理不善。我们一定要按照中央的要求，加大清理力度，对长期亏损、主营业务不明确或者名存实亡但还挂在账上的公司进行彻底清理。

（二）深化改革，为企业发展注入新活力

要按照中央《关于深化国有企业改革的指导意见》要求，进一步深化邮政改革。要做到顶层设计与发挥基层首创精神相结合，调动两个积极性。对涉及全局性的改革，集团公司总部和控股子公司总部，要充分做好调查研究，充分听取各方面意见，做好顶层设计。对改革方案，该试点的要抓紧试点，及时总结经验，抓紧推广。要调动基层的积极性，鼓励基层创新创造。要注意把握好改革的力度和节奏，敢于啃硬骨头，敢于涉险滩，对涉及深层次问题的改革，要加大力度，积极推进，加快步伐，取得突破。

一要深入推进邮储银行体制机制改革。扎实推进邮储银行公开发行上市工作，做好完善关联交易定价机制、土地房产权证确权与核查等准备工作，打造具有吸引力的投资故事，争取理想的发行价格，确保国有资产保值增值。深入推进邮储银行资源配置改革，优化资本、信贷、预算与财务资源配置，加快构建机构—部门—员工紧密衔接的激励约束体系，持续开展组织机构改革优化，激发企业活力。

二要积极推进速递物流公司混合所有制改革。以引机制、引资源、引技术为目标，加快速递物流公司引进战略投资者步伐，实施混合所有制改革。引进大型电商平台、领先的供应链服务公司和优秀的产业投资者，整合利用社会资源，增强速递物流竞争能力。探索通过收购兼并等方式，延伸国际寄递业务产业链，加快海外仓、海外互换局资本合作步伐，着力打造成为国内快递物流业巨头。

三要全面实施经营组织架构改革。稳步推进邮务事业部制改革，建立责权利清晰的损益核算主体。全面实施省级及以下邮政企业经营组织架构改革，实现企业经营从“以产品为中心”向“以客户为中心”转变。

四要深化财务管理改革。构建业务驱动型预算管理模型，建立成本费用定额标杆体系，加快推进零基预算管理，实行预算动态调整机制；改革完善普遍服务补贴机制；持续深化核算体制改革；强化对直属单位的管控力度，对规模较大的经营型直属单位实施财务负责人派驻制，对规模较小的费用型直属单位实施集中核算；推进邮务事业部损益核算，加快构建管理会计体系（其中最重要的，就是要在合理确定网间结算价格、准确核定普遍服务成本补贴、全面建立成本配置标准的基础上，对省邮政分公司实行完全意义上的零基预算，以科学评价省邮政分公司的经营成果。同时，加大绩效考核的奖惩力度，真正做到鼓励先进、鞭策落后）。

五要实施人力资源配置机制改革。按照“控总量、调结构、做增量”的思路，根据行业特点、市场竞争和效率效益因素，建立动态配员机制。推动全岗位劳动定额定员标准体系建设，逐步实现人力资源精细化配置。全面实施弹性人工成本管控，彻底取消原有“基数＋新增”的工效挂钩配置模式，根据规模、效益以及劳动力市场价位等因素，动态核定人工成本，确保人工成本配置与企业经营发展相匹配。同时加快建立省市县三级企业统一的人工成本预算编制体系，实现人工成本全面预算管理。其中最重要的是实行弹性人工成本预算，改变沿用几十年的“基数＋新增”的工效挂钩管理办法。实行弹性人工成本预算后，工资总额只跟经营发展成果、劳动力市场价格和人力资源配置等有关，和基数无关，这样就能够更科学、更公平、更合理地评价一个单位的经营发展成果。

六要深化实施网运转型升级改革。围绕建设“国内领先、世界一流”邮政陆运网的核心目标，按照系统改革、整体突破的原则，实施网运转型升级。实施快递包裹大提速，全国50个重点城市之间T+3日递邮件量达到80%；县（市）城区省内互寄次日递邮件量东部省要达到85%、中部省要达到80%、西部省要达到70%。建立陆运网垂直、统一指挥调度体系和时限质量评价考核体系，推动网运管理从事后管理向事前预测和事中监控转变。

（三）科技引领，推动能力建设迈上新台阶

要落实信息化引领的科技兴邮战略，建立、完善科技创新机制，激发全员创新活力。通过加大对互联网、云计算、大数据等现代信息技术的应用，以及增加能力建设投入，提升企业核心竞争能力。2016年，集团公司预计安排固定资产投资236亿元。

一要推进信息化建设。要以平台化理念、互联网思维，打破业务条块，保障信息、数据统一，采取快速迭代和敏捷开发方式，高效响应市场和业务需求。深入推进信息化规划落地实施，全面完成ERP系统在集团公司总部和三大板块的试点、推广工作，完成网点授权集中、信贷平台、互联网金融云平台等金融信息系统建设。新一代寄递业务信息平台要在年底前实现客户服务、生产作业等核心功能上线；CRM系统要在年底前实现邮务和速递客户管理、产品管理、渠道整合等主要功能上线；启动在线业务平台、互联网统一接入系统等建设。完成中国邮政大数据平台一期的建设工作，实现邮政内外部数据资源的集中及整合，推动大数据发展和应用。提升大数据的分析应用能力，通过大数据在企业决策支持、产品创新、交叉营销、流程优化、服务支撑、风险防控等方面的落地应用，实现对经营活动更为准确的监控、分析和预测。

二要加快寄递业务处理能力建设。要按照网运转型的总体要求，贯彻“六新”和标准化、模块化的建设原则，加快战略布局和项目建设。陆运网方面要抓紧完成19个大型工艺改造工程收尾工作，早日投入应用。积极推进中心城区处理中心的异址迁建工作，加快西安等17个陆运中心项目建设，安排总征地规模2700亩，建设规模42万平方米，继续推进三级中心局及重点地市的处理能力建设。加快推进甩挂运输，升级卫星定位系统应用。加快完成运输能力的配套提升工作，加大车辆投入，加密运输频次，满足车等邮件、邮件不落地、快进快出的流水化作业要求。航空网方面要加快推进北京新机场等10个航空中心项目建设，安排总征地规模1070亩，建设规模25万平方米。加快推进与波音公司签订的购机协议落实工作，扩大自主航空网覆盖范围，提高载运率。

三要强化投递能力建设。投递网组网模式要从过去以信报为主加快转变为以包裹快递为主，以快带慢，同步提升普遍服务水平。集团公司制定了投递网建设总体方案，将从强化管理、优化网络、增强能力、信息化改造等方面着力推进。要增加电动车、PDA等投递装备配备。合理改造扩建投递场地，加快智能包裹柜等自提网络在重点区域、重点城市的布放，将自提点建设与综合便民服务平台建设有机结合，逐步形成“上门投递＋自提服务”相结合的投递服务模式，稳步推进重点城市营揽投一体化模式。

（四）科学管理，推进集团管控取得新进展

要不断强化集团管控，进一步明确集团公司总部与各控股子公司的职能定位，真正实现综合管理职能上收、经营管理职能下放，提升管理的科学化水平。

一要健全集团管控体系。根据对各控股子公司的管控模式，分别制定集团公司总部的管控事项清单、管理流程、选派董事和监事办法，并修订完善各控股子公司章程。通过规范绩效管理制度、优化绩效管理流程、强化绩效考核结果应用，建立战略传导有力、管理流程高效、责权利明晰、奖惩分明的战略绩效管理体系。

二要加强财务管理。深入推进财务对标管理，优化资源配置；全面推进资金集中管理；强化财政项目资金管理；继续做好“子改分”后产权过户、产权登记和原省公司注销工作；加大闲置资产集中盘活力度，重点盘活中心局外迁后闲置的生产处理场地。探索建立非经营性资产收益考核机制，推动资产占用单位提高资产运营效率和效益。

三要加强资费管理。围绕提升市场份额目标，对标社会电商企业，调整网运、投递结算价格。在竞争激烈的区域试行国内电商类快递包裹浮动价格。推进国内普通包裹资费改革工作。实现邮速之间资费系统互联互通，加强资费收取情况的监控，维护全网经营秩序。为应对激烈的市场竞争，集团公司将在部分区域试行放开电商类快递包裹价格，相关业务、审计和财务部门一定要制定严格的监管办法，避免重演过去“一管就死、一放就乱”的现象。

四要加强劳动工资管理。调整优化集团公司总部、直属单位、省邮政分公司机构编制设置。加快推动集团公司岗位标准体系建设，促进人岗匹配，打通员工职业发展通道。规范薪酬分配秩序，在坚持对领导人员工资总额“双调控”的基础上，研究明确不同层级人员收入倍比关系，合理调控收入分配差距，重点是提高一线员工收入，严格控制高管人员的收入增长。规范人工成本的提取、使用和结转，严肃薪酬分配纪律，强化责任追究。加快人力资源服务支撑中心建设，开通员工自助查询APP服务。再次重申，这次中央专项巡视发现，我们部分基层单位的一些领导干部自定薪酬标准或者奖励标准，或是通过其他渠道把该由个人缴纳的相关费用转由企业缴纳。根据最近颁布实施的《中国共产党纪律处分条例》，这些都属于严重违纪行为。要严格按照中央要求，切实规范各级领导班子的薪酬发放。如再出现这些情况，就是顶风违纪，集团公司将严肃处理。

五要加强集中采购和审计监督管理。强化集中采购计划管理，加强对各单位采购工作的指导、监督与检查，规范采购行为，切实提高采购效率。要充分发挥审计监督作用，加大财务收支审计、经济责任审计力度。

六要加强风险控制和安全生产管理。受经济下行压力加大影响，金融业务风险也在增大。我们要切实增强全员风险防范意识，完善金融风险管理体系，抓好金融案件防控工作，牢牢守住不发生区域性、大数额金融风险的底线。各国都出现过类似现象：经济一下行，各类金融风险往往就会大规模集中爆发。而金融风险传播快、影响大，后果严重。前不久河南出现的挤兑现象，就是一个教训。因此，在大力抓发展的同时，我们一定要高度绷紧严控风险这根弦。金融风险造成的不仅是经济上的损失，更会产生很不好的影响，甚至引发群体事件，出现一些政治上的问题。在这个问题上，我们一定要高度重视，要有高度的政治责任感和敏锐性，切不可掉以轻心。要层层落实安全生产责任制，细化安全生产目标和任务，开展平安邮政创建工作，对安全生产管理工作进行量化考核。要加强对资金、邮件、信息网、航空、消防、交通和员工等的安全管理，抓好人防、物防、技防。强化监督检查，抓好隐患整改。积极落实邮件寄递“三个100%”，确保邮件寄递安全。要制定应急处置预案，做好应急管理。

（五）狠抓服务，实现邮政品牌形象新提升

牢固树立用心服务、用户满意的服务理念，努力提升服务质量。加强品牌管理，提升邮政形象。

一要坚持做好普遍服务和特殊服务。落实《邮政法》《邮政普遍服务监督管理办法》和《邮政普遍服务标准》的禁止性和强制规定，严格遵守普遍服务营业场所管理和普遍服务业务审批规定，依法依规开办普遍服务业务。开展普遍服务规范化活动，提升服务水平，降低客户投诉率。做好党报党刊发行，确保机要通信万无一失。

二要做好服务“三农”和小微企业工作。利用邮政金融、快递、电商等专业优势，加快农村线上线下渠道发展，做好服务“三农”工作。邮储银行要积极推进“三农”事业部制改革，加大“三农”信贷投入，完善“三农”金融产品，加强银政、银企、银协、银担、银保、银证合作，打造普惠金融线上线下服务体系。完善“强抵押”“弱担保”“纯信用”相结合的全产品体系，推进专业化的小企业特色支行建设，继续办好创富大赛，为小微企业创业创新创富提供融资、融智平台。利用农村电子商务，助推精准扶贫。

三要强化运营保障，提升服务质量。完善服务质量监督检查体系，健全质量管理岗位、监控岗位履职检查管控制度，确保普遍服务满意度≥77分，邮件全程时限达标率≥95%，邮政服务申诉处理满意率≥94%。完善包裹快递业务运营质量保障机制，大力推广主动客服，开展责任考核和突出问题整改。实行联动联控，提升对三大板块服务质量的管控水平。

四要加强企业品牌管理。要实现品牌管理的统一化、标准化和规范化。加大品牌建设和形象宣传投入，结合各板块的宣传推广需求，积极开展品牌建设推广项目。利用社会新闻媒体、自办媒体和微信、微博、客户端等新媒体，统筹做好邮政新闻宣传和品牌推广工作，提升品牌形象。

（六）贯彻从严治党要求，切实加强党风廉政建设

关于党的建设和纪检监察工作，集团公司党组将在近期召开专门会议进行安排部署，这里着重就加强党风廉政建设提出要求。要认真贯彻落实十八届中央纪委六次全会精神，切实履行全面从严治党的主体责任，认真抓好党风廉政建设，做到守土有责、守土负责、守土尽责。

一要切实履行党风廉政建设“两个责任”。认真落实党风廉政建设主体责任和监督责任，把握运用好监督执纪“四种形态”。开展多种形式的党风廉政教育和廉政文化建设工作。切实做好《中国共产党廉洁自律准则》和《中国共产党纪律处分条例》贯彻落实工作，严明党的政治、组织、廉洁、群众、工作和生活“六大纪律”，把《准则》的要求和党的纪律刻印在全体党员特别是党员领导干部的心上。

二要持续推动巡视整改工作。持续抓好中央专项巡视发现的企业深层次问题的整改，对已经整改的问题要加强“回头看”，防止问题反弹反复。加大内部巡视工作力度，确保到2017年底实现对集团公司所属单位领导班子及其成员巡视全覆盖。

三要坚决防止“四风”反弹。严格贯彻中央八项规定精神，巩固和拓展党的群众路线教育实践活动成果，完善作风建设的长效机制。推动各级领导干部按照“三严三实”要求加强党性修养，持续改进工作作风，防止“四风”反弹。

（七）以人为本，促进和谐企业建设取得新成效

要牢固树立人才资源是企业第一资源的理念，把干部职工队伍建设放在重要位置来抓，着力提升人力资本素质，依靠人才推动企业发展。

一要切实抓好干部队伍建设。认真落实集团公司领导人员管理等相关规定，严格标准条件和选任程序，加强领导班子建设。加大后备干部优化调整力度，探索建立集团公司二级单位领导班子正职后备干部队伍。完善干部教育培训体系，持续开展邮政党校教育，组织省级邮政企业一把手创新管理轮训，进一步加强干部理想信念教育、党性教育和能力培养。强化干部监督管理，做好干部选任工作纪实，开展选人用人监督检查，落实领导干部个人有关事项报告核查等工作。积极推进省级职代会民主评议干部工作。

习近平总书记强调，党的干部是党的事业的骨干。要把严格管理干部和热情关心爱护干部结合起来，推动广大干部心情舒畅、充满信心，积极作为、敢于担当。要最大限度地调动广大干部的积极性、主动性和创造性，激励广大干部更好地带领员工干事创业。多年的实践证明，干部是邮政事业发展的中坚力量。有人说，干部不是改革发展的动力，就是改革发展的阻力，所以一定要把严格管理干部和调动广大干部的积极性很好地结合起来，反对不作

为，制止乱作为，保护敢作为，支持会作为。

二要大力提升员工队伍素质。着力抓好人才引进、培养、使用三个环节，培养造就适应转型升级要求的人才队伍。加快落实人才发展规划，推进邮政人才测评中心建设，健全人才评价选拔、培养开发、激励考核一体化工作体系。突出抓好集团级专业领军人才和高技能人才队伍建设，积极培育和引进金融、物流、信息技术、电子商务和国际业务等方面的急需人才，实现人才结构进一步优化。

三要扎实推进企业文化建设。逐步完成统一的邮政企业文化体系建设工作，确立理念识别系统、行为识别系统和视觉识别系统，推动企业文化宣贯落地。研究制定企业文化测评体系，逐步建立企业文化考评机制。组织做好纪念中国邮政开办120周年系列宣传活动。深入开展精神文明创建活动，做好全国文明单位、省部级文明单位和全国青年文明号的评选工作，做好先进集体和先进个人的事迹宣传学习工作，推动邮政系统物质文明和精神文明协调发展。

四要把关心关爱员工落到实处。要不断增加员工收入，使员工收入增长与企业效益增长基本同步，使企业改革发展的成果惠及广大员工。做好企业年金大集中管理，建立统一的员工补充医疗保险制度。着力抓好职工小家、投递员之家等建设，进一步改善员工生产生活条件。做好离退休干部工作，落实好两个待遇。重视抓好信访工作，畅通员工诉求表达渠道，切实解决关系职工切身利益的问题，营造企业和谐发展的良好氛围。（集团办公室）

落实全面从严治党要求　推进邮政系统党的建设
为建成世界一流邮政企业提供坚强保证

——集团公司党的建设工作暨纪检监察工作会议报告

（2016年2月25日）

这次会议的主要任务是：深入学习贯彻习近平总书记系列重要讲话精神，全面贯彻党的十八大，十八届三中、四中、五中全会和十八届中央纪委六次全会、全国组织部长会议等重要会议精神，总结2015年邮政系统党建工作，部署2016年党建重点任务。

一、2015年邮政系统党建工作回顾

2015年，全系统各级党组织和广大党员、干部，以习近平总书记系列重要讲话精神为指导，认真贯彻落实中央“四个全面”战略布局，着力加强党的思想建设、组织建设、作风建设、党风廉政建设和制度建设，不断强化各级党组织功能作用，积极开展党的群团工作、企业文化建设和精神文明建设，各项工作迈出新步伐，较好地保障和促进了中国邮政的改革发展。

（一）落实管党治党责任，党建工作体制机制更加完善

各级党组织通过反复认真学习，深刻认识到，落实管党治党责任，是党章的规定，是中央的重大决策，更是党组织自己的责任田，一定要干在实处，在狠抓落实上下功夫。

一是加强组织领导。集团公司党组和各二级单位党组（党委）均成立党建工作领导小组，制定工作规则，强化责任落实，加强了对党建工作的领导。年初，集团公司党组召开全系统党的建设工作暨纪检监察工作会议，对全年工作作出全面部署。从2015年开始，集团公司召开的业务会议，党组每位成员都就分管领域党风廉政建设工作提出要求；各二级单位普遍召开党的建设工作暨纪检监察工作会议，对本单位党建工作做出具体部署。

二是进一步健全完善党建工作制度体系。按照“四同步、四对接”的要求，集团公司党组制定出台《关于落实全面从严治党要求加强和改进邮政系统党的建设工作的实施意见》，进一步明确了邮政系统坚持党的领导加强党的建设的主要内容和重点任务，逐步完善了党建工作体制机制。特别是中央专项巡视整改以来，在总部层面，共制定和修改完善规章制度56项，涉及党的建设、选人用人、干部管理监督、党风廉政建设等各个方面。各单位党组织也按照全面从严治党要求，修订和完善了多项相应的规章

制度，并认真抓好制度落实。

三是全面开展基层党建工作述职评议考核。集团公司党组制定基层党建工作述职评议考核办法，并印发2015年度考核方案。集团公司直属机关党委书记向中央国家机关工委现场述职，5个省分公司和速递物流公司总部党组织书记向集团公司党建工作领导小组现场述职；总部机关和直属单位7个党组织书记向集团公司直属机关党委现场述职。其他各二级单位党组织书记都分别向集团公司党建工作领导小组书面述职并参加评议考核。全系统各级党组织都按要求，对所属基层党组织开展了党建述职评议考核工作。

（二）认真开展“三严三实”专题教育，思想政治建设扎实推进

根据中央部署，“三严三实”专题教育在全系统开展。各级党组织精心谋划、周密部署，党组织书记和班子成员带头讲党课；组织开展严以修身、严以律己、严以用权三个专题学习研讨；把专题民主生活会作为专题教育的关键动作和重中之重，广泛征求意见建议，深入谈心谈话，严肃认真开展批评和自我批评。通过专题教育，各级党员领导干部更加深刻领会了“三严三实”的丰富内涵和精神实质，党性修养进一步增强，工作作风持续改进，一些不严不实的突出问题得到解决，群众路线教育实践活动成果进一步巩固和拓展。

各级党组织以此为契机，深入开展思想政治建设。一是抓好领导班子的思想理论武装，把学习贯彻习近平总书记系列重要讲话精神和党的十八大、十八届历次全会精神、中央纪委历次全会精神作为理论学习的重中之重，充分发挥理论中心组学习的示范作用。组织开展全系统党组织书记轮训。开办中央党校分校培训班和集团公司党校培训（轮训）班。二是抓好广大党员干部的理论学习，组织培训，举办讲座，开办论坛，开展征文活动。三是抓好员工群众的思想政治工作，围绕企业党建和改革发展中的热点难点问题，深入开展思想政治工作，加强思想政治工作研究，并取得较好成效。

（三）健全完善党的组织体系工作体系，基层党组织作用不断增强

一是着力推进党的组织体系建设。各级党组织在改革发展中认真抓好党的组织建设工作，努力做到对新成立的机构及时建立党的组织；及时做好党组织换届和委员调整增补工作；针对一些县及县以下邮政企业党的组织体系不健全等问题，采取多种方式予以解决。经过努力，全系统基层党组织基本健全完善。截止到2015年底，全系统基层党委达到1712个，基层党支部12686个，其中联合党支部1448个。

二是着力推进党的工作体系建设。根据中央有关精神，集团公司党组在认真调研并征求中组部等有关部门意见的基础上，制定下发《邮政企业党的工作机构设置和人员编制方案》，对建立健全各级党的工作机构、规范职能、落实编制等事项作出明确部署。

三是着力推进基层党组织活动内容和方式创新。全系统各级基层党组织不断拓展工作思路，结合实际创新开展基层党建工作。比如，有的通过创新党员组织管理模式、完善制度，规范党员发展，不断加强基层党的组织建设；有的以开展创建学习型、服务型党组织活动为抓手，结合邮政改革发展实际，强化基层党组织功能作用；有的通过开展基层党支部规范工作示范点活动，在基层党组织建设、规范党内生活、发挥党组织作用和党员先锋模范作用方面作出了积极探索。

（四）以中央专项巡视整改为契机，把党风建设和反腐败斗争引向深入

一是中央专项巡视整改工作取得阶段性初步成效。2015年6月30日至8月30日，中央第六巡视组对邮政集团公司进行了专项巡视，并于10月21日反馈了巡视意见。集团公司党组和全系统各级党组织牢固树立“整改不力是失职，不抓整改是渎职”的意识，把巡视整改作为一项重要政治任务和中心工作来抓，成立了领导小组和工作机构，明确任务，细化措施，落实责任，建立了“三个清单”和“两个台账”，采取台账管理和销号的方式，整改一项销号一项。在整改过程中，坚持立行立改与建立长效机制并重，坚持开门抓整改。1月27日，巡视整改情况按中央要求分别向系统内和社会公开，接受党员干部和人民群众监督。

二是认真落实党风廉政建设“两个责任”。年初，集团公司党组与各二级单位主要领导签订党风廉政建设责任书；认真抓好落实“两个责任”《实施意见》的监督检查；认真开展对新修订的廉洁自律《准则》和纪律处分《条例》学习宣传贯彻；继续开展企业内部巡视，对13个二级单位进行了巡视，并对部分单位整改落实情况开展了“回头看”检查。中央专项巡视之前，集团公司党组在全系统集中开展了落实中央八项规定纠“四风”、信访问题线索大起底、选人用人、工程建设和物资采购招投标、薪酬发放、“小金库”治理回头看等8个方面的专项自查，并有针对性地开展了专项整治。

三是实施纪检监察体制机制改革。按照中央纪委要求，结合邮政实际，印发集团公司党组《关于深化纪检监察体制改革加强纪检监察组织建设的意见》，将银行、速递、保险、证券4个控股子公司总部纪检监察机构由内设改为派驻，实行双重领导，以集团公司党组纪检组监察局领导为主；在全国分片设立6个分组局，由集团公司党组纪检组监察局派出并统一领导；集团公司总部、直属机关纪委和全系统各二级单位普遍增加纪检监察人员编制。目前各二级单位纪检组长（纪委书记）专司已全部到位，机

构编制落实和地市邮政单位纪委书记分工调整等工作正在推进。

四是认真纠正“四风”问题，严肃处理违纪违规行为。各级党组织和纪检监察机构，认真落实中央八项规定精神，紧盯国庆、元旦、春节等重要时间节点，揪住违反中央八项规定和“四风”问题不放，在全系统深入开展作风建设，严肃查处违反党纪政纪问题。2015 年，全系统对违规违纪问题共给予党纪处分 132 人、行政处分 189 人。其中，集团公司党组纪检组监察局直接立案查处 18 件，责成下属单位立案查处 7 件，给予党纪处分 26 人、行政处分 18 人。

五是强化长效机制建设。围绕从严管党治党、依法依规治企、严惩腐败等重点工作，加强建章立制，努力构建不敢腐、不能腐、不想腐的长效机制。特别是集团公司党组按照中央要求和企业实际，组织修订和制定了中国邮政集团公司党组工作规则、总经理办公会议事规则、“三重一大”决策制度暂行办法，以及在加强党风廉政建设和反腐败斗争等方面的一系列重要制度规定，并强化制度的落实和监督，推动了长效机制落地、见效。

（五）坚持从严管理干部，干部队伍建设得到加强

一是完善干部人事制度。按照中央有关精神，结合邮政实际，修订完善《中国邮政集团公司领导人员管理规定》《加强邮政企业干部监督工作的指导意见》等 10 项制度，进一步明确了领导人员选拔任用的条件标准、工作程序、职业发展和纪律约束，强化了干部日常管理，初步形成了较为全面和有效管用的干部管理制度体系。

二是加强干部队伍建设。坚持重德才、重实绩、重基层的导向，严格“五好干部”标准，全年共补充调整高管人员 251 人次，领导班子结构持续优化。后备干部队伍建设得到进一步加强。举办中央党校分校班和邮政党校班，全年培训中青年干部 496 人；以“战略、创新、发展”为主题，对 493 名省市邮政企业“一把手”开展战略管理轮训，增强了领导干部的党性修养和引领科学发展能力。

三是严格干部监督管理。严格执行领导干部个人有关事项报告制度，结合干部选任、巡视、信访核查等工作进行抽查核实，对漏报、瞒报的，按照规定进行了严肃处理。对 29 个省分公司、10 个直属单位开展了“一报告两评议”工作。不断加大选人用人问题核查处理力度，对涉及突击提拔、违规任用亲属等问题的相关责任人进行了严肃处理。

四是健全人才工作机制。制定集团公司人才发展规划，建立了人才分类体系和人才工作体系。创新人才激励机制，实现了薪酬分配体系与人才评价体系的有效衔接，打通了员工职业发展通道。制定《集团级专业领军人才管理暂行办法》，重点推动电子商务、文化传媒、金融、现代物流等领域专业领军人才队伍建设。持续推进高层次专业技术人才和高技能人才队伍建设，成功举办了邮政业务营销员国家级职业技能大赛。

（六）党的群团工作、企业文化建设和精神文明创建工作持续推进

一是党的群团工作不断深入。职代会制度更加完善，到 2015 年底，全系统三大板块全部建立了省级职代会制度，多数单位落实了职代会民主评议领导班子和成员工作。稳步推进工资集体协商，职工合法权益得到更好保障。企业关爱帮扶机制更加健全，各单位职工互助补充保险的范围不断扩大。职工诉求表达渠道进一步畅通，全系统各省级单位全部开通工会主席信箱，及时听取并处理职工意见建议。职工文化体育活动丰富多彩，先后参加中央国家机关工委、中国通信体协等组织的体育赛事并取得好成绩。这些措施，进一步调动了广大职工的积极性，增强了企业凝聚力。

二是统一的邮政企业文化建设和精神文明建设取得阶段性成果。推进了理念识别系统建设，完善形成了初步方案；启动了行为识别系统和视觉识别系统的建设工作，初步形成了阶段性成果。推进精神文明创建工作，全年新增全国文明单位 24 家，累计达到 87 家；新增交通运输行业文明称号 12 个，累计达到 49 个；新增全国青年文明号 18 个，累计达到 85 个；省级文明单位累计达到 864 家；有 2 人荣获第五届全国道德模范提名奖。

三是认真做好离退休工作和统战工作。组织开展了以“展示阳光心态、体验美好生活、畅谈发展变化”为主要内容的增添正能量活动；开展抗战胜利 70 周年纪念活动，为 400 余名抗战老兵发放纪念章；全面加强离退休干部思想政治建设和党组织建设，落实了老干部的政策待遇。统战、民族、宗教等工作扎实开展。

一年来全系统党建工作取得的成绩，离不开党中央和上级党组织的正确领导，离不开全系统各级党组织、广大党员、干部的共同努力，也是全系统党务工作者辛勤工作和不懈努力的结果。在此，我代表集团公司党组，向关心支持邮政党建工作的上级党组织，向为邮政党建工作付出辛勤汗水的同志们，表示诚挚的感谢并致以崇高的敬意！

看到成绩的同时，也要清醒认识当前邮政系统党建工作存在的问题和不足：一是一些领导干部对党建工作重视不够，责任意识不强，“一岗双责”落实不到位，重业务轻党建、上热下冷、层层衰减的问题仍然存在；二是党建工作体系不够健全完善，队伍建设和素质能力还不适应全面从严治党要求；三是在狠抓制度落实方面存在差距，党建工作长效机制还有待完善和加强；四是从严监督管理干部不到位，“四风”问题依然禁而不绝。对此，我们必须高度重视，在今后工作中认真加以解决。

二、邮政系统党建工作的形势和任务

从今年开始，我国将进入全面建成小康社会的决胜阶段，党的十八届五中全会描绘了“十三五”时期我国经济社会发展的蓝图。做好邮政系统党建工作，首先要放眼党和国家事业发展以及中国邮政事业的发展，坚持在准确把握大的形势背景下谋划和推进工作。

（一）深刻认识和把握好大局大势赋予的新使命

习近平总书记多次强调，要胸怀大局、把握大势、着眼大事，提高观大势、定大局、谋大事的能力。当前，党和国家的大局大势，就是协调推进“四个全面”战略布局，奋力实现“两个一百年”奋斗目标、实现中华民族伟大复兴的中国梦。中国邮政的大局大势，就是要加快发展中国特色邮政事业，在2020年建成世界一流邮政企业。这个大局大势是服从服务于党和国家大局大势的，建成世界一流邮政企业是落实全面建成小康社会奋斗目标的实际行动。

目标宏伟，使命光荣。实现这一宏伟目标，完成这一光荣使命，迫切需要推动全系统各级党组织，一心一意谋发展，聚精会神抓党建，积极发挥各级党组织的领导核心、政治核心和战斗堡垒作用，把党的组织优势转化为促进邮政事业发展的优势；迫切需要引导全系统各级党员领导干部，更新观念、锐意进取，跟上时代发展步伐，树立创新、协调、绿色、开放、共享的发展理念，推动中国邮政深化改革和转型升级；迫切需要激励全系统广大党员干部，提振精气神、增强执行力，勇于担当、攻坚克难，更好地带领广大员工全面落实集团公司党组的决策部署，推动各项工作顺利开展。

（二）深刻认识和把握好全面从严治党提出的新要求

党的十八大以来，以习近平同志为核心的党中央，对加强党的建设、保持党的先进性和纯洁性作出一系列重大战略部署。在前不久召开的十八届中央纪委六次全会上，习近平总书记在讲话中，旗帜鲜明地回答了一系列事关党的建设全局的重大理论和实践问题，强调各级党组织要担负起全面从严治党主体责任，强调全面从严治党永远在路上。近几年，中央大力推动落实党风廉政建设“两个责任”，集团公司党组按照中央要求，把落实“两个责任”作为邮政企业加强党的建设的重要抓手，深入开展各项工作，取得了初步成效。但是必须认识到，党风廉政建设和反腐败斗争是全面从严治党的重要组成部分，但不是全部；相比党风廉政建设主体责任，全面从严治党主体责任的内涵更丰富更全面，责任范围更宽、标准更高、要求更严，不仅将党风廉政建设主体责任涵盖在内，还包括加强党的思想建设、组织建设、作风建设、制度建设等方面的责任。从党风廉政建设主体责任到全面从严治党主体责任，不只是字面上的变化，更是实践的发展、认识的深化。

针对国有企业党的建设工作，习近平总书记又特别强调指出，坚定不移把国有企业做强做优做大，最根本的是加强党的领导，最关键的是深化改革、强化管理。国有企业是党领导下的国有企业，坚持和加强党对国有企业的领导是重大政治原则。全面从严治党、加强党的建设，在国企没有特殊、没有例外，只能加强、不能削弱。中国邮政作为承担经济责任、政治责任、社会责任的大型央企，必须主动担当、积极作为，把全面从严治党这个最根本的政治责任扛起来、落实好。

（三）深刻认识和把握好新时期邮政系统党建工作的特点规律

中国邮政作为网络型企业，点多线长面广；三大板块业务跨度大，各专业都有自己的特点，相关监管部门也都有不同的要求；随着员工队伍年龄结构、知识结构的变化，广大党员干部和职工群众的利益诉求也越来越呈多样化。近几年来，全系统党的建设工作努力适应这些特点和变化，取得了一些成绩，也初步形成了邮政企业党建工作的一些规律性认识：

一是必须吃透和把握中央关于党的建设一系列重要精神和部署要求，并紧密结合邮政实际，认真全面地抓好贯彻落实，保证中国邮政党建工作正确的政治方向。二是必须始终坚持把思想建党放在首位，用马克思主义中国化的最新理论成果武装头脑，做到真学真懂真信真用，努力形成抓党建工作的行动自觉。三是党的建设与企业改革发展必须深度融合，防止和有效解决“两张皮”，做到以党建促发展、以发展强党建。四是必须抓住领导干部这个“关键少数”，强化“一把手”的示范带动作用，把党建工作的龙头舞起来。五是必须重视在抓好顶层设计的同时，重心下移，夯实基础，搞好基层，充分发挥各级基层党组织作用，这样才能使党建工作上下贯通、协调推进。

这些规律性认识，是我们多年来积极探索实践的结果，在新时期党建工作中仍需要继续坚持和发扬。

（四）进一步明确新时期邮政系统党建工作的主要任务

新一届集团公司党组班子组建以来，针对邮政系统党的建设工作，先后提出了要努力做到“三个主动适应”、突出抓好“五个着力”的总体要求，这些都是做好邮政党建工作的重点思路举措，要继续遵循并抓好落实。

今后一个时期中国邮政党的建设工作总的任务要求是：全面贯彻落实党的十八大和十八届历次全会精神，深入学习贯彻习近平总书记系列重要讲话精神，紧紧围绕“五位一体”总体布局和“四个全面”战略布局，以创新、协调、绿色、开放、共享的发展理念引领中国邮政党的建设。把提高思想认识贯穿始终，不断强化全面从严治党主体责任；把加强党的领导与完善公司治理统一起来，实现党的建设与企业改革发展同步、对接；把完善组织体系、工作体系作为重要内容，不断夯实基层基础；把党的建设贯穿于邮政改革发展的各方面和全过程，充分发挥各级党组织的领导核心、政治核心、战斗堡垒作用和党员先锋模范作用，全面提升企业党的建设工作水平，为建成世界一流邮政企业提供坚强保证。

三、2016年邮政系统党建重点工作

2016年是实施“十三五”规划和全面建成小康社会进入决胜阶段的开局之年，也是中国共产党成立95周年，做好邮政系统党的建设工作十分重要。全年工作的重点是：

（一）认真贯彻中央要求，切实落实全面从严治党主体责任

全面从严治党，核心是加强党的领导，基础在全面，关键在严，要害在治。

一是要提高认识，强化责任。全系统各级党组织要牢固树立抓好党建是本职、抓不好党建是失职、不抓党建是渎职的观念，牢记主体责任就是政治责任，真正把管党治党责任扛在肩上。各级党组织书记要做全面从严治党的书记，必须切实承担起全面从严治党第一责任人的责任，还要把责任传导给班子的所有成员；各级党员领导干部要时刻牢记党员身份和党内的职务职责，切实履行好分管领域的党建职责，真正做到“一岗双责”。要把从严管党治党体现到日常管理监督中，做到注重日常，抓早抓小，敢于较真；做到对党负责，对本单位的政治生态负责，对干部健康成长负责。

二是要强化制度执行和措施落地。着力抓好集团公司党组关于全面从严治党《实施意见》和《党建工作述职评议考核办法》等重要制度的贯彻，突出抓好重点任务措施的落实。要加强党建工作调研指导和督促检查工作，采取多种方式深入开展基层调研，对基层党建工作进行经常性检查和分类指导，及时解决存在的突出问题。要坚持做好党建述职评议考核工作，述出责任、评出压力、考出动力，突出评议考核结果的运用，推动党建工作责任制落到实处。

三是要切实抓好对落实主体责任的监督问责。今年中央将颁布党内问责条例，强化对落实全面从严治党责任的监督和问责工作。邮政系统各级党组织要按照中央要求，围绕责任设计制度，围绕制度构建体系，切实加强全面从严治党责任的监督问责。要强化上级党组织对下级党组织和党员领导干部的监督，重点加强对“一把手”的监督，不能把监督任务都推给纪委和纪检监察部门。各级纪委和纪检监察部门要以严肃问责推动全面从严治党责任的落实，整合问责制度，完善问责机制，加大问责力度，让失责必问成为常态，以有力的问责机制倒逼各级党组织履行好管党治党责任。

（二）认真开展“两学一做”学习教育，扎实推进思想政治建设

中央决定，今年在全体党员中开展“学党章党规、学系列讲话，做合格党员”的学习教育。我们要按照中央要求，把这项工作认真组织开展好。

一要充分认识“两学一做”学习教育的重要意义。开展“两学一做”，是党的群众路线教育实践活动、“三严三实”专题教育之后，学习教育从关键少数向全体党员的拓展、从集中性教育活动向经常性教育的延伸，是深化党内教育的又一次重要实践；也是解决一些党员党性意识弱化、宗旨观念淡薄、组织纪律涣散等问题，解决党员教育管理失之于宽松软等问题，解决党内生活庸俗化、随意化、平淡化等问题的重要举措，对新时期加强党的建设具有十分重要的意义。

二要明确学什么怎么学。党章是全党必须遵循的根本行为规范，廉洁自律《准则》和纪律处分《条例》等党规党纪是对党章的延伸和具体化，这是第一个学的内容；习近平总书记系列重要讲话，是马克思主义中国化的最新理论成果，是坚持和发展中国特色社会主义的行动指南，这是第二个学的内容。这些内容，每一名党员都要做到必知必信必行。根据中央要求，这次学习教育面向全体党员。针对邮政系统点多、线长、面广的特点，各级党组织要因地制宜，精心组织，讲究方法，做到分层分类指导。要紧密联系党员的思想、工作、作风实际，融入日常，注重实效，防止形式化、走过场。

三要明确学习教育的目标要求。“两学一做”的实质是把思想建设、作风建设、纪律建设融为一体。要通过学习教育，使全系统广大党员增强看齐意识，经常主动向以习近平同志为核心的党中央看齐、向党的理论和路线方针政策看齐；要更加自觉地尊崇党章、履行党员义务，爱党忧党兴党护党；更加主动地立足岗位，履职尽责，做讲政治、有信念，讲规矩、有纪律，讲道德、有品行，讲奉献、有作为的合格共产党员。在学习教育中，要积极做好先进典型选树工作，在邮政系统选树一批先进基层党组织和优秀共产党员典型，并大力宣传推广，树立起党员群体的良好形象。

关于这次学习教育，集团公司党组将根据中央部署作出具体安排。

（三）推进党的组织体系工作体系建设，夯实党建工作基础

一要进一步健全和规范基层党的组织体系。按照中央清理规范党组工作的要求，突出抓好全系统部分省、市、

县和集团公司直属单位204个党组改建党委的工作，进一步健全和规范基层党的组织体系，力争今年上半年基本完成。有关具体工作要求，集团公司党组将另行下发指导意见。这项工作政策性强，程序要求严格，各单位一定要高度重视，认真制定实施方案，报集团公司党组审定后，认真抓好落实。同时，要进一步理顺邮政系统三大板块党组织的关系，进一步明确地方党委与邮政系统党组织间的工作关系，发挥合力，共同促进全系统党建工作。还要按照党章要求，随着机构和干部调整，及时做好基层党组织换届、干部补充等工作，保证组织健全、工作不断。

二要进一步健全完善党的工作体系。今年初出台的《邮政企业党的工作机构设置和人员编制方案》，是集团公司党组落实全面从严治党主体责任，加强全系统党建工作的重大举措。各部门各单位要按照党组要求，抓紧推动落实党建工作机构、编制和人员配备，上半年要基本完成此项工作，做到机构到位、人员到位、工作到位。各单位对这项工作的落实情况，要在7月上旬向集团公司党组报告。

三要抓好《纪检监察体制机制改革和组织建设方案》的落实。各单位要按照集团党组的部署和要求，积极推动落实所属纪检监察部门的机构设置和人员配备工作，力争上半年完成。各派驻机构要按照职责定位，加强对领导班子成员尤其是"一把手"的监督，真正发挥"派"的权威和"驻"的优势。各级纪检监察机构要持续转职能、转方式、转作风，推进理念思路、体制机制、方式方法创新，推进标本兼治，强化工作实效。

四要努力建设一支高素质的党务干部队伍。各级党组织要从党建工作的新任务新要求出发，配齐配强党务干部。要充分发挥中国邮政党校等培训机构的作用，加强党务干部培训。全系统广大党务干部要着力提升政治素养，增强党性意识；提升工作能力，树立优良作风；提升责任意识，扎实干事创业；提升创新意识，敢于攻坚克难，为做好新时期邮政党建工作做出不懈努力。

（四）切实发挥各级党组织的功能作用

一要进一步强化党组织的政治功能和服务功能。要充分发挥党组织政治核心作用，确保中央方针政策和集团公司党组的决策部署在本单位得到认真贯彻落实。坚持把党对企业的领导落实到党的建设与企业改革同步加强上，落实到党组织发挥领导核心、政治核心和战斗堡垒作用上，落实到与完善公司治理有机统一上。要认真贯彻执行"三重一大"决策制度，健全相应的议事决策机制，既要提高决策效率，又要履行必经程序，按照规定，该上党组（党委）会的要上会，该由党组（党委）把关的要把关。要通过选派政治素质好、党性修养高的基层党组织书记和党务干部，切实加强企业政治工作力量。要深入推进服务型党组织建设，围绕"六有"目标和"五项"任务，积极推行和创新支部工作法，广泛开展争创"四强"党组织和"四优"党员活动，发挥基层党组织的战斗堡垒作用和党员的先锋模范作用。要按照控制总量、优化结构、提高质量、发挥作用的要求，认真做好党员发展工作，特别是注重在基层一线及青年员工中发展党员。要严格党内组织生活和党员日常教育管理，强化"三会一课"功能作用，着力提高党员的政治意识、组织意识和表率意识，不断探索服务中心、建设队伍的实现途径和有效方式。

二要努力创新基层党组织活动及党员教育管理的方式方法。各级基层党组织要深入研究和准确把握新形势下党建工作特点规律，根据各板块、各单位实际，积极探索党建工作方式方法，特别是运用互联网和现代传媒等多种新技术新手段探索党建工作新模式。要大力开展基层党组织规范工作示范点建设活动，建设一批基层服务型党组织示范点，带动基层党建上水平。要及时总结交流推广基层党建工作的典型做法和先进经验。

（五）驰而不息推进党风建设和反腐败斗争

一要坚持把纪律挺在前面。进一步扎实开展党性党风党纪教育，用纪律管住全体党员，引导广大党员尤其是党员领导干部树立纪严于法、纪在法前的意识，形成尊崇党章、遵守党纪的良好风尚。我们要教育党员领导干部特别是高管人员，始终牢记：中国邮政是国家的企业、人民的企业，我们各级党员领导干部首先是党的人，是党派到邮政企业的管理者，必须做到对党绝对忠诚，让党中央放心、让人民满意。对党绝对忠诚是最重要的政治纪律；坚持党中央的集中统一领导是最根本的政治规矩；守住纪律底线是最根本的政治要求。要认真学习贯彻党章，以《准则》《条例》为重要依据，强化监督执纪，加大问责力度，把纪律要求贯穿于党员的日常管理监督，以零容忍的态度抓好纪律执行。要把握运用好监督执纪的"四种形态"，及时通过咬耳朵、扯袖子、红脸出汗，拉起防范错误的"第一道防线"；通过党纪轻处分和组织处理，守住防止犯大错误的"第二道防线"；通过党纪重处分和重要职务调整，筑牢防止违法犯罪的"第三道防线"，防止党员干部由好同志变为"阶下囚"，陷入违法犯罪的深渊。

二要持之以恒抓好作风建设。习近平总书记在中央纪委六次全会上强调，作风问题本质上是党性问题，要坚持坚持再坚持，把作风建设抓到底。中央决定，今年上半年对央企党的十八大以来整治"四风"问题的情况开展"回头看"，并适时对部分企业进行抽查。集团公司党组已经根据中央要求，对在全系统开展"回头看"工作作出部署。这项工作时间紧、任务重、要求高，各级党组织是"回头看"工作的责任主体，党组（党委）书记是第一责任人，要高度重视，强化责任担当，精心组织，抓好落实。各级领导干部都要自觉把自己摆进去，既要带头对自己开展"回头看"，又要亲自抓好部署、检查和落实，确保“回头看”工作顺利开展。按中央要求，各二级单位党组织要于4月10日前，将开展“回头看”的情况写出专题报告，上报集团公司党组；集团公司党组将于4月15日前上报中央纪委。

三要加大巡视监督力度。继续抓好中央专项巡视整改工作。集中的整改工作虽然告一段落，但并不意味着工作的结束。全系统各级党组织和党员干部要保持清醒认识，持续发力，确保整改工作的劲头不松、力度不减、标准不降。对已经完成销号的项目，要巩固整改成果，防止问题反弹；对已经出台的各项规章制度，全系统要上下联动，狠抓落实，并长期坚持；对正在进行尚未完成的项目，要继续按台账销号的要求发力推进，并强化跟踪督办，确保按期不折不扣地完成后续整改任务。

要继续加大企业内部巡视工作力度。今年将分4批对15个省（区、市）邮政企业单位和10个直属单位开展巡视，巡视的重点是：是否贯彻从严治党路线方针政策，是否存在党的领导弱化、主体责任缺失，以及领导人员是否存在违纪违规等问题。要认真贯彻执行中央巡视工作条例和集团公司党组巡视工作实施办法，提高依规巡视能力，推动巡视工作制度化、规范化。被巡视单位要高度重视，积极配合巡视组开展工作，并认真抓好巡视整改。集团公司党组对各单位巡视整改落实情况，将开展“回头看”，对敷衍整改、整改不力、拒不整改的，抓住典型，严肃追责。

四要持续保持反腐败斗争的高压态势。继续把握力度节奏，保持反腐败高压态势不放松。要畅通信访渠道，进一步强化监督和加大案件查办力度，突出抓好党的十八大以后不收敛不收手、问题线索反映集中、群众反映强烈、现处在重要岗位且可能还要提拔使用的党员领导干部等查处重点，形成持续威慑。

（六）着力加强干部队伍建设，把选人用人和从严管理干部的要求落到实处

一要着力加强领导班子建设。按照中央要求和新时期好干部标准，严格标准条件和选拔任用程序，选好配强各级领导班子。纪委书记（纪检组长）要从动议开始，全过程参与选人用人监督。要加大后备干部补充调整力度，加强集团公司二级单位领导班子正职后备干部队伍建设。要制定领导人员综合考核评价办法，科学全面评价企业领导人员，充分发挥考核的激励导向作用。

二要扎实做好干部教育培训。贯彻中央《干部教育培训工作条例》和集团公司党组干部教育培训五年规划，从体制机制、培训内容、考核评估等方面完善邮政企业干部教育培训体系。要注重分级分类、按需施教和学以致用；注重在加强业务知识、领导能力等方面培训的同时，加强理想信念、党性修养、道德品行教育。要建立干部教育培训考核和激励机制，把干部接受教育培训情况作为考核和晋升的重要参考。要贯彻全国党校工作会议精神，进一步加强和改进邮政党校工作，继续办好中央党校分校班和邮政党校各类培训（轮训）班。

三要从严监督管理干部。认真落实加强邮政企业干部监督工作的《指导意见》，完善干部监督工作机制，强化干部监督工作队伍建设，把干部监督贯穿于教育培训、考察考核、选拔任用、日常管理的各个环节。要用好提醒、函询、诫勉等措施，多做“扯袖子、咬耳朵”的工作，防止小毛病演变成大问题。持续抓好跑官要官、说情打招呼，违反干部任用标准程序，违规兼职、干部档案造假等专项整治。加大对选人用人违规违纪问题的核查处理力度，从严执纪问责。结合党组巡视工作，开展选人用人专项检查，防止突击提拔、违规破格提拔和“带病提拔”干部。

这里特别强调领导干部报告个人重要事项问题。中央对此高度重视，习近平总书记指出，“领导干部个人事项报告制度是请示报告制度的一个重要组成部分”，“如果填的和实际情况不一样，就要搞清楚为什么，不能糊弄党组织”。赵乐际同志强调，“要把核实结果作为评价识别干部是否忠诚老实、是否清正廉洁、是否‘带病’的重要依据”。从去年集团公司党组按中央规定，开展领导干部个人有关事项报告抽查核实的情况看，有相当比例的干部存在漏报甚至瞒报的问题，必须引起高度重视。今年，中组部将进一步明确个人有关事项报告抽查核实处理办法，我们将按照中央规定，对漏报、瞒报行为进行严肃认真处理。

四要加快人才队伍建设。坚持“党管人才”原则，继续推进人才体制机制创新，充分激发人才的创新活力和创造潜力，有效支撑企业转型升级和创新发展。加快落实集团公司人才发展规划，推进人才测评中心建设，构建线上线下相结合的测评体系，启动人才评价选拔工作。突出抓好集团级专业领军人才和高技能人才队伍建设，加大对金融、快递和电子商务等企业急需高端人才的引进力度，进一步优化人才结构。要完善相关配套措施，为人才发挥作用营造良好氛围。

（七）进一步加强党的宣传舆论工作和群团工作

一是加强党的宣传舆论工作。认真贯彻落实习近平总书记在党的新闻舆论工作座谈会上重要讲话精神，把政治方向摆在第一位，充分发挥各类宣传媒体的重要作用，加强党的宣传舆论工作。要认真落实集团公司党组关于加强和改进邮政新闻宣传工作的指导意见，发挥好中国邮政报刊、网站等媒体的新闻宣传主渠道作用，办好党建工作信息，及时全面反映各单位开展党建工作的情况，促进党建工作交流，真正做到新闻宣传工作“两手抓”，并使之常态化。要创新宣传思想工作方法，注重利用新媒体、新形式加强舆论引导，弘扬主旋律，传播正能量。要加强思想

政治工作研究，发挥思想政治研究会作用，增强理论研究的时效性、针对性，促进成果转化。今年重点抓好纪念建党95周年、红军长征胜利80周年、邮政开办120周年等重要纪念活动的主题宣传工作。

二是发挥各级群团组织作用，突出做好一线员工、青年员工和女职工群体工作。贯彻落实中央党的群团工作会议精神，把群团工作纳入党建工作总体部署，指导各级工会组织紧紧围绕企业中心工作，因地制宜开展劳动竞赛和岗位练功活动。要进一步增强群众观念，畅通员工群众诉求渠道，健全完善民主管理、民主监督机制，切实发挥各级职代会作用，维护员工合法权益。要坚持以党建带团建，支持各级团组织紧密结合青年员工特点开展工作，助推青年员工成长成才。要发挥女工委员会作用，针对女职工特点开展好女工工作，注重培养女干部，选树和宣传女职工先进典型。

三是加快中国邮政统一的企业文化建设。今年要整体完成企业文化理念识别系统、行为识别系统和视觉识别系统的建设工作，建立三大系统有机结合的统一的邮政企业文化体系。同时推进企业文化宣贯工作，创新传播方式、提升宣贯效果，适时启动企业文化考核评价机制。开展企业文化示范点建设，总结推广企业文化建设工作典型。加强企业文化工作队伍建设，建立邮政企业文化内训师队伍，开展有针对性的企业文化骨干培训。

四是统筹推进企业精神文明建设。紧密围绕企业发展战略，努力提升精神文明建设工作水平。要继续深入开展邮政企业文明创建工作，明确目标和标准，坚持巩固与提高相结合、自我建设与典型引领相结合，形成层层递进的创建格局。要深化先进典型的选树推广，建立多层次、多角度的先进典型选树机制，积极培养选树邮政系统的先进典型，形成学先进、做先进的文明风尚。

五是认真做好离退休管理和统战工作。认真贯彻落实中央《关于进一步加强和改进离退休干部工作的意见》，更加注重加强教育引导，加强理论学习和思想政治教育，创新离退休干部党组织建设；更加注重发挥离退休干部的独特优势，坚持不懈开展为党和邮政事业增添正能量活动；更加注重做好服务保障工作，满腔热忱为他们排忧解难，让广大离退休干部安心舒心暖心；更加注重加强对离退休干部工作的领导，完善制度机制。同时，认真做好统战、民族、宗教等工作。（集团公司办公室）

综　述

2016年，面对经济下行压力加大等多种困难挑战交织的复杂局面，集团公司认真落实党中央、国务院的决策部署，上下同心，迎难而上，积极作为，实现“十三五”的良好开局。

集团公司在以下方面取得突出成绩：

1. 经济效益提升。2016年，集团公司总收入4421.4亿元。按利差口径集团公司总收入完成3348.3亿元，比上年增长5.3%。集团公司实现利润总额435.6亿元，比上年增长9.1%。实现邮政发展稳中向好、提质增效。

2. 邮储银行成功上市。邮储银行深化体制改革，成功在港交所主板上市，募集资金总额达591.5亿港元（行使超额配售选择权后），是近两年来全球最大IPO。通过上市，邮储银行建立起资本金补充长效机制，公司治理结构完善，品牌知名度大幅提升。

3. 三大新增长极取得新进展。中邮保险优化业务结构，提前完成期交“百亿工程”目标，实现期交保费137.4亿元，比上年增长121.6%，占总保费比重46.3%。邮速双方合力开拓市场，包裹快递业务量完成29.6亿件，比上年增长40.5%；业务收入完成472.7亿元，比上年增长24.4%。包裹快递业务改革以来，发展速度进一步加快。1月10日当日，仅国内标快和快递包裹的业务量合计就超过1000万件，远远超过2013年、2014年设定的突破500万件 / 天的预期目标。农村电商积极拓展线上线下渠道，新增邮乐购站点23.3万个，累计达33.8万个；累计实现交易额726.1亿元，比上年增长458.5%。邮政农村电商发展得到李克强总理和汪洋副总理等中央领导的充分肯定。

4. 社会影响力显著提高。积极落实国家“一带一路”倡议，成功举办2016中国（重庆）邮政高层论坛，对促进跨境电商寄递业务快速发展起到了重要作用。成功举办纪念中国邮政开办120周年系列活动，在新华社《国内动态清样》等重要内参报道邮政改革发展的成就，展示了中国邮政良好形象。集团公司与吉林、甘肃、西藏3省（区）政府，与国家新闻出版广电总局、中石化、中信集团等单位签订了战略合作协议。邮储银行与河北、广西等5省（区）政府签订了战略合作协议。中国邮政在2016年《财富》“世界500强排行榜”中位居第105位，比上年提升了38位；收入规模位居世界邮政第2位，利润位居第1位；在“2016中国企业500强”排名中位居第21位，比上年提升1位。

2016年，集团公司主要完成以下工作：

1. 保持邮政平稳健康发展

集团公司深入实施“一体两翼”经营发展战略，全力打造三大新增长极，实现平稳健康发展。邮政公司完成收入1432.4亿元，比上年增长13.1%；速递物流完成收入323.6亿元，比上年增长16.7%；中邮保险完成收入334.8亿元，比上年增长18.1%；中邮证券完成收入2.8亿元。

（1）平台建设进一步推进。推出“中国邮政便民服务”品牌形象标准，开发实体运营管理系统，开展平台“百千工程”建设活动，有效支撑普惠金融、农村电商等各类业务发展。依托平台，积极承接政府公共服务项目，与交通部、公安部、国家工商总局、国家税务总局、国务院扶贫办、国家社保中心等部门合作开展便民服务；函件、报刊、分销和增值业务实现平稳发展，集邮业务实现了较快增长。

（2）金融翼保持平稳发展。邮储银行以上市为契机，推动转型发展，保持良好发展态势。中邮保险深耕邮银渠道，实现期交新单保费89.4亿元，列同业银保渠道期交规模第5位，连续2年列银保系寿险公司第1位。中邮证券狠抓重点业务，证券账户总规模超过91万户，比上年

核心理念 Core Concepts

企业使命：情系万家 信达天下
Enterprise mission: Reaching Everyone Everywhere

企业愿景：建设世界一流邮政企业
Enterprise vision: To build a world-class postal service enterprise

核心价值观：用户至上 员工为本
Core values: Client upmost, employee oriented

企业精神：创新 协同 诚信 担当
Enterprise spirits: Innovation, coordination, integrity, commitment

服务宗旨：人民邮政为人民
Service tenet: China Post, by the people, for the people

中国邮政企业文化

增长 180%；资管业务主动管理规模达到 724.5 亿元，比上年增长 68.6%，行业排名提升至第 14 位。邮政公司积极发挥渠道优势，大力发展代理金融业务，实现新单保费 3309 亿元。

（3）寄递翼实现快速发展。邮速双方共同深化与电商平台合作，快递包裹业务量完成 11.3 亿件，比上年增长 83.4%；业务收入完成 83.8 亿元，比上年增长 45.4%。国内标快业务发展趋势向好，业务量完成 8.3 亿件，比上年增长 8.4%；业务收入完成 102.3 亿元，比上年增长 8.7%。国际寄递业务量完成 9.7 亿件，比上年增长 41.3%；业务收入完成 210.2 亿元，比上年增长 29.4%；国际小包直客业务量收占比均超 80%。物流业务收入完成 45.6 亿元，比上年增长 8.2%。

2. 推进企业改革创新

（1）体制机制改革不断深化。根据中央关于深化国有企业改革的部署，结合邮政实际，拟定集团公司公司制改革的总体方案、邮务事业部制改革的初步方案。制定下发省分公司经营组织架构改革机构编制设置方案，完善中邮保险总部及省级组织架构。制定零基预算推进方案，构建邮政公司成本费用定额标杆体系。完成战略绩效管理体系建设，对省邮政分公司实行差异化考核，对控股子公司和直属单位实行分类考核。

（2）网运改革取得新进展。以强化网运管控体系为关键，初步构建时限管控、指挥调度、质量考核三大体系，完善陆运网运营闭环式管理机制。17 个省全面实施邮速资源整合，大力提升干线邮车利用率和包裹上机分拣率，推广县域分拣、转运、投递“三合一”改革，提升全网资源利用率。以无锡速递新集散中心投产为契机，积极构建长三角区域集散网。在新疆、四川等省（区）开展邮速航空运输资源整合，缩短远距离地区间的快递包裹传递时限。

（3）资本运营取得实效。重组中邮资本和中邮资产。为中邮保险等补充资本金，完成前海再保险公司筹建，增资蚂蚁金服。推进速递物流公司在德国、香港设立合资公司，加快速递物流国际化进程。

（4）全员创新活动取得丰硕成果。为实施创新驱动发展战略，调动全员创新积极性，集团公司开展全员创新活动。经过认真评审，90 项成果获全国邮政企业科技创新奖，60 项成果获全国邮政企业管理现代化创新奖。其中，45 项成果分别获得交通行业和通信行业管理现代化创新奖；3 项成果获国家级企业管理现代化创新奖，特别是《邮政企业支撑电商寄递业务发展的陆运网全面升级管理》成果荣获一等奖。

3. 增强核心竞争能力

集团公司投资 196 亿元，加大能力建设，支撑业务发展。

（1）信息化建设步伐加快。按照信息化规划，围绕五大重点平台，全面推进信息化项目建设。完成 ERP 系统在全板块、全模块推广上线工作。启动新一代寄递业务信息平台开发；完成 CRM 系统工程咨询设计；实现大数据平台核心业务功能上线运行；完成邮政私有云的初步搭建。加快金融核心信息系统建设，实现网贷工程、门户工程、新一代手机银行上线，全面完成集中授权系统建设。推进快递包裹、国际小包、国际速递、运费核算等业务系统的改造。组建集团公司软件开发中心，提升自主开发能力。

（2）寄递网能力迈上新台阶。按照国际领先标准完成上海浦东、广州、昆明等 7 个处理中心的工艺改造工作，全网日处理能力达 2400 万件。“双十一”期间，全网双层分拣机平均每套日处理量达 41 万件，广州中心局单日处理量峰值达到 123 万件。特别是集团公司依靠先进技术，提升作业效率，减少用工人数。与上年相比，在包件日均

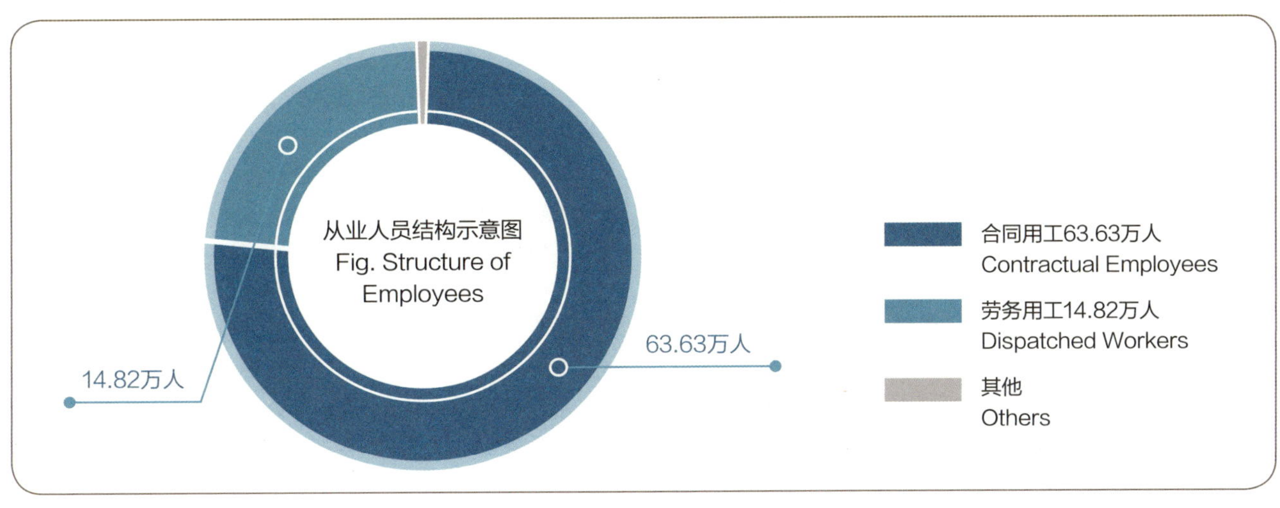

集团公司从业人员示意图

处理量增长127%、“双十一”期间增长242%的情况下，全国23个配备自动化分拣设备的一二级中心局用工总数减少890人。优化干线运输网络，推行散件外走、车等邮件、甩挂运输等作业方式，全国省际快递包裹T+3日递率达80.6%，省内互寄次日递率提高至90%，全国县及县以上城区全程平均时长65.2小时，比上年缩短11小时。邮航机队规模达28架，构建自主航空网二频次集散运输网络。推进投递网由生产支撑型向经营服务型转变，增加PDA2.3万台、电动三轮车9242辆、投递车辆5130辆；智能包裹柜达1.6万台，人工自提点达16.8万个，促进包裹快递业务发展。在24省82个城市布局云仓，共建138个仓储中心，仓配一体化项目达500余个。

4. 强化企业管理

（1）财务管控持续完善。完成资金收支两条线体系搭建，实现全网资金集中管理。推进集中核算流程优化，设立直属单位集中核算机构，出台直属单位财务机构负责人派驻制管理办法。调整包裹快递业务内部结算政策，完善邮政普遍服务和特殊服务补贴核定办法，进一步规范邮政服务“三农”补贴项目管理。

（2）人力资源管理更加科学。建立市场化用工配置机制，采取“基本配员+定效配员”的模式，动态核定用工总量计划，优化人力资源配置，支持重点业务发展。规范劳动用工管理，合理调控劳务用工总量和用工结构。全面实施弹性人工成本管控，人工成本配置效益导向更加突出。严肃薪酬分配纪律，规范人工成本提取发放管理。推进岗位标准体系建设和岗位资格认证试点工作，加快省级人力资源服务支撑中心建设，开发应用员工自助服务系统。板块协同发展力度加大。定期召开三大板块日常协调会议，完善业务信息共享机制，建立产品和项目协同研发机制。邮银协同推出代理消费金融项目，邮速协同推出一票多件等新产品和新服务。

（3）审计监督和集中采购管理成效突出。开展全行业跨年度财务收支审计；经济责任审计关口不断前移，强化对领导人员的履职监督；制定工程建设项目审计实施细则和委托造价咨询机构审计管理办法，规范工程审计管理；开展成本费用实时监控审计，严控“突击花钱、乱花钱”现象。完成各类审计项目2.4万余个，节支10.5亿元。全网集中采购效益不断提高，完成集中采购项目6313项，节约资金37.3亿元。

（4）安全生产管理和风险防控进一步强化。严格落实安全生产责任制，强化资金、邮件、信息网、航空、消防、交通和员工等安全管理。完成G20峰会等重大活动安全保障工作，得到国家相关部门的充分肯定。邮银双方加强内控管理体系建设，加大合规检查力度，开展“两个加强、两个遏制”回头看和“内控达标年”活动，开展案防工作评估，落实案防责任制，有效提升了内控管理水平。2016年金融资金案件数量和涉案金额均大幅下降，成效非常明显。中邮保险以“偿二代”监管体系为基准，健全风险管控体系，有效应对了满期给付和退保等重点风险。

5. 提升邮政服务水平

（1）普遍服务和特殊服务扎实推进。着力解决空白乡镇补建局所建设遗留问题，加强省、市、县普遍服务三级管控体系建设，组织开展全国普遍服务管理专项检查，大力提升普遍服务水平。积极参与普遍服务标准修订。党报党刊发行实现了稳定增长，机要邮件做到万无一失。

（2）服务“三农”和小微企业得到好评。落实中央一号文件精神，高举普惠金融旗帜，加大服务“三农”和小微企业工作力度，成立了邮储银行“三农”金融事业部，构建了专业化的为农服务体系。积极践行央企社会责任，落实国家精准扶贫战略，推动邮政金融扶贫、电商扶贫，得到了各级党委政府的肯定和广大群众的称赞。

（3）客户服务质量进一步改善。强化客服管理，改善客户体验，邮政公司用户申诉处理满意率达96.3%，EMS申诉率同比下降33%，EMS获万国邮联客服质量奖。开展包裹快递运行质量专项检查，加强无着邮件管理，开展暗查暗访，严查违规经营，对运行质量突出问题进行整改。62个重点城市标快次日递率达到80%以上，城市包裹快递当日妥投率达到92.2%，妥投信息实时反馈率达到98.6%。在邮政金融网点开展“服务行为改进年”活动，提高网点服务质量，全年网点服务投诉量比上年减少22.3%。中邮保险在保监会年度服务评价考核中获得行业最高的2A评级。

6. 深入推进党的建设

（1）党建工作成效明显。按照中央部署，深入开展“两学一做”学习教育。认真落实国有企业党建工作要求，将党建工作纳入公司章程和绩效考核体系。大力推进党组改党委工作，全系统177个市（地）及以下企业单位党组改党委工作全部完成，理顺党建组织体系和工作体系，加强党的基层组织建设，完善党的工作机构设置，充实党务工作人员。集团公司党组制定的271项中央专项巡视整改措施基本完成。

（2）党风廉洁建设及反腐倡廉工作持续深化。实施纪检监察体制机制改革，对控股子公司实行派驻制，组建北京、南京、成都3个分组（局），进一步强化纪检监察力量。对65个邮政企业单位分4批巡视，并对3省（市）邮政企业单位开展巡视“回头看”。制定贯彻落实《中国共产党问责条例》实施办法，加大执纪审查力度，严肃查办违纪违法案件，处理违纪违法人员256人。严格落实中央八项规定，开展了“四风”问题整治情况“回头看”，加强了机关作风建设。

（3）干部人才队伍建设不断加强。规范领导人员任免工作程序，加强领导班子建设；开展后备干部调研工作，调整优化后备干部队伍；加大干部监督管理力度，深入推进选人用人专项检查、领导干部个人事项报告抽查核实和档案专审工作，严肃处理检查发现的违规破格提拔干部、个人事项报告漏报瞒报、“三超两乱”、档案造假等问题。举办中央党校分校班和邮政党校班，对省级邮政企业主要领导进行了管理创新培训，对县分公司一把手进行了战略执行与领导力提升轮训。制定人才评价选拔与管理实施意见。着力推进重点人才工程，选拔27个专业方向的初级人才近万人；选拔集团公司会计专业领军人才7人、领军人才后备4人；组织开展高级技师考评。

（4）编制完成中国邮政“十三五”发展规划，明确集团公司发展战略，为建成世界一流邮政企业指明方向和路径。发布《中国邮政企业文化手册（2016年版）》。广泛开展文明单位、青年文明号等群众性创建活动，全国邮政有3个单位荣获全国“五一劳动奖状”，6名个人荣获全国“五一劳动奖章”，16个单位荣获全国“工人先锋号”，20个单位荣获全国青年文明号。深入实施“关爱工程”，建成职工小家2.7万余个。法律事务、保密、信访档案、宣传舆情等管理工作得到加强。（集团公司办公室）

大事记

◇ 中国邮政集团公司

◇ 中国邮政储蓄银行股份有限公司

◇ 中国邮政速递物流股份有限公司

◇ 中邮人寿保险股份有限公司

◇ 中邮证券有限责任公司

中国邮政集团公司

1月

23日 2016年全国邮政工作会议在京召开。会议全面贯彻落实党的十八大和十八届三中、四中、五中全会及中央经济工作会议精神，以习近平总书记系列重要讲话精神为指导，以“四个全面”战略布局为统领，总结2015年和“十二五”时期邮政工作，明确“十三五”发展目标，安排部署2016年工作任务。

27日 中共中央、国务院《关于落实发展新理念加快农业现代化实现全面小康目标的若干意见》（即2016年中央一号文件）发布，支持邮政参与农村电商和金融服务体系建设，支持邮政储蓄银行建立“三农”金融事业部，打造专业化为农服务体系。

2月

25日 集团公司2016年党的建设工作暨纪检监察工作会议在京召开。会议全面总结2015年邮政系统党建工作，明确中国进入全面建成小康社会决胜阶段的邮政系统党建工作任务，部署2016年邮政党建重点工作。

3月

4日 十二届全国人民代表大会第四次主席团第一次会议召开前，习近平总书记听取全国人大代表、江苏省泰兴市江平路邮政支局局长何健忠关于邮政开展预防邮路建设和精准扶贫工作的情况汇报后，对邮政工作给予肯定，称赞邮政又做了两件有意义的事情。

20日 中国邮政开办120周年纪念日，全国邮政系统围绕“展邮政风采，创一流品牌”主题，开展丰富多彩的宣传纪念活动。

23日 山东省委书记姜异康在济南会见集团公司总经理、邮储银行董事长李国华。李国华感谢山东省委、省政府长期以来对邮政工作的重视和支持，并重点介绍邮政普惠金融、寄递业务改革、综合服务平台及农村电商发展等情况。

24—25日 全国邮政财务工作会议在山东省济南市召开。会议确定2016年邮政财务工作思路：认真贯彻落实全国邮政工作会议和党建暨纪检监察工作会议精神，围绕“一体两翼”经营发展战略，借力ERP系统推广应用，加大改革力度，深化创新转型，进一步加强财务管控，优化财务资源配置，夯实财务管理基础。集团公司总经理李国华出席会议并对做好财务工作提出要求。

4月

6—7日 2016年全国邮政人力资源工作会议在福建福州召开。集团公司党组书记张亚非出席会议并作重要讲话，集团公司副总经理康宁作工作报告。

9—10日 中央财经领导小组办公室副主任、中央农村工作领导小组办公室副主任韩俊一行调研指导浙江省邮政农村电商发展。浙江省副省长孙景淼，集团公司总经理、邮储银行董事长李国华，副总经理张荣林，浙江省分公司总经理陈清陪同考察。

12日 中国邮政在重庆举办以“合作共赢、促进发展”为主题的2016中国（重庆）跨境电商邮政高层论坛，“一带一路”沿线26个国家和地区的邮政高层参加，会议通过《重庆宣言》。

20日 集团公司党组对“两学一做”学习教育进行动员部署，并印发《邮政系统开展“两学一做”学习教育的指导意见》。

27日 中国邮政金融“双优”表彰大会在全国政协礼堂隆重举行，对130家“优秀营业所”、70家“优秀支行”、100位“优秀营业所主任”、50位“优秀支行长”、20位“金牌营业所主任”、10位“金牌支行长”进行表彰。

29日 中华全国总工会在北京召开庆祝“五一”国际劳动节暨“全国五一劳动奖状、奖章”表彰大会，邮政系统3个单位荣获全国“五一劳动奖状”、7名个人荣获全国“五一劳动奖章”、17个集体荣获全国“工人先锋号”。

5月

26日 集团公司与北美最大的移动购物平台Wish签署全面战略合作协议，双方将在物流、金融、保险、仓储、培训、线下推广、代运营等方面开展深入合作。

6月

27日 万国邮政联盟EMS合作机构管理理事会会议暨亚太地区跨境电商和EMS市场发展战略高层研讨会

在云南省昆明市召开。会议由万国邮联 EMS 合作机构主办，中国邮政集团公司、中国邮政速递物流股份有限公司承办。参会人员来自日本、韩国、越南、泰国、马来西亚以及荷兰、巴西（特约国家）等 21 个国家和地区的 50 多名邮政代表。会议围绕区域 EMS 市场发展策略、EMS 运营质量提升、供应链整合及海关清关等问题交换意见，分享提升 EMS 服务质量的成功经验、EMS 市场营销策略的成功案例，就如何促进 EMS 发展分组讨论。

7月

1日 集团公司与东南亚最大的跨境电商平台 LAZADA 签署战略合作协议，双方计划在跨境物流、仓储、供应链金融等领域开展深入合作。

英国《银行家》杂志公布“2016 年全球银行 1000 强排名”榜单，邮储银行以 2015 年末总资产近 7.3 万亿元排名 22 位，比 2014 年首次参加排名上升 6 位。

7日 国家邮政局党组书记、局长马军胜视察青海省海东市分公司、西宁市分公司和西宁邮区中心局工作。实地察看了海东市平安区邮政网点场地和服务设施，并与海东市分公司领导班子座谈，听取了海东邮政近几年经营发展、普遍服务等情况汇报，对海东邮政普遍服务工作给予了充分肯定。

20日 美国《财富》杂志公布 2016 世界 500 强排行榜，集团公司位居第 105 位，比上年跃升 38 位，排在世界邮政第 2 位。

中共中国邮政党校首次参加中央党校中央国家机关分校 ISO9001 质量管理体系内审并通过认证，标志着邮政党校办学的规范化水平进一步提高。

8月

5—10日 以“中国梦 集邮情”为主题的“2016 集邮周”活动在全国各地举办，这是我国首次举办全国性的集邮周活动。

10—12日 国家邮政局党组书记、局长马军胜视察南宁航空邮件处理中心、百色市田东县。他强调，广西邮速双方要充分利用南宁航空邮件处理中心空侧资源优势，合力加快业务的发展，要利用好邮政大网优势，继续扩大百色芒果寄递项目规模。

18日 中国邮政企业文化体系正式发布，同时推出《中国邮政企业文化手册（2016 年版）》。

22日 李克强总理到江西省瑞金市华屋村“邮乐购”电商脱贫站点视察，肯定邮政电商加快了农产品流通、为农村公共服务提供了很好的保障。

9月

8日 邮储银行成立“三农”金融事业部，为“三农”金融服务进一步做大做强、做专做精奠定坚实基础。

20日—10月7日 中国邮政参加在土耳其伊斯坦布尔举行的第二十六届万国邮联大会，当选新一届行政理事会和经营理事会成员，成功竞选担任经营理事会二委主席。

28日 邮储银行在香港联合交易所主板成功上市，是两年来全球最大的 IPO、六年来最大的 H 股 IPO 以及香港联交所开市以来第七大 IPO。

交通运输部党组书记杨传堂在青海省副省长韩建华及相关厅局主要负责人的陪同下，视察西宁邮区中心局工作，希望青海邮政发挥优势，创新融合发展，成为寄递市场的主力军，促进快递行业健康稳步发展。

10月

9日 中组部干部四局局长李春良宣布中共中央关于中国邮政集团公司党组书记调整的决定：中央决定，李国华同志任中国邮政集团公司党组书记。

11月

3日 中邮证券作为首批获批复的券商，正式取得深港通业务资格。同年获得全国银行间同业拆借业务、企业债券主承销、保荐机构等资格。

16—17日 国家邮政局党组书记、局长马军胜视察银川邮区中心局、速递物流宁夏分公司药品仓储中心、平罗县农村电子商务仓储物流配送中心邮政邮件处理中心。了解宁夏邮政“双十一”生产运营情况，充分肯定宁夏邮政药品配送工作，看望慰问一线投递员。

12月

2日 中国 2016 亚洲国际集邮展览在广西南宁市开幕，这是中国少数民族地区首次承办这一国际性集邮展览，展示竞赛类展品包括传统集邮类、邮政历史类等 13 个类别的 1300 框邮集和 51 部文献展品。参展的国家（地区）达到 60 个，观展者超过 30 万人次。

8日 集团公司与中国石油化工集团公司在京签署战略合作协议，双方计划在市场拓展、金融业务、速递物流及邮政业务等方面深化合作，实现互惠共赢。

12日 全面完成 ERP 系统集团总部和三大板块的全模块推广上线，基本实现集约管控、业财一体、夯实基础管理的价值目标。

19日 集团公司与中国中信集团有限公司在北京签署战略合作协议，双方计划在金融业务、速递物流以及邮政业务等方面进行战略合作。

31日 CF9090 航班安全飞抵北京首都国际机场，标志着中国邮政航空公司实现第 20 个安全年。

中国邮政储蓄银行股份有限公司

1月

1日 邮储银行党委部署基层党组织“强基固本”建设工程和党员“政治生日”主题活动，以“夯实基层党组织建设”和“发挥党员先锋模范作用”为主线，加强邮储银行党的建设，为建设一流大型零售商业银行提供坚强有力的思想、政治和组织保障。

27日 中央一号文件正式发布，明确提出“支持中国邮储银行成立‘三农’金融事业部，打造专业化为农服务体系”。

28日 邮储银行手机银行客户数突破1亿户，位列全国第四位。

29日 邮储银行首家智慧网点在深圳正式开业运营。

2月

27日 邮储银行移动展业系统以及移动展业创新营销服务两个系统获2015年度金融行业“科技创新突出贡献奖”和“产品创新突出贡献奖”。

3月

14—19日 邮储银行在石邮学院举办“大公司板块”高级管理人员培训班。明确2016年“大公司金融”要围绕强营销、优产品、促联动、提效益、控风险、强支撑、夯基础、建队伍等八个方面开展。邮储银行行长吕家进出席并讲话，副行长张学文进行部署。

18日 邮储银行2016年度第一次职工代表会议在北京召开，总行和各一级分行职工代表136人参加会议。会议酝酿邮储银行职工监事候选人名单并选举宋长林、党均章、李跃为职工监事。

4月

22日 “绿动邮你”公益捐助项目——“邮储青年爱心林”落地河北省张家口市。该项目由共青团中央、邮储银行联合开展，以项目化方式建设，计划植树面积1000亩。共青团中央书记处书记徐晓、邮储银行监事长陈跃军共同为纪念碑揭幕。2015年5月，邮储银行与共青团中央共同发起“绿动邮你”公益捐助项目，募捐款项全部用于大型群众性生态环保公益活动“保护母亲河行动”。

27日 中国邮政金融“双优”表彰大会在北京政协礼堂召开，集团公司领导、邮储银行总行领导，金牌支行长（所主任）、优秀支行（营业所）代表及领队等在主会场参加现场表彰活动。此次评选是集团公司和银行在全国范围内开展的面向基层网点和网点负责人的评先推优活动。

5月

5日 邮储银行首笔通过内保外贷参与海外并购业务在河北分行成功办理，开立备用信用证7336万美元。

13日 北京、河北、辽宁、浙江、福建、广东等省（市）六家一级分行软件研发中心正式授牌成立，标志自主研发“1+3+N”体系规划正式开始全面落地实施。

17日 邮储银行正式成立“两学一做”学习教育指导协调小组，印发《邮储银行党委关于全行开展“两学一做”学习教育的指导意见》，开展“两学一做”学习教育。

23日 邮储银行作为唯一一家金融机构，参加交通部主办的第十三届中国国际交通技术与设备展览会。展示与交通运输部合作实现ETC跨省资金结算的工作成果，体现“普之城乡，惠之于民”的发展理念，受到交通运输部领导肯定及参展人员的广泛关注。

24日 中共中央政治局委员、国务院副总理、国务院扶贫开发领导小组组长汪洋视察中国邮政九都乡“三农”服务站暨邮储银行九都乡扶贫金融服务站和邮储银行流动服务车，对邮储银行金融支农工作表示肯定，称赞中国邮政和邮储银行商业化改革以后进步很快，做了很多实事。他勉励中国邮政、邮储银行继续发挥自身优势，将扶贫创新打造成为农村的一道“风景”。

6月

9日 邮储银行党群工作部（党委宣传部）更名为党委党建工作部，强化党的工作机构建设；纪检监察部更名为监察部，与集团公司党组纪检组、监察局派驻邮储银行纪检监察机构实行“一套人马两块牌子”管理。

7月

1日 为贯彻落实国务院和银监会关于防范金融风

险、规范金融秩序的重要决策部署，邮储银行全面开展“两个加强、两个遏制”回头看工作。

1 日　邮储银行在英国《银行家》杂志“2016 年全球银行 1000 强排名”评选中，总资产排名位居第 22 位，一级资本排名第 39 位，分别比上年上升 1 个和 15 个位次。

13 日　邮储银行新版门户网站正式对外发布。

9 月

8 日　邮储银行“三农”金融事业部成立大会在北京召开。邮储银行第一个事业部正式成立，创新金融服务“三农”，打造专业化为农服务体系。截至 11 月 30 日，内蒙古、吉林、安徽、河南、广东等省（区、市）五家第一批试点分行“三农”金融事业分部挂牌成立。

23 日　网点授权集中系统实现全国 4 万多个邮银网点全覆盖。该工程推广上线经过 21 个批次、166 个省次、130 多个日夜。

28 日　邮储银行上市仪式在香港联交所举行。李国华董事长、邮政集团公司和邮储银行部分行领导、609 项目工作组成员、国内及香港监管机构代表、投资者代表、609 项目主要中介机构代表共同出席，邮储银行股票正式在香港联交所主板挂牌交易。股票代码为 1658.HK，初始发行计 121.1 亿股，占发行后总股本 15%，募集资金 576.3 亿港元。

29 日　邮储银行个人存款余额首次突破 6 万亿元，成为全国第四家个人存款突破 6 万亿元的大型商业银行。

10 月

21 日　邮储银行新一代零售“信贷工厂”湖南试点成功上线。新一代零售“信贷工厂”实现零售信贷业务作业模式升级。

21 日　人民银行举办邮储银行分布式架构观摩研讨会。由中国人民银行主办，邮储银行承办的邮储银行分布式架构观摩研讨会在邮储银行亦庄数据中心召开。人民银行科技司司长李伟、副司长杨竑、副巡视员陈立吾，邮储银行副行长曲家文等出席。

11 月

1 日　邮储银行全面完成中央专项巡视整改任务。

23 日　在香港大公文汇传媒集团主办的“2016 中国证券金紫荆奖”评选中，邮储银行获评“最具品牌价值上市公司”，这是邮储银行上市后首次获得上市公司评选奖项。“中国证券金紫荆奖”评选活动旨在总结上市公司的发展成果和先进的管理经验，迄今已举办六届。

30 日　在《21 世纪经济报道》主办的“21 世纪亚洲金融企业竞争力评选”中，邮储银行李国华董事长荣获“2016 年度卓越影响力银行家”称号，邮储银行在 2016 年“亚洲银行竞争力排名”中位列第六。

30 日　按照中国邮政集团公司统一部署，ERP 系统银行板块按照一次试点，两批推广的上线安排，完成全国推广。

12 月

9 日《金融时报》发布“2016 中国金融机构金牌榜”，邮储银行凭借在风险管理方面的表现和经验创新，荣获“年度最佳风险管理银行”。

中国邮政速递物流股份有限公司

1 月

1 日　邮政速递物流“众创众享工程”全面启动实施。

3 月

1 日　全国邮政口岸开始使用应税邮件处理系统，实现用户网上申报。

31 日　与三只松鼠股份有限公司签订合作协议，第一批上线辽宁、四川、山东、湖北四仓。

4 月

1 日　国际客服系统上线。

5 月

中邮海外仓美西仓、英国仓、德国仓、澳洲仓陆续开仓。

6 月

15 日　速递物流获得中国物流与采购联合会颁发的

"中国电子商务物流优秀服务商（2015—2016）"荣誉称号，"恒大农牧集团供应链物流项目"成为"中国电子商务物流优秀案例（2015—2016）"。

16日 速递物流在上海参加"慕尼黑物流双年展"暨"2016亚洲物流双年展"，首次向公众媒体发布速递物流为适应传统制造企业转型升级衍生的电商新需求而推出的O2O创新产品。

27日 万国邮联EMS合作机构理事会暨亚太区EMS跨境电商高层研讨会在昆明召开。

7月

12日 召开京保贝邮付通产品四省培训会暨京保贝邮付通产品启动会。

8月

25日 中国邮政加入PRIME，国际e邮宝增加20个开办路向。

30日 速递物流出台《中国邮政速递物流股份有限公司关于定额定员实施工作的指导意见（试行）》修订揽投部双定标准，制定邮件处理中心双定标准。组织双定标准培训，定期召开推进工作网络电话会议，建立月/季报表跟踪制度，对各单位推进情况进行跟踪督导。

9月

1日 配合三只松鼠股份有限公司第二批上线江苏、陕西两仓，实现收入2987万元。

12日 仓配业务"破局之战"实现全国50个重点城市仓储业务无空白；"升级之战"完成重点城市建立区域标杆仓，上线实施完成菜鸟无锡、廊坊、广州3大区域仓，9个爆品下沉仓，总面积22万平方米仓库。

10月

11日 呼叫中心行业2016年度"金音奖——最佳客户联络中心"奖项。

16日 邮航首架波音757客改货飞机正式交付，开启邮航自主运营波音757飞机的新时期。

20日 速递物流无锡长三角集散中心加载试运行。无锡长三角集散中心位于江苏省无锡市新区空港产业园，总建设面积15.5万平方米，是由中国邮政速递物流股份有限公司投资、速递物流股份有限公司江苏省分公司承建的全国性重点项目。该中心是目前中国乃至亚洲最大的陆运集散、仓配为一体的处理中心，设计处理邮件能力120万件/天，现代化仓储面积10万余平方米，第三方物流及电商仓储出库量5万件/天。

26日 京保贝邮付通产品正式上线。通过金融产品支撑电商与物流业务发展，缓解物流业务发展营运资金紧张压力，保证运作服务质量。截至12月31日，邮付通5个省11个承运商完成上线，融资累积完成6140万元。

11月

1日 理赔系统上线。

11日 EMS在0:13完成菜鸟联盟"双十一"首单配送，当日网络点击量超两亿人次，荣获菜鸟联盟最具影响力的"金鹰奖"。

中国邮政速递物流电子政务平台"全球签证"服务上线。

12月

28日 速递物流在山西、江苏、河南等3省分公司启动ERP审计模块试点。

30日 全国云仓网络布局初步完成，24省118个城市布局472个仓库，运作面积300万平方米。

31日 随着CF9090航班安全飞抵北京首都国际机场，标志着邮航圆满实现第20个安全年。

中邮人寿保险股份有限公司

1月

23—24日 中邮保险2016年工作会议在京召开，会议提出强化战略引领，加快转型升级，开创持续健康发展新局面。集团公司总经理李国华、党组书记张亚非先后到会看望与会代表并作重要指示。集团公司副总经理、中邮保险董事长刘明光出席会议并作重要讲话，中邮保险总经理党秀茸作工作报告。

5月

9日 中邮保险与摩根士丹利投资管理公司在京签署战略合作框架协议，双方计划在投资管理、风险管理、资产配置等领域开展深度合作。

6月

中邮保险在全国组织开展为期3个月的“守护明日之星 关爱留守儿童”系列公益活动。各省分公司因地制宜举办49场丰富多彩的专项活动，关爱留守儿童20148人，通过捐赠学习用品、爱心书包、助学金，组织留守儿童与父母团聚等形式关爱留守儿童身心健康，助力留守儿童成长成才。

7月

28—29日 中邮保险工作座谈会在陕西省西安市召开。会议提出要走有邮政特色差异化经营的道路，实现发展速度、质量和效益相统一，打造具有中国邮政特色的自办保险经营模式。集团公司副总经理康宁出席会议并作重要讲话，中邮保险总经理党秀茸作工作报告。

8月

3日 2016年里约残奥会中国体育代表团新闻发布会在中国残联召开，中国残联副理事长、代表团副团长贾勇、王梅梅等出席新闻发布会。中邮保险作为“爱心支持单位”，助力中国体育代表团。

17日 中邮保险与中国电影出版社战略合作签约仪式在京举行，中国文联党组书记赵实、中国邮政集团公司总经理李国华、中国文联副主席夏潮、中国邮政集团公司副总经理康宁出席签约仪式，中邮保险总经理党秀茸、中国电影出版社社长宋岱分别代表双方签署战略合作协议。

22日 中邮保险获评保监会2015年度保险公司服务评价2A级单位。

22日 由全球契约组织中国网络主办的“点亮美好未来——2016实现可持续发展目标中国峰会”在京举行，中邮保险成为唯一一家被授予“实现可持续发展目标（SDGs）中国先锋企业”称号的保险公司。

9月

13日 中邮保险第二届“星火传递杯”讲师大赛决赛在京举行。讲师组冠、亚、季军分别由河南省分公司邹毅、江苏省分公司蔡汶东、浙江省分公司戴可为；内训师组冠、亚、季军分别为江西省邮政分公司鄢海荔、浙江省绍兴市邮政分公司吴凌枫、浙江省杭州市邮政分公司吴洁斐。

13日 由中央财经大学中国精算研究院与《中国保险报》组建的“2015年中国保险市场发展研究”项目组发布中国保险公司2015年度综合竞争力与价值成长性分析评价排名，中邮保险获评“2015年度中国市场竞争力十佳人身险公司”。

10月

9日 中国保险行业协会文化建设与传播专业委员会成立暨2016保险公众宣传大比武总结大会在京举行。会议表彰2016年“7·8”全国保险公众宣传大比武获奖单位，中邮保险荣获“最佳传播奖”。

11日 经中国保监会批复，中邮保险注册资本金增至80亿元。

22日 第九届中国保险文化与品牌创新论坛暨第十一届中国保险创新大奖颁奖典礼在贵州贵安隆重举行，中国保险创新大奖评选结果揭晓，中邮保险揽获“2016年度最具成长性保险品牌”“2016年度服务创新奖”等六项大奖。

11月

10日 第二届中邮保险业务技能大赛在石邮学院举行，来自全国18个省分公司和总部呼叫（作业）中心19支参赛队、76名选手参赛，江苏省分公司荣获团体一等奖，广东、河南省分公司荣获团体二等奖，辽宁、山东、安徽省分公司荣获团体三等奖。湖南省分公司易英、江苏分公司蔡兰芳、总部呼叫中心等32人分别荣获个人一、二、三等奖。

16日 第三届世界互联网大会在浙江乌镇举行，中邮保险作为此次互联网大会特别支持单位，成为唯一一家亮相此次乌镇峰会的保险公司。

23日 中邮保险河北分公司正式成立。

12月

8日 中邮保险呼叫中心回访系统改造工程及语音平台迁移项目正式切换上线。

9日 “2016中国金融机构金牌榜”颁奖典礼在京举行，中邮保险获评“年度最具成长性保险公司”。

14日 集团公司召开中邮保险期交业务“双百亿工程”启动电视电话会议，专题部署进一步整合全网资源，加快中邮保险期交业务发展。提出在2017年举全网之力，实现中邮保险期交新单和续期保费规模均突破100亿元。集团公司总经理、党组书记李国华对会议作出重要批示，副总经理康宁就推进“双百亿工程”实施进行部署，副总经理张荣林主持会议并提出要求，中邮保险总经理党秀茸对期交业务“百亿工程”圆满收官情况进行总结，并就期交“双百亿工程”专业支撑工作作出安排。

14—16日 全国交通企业管理创新年会在广东深圳

举行，中邮保险《邮政自办保险风险联动管控的体系构建》项目荣获“全国交通运输企业管理现代化创新成果”一等奖。

21 日　由和讯网主办的“第十四届中国财经风云榜之保险行业评选”结果揭晓，中邮保险获评“年度品牌号召力保险公司”。

中邮证券有限责任公司

1 月

23—24 日　中邮证券在京召开 2016 年工作会议。集团公司总经理李国华发来贺信，李国华总经理、张亚非书记看望与会代表并作重要指示，副总经理张荣林出席会议并做重要讲话。中邮证券公司党委书记、董事长宋英忠对 2016 年工作进行安排部署，总经理丁奇文作工作报告。

3 月

14 日　中邮证券正式获得企业债券主承销业务资格。

18 日　中邮证券黑龙江省分公司正式开业。

4 月

16 日　中邮证券辽宁省分公司正式开业。

22 日　中邮证券浙江省分公司正式开业。

5 月

27 日　中邮证券广东省分公司正式开业。

6 月

29 日　中邮证券公司获得保荐机构资格批复。

8 月

2—3 日　中邮证券在北京召开 2016 年工作座谈会。会议总结上半年主要工作，安排部署下半年重点任务。集团公司副总经理张荣林出席会议。中邮证券党委书记、董事长宋英忠和总经理丁奇文分别部署下半年工作。

9 月

30 日　中邮证券正式取得新三板推荐业务资格。

11 月

3 日　中邮证券正式取得深港通业务资格。

28 日　中邮证券吉林省分公司正式开业。

12 月

27 日　中邮证券贵州省分公司正式开业。

网路建设

◇ 邮路
◇ 处理中心
◇ 运行

【概述】

1. 陆运网运行管控能力提升。一是实施全程时限管控体系建设。首次建立全国所有县市的快递包裹全程时限标准，与邮速收寄、客服系统对接，实现快递包裹全程时限标准的实时查询，通过建立以线路为单元的日常时限监控机制，持续优化生产，推进快递包裹时限水平稳中有升、持续向好。二是建设运行质量管控体系。邮政网运首次打破环节壁垒，建成包含15项考核指标和28项评价指标的运行质量管理体系，覆盖时限、生产、服务、效益四个方面，将考核指标与省分公司结算收入挂钩，持续推动陆运网运行质量不断改进。三是建设完善指挥调度体系。集团公司指挥调度中心充分发挥全网控制中枢作用，不断强化7×24小时实时监控和动态调度，对全国一二级干线实施集中管控，提高集团指挥调度精度、准度和力度，强化全网执行力，有序应对“双十一”、“双十二”、春节生产旺季及G20峰会等重大活动。

2. 快递包裹服务升级。一是实施重点城市、重点路向提速，加快省际快递包裹传递速度。以52个重点城市提速为抓手，全面优化省际干线网路组织，全网一级干线汽车邮路新组开201条，优化调整168条，52个重点城市之间有80%线路的全程时限标准达到菜鸟时限标准。全国县及县以上城区全程平均时长65.2小时，比上年加快11小时。二是开展省内网达标工程，加快省内快递包裹传递速度。全网大力优化省内网路组织，新组开二级干线邮路348条，调整运行时刻862条，加频次、压时长，实现各生产环节紧密衔接，31个省网路组织全部达标。

3. 网运生产能力提升。加大邮件处理中心能力建设力度，上海、广州、贵阳、昆明、蚌埠等5个中心局新型包裹分拣机投产运行，日均处理量41万件/台，单机最高处理效率3.7万件/小时，全网一、二级中心局包件日处理能力1554万件。各省继续加大地市处理中心能力建设投入，新增处理场地14.6万平方米，有89个地市配备包件胶带辅助分拣设备。新配置干线车辆牵引头128辆，分体厢式车127辆，半挂车厢281辆，委办运输全部使用厢式车，狠抓委办运输安全运行和服务质量，实施13次网运系统版本升级，提高网运信息化引领和支撑作用。

4. 精细化管理。推进陆运网资源整合。以无锡速递新集散中心投产为契机，邮政、速递共同打造长三角区域集散网；利用速递组开的99条省内、省际航空线路带运快递包裹，加快远距离快递包裹传递速度。干线运输打破传统定人定车模式，提升干线车辆运营效率，全网一级、二级干线邮运车辆日均行驶里程分别为608公里、328公里。强化邮件规格和信息质量管控，推行邮件处理中心规范化、标准化生产操作，新型包裹分拣机快递包裹出口上机率93%、进口上机率84%。实施县域分拣、转运、投递“三合一”改革，县乡邮政机械化、信息化、规范化作业水平进一步提高，县平均处理能力提高至697件/小时，投递出班和县乡邮路发车作业大幅提前。

5. 网运专业人才素质提升。邮政网运集中举办业务技术培训班6期，培训各级网运业务、各类技术管理人员560人次。组织各省网运指挥调度管理人员到集团公司（双向）交流轮训52人次。加强网运高技能人才队伍建设，组织开展网运高级技师考评，47名分拣员、30名转运员取得高级技师职业资格，53名石家庄培训中心网运专业定制大专生分配到省、地市网运生产或管理岗位。全网评选济南、西安、广州、南宁、长沙、沈阳、成都等7个邮区中心局为网运“达标争先”先进单位，31个先进集体和144名先进个人。邮政网运着力加强宣传，提升邮政网运形象。康定—德格邮路车队入选交通运输部“寻找中国运输风范人物”十大领袖品牌；《邮政企业支撑电商寄递业务发展的陆运网全面升级管理》项目分别荣获2016年国家级、部级和集团公司企业管理现代化创新成果一等奖，首次拍摄、制作《中国邮政网，服务新体验》网运改革专题片。（网路运行部　曾宪京）

邮　路

【“爱心邮路”获评全国交通运输优秀文化品牌】 1月29日，第十一届全国交通运输文化建设高峰会召开，江苏省南通市邮政分公司“爱心邮路”被评为2016年度全国交通运输优秀文化品牌，19个单位被评为全国交通运输文化建设优秀单位，9名个人荣获全国交通运输核心价值观践行者奖。邮政系统获得全国交通运输文化建设优秀单位称号的分别是：中国邮政集团公司、黑龙江省邮政分公司、辽宁省盘锦市邮政分公司、江苏省南京市邮政分公司、江苏省苏州市邮政分公司、江苏省常熟市邮政分公司、浙江省杭州市邮政分公司、广东省深圳市邮政分公司、内蒙古自治区巴彦淖尔市邮政分公司、新疆维吾尔自治区乌鲁木齐市邮政分公司、西藏自治区林芝市邮政分公司、北京市机要通信局、邮储银行辽宁省分行、邮储银行河南省分行、邮储银行江西省分行、北京市邮政速递物流分公司、宁夏回族自治区邮政速递物流分公司、中邮保险北京分公司、中邮保险江西分公司。荣获全国交通运输核心价值观践行者奖的个人分别是：北京市邮政速递物流分公司上地分公司张岩、邮储银行江西省分行肖天星、邮储银行郑州市分行吕周谦、黑龙江省邮政分公司刘福义、河北省石家庄邮区中心局邓白扬、湖南省常德市邮政分公司汤文美、江苏省泰兴市邮政分公司何健忠、甘肃省康乐县邮政分公司李全福、四川省宜宾市翠屏区邮政分公司马永强。（中国邮政报记者　潘建伟）

【四川省甘孜州康定—德格邮路车队荣获“中国运输领袖品牌”】 5月23日，由中国交通报社主办的第二届“寻找中国运输风范人物领袖品牌”活动揭晓，四川省甘孜州康定—德格邮路车队荣获“中国运输领袖品牌”称号，是中国邮政唯一入选者。（四川省分公司 钟劲）

【北京市分公司邮路调整】 北京市分公司实施市内邮运资源整合和流程优化，科学调整490条邮路进行，市内邮件传递速度加快；优化干线邮运资源，逐步撤销运量不足的12条干线汽车邮路，减少邮车27辆，利用率比上年增长2.6%；5条自办邮路上实行甩挂运行，减少加车和委办费用支出；实施一次性邮袋在市内环节复用，比上年减少制作费用300万元。（北京市分公司 石连成、陈丽涵）

【陕西省同城网和省内邮路优化同步运行】 4月20日，陕西省关中大同城网和省内邮路优化同步运行，新组开快包专线邮路19条，调整区内邮路运行时刻84趟次，实现省内各市进口邮件当日运输到县，县分公司收寄邮件当日集散到所在中心，关中县市间以及与省内80%以上县市间实现“次日递”。（陕西省分公司 常雅楠）

【湖南省长沙市市趟邮路调整】 5月10日，长沙邮区中心局为配合长沙城区“营揽投”一体化改革，再优化、重调整原有的6个频次53条市趟邮路，增开8条邮路、整合1条邮路以及增加29个“营揽投”网点交接，每日新增行驶里程650公里。作为长沙城区“营揽投”一体化改革的关键环节，长沙中心局与长沙市分公司沟通协调，配合实施“市区快递包裹营揽投站建设方案”，重新规划市趟邮路组织和作业，实现市趟邮路与长沙市分公司的投递频次及快递包裹五大区域集散中心的无缝对接。（邮政报 王璞）

【西藏分公司组建“次日递”陆运网】 4月1日起，拉萨邮区中心局内部作业开始时间调整为凌晨3：00，标志着西藏邮政（除昌都、阿里外）“次日递”区内陆运网组建工作正式启动。拉萨至周边四地市互寄的区内邮件实现T+1全程时限；日喀则、那曲、山南、林芝四地市省际进出口陆运邮件提速一天。（西藏分公司 刘德立）

【天地邮路开通】 11月3日，天地邮路正式开通，太空邮局天地通邮的过程首次以视频连线的方式向公众展示。天宫二号“太空信使”——航天员景海鹏和陈冬打开太空邮袋，向公众展示太空邮局名牌、太空邮局一号邮戳、天宫二号与神舟十一号载人航天飞行任务纪念戳、太空信及空间实验室任务搭载纪念封等邮品，并在太空信和搭载纪念封上加盖太空邮局一号邮戳和任务纪念戳。航天员在轨

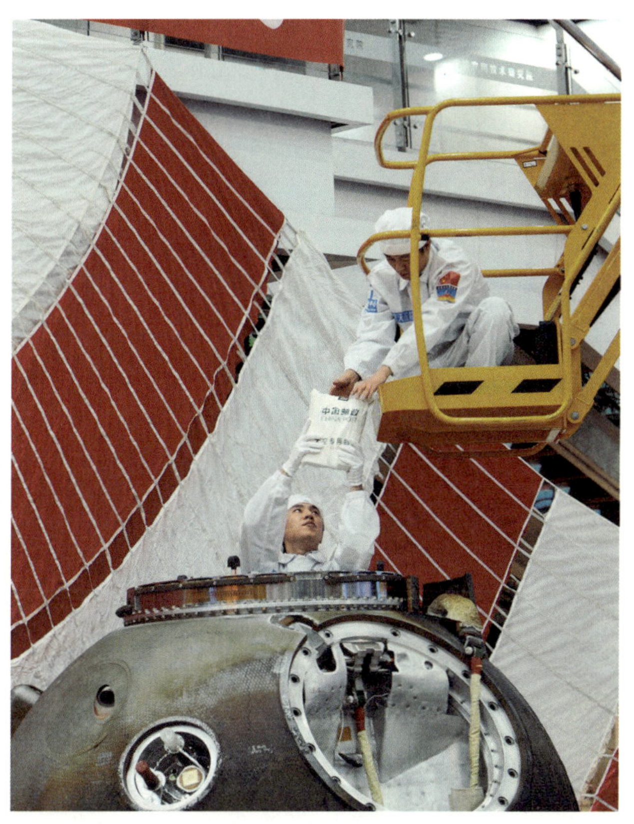

11月22日15时，神舟十一号返回舱开舱仪式上，标有“中国邮政”字样的邮袋被第一个取出。（新闻宣传中心 / 提供）

接收9万多封太空信。所有信件均由太空邮局和中国载人航天办公室通过“家书载梦”活动面向全国征集。（中国邮政报记者 刘立晶、北京记者 吴丹、通讯员 杨克红）

【兰州—天津—南京往返邮航线路开通】 9月6日，邮政航空公司开通兰州—天津—南京往返快递航线，成为国内首家开通兰州定期货运航班的航空公司。进出口兰州的邮件时限可缩短12—24个小时。该往返快递航线采用“全夜航”飞行模式，每周7班，周一至周日运行。航班承担兰州、天津邮件的进出口运载任务，并在南京参与全国集散，实现甘肃与全国24个省份互寄快递邮件的“次晨达”或“次日递”，使兰州发往全国快递邮件的“次日递”城市由6个增加到66个，全国发往兰州快递邮件的“次日递”城市由8个增加到66个。（邮政报 王瑞云、甘肃记者 谭书友、北京记者 杨卫东、甘肃省分公司 李凯）

【青海省内支线航空邮路开通】 10月10日，青海省分公司开通西宁市至德令哈、玉树、格尔木三条省内支线航空邮路。为开通青海省内支线航空邮路，青海省分公司、速递物流青海省分公司与青海机场方面达成协议，“青海省内支线航空组开省内经济货运邮路，将进口标准特快、快

递包裹等符合上航条件的邮件全部发航空运输”。同时制定航空发运计划及生产作业流程，多次开展安检、内部处理、数据维护、邮件发运演练等专题培训。（青海省分公司　韩建）

【新疆哈密至内地农产品运输航空邮路开通】 9月27日，“哈密瓜号”开通并完成哈密至内地的四次邮政专机运输。展示新疆邮政在助农惠农、服务地方经济发展方面的能力和抓手，也充分体现哈密分公司参与地方经济发展，配合哈密市委、行署切实推进农产品进城、工业品下乡、互联网＋智慧农业等特色电商发展的实践，通过创包造包、专业联动等模式，增加各项专业收入。（新疆分公司　康燕）

【威海中韩海运邮路开通】 6月1日，威海中韩海运邮路正式开通。该邮路是山东省首条海运EMS邮路，其特点是“空运的速度、海运的价格”，通关速度和成本优势与海运快件相同，一是邮路距离近，其海运班轮十多个小时即可抵达韩国；二是邮件处理速度快，中韩两国邮政部门将该邮路邮件按空运快件实行优先处理；三是结算费用低，仅相当于空运快件价格的六分之一；四是创新建立直接对接的邮件处理系统，时效快，灵活度高。（山东省分公司　赵军泰）

【福州市马尾—台湾高雄海运邮路开通】 3月23日，由福建省分公司牵头拓建的福州马尾—台湾高雄海运新邮路正式开通，全程时限将缩短两天左右。马尾—高雄邮路与平潭—台北邮路形成互补，有效避免因台风、春运等客观因素造成的邮路不畅问题，进一步扩大“海空联运”跨境出口通道的优势。（福建省分公司　杨文振）

【太原市至武汉市开通汽车邮路】 5月17日，山西省太原市至湖北省武汉市开通一级干线往返汽车邮路，邮路单程1050公里，单程运行时长17小时，每日一班。带运湖北、湖南、福建、江西等四省和广州市除标准特快专递邮件外各类邮件，可减少租用火车车厢托运邮件量，降低运输成本。由于减少中转环节，使山西省出口上述省、市的邮件提速近一天，使湖北等地寄往山西省的邮件时限缩短两天以上。（邮政报　袁芳、武亚亮）

【济宁—南京省际一级干线汽车邮路开通】 6月1日，济宁—南京省际一级干线汽车邮路开通。济宁、菏泽、枣庄三市出口南京市区邮件的全程时限实现T+1，由济宁市发往苏浙沪闽路向的邮件时限至少提前一天，发往安徽、江西等省邮件的省内运行时限加快半天。（山东省分公司　赵军泰）

【长沙市至重庆市逐日直达汽车邮路开通】 5月17日，长沙邮区中心局至重庆市的逐日直达汽车邮路开通。5月12—15日，长沙中心局会同邮路委运公司实测邮运线路，并走访重庆邮区中心局，就干线邮路接发、驾押人员食宿等问题进行协商，在运能上要求委运公司配备4台运输车辆，确保正常运行。此前，长沙市与重庆市、四川省之间往来各类邮件都需发至武汉市经转，长沙市收寄至重庆市、成都市快递包裹分别要4天、5天投递到用户手中。长沙至重庆逐日直达邮路的组开，使长沙与重庆、成都之间快包分别提速到T+2日、T+3日投递。（邮政报　王璞）

【黑龙江省分公司调整邮路传递党报党刊】 黑龙江省分公司为确保党的决策部署安全、快速传递，充分整合各类运输资源，大规模调整和改造全省邮运网路，全面开展党报党刊运输投递提质、提效工作。通过整合省内航空资源，组织开通4条航空邮路，实现加格达奇、黑河、漠河、抚远4个地市、县当日见报；通过整合省内客运资源，组织开通17条委办邮路，实现牡丹江所属县（市），齐齐哈尔、黑河、佳木斯部分县（市），17个县（市）当日见报；通过优化自有网路，组织开通8条地市到县自办报刊运输专线，实现密山、建三江、萝北等13个县（市）当日见报；调整13条自办邮路运行时间，组开22条报刊盘驳邮路，缩短运递时限。经上述调整，全省党报党刊当日见报率从原来的50%提升到97.5%。（黑龙江省分公司　时波）

【海南省分公司增开报刊邮路】 为有效提升重点党报的当日见报率，海南省分公司主要采取以下几项措施：一是实行出口分发与进口分发剥离作业模式，依据主要党报出版印刷时限确定报刊发运作业组织，以保证分发和发运时间紧密衔接，确保省出版分印的主要党报党刊第一时间分发交运。二是省二级干线报刊邮路由原来的8条增加到14条，除中部屯昌、琼中、白沙、乐东外，每个市县都开设2条报刊邮路，满足党报传递时限要求。三是各市县分公司报刊投递作业根据省内干线邮路邮车到达时间进行组织，确保重点党报当日见报率。10月，实现《人民日报》《海南日报》等重点党报在全省所有乡镇当日见报率100%。（海南省分公司　洪文娴、陈佳佳）

【甘肃省开通报纸专线邮路】 7月21日，为加快邮件传递速度，解决报纸与竞争性业务传递时限的矛盾，甘肃省分公司开辟报纸邮路，开通兰州至天水（兰1）和兰州至陇南（兰3）报纸邮路，均由兰州邮区中心局承担运输任务。其中，兰州至天水（兰1）报纸邮路一日一班，往返自办运行，全程650公里；兰州至陇南（兰3）报纸邮路一日一班，单向委办运邮，单程 596 公里。邮路调整后，省内“次日递”率指标提升 5%。为配合报纸邮路，甘肃省分公司调整相关二级干线邮路，做好邮件全程监控和跟班检查，保障各环节紧密衔接，确保全程时限。对于停留 3 小时以上的自办邮车驾押人员，甘肃省分公司要求相关单位提供必需的休息场所，配备必要的生活设施，让驾押人员得到充分休息，确保邮运安全。（邮政报　汪慧丰、甘肃省分公司　李凯）

【速递物流福建省分公司开通“众包众筹”电商专线】 7 月，速递物流福建省分公司租用社会运力，开通福州至合肥的“众包众筹”电商专线，全省收寄的发往安徽省的快递包裹邮件以汽车直达方式运输，不再需要通过南京陆运处理中心经转，一天一班，日运邮量 3 吨，邮件传递时限缩短，邮件的干线运输成本降低。为保障专线运输，同步建立油价变动与运输价格联动调整机制。每遇现行油价与初始油价的累计变动幅度超 5% 时，立即启动调价窗口，并在满足条件的次日起，重新计算和执行新运费。遇油价累计变动幅度达 30% 时，通过议价或招投标方式，重新确定基准油价和基准运费。（邮政报　邱若霖、危晓芳）

【郑州国际直航邮路】 开通郑州至纽约、法兰克福、伦敦等 15 个国家（地区）19 个国际城市的直航邮路，实现 90% 的河南省国际邮件通过郑州直航出口发运。直航发运量 4048 吨，比上年增长 225%。河南省分公司拓展国内航空物流网络，省邮航出口邮件“次日递”范围扩大到 25 个省（区、市）61 个重点城市，实现国内主要城市的全覆盖。开展邮政跨境电商服务，推动省跨境电商贸易发展，实现国际邮件业务量 1608 万件，比上年增长 82%。其中，跨境电商客户发寄 1388 万件，占省出口国际邮件总量的 98%。推广“仓储 + 寄递 + 代收货款”的邮政电子商务服务模式，加强与地方政府及产业集群市场、电商产业园等平台合作，打造“政府 + 平台 + 电商企业 + 邮政物流”的电商生态圈，累计发寄电商包裹 3973 万件，比上年增长 248%。（河南省分公司　郭艳）

【中欧铁路通道运邮全线开通】 10 月 13 日，借助“渝新欧”铁路运往德国的国际测试邮件运达法兰克福邮件处理中心，中欧铁路通道运邮首次全线打通。近年，“渝新欧”国际铁路班列运邮在集团公司的大力支持下稳步推进，一是国际货运协定中有关国际货运列车禁止运邮相关规定于 2015 年 7 月 1 日废除。海关总署于 5 月批准重庆作为唯一的中欧货运班列运邮试点城市。二是 2014 年 9 月 1 日和 9 月 29 日，分别组织开展“渝新欧”至哈萨克斯坦阿拉木图和至德国杜伊斯堡模拟邮件运邮测试并获得成功。三是明确“渝新欧”国际班列运邮“四大定位”（即中国邮政的国际水陆路邮件出口主要通道、国际邮件疏运应急通道、航空禁寄产品备用通道、跨境电商铁路专线产品新兴通道）。（重庆市分公司）

5 月 23 日，一列挂有中国国徽，搭载 10 袋、444 件俄罗斯国际挂号邮件的 K3 次“北京—乌兰巴托—莫斯科”列车抵达莫斯科。（新闻中心 / 提供）

处理中心

【集团公司部署“两率”提升及县域“三合一”推进工作】 7 月 5 日，集团公司召开提升干线运输效率和包裹分拣机处理效率，推进县域转运、分拣、投递“三合一”流程优化工作全国电视电话会。集团公司副总经理康宁分析邮政网运启动转型升级后在内部生产处理、干线网路运输工作上存在的主要问题以及提高“两率”、推进县域“三合一”作业的重要意义，并提出具体工作要求。康宁指出，提高“两率”，推进县域“三合一”作业，是邮政网运改革攻坚的具体目标，是网运转变观念、深化改革转型、提升网路运行“软实力”的切入点，是有效提高邮政核心竞争能力、支撑邮政包裹快递业务和农村电子商务新的增长极发展的重要举措之一。他要求全网探索新的管理模式，充分重视标准化等基础管理，加强工艺设备运维和建设工作，全面推广县域转运、分拣、投递“三合一”。（网路运行部　曾宪京）

【网运流水化模式下基础数据的维护】 4 月，集团公司向三级邮区中心局和地市分公司推行流水化改造工作。1. 车间参数维护。流水化作业模式下需要分拣和转运合并作业，正确维护车间参数，方法如下：重新维护一个车间，将车间参数“总包处理参数设置”下的“车间是否合并”

参数设置为“是”，“作业模式”参数设置为“新模式”，“散件外走是否进分拣”设置为“是”，“总包接收自动入堆”选为“设置”；PDA参数中封发和散件外走的“自动封发”“自动入堆”“自动勾核”等参数均选择为“设置”。为简化操作，也可利用原分拣车间进行维护，如果各市分公司的分拣车间是按照业务种类细分的，可以在原包裹车间的基础上进行维护，这样做的好处是可以使用原车间的分拣封发格口数据。参数设置如上述。2. 车间控制数据维护。新建车间按顺序维护好班次、台席、操作员。根据需要维护好PDA角色，为便于作业，建议维护为“总包”“散件”和“总包与散件”三种角色，分别维护好各自的使用权限，为所有操作员分配相应的PDA角色。利用原分拣车间维护的，可将原转运车间和其他相关车间的操作员转移到本车间，并分配PDA角色。新建车间要根据发运车次及交接关系分别维护好车间交接对象、堆位、堆位交接关系。利用原分拣车间维护的，要将转运车间的全部交接对象增加到本车间；堆位维护以转运使用的堆位为主，按照发运邮路情况进行优化调整，并与相关交接对象进行关联。使用辅助分拣设备分拨扫描时，还需要在维护堆位时逐个维护堆位编号，并将编号打印开关设置为“打印”。3. 分拣封发维护。第一步，维护好各类邮件分拣封发关系，其中，省际分拣封发关系由集团公司负责维护和下发；省内分拣封发关系由省分公司负责维护和下发；地市到县及县以下分拣封发关系由地市分公司自行维护下发。第二步，按照分拣封发关系维护车间逻辑格口，逻辑格口号采用顺序流水号，格口编号应与其对应的堆位编号一致。逻辑格口维护可通过网运信息系统—计划控制—分拣封发作业模块进行，维护完成后格口数据自动同步到“网运转型升级”模块中；也可直接在“网运转型升级”—新型分拣机运行控制—车间逻辑格口维护模块中进行。4. 局计划维护。由于流水化作业模式下需要以邮路车次作为邮件的分拣单元，进口邮件经过卸车、分拨扫描，直接装发计划邮路，因此，需要对本单位承担的市县邮路、下行市趟维护局计划，通过局计划控制邮件分拨扫描与配发作业一次完成。通过“网运转型升级”—局计划管理—局计划维护模块维护局计划。正确选择发运局，邮路类型为公路，邮路性质可缺省，结算属性为“邮政”，邮路级别可根据市县邮路和下行市趟对应的级别来选择，选择对应的邮路，起始和终止日期采用默认即可。选择当前邮路的卸交站，查询并勾选该卸交站对应的寄达局范围、邮件种类，提交局计划。查询现有计划，审核无误后，到局计划管理—局计划下发模块中查询并勾选已维护的计划，将其插入下发列表，执行下发即可。（邮政报　徐永杰）

【网运邮件处理中心建设】 9—10月，上海、广州、贵阳、昆明、蚌埠等5个中心局新型包裹分拣机陆续建设投产。截至10月，全网有24个邮件处理中心新型邮件处理设备投产运行，“双十一”期间，全网双层分拣机日均处理量41万件/台，单机最高处理效率3.7万件/小时。全国一二级中心局包件日处理能力1554万件，广州邮区中心局日处理量逾120万件。（网路运行部　曾宪京）

【中国邮政南京航空速递物流集散中心】 南京集散中心处理邮件总量13153万件，比上年增长1.25%，最高日处理量62.9万件。其中处理全国“大闸蟹”“大樱桃”“周大福”“苹果”等十余项专项业务。1. 复盘制度。通过对生产进行全面分析、复盘，对发现的问题限时整改，当频及时赶发率从91%上升到96%，邮航返程航班载运率从70%上升到80%，邮件留存量下降近50%。2. 生产现场管理。利用DLP总控指挥系统，及时对预警情况进行处理；结合生产实际，不断修订、完善时限、操作规范流程和应急预案；加强与邮政航空南京分公司的联动，通过联合指挥实现精准调度，有效提高生产处理效率。3. 客服质量。推进客服质量转型，变被动为主动；规范经营秩序和邮件丢失专项视检流程，建立视检长效机制；对无着邮件仓库进行系统盘点，有效加快无着邮件的处理速度。4. 创新优化技术信息。4月，启动扁平件系统扩容项目，扩容三台塑封机及北侧一条下楼传输线，并对信盒传输线进行优化改造；12月，启动AGV试点工作，有效节省人工劳动力，提升生产作业效率；提前对用于处理航空集装箱、板的滚轮平台进行扩容设计，以满足二频次开通后的邮件处理需求；充分利用信息系统手段，使南京集散中心各环节可视、可控、可复盘。5. 全网联动。通过走访签订“互保互包”协议，提高邮件处理时限；完善各出口局的联络机制，建立微信联系群；及时将高量期的控量、限量建议报告上报总部，切实解决邮件分配不均衡问题。6. 预算管理。通过双重归口的管理模式，强化预算管理意识；加强资金管理，灵活调度资金；优化完善招投标流程，建立健全采购制度。7. 人力资源管理。采取推进业务外包、建立退出机制等多种措施；完善内部收入分配激励机制，试行人工成本切块管理；通过与劳务承揽公司签订短期非全日制用工使用协议，高量期间备员小时工100人，保障生产顺利完成；规范员工工装管理，增强员工企业归属感。签订安全责任书，层层落实安全责任；每月开展安全大检查，对发现的安全隐患问题限期进行整改；紧抓培训机制，提升一线生产人员的安全意识；加强对生产敏感区域的重点监控，全方位对邮件路向进行追踪，全年零事故运行。（速递物流　蔡珒）

【邮件处理中心提高包裹上机率】 网路运行部根据新型包分机使用和运行特点，制定相关指导意见，提升新型工艺

广州中心局的双层包裹分拣机操作现场。（网路运行部 / 提供）

设备的生产效能，进一步优化中心局生产流程。同时，与收寄环节密切配合，强化邮件规格和信息质量管控，对收寄信息与实物不符的邮件，实现网运环节名址修正，多措并举推动包裹上机率稳步提高，22 个局新型包裹分拣机快递包裹出口上机率 93%、进口上机率 84%。（网路运行部　曾宪京）

【处理中心工艺改造和扩容项目】 信息科技与建设部从全局高度谋划实物网重大课题，优化陆运网和航空网规划方案。广州等 7 个处理中心的工艺改造和扩容完成，实现一季度项目立项，三季度投产使用，投产使用无锡等 4 个速递处理中心，全网日处理能力 2400 万件。落实西安等 11 个陆运中心、郑州等 3 个航空中心征地工作，加快中心局易址迁建项目。（信息科技与建设部　宋超）

【北京二期、上海、广州二期、贵阳、昆明、蚌埠六个中心局工艺改造工程】 8 月，由邮政科学研究规划院设计中心完成的、经集团公司及各省分公司、中心局鉴定的“广州二期、上海、北京二期、贵阳、昆明、蚌埠六个中心局工艺改造工程”投产试运行，工艺方案在各局投产过程时都获得较好的应用效果。其中广州二期、上海项目设置双倍直发格口，处理效率提升，由传统双端供件小时处理能力 2.87 万件提升到 3.9 万件，设计技术水平均达国内一流，世界领先。据初步测算，投产后新工艺流程相比传统胶带系统，6 个局每年可节约成本投入约 3500 万元。按照设备使用周期 10 年考虑，项目经济效益规模可达 3.5 亿元。（邮政科学研究规划院　彭芃）

【内蒙古分公司全网传递管控】 6 月，内蒙古分公司从加强全网管控、全力缩短邮件传递时限、规范生产操作流程等方面再作部署，全力提升邮件传递质量。各层面加密质量检查频次，对重点指标的监控从之前以月为单位逐渐向以周、日为单位转变，缩短发现和整改问题的周期；规范各环节交界点的生产操作流程，明确各环节领导、责任人的具体职责，重点落实分拣、运输、投递各环节的问责，研究流程优化，组划最优的投递线路，统筹思考和谋划、解决投递量增加、投递时限加快、投递人员短缺三者间的矛盾，抓住重点分别推进；加大投递人员的培训力度，解决当前投递时限、人员不足的问题。（邮政报　邱新宇）

【浦东邮件处理中心北楼工艺改造工程投产】 浦东邮件处理中心北楼工艺改造工程为集团公司直管项目，投资 8219 万元，由 1 套环形双层包件分拣机、1 套胶带传输系统、41 台伸缩胶带机等工艺设备及配套的现场管理系统、变配电系统组成。包裹单日最高分拣总量 382209 件，峰值效率 14948 件 / 小时，平均识别率 97.50%。（上海市分公司　陆怡琼）

【广州邮件处理中心工艺改造二期工程】 为加强寄递业务的市场竞争力，强化处理能力，提升全网最重要节点的处理能力，广州邮件处理中心开展二期工艺改造工程。工程建设主要包括：在车间再配备双层包分机 1 台和传输胶带系统 1 套，以及工程配套的信息系统、配电改造、生产主楼场内土建改造、生产场院外土建改造工程等系统项目。10 月 9 日试运行，10 月 18 日正式投产。配合一期工艺设备联动，实现邮件在处理中心的流水化作业和不落地分拣的改革发展目标，日处理量持续逾 100 万件。“双十一”期间，该处理中心分拣量连续五天逾 100 万件，其中超过 120 万件的两天，高峰日 122.2 万件，创造全国中心局日分拣的新纪录。（广东省分公司　蔡嵩）

运　行

【邮政陆运网运行质量管控体系建设】 运行质量管控体系建成包含 15 项考核指标和 28 项评价指标的质量管理体系，覆盖时限、生产、服务、效益四个方面，实行事前立标，事中监控，事后考评的质量管控新模式。3 月，指标体系上线，网路运行部按月召开电话会议通报陆运网运行情况，提升全网运行质量水平。按“奖优罚劣”原则，将考核指标首次与省分公司结算收入挂钩，推动各部门齐抓共管，协调联动。通过严格管控，无收寄、无重量邮件量下降 68%，重量不符邮件量下降 69%，一、二级干线邮车准点率提高 8%。（网路运行部　曾宪京）

【网运资源整合推进工作】 网路运行部推进河北、山西、河南等 17 个“整合省”全面实施整合，两网优势互补，高度复用，陆运网整体运行效率和效益得到有效提升。长三角区域，网运以无锡速递新集散中心投产为契机，以依托速递网路资源为主，协同速递物流，打造长三角区域集散网。此外，新疆、青海、四川、海南、广西、贵州等省（区）利用速递组开的 99 条省内、省际航空线路带运快递包裹，通过航空运输资源整合，加快远距离快递包裹传递速度。在邮政生产运行环节，推进邮政县域转运、分拣、投递“三合一”。（网路运行部　曾宪京）

【创新应用系统旺季联合集中保障运维模式】 为保障旺季生产，由信息技术局牵头，联合邮政业务局、网路运行部等业务部门人员，硬件设备和系统提供商，以及多个应用系统开发商的人员组成全国应用支持保障中心集中办公，实行 7×24 小时全程值守。全国 31 个省（区、市）的技术业务人员共同承担系统运行保障工作，采用远程支撑与现场支持相结合，全面保障和重点保障并重模式，建立统一的运行支撑电话、统一的 QQ 群、微信群，统一受理各省生产运行问题，解决之前各省（区、市）问题多头反映、解决不及时等问题。对长三角、珠三角等业务发展的重点地区，专人进行现场支撑保障，及时处理现场生产问题。按照事先制订的紧急解决预案和流程，实现故障准确迅速解决。针对可能出现的故障隐患，制订事前预测、事中控制、事后解决的保障方案，明确运行保障各方职责。实行故障解决首问负责制，把故障解决过程、解决情况第一时间向业务部门反馈，全面有效保障“双十一”期间信息系统的安全稳定运行。（信息技术局　秦佳）

【干线运行车辆利用率提高】 网运在一、二级干线上打破传统干线运输定人定车模式，通过科学优化运输组织、推行“人休车不休”、长短途邮路套跑、委办运输改自办、驾驶人员绩效与里程挂钩等多项举措，提升干线车辆运营效率，全网一级、二级干线邮运车辆日均行驶里程分别为 608 公里、328 公里，比年初分别提高 281 公里和 127 公里。其中山西、江苏、江西、四川、陕西等 14 个省一干日均行驶里程超 660 公里；河北、福建、湖南、广东、青海等 12 个省二干日均行驶里程超 350 公里。（网路运行部　曾宪京）

【新工艺设备提升生产处理能力】 “双十一”和春节业务高峰期间，自主研发的双层分拣机单套日处理量 45 万件。广州中心局配备的第二套双层分拣机，实现进出口分开和互传方式，单套设备最高日处理量 78 万件，整个中心最高日处理量 155 万件。加大终端投入，新增揽投终端 2.3 万台、电动三轮车 9242 辆、投递车辆 5130 辆、智能包裹柜 3052 台。（信息科技与建设部　宋超）

【信息网安全运行】 未发生重大信息安全事故，完成春节、“两会”、G20 杭州峰会、十八届六中全会、“双十一”等信息网安全运行保障任务。全网系统可用率 99.99%，其中储蓄逻辑集中系统交易成功率 99.81%，36 个核心类业务系统交易成功率稳定保持在 99.50% 以上，位居行业先进水平。信息系统灾备能力不断加强。实现北京市丰台、亦庄同城中心储蓄逻辑集中系统、自助渠道系统无缝自动切换，重要信息系统灾备覆盖率进一步提高。信息安全防范工作持续改进。通过国家相关部门的信息安全检查，开展全网 84 个重要系统的等保测评和整改；通过实施统一接入、统一身份认证等工程，互联网网站安全漏洞比上年减少 33%。（信息科技与建设部　宋超）

【北京市分公司网运转型】 北京市分公司推进北京邮件综合处理中心流水化改造；完成邮速陆运网整合，全部接管整合速递物流北京市分公司行邮火车邮路3条、汽车邮路20条，减租2节北京至上海的行邮仓位，年均节省运行成本540万元；同城网初步搭建并投入使用，实现次日妥投率95%。（北京市分公司　石连成、陈丽涵）

【内蒙古分公司更新投递设备提高网运能力】 投资1584万元，增配投递车辆1261台、揽投一体手持终端1367台。对7个盟市实施快包专网投递，试点建设网格揽投一体化58处，建设自提点112处。实施全员PDA一次扫描下段，实现压缩内部处理时长30%。年邮件进口投递2954万件，比上年增长167%；当日妥投率90.28%，比年初增长8.8%，超过全国平均水平5.3%；信息实时反馈率96.49%，比年初增长40%，超过全国平均水平1.5%。4个盟市分公司邮件生产场地的流水化改造完成，46个旗县分公司配备装卸皮带机，改造升级呼和浩特邮区中心局邮件处理中心，邮件处理能力单日12万件，是改造前生产能力的3倍，最高峰处理邮件20万件以上。推广PDA封车解车工作，提高邮件运输时效的稳定性。新组开13条区内干线邮路，区内运输网进一步优化，加快和稳定邮件区内传递时限。强化内部处理环节与运输环节的紧密衔接，确保邮件区内传递时限的达标。规范市趟运输交接流程，调整一级干线汽车邮路运行计划，强化内部处理环节与运输环节的紧密衔接。在全区邮政旗县层面全面实施分拣、转运、投递“三合一”改革，邮件卸车、分拣、下段、装发等同步作业，内部处理时间缩短1小时，县级层面邮件处理效率提高50%。经过各环节改造和优化升级，全区整体邮件处理效率提高120%。“双十一”期间，邮件处理量比上年增长51%，比日常增长254%，邮件处理及时，生产组织安全有序，完成旺季生产任务。（内蒙古分公司　苏永胜）

【辽宁省分公司运行能力提升】 投入能力建设资金3.67亿元，其中，争取国家财政资金1798万元，争取集团公司投资2827万元，新购局所16处、翻建23处、改造128处，更新及新增生产车辆479辆，购置ATM、CRS 174台，新购自助发卡机、补登折机、排队机等机具设备161台。支出建设补贴4000万元，支持金融转型、金融跨赛、网点设施升级、网运旺季生产等重点工作。完成工程结算审计1198项，审减额2809万元，综合审减率20.8%。（辽宁省分公司　王欣）

【无锡长三角集散中心分拣系统项目】 无锡长三角集散中心项目是上海研究院承接的单项目合同额最大、技术难度最高的分拣系统项目。2月项目启动，10月6日投产。项目包含3套大件分拣机和总长近3公里的分拣机间连接皮带机。该项目采用长距离皮带机交换跟踪技术，实现邮件的信息跟踪识别。经过项目组反复攻关、多次实验，实现邮件信息跟踪目标，为高效准确分拣处理奠定基础。项目组研发的自动纠偏控制技术，通过采集包裹在托盘上的位置信息，由控制单元命令完成托盘皮带运转，实现对物体在分拣过程中的纠偏功能，保证准确可靠分拣处理。该发明为国内外首创，已申请发明专利。为提高分拣效率，项目组将3套大件分拣机组成分拣群，所有的交换线设置复用线，可以互为备用，既能单独运行又可联合分拣，提高分拣效能。（上海研究院　龙潜）

浙江省义乌市分公司引进30辆电动汽车，投放到各个营业网点用于生产作业。（新闻宣传中心/提供　杜帅帅/摄）

【河南省分公司邮速县域“三合一”】 11月4日，河南省分公司联合速递物流河南省分公司在滑县召开全省邮速县域“三合一”工作现场会，总结推广试点县经验。以滑县等3单位为试点，以“减少内部作业环节、取消内部交接、简化作业操作”为原则，通过整合原有分拣、转运、投递作业班组，实施大班组交叉作业、大平面流水化作业，提升县域邮件处理能力和效率。截至12月31日，75个县（市）分公司完成县域“三合一”工作，完成率72%。（河南省分公司　郭艳）

【福州进出境快件监管中心启用】 6月15日，福州海关在福州进出境快件监管中心举行启用仪式。这是新版全国快件通关系统上线后，福建省首个开通运营的进出境空运快件监管中心。福州进出境快件监管中心位于长乐机场。作为跨境绿色通道，该中心利用机场的直航优势，可受理来自美国、澳大利亚、日本、韩国、新加坡等国家和中国香港、台湾地区的快件，实现跨境航空快件集中安检、处理，提升快件配送时效。尤其是福州—台北—福州货邮专线，每周执飞5班，可以台湾为节点带运福州出口发往欧美及亚洲其他国家的邮件、快件。（福建省分公司　杨文振）

【青海省实物网提速运行】 西宁邮区中心局按照青海省分公司建成“企业竞争实力的示范窗口、科技进步的示范窗口、科学管理的示范窗口、社会形象的示范窗口、团队建设的示范窗口”五个示范窗口的要求，完成新场地、新设备、新流程、新工艺建设。优化流水化作业流程，提高包裹分拣机利用率，实现邮件“快进快出”生产作业模式，在“双十一”期间邮件处理量比上年增长3.6倍的情况下，确保旺季生产“零滚存、零积压、零逾限”的邮件处理目标。省内支线航空邮路开通之后，采取撤销、调整、延伸和增开邮路等方式，在确保平安、玉树市、玛沁、德令哈和同仁邮件“二进二出”频次的基础上，以西宁市为中心，开通3小时覆盖全省68.1%人口的快速邮路圈。（青海省分公司　韩建）

邮政业务

◇ 网点
◇ 普遍服务
◇ 重大活动和重大事件服务
◇ 服务质量

【概述】

1. 深化协同机制。(1) 加强业务协同，创立产品和项目协同研发机制。协同邮速双方，推出一票多件等新产品和新服务。协调金融板块推出代理消费金融项目，探索代理金融“准资产”业务协同发展模式，丰富代理金融网点功能；筹划“基于汽车产业链的集群市场开发”的联动项目；完成储蓄银行上市同业竞争及关联交易等相关工作；协同中邮证券及相关各方，下发《关于进一步加快中邮证券发展的指导意见》。(2) 形成金融板块协调领导小组会议制度。在“风险可控、互惠互利、内部优先”基础上，建立“搭平台、强合作、督落实、促发展”的日常协同原则。(3) 加强日常协调工作，定期召开板块日常协调会议，建立议题研究制度。(4) 固化联合调研和通报制度。下发12期《国内包裹快递业务月报》和14期《农村电子商务发展简报》。(5) 建立业务信息共享机制，创立《创新与协同》和《品牌工作资讯》电子期刊。重点关注政策、行业及企业动态，为协同交流提供资讯平台。(6)《以资源共享为导向的邮银业务协同管理》分别荣获交通部及集团举办的“行业管理创新评比”两项一等奖。

2. 三个新增长极协同支撑。(1) 中邮保险：一是协同中邮保险构建期交业务“三位一体”的协同发展支撑体系。二是协同推进团险兼业代理业务试点和个险激活卡的业务研发。三是协同推进邮储银行与中邮保险在小额信贷意外保险方面的合作。四是协同中邮保险推动各省邮政公司制定和落实绩效考核办法。(2) 包裹快递业务：一是丰富包裹快递服务，推出“快递包裹一票多件”“标准箱”“快递包裹保价”等产品和服务；开展辽宁省“代收货款”试点工作。二是对标市场，调整快递包裹产品资费优惠政策，提高产品价格竞争力；放宽省内和同城快递包裹产品资费优惠政策，提升省内快递包裹经营的灵活性；截至10月底，完成对19个省（区、市）184名协议客户的资费优惠申请的审批和事后监控工作。三是加强包裹快递客户资源管理，累计清理释放失效新注册客户72001个，累计清理释放失效存量客户228198个，盘活包裹快递业务客户资源，支撑邮速两板块的市场拓展。四是开展包裹快递业务劳动竞赛，推动包裹快递业务发展。2015年6月至2016年5月，组织邮速两个板块开展包裹快递业务跨年度的劳动竞赛，竞赛期间，业务收入规模345.99亿元，比上年增长18.29%。五是开展提升包裹快递运行质量专项检查，促进包裹快递运行质量提升；在全国55个邮政通信质量检查点抽查快递包裹邮件60.6万件，比上年增加92%；下发《关于进一步加强快递包裹收寄规范的通知》，规范快递包裹收寄邮件规格尺寸，提高邮件处理效率，加快传递速度。(3) 农村电商：一是调研和总结“山东批销、江西精准扶贫”等先进模式。明确工业品下乡和农产品进城的发展方向，为农村电商在全国的推广打下基础。二是牵头组织农村电商劳动竞赛，出台专项考评办法。三是研究并推出农村电商掌柜和会员的专用联名卡，实现与金融联动发展。四是推动农村电商品牌管理的统一化、标准化和规范化。与信建部、邮务局、电子商务局等部门共同开展农村电商品牌统一和形象标准化工作。五是协同国务院扶贫办对江西邮政电商扶贫进行联合调研，联合举办扶贫日纪念邮票发布仪式，促成邮政电商平台成为与中国社会扶贫网对接的首批电商扶贫平台之一。

1月30日，“送农民工兄弟姐妹回家过年”的公益旅程启动。邮储银行湖北省分行参与此项公益活动。(新闻宣传中心／提供)

3. 总部项目开发。(1) 政企总部客户项目开发落实。一是与政府部门合作。与吉林、甘肃、西藏3省（区）及中国石油化工集团公司、中信集团有限公司签署战略合作协议；22个省（区、市）与当地交通部门达成交通部ETC项目服务合作协议，29个省（区、市）开立跨省结算账户。二是与国税总局、国家社保中心、国家工商总局、国务院扶贫办、交通部等政府部门的合作，与国家税务总局就战略合作协议内容初步达成一致意见；协助国家社保中心，向人社部提交社保个人权益记录单寄递单一来源采购建议；推进与国家工商总局通过邮政快递受理“三证合一”服务合作；配合国扶办起草《关于促进电商精准扶贫的指导意见》，并推进双方战略合作；推进与交通部交通一卡通合作，邮储银行入围交通一卡通的资金清分结算机构。三是推动与各级政府战略合作。梳理国务院84个部委的职能，明确公安、税务、交通、人社、农业、住建等10个部委为开发目标，每个项目成立联动开发小组，推动与政府部门的战略合作。(2) 开展校园品牌项目。集团公司面向高校群体组织品牌创意和推广活动。一是与中国广告协会合作，在第十四届中国大学生广告艺术节学院奖上设立“中国邮政，不只为您寄信”比赛命题，面向全国学生征集优秀创意。二是开展“校园邮乐场”品牌推广活动，活动累计覆盖400万人次，提升年轻群体对于邮政的品牌认知，进行消费引导，对校园市场进行初步培育。

4. CRM系统和在线平台建设。(1) CRM系统建设：

一是启动 CRM 系统建设工作，9 月，CRM 立项和咨询工作完成。二是参与系统工程建设招标准备工作。组织各板块参与招标技术规范书的编制工作，并组织与 CRM 软件商、实施商的交流活动，了解主流软件的功能及特点，以及实施商的能力和实施经验。三是制定基础管理制度。草拟涵盖各板块客户的《中国集团客户资源管理办法》和《中国邮政会员管理办法》。（2）在线平台建设：一是完成在线业务平台需求编写、评审及工程立项工作。二是与战略部共同推进微信营销模式的研究工作，形成《关于中国邮政利用微信平台开展业务营销的研究报告》，制定《中国邮政微信营销体系建设总体方案》。

4 月 16 日，“世界读书日”前，获得集团公司提升邮政投递服务质量劳动竞赛先进个人的江苏省射阳县分公司投递员邹春，给县小博士 100 辅导站内的留守儿童送去《儿童文学》《创新作文》《课堂内外》等书籍。（新闻宣传中心 / 提供）

5. 营销体系建设。（1）开展营销创优竞赛。完成 2015 年“营销创优”竞赛的评比、表彰工作，“营销创优”竞赛奖项业务范围广、奖项设置多，结合年度业务发展重点增设金融网点转型发展奖、农村电子商务奖、集邮转型发奖和中邮保险期交“百亿工程”推动奖，为推动营销体系建设；2016 年度“营销创优”劳动竞赛方案下发，并加强对竞赛过程的动态跟踪。（2）举办板块联动营销项目培训班，加深各板块对联动工作协同营销和抱团作战的理解；组织营销团队带头人远程培训班，提升营销人员的项目营销、销售推广能力。（3）开展大客户满意度调查，了解客户真实需求和邮政不足，为针对性的营销服务改进提供参考依据。

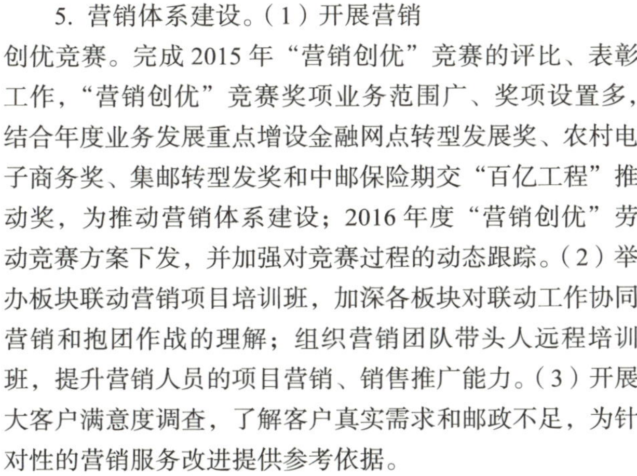

6. 品牌建设工作。（1）结合板块需求，开展品牌建设推广项目。一是组织各板块和各省分公司开展“寄意邮新　邮礼相送”120 周年用户回馈活动和“校园邮乐场”品牌推广活动。二是组织策划并上报跨年度旺季品牌推广活动。（2）利用新媒体，统筹做好品牌推广工作。一是做好集团公司官方微博平台的日常维护与运营、加强与新媒体客户的沟通，宣传邮政品牌和服务，及时收集用户对邮政服务的反馈意见了解客户体验。二是与新浪微博合作推出“随手拍邮筒”活动，活动阅读量突破 2 亿，约 120 万人参与讨论，邮筒主题贴纸使用量 32.6 万次，超过历史上所有商业活动贴纸使用量，成为“五一”期间影响力最大的微博活动。该项目获评艾瑞中国评选的“最佳社会化媒体营销案例”和《成功营销》评选的“2016 年度创新营销大奖案例奖金奖”。（3）加强品牌调查，及时掌握品牌发展动态。一是开展邮政品牌调查工作，开展 4 次品牌调查，累计回收调查问卷 1.2 万余份，形成《2016 中国邮政品牌认知度调查报告》。二是跟踪研究国内外主要品牌研究机构发布的品牌价值排行榜，对中国邮政品牌价值进行分析评估，及时掌握品牌价值动态。

7. 普遍服务归口管理。（1）参与普遍服务建章立制，维护和发展邮政企业权益。一是研究并起草反对信件市场向外资开放的有关材料，获得国家安全部门和国家邮政局的支持。二是向国家邮政局提出对邮政集团年度绩效考核加分建议并得到采纳。（2）加强沟通协调，推进普遍服务管理制度创新。一是推进普通包裹由投递包裹单到投递包裹实物的转变，提升普遍服务水平。二是配合国家发改委组织召开改革普通包裹计费体系结构专家论证会并向社会公开征求意见。三是协同完成向财政部申报 180 亿元普遍服务补贴项目支出绩效目标的设立。根据邮政企业普遍服务的实际情况，提出数量指标、质量指标、时效指标和社会效益指标等绩效目标的设立建议，并获财政部评审通过。（3）加强邮政普遍服务归口管理，促进普遍服务水平稳步提升。一是根据普遍服务管理的新职责和发展变化情况，及时向集团有关部门、领导提交普遍服务处新增岗位和职数建议。二是推进加强省、地市、县普遍服务三级管控体系建设，设置普遍服务管理专门机构和专职管理岗位。三是定期编发全国邮政企业履行普遍服务管理情况通报，促进基层企业进一步加强普遍服务内控管理，依法维护和争取对邮政企业合法权益。四是对 2015 年邮政监管部门行政处罚较多的省份进行普遍服务行政处罚专项工作督导，促进政企双方减少分歧、提升工作合力。五是组织开展全国普遍服务管理专项检查活动，全国累计抽查网点数量 13505 个，全国邮政企业普遍服务履职管理情况自评平均分 96.4 分，推动普遍服务内控管理机制的建立与加强。（4）加强与邮政监管部门的沟通联系。一是与国家邮政局建立常态的沟通协调机制，促进普遍服务管理工作问题的及时沟通与协调。二是配合国家邮政局开展普遍服务创新发展项目研究。三是依法配合国家邮政局开展政企双方信息系统联网调研，牵头组织相关部门多次研究讨论，提出信息系统联网5点对接原则，并着手启动普遍服务管理系统立项研究的前期准备工作。

8. 服务质量管控水平。(1) 实行外联内控，考核指标全部达标。与国家邮政局普遍服务司和市场监管司等部门建立沟通机制，加强企业内部管控，普遍服务满意度和申诉处理满意率确保达标。(2) 强化客服管理，客户体验持续改善。一是深入开展客户满意度测评。采用短信、电话、微信等多种方式，分别面向新媒体客户、邮政大客户和青年群体客户等客户群体进行客户品牌认知度调研，真实了解客户体验情况。二是持续关注各省邮政分公司申、投诉情况，对有效申诉量较高的省予以点名通报，促进管理水平提升。三是组织开发中国邮政包裹快递业务新理赔系统，制定快递包裹理赔办法，进一步完善理赔机制，加快理赔速度。(3) 加强无着邮件管理，实现库存新增双下降。下发《关于进一步加强无着邮件管理的通知》和《中国邮政集团公司关于在国内挂号信函和挂号印刷品收寄件人信息中增加电话号码的通知》，规范邮件寄递流程。(4) 严查违规经营，维护企业经营秩序。对职工举报江苏、上海等6省（市）速递物流分公司跨区低资费收寄国际e邮宝，速递物流浙江省东阳市分公司低资费收寄国际特快邮件，广西梧州市分公司和山东青岛分公司低资费国际小包等问题，进行调查核实，举报问题全部查清，并责成责任单位全面整改，杜绝违规经营行为。(5) 加强基础管理。一是开展暗查暗访。暗查9省120个邮政、邮储银行和速递营业网点，发现并督促整改问题104个，促进窗口服务质量提升。二是开展省级视察人员业务培训。将客户体验管理和服务质量管理作为培训重点，围绕“提升邮政客户体验”“优化服务质量监督检查工作”等议题展开讨论。三是落实监管部门要求，大力抓好扫黄打非工作，防止非法出版物通过邮政渠道传播。(市场协同部　朱辉)

网　点

【建制村直接通邮试点工作开展】 10月28日，集团公司与国家邮政局联合下发《关于开展建制村直接通邮试点工作的通知》，在内蒙古、湖南、广西、云南、甘肃、青海等6个省（区）开展建制村直接通邮试点工作。截至12月31日，6个试点省（区）通过联合调查，建立建制村通邮台账，梳理未直接通邮建制村台账，制定建制村直接通邮工作方案和分年度工作计划。(邮政业务局　刘佳)

【北京市分公司城区营揽投一体化建设】 北京市分公司推进城区营揽投一体化建设，在西城、朝阳、海淀三个区分公司试点开展投递组网改革；实施投递网络优化整合，减少投递班组13个、投递道段128条；推进自提网络建设，累计建设自提点2468个，智能包裹柜389台，包裹自提占比和智能包裹柜日均格口使用率提高。(北京市分公司　石连成、陈丽涵)

【北京市分公司仓配一体化建设】 北京市分公司建成邮政仓储配送中心，满足水果、生鲜等不同产品的储藏需要；建设邮乐购站点5000个，超额完成集团公司下达的目标；与昌平、密云、延庆等区的多家农副产品企业和农业合作社联合，试点建立“农邮通”服务站，实现农村物流的有序集散和高效配送；在邮政系统内首家实现北京国际小包出口邮件24小时快速验放、便利通关；配置电动三轮车56辆，接收速递物流北京市分公司194个同城快递信筒，提升快递网络支撑能力。(北京市分公司　石连成、陈丽涵)

【内蒙古分公司邮政网点转型】 研发《网点转型手册》《商户开发流程》等转型教材，通过调研确定网点绩效模板和资金池来源与使用等标准，引进磐石、卓越、玖富等第三方公司开展11轮转型培训，2期培训党员支局长112名，5期培训理财经理460名。开展“百强网点效能提升”活动，竞赛期新增余额25.8亿元，完成10亿元目标的258%，占新增余额的27.3%；全区百强102个网点增加余额进入全区前100名的有38个。全区有2个盟市、26个支局进入集团公司“十强百优千佳”竞赛，支局最高排名15位。(内蒙古分公司　苏永胜)

【内蒙古分公司邮政便民服务平台建设】 以履行社会责任、推进基本公共服务均等化为目标，加快构建覆盖城乡、惠及全民的邮政服务民生网络体系。截至12月31日，全区累计注册邮政便民服务站8235处，其中城市便民服务站2159处，乡镇及以下便民服务站6076处。行政村覆盖率72.8%，点均服务人口2953人，全区代收费规模累计近50亿元，实现“进一家门，办多件事”，可实现代收代缴农电、通讯等各类公共服务费、助农取款、报刊订阅、邮件代揽代投以及代售火车票等10多类便民惠民基础服务，有效地满足农村牧区末端服务需求。(内蒙古分公司　苏永胜)

【广西邮政服务站点建设】 新增4个代理金融网点，建立集团级示范代理金融网点50个，依托邮乐购站点新叠加助农通服务1957处，新增离行式自助银行网点132处，新增收单POS机5433台，新增移动展业设备791台。助

3 月 17 日，无锡市分公司以“花漫鼋渚 · 千里樱缘”为主题，在鼋头渚开办“樱花邮局”。（新闻宣传中心 / 提供）

农通服务点绑定客户 4180 户，沉淀日均余额 3045 万元。依托离行式自助银行宣传转介客户 1.2 万户，沉淀日均余额 1.39 亿元。邮惠联盟吸粉 18 万名。推进“段道”投递向“网格化”投递转变，全区投递服务 KPI 指标达到或超过集团公司考核指标。新增投递汽车 144 辆、电动三轮车 1000 辆，增配投递 PDA700 多台，拓展人工自提点 4800 多处，布放智能包裹柜 101 台。新增政（桂）讯通平台 5250 个。新建农村电商站点 4953 个，站点活跃度在全国同行位居第十位。贵港、桂平、东兴、隆安等市县分公司获得政府农村电商专项资金补助。广西邮政微邮局有粉丝 12 万名。便民服务站进行系统升级改造。南宁综合保税区跨境电商监管中心基本建成，凭祥综保区跨境电商监管分中心进入筹备阶段，面向东盟的“海陆空”跨境电商发展蓝图正在逐步成为现实。（广西分公司　蒙淋芳）

【青海省综合便民服务平台建设】 年新建社会加盟便民服务站 483 个，便民服务站总量 1082 个；新建“三农”服务站 10 个，总量 111 个；新建村邮站 280 个，总量 315 个。全省“邮掌柜”系统新增 616 个，累计开通 747 个。（青海省分公司　韩建）

【深圳市分公司开办 24 小时多功能“都市管家”服务网点】 4 月 12 日，深圳市分公司在八卦岭支局和高新支局试点推出 24 小时多功能“都市管家”服务网点。该服务网点不仅能够办理邮政业务，还可提供社保业务代办，购买食品、饮料及日常用品等多功能综合服务。“都市管家”服务网点主要依托邮政营业厅渠道资源，由深圳市分公司、市社保局及天虹商场股份有限公司共同经营。（邮政报　刘静娜、蔡菡）

【西藏分公司首批智能包裹柜投入使用】 5 月 10 日，首批智能包裹柜在藏医学院、区人民医院和拉萨分公司正式投入使用。智能包裹柜的投入使用，一定程度上缓解投递人员紧张、投递频次多、压力大等困难。在客户中赢得了良好口碑，减轻了投递员的工作负担。（西藏分公司　刘德立）

【北京市朝阳区水碓子邮电局成立“美猴王”生肖文化主题邮局】 1 月 5 日，“美猴王”生肖文化主题邮局在北京市朝阳区水碓子邮电局成立。电视连续剧《西游记》中扮演孙悟空的著名演员章金莱（六小龄童）受聘担任主题邮局名誉局长，为邮票揭幕，并举行邮品签售。“美猴王”生肖文化主题邮局分为实体邮局与虚拟邮局两部分。实体邮局内建有“六小龄童藏品博物馆”，展示各类生肖主题邮品；在“美猴王”生肖主题文化邮局网站，提供生肖主题等特色文化产品销售，并结合实体邮局开展生肖主题活

广州市分公司开发社区邮政服务新模式——“智慧邮局”。（新闻宣传中心／提供　秧林海、宋悦／摄）

动。该主题邮局成为邮政开拓生肖文化的宣传平台、展示平台、销售平台、活动平台、公益平台、专业联动平台。此外，安徽省芜湖市分公司建造的全省首家“生肖文化邮局”也正式开业。（邮政报　俞明明）

【天津市航天邮局成立】 12 月 11 日，设在中国空间技术研究院天津基地的天津航天邮局正式成立。中国空间技术研究院空间站系统总设计师杨宏担任航天邮局名誉局长。天津航天邮局是中国距离大型航天器研发中心最近的航天邮局。为纪念航天邮局成立，市分公司特别发行天津航天邮局成立纪念封，标识启用纪念封和“民族骄傲　国之重器”中国空间技术研究院天津基地印象明信片。同日启用天津航天邮局日戳、风景戳和纪念戳等，供集邮爱好者免费加盖。（天津市分公司　魏普金）

【海南省“三沙邮驿”开业】 1 月 1 日，海南省三沙市分公司在永兴岛设立的“海上丝绸之路”三沙邮驿正式开业。作为一个地理位置特殊、服务南海经略的主题邮局，除为永兴岛上的军民、游客提供邮政通信服务以外，还为军民、游客提供丰富的个性化 DIY 明信片打印服务。（海南省分公司　洪文娴、陈佳佳）

【海南省文昌航天邮局开业】 4 月 24 日，中共文昌市委、海南省分公司在文昌龙楼联合举行首个“中国航天日”纪念活动暨文昌航天邮局揭牌仪式。文昌市委常委、宣传部长吕小蕾，海南航天集邮研究会会长何和吉出席，并为首个“中国航天日”纪念封、文昌航天邮局设立纪念封、文昌航天邮局进行揭牌。（海南省分公司　洪文娴、陈佳佳）

【青海省分公司“天空之镜”和“长江 1 号”主题邮局】 8 月 27 日，青海省景区茶卡盐湖“天空之镜”主题邮局正式开业。主题邮局位于海西州茶卡盐湖景区游客集散中心，内设邮政服务区、游客休闲区和 DIY 明信片制作体验区。为游客提供盐湖风光明信片、邮册（折）等文化旅游产品、包裹寄递和 DIY 明信片制作等邮政服务。主题邮局还提供牛肉干、青稞酒、蒙藏文化产品等特色商品销售，满足游客需求。9 月 3 日，由格尔木市政府全额资金支持建设的世界首个以河流流序命名的主题邮局——青海“长江 1 号”主题邮局，在长江源头沱沱河畔落成并投入使用。主题邮局坐落在格尔木市唐古拉山镇，平均海拔 4500 米。长江 1 号邮局的落成和运营是长江系列主题邮局建设的开始，期望长江沿线更多的城市都参与到长江主题邮局的建设和运营之中，以邮局为载体，把长江文化传承和长江生态环境保护发扬光大。“长江 1 号”主题邮局首任局长、环保人士杨欣表示，从漂流长江到拍摄长江再到保护长江，长江干流的文化联系正在减弱，希望通过“长江 1 号”主题邮局建设把长江的自然历史文化与生态环境保护结合，并串连在一起。（青海省分公司　韩建）

普遍服务

【普遍服务内控体系建设】 一是根据普遍服务管理中政策研究、监管管理的新职责和监管部门由立法立规向立法执法并重转变的新情况，及时向集团有关部门提交普遍服务处新增岗位和职数建议。二是借省分公司及以下经营架构改革之机，进一步推进加强省、地市、县普遍服务三级管控体系建设，建议设置普服管理专门机构和专职普服管理岗位。（市场协同部　朱辉）

【参与国家层面法律法规制定】 一是参与《邮政普遍服务标准》的修订工作。新普遍服务标准在大幅缩短各类普遍服务邮件全程时限，规定普通包裹投递到户，强调对用户申诉投诉的保障等多方面，与原标准相比有大幅提升，涉及变动条款 49 条。根据集团公司领导批示，市场协同部作为标准修订的集团内部牵头和主办部门，配合国家邮政局深入开展调查研究，提出 28 条修改建议并有 21 条被采纳，实现《邮政普遍服务标准》的显著创新提升。二是对国家邮政局《邮政普遍服务“十三五”规划》等三个规划以及《建制村直接通邮试点方案》《邮政机要通信保密管理规定》等征求意见稿累计提出 30 条修改意见和建议，促进邮政普遍服务和特殊服务中长期发展规划和管理制度的合理建立。三是深入研究国内外信件市场管理法律制度，促成国家层面支持反对信件市场向外资开放。（市场协同部　朱辉）

【天津市邮政业地方标准首次出台】 1 月 1 日，天津市市场监管委发布《农村地区邮政与快递服务规范》《智能邮件快件箱》两项标准，这是天津市首次出台邮政业地方标准。《农村地区邮政与快递服务规范》进一步细化《邮政普遍服务》行业标准和《快递服务》系列国家标准中关于农村地区邮政、快递服务在服务组织、服务环节、服务改进等方面的基本要求。该标准以农村地区邮政、快递企业在收寄、分拣、运输、投递等服务环节、服务设施、服务时限、服务人员、查询赔偿、投诉处理、寄递安全等为主要组成内容，明确企业在农村地区提供邮政、快递服务的范围、内容、具体标准以及有针对性的指导意见，进一步完善邮政公共服务体系。《智能邮件快件箱》标准对智能邮件快件箱的术语和定义、标记和结构、规格尺寸、分类、质量要求、标志等内容进行规范，对智能邮件快件箱设置、使用、安全、售后等环节提出相应的参照要求，规范生产、操作及服务行为，以适应市场需求和邮政设施升级。（中国邮政报记者　仲驿）

【上海市分公司敬老卡收寄投送】 上海市政府实施“老年综合津贴制度”，取消社保卡副卡，综合津贴通过“上海市敬老卡”发放。3 月，市政府在确定由市社保卡保障服务中心制作敬老卡的同时，也确定将全市 285 万张敬老卡，6100 多个村（居）委的收寄和配送任务交给上海邮政。4 月 29 日，首批敬老卡开始投送。投递部门先期向各村（居）委发放通知书，对投递预约、签收要求、错卡退回、信息核对等情况进行说明，并与村（居）委保持双向联系，确保投送工作顺利完成。各邮政金融网点也推出多项服务措施，完善敬老卡激活工作流程，使敬老卡现场激活更为便捷有序。（上海市分公司　陆怡琼）

【内蒙古分公司实现普遍服务业务全覆盖】 为解决因内蒙古农村牧区地域广袤、农牧民居住分散带来的邮政普遍服务半存在空白乡镇的问题，采取补建网点、便民服务站代办和开办流动服务等措施，在全区乡镇（苏木）层面实现开办普遍服务业务 100% 全覆盖。按照国家邮政局建制村直接通邮工作要求，密切配合自治区、盟市两级邮政管理部门，完成建制村直接通邮数量情况的摸底调研、重点指标核查和基础建档等工作，对实际运行投入成本等方面进行测算，制定符合内蒙古实际情况的“十三五”建制村通邮计划。内蒙古邮政高效落实党报党刊发行工作，重点党报党刊征订面基本覆盖县乡层面和部分乡村嘎查。全力做好特殊服务工作，高质量地完成 62.87 万件进、出、转口机要邮件的传递任务，并克服区边境线长、边防哨所普遍偏远且极为分散的困难，寄递义务兵免费信函 4.2 万件。（内蒙古分公司　苏永胜）

牧民们在流动服务车前排起长队。（新闻宣传中心 / 提供）

11 月 30 日，速递物流福建省漳州市分公司瑞京揽投站的揽投员为驻漳森林武警某部退伍战士提供收寄服务。（新闻宣传中心 / 提供　何培晖 / 摄）

重大活动和重大事件服务

【江苏省分公司保障 G20 峰会寄递安全】 江苏省分公司转发集团公司《G20 峰会期间寄递渠道安全保障工作实施方案》（苏邮分〔2016〕222 号）、康宁副总经理动员讲话（苏邮分办发〔2016〕49 号）和集团公司《进一步加强 G20 峰会期间收寄验视和安检工作的紧急通知》（苏邮分办传〔2016〕8 号）。组织各市分公司、省分公司直属单位与省分公司签订 G20 峰会安全保障承诺书。在规定时间内上报省分公司总经理与集团公司签订的承诺书。落实各市分公司 24 小时应急处置和值守联系方式。G20 峰会前，安保部对苏州、吴江、无锡、宜兴、常州、溧阳、镇江、南通、扬州市县分公司开展“环浙护城河”寄递安全保障工作专项检查。夜间检查无锡、常州、苏州、南通邮区中心局现场，特别是发往浙江、杭州邮件的过机安检情况，

3月1日起，北京市分公司启动"两会"报刊、邮件的投递服务工作。（新闻中心／提供）

对有关问题提出整改意见。检查人员专程到与浙江交界的吴江震泽、宜兴父东、溧阳平桥等支局网点进行现场检查，督查各项保障措施落实情况。（江苏省分公司　吉克）

【浙江省分公司"平安护航 G20"】 在服务保障 G20 峰会行动中，省分公司精心筹备、艰苦奋战，加强安检设备配置，深入开展隐患大排查，突出抓好企业维稳工作，提升全员安全文明素养，构筑寄递安全"防护网"，确保峰会期间全省"零事故、零案件、零事件"，兑现向集团公司和省委省政府作出的安全承诺。峰会期间，杭州市分公司严格按照"三次安检"流程要求，保质保量做好安保圈内报刊邮件投递作业，并根据省委宣传部要求，临时启动两条报刊保密专线，承担了宾馆代办邮政服务的业务培训、上门收寄等服务支撑工作，体现了邮政作为央企的责任和担当。（浙江省分公司　周静）

【湖北省分公司汛期保证邮件畅通】 7月1—2日，湖北省遭遇梅雨期强降雨，全省邮政442个场所受灾，176条网运邮路、2151个投递段道运行受阻。全省邮政快速启动抗洪救灾应急预案，第一时间救灾抢险，全力确保网点对外营业、全力确保网运安全全畅通、全力确保邮件及时投递。（湖北省分公司　王春瑞）

【海南省分公司服务博鳌亚洲论坛】 3月22—25日，博鳌亚洲论坛2016年会在琼海博鳌召开。为保障年会的运行，海南省分公司在年会行李车服务、邮件的收寄运输及会议特殊用报投递等方面做好服务。抽调16名驾驶员（2名备用）和16辆（2辆备用）邮运车为年会提供行李车服务，派出11名驾驶员和10辆邮车执行专送任务，并对年会邮件实行100%安检，确保邮件运输安全。截至3月25日，收寄会务邮件2100件，投递会议报刊14516份，各类邮件178件，完成各项邮政服务工作。4月13日，海南省服务与利用博鳌亚洲论坛联系会议工作机制领导小组办公室专门发来感谢信，对海南邮政在博鳌亚洲论坛2016年年会和澜沧江—湄公河合作首次领导人会议中做出的贡献表示感谢。（海南省分公司　洪文娴）

【西藏分公司保障震后通信】 5月11日，西藏昌都市丁青县发生5.5级地震，震源深度7千米，造成嘎塔、甘岩等乡房屋倒塌损坏。5月15日，昌都分公司总经理拉巴次仁、副总经理向巴来珠与工会、办公室等部门组成工作组赶赴震区，看望慰问邮政干部职工。丁青县分公司立即启动应急预案，有效应对地震灾害。一是执行24小时值班制度，保持高度警惕；二是坚持信息"零报告"制度，团结一心防治灾害；三是参与抗震救灾，始终把受灾群众的利益放在第一位。5月13日，派出3名邮政工作人员参与政府救灾工作。

5月22日，日喀则市定结县和定日县先后发生5.3级地震，后又陆续发生多次有震感余震。震后，日喀则市分公司党委高度关注，了解灾情并指导工作，看望慰问县分公司干部职工和乡邮工作人员。定结县分公司在确保干部职工人身安全的前提下，很快恢复邮政营业、分拣投递等生产工作，确保当地广大人民群众的用邮需求和邮政服务。从早上10时到中午14时共办理邮政业务7人（次），处理投递邮件210余件，保障用邮畅通。（西藏分公司　刘德立）

【中邮保险宁夏分公司应对宁夏公交车起火事件】 1月5日，宁夏银川市一辆公交车发生火灾，造成18人死亡，31人受伤。中邮保险全面启动重大突发事件应急预案，立即安排部署应急处置工作。中邮保险宁夏分公司专门成立理赔应急小组，第一时间赶赴事发地点指挥理赔服务工作，并派遣骨干理赔人员在现场和医院开展排查，进行系

暴雨期间，湖北省分公司针对积水严重的情况及时调拨高位车参与邮件转运，并根据交通实时通报调整线路，避开险情严重道路，确保邮件运输不停、生产作业不停。（新闻中心／提供　湖北记者余丽／摄）

统比对排查。宁夏分公司立即与客户家属取得联系，安排人员到医院探望和慰问伤员，并组织遇难人员的理赔工作。从收到遇难者家属的分配确定方案到完成理赔款支付工作，仅用两天。该分公司工作人员将7万元保险理赔款送到遇难者家中，并为遇难者家属送去2000元慰问金及慰问品。（中国邮政报记者　仲由先、杜旭）

【新疆分公司保障亚欧博览会寄递安全】 第五届中国—亚欧博览会于9月20—25日在新疆乌鲁木齐市举行。亚欧博览会期间，乌鲁木齐市分公司执行安全生产“一把手责任制”，将安全生产责任层层落实到每个生产环节、每个工作岗位和每位员工，组织专人专车，实行双人投递。乌鲁木齐邮件处理中心设置单独区域，集中存放和处理进口涉会投递邮件，并开启24小时监控录像设施和其他安全防范设施，及时、安全投递进口涉会、场馆邮件110件。（中国邮政报　新疆记者　马晓倩）

服务质量

【服务质量及管理水平】 普通邮件全程时限达标率达98.5%。全国邮政服务满意度81.2分，保持较高水平。用户申诉处理满意率达到96.4%，比上年增长1.4%。EMS申诉率比上年减少33%，EMS获万国邮联客服质量奖。62个重点城市标快次日递率达到80%以上，城市包裹快递当日妥投率达92.2%，妥投信息实时反馈率达98.6%。邮政金融网点服务投诉量比上年减少22.3%。中邮保险在保监会年度服务评价考核中获得行业最高的2A评级。（市场协同部　朱辉）

【服务质量监督检查系统建设启动】 组织业务专家认真拟写，多次召开研讨会进行研究、完善，制定包括客户投诉管理、服务质量检查管理、指标监控管理、视频监控检查管理、满意度调查管理、无着邮件管理、赔偿管理、质量检查点管理、问题整改跟踪管理九个业务模块及信息公告管理、知识库管理、系统管理、基础数据管理四个管理模块等13个系统模块的业务功能需求，并顺利通过评审，为系统建设打下基础。（市场协同部　朱辉）

【包裹快递运行质量监督检查】 开展提升包裹快递运行质量专项检查，发现并督促整改收寄验视制度执行不到位、少计重量、邮件错分错发、虚假录入妥投信息、计泡制度落实不到位、违规收寄超大超重邮件、收寄规格不合格、详情单填写不规范、封闭作业制度不落实、抛甩邮件、虚假签收邮件、邮车存在安全隐患、改退邮件手续不规范、投递时限延误等14项问题，促进包裹快递运行质量提升；加强日常监控，全国55个邮政通信质量检查点抽查快递包裹邮件60.6万件，比上年增加92%。重点检查邮件超大超重、少计重量等问题，进一步规范经营秩序。下发《关于进一步加强快递包裹收寄规范的通知》，规范快递包裹收寄邮件规格尺寸，提高邮件处理效率，加快传递速度。（市场协同部　朱辉）

【无着邮件管理】 下发《关于进一步加强无着邮件管理的通知》和《中国邮政集团公司关于在国内挂号信函和挂号印刷品收寄件人信息中增加电话号码的通知》，规范邮件寄递流程；开展专项检查和专项调研，查找、解决无着邮件管理突出问题，无着邮件库存量和新增量较去年同比分别下降20%和37%。（市场协同部　朱辉）

【严查违规经营】 对职工举报速递物流江苏、上海、福建、湖南、河南、江西等6省（市）分公司跨区低资费收寄国际e邮宝，速递物流浙江省东阳市分公司低资费收寄国际特快邮件，广西梧州市分公司和山东省青岛市分公司低资费国际小包等问题，进行调查核实，举报问题全部查清，并责成责任单位全面整改，杜绝违规经营行为。（市场协同部　朱辉）

【北京市分公司“加强营业管理，规范业务操作”专项整治活动】 北京市分公司开展“加强营业管理，规范业务操作”专项整治活动，对收寄验视、戳记加盖等11个营业收寄环节关键点进行规范；无着邮件专项清理整治活动取得实效，总量比上年减少67.84%；狠抓邮件时限管理，加大对逾限率的检查和考核，认真做好投诉处理工作，邮件时限综合达标率逐步提升。（北京市分公司　石连成、陈丽涵）

媒体记者在G20峰会新闻中心邮政临时服务点选购有关G20峰会的主题邮品。（新闻中心／提供　王建民、于琳／摄）

7 月 22 日，上海市气温高达 37 摄氏度，速递物流上海市国际邮件处理中心的员工们在高温下坚持工作。（新闻中心／提供　记者杨正合、黄世永／摄）

【《福建省邮政普遍服务保障办法》】 11 月 11 日，福建省省长于伟国签署第 181 号省政府令，公布《福建省邮政普遍服务保障办法》。《办法》经福建省人民政府第 73 次常务会议审议通过，计划于 2017 年 3 月 1 日施行。这是继《福建省邮政条例》《福建省促进快递行业发展办法》之后，福建省出台的第三部邮政业地方立法，全省“一体两翼”的邮政业法规体系正式构建完成。《办法》六章 39 条，包括总则、服务保障、服务规范、监督管理、法律责任、附则等。《办法》确立保障邮政普遍服务发展的十项制度。《办法》还对邮政企业加强服务质量管理，完善安全保障措施，逐步提高服务水平等作出具体要求。（福建省分公司　杨文振）

【青海省分公司设立延误邮件赔偿基金】 为实现“限时未达，邮费退还”的服务承诺，有效解决“久查不复，久拖不赔”等热点问题，青海省分公司制定《青海邮政国内普通邮件、快递包裹损失和省内“限时递”业务赔偿基金使用管理办法》，设立专项赔偿资金。赔偿基金旨在通过严格管理，建立和完善市州级邮件损失赔偿基金和快速赔偿机制，优化邮件赔偿流程，缩短邮件赔付时限，重点解决省内“限时递”邮件快速理赔和无法确定内部责任损失邮件的先行赔付问题，将“先外后内，先赔后清”的赔付原则落到实处。（青海省分公司　韩建）

【青海省分公司更新基础设备】 年固定资产投资 6761 万元。其中，投资 1521 万元对全省 37 个网点进行改造，改善邮政营业及投递用邮环境；投资 1324 万元更新全省网点双录设备、安防监控设备、电源设备、网络配套改造设备、排队机、捆钞机等生产设备；投入运行 ATM/CRS 设备 142 台，布放 POS 机具 5764 部，布放智能包裹柜 20 台，采购 PDA 设备 119 部，投递电动三轮车 57 辆。（青海省分公司　韩建）

业务发展

◇ 邮政业务

◇ 邮政金融业务

◇ 速递物流业务

邮政业务

【概述】

1. 邮政业务收入。邮政业务收入1384.8亿元，比上年增长13.3%，完成预算的106%。邮政业务收入是2012年以来的最好水平。31个省分公司完成利润37.6亿元。全国收入增幅前三名的是重庆市（19.2%）、江西省（18.8%）、安徽省（18.7%）分公司，完成收入预算进度前三名的是重庆市（111.2%）、浙江省（108%）、云南省（106.5%）分公司。

2. 包裹快递业务。全国邮政包裹快递业务收入188.8亿元，比上年增长30.2%。电商快包累计业务量7.1亿件，比上年增长126%；收入51.1亿元，比上年增长103%，业务量收比上年分别高于行业75%和60%；“新百团”大战活动期间，运营管理、客户服务体系基本与行业接轨，市场份额提高至3.3%；“双十一”期间，收寄电商快包5289万件，比上年增长139%。国内标准快递业务发展，业务量比上年增长21.7%，业务收入比上年增长9.1%；新增协议客户1.9万家，收入贡献率提高16%；同城业务业务量比上年增长99.2%，收入比上年增长124.5%，散件业务量收增长4倍。国际小包稳步增长，全年业务量收仍保持较快增速，巩固跨境轻小件寄递主渠道地位；“总对总”对接平台38个，线上对接城市增至88个，线上发货占比51%，比上年增长27%。

3. 余额保险业务。全国邮政代理金融业务收入818.3亿元，比上年增长13%。组织开展跨年度营销及“十强百优千佳”竞赛活动，年累计新增余额6645亿元，新增余额市场占有率12.5%。按照“控总量、调结构、保节奏”推进代理保险转型，新单保费3309亿元，与2015年基本持平；期交新单保费增幅近4倍，业务结构持续优化。强化邮银、邮保、邮证协作，实现中邮期交新单85.5亿元，比上年增长159.1%，“期交百亿工程”奋斗目标超额达成；新增中邮证券第三方存管42万户。全国转型网点基本实现全覆盖。余额亿元以上网点新增2817个，计19797个。电子银行交易替代率79.2%。VIP客户服务率接近85%。圆满完成“内控体系建设年”各项风险管控目标，全年未发生金融资金案件。

4. 农村电商。全国建成邮乐购店33.8万个，站点月活跃度77%。批销业务实现批销额37.1亿元，完成目标的185.9%，其中自营商品批销额14.4亿元，完成目标的287.7%。代购业务实现订单275.7万笔，交易金额1.41亿元。农产品返城实现销售额58亿元，其中自营农产品7亿元，邮乐农品网51亿元。“金融客户优惠购”5省试点活动实现批销额8162万元，粘合255万个金融客户、8361个邮乐购店。组织各项线下培训62场，培训邮政员工超5000人，网页版邮掌柜学堂月均浏览人数近7万人，微信端邮掌柜学堂累计关注人数3.4万人。

5. 基础业务。函件传媒业务收入65.2亿元，互联网广告业务收入近5000万元，新增客户1703个，毛利润率超过50%，腾邮赢客中国行营销峰会走进39个城市。推广广西“政讯通”等户外广告项目，收入5亿元，比上年增长2.33倍。集邮业务收入96.6亿元，比上年增长21.9%。丙申年生肖贺岁季收入比上年增长55%；2017年新邮预订收入比上年增长16%；集邮网厅收入比上年增长27.2%。发放集邮联名卡150万张，拉动储蓄余额增长36.5亿元。报刊发行业务收入80.9亿元，比上年增长1.1%，超额完成2017年度报刊大收订目标，实现流转额201.4亿元，比上年增长3.2%。新接办《中国老年》等报刊131种，扩大《求是》等16种报刊集订分送。校园书报刊流转额29亿元，比上年增长11%。图书业务收入2.3亿元。微信订阅流转额实现2.6亿元。增值业务收入81.9亿元，比上年增长14.4%。便民服务交易规模超1800亿元，简易保险业务销售额突破2.5亿元；短信业务收入比上年增长15.5%，代办车险业务收入比上年增长47.6%。分销业务收入50.4亿元，库存欠费率连续3年下降；消费品和自营农产品销售收入分别比上年增长27.1%和61.9%；农资销量86万吨，比上年增长8.3%，收入20亿元，订货预收资金占比42%。公安交管项目收入比上年增长48.9%，国税总局项目收入比上年增长65.5%。

6. 普遍服务和特殊服务。推进建制村直接通邮试点工作；参与国家邮政局《邮政普遍服务标准》《邮政普遍服务“十三五”规划》制度建设；狠抓机要通信运输环节安全管理与“问题隐患”整改，机要通信保密安全管理工作万无一失。与最高人民检察院反贪污贿赂总局联合开展“预防邮路”活动，将预防职务犯罪社会宣传与邮政服务有机结合。（邮政业务局　刘佳）

【全国邮政经营服务工作会议】 2月29日至3月1日，全国邮政经营服务工作会议在深圳召开，集团公司总经理、党组书记李国华，副总经理张荣林，市场协同部、邮政业务局、网路运行部、邮票发行部、集团工会、国际寄递业务工作组，邮储银行、中邮保险、中邮证券、数据中心、电子商务局、广告传媒公司负责人，各省（区、市）分公司分管经营服务工作的副总经理、市场经营部经理，包裹快递、代理金融、电商分销专业负责人，部分省投递管理、函件专业、报刊专业部门负责人参加会议。

会议总结2015年和“十二五”时期邮政经营服务工作。2015年，各级邮政企业认真贯彻落实集团公司工作部署，以“一体两翼”经营发展战略为指引，主动作为，加快转型，邮政业务保持平稳较快发展，累计实现收入1194.5亿元，比上年增长9.5%，完成预算的102.7%。其中，代理金融收入723.5亿元，比上年增长13.9%；包裹快递收入145.2亿元，比上年增长9.4%；报刊收入90.7亿元，比上年增长-0.2%；集邮收入79.2亿元，比上年增长6.3%；增值业务收入71.6亿元，比上年增长15.8%；函件收入68.9亿元，分销收入12.8亿元。

会议明确“十三五”时期的发展目标，部署2016年工作任务。全国邮政要贯彻五大发展理念，落实“一体两翼”经营发展战略，以打造平台经济为基础，加快农村电商发展，加快邮政基础性业务的转型创新；以扩大市场份额为目标，发挥重点城市引领作用，做大做优包裹快递业务；以储蓄余额发展为重点，提升经营管理水平，助力打造邮政金融产业体系；持续加强能力建设，不断提升服务品质，开拓创新，深化转型，在新常态下推动邮政业务持续快速发展。（邮政业务局　刘佳）

【邮资封片卡审核工作】 审核图稿233563件，比上年增长15.96%。审核及时率99.89%，高于集团公司95%的考核标准。未出现政治、历史、外交、宗教等重大题材事故。（中国邮政广告传媒公司　郑凌燕）

【“千万市百万县”函件传媒转型升级工作】 1月，集团公司下发《中国邮政集团公司关于推进函件与传媒业务融合发展的指导意见》（中国邮政〔2016〕10号），要求公司发挥广告传媒经营资质和专业经营能力，做好全国传媒业务的经营管理。4月，集团公司决定在全国范围内开展“千万市百万县”函件传媒转型升级工程（中国邮政〔2016〕136号）。1—12月，全国邮政媒体收入8亿元，比上年增长69.2%。广告传媒网开发“千百万项目专区”及“千百万项目”手机客户端。4月22日，专区建成并投入使用，内设通知公告、案例库、案例导航、项目管理等功能区，为各局提供工程信息公告、案例分享、资源共享提供服务。截至12月31日，系统实际使用用户1836人，登录使用人次近3万次。按季度分别在山东、重庆、四川、广西4省举办明信片开奖活动，指导各地完成业务收入8500多万元。9月29日，首届中国明信片文化创意设计大赛在四川省成都市开幕，大赛突出大众参与，首次面向全社会文创公司及自由设计者参赛，11家社会文创公司和80余名自由设计者投稿参赛，累计收到有效作品10143套。搭建中国邮政文化惠民项目平台，形成以“文化主题活动+全媒体运营”的商业模式，指导全国实现业务收入2亿元。开发华晨中国汽车控股有限公司中华品牌汽车在河北、山东等七省（区、市）的农村墙体广告的发布工作，实现整体收入72.6万元。（中国邮政广告传媒公司　郑凌燕）

【“把美丽城市寄出去”明信片活动】 河南省分公司以邮资明信片为载体，将各地的城市风光、山水景色、历史人文等印制在明信片上，并整合地方景区门票优惠等资源，宣传推介各地特色文化。各地邮政打造智慧旅游平台，利用互联网、移动通信、云计算等技术，为各大景区搭建线上、线下互动平台，并利用AR技术实现与门票、门禁系统的后台数据互联互通，为景区和游客提供智慧旅游服务。依托遍布全省的邮政网点，面向广大客户免费发放“把美丽城市寄出去”明信片，使邮政网络成为宣传推介城市文化的强大阵地。郑州、安阳、洛阳、济源、许昌、濮阳、焦作等省辖市，均通过邮政网络平台，策划实施“把美丽城市寄出去”活动，将地方城市文化、旅游品牌推向全国。（河南省分公司　郭艳）

5月24日，由湖南省委宣传部主办、省邮政公司承办的“把美丽湖南寄出去”和省分公司、省集邮协会联合主办的“纪念红军长征胜利八十周年”全省青少年集邮教育实践活动新闻发布会在长沙召开。省委宣传部副部长孔和平、省分公司总经理徐茂君、省旅游局副局长高扬先、集团公司邮政业务局副总经理李陕川等出席新闻发布会。此次活动立足湖湘文化与旅游资源，以邮政明信片、邮票、邮政包裹等为主要载体，充分发挥邮政媒体、渠道资源优势，携手社会群体，共同传播、弘扬湖湘文化，从而促进地方经济社会文化的发展。“把美丽湖南寄出去”活动主要体现为宣传湘业、湘景、湘情、湘愁、湘味和湘音六大主题，“湘业”是以湖南经济社会文化发展成就为主要元素，全方位宣传湖南发展大业；“湘景”是以湖南美丽风景为主要元素，宣传推广湖南大好河山；“湘情”是以湖湘名人、情怀为主要元素，宣扬湖湘人文精神；“湘愁”是以湖南村落文化的变迁为主要元素，通过《村志》宣传和记录湖南的“乡愁”；“湘味”是以湖南各地美食和农特产品为主要元素，通过“家乡包裹”、美食明信片推介湖湘美食；“湘音”是以各地乡音俚语为主要元素，通过有声明信片等文化载体，记录湖南独特的地域文化。湘业、湘景、湘情、湘愁、湘味、湘音是湖南邮政将湖湘本土特色与时代特征进行有机结合，设计的具有地域性、文化性、纪念性、实用性的文化创意服务。其中，南车磁浮列车、袁隆平杂交水稻、湘西矮寨大桥等新成就，将通过“湘业”系列体现。“湘景”系列立足湖南特色旅游文化资源，以风景、民俗、历史、艺术等的创新与传承为基础，创新融入二维码和AR等技术，采取植入动画、音频等方式，开创会说话、会导航的智能旅游明信片等文化服务；利用线上线下，全方位搭建“互动性强、参与面广、传播度深”的活动平台，让更多群体参与。通过开展多形式、多层次、多领域的旅游宣传推广活动，不断提升湖南旅游的美誉度和影响力，加快推进湖南旅游强省建设。“湘愁”以《村志》为代表，记载即将逝去的历史，抢救一些村落在历史长河中积淀的厚重的传统文化，为子孙后代留下宝贵的精神财富。“湘味”系列全力推介湖湘美食和精美食材，把正宗的湘味寄到各地，让更多的人品尝湖湘美食，助力地方政府将名优特农产品组合打包送入城，打通农产品进城通道，助农惠民。（湖南省分公司　王俊）

【西藏分公司“人间圣地·天上西藏”明信片活动】 8月30日，由西藏分公司承办“把‘人间圣地·天上西藏’寄出去”宣传推广活动在区博物馆正式启动，参与400余人。区副主席甲热·洛桑丹增及第三届藏博会组委会、区党委宣传部、区文物局、拉萨市委宣传部、西藏邮政分公司和拉萨市邮政分公司等相关单位领导出席活动。甲热·洛桑丹增为“人间圣地·天上西藏”邮政主题文化创意产品揭幕。林芝、日喀则等7地（市）分公司同步举行启动仪式。山南市分公司向客户发放“人间圣地·天上西藏”主题明信片和山南风光明信片2513张，制作打印DIY个性化明信片115张，销售各类邮品5000余元；昌都分公司销售明信片300余张、纪念封200余张、邮册10本，实现业务收入5000余元；那曲分公司实现集邮产品销售额2680元，报刊销售额840元。（西藏分公司　刘德立）

【“我爱明信片，四川不仅仅有熊猫”大型公益宣传暨2016年中国邮政第三期明信片开奖活动】 9月29日，“我爱明信片，四川不仅仅有熊猫”大型公益宣传暨2016年中国邮政第三期明信片开奖活动在四川省成都市举行。集团公司副总经理李丕征、省政府副秘书长黄小祥出席活动并致辞，省公司总经理杜卫红致欢迎辞。活动现场，“邮印象”APP和“视频联播平台”正式开启，成为四川邮政在商业模式探索上的一大创举。同时，四款创意明信片公开亮相，标志着邮政函件与文化创意产业的全面融合创新。（四川省分公司　钟劲）

【新疆文化惠民演出助力函件转型发展】 6月10日，大型励志舞台剧《丑小鸭》在新疆艺术剧院话剧团剧场演出完成。从5月7日至6月10日，《丑小鸭》《木偶奇遇记》《深海总动员》三台童话剧在新疆7个地州市分公司演出36场，观众人数2万余人，累计实现业务总收入275万元。北疆地区率先引入文化惠民演出项目，先试先行，使文化惠民演出项目成为拉动函件专业快速增长的重要力量，使文化惠民演出平台成为联动其他邮政业务发展的有效平台。全区首季“文化惠民欢乐总动员”儿童剧演出活动联动发展集邮、报刊、分销、电商、包裹业务等业务，实现销售收入20.9万元，借助文化惠民演出平台发展储蓄余额5474万元、理财248万余元，发展招商客户87家，实现媒体招商收入106.2万元。（新疆分公司　康燕）

9月23日，2016中国（武汉）期刊交易博览会在湖北省武汉国际博览中心开幕，为期三天。（新闻宣传中心/提供　湖北记者蔡谟祥/摄）

【2016中国（武汉）期刊交易博览会】 9月23日，由国家新闻出版广电总局、湖北省政府、集团公司主办的2016年中国（武汉）期刊交易博览会在湖北省武汉市国际博览中心开幕。省委常委、宣传部部长梁伟年宣布刊博会开幕，集团公司副总经理张荣林出席开幕式。（湖北省分公司　王春瑞）

【上海市分公司推出迪士尼专属图书】 5月26日，上海市分公司与童趣出版有限公司共同举办迪士尼专属图书发布会，发布《迪士尼绝密档案》《迪士尼永恒经典系列》两款迪士尼专属图书，集团公司副总经理张荣林、邮政业务局副总经理陈智泉出席发布会并为新书揭幕。专属图书的发布，构成邮品珍藏图书的全新概念，带来产品的全面升级。两款图书在全国邮政网点同步上市销售，限量发行各10万套。（上海市分公司　陆怡琼）

【上海市分公司创新报刊收订模式】 2017年报刊大收订期间，上海分公司推出“互联网思维+传统收订模式”。10月9日，创新开发推出专用单微信订阅功能，增加专用单线上收订渠道。客户通过手机扫描专用单上的二维码即可进入订阅功能，一键轻松完成订阅，免去到网点排队的麻烦。用户还可以通过收订人员手机端订阅、“中国邮政”微信号全量报刊订阅、“上海邮政掌上营业厅”优惠订阅等渠道，不出家门完成报刊订阅。上海市分公司与“饿了么”订餐平台跨界合作，推出“订了么”服务平台，通过早餐袋定制、线下配送、在线硬广等方面的合作。（上海市分公司　陆怡琼）

【广东省分公司报刊专业平台建设】 “粤邮讲堂”项目以“统一、效益、创新”为原则，创新“讲座+主题活动+设点”“订阅—讲座—二次订阅”“报刊搭台，金融唱戏”

三种营销模式。开办针对学校德育、安全、传统文化教育、健康养生、女性专题、摄影、育儿等内容的知识讲座 172 场，覆盖人群逾 11 万人。建设体验式的儿童（学生）社会实践平台——“我是小小报童”。举办小小报童社会实践活动 186 场次，参与活动人数逾 10000 人次，现场实现销售书报刊及其他收益约 18 万元。（广东省分公司　蔡菡）

【新疆邮政“母亲邮包”公益项目受表彰】 5 月 5 日，集团公司召开 2015—2016 年“母亲邮包”公益项目推进电视电话会议。10 个省（区、市）分公司荣获“母亲邮包”项目优秀单位奖，20 个单位荣获项目服务支撑奖，20 名个人荣获项目个人服务贡献奖。其中，新疆区分公司荣获“母亲邮包”公益项目优秀单位奖，喀什地区分公司荣获“母亲邮包”公益项目服务支撑奖，和田地区于田分公司五区邮政所所长兼投递员麦麦提明 · 图尔迪和乌鲁木齐市分公司大客户中心营销策划张彤荣获“母亲邮包”公益项目个人服务奖。（新疆分公司　康燕）

【广西包裹快递事业部制改革】 4 月 6 日，区分公司组织召开全区包裹快递事业部制运行方案宣贯电视电话会议，推进包裹快递事业部制改革。一是引进快包综合服务系统，做好系统支撑。二是构建营揽投模式。三是建立具有竞争力的价格体系。四是优化全环节作业流程。五是坚持平台开放，实现共赢发展。（广西分公司　蒙淋芳）

【湖北省分公司快递包裹全程时限提速】 5 月 17 日，湖北省分公司印发《关于实施快递包裹全程时限提速的通知》（鄂邮公司函〔2016〕127 号）。提速范围为武汉与全国 51 个重点城市之间快递包裹互寄全程时限以及湖北省 17 市州、67 个县（市、区）城区以上快递包裹互寄全程时限。（湖北省分公司　王春瑞）

安徽省亳州政分公司增加投递频次，做到“两会”报刊随到随分、随分随送。（新闻宣传中心 / 提供）

【陕西省包裹快递提前 50 天完成全年计划】 包裹快递整体业务量 2032 万件，比上年增长 102.17%，业务收入实现 2.28 亿元。加大揽投体系建设，关中大同城网建成运行，调整薪酬体系实行计件工资制，深挖城镇电商寄递业务市场，抢占“双十一”“双十二”及春节前三个业务发展制高点，包裹快递业务量收大幅提升。（陕西省分公司　常雅楠）

【上海分公司同城生鲜冷链配送】 7 月，上海市分公司推出“速邮同城冷链”业务，打造邮政特色的现代化生态绿色冷链物流品牌。8 月 15 日，“速邮同城冷链”业务在全市范围（包括崇明、长兴、横沙三岛）启动运营。服务对象主要包括同城冷藏、冷冻仓储配送市场以及具有线下寄递、仓储冷藏、冷冻食品寄递需求的电商平台和企业，为其提供 B2C 和 B2B 配送、仓库租赁、物流托管及增值服务。9 月 20 日起，为满足首家冷链项目合作方——东方希杰商务有限公司业务发展的需要，推出东方 CJ 冷链邮件“T+0”项目，实现“一日两配”的服务承诺。（上海市分公司　陆怡琼）

【黑龙江省分公司出口监管仓库】 2 月 23 日，黑龙江省分公司出口监管仓库通过哈尔滨海关审查验收，准予设立。出口监管仓库是经海关批准设立，对已办结海关出口手续的货物进行存储、保税物流配送、提供流通性增值服务的海关专用监管仓库，分为出口配送型和国内结转型两种类型。黑龙江省分公司获批项目为出口配送型，用于存储以实际离境为目的的出口货物。仓库位于黑河市黑呼公路出口右侧，占地面积 8700 平方米，拥有大小库房近 70 个。投入运营后，该仓库可以依托黑河口岸、黑河机场、黑河货运码头等优质口岸资源，服务出口企业发展，黑河海关将对出口监管仓库实施计算机联网管理，并通过派员进入出口监管仓库现场监管，引导和帮助企业规范仓库管理，提升通关效率。（黑龙江省分公司　时波）

【云南省分公司包裹快递业务“百团大战”】 3 月 15 日，云南省分公司在 126 个县市分公司开展包裹快递业务“百团大战”专项营销活动，推进全省包裹快递业务快速发展。要求各参赛单位高度重视项目引领，做好市场营销开发，在主流电商平台上寻找电商客户，根据目标市场产业特点，实施客户分类开发，重点做好产业集群、农产品进城、落地配送、同城配送等四大重点项目的营销开发，迅速做大业务规模。创新营销组织，开展客户分级开发，专业营销团队专业服务规模客户，营业和投递网格化营销覆盖中小客户，借鉴“营揽投”“网格化营销”模式，以及“寄递 + 仓储 + 金融”等综合服务模式，提升服务电商快包的核心竞争能力，迅速扩大市场份额。完善客服体系，深化主动客服转型，制定快递理赔流程及办法，快速响应客户赔偿需求，努力提高客户用邮体验。建立沟通交流机制，通过定期召开业务推进会通报活动开展及业务发展情况，及时推广先进典型案例，营造“比、学、赶、超”的发展氛围，并进一步强化合规经营和规范管理，规范经营秩序，确保营销活动规范有序。（云南省分公司　甘静）

【广东省分公司国际小包业务】 国际小包线上线下量收规模居全国第一。线上切入跨境电商平台成为主流寄递渠道，线下深挖直客规范代理持续发展动力。累计收寄 2.9 亿件，比上年增长 79%；收入 36.38 亿元，比上年增长 61%，提前两个月完成全年计划，量收规模、比上年增幅均位居全国首位，“双十一”期间单日峰值 211 万件，是上年单日峰值的 2 倍。其中，重点加强对花都皮具、顺德家电等 399 个产业带的开发，新增直客 1305 个，比上年增长 37%，新增创收 1.13 亿元。在对接速卖通、Wish 邮、PayPal 的基础上，增设江门、珠海、惠州速卖通集货仓，增加东莞 Wish 邮服务范围，对接 LAZADA 平台，全省开办 15 个线上集货仓。逐步形成以 9 个规模地市+12 个新开办地市的经营格局，其中规模地市增量 9 亿元。联合省商务厅开展“广东跨境电商公共物流服务项目”，建设 4 个旗舰店和 30 个体验厅。重点建设“广东国际小包出口申报系统”，投入专业报关团队。（广东省分公司　蔡菡）

【广东省分公司电商快递包裹】 全面放开资费优惠权限，实施最低毛利率管控机制，各地市量效齐升。聚焦产业集群开发，全省确定 38 个重点产业市场，覆盖 13 个主流电商行业市场，划分责任片区，落实营销责任人，实行客户分层分类的差异化开发维护机制，带动全省电商快包全年收寄客户 9305 个，比上年增长 97%，累计新增客户 4581 个，国内标准快递累计新增协议客户 1308 家，协议客户收入贡献率 26%，比上年增长 13%。以专项营销淡季造市、旺季促量，“双十一”业务量增幅翻倍。推广营揽投合一和网格化营销责任制，在 6 个百团地市组建 129 个揽投点，揽投人员 1535 人，人均日揽 23 件，占全省总收寄量 13%；引导地市实施网格化片区责任营销机制，分片区“承包”经营，激发营销活力。创新主动客服体系和赔偿办法，为 VIP 客户提供需求受理、主动监控、信息预警、质量报告等一体化服务，出台新版商业化赔偿办法，实现快速理赔。累计收寄电商快递包裹 9082 万件，比上年增长 65%，高出行业增幅 7%，收入 5.35 亿元，比上年增长 46%。（广东省分公司　蔡菡）

【“双十一”各地速递物流量收】 速递物流天津市分公司电商大客户邮件出口量比上年增长 50%，业务收入比上年增长 130%。该分公司在 26 条重点民航线路日均增加订舱储备 30 吨，新增天津到河南、河北、山西、上海等省（市）直达汽车邮路，确保邮件及时发运。

11 月 11—15 日，速递物流辽宁省分公司电商包裹业务量 51.9 万件，比上年增长 347.4%；收入 300.7 万元，比上年增长 147.9%。沈阳、大连等地日均出口量超过 2000 件的揽投网点，采取分拣前置的方式组织作业。

11 月 11—16 日，速递物流江苏省分公司国内邮件收寄业务量 747 万件，比上年增长 30%。江苏省分公司由领导担任首席客户经理，对政府部门、媒体集团、大型企业、行业协会等客户进行逐一拜访，地市分公司领导及各营销中心负责人分级分工开发客户，实现省市联动、协同开发。

11 月 11—17 日，速递物流河南省分公司累计邮件出口量 160.61 万件，比上年实现较大增长。“鄂豫皖一日达”项目是信阳市分公司年收入超千万元的重点项目，“双十一”期间，信阳市分公司以党员“先锋队”和“突击队”为主力军，连续 3 天将 5 万多件邮件及时发运出去。

11 月 11—16 日，速递物流广东省分公司收寄邮件量超 650 万件，比上年增长 32%。提前对重点客户的出货时间、频次、运输渠道、流量流向等进行梳理，与客户充分沟通，确保按发运的卡点及时接收订单信息。

11 月 11—17 日，速递物流云南省邮件处理中心出口

武汉邮区中心局网仓“双十一”发货高峰。（新闻宣传中心 / 提供　湖北记者蔡谟祥 / 摄）

11 月 12 日，广州邮区中心局单日处理量逾 120 万件，比上年增长 2 倍多。（新闻宣传中心 / 提供　秩林海 / 摄）

邮件量比上年增长 21.32%。昆明市分公司各项目经理及服务人员提前进驻云南滇鸿药业、云南白药、云南大益普洱茶等客户仓库，做到实时打单、实时打包、实时发运，提高大客户的发寄量。

速递物流新疆分公司借力跨境电商“双十一”活动，重点开发俄向 e 邮宝业务。11 月 11—14 日，该分公司国际大客户累计发货量达 7.34 万件，业务量比上年增幅 46%，业务收入比上年增幅 27%。（中国邮政报记者　宗和）

【上海市分公司金融网点授权集中系统上线】 3 月 29 日，最后一批 136 个金融网点完成推广上线工作，上线后系统运行稳定。全市 379 个代理金融网点历时 15 个月分 4 批全部完成系统切换工作。金融网点授权集中工程是邮政一项重大的金融信息化建设项目，是一套以客户服务为中心、以产品管理平台为框架，整合本、外币储汇业务功能为一体的全国逻辑集中业务系统。从 2015 年 1 月起，上海市分公司分四批对全市金融网点实施系统切换上线工作。（上海市分公司　陆怡琼）

【海南省分公司“空降”风控检查代理金融网点】 5 月 16 日，海南省分公司抽调片区风险控制中心检查人员，通过变换角色方式，对海口市分公司美苑路支行开展短期整体接管，突击检查。“空降”人员从支局长、理财经理、综合柜员、普通柜员进行全面接管，有效防范金融风险。（海南省分公司　洪文娴、陈佳佳）

【广东省分公司代理金融季度营销活动】 一季度，组织开展“奋战 2016”开门红主题营销活动，按照“每月一主题，每月一竞赛”强化组织，开展“VIP 客户抢夺战”“春节资金保卫战”“迎春开卡赛”重点营销活动，主抓新客户拓展。二季度，全省发展节奏，开展“奋勇争先”主题营销活动。以“策反他行客户、抢抓新市场客户、盘活存量客户”为主线，开展全省“1+2”重点营销活动，打好二季度资金抢夺战。三季度，全省以“增存拓新”为主线，以 MPOS、移动展业等新产品、新工具、新项目为抓手，强化外拓走访贯穿始终，实现“秋收百亿”新增资产目标。四季度，全省启动“夺标起航”跨年度开门红营销部署，开展“走千访万”大数据营销活动，提升储蓄余额市场占有率，增加金融资产总规模。（广东省分公司　蔡蒿）

【西藏山南市代理营业机构首笔县域消费贷款】 西藏邮银双方探索延伸信贷业务营销工作，通过前期的调研论证，拟定在拉萨、林芝、山南 3 个有自营机构的地市先行试点。10 月 27 日，山南市扎囊县邮政代理营业机构与邮储银行山南市支行联合发放第一笔县域消费贷款 20 万元，填补西藏地区县及县以下代理营业机构无贷款的空白。（西藏分公司　刘德立）

【上海市分公司代理保险业务保费规模破百亿】 邮储银行对各省代理保险趸缴保费总规模实施限额管控；3 月，中国保监会出台中短存续期保险产品管控新政，受政策影响，传统保险产品销售受到制约。上海市分公司及时调整策略，沟通优化资源，动态调整产品销售结构。打破以往业务管理的常规，根据产品的市场竞争力及代理费率合理布局合作保险公司数量，最大限度发挥网点资源的价值；大力推动转型，以简易型固定收益期缴产品为基础，推动期缴保险产能提升。在推进业务发展的同时，加强销售合规督导与售后服务，确保网点正常经营秩序。11 月 20 日，上海市分公司 2016 年实收保费规模突破 100 亿元，刷新代理保险业务开办以来历史纪录。（上海市分公司　陆怡琼）

【云南省代理金融创三个新高】 云南省分公司代理金融发展连创三个新高：一是全省新增余额逾 100 亿元；二是全省余额规模连续超过 600 亿、700 亿元；三是在全国代理金融“十强百优千佳”劳动竞赛中，云南省分公司进入全国十强。通过狠抓专业经营，推进各项重点工作，研究制定各项金融发展方案，制定奖励措施，加强业务指导，在各州市分公司开展“一局一策”“一类一策”“一点一策”精准营销，代理金融发展实现快速增长。累计收入（不含短信及车务代办收入）11.87 亿元，占总收入的 50.84%，比上年增幅 12.94%，增收 1.36 亿元，超计划任务 5283 万元。余额规模 702.69 亿元，新增存款 136.96 亿元，全国排名第 16 位，比上年增长 84.42 亿元；新增存款增幅 24.21%，全国排名第 5 位，较全国平均增幅高 7.37%。（云南省分公司　甘静）

【国务院发展研究中心专家组调研山东邮政服务“三农”工作】 11月5—6日，由国务院发展研究中心、国资委、财政部和山东省有关单位人员组成的专家组，对山东省分公司服务“三农”工作进行了调研。专家组听取山东分公司、邮储银行山东省分行对开展服务“三农”工作情况的介绍，参观走访聊城市邮政万亩示范田、鸿雁粮食种植专业合作社、邮政电子商务运营中心、邮政农村便民服务站等，与农民、邮政用户等深入交流。专家组认为，在当前经济发展新常态下，山东邮政探索实施的“万亩示范田+鸿雁合作社+一体化服务”的模式，较好履行国有企业的社会责任，是对农村集约化经营与农业现代技术推广的一种有效探索，对解决农村商品流通、提高农民生活品质、实现公共服务均等化、促进电商精准扶贫等具有重要作用。（山东省分公司　赵军泰）

【全国网络扶贫现场推进会】 11月29日，为全面贯彻落实中央扶贫开发工作会议精神，部署实施《网络扶贫行动计划》，总结交流地方和部门的做法经验，由中央网信办、国家发改委、国务院扶贫办联合江西省委省政府举办的全国网络扶贫现场推进会在江西省赣州市宁都县召开。中央网信办副主任庄荣文，国务院扶贫办副主任洪天云，工业和信息化部总工程师张峰，全国供销合作总社党组成员侯顺利，国家发展改革委副秘书长许昆林，省委常委、赣州市委书记李炳军，省委常委赵力平出席会议。集团公司副总经理李丕征在大会上作题为《发展农村电商　助力精准扶贫》的发言。李丕征指出，中国邮政认真贯彻党中央、国务院系列部署，强化责任担当，成立了以李国华总经理为组长的中国邮政扶贫工作领导小组和工作组，专门研究邮政电商扶贫工作，各省邮政结合本省实际和农村电商扶贫需要，充分发挥邮政线上线下网络优势、农村物流配送优势和“三流合一”的优势，大力发展农村电商，努力满足广大农村老百姓购买物美价廉的工业品以及及时销售农产品、实现脱贫致富的迫切需求，取得了较好成效。截至10月31日，中国邮政电子商务累计交易额507亿元，其中农产品交易额38亿元，在全国31个省建立县乡邮乐购站点超过30万个，实现全省地市网全覆盖。邮政电子商务得到党和国家领导人的高度评价和充分肯定。中国邮政致力电商扶贫，对接地方政府，促进农村地方基本公共服务水平；线上线下相结合，进一步打造工业品下乡和农产品返城的双向通道；注重邮政包括邮储银行以及中邮保险的相结合，打造农村电商生态链，对接微信商城，构建开放的线上服务体系，初步做到了有贫困村的地方就有邮政电商扶贫站点，做到了站点建到哪个村，邮路就通到哪个村。中国邮政将深入贯彻习近平总书记关于实施网络扶贫的重要指示精神，认真落实网络扶贫计划，进一步加快网络扶贫工作力度，作出邮政特色，作出更大实效，为全面建设小康社会、实现中华民族伟大复兴的中国梦作出更大贡献。会议期间，中央网信办、国务院扶贫办、国家发改委等与会代表实地考察调研宁都县小布镇大土楼“邮乐购”电商服务站、邮乐购江西邮政电商脱贫展区、江西邮政（宁都）仓储配送中心等。在详细了解“邮乐购”站点功能、江西邮政电商扶贫“六个一”模式，及通过“仓储+配送+贷款+资金结算”等一体化服务，构成完整的电商产业链，帮助商家解决货源、培训、物流、金融等一系列问题，培育、壮大一批有影响力的电商企业，带动百姓脱贫，实现地方经济转型升级的举措后，纷纷对中国邮政开展电商扶贫的举措和成效给予高度赞赏。（江西省分公司　叶金平）

10月9日，第四十七届世界邮政日，中国邮政校园邮乐场活动在北京邮电大学启动“花YOUNG年华　邮你同行”活动。（新闻宣传中心/提供　记者陆航、王勇/摄）

【全国邮政农村电商发展工作推进会】 11月29—30日，全国邮政农村电商发展工作推进会在江西省吉安市召开。会议深入贯彻落实李克强总理和汪洋副总理对中国邮政发展农村电商的重要指示精神，着力推广江西邮政“精准扶贫+农产品返城”、山东邮政“批销+金融”以及浙江邮政代购等发展模式，要求各地邮政企业进一步统一认识、增强信心，找准方向、明确模式、统筹推进，尽快打开发展农村电商的新局面，打造中国邮政“十三五”新增长极。全国邮政相关人员150余人参加会议。集团公司党组书记、总经理李国华出席并讲话，省政府副省长李贻煌致辞，集团公司副总经理张荣林主持，吉安市委副书记、市长王少玄讲话。集团公司市场协同部总经理赵玉刚、邮政业务局副总经理陈智泉、中国邮政电子商务局总经理陈明志、省分公司总经理李金良出席会议。

李国华指出，各地邮政企业按照集团公司的工作部署，加大农村电商发展力度，取得阶段性成效：站点建设快速推进，新增“邮乐购”站点18万个，全国“邮乐购”站点总量30余万个；平台作用初步发挥，全国邮政农村

北京市分公司与庞各庄镇共同利用“ILOVE 邮”微信服务号等电商平台销售西瓜。每天邮政投递车将新采摘的西瓜直接运往各邮政网点，城区市民次日 12 时前、郊区市民次日 18 时前便可收到。（新闻宣传中心／提供　吴丹、刘静、贺勇／摄）

电商累计实现交易额 507 亿元，比上年增长 4 倍，初步探索出一条农村电商发展的路子。特别是 8 月 22 日李克强总理视察江西省瑞金华屋村的“邮乐购”电商脱贫站点，对邮政助力精准扶贫、做好农村公共服务的工作成效给予了充分肯定。李国华分析当前的市场竞争形势，并深刻剖析邮政农村电商在推进过程中存在的问题，提出要突出工作重点，从 6 个方面推动农村电商发展取得新突破。同时强调，要想在发展农村电商上取得大的突破，把农村电商打造成中国邮政新的增长极，就必须完善体制机制，加快组织机构整合，加强仓储能力建设，理顺关系，统一渠道平台，加快提升邮政发展农村电商的能力，为邮政农村电商的持续发展提供支撑。

张荣林针对重点打造具有邮政特色的电商扶贫模式进行工作部署，要求建设好“邮乐购”标准化加盟店；选配好电商脱贫带头人；选择好一批主打农产品；联动好邮政业务和特色资源；运用好邮乐网线上平台；构建好农村物流配送体系。（江西省分公司　叶金平）

【服务“三农”补贴项目】 邮政服务“三农”项目资金 2.58 亿元，其中中央预算内资金 1.77 亿元。67 个配送中心完工，36 个配送中心在建，806 辆配送车辆全部采购配置到位。（中国邮政电商分销局　周伍浩）

【山东“惠民 e 邮通”工程】 9 月 21 日，由山东省发展与改革委员会、山东省财政厅、山东省商务厅主导，山东省分公司、鲁商集团和苏宁云商共同实施的“惠民 e 邮通”工程启动，6 家单位签署战略合作协议。协议提出，将“惠民 e 邮通”工程作为电商扶贫的重要内容，加大对邮政便民综合服务示范平台、农村电商仓储配送中心、农村电商人才培训等方面的扶持力度；充分发挥山东邮政信息网、物流网、金融网三网合一的综合优势，以山东省分公司现有资源为依托，促进鲁商集团、苏宁集团等零售、连锁商超和互联网经济发展的龙头企业加强合作，实现资源共享、优势互补、共同发展。根据协议，6 家单位以邮政便民服务平台为依托，完善农村综合服务平台功能，以“农村电商 + 实体店”为主要模式，推动线上线下平台对接，实现工业品下乡和农产品进城双向流动，构建山东农村电商“O2O”生态体系，促进邮政服务和农村电商深度融合，加快发展。通过实施“惠民 e 邮通”工程，强化邮政便民服务平台功能，打造农村“最后一公里”仓储配送公共通道，最终实现三个目标：一是商贸流通年交易额达到 500 亿—600 亿元；二是形成 10 分钟城乡便民生活圈；三是畅通县、乡、村三级物流配送体系。（山东省分公司　赵军泰）

【江苏省分公司与省政府部门便民服务合作】 江苏省分公司与省国税、省农委、团省委、省扶贫办等政府部门开展全面便民服务合作。税邮合作方面，累计开办“税邮共建便民办税服务窗口”141 个，实现代征税额 5772 万元；11 个地市、22 个县税邮双方开展“营改增”纳税人信息核实合作。农村电商市场拓展方面，省农委将邮政列为农资电商试点单位，提供政府补贴 30 万元，各地方农委、商务局与邮政共同推进本地区农品馆的建设和推广；与团省委共同实施“千县万村百万英才——农村青年电商培育工程”，组织培训 190 多场，参加培训人数 1 万人以上。与省扶贫办合作，加强对邮政定点扶贫的淮阴区梨园镇三元村农村电商建设工作，推动农村电商精准扶贫的合作。与信泰人寿、华夏人寿、君康人寿、生命人寿等保险公司签署战略合作协议，在代理保险的基础上，开展寄递、宣传等全方位合作，全年寄递标准快递 10 万件以上。（江苏省分公司　吉克）

“3·15”国际消费者权益日当天，江苏省东海县分公司联合县工商、农业等部门的执法人员，在全县开展“携手共维权、‘邮肥’保春耕”主题活动。（新闻宣传中心／提供）

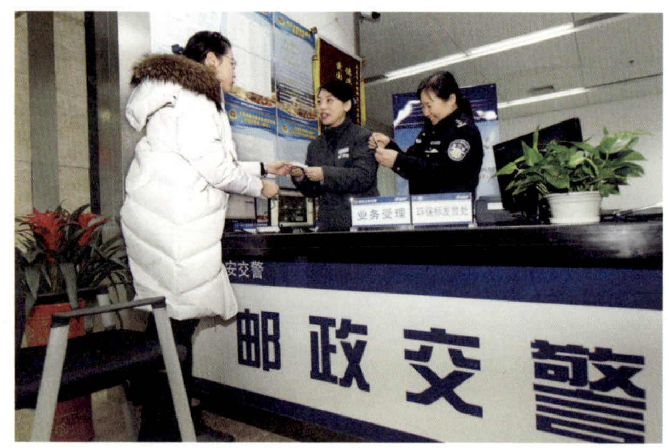

1 月 22 日，江苏省南京市第一家可现场打印环保标的交警服务超市在鼓楼邮政支局开业。（新闻宣传中心 / 提供　陆丽云 / 摄）

4 月 4 日，江苏省东海县分公司在首届青湖桃花旅游节景区主题邮局向游客推介旅游年票业务。（新闻中心张岚发 / 提供）

【广西邮政代理金融】 11 月 21 日，广西邮政代理金融余额规模 1000.2 亿元。全区邮政代理金融通过实施“1 号工程”计划（金融渠道建设规划），加快网点转型和渠道拓展，离行式自助银行和“村邮乐购”助农取款服务点助推业务发展效果明显；重点跟进果蔬项目、校园代收费项目、节假日主题营销活动，促使业务发展淡季不淡；专业融合，搭建邮惠联盟平台、开发猴票礼仪存单产品、开展存款享集邮豪礼积分兑换等活动，丰富客户维系手段；旺季跨赛期间实施阶段管控目标进度，发起“奋战四季度，余额超千亿”冲刺活动，实现全区邮政代理金融余额规模超千亿元的新跨越。（广西分公司　蒙淋芳）

【广东省分公司简易保险业务季度专项营销】 开展第一季度“开门红”、第二季度“创规模”、第三季度“强督导”、第四季度“上台阶”等季度营销专项活动。其中，非车简易险创收效果明显。简易保险累计销售 7.6 亿元，比上年增长 60.67%，实现业务收入 6365 万元，比上年增长 79.4%，成为专业收入新的增长点。（广东省分公司　蔡菡）

【宁夏分公司“国税双代”业务】 3 月，宁夏国税委托宁夏分公司“代开发票、代征税款”业务启动。截至 12 月 31 日，全区邮政开办双代业务网点 133 处，累计为纳税人代开发票 15.05 万张，完成业务收入 374 万元。（宁夏分公司办公室　白振峰）

【贵州省分公司“黔货进京”】 1 月 17 日，贵州省分公司应省政府邀请，进京参加为期一周的 2016 年贵州年货节暨贵州特色商品（北京）展示交易会，建设邮乐特色贵州馆、邮乐贵州年货馆、邮乐欢乐中国年兑换寄递馆、邮掌柜线下特产代购馆四个线上平台，精选邮乐网上运作的 8 个商家，40 余种单品进京参展，展现中国邮政特色服务。（贵州省分公司　王莹）

【新疆分公司代售铁路客票业务】 4 月 8 日，新疆分公司与乌鲁木齐铁道国际旅行社有限责任公司签订战略合作协议，双方确定在铁路客票代售、旅游产品营销等方面开展全方位的合作。协议约定从 5 月 1 日起，全面开办代售铁路客票业务。至 6 月 30 日，全区开办代售客票业务的邮政网点 100 处，12 月 31 日，全区邮政网点布设自动售取票机 100 台。同时，全区邮政网点拥有乌铁国旅旅游产品的代理权，获准销售其旅游专列等旅游系列产品。双方将旅游产品和邮政产品有机结合，设计开发“邮 + 游”系列产品，并在铁路主题邮局、策划组织旅游专列等方面不断探寻合作共赢点，形成长期合作关系，实现合作收益最大化。（新疆分公司　康燕）

【云南省分公司创收南博会】 6 月 12—17 日，第四届中国—南亚博览会暨第二十四届中国昆明进出口商品交易会（简称“南博会”）在昆明举办，云南省分公司全方位服务南博会展经济，创收 1300 万元。对门禁系统技术服务升级，增加多功能显示屏并与公安系统对接，为会展安保工作创造良好条件。制作门票 70 万枚，门票采用邮资明信片嵌入无线射频 RFID 电子芯片技术，具有高安全性、高防伪性、快速验票、有效监督、高效管理、数据处理、消费保障等特点。开发信息归集系统、制证系统，提供信息采集、制证并打印，为执委会制证 24 万个。响应省政府提出的建设“智慧南博”新理念，网上报名系统采用互联网接入模式，实现了组展工作 24 小时不间断。在“春城邮驿”微信公众平台上加载“南博会”菜单，实现报名、制证、检票等数据的实时监控，方便执委会动态掌握南博会全方位信息，及时做好总体调度和协调管理。首次参与广告招商。在南博会现场设置 1 个电子化支局，提供代售飞机和汽车票、代收代缴通信费、包裹寄递、南博会系列邮品和南博吉祥物销售等服务，设置 2 台 ATM 提供金融服务，并组织 30 人的包裹快递揽收小分队，实现无缝宣传，快速服务。位于3号信息馆150平方米的云南邮政展位，展示支付结算机具设备、电子银行、邮掌柜、邮乐购、唛唛嘜闪印服务等邮政服务新形象。云南省分公司融合“全民阅读”“书香云南”的概念，将阅读专柜搬进南博会，推出专属此届南博会的《集邮护照》（云南省分公司　甘静）

【西藏分公司创收西藏国际旅游博览会】 9月10日，“天上西藏邮局”在第三届中国西藏旅游文化国际博览会推出，同时为国内外游客、各参展单位提供邮件寄递、便捷金融服务、图书销售等多种多样的邮政服务，观展游客及参展商家在展厅里便可寄递各类商品。区分公司党组确定以藏博会为契机，把邮政服务于地方经济社会发展与企业转型升级紧密结合的发展思路，主动向政府分管领导及有关部门汇报、沟通，以“层次更高、水平更高、成效更高”为标准，充分阐述、展示邮政产品在宣传推广文化、旅游方面的特殊作用及其优势，在集团公司的支持下，紧扣此次藏博会主题，开发制作《人间圣地天上西藏》邮册。实行省、市联动，由区分公司市场部整体把控、协调、部署，拉萨市分公司具体布展、销售、服务。设计推出邮政特色的“天上西藏邮局”藏博会网点。区分公司领导陆学鹏、扎桑拉姆、吴登寿、布林前往藏博会视察指导“天上西藏邮局”各项工作，要求展销点结合邮政业务，选取更多能展示各地市风光和文化传统的产品，满足各类人群的需求；代理金融方面要着力保证用电安全与资金安全，一如既往合规操作，严格谨慎万无一失；营业人员注意营销策略，维护企业形象。（西藏分公司　刘德立）

【新疆分公司创收“第十三届冬运会”】 1月20日，第十三届全国冬季运动会在新疆冰上运动中心速度滑冰馆开幕。新疆分公司作为从十三冬媒体招商到开幕式观众礼包，从设计、销售门票到设计制作纪念邮品，从主题邮局的会场服务到运动员的驻地服务单位，全程参与、深入服务，为新疆首次举办规格最高、参赛地区最广、人数最多的全国综合性运动会做出应有的努力和贡献。广告招商项目招商36家，实现招商额323.3万元；销售十三冬纪念邮品90.57万元；销售十三冬门票2万张，销售额实现百万元；“邮驿小站”主题邮局展售冬运会相关主题邮品、封片产品和新疆风光明信片62种，新疆特色干鲜果品、名优特产以及旅游纪念品11种；免费加盖十三冬纪念戳8661枚，“新疆邮政”和“这里是新疆”微信平台分别实现粉丝关注14196人次和7761人次，实现邮品、明信片销售45858元。（新疆分公司　康燕）

【校园“邮乐场”项目】 10月9日，校园邮乐场项目启动仪式暨“花YOUNG年华，‘邮’你同行”大型活动在北京邮电大学昌平校区全面启动。活动是集团公司在2015年的开学季品牌推广活动基础上，第二次举行高校专项市场的品牌推广活动。活动覆盖全国170所高校，持续至11月。覆盖北京、天津等12个省会城市，囊括全国178所高校，线下推广覆盖人群400万人次。举办现场大型活动41场，中型活动37场。非现场活动覆盖全国100所校园，比上年城市覆盖范围和进校数量均增长50%。整体活动曝光约10亿次，活动平台线上点击量逾235万次，活动覆盖400万人，活动参与人数逾130万，产生巨大的邮政品牌影响力和传播价值（市场传播总价值为1155万元）。11月8日，集团公司副总经理张荣林率集团公司相关部门领导亲临收官活动现场中国传媒大学，视察、慰问现场工作人员，对活动给予充分肯定。（中国邮政广告传媒公司　郑凌燕）

【农产品返城项目】 农产品实现销售收入7.08亿元，比上年增长61.8%。一是制定《关于推进自营农产品返城的指导意见》《总部推荐农产品项目准入管理办法（试行）》，确定农产品运作模式和标准；二是丰富农产品商品池，梳理适合跨区域运作的农产品，建立自营农产品商品池。（中国邮政电商分销局　周伍浩）

1月20日，第十三届全国冬季运动会开幕。乌鲁木齐市分公司邮驿小站为人们提供制作个性化明信片、购买“十三冬”邮品、挑选新疆风光明信片等服务。（新闻宣传中心/提供）

【内蒙古分公司“工业品下乡”和“农产品返城”扶贫项目】 内蒙古分公司以布放邮政“邮掌柜”应用系统为抓手，打通“工业品下乡”和“农产品返城”双向通道，累计进销存交易147万笔，近6000万元。以“邮乐网”和“草原邮生态”两个线上平台为依托，加快推进农产品返城。“草原邮生态”微信商城定位为绿色有机原生态农牧产品线上销售平台，累计上线商品39种，主推原产地特色初级农产品11种左右，首款产品上架阿拉善农民滞销“沙地洋葱”，1040箱洋葱45分钟即被抢购一空。在86个旗县推进金融助农惠农服务，有效地满足农村牧区末端需求，成为全区唯一一家可实现旗县乡村牧区金融服务全覆盖的机构。（内蒙古分公司　苏永胜）

【中国邮政跨境电子商务（义乌）基地投入试运行】 5月17日，中国邮政跨境电子商务（义乌）基地投入试运行。该基地占地面积4.8万平方米，总建筑面积近6万平方米，拥有办公区、培训区、独立仓储、邮件处理、安检封发、运输等“一条龙”配套设施和服务，日邮件处理量40万件，浙江邮政对Wish平台客户的服务能力增强。为助力义乌跨境电商发展，义乌市分公司对接市委、市政府，建设中国邮政跨境电子商务（义乌）基地，以“仓储+寄递”的运营方式，全面介入跨境电商产业链，使邮政与跨境电商实体运营、电商培训、产品分销、仓配物流一体化、电商贷、资金结算等多维度结合，建立具有邮政特色的跨境电商企业集聚园区和孵化培训基地。（中国邮政报记者　杜帅帅）

【电商快包专项营销活动】 1月，集团公司组织开展58个重点城市电商快包专项营销活动，即“新百团大战”。“新百团”重点城市推进包裹快递营揽投一体化，设立营揽投网点600多个，组建营揽投队伍7900多人。2016年“新百团”重点城市实现业务量4.6亿件，比上年增长112%；收入29.8亿元，比上年增长79.6%，有30个市（区）收入翻番增长。（电商分销局　周伍浩）

1月，为实现对等候办理业务客户的引流并带动寄递业务发展，山西省邮政分公司在自营网点进行“邮惠购”商品展示，并通过微信进行营销推广。（新闻宣传中心／提供）

【邮政电子商务平台销售情况】 总交易额1810亿元。邮乐网全年交易额规模815亿元，商品数量41.7万种；农村电商“邮掌柜”系统累计安装33.8万户，交易额726.10亿元；在线业务平台支撑业务能力提升，实现交易额9.8亿元。（中国邮政电商分销局　周伍浩）

【农村电商邮乐购站点建设】 全国邮政推进农村电商邮乐购站点建设，全年新增邮乐购站点23.3万个，覆盖全国31个省，累计建成33.8万个。（中国邮政电商分销局　周伍浩）

【湖南省电商服务平台建设】 湖南省公司分别与张家界市人民政府、湘西州人民政府签订战略合作协议。张家界市在“互联网+公共服务”“互联网+物流配送”“互联网+电子商务”“互联网+创业扶持”“互联网+企业服务”“互联网+旅游文化”等方面开展全方位合作，与湘西州在农村物流配送体系建设、电商服务平台建设、电商公共服务中心和创业孵化园建设、打造“一县一品”“一乡一品”等方面深度合作。全省6个市州分公司与8个县（市）政府签订电子商务进农村战略合作协议；31个县（市）政府下发文件支持邮政参与电子商务进农村工作。全省邮政企业累计获得政府电商资金支持补贴8600余万元。（湖南省分公司　王俊）

【黑龙江省分公司农村电商助脱贫】 黑龙江省分公司提出“着眼农村电商带动农业产业升级、促进农民增收，尝试多种形式的线上农产品销售模式，帮助农民由种得好实现卖得好”的工作思路。重视发挥邮政渠道优势，采取与兄弟省份“互采、互推”的方式，广泛宣传推广地方产品，举办行业内部黑龙江农产品展会，销售延寿等贫困县大米及其他土特产品1146吨，实现销售金额1113.9万元。打造地方“邮选”品牌，利用企业线上渠道帮助贫困农户销售初级农产品，累计开设线上店铺58个，上线扶贫助农产品2100余种，销售订单1.84万笔，销售金额1000余万元，促进“真扶贫、扶真贫”目标的实现。（黑龙江省分公司　时波）

【黑龙江分公司绿色电子商务】 黑龙江省分公司发挥企业在物流、电子商务、移动互联、农产品防伪溯源等方面的技术优势，做好地方绿色食品推广工作。系统建设“易同购”“易同送”两大平台，打造双向流通、品牌为根、末端为王、资源互通的县域农村电商物流健康生态系统，主做本地生鲜食品类的电商销售，上线10大品类、1000多种商品，会员5万户。组织双鸭山邮政与当地政府合作，建设双鸭山市电子商务运营中心，为电商平台免费提供办公设备、产品展示包装、推广营销、仓储物流等集成性服务，助推当地电子商务发展。（黑龙江省分公司　时波）

【江西省分公司“廖奶奶”农村电商】 廖奶奶和她的咸鸭蛋，是江西邮政电商脱贫工程打造出的一个极具代表性的人物和产品，是江西邮政农村电商从萌芽中摸索发展的一个缩影。从邮乐购站点建设到咸鸭蛋网上销售，从作坊生产到成立合作社带领贫困户一起脱贫。省分公司向集团公司微信、中国邮政报加大对廖奶奶事迹的报道力度。在赣南老区，省分公司立足于赣南老区精准扶贫的角度，与地方党委政府建立良好的沟通联系，将廖奶奶及其咸鸭蛋打造成为赣南打好脱贫攻坚战的一个典型和品牌。省分公司向省委省政府及扶贫办、商务厅等部门汇报，引起政府部门的高度关注。同时加大与江西卫视、江西日报、中央驻赣媒体、大江网等主流媒体的沟通，组织采访团走进廖奶奶的家里实地采访，报道廖奶奶借力邮乐购，高龄创业，带动大家脱贫致富的事迹。在中宣部、地方政府的支持下，由人民网、央视网、光明网等53家媒体组成的“长征路上奔小康　网络媒体走转改”大型主题采访团共同聚焦廖奶奶，近距离全景式报道江西邮政致力电商精准扶贫的生动实践。廖奶奶获得全国脱贫攻坚“奋进奖”。（江西省分公司　叶金平）

【广东省分公司农村电商】 加快推进建点，提升网点质量，做大代购批销，促进农品返城为发展思路，推进农村电商业务发展。用时三个月完成集团公司下达的建点目标，全省累计拓点6117个，完成年计划进度111%。各地开展邮乐购站点会员活动，14个市分公司的举办309场会员积分活动，现场揽储超过6500万元，拉动简易险110余万元，收集客户信息1万多条。邮掌柜交易累计200万笔，1.9亿元。9月，启动批销业务，累计入驻商家10家，累计销售108万元。省21个市馆及两个区县馆完成域名申报工作，建成19个市馆，涵盖10个品类，127个商品各类，梅州、茂名等7个市馆实现商品销售11万元。（广东省分公司　蔡蔼）

【云南省分公司电商精准扶贫】 12月8日，云南省分公司在挂钩扶贫点大理州宾川县平川镇得底么村委会召开电商扶贫现场观摩会和扶贫工作现场会。省分公司向平川镇人民政府捐赠五十铃100P冷藏车一辆，向宾川县邮政分公司配发一辆专用扶贫1.5吨厢式货车，并启动云南邮政电商扶贫“优帮帮”平台，平川镇14个村委会加入“优帮帮”平台并举行签字仪式。省分公司将农产品返城与精准扶贫有效结合，组建电商扶贫项目组到得底么村开展扶贫工作，结合得底么村实际，挖掘系统资源，搭建得底么扶贫移动互联网电商销售平台，初步形成采后处理、预包装、冷库仓储、打包寄递、干线运输、终端投递的完整供应链解决方案，建立起“优质农副产品＋手机端交易平台＋冷链供应链＋党建双一双”的农村电商扶贫模式，销售土鸡、生态猪、黑山羊、野生菌、野生山药、火腿、花椒油等60多种原生态、高品质的农副产。截至12月31日，得底么村158户贫困人口人均增收2050元，省分公司挂钩的36户180人，人均增收超过2600元。（云南省分公司　甘静）

【贵州省分公司“黔货出山‘邮’惠到家”年货节】 1月5日，贵州省分公司在黔南州瓮安县设立主会场，举办2016年贵州邮政首届“黔货出山‘邮’惠到家”年货节启动仪式。黔南州委常委、宣传部部长刘良，速递物流省分公司总经理顾军、邮储银行省分行副行长郑守刚启动2016年贵州邮政首届“黔货出山‘邮’惠到家”年货节水晶球；瓮安县委副书记、县长黄桂林为活动致欢迎辞。（贵州省分公司　王莹）

【宁夏分公司农村电商“平罗模式”】 宁夏分公司依托“邮乐农品网”平台及“邮掌柜”系统，通过代运营平罗县农村电子商务运营中心及“邮乐农品—平罗馆”，实现“农产品进城”。建成县级电子商务公共服务中心、电商孵化及培训中心各1处，建成村邮乐购站50处、安装“邮掌柜”系统，实现便民缴费、网络代购等基本功能，覆盖县域内7镇6乡及各大社区。推广灵武、中宁农村电商示范县建设。（宁夏分公司办公室　白振峰）

邮政金融业务

【邮储银行个人业务】 截至12月31日，个人客户5.22亿户，其中VIP客户2195万户。1. 个人贷款业务。个人贷款总额15821.75亿元，比上年增加3596.05亿元，增长29.41%。其中，个人消费贷款余额11016.62亿元，占比69.63%；个人商务贷款余额2883.70亿元，占比18.23%；个人小额贷款余额1392.39亿元，占比8.80%。2. 个人存款业务。加强付息成本管理，提高利率精细化管理水平，实现存款规模增长与成本控制的平衡。个人存款余额62101.66亿元，比上年增加8235.36亿元，增长15.29%。3. 银行卡业务。推出“爱家卡”“＋薪卡”“集邮联名卡”“农村电商联名卡”，丰富借记卡产品体系；推进金融IC卡一卡多应用，累计拓展52个行业应用合作项目。发

邮储银行新疆阿勒泰分行信贷员雪灾后前往用户家中做调查。（邮储银行 / 提供）

挥与集团公司的协作优势、研发特色产品，融入互联网金融、拓展新兴移动支付技术。新增信用卡 374 万张，结存量 1287 万张，比上年增长 33.61%；累计消费金额 4567 亿元，比上年增长 29.85%。4. 个人理财业务。推出股债混合净值型及结构性理财产品，持续向不同客群发行尊享、智享和御享等产品，优先支持分行发行专属产品。个人客户的人民币理财产品余额 5420.18 亿元，比上年增加 1383.43 亿元，增长 34.27%。（邮储银行　马静）

【邮储银行公司银行业务】 截至 12 月 31 日，公司客户 62.28 万户，比上年增加 2.77 万户。1. 公司贷款业务。加大对交通、电力、城市基础设施等领域的信贷投放力度，适应经济结构调整，布局节能环保、健康医疗、高新科技等新兴产业。公司贷款总额 10793.92 亿元，比上年增加 984.12 亿元，增长 10.03%。坚持服务中小企业，小微金融服务平台正式上线投产，小企业法人贷款业务余额为 1561.63 亿元。2. 公司存款业务。依托网络优势，提升现金管理、电子银行、资金托管、公司理财等综合金融服务水平，提高公司存款市场竞争力，实现公司存款平稳快速增长。公司存款余额 10750.24 亿元，比上年增加 1574.17 亿元，增长 17.16%。3. 结算与现金管理业务。以结算网络为依托，推进产品创新，针对各地资源交易中心、大宗商品交易市场、新兴要素交易市场、非金融支付机构、行业电商等平台类客户，研发推广相应产品及业务系统，提升服务能力。人民币对公结算量 65.21 万亿元，比上年增长 72.72%。现金管理业务签约账户 148662 户，比上年增加 28192 户。4. 贸易融资与国际结算业务。研发商票保贴、同业风险参与等多种产品，推出外汇网银、自助结汇、境内外币支付等功能，创新办理外汇远期、掉期等资金交易业务。国际结算业务全年结算量 201.85 亿美元，贸易融资业务新发放金额 4385.22 亿元。5. 投资银行业务。项目储备丰富，44 个债券承销项目进入操作阶段；22 笔结构融资、并购贷款进入操作阶段，合同金额近 1000 亿元。6. 托管业务。加强营销体系建设、突出发展重点托管产品，总分行分级运营体系已臻成熟，业内首次将区块链技术应用于资产托管业务系统，提升托管业务服务能力。资产托管总规模 4.17 万亿元，比上年增长 85.36%。托管业务手续费累计收入 9.57 亿元，比上年增长 89.13%。（邮储银行　马静）

【邮储银行资金业务】 资金业务主要包括市场交易、投资及同业融资等金融市场业务和资产管理业务。1. 市场交易业务。获得银行间债券市场正式做市商、银行间外汇市场期权交易等业务资格，向全品种、全牌照交易机构迈进。本外币市场交易规模 60.55 万亿元，交易笔数为 9.13 万笔。2. 投资业务。债券及同业存单投资方面，以“防风险、提收益、调结构”为指导方针，加强信用债投资管理，强化信用债投前分析及投后管理，严防信用风险；加强市场主动分析，加大债券的波段操作力度，提升债券投资收益水平；探索债券投资客户体系建设，推动利率债分销业务。债券及同业存单投资余额为 21455.11 亿元。同业投资方面，投资（或委托其他金融机构投资）商业银行理财产品、信托投资计划、资产管理计划及证券投资基金的余额 13058.94 亿元。3. 同业融资业务。灵活调整同业融资业务策略，推进融入融出双向操作。存放同业及其他金融机构款项和拆放同业及其他金融机构款项 3690.63 亿元，同业及其他金融机构存放款项和拆入款项 2958.45 亿元。4. 资产管理业务。形成面向个人客户的“邮银财富”和面向公司客户的“邮银财智”两大系列产品线，满足不同风险偏好客户的多元投资理财需求。建立产品投向覆盖面广和多元化配置的投资管理体系，拓宽投资领域，丰富投资品种，提高投资收益水平。资产管理规模 8596.37 亿元，比上年增加 3849.98 亿元，增长 81.12%。（邮储银行　马静）

邮储银行恩施州分行信贷客户在恩施市芭蕉侗族乡茶业基地开展信贷调查。（邮储银行 / 提供）

【邮储银行"三农"金融业务】 9月，成立"三农"金融事业部。截至12月31日，内蒙古、吉林、安徽、河南、广东等省（区、市）五家第一批试点分行"三农"金融事业部挂牌成立。围绕家庭农场、专业大户、农民专业合作社、农业龙头企业等新型农业经营主体，推动转型升级，持续加大产品创新和担保方式创新，提供优质综合金融服务。涉农贷款余额9174.45亿元，比上年增加1695.53亿元，增长22.67%。（邮储银行 马静）

【邮储银行风险管理】 1. 信用风险管理。推行审慎、稳健的信用风险管理政策，健全信用风险管理体系，围绕全行经营战略目标和内外部形势变化，及时调整各项信贷政策，优化客户风险评级标准，完善信用风险限额管理。搭建中小企业客户内部评级体系，启动非零售内部评级系统建设，统一零售信贷业务评级管理，完成新一代零售信贷工厂评分模型建设，助力各项业务转型升级。优化信贷审查作业流程，完善信贷管理基础制度，推动信贷系统新增功能项目建设，丰富信贷管理工具。加强贷后管理，强化风险监测预警，实施机构和产品风险限额的动态预警管理，组织开展重点风险隐患排查，加大不良贷款清收处置力度，关注重点产品、行业和区域，审慎、充分计提减值准备，提升全行资产质量管控效果和风险抵补能力，全面提升信用风险管理成效。2. 市场风险管理。应对市场环境变化和行内业务领域拓展带来的新挑战，制定完成年度市场风险管理政策及限额要求，持续强化限额管理、风险监测和报告，主动开展压力测试工作，主要风险限额执行良好，将各类风险敞口保持在可接受范围内，市场风险管理能力不断提升。3. 流动性风险管理。根据市场变化和流动性风险管理目标，制定管理策略和政策，适时调整、优化资产负债结构，稳定资金来源，确保市场融资渠道通畅和优质流动性储备资产占比，加强日常资金头寸管理。优化信息系统，支撑限额监测和报告。定期开展压力测试，检验本行在遇到极端小概率事件等不利情况下的风险承受能力。4. 操作风险管理。严格按照银监会《商业银行操作风险管理指引》等相关监管规定，依照大型现代商业银行要求，健全操作风险管理体系和内部控制管理体系。完善案件防控长效机制，落实案件风险排查管理办法。各业务条线积极开展操作风险相关培训，培育操作风险管理文化意识，树立正确的操作风险管理理念，并将操作风险及操作风险损失率控制在较低水平。（邮储银行 马静）

【邮储银行资本管理】 遵循资本、风险、收益相匹配的原则，推进资本管理制度体系和资本约束机制建设，探索资本节约业务发展模式，优化资产结构，提高资本使用效率，实现低资本消耗、内涵集约化的高效发展。强化资本规划和资本充足率计划管理、资本限额控制和资本充足率日常监测，确保资本充足率水平持续满足风险覆盖和监管要求。推进新资本协议整体规划和实施工作，持续推进风险数据集市、RWA系统及内部评级体系落地实施，建立健全内部资本充足评估程序，提高风险评估的全面性、审慎性，促进业务结构优化及资本精细化管理，降低低效资本占用，提高资本使用效率和资本管理能力，并根据监管要求切实做好资本管理信息披露等工作，持续满足资本监管合规要求。（邮储银行 马静）

【中邮证券经纪业务】 经纪业务总部克服市场行情低迷、投资者信心不足等不利因素，截至12月31日，公司经纪业务（含融资融券）实现营业收入1.43亿元，实现利润7974万元，公司账户总规模91.7万户，比上年增长180%；托管资产235.5亿元，比上年增长26.4%。（中邮证券 黄颖琼）

【中邮证券资产管理业务】 7月，《证券期货经营机构私募资产管理业务运作管理暂行规定》施行，行业资产管理业务规模增速放缓，通道类业务规模有所下降，资产管理业务向主动管理方向转型，在资产管理业务上进行多元化

中邮保险关爱留守儿童大型公益活动。图为陕西省延安市延川县留守儿童。（中邮保险/提供）

发展，逐步回归资产管理的本源。资管业务大幅增长。资产管理分公司加大业务骨干引进力度，主动管理产品投研能力显著提升；强化业务协同，发挥券商资管业务链条优势，股东资源合作拓展力度不断增强；加强产品创新能力，新业务空间不断拓宽；注重合规经营，加强风险管控力度，制度体系建设不断完善。截至 12 月 31 日，资管业务收入 1.13 亿元，比上年增长 52.4%；实现利润 1.08 亿元，比上年增长 65.26%。资产管理业务总规模 1380 亿元，比上年增长 132.16%，三季度行业排名第 36 位；其中，主动管理总规模 724.5 亿元，比上年增长 68.1%，三季度行业排名第 14 位。（中邮证券　黄颖琼）

【中邮证券自营业务】 年初，受熔断机制影响，股票市场出现大幅下跌，上证综指最低跌至 2638.3 点，跌幅 25%。年末，上证指数保持 12.31% 的跌幅。债券市场上半年维持震荡走势，随着流动性不断趋紧、美联储加息和国海证券“萝卜章”事件影响，债券收益率在第四季度出现大幅上行近 100BP，导致 10 年期国债从年初的 2.8% 升至 3.2%。自营业务严格按照董事会和公司总经理办公会授权，采取稳健的投资策略，但由于年初仍受证券公司自营最低持仓的限制，权益类投资损失 4080 万元。债券投资把握住阶段机会，在年初通过杠杆加大短期债券的投资规模，并在 9 月把杠杆降低，规避年底的债券大跌，并实现全年 5% 的收益率水平，并完全弥补权益投资的损失。自营业务收入 1520 万元，其中权益类收入 –4080 万元，固定收益类收入 5600 万元。（中邮证券　黄颖琼）

【中邮证券信用交易业务】 整个市场融资融券余额比上年减少 20%，公司余额比上年减少 28.61%。截至 12 月 31 日，公司融资融券业务当年开户 198 户，累计开立信用账户数 1829 户，融资余额 54291 万元。信用账户合计收入 6651 万元，其中融资融券业务净收入 6626 万元（产生手续费净收入合计 1509 万元，融资利息 4903 万元，两融其他收入 214 万元）；股票质押式回购业务利息收入 25 万元。（中邮证券　黄颖琼）

【中邮证券投资银行业务】 投行业务获得企业债主承销、股票 IPO 和新三板挂牌推荐资格，实现投行业务全牌照运营。跟进项目 46 个，落地 15 个，收入 938 万元。其中，市场化项目收入 834 万元；邮政板块协同项目完成集团公司公募债项目、中邮资产公司债项目、邮储银行二级资本债等项目。（中邮证券　黄颖琼）

速递物流业务

【国内标准快递业务】 业务量完成 6 亿件，比上年增长 13.3%，业务收入完成 84.5 亿元，比上年增长 8.6%，增幅提高 6.3%。组织开展“市场抢夺战”和 73 个重点城市会战，重点城市收入增幅提高 5%。推进“三进工程”发力商务市场，收入 41.9 亿元。总对总项目新开发调换货类等七大行业省级客户 125 家，总部统签项目收入 4 亿元，比上年增长 40%。加速拓展政务市场，出入境等九大总部统管项目收入 17 亿元，电子政务项目累计 167 万单，政务类业务规模在国内标准快递中的占比 27.1%，比上年提高 6.5%。“极速鲜”项目实现寄递收入 1.1 亿元，比上年增长 3 倍。收件人付费、返单等增值服务业务增速均超过 50%。全国范围全功能开通支付宝和微信支付，总金额 5 亿元，“粉丝”数量比上年增长 174%，电子下单量比上年增长 48%。（速递物流　蔡建）

【国际业务】 业务规模 106 亿元，比上年增长 33%。国际标准快递开展美国、日本等重点 11 个路向促销活动、打造精品线路，实现恢复性增长。国际 e 邮宝新增 20 个通达路向。开办赛诚俄罗斯、巴西专线。强化与亚马逊、Wish、菜鸟等电商平台的对接工作，完成与菜鸟线上发货和无忧物流系统对接，业务收入 59.4 亿元，比上年增长 64.2%。江苏等 7 省开办中速 DHL 业务，上线商业快件在线发运系统。在美国、英国、德国、澳大利亚等 4 国建海外仓，业务量、客户数和库存货品较快增长，优化 e 速宝线路，e 速宝业务规模翻番。扩大中邮海外购业务规模，启动韩国、香港建仓工作，打造全新 FBA（亚马逊

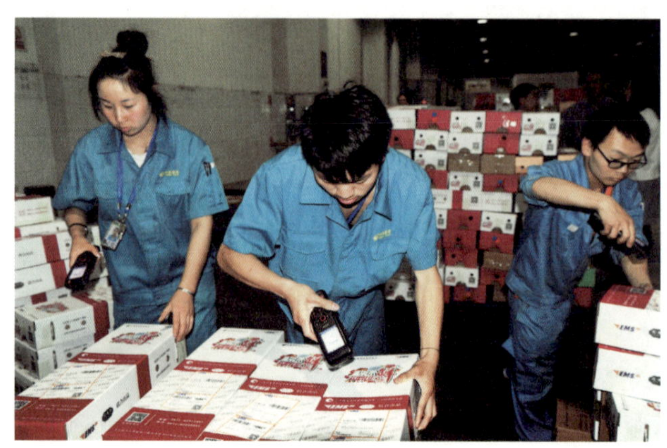

截至 5 月 8 日，速递物流云南省分公司销售、配送母亲节鲜花 7200 多件，实现省外 48 小时内送达、省内“次日递”。（新闻宣传中心 / 提供）

提供的代发货业务）头程寄递项目。（速递物流　蔡建）

【电商业务】 快递包裹业务量增幅42.4%。电商专线拓展至12个省、35个重点城90条线路，整体业务量增长154%。重点电商大省加快发展，江苏、湖北、山东等省营销罗莱家纺、良品铺子、三只松鼠等行业领先客户；金华智慧橙等近30个云仓金融项目上线，累计放款4500万元，吸引大客户入仓。全国24个省82个城市完成云仓网络布局，仓配一体化项目500余个，“双十一”出库750万单，单日峰值发单量300余万单，居行业首位。与阿里集团深度合作的河北、江苏、广东等省三大区域仓及全国落地配业务，带动电商业务市场份额环比增长近3%，浙江省连续三天日均业务量300余万件，河北、辽宁、上海、广西、四川等省（市）业务量翻一番以上。“双十一”之后，全国电商业务日均量稳定保持在200万件以上。（速递物流　蔡建）

【物流业务】 业务收入45.6亿元，比上年增长8.19%。21个省25个重点地市物流营销中心建设和大客户拓展工作步伐加快，收入增速持续保持两位数以上，全国百万元级以上规模客户数比上年增加110个。18个省的综合管理费用分摊前损益实现正利润，达到历史最好水平。华北、华东、华中三个区域营运中心建设持续推进，基本形成区域协同发展战略格局。升级速递物流O2O订单管理系统，在服装、医药、汽配、快消等行业推出物流与快递业务融合解决方案，满足传统制造企业线上、线下一体化的转型需求。（速递物流　蔡建）

【速递物流上海市分公司同城当日递】 1月1日，速递物流上海市分公司推出同城当日递业务，覆盖陆家嘴、外滩、徐汇、虹桥、漕河泾、五角场等核心商圈。同城当日递业务是根据上海商务写字楼集中、金融服务业发达的城市特点，为满足客户寄递紧急邮件需求而推出的“上午寄，下午到”业务。公司承诺：“限时未达，原银奉还。”对于非客户原因造成邮件投递时限延误的情况，将退还邮费给客户，并实行快速理赔制度。（中国邮政报　上海市记者　单晨晨）

【速递物流广东省分公司开启“互联网＋关邮e通”】 1月1日，速递物流广东省分公司联合广州海关召开“互联网＋关邮e通”改革新闻通气会，宣布1月15日正式启动“互联网＋关邮e通”改革，在全国率先将国际邮件通关的主要业务全部“迁移到线上”。通过互联网随时随地、便捷自主办理申报、缴税、退运、查询等各项国际邮件通关业务。改革主要包括4项内容：“互联网＋全程查询”“互联网＋电子缴税”“互联网＋补充申报”“互联网＋快捷退运”。邮政航空广州邮件处理中心成为全国第一个全面实施邮件“在线清关服务”的邮政国际互换局。“互联网＋关邮e通”改革以“互联网＋”监管通关模式创新，应对互联网时代的通关需求，通过搭建互联网上的“关邮e通”平台，实现民、关、企三方的在线作业、数据共享和公开透明。（中国邮政报　广东省记者　曾倩倩）

速递物流在“双十一”期间保障物流运转持续高效。（速递物流／提供）

【速递物流福建省分公司开通“众包众筹”电商专线】 7月，速递物流福建省分公司租用社会运力，开通福州至合肥的“众包众筹”电商专线，全省收寄的发往安徽省的快递包裹邮件以汽车直达方式运输，不再需要通过南京陆运处理中心经转，一天一班，日运邮量3吨，邮件传递时限缩短，邮件的干线运输成本降低。为保障专线运输，同步建立油价变动与运输价格联动调整机制。每遇现行油价与初始油价的累计变动幅度超5%时，立即启动调价窗口，并在满足条件的次日起，重新计算和执行新运费。遇油价累计变动幅度达到30%时，通过议价或招投标方式，重新确定基准油价和基准运费。（中国邮政报记者　邱若霖、危晓芳）

【山东—韩国海运邮件跨境业务启动】 3月1日，速递物流山东省分公司与韩国邮政合作推出的韩国路向海运邮件跨境电商物品物流业务正式开通，通达范围为韩国全境。相比由空运进口的韩国跨境电商产品，海运节省4/5的物流成本，跨境电商物品从韩国到威海港只需14个小时。费用计算方式1000克以内，按照20元／件+1.4元/100克计费，即起重100克为21.4元，每续重100克1.4元；1000克及以上，起重1000克34元，续重每1000克加6元。山东省内发货仅需3至7个工作日就可寄到韩国。（中国邮政报记者　崔鹏森、通讯员　李虎）

【速递物流扩大国际 e 邮宝服务范围】 8 月 22 日，速递物流在北京、上海开办俄罗斯 e 邮宝（赛诚专线）业务。8 月 25 日，Wish 邮—国际 e 邮宝服务范围扩至 23 个省（区、市）。陆续在上海、广州、深圳增加 20 个路向的国际 e 邮宝服务。Wish 邮—国际 e 邮宝是 Wish 商户平台与速递物流共同推出的一项业务，可为 Wish 商户平台卖家提供优质的跨境物流服务，用户可在 Wish 邮平台或第三方平台上生成打印面单，可选择自送或通知上门揽收模式交寄邮件，揽收一件起揽，市级城区以上范围内实行免费上门服务。Wish 邮—国际 e 邮宝服务范围扩至北京、天津、河北、太原、呼和浩特、辽宁、长春、哈尔滨、上海、江苏、浙江、安徽、福建、南昌、山东、河南、湖北、长沙、广东、南宁、重庆、成都、西安等省（区、市），开通美国、英国、澳大利亚、加拿大、法国、以色列、挪威、俄罗斯、乌克兰、沙特、德国路向。在北京、上海开办俄罗斯 e 邮宝（赛诚专线）业务的基础上，9 月 1 日，速递物流在哈尔滨、长春、沈阳、南京、苏州、杭州、宁波、温州、义乌、福州、厦门、合肥、青岛、郑州、武汉、广州、深圳、成都、乌鲁木齐开办俄罗斯 e 邮宝（赛诚专线）业务。在上海、广州、深圳三大城市，速递物流增加中国香港、韩国、新加坡、马来西亚、奥地利、比利时、瑞士、丹麦、芬兰、匈牙利、爱尔兰、意大利、卢森堡、荷兰、新西兰、波兰、葡萄牙、瑞典、土耳其、墨西哥 20 个路向的国际 e 邮宝服务，国际 e 邮宝开办范围扩大到 32 个国家和地区。（中国邮政报记者 宗和）

邮票发行及集邮

【邮票发行概述】

1. 邮票选题和发行工作。结合时代特色与社会热点，弘扬中国文化，扩大邮票影响力。一是紧密结合国家重大事件，发行《海上丝绸之路》《2016年二十国集团领导人峰会》《中国工农红军长征胜利八十周年》《中国灯塔》《孙中山诞生一百五十周年》。二是弘扬传统文化，提升文化内涵，发行《长城》《高逸图》《中国古典文学名著——〈红楼梦〉(二)》《殷墟》。三是贴近人民生活，让邮票走入日常，发行《水果》《全民阅读》《上海迪士尼》《月圆中秋》等邮票。四是继续坚持系列性选题，满足邮迷期待与集邮经营需要，发行《丙申年》《拜年》《二十四节气(二)》《中国现代科学家(七)》《中国古镇(二)》《中华孝道(二)》等。

2. 个性化邮票、邮资封片发行工作。发挥个性化邮票、邮资封片的补充作用，最大限度发挥各邮资票品的资源优势。一是为配合国家重大纪念活动，支撑长征邮票项目的集邮经营工作，安排《中国工农红军长征胜利八十周年》的个性化邮票、纪念邮资片、纪念邮资信封等全系列的邮资票品。配合国家“一带一路”重要战略规划，发行《丝绸之路(敦煌)国际文化博览会》纪念邮资片。二是安排发行《戏耀中西——汤显祖与莎士比亚》纪念邮资明信片，尝试通过理念创新，将同类型著名人物放在纪念邮资片中，这是一次从选题到设计上的全新尝试。三是为配合集邮经营需要，发行《西安·2016第十七届中华全国集邮展览》《集邮周》邮资明信片，成为开展集邮活动、满足市场需求的重要资源。

3. 邮票印制。一是合理调配印制资源，抓好邮票生产组织，雕刻版邮票比例创近年历史新高。发行纪特邮票33套，101个图(含4枚小型张)，2个小全张，1个小本票，15个版式二，1个版式三，3个本票册，1个四方连型张，1个长卷。完成普32第二组、1枚个性化专用服务邮票、1枚贺年专用邮票的印制发行任务。影写邮票12.33套，占比37.4%；雕刻邮票8.33套，占比25.2%；胶印邮票12.33套，占比37.4%(刘海粟作品选采用三种方式印制)。二是创新邮票生产组织，打造邮票精品，形成社会对邮票印制的关注点。创新《刘海粟作品选》邮票印制，由3条邮票生产线分别采用不同的印制工艺各印制1枚。这一创新运作，在我国邮票印制和发展史上尚属首次。三是精雕细琢，整合创新，促进工艺提升，为集邮经营提供优质资源。《世界法医学奠基人——宋慈》《殷墟》《相思鸟》等邮票采用胶雕套印，雕刻线条生动传神，层次丰富细腻，刻画惟妙惟肖。《全民阅读》《月圆中秋》等邮票印制工艺与选题设计紧密结合，组合运用多种工艺，打造多种工艺设计。《月圆中秋》月亮周边精心打制56个圆孔，象征56个民族共度元宵佳节。画面中若隐若现的亭台楼阁和祥云，营造神话中月宫的神秘氛围。背景上的桂花，散发花香。《全民阅读》邮票构思新颖、设计精彩。邮票书籍左侧采用缩微文字印制400多字《三字经》内容；画面中还印有“全民阅读”四字盲文，展现“阅读无障碍　一个不能少”的理念；紫外灯光下可以看到敞开的窗户中透出夜读的灯光。胶印加丝网印刷，并添加金属油墨、微缩字、荧光效果、盲文等元素整合创新所产生的印制效果，既突出邮票主题，又使画面情趣十足。《中国邮政开办一百二十周年》邮票采用高精度胶印印刷和局部冷烫技术，设计与印制的完美结合，充分体现出百年邮政的深厚底蕴和现代气息。《水果(二)》邮票采用胶印加三维压凸的制作方式，立体感强、形象逼真。《迪士尼》邮票局部采用特种变色珠光油墨。四是组织《丁酉年》防伪工艺设计与生产。为满足《丁酉年》邮票防伪升级需求，自年初开始，向外了解防伪技术发展和原材料市场，对内协调印制局在纸张、油墨、印刷方式、后加工等方面开拓思路，研究防伪升级的可行性。在印制局和纸张供应商等的大力支持下，第四代邮票纸和无墨雕刻印刷技术成功运用在《丁酉年》邮票中，满足大众肉眼识别防伪需求。(邮票发行部　艾凤海)

【集邮业务概述】 集邮业务收入96.63亿元，比上年增长22%，完成年计划(85.22亿元)113.4%，转型发展取得良好成效。生肖贺岁季营销活动创新营销模式，提升服务质量，实现收入35.79亿元，比上年增长55%。新邮预订业务全面实行实名制，提高新邮预订业务质量；建立集邮营业网点、集邮网厅、邮储银行网点和代理金融网点等多种预订渠道，发放集邮联名卡150万张，拉动储蓄活期余额36.5亿元。集邮网厅新增注册用户371万人，新开店铺207家，实现收入7.8亿元，比上年增长46.5%。“中国集邮”订阅号粉丝29.44万人，“中国集邮”服务号粉丝83.56万。

1. 集邮会展经济。集团公司对各类集邮展会全面统筹和规划，尤其在参展组织、特供品销售、宣传推广、票源支撑等方面做重点支撑。西安邮展首次实施特供品极低价格公开销售，实现普惠邮迷、聚集人气、回馈社会的目标，累计参观人数8万人次，其中观看邮展达3万人次，创历年全国邮展之最，实现销售收入1658万元。5月中旬正式启动纪念长征80周年巡回活动，将集邮经营与国家宣传战略相结合，实现长征沿线15省的深度联动，在各地产生巨大的社会影响。同时，集邮专业参与国内高水平文化类展会深圳文博会。

2. 与邮储银行开展合作。集邮专业通过与邮储银行反复磋商，以优势互补、渠道互用、客户共享为发展目标，推动与邮储的全面合作。一是与邮储银行达成框架合作协议，将在金融合作、渠道合作和产品合作等三大方面开展深入合作。二是集邮专业为邮储银行提供生肖票源用

1 月 5 日，中国邮政发行《丙申年》特种邮票一套 2 枚，小本票 1 本，拉开第四轮生肖邮票发行大幕。（新闻宣传中心 / 提供）

于支撑开发贵金属产品，并提供邮票金、邮政 120 周年特供品等紧俏产品用于客户回馈。三是双方发行集邮联名卡。四是集邮网厅正式进入邮储积分商城，为邮储用户提供积分兑换及购买集邮产品的服务。

3. 推动全国集邮业务发展。指导 60 个重点地市和 308 个重点县制定经营发展目标，每月对重点地市经营发展情况和优秀案例进行全国通报和共享，并通过电话会等形式加强重点地市间的交流与沟通，通过重点地市县的优秀经验推动全国集邮业务稳步转型发展。

4. 网点建设加强。在 2015 年广东省试点推广网点建设和微营销模式探索的基础上，利用邮政营业网点和综合营销队伍推动集邮业务转型，一是对集邮网点进行分类分级管理，指导各省根据市场需求，为 845 个现有邮政网点增设集邮服务功能，并通过探索线上线下融合发展和仓配一体化模式，尝试新增网点的零库存运营。二是完成集邮微信营销平台初期建设，注册营销员 24 万人，认证营销员 17 万人，通过微信端活动和营销员宣传，7 月上线至 12 月形成收入 1 亿元。三是通过集邮微信营销平台向全国营销员推送业务培训信息和新邮预订、形象年册、生肖贺岁季等重点项目、政策的解读信息，支撑重大项目开展。

5. 开展新邮预订实名制工作。为提高新邮预订业务质量，预订环节全面执行实名制，在取票环节逐年减少纸质预订凭证的使用，严控各类虚假信息预订套取票源违规行为；建立涵盖集邮营业网点、集邮网厅、邮储银行网点和代理金融网点的多种预订渠道。截至 11 月 11 日，实现预订收入 12 亿元，完成以旧换新进度的 75%。

6. 仿印业务。仿印业务从数量到规模呈现快速增长趋势，审核批准仿印邮票产品约 300 款，对全年集邮业务收入形成拉动，仅生肖贺岁季就占全国近 36 亿元收入的一半。邮政自主开发模式日渐成熟，邮政企业和外单位联合开发的开发模式得到进一步规范，贵金属仿印产品的社会影响力与日俱增，银行渠道的拓展取得进展，中国邮政、中国集邮的品牌影响力实现持续提升。

7. 集邮网厅实现“从有到优”。依托互联网和移动互联网，强化对外平台的营销服务能力；依托集邮业务管理系统提升内部精细化管控水平，强化支撑综合营销队伍服务能力，形成 O2O 的集邮业务经营管理模式。通过系统建设、会员管理、流程优化、库存管控、统一运营、信息预警和板块联动等工作，实现线上线下平衡组合策略，提升内部管理精细化程度、拓展营销渠道和营销方式、实现扁平化和市场化资源分配模式，员工互联网思维意识、网点服务能力、精细化管理水平均得到有效提升。

8. 全国集邮库存邮品计提减值开展工作。邮票发行部与财务部联合争取对 2013 年及以前年度库存滞销邮品计提减值的 2.96 亿元成本补贴政策，邮票发行部与财务部联合先后召开电话会议部署相关工作，同时下发《中国邮政集团公司关于做好集邮专业库存邮品计提减值和加快库存邮品销售工作的通知》和《中国邮政集团公司关于加强集邮专业库存邮品销售管理工作的通知》文件。（邮票发行部　艾凤海）

【2016 年全国集邮业务工作会议】 4 月 20—21 日，全国集邮业务工作会议在京召开。集团公司总经理李国华对本次会议和近期集邮业务作出批示。集团公司副总经理李丕征出席会议并讲话。会上，根据 2015 年集邮业务转型发展结果评选，山西、辽宁等 10 个省分公司获“2015 年度重点地市、县集邮业务转型发展优秀组织奖”，广州、哈尔滨等 19 个市分公司获“2015 年度集邮业务转型发展优秀地市分公司奖”。（邮票发行部　艾凤海）

【《刘海粟作品选》特种邮票】 为纪念刘海粟诞辰 120 周年，3 月 16 日发行《刘海粟作品选》特种邮票 1 套 3 枚，图案内容分别为江山如此多娇、墨荷、黄岳人字瀑，全套邮票面值 3.90 元。此套邮票精选刘海粟三幅经典画作，采用竖式结构，每幅作品又各有独特的绘图特点，分别选用胶印、影写、胶雕套印三种印制工艺。上海市分公司在刘海粟美术馆举行《刘海粟作品选》特种邮票首发仪式，邀请邮票设计师阎炳武与集邮爱好者共赏刘海粟画作。为配合邮票发行，首发式活动现场推出《刘海粟作品选》仿印金（银）邮票、《刘海粟作品选》水晶镇纸、《刘海粟作品选》卷轴仿真画、《刘海粟作品选》典藏册、《艺海之粟 华耀百年》刘海粟作品艺术套装等相关产品，满足集邮爱好者需求。（上海市分公司 陆怡琼）

【《美丽中国（二）牡丹江雪乡》邮票】 5月12日，《美丽中国（二）牡丹江雪乡》普通邮票首发仪式，在黑龙江省牡丹江海林市长汀镇“雪乡文化广场”举行，是继1998年发行的《镜泊湖》和2007年发行的《五大连池》特种邮票后的第三枚黑龙江地方题材邮票。为配合雪乡普通邮票发行，“雪乡主题邮局”也于同日成立。黑龙江省分公司特别制作《最美雪乡》《壮美雪乡》《中国雪乡》和《雪乡》个性化邮折以及龙江冰雪主题集邮册、集邮折、明信片、纪念封等，供集邮爱好者收藏、选购，发行日实现邮品销售额235万元。（黑龙江省分公司 时波）

【《上海迪士尼》特种邮票】 5月31日，集团公司、上海申迪（集团）有限公司和上海迪士尼度假区联合举行“上海迪士尼”邮票设计方案揭晓仪式。《上海迪士尼》特种邮票1套2枚，并有一张小全张。两枚邮票图案内容分别为米奇和米妮、奇幻童话城堡，全套面值2.70元。6月16日，上海迪士尼乐园开园当日，邮票正式发行，全市86个邮政网点同步发售。邮票设计者马立航亲临首发仪式现场，为集邮爱好者签售。（上海市分公司 陆怡琼）

【《2016年二十国集团杭州峰会》纪念邮票】 8月27日，《2016年二十国集团杭州峰会》纪念邮票首发。《2016年二十国集团杭州峰会》纪念邮票1套1枚，邮票面值1.20元，邮票规格50毫米×30毫米。除发行普通版式以外，同时发行丝绸邮票材质版式，邮票的图案和普通版式邮票相同。该纪念邮票以淡绿色为主色调，除包含G20杭州峰会LOGO完整图案外，融入会议举办地杭州的西湖风光元素——断桥侧影及保俶塔，使整套邮票更具中国特色和江南韵味。这也是杭州西湖继1989年《杭州西湖》特种邮票发行后，再次登上“国家名片”，是国际重大活动纪念邮票第一次融入浙江地方元素。《2016年二十国集团杭州峰会》纪念邮票首发，同时发行峰会纪念封、纪念邮折、纪念册等系列珍藏邮品。（浙江省分公司 周静）

【《海上丝绸之路》特种邮票】 9月10日，《海上丝绸之路》特种邮票首发式在福建省泉州市举行。泉州市是中国古代海上丝绸之路起点城市，现为海上丝绸之路经贸文化合作先行区的代表城市。《海上丝绸之路》邮票第6枚“海上交通”设计元素就包括海丝史迹——泉州东西塔。《海上丝绸之路》特种邮票1套6枚，图案内容分别为：政策沟通、设施联通、贸易畅通、资金融通、民心相通、海上交通等，全套邮票面值7.80元，另发行小全张1枚，售价11.70元。小全张采用六枚联票形式设计，以画面中部的海平面进行串联，将画面分割为前景主体与背景。泉州市分公司举办“海上丝路 泉州起航—集邮文化会”。（福建省分公司 杨文振）

【《四川大学建校一百二十周年》纪念邮票】 9月28日，集团公司在四川大学望江、江安、华西3个校区同步首发《四川大学建校一百二十周年》纪念邮票。四川大学党委副书记李向成、集团公司副总经理李丕征、省公司总经理杜卫红、省公司副总经理王彦超出席望江校区首发式。为纪念四川大学建校120周年，中国邮政发行《四川大学建校一百二十周年》首日封一枚。该纪念邮票是中国邮政发行的第8套高校题材邮票，该套邮票一套1枚，邮票面值1.2元，由我国唯一一位女邮票雕刻师郝欧设计。邮票画面以四川大学校徽、校训及建筑景观为元素，以钢笔淡彩的形式将其有机融合，记录四川大学120年历史和人文精神，形象展示四川大学独特风貌和深厚底蕴。（四川省分公司 钟劲）

【海南省分公司“长征五号”纪念系列邮品】 11月3日，中国新一代大型运载火箭“长征五号”首次发射成功，为此海南邮政推出《长征五号运载火箭首次发射纪念》系列产品10款，并配置中国航天60周年纪念银钞以及航天钞、航天币等。（海南省分公司 洪文娴、陈佳佳）

【海南省分公司“长征七号”纪念系列邮品】 6月25日，中国新一代运载火箭“长征七号”首次发射成功，这也是中国首个滨海航天发射中心——文昌航天发射场的“首

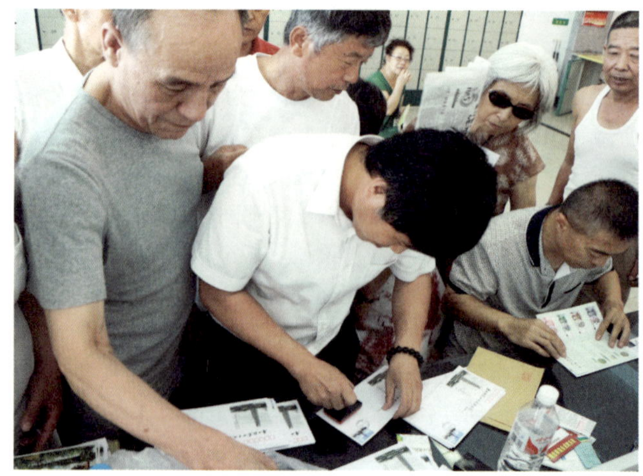

7月28日，河北省唐山市抗震40周年纪念日。集邮爱好者在唐山市分公司集邮营业厅，对纪念封加盖邮戳和自制纪念戳，寄送给亲朋好友，表达对逝者的哀思和对今日幸福生活的珍惜。（新闻宣传中心/提供 刘海龙/摄）

秀”。为此，海南省分公司特别发行“双首发”纪念系列邮品，包括纪念封片、折、册等 8 款，以及函件专业的邮资封片 7 款，主要突出文昌航天发射中心、长七运载火箭、文昌魅力侨乡等元素，纪念封、明信片分别贴《航天》和《天安门》个性化邮票；邮资纪念封、邮资明信片印有《中国载人航天工程》专用邮资图。海南省分公司正式启用文昌航天邮局邮资机宣传戳，并发行文昌航天邮局邮资机戳启用纪念封，可满足不同航天邮迷的收藏需求。（海南省分公司　洪文娴、陈佳佳）

【《丙申年》邮票首发式在京举行】 1 月 5 日，《丙申年》特种邮票首发式在集团公司举行。集团公司总经理李国华与该套邮票设计者、美术界泰斗黄永玉先生出席仪式并为邮票揭幕，李国华向黄永玉赠送其于 1958 年设计的《林业建设》整版邮票，作为感谢他 58 年来对中国集邮事业的支持。集团公司副总经理刘明光为《猴票她爹和爹的猴儿》一书揭幕，副总经理李丕征在首发式上致辞，副总经理张荣林主持首发式。（邮票发行部　艾凤海）

【《丁酉年》特种邮票印刷开机仪式在邮票印制局举行】 8 月 8 日，《丁酉年》特种邮票印刷开机仪式在邮票印制局举行。该套邮票设计者、中国著名艺术家韩美林，集团公司李国华总经理、李丕征副总经理等莅临印制局出席。《丁酉年》生肖邮票开机仪式，是 2016 集邮周“乐邮丁酉”生肖主题日的重点活动。仪式上，李国华和韩美林共同启动生肖邮票印制机按钮，宣布《丁酉年》生肖邮票正式开印。李丕征副总经理在活动现场致辞，介绍第四轮鸡票发行的主要情况。开机仪式由崔永元主持。仪式全过程，由中国邮政首次与腾讯新闻联合进行线上直播。邮票印制局在《丁酉年》生肖邮票的防伪工艺上尝试多重创新。版张边饰中的生肖文字信息使用无墨雕刻技术，呈现出雕刻版印文凸出纸面却无墨迹的印刷特点。邮票纸张同时采用“正背变色荧光纤维”和“多色组合荧光防伪纤维”两种特殊工艺，进一步提升邮票的防伪性能。（邮票印制局　刘洁）

【中国工农红军长征胜利 80 周年邮票首发仪式暨浙江省义乌万国邮局开幕】 10 月 23 日，义乌万国邮局开幕暨中国工农红军长征胜利 80 周年邮票首发仪式在义乌国际商贸城五区进口馆举行。万国邮局是我国唯一一个能直接邮寄往来 200 多个国家邮件的邮局，提供代收代寄的邮政全球服务。（浙江省分公司　周静）

【2016 亚洲国际集邮展览】 12 月 2—6 日，中国 2016 亚洲国际集邮展览在南宁举行。全国政协原副主席、中华全国集邮联合会名誉会长张怀西宣布邮展开幕，并与交通运输部部长李小鹏、自治区主席陈武、国际集邮联合会主席郑炳贤、亚洲集邮联合会主席苏拉吉、国家邮政局局长马军胜、自治区副主席陈刚、集团公司总经理李国华、中华全国集邮联合会会长杨利民共同启动亚邮展，加盖开幕式纪念邮戳。国家邮政局副局长赵晓光、集团公司副总经理李丕征、中华全国集邮联合会常务副会长徐建洲、中国载人航天工程办公室副主任杨利伟、南宁市副市长眭国华与万国邮政联盟官员古耐特 · 斯特凡共同为《中国 2016 亚洲国际集邮展览》邮票揭幕。南宁市市长周红波主持开幕式。李小鹏、陈武、苏拉吉、杨利民分别在开幕式上致辞。此次亚邮展是我国第四次也是我国少数民族地区首次承办这一国际性集邮展览，展览规模为 1300 框。亚邮展设定有 5 个主题日，每个主题日均邀请国内著名邮票设计家亲临会场与广大集邮爱好者见面。此外，亚邮展期间还有珍邮展、生肖邮票文化展及全国主题邮局文化展等众多精彩活动。南宁还举办由万国邮政联盟和国家邮政局联合主办的国际集邮研讨会、2016 年中国邮政明信片第四期开奖活动、“迎亚洲邮展，炫魅力南宁”青少年明信片设计大赛颁奖仪式等系列活动。（邮政报　王楚芸、邮票发行部　艾凤海）

8 月 27 日，数百位市民在浙江省杭州市城站邮票销售点门口，等候《2016 年二十国集团杭州峰会》纪念邮票发行。（新闻宣传中心 / 提供　韩颖、王建民 / 摄）

【第十七届中华全国集邮展览】 4 月 8—10 日，2016 第十七届中华全国集邮展览在陕西省西安市曲江国际会展中心隆重举行，全国政协副主席、中华全国集邮联合会名誉会长王家瑞，全国政协原副主席、中华全国集邮联合会名誉会长黄孟复共同启动邮展开幕水晶球。此次集邮展览是西北五省首次承办的综合性全国邮展，由中华全国集邮联合会主办，西安市人民政府、省邮政管理局、省邮政分公司、省集邮协会共同承办。来自全国 31 个省（区、市）集邮协会和 7 个行业集邮协会参加此次邮展，展品规模为 1200 框，文献展品 44 部，参观人数 8 万余人。邮展期间安排中国2016亚洲邮展宣传日活动、中国邮政开办120周年宣传日活动和青少年集邮活动三个主题日活动，举办亚洲邮展组委会会议、高端集邮讲座等13项集邮文化活动。（陕西省分公司　常雅楠）

【第三十六届全国最佳邮票评选颁奖大会】 4月23日，第三十六届全国最佳邮票评选颁奖大会在贵州省贵阳市举行，同步首发《全民阅读》特种邮票。副省长慕德贵、中华全国集邮联合会会长杨利民为获奖者颁发最佳邮票奖。省政协副主席班程农、国家邮政局副局长赵晓光、集团公司副总经理李丕征颁发优秀邮票奖。国家邮政局普遍服务司司长王国栋、集团公司邮票发行部副总经理赵爱国颁发最佳设计奖。贵阳市政协副主席刘建军颁发最佳印刷奖。集邮总公司书记彭敏安、副总经理顾军、文史中心副主任（主持工作）王旭、中华全国集邮联合会秘书长潘勇华、省邮政管理局局长宗永涛颁发第三十六届全国最佳邮票评选活动组织奖。中华全国集邮联合会常务副会长徐建洲、省分公司张斌总经理作讲话，贵阳市副市长高卫东致欢迎辞。（贵州省分公司　王莹）

【纪念中国工农红军长征胜利80周年全国青少年集邮教育实践活动】 为纪念中国工农红军长征胜利80周年，弘扬长征精神，加强爱国主义教育，提升青少年集邮活动影响力和文化传播力，增强青少年的理想信念和责任担当，由中华全国集邮联合会、集团公司主办，江西省分公司等承办的“弘扬长征魂　同筑中国梦”纪念中国工农红军长征胜利80周年全国青少年集邮教育实践活动首站于5月13日在江西省南昌市举行启动仪式。第十届全国人大常委会副委员长、中华全国集邮联合会名誉会长何鲁丽，中华全国集邮联合会会长杨利民，江西省人民政府副省长李贻煌，中央国家机关工作委员会宣传部副部长赵建国，集团公司副总经理李丕征，中华全国集邮联合会常务副会长兼秘书长徐建洲，国家邮政局普遍服务司副司长涂刚，北京开国元勋文化促进会顾问陈伟华女士、周秉和先生、胡木英女士等，北京开国元勋文化促进会副会长马晓文，江西省人民政府副秘书长张小平，集邮总公司总经理邓慧国，江西省分公司总经理李金良，共青团江西省委副书记伍复康，南昌市委常委、秘书长江晓斌等出席启动仪式。启动仪式上，《踏征程》邮品、《纪念中国工农红军长征胜利80周年邮资明信片》首发揭幕。江西省作为红军长征的出发地，是此次活动的起始站。配合此次活动，全省集邮展览、中国集邮文化大讲堂、长征图片展览等活动同期举行。活动以红军长征经过的15个省（区、市）为主线，以全国和省级青少年集邮活动示范基地为阵地，组织开展“邮票上的红色文化”专题讲座、小型集邮展览、知识竞赛、夏令营等形式多样的青少年集邮教育实践活动。集邮网厅将同步设立长征活动专区，组织面向学生和学校的互动体验活动，让青少年从中感受长征精神。同时，中国邮政还将结合红军长征胜利80周年系列邮资票品的发行，与集邮周、集邮文化季活动相融合，开展线上、线下集邮巡回展主题营销活动，包括“邮票上的长征”主题展览、“向老兵致敬”巡回活动、“关爱革命老区下一代”爱心包裹捐赠活动、“艺品流动艺术馆”等。新华社江西分社、《中国青年报》、《江西日报》、《信息日报》、江西卫视以及人民网、中国政府网、新浪网、中新网、网易新闻等对活动详细报道；来自全国各地的近千名集邮爱好者参加活动。（江西省分公司　叶金平）

10月22日，《中国工农红军长征胜利八十周年》纪念邮票首发式，全国多地还举办集邮文化活动。（新闻宣传中心／提供）

5月19日，纪念红军长征胜利80周年全国集邮巡回活动（湖北站）暨《中国古镇（二）》特种邮票首发式在湖北省红安县举行。红安县赤色邮政局同日揭牌，董必武之女董良翚出任名誉局长。董良翚等12名北京开国元勋文化促进会代表，中华全国集邮联合会常务副会长徐建洲等出席首发式。（湖北省分公司　王春瑞）

7月8日，“弘扬长征魂·同筑中国梦”纪念中国工农红军长征胜利80周年集邮巡展（贵州站）在遵义启动。此次现场巡展为期半个月，将在全省9个市州轮流举办，巡展不仅展出红色题材相关邮品，还借助红色藏品品鉴会的形式开展销售，活动期间将推出《红色记忆》珍藏册、“长征胜利80周年”纪念邮简、《踏征程》邮票珍藏册等反映红色文化的邮品。（贵州省分公司　王莹）

10月22日，由集团公司和中华全国集邮联合会共同主办的“弘扬长征魂·同筑中国梦”中国工农红军长征胜利80周年全国青少年集邮教育实践活动在革命圣地延安收官。活动现场邀请老革命讲述红军长征与邮票的故事，与青少年互动，组织青少年演出革命歌曲，并举行邮展、集邮大讲堂，吸引新老邮迷的参加与关注。为配合这次活动，陕西省分公司、省集邮协会自6月起在西安、铜川、

汉中等6市、县组织六次主题活动，开展青少年长征集邮知识竞赛、长征精神与集邮文化征文等多项活动。（陕西省分公司　常雅楠）

【全国高校集邮发展研讨会】 6月22—23日，全国高校集邮发展研讨会在西北师范大学召开。中华全国集邮联合会会长杨利民、徐建洲、副会长焦晓光、副秘书长潘勇华、集团公司邮票发行部副总经理赵爱国、西北师范大学书记陈克恭、校长刘仲奎，甘肃省分公司总经理冯红旗出席会议，27个省区集邮工作者、全国35所高校集邮教师等100多人参加会议。（甘肃省分公司　李凯）

【"集邮文化大讲堂"】 5月13日，"集邮文化大讲堂"在江西省南昌市举行。集邮总公司"方寸邮爱"志愿者服务队青年志愿宣讲团成员，分别来到南昌市新建二中和红谷滩实验小学。中华全国集邮联合会会长杨利民，中央国家机关工作委员会宣传部副部长赵建国，中华全国集邮联合会副会长兼秘书长徐建洲，集邮总公司总经理邓慧国、资深经理林刚，中华全国集邮联合会全国青少年集邮工作委员会副主任唐白桦，江西省人大常委会常委、省集邮协会副会长罗慧芬等领导与学生们一起坐在教室里听讲。杨利民、赵建国、林刚分别向两所学校的学生们捐赠相关资料、邮票以及《集邮博览》杂志。南昌市作为集邮文化大讲堂活动首站，受到中央国家机关工委及集团公司的高度重视。"集邮文化大讲堂"作为一项自愿服务活动将长期开展，范围辐射全国各省市。（江西省分公司　叶金平）

【丙申年生肖贺岁季】 2015年12月1日至2016年3月31日，《丙申年》生肖贺岁季通过邮票发行组织创新，对标动漫、电影等现代IP运营模式，以"塑造＋传播＋营销＋跨媒介运营"的全链条模式，全面统筹策划运作，巩固传统的邮迷，吸引新的生肖邮票"粉丝"，引发社会讨论热度，达到由热点转化为热销的效果。在生肖猴票发行的带动下，全国举办邮票首发、品鉴、鉴宝、巡展、竞拍、名家签售等各类营销活动2100余场。利用集邮网厅、微信公众账号、微信营销平台开展线上营销，实现与用户的互动营销。线上线下实现生肖贺岁季收入35.79亿元，比上年增长55%。3个月内发行的产品库存比率仅为17%。（邮票发行部　艾凤海）

【丁酉年生肖贺岁季启动】 11月30日，集团公司在北京中华世纪坛举行丁酉年中国集邮生肖贺岁季启动仪式。活动现场首次公布《丁酉年》邮票、2017年《拜年》邮票的正式图稿，发布《丁酉年》生肖邮票配套邮品和2016年邮票年册产品并介绍生肖贺岁季的重点活动。启动仪式结合传统生肖文化的内涵和时尚前卫的表现形式，与会嘉宾以主旨演讲的形式介绍生肖贺岁季活动的内容，通过网络直播让更多邮迷、文化爱好者和收藏爱好者同步观看，实现直播观看36万人，累记观看89万人次。（邮票发行部　艾凤海）

【"2016集邮周"开启】 8月5日，"2016集邮周"拉开帷幕。集团公司总经理李国华和中华全国集邮联合会会长杨利民分别寄语首届"集邮周"，诚邀广大集邮爱好者、集邮会员及家人和朋友踊跃参加各地举办的"集邮周"嘉年华文化活动，享受"人文和谐，快乐集邮"的活动理念，感受"集邮周"浓厚的文化氛围。同日，"中国梦 集邮情 · 2016集邮周"开幕暨《第三十一届奥林匹克运动会》纪念邮票首发仪式在北京奥林匹克塔举行，活动围绕"集邮与奥运"这一主题展开，集团公司副总经理李丕征和全国集邮联常务副会长兼秘书长徐建洲共同启动"集邮周"活动，并为北京奥林匹克塔主题邮局揭牌，李丕征和前中国女排运动员薛明一起为邮票揭幕。（邮票发行部　艾凤海）

【2016集邮文化季回馈邮情】 8月1日，2016年中国集邮文化季活动在全国启动，持续至10月31日。此次文化季以"方寸珍藏　邮情回馈"为主题，将利用集邮周、长征巡展、中秋节、国庆节等为营销时点，结合《长城》《月圆中秋》《玄奘》《海上丝绸之路》《中国工农红军长征胜利八十周年》等邮票发行，依托线上线下渠道，首次应用集邮会员认证、微信营销和集邮联名卡三种服务模式，开展一系列集邮文化大众体验和营销回馈活动。（邮票发行部　艾凤海）

【邮政金融网点开启新邮预定】 2017年新邮预订工作于10月10日启动。增设4万家邮政金融网点的线下渠道，发行"绿卡通"（集邮联名卡）。客户可在就近邮政金融网点实名申领集邮联名卡，凭卡办理预订业务，并选择自动续订服务。自此，集邮认证会员有自己的身份标识和支付工具。（邮票发行部　艾凤海）

【集邮信息化2.0"开发＋运营"模式开启】 12月26日，集邮O2O运营团队正式成立，标志着信息化2.0"开发＋运营"模式的开启。运营团队采用业务和技术人员联合办公模式，以问题为导向，启用敏捷化开发模式，快速解决网上集邮业务生命周期全流程中的痛点问题56个，提高集邮网厅运营质量，全面提升线上线下用户体验；以客户为中心，优化业务流程，策划和提供更加丰富的线上集邮产品营销活动。（集邮总公司　汪洋）

【广东省分公司集邮全员微营销应用】 集邮全员微营销系

统的推广应用是专业转型的重要抓手，制定整体规划，形成全省统一技术标准、统一运营平台，在全省各地市分公司进行推广，形成广东集邮新的运营渠道。自上线以来，各市根据新邮、节庆、周年庆等重大时点开展“双十二”“圣诞节”“猴赛雷秒抢猴大版”“五一大放价”“感恩母亲节”等几十场线上活动，累计创收600余万元，活动创收占比55%。微营销累计实现收入6041万元、绑定营销员27511人、吸粉55万多名。（广东省分公司　蔡菡）

【云南省分公司首部集邮微电影】 6月19日，云南省首部集邮微电影《方寸天堂》在昆明国家级创业园区金鼎科技园首映。该微电影由云南省分公司依托云南广袤的历史、旅游、人文资源，以云南元素为题材，丰富邮票作为“国家名片、大百科全书”的内涵和风采，与云南网、云南尚格映画文化传播有限公司联合出品。影片讲述来自美国的姑娘安娜带着一本特殊的集邮册，踏上云南的土地，跟随邮票上的风景，见证一段令人难忘的爱情。通过男女主人公与邮票息息相关的爱情故事，展现邮票上的云南之美，宣传云南大自然的瑰丽神奇及多元绚烂的民族文化。影片让更多人了解邮票背后与云南有关的自然风光、风土人情和历史文化，让人们在日常邮寄、集邮的同时，把云南之美传播得更广。（云南省分公司　甘静）

【邮票设计家邵伯林向天津市分公司捐赠史料】 5月13日，邮票设计家邵伯林向天津市分公司捐赠有关其邮票设计的部分史料。天津市分公司总经理李克超、副总经理张瑞代表市分公司对邵伯林无私捐赠的行为表示感谢，整合天津优势邮票设计家资源，传承历史文化。邵伯林原是邮电部邮票发行局总设计师，从事邮票设计工作近50年，设计创作过许多大家喜爱的作品，像首枚生肖猴票、牡丹、齐白石作品选、唐·簪花仕女图，曾侯乙编钟等，均获得当年最佳邮票和首日封设计奖。1994年被国务院授予突出贡献专家称号。此次捐赠出首枚猴票首日封设计稿等相关史料，并在其设计作品上签名，由天津邮政博物馆珍藏。（天津市分公司　魏普全）

【2016年纪特邮票发行目录】

邮票名称	志号	类别	枚数	发行日期	面　值	备　注
丙申年	1	T	2	0105	1.20元、1.20元	另发行小本票，售价12元
拜年	2	T	1	0110	1.20元	
刘海粟作品选	3	T	3	0316	1.20元、1.20元、1.50元	
中国邮政开办一百二十周年	4	J	4	0320	1.20元、1.20元、1.20元、1.20元	
高逸图	5	T	3+1	0402	1.20元、1.20元、1.50元、6元	
交通大学建校一百二十周年	6	J	1	0408	1.20元	
世界法医学奠基人——宋慈	7	J	2	0413	1.20元、1.50元	
全民阅读	8	T	1	0423	1.20元	
2016唐山世界园艺博览会	9	J	2	0429	1.20元、1.50元	
二十四节气（二）	10	T	6	0505	1.20元、1.20元、1.20元、1.20元、1.20元、1.20元	
中国现代科学家（七）	11	J	4	0508	1.20元、1.20元、1.20元、1.20元	
中国古镇（二）	12	T	6	0519	1.20元、1.20元、1.20元、1.20元、1.20元、1.20元	
文化遗产日	13	J	2	0611	1.20元、1.50元	
上海迪士尼	14	T	2	0616	1.20元、1.50元	另发行小全张，售价4元
中国古典文学名著——《红楼梦》（二）	15	T	4+1	0618	1.20元、1.20元、1.20元、1.50元、6元	

续表

邮票名称	志号	类别	枚数	发行日期	面　值	备　注
正定隆兴寺	16	T	2	0626	1.20 元、1.50 元	
殷墟	17	T	3	0713	80 分、1.20 元、1.50 元	
水果（二）	18	T	4	0723	1.20 元、1.20 元、1.50 元、1.50 元	
中国灯塔	19	T	5	1028	1.20 元、1.20 元、1.20 元、1.50 元、1.50 元	
第三十一届奥林匹克运动会	20	J	2	0805	1.20 元、1.50 元	
相思鸟	21	T	1	0809	1.20 元	
长城	22	T	9	0820	1.20 元、1.20 元、1.20 元、1.20 元、1.20 元、1.20 元、1.50 元、1.50 元、3 元	
月圆中秋	23	T	1	0828	1.20 元	
玄奘	24	T	2+1	0904	1.20 元、1.20 元、6 元	
2016 年二十国集团杭州峰会	25	J	1	0827	1.20 元	
海上丝绸之路	26	T	6	0910	1.20 元、1.20 元、1.20 元、1.20 元、1.50 元、1.50 元	另发行小全张，售价 11.70 元
第三十九届国际标准化组织大会	27	J	1	0911	1.20 元	
四川大学建校一百二十周年	28	J	1	0928	1.20 元	
中华孝道（二）	29	T	4	1007	1.20 元、1.20 元、1.50 元、1.50 元	
扶贫日	30	J	1	1017	1.20 元	
中国工农红军长征胜利八十周年	31	J	6	1022	1.20 元、1.20 元、1.20 元、1.20 元、1.50 元、1.50 元	
孙中山诞生一百五十周年	32	J	4	1112	1.20 元、1.20 元、1.50 元、1.50 元	
中国 2016 亚洲国际集邮展览	33	J	2+1	1202	1.20 元、1.20 元、6 元	

（邮票发行部 / 提供）

企业管理

◇ 综合管理
◇ 人力资源管理
◇ 战略规划
◇ 财务管理
◇ 采购管理
◇ 审计监督
◇ 纪检监察

综合管理

【概述】 办公室（党组办公室）围绕集团中心工作，开展六个方面的工作。一是做好全局性会议、重大活动的组织工作。完成集团公司工作会、座谈会，党组会、总经理办公会、碰头会、经营分析会等全局性重要会议的组织工作；承办或参与组织中国邮政开办120周年纪念活动、中国邮政金融“双优”表彰大会、邮储银行上市宣传贯彻大会等大型活动。二是高质量完成文稿撰写工作。组织撰写领导讲话、汇报材料、宣传材料等各类文稿达100多万字，审核处理各类公文5350件，编发《每周要情》39期、《邮政信息》、《信息增刊》和《决策参考》100期，《舆情专报》70期。三是加强督办、服务和协调工作。强化服务支撑能力，确保集团公司各项重大决策和工作部署得到迅速全面贯彻落实，提升机关工作运转效率和工作质量。四是强化职能管理，提升管理水平。加强宣传报道，组织在新华社《国内动态清样》等重要内参刊发文章，在《中国政协报》推出李国华总经理整版专访，开展多项重大活动宣传报道工作，展示中国邮政持续健康发展的良好社会形象。强化舆情管理，加大对全网邮政舆情的监控和预警，处理矿难邮戳事件，“3 · 15”舆情预警和公关、邮储银行IPO引发争议等负面舆情事件。推进安全生产管理，为G20峰会、全国“两会”、唐山“园博会”以及世界互联网大会期间的安全保卫做出贡献。调节处理内部职工及外部群众各类问题矛盾。五是做好企业协会有关工作。组织开展的管理创新成果评审，有60项成果获全国邮政企业管理创新奖。其中，45项成果分获交通行业和通信行业奖；3项成果获国家级奖项。组织开展的用户满意企业评审，有12个单位获得全国通信行业用户满意企业称号、5个单位荣获全国实施满意工程先进单位。六是修订完善集团公司11项重大制度办法，规范各项管理，完善工作流程。（集团办公室　张茜倩）

【机关事务部管理概述】 1. 降本节支工作。（1）三公经费支出降低。在集团办公人员增加、办公地点增多的情况下，机关行政经费比上年下降2.59%，机关三公经费比上年下降19.7%。公务用车费用建立费用台账，确保费用支出真实透明，公车费用全年支出比上年下降16.23%。会议费方面，与办公室一道对一、二类会议数量严格把关，在年中调高会议费报销标准的情况下，会议费全年支比上年下降18.53%。办公费方面，机关事务部严把关办公费审核报销关，将费用分解到部门，及时通报各部门费用支出情况，办公费全年支出比上年下降31.53%。（2）招待费用支出降低。加强原始票据管理，对报销票据不符实际、不符合真实性要求的不予报销。尤其是业务招待费支出方面，严格按照2015年出台的招待费管理办法审批，对不符合标准的报销单据一律不予报销，招待费全年支出比上年下降62.33%。（3）差旅费支出严控。加大对各部门差旅费的管理、控制力度，严格按部门下定额计划，不在编的人员旅费一律不予报销，并按季公布各部门费用执行情况，在费用超出正常增长范围时及时通知相关部门，以便其合理安排出差工作，为差旅费预算的完成提供保证，差旅费全年支出完成预算计划的86.73%。

2. 工程项目建设。（1）亦庄信息中心工程。完成二期主体楼工程和二期电扩容工程，决算审计比批复节省1033万元。完成二期主体楼扩建及三期电扩容工程，10月移交信息技术局，完成集团要求按时间节点移交使用单位的目标。启动三期运维楼及扩建动力楼工程，完成工程全部土建、设备、电力等施工图纸后，组织外聘专家图纸审核、消防审核、施工图强审等工作，并完成开工证办理手续。（2）职工住宅项目。通过各方力量搭建与北京市规委、国管局、市建委、市国土局等单位的沟通平台，协调邮科院、文史中心，畅通与测绘院、设计单位的合作渠道，使该项目取得实质进展：4月，取得市规委的规划选址意见书；8月，取得国管局的立项批复，完成建设项目的备案；11月，发布勘察、设计公开招标公告。（3）鸿雁苑宾馆改扩建项目。主动沟通并协调集团相关部门、北京市分公司、集团公司培训中心、资产公司等单位，召开各类研讨会议20余次，确保运营方案满足各方意愿。协调北京分公司办理土地等工程前期手续，取得怀柔区政府同意内部试运行的会议纪要。机关事务部牵头完成宾馆家具、设备等24个项目的采购工作，比预算节约816万元。宾馆于12月27日内部试运营，2017年集团工作会议在鸿雁苑宾馆召开，完成既定目标。（4）“珍品邮票库房”工程。因邮票印制局未找到备用库房场地，导致该工程暂缓，但仍完成贵品设备的技术方案与标准制定工作，采购部也如期完成设备供应及安装、工程设计等采购招标工作。与邮票印制局、设备供应商对中国人保集团的总档案馆、北京移动公司的智能化档案馆进行现场调研，学习精密库房的设计、施工管理思路及方法。（5）集团公司ERP上线工作。做好集团公司ERP投资、资产、报销报账等模块的上线管理，完成投资模块计划、工程、财务的上线管理，完成集中核算平台系统的学习与应用，同时参加专项学习班，进行测试和试运行。

3. 主动服务工作。（1）完善各项规章制度。下发《集团公司领导人员通信费用管理暂行办法》，规范和完善领导人员通信费用标准。修订《集团公司总部差旅住宿费标准》，加强和规范集团公司总部机关差旅费管理。（2）ERP项目后勤保障服务。ERP项目推进过程中启动新一代寄递类核心业务平台等重点项目。机关事务部将永安路邮政大院三楼和二楼协调作为办公用房场地，组织相关人员完成工程采购招标、施工管理、竣工验收、家具采购等，协调北邮物业入驻，解决员工就餐问题，获得项目组好评。（3）纪检工作后勤保障服务。按照集团公司党组统一安排，北京分组（局）于10月正式成立。筹建期间，机关事务部将永安路邮政大院北楼二楼的一半和一楼的102室协调作为办公用房场地，做好办公用品、设施设备、公务用车、人员住宿等后勤保障工作，安排北邮物业进驻提供良好的物业服务。（4）公务用车管理。加强驾驶员安全教育，实现安全行驶41万公里无事故，被北京市西城区交通安委会评为“北京市西城区交通安全先进集体”。严格控制总部机关公务用车经费。（5）集团公司总部门禁管理。规范办卡流程和办卡规定，截至12月31日，清理和取消门禁卡近400张，规范门禁出入管理，为总部员工营造安全办公环境。（6）地下车库管理。严格依照《金鼎大厦地下车库使用管理暂行办法》，审核新增车辆提交的相关手续，不符合条件的坚决不予录入；依据管理办法的相关规定，对违规滞留车辆进行相应处罚，有效提高车位资源的合理使用。（7）日常机关服务工作。做好办公用房管理、总部业务招待管理、地下车库管理、固定资产管理、交流干部管理、住房管理、物业管理、采暖费和物业费管理、办公用品管理、社保医保、员工体检、计划生育管理等大量日常机关服务工作。

4. 安全管控。（1）安全隐患的排查整改。针对金鼎大楼安全隐患问题，对大楼内所有设备设施进行全覆盖、拉网式的排查整改，包括配电系统、消防系统、重点设备间和办公区域视频监控系统等。采取增加监控点位、在重点设备间加装空调、在车库出口处设立微型消防站、组织消防应急演练、加强电梯大修和楼内控烟管理等措施，促进大楼的安全监督管理。（2）金鼎大楼综合安全预案编制。聘请专业咨询机构，在摸清金鼎大楼设备设施和管理现状的基础上，针对大楼内各类突发事件及应急处置方法，编制《金鼎大厦综合安全预案》《员工安全服务指南》，包括综合应急预案、专项应急预案和现场处置方案等，防止和减少事故发生。（3）例检和不定期巡视制度。组织集团安保部、邮储银行、物业公司对大楼进行例行安全检查，提升节假日期间安保等级，把一切不安全因素控制在萌芽状态。不定期对监控室、配电室、安保等值班情况进行巡视，严格审查物业安保值班制度落实情况。（4）物业安全管控等级。组织物业公司编写《金鼎大楼物业管理职责与标准》，制定物业公司管理服务和安全服务标准，明确业主单位与物业公司的工作职责，提升物业安全管控等级，做到出现安全问题时“有责可追、有规可寻”。

5. 党建工作。（1）“两学一做”学习教育。采取支部书记讲党课、集中学、个人学、组织讨论、部门交流微信群等形式，组织党员深入学习《中国共产党问责条例》《关于新形势下党内政治生活的若干准则》《中国共产党党内监督条例》等，学习党章党规和习总书记系列重要讲话精神，注重“学”与“做”相互结合。支部党员按照党员标准规范言行自觉性不断提高，党员工作主动性、积极性明显提高。（2）“四风”回头看活动。紧扣主题全面开展自查，制定支部工作方案，填写情况汇总表，完成支部书记个人对照材料，确保支部“四风”回头看工作保质保量完成。（机关事务部　张明凯）

【中国邮政企业文化体系发布】 8月18日，集团公司在京召开《中国邮政企业文化手册》发布暨企业文化建设推进电视电话会议，集团公司在京党组成员、全系统三级副以上人员参加。会议正式发布中国邮政企业文化体系，推出可视化《中国邮政企业文化手册（2016年版）》，并部署下一步企业文化宣传贯彻工作，历时近三年的中国邮政企业文化建设取得阶段性成果。中国邮政企业文化体系方案于6月28日经集团公司党组审议通过。包含一个理念系统、三个行为模型、五个传播模块的“一三五”中国邮政企业文化体系。其中，一个理念系统包括邮政企业使命“情系万家、信达天下”，企业愿景“建设世界一流邮政企业”，核心价值观“用户至上、员工为本”，企业精神“创新、协同、诚信、担当”，服务宗旨“人民邮政为人民”等核心理念要素；三个行为模型指行为识别系统包含的组织行为模型、领导者行为模型、员工行为模型；五个传播模块指视觉识别系统中的静态视觉模块、动态试听模块、文化活动模块、邮政榜样模块和环境建设模块。（党组党建工作部）

【国家对基础设施建设的政策支持】 信息科技与建设部争取到“十三五”期间国家对邮政基础设施建设的持续支持政策，安排邮政普遍服务和机要通信项目总投资11.98亿元，其中中央预算内资金5亿元；安排邮政“三农”项目总投资2.6亿元，其中中央预算内资金1.8亿元。同时，加强中央预算内资金项目管理，采取签订承诺书、加强专项检查等措施，建立定期通报和重点约谈机制，各省分公司也加大建设管理力度，项目落地实施和完成情况明显提升。（信息科技与建设部　宋超）

【中国邮政微信服务号重装上线】 8月18日，中国邮政微信服务号重装上线，包含微信报刊、微信集邮下单和订单查询、邮件查询、邮编查询、网点查询、邮资计算、微信客服等功能。截至12月31日，微信服务号累计关注人数184万，相较8月17日重装上线前累计关注人数20万，实现爆发式增长。（信息技术局　秦佳）

【邮政私有云平台搭建】 信息技术局通过对中国邮政信息化整体形势理性分析、准确判断，并结合邮政生产经营管理的实际，通过与IBM、微软、SAP、ORACLE等多个IT领军企业的交流研讨，并深入中国联通、中国移动、中国烟草、中国石化等大型企业实地考察，确定以互联网分布式架构云技术作为新一代寄递业务信息平台的云技术路线。中国邮政私有云平台通过招标选定阿里云公司作为产品和服务提供商。12月28日，中国邮政私有云平台初步搭建完成，为中国邮政IT架构由传统架构向云计算架构转变，实现信息资源动态调度和集约化管理打下坚实的基础。（信息技术局　秦佳）

【“E网邮情”微博项目日常运维】 2015年8月至2016年7月，市场部委托中国邮政广告传媒公司，对官方微博进行日常运营维护。截至7月，实现粉丝数量200万的工作目标外，并超额完成微博线上活动15个、大型线下宣传推广活动4次及粉丝沙龙活动1次。（中国邮政广告传媒公司　郑凌燕）

人力资源管理

【概述】

1. 围绕从严治党核心要求，加强干部队伍建设

（1）领导班子建设。坚持正确用人导向，把握“五好干部”标准，严格履行选人用人程序，补充调整高管人员189人次，领导班子结构进一步优化。组织开展二级单位副职后备干部和中长期培养对象推荐报送、资格审查和专题调研工作，为后备干部队伍建设奠定基础。组织开展2016年度领导班子和领导人员综合测评考核。

（2）完善干部制度体系。研究制定《集团公司高管人员任职前听取纪检监察部门意见试行办法》《干部管理制度操作手册（试行）》《邮政企业组织人事部门对领导干部提醒、函询和诫勉的实施细则》等制度。按照集团公司党组改党委的工作部署，对集团公司二级单位党委换届候选人审批问题进行梳理，明晰党委换届审批流程，明确职责分工和具体流程。

（3）从严干部监督管理。继续深入推进选人用人专项检查，开展“一报告两评议”工作，选人用人规范化水平得到进一步提升。完成干部人事档案专项审核工作，全系统审核干部人事档案19397份；落实领导干部个人有关事项报告制度，抽查核实2220名领导干部个人有关事项报告；加强领导干部因私出国（境）管理，对违规持有因私证件或未经审批出国（境）的严肃追责。用好提醒函询诫勉的组织措施，针对日常监督管理发现的问题，对相关干部进行提醒、函询和诫勉。

（4）强化干部教育培训。发挥邮政党校干部教育培训主渠道作用，组织举办中央党校分校班、邮政党校自办班培训10个班次，培训三级副及以上领导干部699人；选派22名邮政企业优秀中青年干部到“一校五院”参加调训。

2. 系统推进人才工作，发挥人才资源价值

（1）完善人才工作制度。制定《集团级专业领军人才管理暂行办法》《人才评价选拔与管理实施意见（试行）》《专业技术职务评聘管理办法和专业技术职务任职资格评审委员会管理办法》《中国邮政集团公司高技能人才聘任管理暂行办法》等，明确各类人才选拔范围、资格条件、选拔流程、使用培养及考核激励等相关规定，为各项人才工程项目实施提供制度保障。

（2）加强重点人才工程建设。组织实施集团级会计专业领军人才选拔，通过专业理论知识笔试、能力测评、专家评审等环节，选拔出集团级会计专业领军人才7人，后备4人。推进“千人引进”工程实施，研究制定千人引进工程实施方案，重点在“金融、速递物流、电子商务、信息技术”四个领域引进企业急需人才。三是开展初级人才测评。成立邮政人才测评中心，完成初级人才测评试题库建设，组织开发人才评价管理系统、专业技术职务评审系统和在线考试系统，研究制定相关测评及考务管理办法，加大政策宣传贯彻力度，营造良好人才选拔工作氛围。组织开展27个专业方向、14个场次的初级人才在线测评工作，全国邮政约5.7万员工参加综合理论知识和素质潜能测评考试，经各单位专业实践能力测评和业绩评价，选拔初级人才一万余人。四是做好国家有关优秀人才推荐。组织完成享受政府特殊津贴人员及全国新闻出版行业领军人才推荐名额的选拔推荐工作。

3. 加强劳动组织管理，提升人力资源配置效能

（1）企业组织架构优化。制定下发党的工作机构和纪检监察机构设置方案，明确机构设置和人员编制，加强党建和纪检监察工作力量。根据集团公司发展战略和转型升级需要，制定《省（区、市）分公司经营组织架构改革机构编制设置方案》，构建“市场经营+经营支撑+综合职能”的经营组织架构，突出战略引领作用和市场竞争需要。

（2）用工配置导向突出。坚持总量管控和重点支撑相结合，实施“基本配员+定效配员”的管控模式，围绕企业经营发展战略和打造三大新增长极需求，重点满足代理金融、包裹快递、农村电商等业务发展需要。劳动生产率36.2万元，比上年增长4.2%。

（3）加强用工规范管理工作。严格控制劳务用工比例，合理调整劳务用工使用政策，开展劳务用工择优招用工作，择优招用1.52万人。按照“两控制、两加强、三

规范”的要求，推进劳务承揽规范工作。截至12月31日，全国邮政用工总量94.12万人，比上年增加0.27万人，劳务用工占从业人员比例18.8%，比上年减少3.5%。

4. 强化薪酬福利管理，提升人工成本产出效益

（1）人工成本管控。实施弹性人工成本管控，取消工效挂钩模式，打破“基数”概念，运用科学方法建立弹性人工成本配置模型，使人工成本配置与企业经营发展成效更加匹配。持续调控收入分配差距，在对三、四级领导人员实行工资总额和人均工资双调控的同时，加大增量工资总额向一线倾斜力度，调动基层员工发展业务的积极性。规范工资总额及劳务用工劳动报酬的提取、发放与结转，建立人工成本运行监控管理体系；严肃薪酬分配纪律，制定出台《中国邮政集团公司关于违反薪酬分配纪律行为处理办法》。加大人力资源信息化应用水平，实现银企系统互联直接发放薪酬，进一步规范薪酬发放管理，人工成本使用管理更加科学精细。

（2）员工福利保障更加完善。推进企业年金大集中管理，完成26个省分公司年金方案审核报备工作；强化年金管理人绩效评估，79个投资组合参与投资运作，资金规模124.7亿元，投资收益水平超过业绩基准。落实重大疾病保险和意外伤害保险，提高员工安全健康保障水平。

5. 增强培训开发效能，提高员工队伍素质技能

（1）教育培训体系不断完善。加大与国家开放大学合作，成立国家开放大学邮政学院，拓宽员工学历教育渠道。以国有企业培训疗养机构改革为契机，研究制定企业大学建设方案和企业办学校清理方案，突出企业大学对接支撑企业战略的定位，推动教育培训体系转型升级。拓展对外合作领域，与ATD、阿什里奇商学院签署战略合作备忘录，引入国际高水平培训资源，提升人才开发能力。

（2）培训开发力度持续加大。首次引入国外高端商学院优质课程及师资资源，对集团公司总部、控股子公司总部及三大板块省级企业150名主要负责人开展创新管理轮训；分9期组织优秀县（市）邮政企业负责人820人开展战略执行与领导力提升轮训。围绕新业务开发、新技术应用，推广“知识输入＋结构化研讨＋成果输出”培训模式，分类分级组织开展业务技术培训，全国累计培训62.6万人。针对企业转型中亟需解决的经营管理、创新发展和信息化建设等问题，组织专业骨干78人出国培训。拓展中邮网院功能，强化培训资源建设，通过线上学习、移动学习、微信学习等多种方式，运行培训项目418个，累计参加学习257.3万人次，集团级内训师队伍203人，开发培训课件4677个。

（3）职业技能管理得到强化。推进持证上岗，加大职业技能鉴定力度，鉴定规模16.4万人，提升生产一线员工技能水平。突出能力和业绩导向，调整优化技师、高级技师考评模式；规范职业资格管理，推行鉴定质量承诺制度；推进第二轮鉴定基础资源建设，完成集邮业务员和报刊业务员职业教材和试题开发工作；实施技师考评跨省协作试点，提高全国鉴定资源统筹利用效率。

6. 夯实基础能力建设，推进战略人力资源管理转型

（1）岗位标准体系建设。岗位标准体系建设项目经过前期调研、项目诊断、方案设计、征求意见和测试验证，完成岗位分类、岗位分层、岗位设置、岗位说明书、岗位价值评估和岗位管理制度六个模块的项目建设方案，制定岗位名录，组织试点省进行岗位试套，开发岗位说明书编制信息系统，初步设计岗位职级体系与薪酬体系的对接方案，试点启动人力资源管理序列岗位资格认证，为项目实施奠定基础。

（2）服务支撑中心建设。按照人力资源服务支撑中心建设的总体目标，加快人力资源事务处理的集约化程度，实现基本服务项目和省会城市同城服务项目的省级集中处理，人力资源服务支撑中心的功能作用更加突出。围绕提升服务支撑中心管理水平，研究制定《省级人力资源服务支撑中心运行管理暂行规定》和《省级人力资源服务支撑中心业务处理规程》，规范服务支撑中心运行管理。

（3）人力资源系统应用。完善人力资源管理信息系统，持续提升系统功能的应用水平。开发上线员工自助服务系统，通过员工手机客户端开通信息查询、信息发布、移动学习和生活服务等功能，打造企业与员工良性互动的沟通平台。根据工时精细化管理需要，研究编制全国大集中的工时建设项目业务需求，为研发工作奠定坚实基础。

7. 加强专业队伍建设，提升科学管理水平

各级人力资源部门按照中央要求深入开展“两学一做”学习教育，加强“讲政治、重公道、业务精、作风好”部门建设。以人力资源服务支撑中心组建为契机，通过组织调整、公开竞聘等方式，优化人力资源专业队伍结构。围绕新形势和重点任务，组织开展组织人事部门负责人党校培训以及干部监督、岗位体系建设等专题培训，提高人力资源队伍的政治素质和专业素养。（人力资源部 谭卓）

【2015年度“一报告两评议”工作】 按照中组部要求，集团公司组织开展2015年度“一报告两评议”工作。在中组部召开的全国干部监督工作会议上，集团公司提供的“创新机制、多措并举、扎实推进选人用人监督检查工作”一报告两评议工作经验介绍材料，被纳入会议经验材料汇编。（人力资源部 谭卓）

【集团公司选人用人检查工作】 结合集团公司巡视工作总体安排，分四批对15个省55个单位及9家在京直属单位进行选人用人专项检查。检查发现，问题主要集中在选人

用人制度不健全、未严格执行选人用人程序、个人事项报告制度执行不严格、“三超两乱”、因私出国境管理不严、选人用人纪实材料不规范等方面。存在问题已分别向各单位进行反馈，并要求各单位限期进行整改，依规追究相关人员的责任。（人力资源部　谭卓）

【集团公司领导干部个人有关事项报告填报及抽查核实工作】 组织全系统6991名领导干部集中进行填报。严格按照“凡提必核”的要求，委托中组部进行提任抽查核实；对党组巡视的15个省55家单位及9家在京直属单位350位领导班子成员进行重点抽查核实；对838名领导干部开展随机抽查核实。（人力资源部　谭卓）

【集团公司干部人事档案专项审核工作】 按照档案专项审核工作整体安排，4月，采取“自查＋抽查”的方式对各单位档案专审工作进行检查，对5个省邮政企业、4个直属单位19个单位进行抽查。此次工作审核集团公司应审范围内的19397人的人事档案，主要存在信息记载不一致、材料缺失、档案材料涂改等方面的问题，按照规定进行重新认定、补充材料、组织处理。（人力资源部　谭卓）

【集团公司后备干部专题调研】 8—10月，人力资源部组织四个调研组按照中央关于加大培养选拔年轻干部工作力度的要求，结合集团公司二级单位班子建设的整体需要，组织开展二级单位副职后备干部和中长期培养对象的推荐报送和资格审查工作，对31个省（区、市）分公司党组（党委）上报的副职后备干部和中长期培养对象开展专题调研。通过调研，发现一批基本素质好、发展潜力大、群众公认的优秀后备人才。（人力资源部　谭卓）

【初级人才测评工作】 成立邮政人才测评中心，完成初级人才测评试题库建设，组织开发人才评价管理系统、专业技术职务评审系统和在线考试系统，研究制定相关测评及考务管理办法，加大政策宣传贯彻力度，营造良好人才选拔工作氛围。9月，组织开展27个专业方向、14个场次的初级人才在线测评工作，经各单位专业实践能力测评和业绩评价，选拔初级人才1万余人。（人力资源部　谭卓）

【员工退出机制完善】 为改革“能进能出”用工制度，打通员工退出通道，搞活用工机制，专门下发《关于做好员工退出机制建设有关工作的通知》，要求各单位围绕集团公司研究提出的“七个退出通道”，细化退出办法，健全配套制度，以试用期管理和履岗考核为重点，强化基础管理，促进员工合理流动，激发队伍活力。同时，对各省（区、市）制度建设和落实情况进行跟踪、分析和评估，督促各单位扎实做好员工退出机制建设和落实工作。（人力资源部　谭卓）

【集团公司出台违反薪酬分配纪律行为的处理办法】 5月，制定下发《中国邮政集团公司关于违反薪酬分配纪律行为处理办法》，办法将违规主体分为责任单位和责任人，准确界定直接责任人和责任领导，并明确对不同责任主体违规行为的处理措施，加强薪酬分配管理的制度建设，为严肃薪酬分配纪律，处理违规行为提供政策依据。（人力资源部　谭卓）

【企业年金全国大集中管理】 5月，印发年金全国大集中总体实施方案，计划分三批实施企业年金全国大集中。8月，首批7家单位加入集团年金计划获人社部批准，制定资产清理和资产移交方案。11月，第二批21家单位加入集团年金计划获批。资产移交工作随即逐步展开。（人力资源部　谭卓）

【省（区、市）分公司机构编制设置方案制定】 为实现企业经营从“以产品为中心”向“以客户为中心”的转型，采取“市场经营＋经营支撑＋综合职能”的组织结构，研究制定并下发《省（区、市）分公司经营组织架构改革机构编制设置方案》，取消专业机构设置，取消管理人员编制，并统一规范机构管理，统一各级机构的名称、设置标准、主要职责、机构规格、领导职数和人员编制等，规范机构编制管理。（人力资源部　谭卓）

【各省（区、市）弹性人工成本管控办法下发并实施】 4月，集团公司下发《关于印发2016年中国邮政集团公司对省（区、市）邮政分公司工资总额弹性管控和劳务用工劳动报酬核定办法的通知》，取代传统的工效挂钩办法，实现人工成本配置机制的新突破。主要体现在四个方面，一是将工资总额预算分为基本与弹性两部分，分别发挥保障企业正常运转和促进企业经营发展的职能；二是彻底打破省分公司工资总额配置中“基数”的概念，每个预算年度按照效益情况重新编制人工成本预算；三是通过建立配置模型实现人工成本的科学配置，使工资总额配置与企业经营发展联动；四是衡量工资总额投入产出效率，对投入产出效率高、效益突出的省分公司适当予以倾斜，突出效益导向。（人力资源部　谭卓）

【省级人力资源服务支撑中心工作】 4月，印发《关于定期报送省级人力资源服务支撑中心建设进展情况的通知》，通过定期汇报和通报制度，推进各单位中心建设，基本实现全省基本服务项目和同城全部服务项目的集中。同时，根据对各省中心建设情况的持续跟踪了解和分析论证，研究制定省级人力资源服务支撑中心运行管理暂行规定和业

务处理规程，为各单位的中心建设工作提供有力指导，推动中心各服务项目的加速集中和规范运行。（人力资源部　谭卓）

【第五批总部和基层双向交流工作】 9—10月，组织总部各部门和相关直属单位推荐34名干部赴基层挂职，基层选派104名优秀干部到集团公司总部交流工作，促进人才内部流动与成长。同时，修订完善总部与基层邮政企业干部双向交流管理暂行办法，明确干部交流的形式和时间、审批程序、日常管理及考核等内容，规范工作流程。（人力资源部　谭卓）

【省级邮政企业主要领导创新管理轮训】 8—9月，根据企业发展战略和领导力培训体系建设需要，举办省级邮政企业主要领导创新管理轮训。轮训分3期，首次引入国外高端商学院优质课程及师资资源，采用三大板块混合编班形式，围绕企业创新管理开展轮训，提升150名参训学员创新管理能力及领导科学发展能力，围绕创新发展形成15项具有较强针对性的课题研究成果。（人力资源部　谭卓）

【县局长战略执行与领导力提升轮训】 6—10月，采用“知识输入+结构化研讨+经验分享”模式，组织9期培训班，累计培训820人；轮训增强县局长推动企业战略落地执行的能力，汇集719个案例，其中80个典型案例；形成90项课题成果，其中36个评选为优秀课题。（人力资源部　谭卓）

【技师考评跨省协作机制试点实施】 为提高全国邮政企业鉴定资源统筹利用效率，破解因考评能力不足影响员工正常晋升职业资格的问题，按照“择优承担、自愿送评、就近协作、资源共享”的原则，研究制定技师考评跨省协作实施方案，并于6月发布《关于开展2016年度邮政特有职业技师考评跨省协作试点工作的通知》。8—10月，由湖南、江西、广西3省首次组成邮件分拣员职业技师考评协作组，对21名报考员工开展考评测试，14名员工获得技师资格，完成技师跨省考评试点工作。（人力资源部　谭卓）

【全球视野下的组织学习与人才发展高峰论坛】 10月15—16日，2016全球视野下的组织学习与人才发展高峰论坛在我院成功举办。河北省教育厅和教育部职业教育与成人教育司相关领导、21家大型企业人力资源与企业大学负责人、50所高校继续教育学院院长以及多家智库媒体，120家单位的234名代表全程参会。集团公司培训中心与人才发展协会（ATD）签署战略合作协议，双方就引进ATD先进培训理念、优质培训资源等方面达成一致意向。（石邮学院　付皓轩）

【国家开放大学邮政学院在石邮学院成立】 10月17日，集团公司与国家开放大学合作建设的国家开放大学邮政学院成立揭牌仪式在石邮学院举行。集团公司总经理李国华、副总经理康宁，国家开放大学校长杨志坚，中国教育发展战略学会副会长季明明等出席揭牌仪式。揭牌仪式的举行，标志着国家开放大学邮政学院正式成立，面向邮政一线重点岗位人员的在职学历培养工作即将全面启动。（石邮学院　付皓轩）

【邮政四大平台建设及科技创新培训班】 6月13—18日，信息技术局主办的面向全国邮政信息技术局高级管理人员的“邮政四大平台建设及科技创新培训班”在石邮学院召开。此次培训旨在提升全国邮政信息技术局高级管理人员的理论水平、管理能力，提高科技创新能力，培养互联网新思维，切实发挥好信息化的引领作用。培训内容包括团队管理与建设、领导力、党性修养、平台建设、新技术等。集团公司李丕征副总经理、信息科技与建设部蔡江东副总经理和信息技术局石纯斌总经理都亲临培训现场，就集团公司和各省信息化建设中的“痛点”和“难点”问题与学员研讨。（信息技术局　秦佳）

【北京市分公司人才资源管理】 北京市分公司健全人才工作机制，开展初级人才评价选拔工作；优化人力资源配置，通过内部盘活、人员复用、合理兼职等方式，实现减员增效，全部从业人员比上年减少697人，连续3年实现职工总量大幅递减；制定出台《北京市分公司违反薪酬分配纪律行为处理办法》，规范薪酬分配，形成长效监督检查机制。（北京市分公司　石连成　陈丽涵）

【河北省分公司“百名优秀人才”培训】 4月18日—5月10日，河北省分公司举办全省“百名优秀人才”集中培训。培训课程包括外聘专家型的前沿课程，和企业内部领军人物业务课程，还有拓展训练课程。除讲授课程外，培训结合河北邮政的农村电商业务的发展，组织学员每人撰写《“一县一馆”建设方案》，方案设计包括对县局特色农产品的介绍、营销方案，为县局的业务开展具有一定指导意义。学员们参观西柏坡革命圣地，提升思想政治建设。（河北省分公司　程钰）

【青海省分公司首次举办管理层培训班】 青海省分公司首次举办全省邮政“县（区）分公司总经理培训班”“三级领导干部培训班”和“支局长培训班”，培训人员358名，是青海邮政自1998年分营以来最大规模、最高规格、最有实效的培训。通过社招、定向委培等形式新招录115名合同制员工，补充一线储蓄营业等岗位人才，并启动第二批50名定向委培生招生及培训工作。评价选拔全省31名初级人才。加强专业技术队伍建设，聘任中级、初级专业技术人员451名。加强考前培训，2016年度邮政技能鉴定合格率比上年增长10.2%。（青海省分公司　韩建）

【内蒙古分公司人员优化】 对内部处理和生产辅助岗优化盘活371人，其中73人优化盘活至各类检查岗位，67人优化盘活至机要干线司押岗位；市场化动态调整用工，灵活核定短期劳务承揽人员；严控用工总量，结构性优化盘活152人；通过规范请假程序、限期返岗、依法解除劳动合同等方式，清理规范210名长期不在岗人员。将干部人才工作摆到重要位置，形成了党组统一领导，人力资源部门牵头抓总，有关部门各司其职、密切配合的干部人才工作新格局。出台《企业领导人员管理规定》《企业领导人员任免工作程序》等办法，推进全区邮政企业干部跨部门跨区域任职，确保干部队伍结构合理、精干高效、充满活力。围绕企业经营管理需要，坚持重德才、重实绩、重基层的导向，严格把握“五好干部”标准，合理调整盟市及直属单位领导班子，增强班子整体能力。处级干部的年龄、专业、知识结构进一步优化，平均年龄下降1.3岁，本科以上学历占比上升1.46%。加大急需人才引进力度，引进财务、金融、计算机、电子商务等专业高校毕业生200人；加大培训力度，全区共举办各类培训班596期，培训9.9万人次；分2批次对108名三级干部进行集中培训，分2期培训党员支局长112名，分5期培训理财经理460人。（内蒙古分公司　苏永胜）

战略规划

【概述】

1. 战略规划引领作用。（1）编制完成《中国邮政集团公司“十三五”发展规划》。（2）负责指导各控股子公司和省分公司完成其“十三五”规划编制。（3）宣传贯彻《中国邮政集团公司“十三五”发展规划》。

2. 体制机制改革。（1）深化集团公司制改革。初步拟订集团公司公司制改革总体方案。提出集团公司企业功能分类建议。梳理财政部和邮政集团权力清单。下发《中国邮政集团公司深化改革重点工作方案》。（2）推进经营组织架构改革落地。提出邮务事业部改革初步方案。探索投递网改革。

3. 提升资本运营水平。（1）股权管理基础工作。一是全面修订2005年《邮政企业对外投资管理办法》；二是编写股权管理模块操作手册；三是指导督促各省（区、市）分公司加快办理子改分相关的股权划转手续，完成率73%，天津、安徽、江西等10个省（区、市）分公司全部完成股权划转工作；四是按照国家推进清理“僵尸企业”的精神，指导和督促省分公司采取清算、转让等方式清理处置若干家对外投资单位；五是配合集团公司控股和参股子公司召开股东会、董事会和监事会会议，完成相关会议议案审议和表决，提出董事、监事推荐人选建议。（2）探索寄递翼改革路径。初步形成业务和资本两个层面推进速递物流业务改革整体思路。（3）研究邮政企业资产证券化。一是配合邮储银行H股上市，协助完成监管审批、排除同业竞争、完善信息披露等工作；二是提出集邮业务整体上市初步思路；三是提出重组整合集团公司旗下物流自动化设备业务相关企业，推进邮政自动化设备业务上市方案；四是提出适时重组报刊发行等邮政文化传媒业务，推进邮政文化传媒业务上市方案。

4. 战略绩效管理体系基本建成。（1）建立绩效指标体系。（2）健全绩效管理组织。省分公司、控股子公司和直属单位均成立以总经理为组长的战略绩效领导小组，相应设置各单位专职绩效管理岗位。（3）完善绩效管理制度。出台《中国邮政战略绩效管理暂行办法》。配套印发《中国邮政战略绩效管理手册》。（4）加强绩效过程监控与评价。一是启动绩效分析评估工作；二是探索建立绩效红绿灯制度；三是创新绩效评价方式。（5）推进职能部门考核。一是完成职能部门战略绩效考核方案设计工作；二是拟定《关于推行省邮政分公司职能部门战略绩效管理的指导意见》。（6）集团公司整体经营业绩考核实现优秀。一是争取到国家邮政局对邮政企业在承担国家重点工作、重大任务和应对重大事件等方面做出贡献高度认可，为集团公司争得邮政服务质量考核加分3.5分。二是争取到交通运输部等主管部门理解和支持，对集团公司2015年经济效益指标计算口径调整，确保集团公司考核结果达到优秀水平。

5. 法律事务支撑保障。（1）为改革发展提供法律支持保障。一是牵头组织邮储银行系列上市资料研讨完善。二是为国家邮政局、国家安全部在中美投资协定谈判、修改投资产业目录中的邮政市场准入条款提供及时有力支持。三是对国家部委征求意见的《快递专用三轮车技术要求》《关于扩大国有土地有偿使用范围的意见》等8部法律法规提出具体修改建议。（2）加强对集团公司重要规章制度的法律审查。对大部分省分公司和集团公司直属单位“三重一大”决策制度实施办法进行初步审核。对《代理营业机构管理办法》等5个重要规章制度提出38项建设性修改建议和建议，31项被采纳。（3）制定集团公司《授权委托管理办法》。审核办理22件授权委托申请。（4）完善集团公司《合同管理办法》，截至11月30日，审查集团公司和中邮资本对外签订合同近500份，合计金额18亿余元，参与近百个项目招标评审和商务谈判。（5）加强邮政企业注册商标预防性保护和权益维护。（6）做好法律纠纷案件处理工作。

6. 战略性基础研究。（1）开展“互联网＋流通”研究。提出平台化、社会化、资本化三步走的初步意见。（2）县域邮政发展研究。起草并下发集团公司《促进县域邮政业务发展的指导意见》。（3）组织开展微信营销研究。与市场经营部共同制定《中国邮政微信营销体系建设总体工作方案》。对绿色拍当策划案、江西省分公司与中国科学院共建院士工作站、中国邮政风险管理组织体系建设和中邮香港公司发展策略等进行研究，为科学决策提供参考。

7. 党建工作。（1）做好“四风”问题整治情况“回头看”工作。（2）继续推进中央专项巡视整改工作落实。出台15项措施针对邮政企业过于突出市场性、对政治性、公益性重视不足问题和落实中央深化邮政体制改革部署不到位，业务结构失衡，传统邮务、速递年度亏损等问题进行整改。（3）开展“两学一做”学习教育。（4）做好发展党员和推优工作。支部确定1名入党积极分子作为本年度发展对象。在直属机关党委组织“迎‘七一’，树先进”优秀党员评选活动中，李志翀同志（商洛市挂职村委书记）荣获集团公司直属机关党委优秀共产党员。（战略规划部　贾晓宇）

【集团公司总体规划编制完成】 7月5日，《中国邮政集团公司“十三五”发展规划》（简称“十三五”规划）印发（中国邮政〔2016〕250号）。“十三五”规划编制工作于2015年6月启动，在实地调研和书面调研基础上2015年11月完成初稿。2015年12月征求集团公司各部门意见。5月，修改稿再次征求意见并召开专题会讨论，修改后提交总经理办公会审议。“十三五”规划科学预判形势，提出在“十三五”期末，建成世界一流邮政企业的总目标，设计相应发展路径。提出全面实施“一体两翼”经营发展战略、科技兴邮战略、人才强邮战略，在创新驱动发展、构建一体平台、拓展两翼市场、加强资本运营、强化集团管控、履行社会责任等方面取得新突破。编制集团“十三五”规划的同时，战略规划部还负责指导各控股子公司和省分公司完成其“十三五”规划的编制。一是指导各控股子公司按照集团公司整体发展战略与目标，明确各自的发展目标和发展措施。要求各控股子公司进一步分解发展目标，以指导年度计划的制定。二是对各省分公司下发规划编制模板，对报送的“十三五”发展规划进行审核。“十三五”规划印发后，做好规划宣传贯彻工作。一是联合《中国邮政》杂志对“十三五”发展规划进行全面的专题报道。二是开展“十三五”规划解读培训。通过课程内部交流和学员结构化研讨，与各省公司、控股公司进行沟通交流，使规划编制人员更好地理解集团公司“十三五”规划，做好规划的落实工作。（战略规划部　贾晓宇）

【集团公司调整省级及以下分公司经营组织架构】 1月，集团公司制定下发《省级及以下邮政分公司经营组织架构建设方案》（以下简称《方案》），对邮政企业经营组织架构作出重大调整，推动企业经营从“以产品为中心”向“以客户为中心”的转型，增强企业核心竞争能力和市场应变能力。《方案》中，集团公司按照“一体两翼”经营发展战略，从建设符合行业发展态势、市场反应迅速、机制创新灵活、运营管理高效的经营组织架构出发，提出将现有经营组织架构由“以专业为中心向客户提供服务”调整为“以客户为中心提供专业服务”，实现对外营销时以客户需求为中心，内部协作时以营销前端为中心，提供服务时以提升客户体验为中心。（邮政报　潘建伟）

【战略绩效管理体系和绩效管理组织机构建设工作】 为促进集团公司各业务板块经营工作的健康发展，引导集团公司整体战略目标的落地。战略规划部围绕集团公司战略目标，完成涵盖省级邮政公司、控股公司及直属单位的战略绩效管理体系和绩效管理组织机构建设工作。

战略绩效管理体系主要通过战略解码，将集团公司发展战略逐层分解至关键绩效指标，有效突出战略导向，解决战略落地及时有力的问题，操作性和指导性更强；将省分公司进行差异化考核，统筹考虑省分公司发展现状、战略定位、区域特点等因素，实现科学的差异化考核，体现精细化管理的理念；对控股子公司和直属单位建立分类考核体系，借鉴市场对标实践，对控股子公司和直属单位建立分行业、分类别的战略绩效考核指标体系，有效促进各单位加快发展；设置党建工作绩效考核指标，引导各单位切实落实全面从严治党要求，有力推进邮政体系党的建设工作。

战略规划部逐步完善绩效管理组织体系，省分公司、控股子公司和直属单位成立以总经理为组长的战略绩效领导小组，明确战略绩效办公室和战略绩效协同工作部门，加强绩效管理队伍建设，明确各单位设置专职绩效管理岗位，组织全国邮政企业战略绩效推广应用培训班，保障战略绩效管理体系的顺利实施。（战略规划部　贾晓宇）

【资本运营促进邮政产融结合发展工作】 建设集团公司资本运营平台。研究提出重组整合中邮资本和中邮资产的方案，将中邮资产整体注入中邮资本，以中邮资本为主体打造“产业为体，金融为用”的集团公司资本运营平台，为下一步系统性地兼收并购、战略投资与集团公司具有战略协同性的产业打好基础。

打造邮政新的增长极。结合邮政金融板块发展总体规划，提出通过中邮资本补充中邮保险的方案，向中邮证券补充资本金15亿元，支持和督促中邮保险加快发展，既满足金融子公司发展所需资本金，支持培育邮政新的增长极，又发挥资本协同效应，实现资本集约化发展。

战略投资滴滴出行。与中国最大的共享出行平台滴滴公司，签订投资入股和战略合作协议，既通过投资入股分享滴滴公司成长带来的资本溢价，又通过与其在快递、银行、保险、网点服务等领域开展业务合作，协同邮政三大板块发展。

投资设立前海再保险公司。与前海金控等6家股东共同发起设立前海再保险公司，集团公司正式步入再保险领域。前海再保险公司是国内第一家由非保险集团设立的再保险公司、第三家内资再保险公司。

推进速递物流境外布局。按照集团公司对速递物流"走出去"的战略要求，推进速递物流联合国际和国内具有资源优势的企业在香港、德国组建合资公司，支持速递物流拓展欧洲市场和运营全球海外仓、海外购业务。

推进子改分股权划转工作。督导省分公司加快推进子改分股权划转工作，截至12月31日，除存在产权瑕疵等客观因素的股权外，其他股权基本全部划转完毕，完成率73%，天津、安徽、江西等10个省（区、市）分公司完成全部股权划转工作，为集团公司下一步公司制改革做好基础工作。

完成ERP股权模块上线工作。按照ERP建设项目总体安排，提出股权管理模块功能需求，配合完成系统开发，组织集团公司关键用户和试点省用户进行功能测试，编写股权管理模块操作手册，部署省分公司和直属单位上线工作，强化邮政企业对外投资管理手段。（战略规划部　贾晓宇）

【《中国邮政集团公司授权委托管理办法（试行）》制定】 4月20日，《中国邮政集团公司授权委托管理办法（试行）》印发（中国邮政〔2016〕133号）。该办法通过简化合并签报、证信领用、用印审批等程序，为基层单位申请招投标等事项授权手续、取得证信材料建立便捷的"绿色通道"。（战略规划部　贾晓宇）

【《中国邮政集团公司合同管理办法》重新修订】 为适应"子改分"后合同管理工作的需要，加强集团公司"大法人"体制下的风险防范控制，12月21日，重新修订的《中国邮政集团公司合同管理办法》印发（中国邮政〔2016〕546号）。该办法进一步规范合同审批、签订流程，强化追责制度，增强合同管理制度的约束力。（战略规划部　贾晓宇）

财务管理

【概述】

1. 企业预算管理方式改革。初步构建邮政企业零基预算管理体系，完善以利润为导向的财务管控体系，提高企业经济效益。财务部不断完善预算管理和各项激励约束机制，持续强化对标管理，引导各单位发展低本高效业务，实施降本增效。研究构建零基预算管理体系，制定业务驱动型的成本费用预算模型以及覆盖全成本费用的定额标杆体系，下发《中国邮政集团公司关于推进邮政企业零基预算工作的指导意见》，推动省分公司全面按照零基预算方法编制2017年预算。

2. 管理理念和方法创新。完成资金收支两条线系统上线，实现全网收入账户资金当日实时归集、资金全部归集到集团顶点账户、全网账户及融资权统一集中管理的目标。通过资金集中、统一运作，全系统偿还外部融资98.3亿元，节约财务费用4亿元。强化会计集中核算管理，推动省分公司逐步改变以条线安排核算工作和人员分工的状况，基本实现核算人员项目化、派单随机化、流程标准化的目标，提升集中核算管理水平。此外，推进ERP财务主要功能模块建设应用，完成内部往来、合并报表（月报功能）、资金管理等模块在全国的应用推广，在试点省上线运行预算管理模块。借助ERP上线，财务部门从日常核算事务中解脱出来，初步实现财务管理由核算型向服务型转变。

3. 做好各项基础工作。结合包裹快递业务改革和快速发展需要，修订完善《一线干路邮政政策性补贴办法》；下发《中国邮政集团公司关于做好法人体制调整有关子公司注销工作的通知》，推进"子改分"后续工作；组织开展一系列财务清查工作，进一步摸清各级单位的财务状况；配合邮储银行上市，妥善解决一系列问题；做好子改分后各项业务的税务管理；围绕生产经营热点难点问题，做好月度经营分析，加强专题分析。

4. 党建工作。财务部门扎实开展"两学一做"学习教育和"四风"问题整改情况"回头看"，参加各项政治活动和学习活动，财会队伍的思想素质、政治素质得到提升，规矩意识和严格执纪意识进一步提高，廉洁自律的自觉性进一步增强。同时，注重财会人员业务素质提升，组织财务处长培训班等业务培训，研讨财务管理改革创新举措；组织部分省分公司及直属单位的财务处长赴境外开展培训，学习借鉴国外财务管理先进理论工具、经验和做法，推进邮政财务管理转型升级；配合人力资源部门开展集团级会计领军人才的选拔工作，为培养和使用财会领域高级管理人才，研究解决财务管理改革与创新中的热点难点问题奠定人才基础。

5. 财务管理工作得到上级主管部门的肯定，获得财政部预算绩效管理工作优秀（一等）奖，连续两年被国家邮政局授予“邮政行业统计工作先进企业”荣誉称号。（财务部　盛柯文）

【财务管理转型和职能转变推进工作】 针对 ERP 上线和省级集中核算推进，强化省市两级财务部门职能转变和管理转型，推进财务管理由传统的“记账型财务”“核算型财务”向“价值型财务”“服务型财务”转变。一是回归财务本质。从日常核算事务中解脱出来，工作着力点集中在财务管理上，全面落地预算管理、对标管理、资金资产管理、税收管理等管理举措。二是管理前移。深入业务前端，与业务部门一起，对业财系统对接、业务模式转换、产品损益核算、营销方案等进行系统研究，并从源头上做好合规性风险控制。三是强化对数据多维度、多层次分析应用，为领导决策提供支撑服务。（财务部　盛柯文）

【国有资产管理】 根据《国务院办公厅关于加强和改进企业国有资产监督防止国有资产流失的意见》（国办发〔2015〕79 号）精神，确保国有资产保值增值。一是逐项梳理对标。对集团公司现有国有资产管理监督的办法进行全面梳理，提出进一步加强和改进集团公司国有资产管理，防止国有资产流失的工作方案。二是开展境外投资企业摸底。根据财政部要求，梳理境外投资企业的基本情况，将集团公司加强和改进国有资产管理的工作措施、境外投资的情况和下一步境外投资管理工作思路报送财政部。三是加强产权管理。组织开展邮政所属 40 家事业单位及事业单位所办企业国有资产产权登记工作和清产核资工作，明晰邮政事业单位产权关系，加强邮政事业单位国有资产管理。组织开展对各级邮政企业国有资产产权占有及变动情况登记，完成 170 家单位的资料审核工作，全面掌握邮政企业国有资本占有和变动情况。（财务部　盛柯文）

【财政补贴项目管理】 按照财政部关于加强中央预算内资金管理和编制中期支出规划的要求，规范和加强邮政服务“三农”补贴项目管理。一是制定《中国邮政集团公司邮政服务“三农”补贴项目管理办法（试行）》，明确对项目规划编制、项目标准建设、项目库建设、项目预算编制、项目绩效管理等有关要求和处理流程。二是组织省分公司开展 2012—2015 年度邮政服务“三农”补贴项目自查自纠工作，系统梳理邮政服务“三农”补贴项目中存在的主要问题，提出改进建议、整改措施和要求。为规范普遍服务补贴管理，促使各级邮政企业更好地履行普遍服务和特殊服务义务，完善普遍服务补贴项目核定机制，使补贴资金分配更加合理科学。（财务部　盛柯文）

【零基预算管理研究】 重点开展零基预算实施路径和模型的有关研究。从邮政企业零基预算模型、成本费用标杆体系、编制方法以及零基预算配套激励政策等方面，制定零基预算工作思路和推进方案，明确各阶段任务和成果，为 2017 年全面实施零基预算奠定良好基础。一是梳理细化成本动因，建立覆盖邮政企业全部成本费用的标杆体系，构建业务事项驱动型零基预算模型。二是结合每类成本费用的属性，确定省分公司成本费用定额标杆值和核定方法，突出零基预算对优化资源配置的作用。三是从利润上缴、人工成本配置、绩效激励等配套政策方面，与零基预算管理配套，激励先进，调动省分公司加快发展提升效益的积极性。（财务部　盛柯文）

【资金集中和融资手段优化】 一是推进全网资金集中工作。在 2015 年试点的基础上，2016 年推进资金收支两条线系统上线，开展银行账户清理归并，实现全网资金集中管控。二是强化资金统筹运作，最大化降低融资成本。在确保生产经营、能力建设、股权投资对资金需求的前提下，通过强化全网资金运作，全系统偿还外部融资 98.3 亿元，省分公司外部融资全部置换为内部借款，每年减少财务费用 4 亿元。三是拓宽融资渠道，支撑企业长期资金需求。针对公司债融资成本相对较低的情况，推进公司债和超短融发行申报工作，已获取发行许可，并同时保持工行、建行、邮储、中信银行约 600 亿元银行授信额度。（财务部　盛柯文）

【集中核算平台功能推进】 31 个省（区、市）分公司全面实施集中核算的基础上，继续完善优化报销报账系统等集中核算平台功能，保障系统稳定运行。开发系统自动派单功能。借助自动派单功能，各省（区、市）改变以核算单位为条线进行核算工作安排和人员分工的状况，推进“核算人员项目化、派单随机化、流程标准化”。推进集团公司直属单位集中核算和财务机构负责人派驻制。在集团公司财务部增设直属会计处，明确职责和人员编制，确保人员及时到位和工作顺利衔接。制定直属单位财务机构负责人派驻管理办法。（财务部　盛柯文）

【ERP 财务主要功能模块上线】 一是完成内部往来、合并报表（月报功能）、资金管理等模块的全国推广应用；开展预算管理（编制功能）等模块的试点上线运行。二是按照“成熟一个，接入一个”的策略，ERP 财务模块新增与邮资封片卡、网运、投递、短信 11185、农资连锁配送（分销）及收寄等 6 个 ERP 外围系统的集成；对实现集成的营业、集邮、订单等 11 个系统，结合新上线模块增加集成内容。同步推进与采购、投资模块集成应用，扩大 ERP 业财全流程端到端互联互通的范围和深度，ERP“源头取数、全程共享”的业财集成理念得以扎实落地。三是实现 ERP 财务模块在集团公司及相关直属单位的成功上线。结合集团公司直属单位类型多的特点，分别确定各单位上线方案；梳理核算关系，适应集团公司对直属单位进行集中核算的管理变革要求；组织开展数据清理、终端用户培训等各项工作。（财务部　盛柯文）

【财务支撑工作】 一是做好发展支撑。结合包裹快递业务改革和快速发展需要，修订完善《一级干线邮路政策性补贴办法》，安排专项补贴支持重点城市开通直达邮路，调整优化内部处理环节和投递环节结算政策，并对相关影响给予资金补贴。二是持续推进“子改分”后续工作。下发《中国邮政集团公司关于做好法人体制调整有关子公司注销工作的通知》，明确邮政和速递原省（区、市）分公司注销的时间目标、工作流程、具体要求，指导督促各省开展注销自查工作。各省（区、市）分公司推进资产过户和原省（区、市）公司注销前准备。三是开展财务清查工作。组织开展在建工程清理工作，摸清邮政企业在建工程情况，研究解决存在的问题，规范在建工程管理。清理解决火车邮厢资产账实不符问题。审核确认往来款清理结果，真实反映集团公司的资产负债。配合 ERP 上线，结合全网资金集中管理情况，制定下发《关于调整资金缴拨及结算方式的通知》，理顺结算流程。四是配合邮储银行上市工作。完善邮银关联交易定价机制以及关联交易管理等内部管理制度，参与邮银间各项框架协议、招股说明书以及公司章程的修订。推进土地房屋资产确权办证，妥善解决邮储注资资产过户工作遗留问题。五是做好税务管理和各省（区、市）分公司子改分后各项业务的纳税申报、发票开具和会计核算工作，保证所得税由属地纳税向汇总纳税的顺利衔接。落实邮政代办金融保险业务增值税免税到期后继续免税政策以及“营改增”后邮政普遍服务和特殊服务继续免税政策。关注金融“营改增”后税负增加情况，向国家财税主管部门反映金融“营改增”后税负变化及有关问题。六是强化经营分析工作。围绕生产经营热点难点问题，做好月度经营分析。加强专题分析，完成《2015 年日本、德国、美国邮政经营发展基本情况分析》《邮政百强县与地方经济百强县的比较分析》《2016 年世界 500 强背景下中国邮政及其相近企业经营状况对比分析》《2007—2016：中国邮政政企分开十年经营发展分析报告》等，为集团领导提供决策支持。（财务部　盛柯文）

【内蒙古分公司预算精细化管理】 突出事前成本控制，实施成本费用零基预算管理，综合对比 2014 年实际完成、2015 年预算及实际完成三阶段标杆，选取最优值核定 83 项可控成本费用标杆；通过收支会审，优化成本费用空间 3100 万元。推进“最小单位”预算管理，细化到网点、内部处理及投递末端，集团公司 9 月公布的 115 项成本费用标杆指标中，内蒙古分公司优于全国平均水平的有 73 项，占比 63.5%。（内蒙古分公司　苏永胜）

采购管理

【概述】

1. 采购基础管理。一是加强集团和省（区、市）两级年度采购计划编制和执行过程管控，全网各级采购部门采购计划发布时间提前，职责流程进一步明确，采购周期有效压缩，计划的规范性、指导性和实用性明显增强。二是推进采购职能归口管理。各控股公司、各省（区、市）分公司采购项目集中归口到采购部门，归口管理工作增强。三是推进体系建设。各控股公司、各省（区、市）分公司落实集团巡视整改意见，推进机构人员和配套制度建设，全网采购体系建设和管理规范性得到增强。

2. 工作模式创新。一是推行前置服务模式。各级采购部门增强服务意识，转变工作方式，主动沟通，提前收集需求，预先进行研判安排。二是集采质量、效率和综合效益进一步提升。全网完成集采项目 6313 项，节约资金 37.3 亿元。详情单集采后，单价降为 0.173 元，每件节约 0.147 元，按照快递包裹 11.3 亿件测算，节约资金 1.66 亿元，按业务收入折算，相当于贡献 2244 万个快递包裹，邮政业务新增长极提质增效。浙江省分公司依托义乌采购基地，推进业务和办公用品集采，创新采购模式，节约成本 49%。广东省分公司探索推进邮储银行、速递物流板块共享业务单式等物料集采成果，改变同一物资多头采购的现状，降低采购成本。

3. 加强供应管理。一是针对合同签约、发货接收、资金结算和质量控制等环节，加强与业务需求部门和供应商的沟通协调，强化流程时限要求，对延期供货、拖期付款等问题进行严格规范，加快采购物资的供应效率。二是全力保障重点时期、重点项目物资供应。完成“双十一”期间三轮车、PDA、分拣机、干线运输等项目和物资快速供应，和 17 家运输外包企业，保证运力和服务质量，发运邮件数量、频次占比 70% 以上。完成 ATM/CRS 供应、夏装紧急配发等项目。

4. 推进 ERP 系统采购库存模块建设。完成集团总部、各板块、各省采购和库存模块上线工作；搭建供应商和物资主数据架构，统一数据标准，开展分批次、全板块、大范围的数据清理导入。建立物资主数据大类 15 个、中类 109 个、小类 838 个，物资主数据近万条，供应商主数据 39.02 万条。

5. 制度体系建设。修订《中国邮政集团公司总部集中采购流程规范》《关于做好全国邮政企业评审专家管理及专家库建立工作的意见》《中国邮政集团公司一级集中采购目录》，制度体系得到进一步完善。组织开展调研宣传贯彻和指导检查。组织由部门领导和处室同志参加的基层调研十余次，调研直奔主题，关注制度落实情况、问题情况，推进问题解决和整改；抽调专业骨干赴基层进行业务规范制度宣讲；牵头各板块（公司）总部，对 12 个省级机构进行检查，对邮政科学研究规划院等直属单位专项检查，促进规范意识的提升和采购行为的规范。（采购管理部　杨天志）

【集团公司集采工作优化配置节约成本】 ATM/CRS、PDA 等终端机具设备方面，ATM 价格较 2013 年下降 30.66%，CRS 下降 37.81%，纸币清分机下降 30% 以上；车辆及运输集中采购方面，实现车辆规格的集中统一、车辆配置标准的不断提高；业务材料用品及服装采购方面，采购银行卡 8000 万张，通过公开招标单价比上年减少 45%，节约资金 2.49 亿元；快递包裹详情单集采由 0.32/ 张降至 0.17 元 / 张，节约资金 1.66 亿元，按照收入折算相当于贡献 2244 万个包裹；新款邮政制服配发项目，覆盖邮务、银行、速递物流三大板块的营业人员、客户经理、外勤投递、内勤作业等 4 类一线人员 71.5 万人，通过公开招标集中采购，节约资金 9.98 亿元；信息化设备方面，将 IT 设备采购需求整合，设备标准化和通用性提高。2015 年各项目 PC 服务器有 30 多种配置需求，2016 年资源池启动以后，配置需求整合至 3 个；交换机由 10 种配置整合至 3 个，其他类型的 IT 设备也有不同程度的整合和精简。（采购管理部　杨天志）

【集团公司调整各省分公司采购中心设置】 12 月 15 日，集团公司印发《省（区、市）经营组织架构改革机构编制设置方案》（集团编〔2016〕7 号），对各省（区、市）分公司采购中心设置作出调整，明确各省（区、市）分公司设立采购中心，挂靠办公室，主要负责编制采购执行计划，制定二级集采目录，组织实施集中采购，以及采购项目质量管理体系建设和管理等工作。（采购管理部　杨天志）

【ERP 系统采购与库存模块上线推广完成】 5 月，基本完成方案定版，明确邮政企业一级、二级集采的概念和全业务模式，并针对各种模式确定系统内实现方案和理顺系统操作流程；明确采购库存模块与投资、财务的模块间映射原则和对接点。在套装软件功能基础上，提出全板块新增开发需求计 109 项，确保时限和质量。7 月 15 日、9 月 15 日、11 月 15 日分三批次完成推广上线。10 月，启动集团公司上线工作。针对采购需求归口、结算流程、资金分摊等重点难点问题，多次组织专题研究，确定方案和流程。在数据收集、测试与上线过程中，集中支持力量，强化操作培训，建立沟通渠道，完成推广上线任务。

ERP 系统采购与库存模块包括需求与计划管理、采购与合同执行管理、库存管理等 3 项功能。在采购目录管理的基础上，统一采购需求的内容和提报流程，细化计划采购需求及采购计划管理工作，规范合同执行的标准流程，明确库存管理的主要业务，以不同采购模式为主线，实现邮务、银行、速递及中邮保险等板块（公司）从采购需求、采购计划、合同执行、采购结算及库存管理的闭环管理，从采购管理角度提升集团管控能力。主要价值体现为：一是首次搭建全国统版的采购信息化平台；二是规范采购需求提报工作流程，明确采购需求内容以及需求归口部门的职责，并实现线上计划采购需求提报；三是建立批次采购计划，并通过系统实现线上管理，增强需求管理的时效性和准确性；四是实现对采购协议执行的全过程管理和监控，对一级集采各单位的合同签订和履约情况实现线上控制，对一级集采的供应情况实现线上监管；五是实现采购、库存与财务的一体化，实现采购供应流程的闭环管理，保障库存账与财务账的一致性；六是通过供应商和物资主数据标准化，利于在全集团开展成本分析，支持采购集中度提升，降低物资采购成本。（采购管理部　杨天志）

审计监督

【概述】

1. 统筹安排全国审计工作。一是加强对全国邮政审计工作的指导，制定《2016 年全国邮政审计工作要点》，明确审计工作重点和目标。二是统筹全国审计力量，开展全国性审计项目。三是利用中介机构，加强工程审计。全国邮政企业实施审计项目 24458 项，其中财务收支审计 315 项，经济责任审计 1375 项，工程审计 21667 项，管理审计 185 项，其他业务审计 798 项；专项审计调查 349 项。发现违规违纪金额 15.79 亿元，促进增收节支 10.48 亿元，其中工程审计审减金额 8.86 亿元，综合审减率 9.65%。提出审计意见（建议）13546 条，被采纳 12248 条，促进整章建制 314 项，建议给予行政处分 39 人。

2. 集团公司审计力度。审计局加大跨年度财务收支审计力度，做好经济责任审计，加强工程建设项目审计，聚焦企业热点难点开展专项审计，派出 476 人次，开展各类审计项目 112 项，查出违规违纪金额 3.48 亿元，促进增收节支 0.73 亿元。提出审计意见或建议 142 条，其中 137 条被采纳，促进被审计单位整章建制 13 项。

3. 党组巡视和核查工作。一是抽调业务骨干参加集团公司党组开展的四批巡视工作，发挥专业技能，指出被巡视单位存在问题，完成集团公司党组巡视工作。二是对信访问题进行调查，对员工持股投资清退情况进行专项检查调研，并对监察局委托事项进行核查。抽调业务骨干协助市场协同部，对速递国际 e 邮宝资费及经营问题专项核查。

4. 基础管理建设。一是参与 ERP 审计系统开发工作。二是修订《集团公司审计局工作纪律》《全国邮政审计人员职业道德规范》和《中国邮政集团公司派出审计组现场审计情况测评反馈制度》，强化对审计人员的监督管理。制定《邮政工程建设项目审计实施细则》《邮政建设项目委托造价咨询机构审计管理办法（试行）》，修订《邮政建设项目审计管理办法》，提升工程审计管理水平。三是办全国邮政审计处长培训班，选派部分人员协助审计署工作、赴基层挂职锻炼，审计人员素质提高。四是注重审计理论研究，组织审计论文撰写，在审计协会组织的“2016 年内部审计研讨”征文活动中，审计局企业处撰写的《关于 CAST 审计任务清单模型的理论与实务研究》一文荣获一等奖，审计局荣获组织奖。

5. 党建工作。一是深入开展“两学一做”学习教育，加强思想政治建设。在学习教育中，支部被直属机关党委授予“中国邮政集团公司先进基层党组织”荣誉称号，何继然同志被直属机关授予“优秀共产党员”荣誉称号。征文活动中员工荣获一、二、三等奖及优秀奖各一篇，支部荣获“优秀组织奖”。二是认真落实党建工作责任制，夯实支部组织基础。完善支部书记带头抓、支委和处室负责人具体抓，一级抓一级、层层抓落实的工作格局，认真从严落实党建工作责任制。认真执行“三会一课”制度，支部书记带头讲党课，扎实开展民主生活会、组织生活会和支部述职评议工作。以处室为单位成立党小组，保证学习教育的及时性和全覆盖。三是加强作风建设和党风廉政建设。认真开展“四风”问题整治情况“回头看”，结合审计工作实际，深入查找问题，边学边查边改，不等不靠，防止“四风”反弹。狠抓中央专项巡视整改和纪工委专项检查整改工作，建立整改台账，立行立改。（审计局　付信龙）

【经济责任审计】 审计局完成北京、天津、河北、浙江、福建、安徽、湖北、陕西、青海等 9 个省（市）分公司和集邮总公司、文史中心、上海邮政研究院等 3 个直属单位原任领导离任经济责任审计，并对辽宁省分公司现任领导开展任中经济责任审计，对中邮资产管理有限公司总经理和邮政航空公司拟提任领导开展任前经济责任审计，促进领导人员依法依规履职。（审计局　付信龙）

【工程审计】 审计局对广州市轻件处理中心工程、重庆市第三邮件处理中心工程、西宁市邮件处理中心工程、北京市新机场航空邮件处理中心及国际邮件交换站工程等 5 个项目开展全过程跟踪审计，启动上海市浦东处理中心二期土建工程项目跟踪审计工作，控制工程造价。完成中国邮政航空速递物流南京集散中心工艺工程、北京市综合邮件处理中心二期外电引入工程、西藏分公司机要通信及信息化综合用房工程项目等 73 个土建和技改类项目的决（结）算审计工作，决算审计金额 18.82 亿元，结算审减金额 0.24 亿元，审减率 1.3%，纠正不合理开支。完成商函投递信息管理系统工程、普通邮资封片业务管理信息系统扩容工程、国际普邮跟踪查询系统工程等 12 个信息技术类建设项目的决算审计。（审计局　付信龙）

【企业经营合规审计】 1 月，审计局联合邮票发行部、监察局开展 2016 年生肖邮票破包、破版和销售环节专项审计检查，促进集邮专业合规经营、规范管理。1 月起，审计局对河北、江西、陕西、内蒙古、新疆、江苏、安徽、福建、山东等 9 个省（区、市）、18 个速递物流地市分公司的 58 个物流项目经济效益情况专项审计调查，基本弄清物流项目效益情况。对邮票印制局、沈阳邮电印刷厂、河南省邮电印刷厂的邮票资料票进行盘点检查，规范邮票资料票的使用和管理。10 月起，审计局对江苏、安徽、山东、河南、陕西、重庆等 6 个利润大省 2016 年成本费用现场实时审计，防止“突击花钱、乱花钱”现象发生。对部分重点省分公司开展“两包”业务收支及损益专项审计调查，弄清两包业务效益状况，为领导决策提供可靠信息。（审计局　付信龙）

【跨年财务收支审计】 2016 年是审计局连续第 4 年开展跨年财务收支审计。审计自查阶段，审计局对广东、浙江、四川等 7 个省（区、市）分公司，中邮保险安徽、广东省分公司，和速递物流天津市分公司现场督导；对上海、天津、黑龙江、贵州、辽宁等 5 个省分公司，速递物流天津、海南、陕西、江西等 6 个省（市）分公司，中邮保险湖南、河南、安徽、广东等 10 个省分公司，及上海研究员、中国邮政航空有限责任公司等 23 个单位重点审计。通过自查自纠和重点抽查，发现 2015 年收入问题 3.36 亿元，成本费用问题 4 亿元，财务规范程度比 2014 和 2013 年有提高，收支问题金额比上年减少。（审计局　付信龙）

【配合监察局工作】 审计局派出多人对重庆市分公司及速递物流重庆市分公司信访问题进行调查；对中国邮政报社

和中邮物业进行核查；对福建、浙江、上海、北京等8个省（市）分公司员工持股投资清退情况专项检查调研。开展审计项目期间，对监察局委托的相关事项进行核查，并及时反馈情况。（审计局　付佶龙）

【ERP审计系统试点上线】 12月28日，ERP审计系统在山西、江苏、河南3省邮政、速递、保险公司同步上线运行。ERP审计系统采用自主开发模式，设置审计管理、审计作业、监控预警三个子模块，主要实现九个方面的功能：一是实现对财务数据的远程审计、实时审计，可实时查询财务报表、会计科目、会计凭证、电子影像；二是引入CAST任务清单模型，按照账套、科目、问题类型三个维度来发现审计疑点，布置审计任务；三是引入环节风险控制审计，以环节风险点、控制要求、测试步骤、审计方法为展现形式，指导主审和组员对可疑环节进行审计；四是实现对ERP其他模块的查询功能；五是审计管理与审计作业环环相扣，审计台账依据审计作业自动生成，审计报表依据审计台账自动生成；六是加强审计发现问题的统计和钻取力度，可对审计发现问题和发生单位进行统计和分析，可对审计报表数据逐级钻取；七是数据分析直观明了，能以折线图、饼图、柱状图等图形展示；八是实现审计台账、报表、审计报告初稿自动生成，保障数据的准确性和完整性；九是实现审计底稿的离线编辑，减少线上、线下间的重复劳动。（审计局　付佶龙）

【审计理论研讨活动】 为加强内部审计理论研究与实务工作的紧密结合，总结和交流内部审计先进理念和实践经验，审计局参加中国内审协会2016年审计理论研讨工作，组织各省（区、市）分公司、各控股子公司及直属单位开展研讨活动。各单位认真选题，深入调研，择优推荐，上报优秀论文57篇。根据专家组评比结果，向内审协会选送的6篇论文中，有4篇获奖：集团公司审计局邮政企业审计处《关于CAST审计任务清单模型的理论与实务研究》荣获一等奖。邮储银行审计局上海分局课题组《关于建立审计发现问题整改落实机制的研究》荣获三等奖。集团公司审计局刘智文《适应新常态　做好ERP环境下邮政企业内部审计工作》和安徽省分公司审计部汪旭《论邮政内部审计适应经济新常态的转型发展》荣获提名奖。集团公司审计局在此次活动中荣获组织奖。（审计局　付佶龙）

【北京市分公司风险防控管理】 北京市分公司加大资金安全、风险合规等方面的考核力度，完善安全管理“网格化”监管机制体系建设；建立47人代理金融专职检查队伍，开展5次飞行检查，累计发现问题117个，问责32人次；加强寄递渠道安全管理，增配安检设备14台；做好领导人员任中和离任审计，对电商业务资金、工程审计质量进行专项审计；在全公司开展法律法规、规章制度、职业道德、安全生产、规范经营的专项培训，培训普及率100%；未发生金融资金和其他重大安全事故、案件。（北京市分公司　石连成、陈丽涵）

纪检监察

【概述】

1. 纪检监察体制机制改革。成立北京、南京、成都3个试点分组（局）并开展工作。完成派驻、派出纪检监察机构人员招聘工作。招聘纪检监察工作人员67人，其中校园招聘3人，系统内招聘53人，特殊人才引进11人。按照中央要求和集团公司党组规定，纪检组监察局同人力资源部开展新任二级单位纪检组组长（纪委书记）提名考察工作，提名考察6人，并对所属单位纪检组组长（纪委书记）专司工作和纪检监察机构人员到位情况进行督办。

2. 监督执纪“四种形态”。按照全面从严治党的要求，从只盯住“关键少数”向管住大多数转变。对反映内容不具体、不具可查性的问题，采用谈话函询的方式咬耳扯袖；坚持把纪律和规矩挺在前面，对具有苗头性的问题早打招呼、早提醒，防止小问题变成大问题。全年纪检组监察局收到检举控告类信访件930件（不含重复为521件），均严格按照问题线索五类处置标准进行处置。纪检组监察局谈话函询24人次，提醒谈话8人次，诫勉谈话4人次。加大信访核查力度，纪检组监察局直接核查问题线索56件，立案审查13件，给予党纪、政纪处分14人；责成下级纪检监察机构立案审查10件，给予党纪、政纪处分14人，建议给予组织处理1人，收回违纪违规金额人民币125万余元，收回住房2套。

3. 关键岗位和重点人员的监督。在重要人事安排过程中，集团公司和各省级分公司、控股子公司纪检组组长（纪委书记）从初始酝酿阶段就参与研究并进行全过程监督。各二级单位纪检组组长（纪委书记）对本单位主要负责人落实全面从严治党主体责任、遵守“六大纪律”等情况进行“画像”评价。纪检组监察局配合集团公司组织人事、党建、工会等部门，回复提拔任职、职务调整、担任党代表、人大代表、政协委员和政府参事、推先评优等党风廉政征求意见函400余人次。其中，对45人进行任前廉政谈话，36人参加廉政知识考试。

4. 加强监督检查。一是加强对集团公司重大决策部署贯彻执行情况的监督检查。纪检组监察局会同代理金融、财务、网运、审计等部门，组织专项检查调研组对8个省（市）分公司贯彻执行集团公司部署进行专项检查调研。二是做好集团公司集中采购监督工作。通过现场监督和非现场监督的方式，对集团公司59个采购项目、237个合同实施程序监督。三是加强廉洁风险防控的指导工作，推动基层单位在认真排查廉洁风险点的基础上，建立完善规章制度，抓好制度落实。

5. 内部巡视工作。按照集团公司党组工作部署，全年分四批对15个省、10个直属单位计65个邮政企业单位开展巡视监督，对河北、上海、山东等省13个邮政企业单位巡视“回头看”。为确保巡视任务保质保量完成，每批巡视党组巡视组由3个增加到5个，巡视时间由1个月延长至40天。截至12月31日，集团公司党组巡视完成6批对90个邮政企业单位的巡视，巡视任务完成率达到66.2%。完成2批对25个邮政企业单位的巡视“回头看”。四批巡视向被巡视单位反馈主要问题889个，巡视整改计退缴金额1062.3万元，追究相关责任752人次，其中党政纪处分70人次，诫勉谈话97人次，提醒谈话120人次，约谈125人次，通报批评93人次。

6. 坚决防止“四风”反弹回潮。按照中央纪委部署和集团公司党组安排，纪检组监察局组织推进“四风”问题整治情况“回头看”的组织协调和落实工作。纪检组监察局在“五一”、端午、中秋、国庆等重要时间节点下发6个通知，坚持早提醒、早安排，对集团公司所属各单位党组（党委）落实全面从严治党主体责任、纪检组（纪委）履行监督执纪问责职责提出明确要求，严防节日期间“四风”反弹。

7. 加强纪检监察干部队伍建设。一是加强专业化培训。纪检组监察局派驻机构11名人员参加中央纪委组织的纪律审查业务、执纪审理业务等培训班。组织举办省级邮政单位纪检组组长（纪委书记）培训班、监察室主任培训班、纪检监察干部党校研讨班、地（市、州）分公司纪委书记（纪检组组长）培训班、新进纪检监察人员培训班、信访案件信息管理培训班等，集中培训人次850人。举办纪检监察干部远程培训班，对全系统各层级专兼职纪检监察干部进行了培训。

8. 健全完善制度规定。会同党建工作部制定集团公司党组贯彻《中国共产党问责条例》实施办法，细化问责情形。编辑完成《信访和纪律审查工作手册》，修订完善《巡视工作手册》，完善纪检监察工作流程，保障履行监督职责的规范化和程序化。

9. 加强宣传教育。发挥牵头作用，协调相关部门，在全系统开展“党风廉洁宣传教育月”活动。加强对信息宣传报道，向中纪委网站报送信息21篇，采用11篇，在71家中管企业和金融机构中累积得分排名第二；在《中国邮政报》刊登信息24篇，配发评论5篇。（纪检组监察局 苌保峰）

【2016年党的建设暨纪检监察工作会议】 2月25日，集团公司党组召开2016年党的建设工作暨纪检监察工作会议。集团公司党组全体成员出席会议，集团公司总经理、党组副书记李国华主持会议，集团公司党组书记、副总经理张亚非代表集团公司党组作题为《落实全面从严治党要求　推进邮政系统党的建设　为建成世界一流邮政企业提供坚强保证》的报告，集团公司党组成员、纪检组组长孙国栋代表集团公司党组纪检组作题为《坚持把纪律挺在前面　在全面从严治党中认真履行监督执纪问责职责》的报告。李国华就认真贯彻中央全面从严治党部署，落实集团公司党组工作要求，对全国邮政各级领导班子及其成员提出要求。此次会议采用现场会议和电视电话会议相结合的方式召开。集团公司总部、在京直属单位和各板块党组（委），纪检、监察、党群部门负责人及三级以上领导干部，以及各省（区、市）分公司、邮储分行、速递物流分公司、中邮保险分公司、中邮证券分公司三级以上领导干部参加会议。

集团公司党组成员、纪检组组长孙国栋同志在报告中回顾一年来中国邮政各级纪检监察机构在推动党风廉政建设和反腐败各项工作中取得的新进展，特别是配合中央巡视组开展工作，认真推进中央巡视组反馈意见的整改落实，指出集团公司纪检监察工作的总体要求是：认真学习贯彻落实习近平总书记系列重要讲话精神，深入贯彻落实中央纪委六次全会以及集团公司工作会议、党的建设工作会议精神，坚持全面从严治党、依规治党，忠诚履行党章赋予的职责，聚焦监督执纪问责，深化标本兼治，完善工作机制，狠抓制度落实，把纪律挺在前面，持之以恒落实中央八项规定精神，着力解决员工身边的不正之风和腐败问题，加强和改进工作作风，建设忠诚干净担当的纪检监察队伍，不断取得党风廉政建设和反腐败斗争新成效，为中国邮政改革发展提供坚强纪律保证。

李国华和张亚非分别与集团公司所属单位代表——北京市邮政分公司、中国邮政储蓄银行、中国集邮总公司的党政主要负责同志签订党风廉政建设责任书。会后与其他单位党政主要负责同志陆续签订责任书。（纪检组监察局 苌保峰）

【“四风”问题整治情况“回头看”】 2—4月，在全系统开展“四风”整治“回头看”，对邮政、金融、速递三大板块的40个省级邮政企业党组（党委）进行检查督导，向被检查单位反馈问题138个并督促整改。通过“回头看”，集团公司党组对《关于贯彻落实十八届中央政治局关于改进工作作风密切联系群众的八项规定的实施意见》等规章制度进行修订完善，各省级邮政分公司、各控股子公司和直属单位查摆整改“四风”问题324项，修订完善307项制度规定。集团公司党组坚持从总部做起，在全系

统纠正延续多年的公款寄送首日封问题，取消拟议召开的邮政120周年纪念大会和拟制发的纪念邮折。（纪检组监察局　苌保峰）

【问题线索再“起底”工作】 纪检组监察局对2013—2015年的43件暂存件重新进行梳理，改为拟立案2件、初步核实25件、谈话函询11件，暂存3件，了结35件。规范问题线索处置方式，对具备核查条件的一律核查清楚，做到应查尽查。（纪检组监察局　苌保峰）

【党风廉政宣传教育月】 6—8月，纪检组监察局组织推进全系统“党风廉政宣传教育月”活动。活动与“两学一做”学习教育相结合，各省（区、市）分公司、控股子公司、直属单位通过举办专题讲座、观看党风廉政警示教育片、参观廉政教育基地等多种形式开展党风廉政和法律法规教育，强化党员干部廉洁从业和遵纪守法意识。（纪检组监察局　苌保峰）

【全系统领导干部警示教育大会】 11月10日，纪检组监察局组织召开邮政系统领导干部警示教育大会，集团公司党组纪检组通报陶礼明、张志春案件和速递物流吉林省分公司刘明尧案件情况，播放刘明尧案件警示教育片。通报和剖析系统内领导干部违纪违法的典型案件，警示各级领导干部切实提高法纪意识，筑牢思想防线，守住纪律底线，依规用权，按章办事，保障邮政企业健康稳定发展。集团公司党组书记、总经理李国华作重要讲话。集团公司党组成员、纪检组组长孙国栋同志主持会议并就落实会议精神提出要求。集团公司党组成员、副总经理李丕征、康宁、张荣林、李雄出席会议。会上，邮储银行、速递物流总部和北京市分公司党委领导作表态发言。全系统三大板块四级副以上领导干部在各分会场收听收看会议。

会议要求，全系统各级党员领导干部要从通报的案件中深刻吸取教训，真正把管党治党的政治责任扛在肩上，各级党组织要切实担负起管党治党的主体责任，切实加强对党员干部的党性教育、宗旨教育、警示教育，进一步严明政治纪律和政治规矩；各级纪检监察机构要把握职责定位，履行好监督执纪问责职责；各级邮政企业单位要举一反三，认真开展自查整改，堵住漏洞，把廉洁风险防控的各项制度落到实处。（纪检组监察局　苌保峰）

【纪检组组长（纪委书记）现场述职述廉】 12月27—29日，党组纪检组组织31个省（区、市）分公司和4个控股子公司纪检组组长（纪委书记）现场述职述廉，党组纪检组对各二级单位纪检组组长（纪委书记）履行监督执纪问责职责、廉洁从业等情况进行点评，并就执纪审查、巡视整改、廉洁风险防控等工作提出要求。（纪检组监察局　苌保峰）

【严肃审查吉林速递刘明尧、孙健严重违纪违法案件】 5—9月，纪检组监察局严肃审查速递物流吉林省分公司刘明尧、孙健严重违纪违法案件，在给予二人开除党籍、解除劳动合同处分后，将其涉嫌犯罪的问题移交司法机关。在系统内实现第一次与地方纪委联合办案、第一次运用“双规”措施、第一次主动将违纪违法人员移交司法机关。（纪检组监察局　苌保峰）

【北京、南京、成都分组（局）成立】 10月25日，北京、南京、成都3个试点分组（局）正式挂牌成立并开展工作。北京分组（局）联系区域为北京、天津、河北、山西、内蒙古、辽宁、吉林、黑龙江等省（市）；南京分组（局）联系区域为上海、江苏、浙江、安徽、山东等省；成都分组（局）联系区域为：重庆、四川、贵州、云南、西藏等省（区、市）。（纪检组监察局　苌保峰）

【河北省分公司启动首次巡查工作】 9月13日，河北省分公司召开巡查工作动员会，部署对地市分公司首次巡查工作，首次巡查包括秦皇岛、唐山两个市分公司。巡查期间，巡查组听取市分公司和部分基层单位的情况汇报，组织民主测评，与各类人员进行谈话，查阅有关资料，走访基层单位。听取被巡查单位领导班子和纪委书记的工作报告，并对被巡查单位选人用人、费用管理、薪酬发放、招投标管理以及纪检监察等工作情况进行专项检查。紧扣“六项纪律”，紧盯党组织政治核心作用、集团公司和省分公司党组重大决策的落实、中央八项规定精神、选人用人以及责任担当等五个方面的情况，着重发现问题，有针对性地开展巡查，对在落实“两个责任”、落实“三重一大”决策制度、坚决纠正“四风”、选人用人、机构设置等方面存在的问题进行重点关注和整改。（河北省分公司　程钰）

邮政科技

【概述】

1. 投资重点突出。投资建设工作按照“突出重点、效益优先”的指导思想，优化投资结构，重点向信息化、寄递类能力和终端设施等生产性投入倾斜，严格控制非生产性设施、超标准网点购置，保证有效投入。固定资产投资196亿元。

2. 争取政策支持。争取到“十三五”期间国家对邮政基础设施建设的持续支持政策。安排邮政普遍服务和机要通信项目总投资11.98亿元，其中中央预算内资金5亿元；安排邮政“三农”项目总投资2.6亿元，其中中央预算内资金1.8亿元。强化中央预算内资金项目管理，采取签订承诺书、加强专项检查等措施，建立定期通报和重点约谈机制，各省分公司也加大建设管理力度，项目落地实施和完成情况明显提升。

3. 统筹规划加强。一是坚持顶层设计，规划先行。从全局高度谋划实物网重大课题，贯彻集团公司包裹快递业务改革思路，优化陆运网和航空网规划方案，整合仓配一体化建设需求，加速形成“仓储 + 配送 + 金融”的综合服务模式。二是坚持突出重点，加速能力建设。完成7个处理中心的工艺改造和扩容，投产使用4个速递处理中心，日处理能力2400万件。落实11个陆运中心、3个航空中心征地工作，加快中心局易址迁建项目。三是突出创新，新工艺新设备带动生产处理能力和处理流程不断提升。“双十一”和春节业务高峰期间，邮政自主研发的双层分拣机单套日处理量45万件。四是加大终端投入，强化投递终端服务网络。新增揽投终端2.3万台、电动三轮车9242辆、投递车辆5130辆、智能包裹柜3052台。

4. 项目实施加快。一是推动信息化重点项目建设和改造。集团公司重点平台全面推进。ERP系统完成集团公司和三大板块的全模块推广上线；大数据平台实现核心业务功能上线运行；云平台完成初步搭建；新一代寄递平台、CRM系统等正在按计划加快推进。邮储银行新建和改造系统项目163项；中邮保险完成系统项目10余项；中邮证券完成新三板股转等系统上线。寄递类信息服务能力提升，实现邮速信息系统资源共享与协同，以及统一调度和散件化流水化作业。二是信息化自主可控能力切实增强。软件开发中心研发队伍组建运行，成功实践外部咨询设计 + 自主开发相结合的建设模式，自主开发ERP系统审计模块；参与新一代寄递项目咨询设计，自主承担开发实施任务；建立与各省邮政信息开发力量合作机制。邮储银行软件开发中心自有研发比例提升，承担工程62个，占全行工程数的35%，比上年增长55%；承担全行22个重点工程中的15个，占比68%；在原有6个分行研发中心基础上，增设4个分行研发中心，研发力量初步实现全国布局。三是信息网安全运行效果显著。全年未发生重大信息安全事故。完成春节、“两会”、G20杭州峰会、十八届六中全会、“双十一”等信息网安全运行保障任务。运行质量提升。全网系统可用率99.99%。其中储蓄逻辑集中系统交易成功率99.81%，36个核心类业务系统交易成功率稳定保持在99.50%以上，位居行业先进水平。信息系统灾备能力不断加强。实现丰台、亦庄同城中心储蓄逻辑集中系统、自助渠道系统无缝自动切换，重要信息系统灾备覆盖率进一步提高。信息安全防范工作改进。通过国家相关部门的信息安全检查，开展全网84个重要系统的等保测评和整改；通过实施统一接入、统一身份认证等工程，互联网网站安全漏洞比上年减少33%。四是信息化创新工作推进。推动邮政 + 互联网落地实施。完成便民服务站手机应用开发上线；优化网上报刊订阅流程，流转额增长600%；邮储银行电子化替代率不断提升。创新软件开发和运营模式。组建集邮项目技术业务联合运营团队，快速响应业务需求。集邮网厅收入7.8亿元，比上年增长47%；微信端收入1.4亿。创新旺季集中保障模式。“双十一”期间组成全国应用支持保障中心，集中办公、7×24小时值守，保证信息系统和工艺设备的高效稳定运行。

5. 体系建设。一是大数据能力建设。依托大数据平台，规范数据归集、整合和应用管控流程。二是数据治理。建立三层主数据管理架构，完成40个信息系统主数据治理。三是围绕重点业务开展数据分析。组织开展快递包裹时限对标等14个专题分析，推进代理金融网点效能等12个分析项目的应用推广，支持跨专业、跨板块数据共享40余次。

6. 组织领导。一是组织和强化集团公司科技创新活动。组织首届科技创新成果的评选和2017年集团科学技术奖评选，在集团公司范围内营造科技创新争先的良好氛围。二是软科学研究和新技术应用。组织协调集团公司“十三五”发展规划等多个重点项目研究。组织开展AGV技术应用、自助收寄终端研发等项目。三是推进基层创新成果推广应用。优选深圳快递包裹营销报价系统、风险合规系统等基层创新成果立项推广。四是加强标准化工作。发布《邮件处理中心工程设计规范》等7项全网性标准，对工程建设、基础数据等进行规范，提高建设管理水平和效率。

7. 基础管理。一是严格项目管控，保障项目实施效果。按照集团公司“三重一大”决策程序和有关规定，严格执行项目立项、变更流程，严控立项范围、严格立项审查、严把费用预算，强化过程管理。通过多项指标综合评估，加强对相关单位的考核，推进项目建设。二是完善制度建设。修订、制定发布工程科技、数据管理和采购管理等制度办法10余项，制度体系得到进一步完善。三是培训与指导检查。组织各类集中培训18次，开展专项检查3次，加强对各单位工作的指导服务和监督检查，提高各层面管理水平。

8. 从严治党。一是党建工作强化。坚持把党的领导融入全面工作中，贯彻全面从严治党，深入开展“两学一做”学习教育，落实国有企业党建工作要求，推进党组织建设。不断加强党风廉政建设。认真贯彻中央八项规定精神，始终把党的纪律规矩挺在前面，紧盯易滋生“四风”问题的风险点，坚决落实巡视整改要求，重点整改，防止反弹。二是扶贫工作推进。通过定点扶贫、电商扶贫和金融扶持等多项措施，精准施策，履行央企责任，支持国家扶贫攻坚战。（信息建设与科技部　宋超）

【集团公司邮政信息网运维管理工作研讨会】 10月27日，集团公司“2016年邮政信息网运维管理工作研讨会”在青海省西宁市召开。信息科技与建设部、信息技术局相关负责人以及全国15个省（区）信息技术局相关领导和运维负责人参加研讨会。青海省分公司副总经理赵利平出席会议并致辞。赵利平在讲话中表示，青海邮政将以此次研讨会为契机，认真学习兄弟省（区）先进经验，进一步提升省内邮政信息网安全运行质量，全力推进青海邮政信息网运维管理水平再上新台阶。研讨会安排部署2016年邮政信息网运维管理重点工作和“双十一”旺季生产信息网运保障工作。会议期间，各省（区）代表对2017年信息网运维考核办法进行交流研讨，山西、福建、四川、西藏、青海5个省（区）做信息网运维管理工作经验介绍。会议邀请惠普公司有关专家开展运维管理知识讲座。（青海省分公司　韩建）

【中国邮政大数据平台上线】 5月，中国邮政大数据平台启动。7月30日，完成平台环境搭建并上线。大数据平台接入邮政18个业务系统的存量数据，实现数据分析项目、数据资源和平台资源管理三方面基本功能，满足数据分析和管理的基本要求，实现邮政数据资源的集中和整合，为邮政企业决策支持、产品创新、交叉营销、服务支撑、风险管控以及流程优化等提供支撑服务。（信息技术局　秦佳）

【数据分析项目】 一是推进分析项目工作的开展。通过建立全员绩效与项目挂钩的激励机制、按季度研定分析项目、成立专题项目组等措施，开展数据分析项目。完成EMS竞品时限对比分析、中邮证券黑龙江省分公司客户分析、跨境电商卖家数据获取、代理金融网点效能分析、专业客户贡献度分析、电商快递包裹客户数据分析（I期）、地址模型研究等18个项目，分析成果均得到集团领导及相关专业的肯定。二是建立分析模型。通过大数据分析摸索与实践，对分析项目流程进行梳理，围绕寄递产品的对标：时限、服务、网络组织，电商平台：卖家、商品、买家，集邮网厅：存疑客户，中邮证券：客户价值、潜在客户，EMS：异常邮件，代理金融网点效能：网点效能评分模型、指标体系，专业客户贡献度：客户流失预警等累计建立20个模型，并规范模型的目标、适用场景、应用项目、数据来源、模块算法等。（数据中心　张丽娟）

【应用软件测试项目】 以建设中国邮政“软件评测中心”为目标，以开展应用软件入网测试为内容，软件开发中心设立专门软件测试团队，承接国际小包订单集货及收寄系统、集邮营销平台系统、人力资源系统员工自助查询功能以及短信业务系统核心功能等性能测试任务，完成性能评测、问题诊断和优化建议等工作，为系统上线后的平稳高效运行提供性能保障。（软件开发中心　吴俊华）

【CRM系统咨询服务项目】 为支持中国邮政品牌、客户、营销、销售及渠道资源整合，逐步实现邮政企业“以客户为中心、以市场为导向”的转型发展，集团公司决定在三大板块统一实施CRM（Customer Relationship Management）即客户关系管理系统。4月5日，项目正式启动建设。项目组通过对集团总部和省内的详细访谈，完成能力评估报告、蓝图设计报告、业务需求说明书、整体解决方案、演进路线等方案的编制、评审工作。9月12日，CRM系统咨询服务项目通过评审。（信息技术局　秦佳）

【ERP系统上线邮政三大板块】 截至12月31日，ERP系统基本实现在邮务、金融、速递物流三大板块和集团公

智能手机PDA，能够实现平面360度扫描，客户面单上的相应信息会在手机中显示，可直接与客户进行电话联系，无需拨号。（新闻宣传中心／提供　王泉／摄）

司总部、直属单位的全面覆盖与应用。ERP 项目于 2014 年 5 月启动，按照“信息化引领 + 套装软件”工作思路，集团各部门、各板块、各省（区、市）初步构建起高度整合、统一规范的财务、采购、投资项目、审计和主数据管理信息化平台，基本打通从销售到收款、采购到付款、投资到转资等企业运作的关键流程，实现企业核心数据的统一管理，实现高度的业财一体集成，使企业基础管理制度得到规范。（信息技术局　秦佳）

【员工自助服务系统全国推广上线】 为提升管理效能，实现全员人力资源管理，完成员工自助服务系统的开发工作，6 月和 9 月分两个批次在集团公司总部及直属单位、省（区、市）分公司实现全面推广上线。该系统开通信息查询、信息发布、移动学习和生活服务等功能，为制度设计平台、资源配置平台和共享服务平台提供更加丰富的数据支撑，实现人力资源管理系统由“服务管理型”向“服务员工型”转变，提升服务支撑水平、科学决策能力和资源配置效率。（人力资源部　谭卓）

【新一代寄递业务信息平台启动建设】 3 月 10 日，采用互联网分布式架构云技术的新一代寄递业务信息平台正式启动建设。新一代寄递业务信息平台以落实集团公司“一体两翼”经营发展战略，促进寄递业务快速增长，重构寄递类产品体系，提升运营质量为目标，为打造“寄递翼”奠定基础，引入国际知名 IT 咨询公司承担项目咨询设计及开发指导工作，并成立由咨询公司和集团公司、速递物流和部分省（区、市）专家组成的联合项目组，通过对集团公司和省内的详细访谈与调研，完成邮政寄递现状分析报告、业务需求和技术架构的编制、评审工作，为后续平台的全面上线奠定基础。（信息技术局　秦佳）

【国际邮件结算信息系统】 8 月 10 日，软件开发中心研发的“国际邮件结算信息系统”获得国家版权局颁发的计算机软件著作权登记证书。国际邮件结算信息系统整合若干信息系统，构建统一的结算平台，实现完善的闭环控制，提高国际邮件结算质量。一是互换局人工录入数据、通过 ESB 接口接收基础业务数据等多渠道的数据采集，并提供基础数据的检查和维护等功能；二是进出口国际包裹及 EMS 的航运费、终端费、e 邮宝运费终端费、水陆路运费以及中速快件等诸多账务的对内分省清分结算；三是对外国邮政及航空公司所有账务种类的测算估算、应收应付发账核账、普通账发账签退、分类总账发账签退以及总账处理等所有环节的结算，提升结算效率。国际邮件结算信息系统采用 B/S（浏览器 / 服务器）结构，结算框架的层次结构使用标准的 WEB 应用中的 MVC 结构，开发框架基于 SSH 结构（Struts2+Spring3+Hibernate3），以开发简单、工作高效为目的对 SSH 结构做适当封装，系统界面采用 JQuery EasyUI 框架，保证界面美观，操作方便。一是与外围系统数据交换。采用基于 JMS 协议的 ESB 消息中间件作为底层的通讯平台，通过异步方式完成上传、下传报文的批量传送，异常与错误会以下传报文形式返回，实现国际邮件结算信息系统与外围系统的数据交换，性能高效稳定，一定程度上保证数据源质量。二是认证与权限。系统需要对使用本系统的用户进行身份认证，结算框架采用标准的用户名 + 密码的方式对用户进行身份认证，认证通过后将产生该用户的会话信息供系统各模块及数据的授权控制使用。具备分级权限管理，实现角色和权限的灵活配置。三是结算报表设计。采用 birt 报表工具，将结算结果按照用户格式要求生成结算报表，避免用户的二次加工。（软件开发中心　吴俊华）

【国际电商小包自助收寄设备】 项目被科技部立为国家火炬计划产业化示范项目。该系统具有自主知识产权的智能图像扫描与识别设备，具备高效的识别算法和高识读率，称重系统采用高精度传感器和国际一流的称重、滤波算法，使得动态秤能够实现高线性度、高精确度及高稳定性工作。10 月，该项目荣获中国物流与采购联合会科技进步二等奖。12 月，项目完成并在深圳邮区中心局投入应用 10 套，实际处理量 15000 件 / 小时。单台处理能力是人工处理能力的 3 倍。（邮政科学研究规划院　彭芃）

【北京互换局国际包裹系统】 8 月 10 日，软件开发中心研发的“北京互换局国际包裹系统”获得国家版权局颁发的计算机软件著作权登记证书。北京互换局国际包裹系统是一套集推挂机控制、分拣机控制、开拆、邮件称重、分拣机供包、封发、清单勾核等功能为一体的自动化控制系统。该系统主要功能包括：包裹开拆、开拆事后汇总、直封封发、互封封发、直封封发汇总、互封封发汇总、直封平常封发、互封平常封发、PDA 开拆封发、截留邮件处理、直封路单制作、北京勾核与统计、北京包裹供包、退费通知单等。该系统主要技术特点，一是实现设备全自动化控制。北京互换局国际包裹系统中涉及包裹推挂机、邮件分拣机等多个大项设备，为降低现场人员劳动强度，系统全程采用自动化控制。包裹推挂机自动化控制：当邮车到达北京包裹处理中心后，通过传送设备将邮袋传输至推挂机。系统监测到邮袋后根据不同运输方式、邮袋类型将邮袋合理分配到推挂机的存储轨中。当需要进行开拆操作时，系统依据各存储轨上邮袋数量、开拆台席所处理业务种类通过最优方案驱动设备将邮袋传输至相应的开拆台席。邮袋从离开车辆到进行开拆整个过程均由系统自动控制，从而极大降低人员劳动强度。邮件分拣机自动化控制：从推挂机获得邮袋后，操作人员对邮袋进行开拆，并扫描邮袋内件信息，软件系统根据邮件的寄达国、邮件类型、运输方式、格口分配方案等信息，自动计算邮件所对于寄达局，然后驱动分拣机设备将邮件投递到相应格口。二是通过 PDA 手持机实现邮件的分拣封发。邮件经过分拣机分拣后，操作人员通过 PDA 对邮件进行封发。在封发时系统再次计算寄达局并对邮件进行校验，从而保障邮件不被错误封发。PDA 扫描邮件条码后自动调用中心控制服务，对邮件基础信息进行核对，获取承载邮件的飞机航班。（软件开发中心　吴俊华）

【电子通讯广电行业升甲级】 6 月 27 日，邮政科学研究规划院工程设计资质“电子通讯广电行业（电子系统工程）”升为甲级，获得中华人民共和国住房和城乡建设部颁发的工程设计资质“电子通讯广电行业（电子系统工程）专业甲级”证书。邮政科学研究规划院成为电子通讯广电行业中电子系统工程和邮政工程双甲级设计单位。（邮政科学研究规划院　彭芃）

【数据中心分析成果落地应用】 通过建立分析成果反馈机制，强化与项目需求方跟进成果应用情况，12 个项目得到复制推广应用。（1）集团公司层面：一是 EMS 竞品时限对标分析项目，分析成果得到集团公司和速递物流公司领导的认可，并要求持续开展时限对标项目。二是跨境电商行业动态，分析结果定期提交邮政业务局，同时下发各省（区、市）分公司分管领导和专业负责人，为其提供国际小包业务的决策支持。三是跨境电商卖家数据获取项目，为“双十一”期间邮务局迅速抢占市场份额，提高市场竞争能力，实现精准营销提供有力的数据支撑。四是电商快递包裹客户数据分析（I 期），下发外部获取的数据 87474 条供各省开展营销，截至 12 月 5 日，走访客户 42422 户，其中有效客户数为 26161 户，签订协议客户数 6876 个。（2）省层面：一是代理金融网点效能分析项目，河南、湖南、重庆、湖北、江西、福建、广西、贵州、西藏等 9 省（区、市）开展项目复制。其中：河南省分公司将复制分析成果嵌入省内开发的网点转型大数据服务系统并投入使用；重庆市分公司完成项目复制，正在落地应用；湖南省分公司完成 2 个地市的样本网点分析工作并交代理金融业务局确认，在全省复制及应用；湖北、西藏等省（区）分公司完成数据整合和清理，江西省分公司进行数据建模。二是邮政代理金融及邮务类部分专业客户贡献度分析项目，湖南、湖北、广西、辽宁及西藏等 5 省（区）提出项目复制申请。其中：湖南省完成 2 个地市的分析工作，全省地市复制推广；湖北省选择 2 个地市开展分析复制，完成建模数据准备工作。三是 2015 年电子银行客户分析项目，安徽省分公司将成果固化到“业务数据报告系统”等 4 个系统中为代理金融业务提供服务。江西省分公司将已签约、未签约个人网银等 6 类客户通过省内系统下发至各网点，发现全省代理网点个人网银交易笔数提升 29.8%，手机银行交易笔数提升 10.6%。广西分公司开展“亿路有你”及电子银行特色营销活动，截至 9 月 30 日，全区代理金融电子银行交易替代率 84.57%，比上年增长 5.21%，暂列全国第二位。四是 2015 年商易通客户分析项目，广西完成项目复制工作，将潜在商易通客户下发，并结合渠道效能提升工作，开发潜在客户。五是国内小包竞品时限分析项目，广西、四川省（区）得到推广复制。（数据中心　张丽娟）

【阿里云技术路线验证】 2 月 15 日—5 月 20 日，由软件开发中心软件开发二部、系统架构集成部、需求分析测试部组成的团队 17 人，作为主体力量完成阿里云技术路线的验证测试。全面参与需求分析、架构设计、开发框架搭建、详细设计、联调测试等工作，并对中国邮政云技术实施路径进行深入分析思考，为新一代寄递业务信息平台云技术路线的选择提供决策支持。同时，通过验证以及后续对阿里云技术的继续跟踪和深入研究，为后续承担项目开发奠定良好的基础。（软件开发中心　吴俊华）

【上海研究院智慧景区应用模式】 上海研究院顺应景区现代化管理需求和“互联网 +”发展潮流，研发并推出智慧景区管理系统，为景区打造“智慧营销 + 智慧服务 + 智慧管理”的整套解决方案：该系统在原先窗口售票的基础上，增添官网售票、微信售票、第三方网上分销、自动售票机、OTA 旅游电商数据对接等多元化线上线下电子商务销售模式，减轻窗口售票压力的同时，为游客省去排队购票换票时间。产品推广方式上，上海研究院构建山东泰山和南京中山陵两个重点项目，这 2 个项目都实现线上线下电子商务销售模式与快速入园，且线上销售情况喜人，为打造智慧景区宣传推广案例平台树立标杆。（上海研究院　龙潜）

【上海研究院摆臂总包初分系统获奖】 9 月，上海研究院研制的摆臂总包初分系统获得 2016 年全国邮政企业科技创新成果评选二等奖。摆臂总包初分系统为国内外首创，它的研发弥补交叉带分拣机的缺点，为总包分拣提供新的选择方案。相比交叉带分拣机，该系统具有投资小、占地省、人工省、操作简单、可靠性高、维护要求低等优点，尤其以其低投入及实用性广泛运用于各种分拣场所。系统主要通过所研发的摆臂机代替工人在纵横网格式的皮带流水线中对传输的包裹进行推挤实现分拣，每一个摆臂机即可代替一个工人，最大程度地减少工人数量，同时减轻工人劳动强度，节约人工成本。该系统的运用可极大改进快递物流业在总包处理环节的劳动密集型工作方式，推

进快递业向自动化、机械化、信息化发展。（上海研究院 龙潜）

【新疆分公司维文版PDA开发成功】 为提升国内小包、代投特快等邮件投递服务水平和作业效率，实现实时反馈投递信息，2014—2015年新疆区配发2630台投递揽收手持智能终端设备（简称PDA）。设备使用后，有效提高全区邮政快递包裹、代投特快等邮件信息处理的及时性和准确性。由于新疆区投递员中维吾尔族占比很高，特别在县以下农村网点对维文版PDA的需求强烈，为加快全区投递信息化作业的进度，发挥信息化设备的作用，新疆区分公司先后与新疆维吾尔自治区民族语言文字工作委员会、福建国通公司联系合作，对投递操作专业术语进行维文化。经过多次升级测试，实现PDA中文和维文切换，在投递生产应用中大大提高投递服务的竞争力。（新疆分公司 康燕）

【中邮信息科技（北京）有限公司获得中关村高新技术企业证书】 3月11日，中邮信息科技（北京）有限公司成立，与软件开发中心合署办公。9月1日，中邮信息科技（北京）有限公司通过中关村科技园区管理委员会审核，获得“中关村高新技术企业”认证证书，这是公司注册成立以来获得的首个企业认证殊荣。（软件开发中心 吴俊华）

【中邮信息科技（北京）有限公司获得ISO9001质量管理体系认证证书】 11月30日，中邮信息科技（北京）有限公司通过北京新世纪检验认证股份有限公司的质量管理体系认证审核，于12月8日获得质量管理体系认证证书，标志着在建立并全面实施ISO9001质量管理体系、强化过程质量控制等方面取得初步成果，为进一步提升客户服务水平、树立品牌形象，提升公司的影响力，提供更加有力的保障。（软件开发中心 吴俊华）

【“中国邮政安全电子邮件系统V2.1”获国家信息安全测评EAL3+证书】 1月21日，软件开发中心研发的“中国邮政安全电子邮件系统V2.1”荣获EAL3+级别的国家信息安全测评证书。自2015年3月10日，中国信息安全测评中心信息安全实验室对“中国邮政安全电子邮件V2.1”进行EAL3+级别的测试评估，11月30日完成各项评估工作。“中国邮政安全电子邮件V2.1”所参加的EAL3+级，是现阶段所有参与EAL测评的国内商/民用电子邮件产品中，所获得的最高安全保证级别。（软件开发中心 吴俊华）

党群工作和精神文明建设

◇ 党建工作

◇ 工会工作

党建工作

【概述】

1. 认真开展“两学一做”学习教育。各级党组织按照集团公司党组学习教育指导协调小组下发的《指导意见》，结合实际制定《实施方案》，以党支部为基本单位认真组织实施。通过组织广大党员深入学习党章党规、习近平总书记系列重要讲话、十八届六中全会和全国国有企业党建工作会等重要会议精神，强化理论武装，打好“学”的基础。通过“两学一做”学习教育网上专区和手机客户端，组织开展征文活动、知识竞赛、参观党性教育基地，开辟“党建时空”专栏，编发《党建工作信息》，板块交叉讲党课等多种形式促进学习交流，提升学习成效。坚持知行合一，突出以“学”促“做”。引导广大党员把学习教育效果体现在践行宗旨、履行义务、发挥作用、攻坚克难的具体实践中。

2. 加强党的组织体系和工作体系建设。推进党组清理规范工作，采取分步实施的方式，全系统177个市（地）及以下企业单位党组改党委工作全部完成，省（区、市）分公司党组清理规范工作正在协调推进。根据企业机构设立和调整变化，同步建立和动态调整党的基层组织设置，认真抓好基层党组织换届工作，基本实现基层党组织建设全覆盖。加强党的工作机构队伍建设，各省分公司党建工作部门全部完成单设，增加人员编制；市（地）邮政企业党建工作部门单设机构接近一半，增加专兼职党务干部。各级党组织认真落实“三会一课”、民主生活会、组织生活会、民主评议党员等制度，党内政治生活的制度化、规范化水平不断提高。

3. 推进中央专项巡视整改。集团公司党组制定的271项整改措施全部完成。直属机关各级党组织根据中央国家机关纪工委专项检查反馈意见，迅速行动，立行立改，推动中央专项巡视整改任务落实。在“四风”问题整治“回头看”工作中，各二级单位党组织共查摆整改“四风”问题324项。在此基础上，修订完善集团公司党组《关于贯彻落实中央八项规定的20条实施意见》和《加强总部机关作风建设的意见》等制度，推进作风建设长效化、常态化。

4. 健全完善企业党建制度体系。中央专项巡视整改期间，制定和修改完善56项规章制度，在此基础上，修订完善《中国邮政集团公司党组工作规则》，制定落实《中国共产党问责条例》实施办法，修改集团公司章程，把党建工作要求纳入公司章程；制定2016年度集团公司党建工作考核办法，纳入年度战略绩效指标体系考核范畴；研究落实党建工作经费保障机制；制定贯彻落实全国国有企业党的建设工作会议精神30项重点任务举措。同时，建立推动制度落实的监督机制，通过内部巡视、党建述职评议考核等工作，对制度落实情况开展监督检查，有效推动了制度落实。

5. 强化各级党组织功能作用。全系统各级党组织不断强化“以党建促发展、以发展强党建”的理念，不断推进企业党建工作和经营工作有机融合，努力把党建工作优势转化为企业发展优势。集团公司从全局上坚持统筹谋划，把企业党建工作与经营工作同部署、同推进。各级党组织围绕生产经营工作，创新工作载体、搭建活动平台，努力把党建工作成效转化为企业发展活力和竞争优势。

6. 推动精神文明建设和企业文化建设。企业精神文明建设蓬勃开展。各级邮政企业广泛开展文明单位、文明示范窗口、青年文明号等群众性创建活动，提升邮政服务水平。全系统新增全国“五一劳动奖状”3个、全国“五一劳动奖章”6个，全国青年文明号20个，全国“工人先锋号”16个，全国交通运输行业精神文明建设先进集体、先进个人13个，感动交通年度十大人物称号1人，首届全国文明家庭1个。中国邮政统一的企业文化体系建成发布并宣贯实施。研究建设由一个理念识别系统、三个行为模型和五个视觉模块组成的中国邮政企业文化体系，发布《中国邮政企业文化手册（2016年版）》。制定《中国邮政企业文化宣贯工作实施意见》，举办首期中国邮政企业文化内训师培训班，培训学员60名，为宣传贯彻推广明确路线图和时间表。在全国交通运输系统文化建设优秀成果评比活动中，邮政系统共荣获优秀品牌1个、优秀单位19个、核心价值观践行者1人。

7. 发挥群团组织功能作用。一是认真做好党的群团工作。贯彻落实中央群团工作会议精神，发挥工会、共青团、妇联等群团组织作用，结合邮政实际，开展特色品牌活动。推进职工小家建设，做好“助医、助困、助学”关爱帮扶工作，组织开展丰富的职工文化活动，增加企业凝聚力。二是认真做好离退休干部工作。认真贯彻中央老干部工作要求和中办3号文件精神，加强离退休党组织建设和思想政治工作，认真落实政治待遇和生活待遇，组织开展建党95周年和红军长征胜利80周年有关纪念活动，开展为党的事业增添正能量活动。三是认真做好统战、民族和宗教工作。各级党组织认真贯彻落实党的民族、宗教政策和中央统战工作会议精神，从国家大局着眼，从邮政实际出发，认真做好各项工作。特别是西部边疆地区邮政企业单位，积极主动承担维稳政治责任，为维护民族团结和社会和谐稳定做出了重要贡献。（党组党建工作部）

【党的建设工作暨纪检监察工作会议在京召开】 2月25—26日，党的建设工作暨纪检监察工作会议在京召开，会

《中国邮政开办一百二十周年》纪念邮票。

3 月 20 日，中国邮政开办 120 周年纪念日，《中国邮政开办一百二十周年》纪念邮票首发，中国邮政卡通形象“雁雁”亮相，中国邮政开办 120 周年纪念图片展启动，线上线下互动的客户回馈活动开启。（新闻宣传中心 / 提供）

议采用现场会议和电视电话会议相结合的方式，集团公司党组全体成员，集团公司总部、在京直属单位和各板块党组（委），纪检、监察、党群部门负责人及三级以上领导干部，以及各省（区、市）邮政分公司、邮储分行、速递物流分公司、中邮保险分公司、中邮证券分公司三级以上领导干部参加会议。

会议总结 2015 年邮政系统党建工作和纪检监察工作。一是落实管党治党责任，党建工作体制机制更加完善。二是开展“三严三实”专题教育，思想政治建设扎实推进。三是健全完善党的组织体系工作体系，基层党组织作用不断增强。四是以中央专项巡视整改为契机，把党风建设和反腐败斗争引向深入。五是坚持从严管理干部，干部队伍建设得到加强。六是党的群团工作、企业文化建设和精神文明创建工作持续推进。

会议部署 2016 年邮政系统党的建设重点工作和纪检监察工作。党的建设七方面重点工作：一是认真贯彻中央要求，切实落实全面从严治党主体责任。二是认真开展“两学一做”学习教育，扎实推进思想政治建设。三是推进党的组织体系工作体系建设，夯实党建工作基础。四是切实发挥各级党组织的功能作用。五是驰而不息推进党风建设和反腐败斗争。六是着力加强干部队伍建设，把选人用人和从严管理干部的要求落到实处。七是进一步加强党的宣传舆论工作和群团工作。集团公司纪检监察工作的总体要求是：认真学习贯彻落实习近平总书记系列重要讲话精神，深入贯彻落实中央纪委六次全会以及集团公司工作会议、党的建设工作会议精神，坚持全面从严治党、依规治党，忠诚履行党章赋予的职责，聚焦监督执纪问责，深化标本兼治，完善工作机制，狠抓制度落实，把纪律挺在前面，持之以恒落实中央八项规定精神，着力解决员工身边的不正之风和腐败问题，加强和改进工作作风，建设忠诚干净担当的纪检监察队伍，不断取得党风廉政建设和反腐败斗争新成效，为中国邮政改革发展提供坚强纪律保证。（党组党建工作部）

【直属机关纪委办公室成立】 2 月，集团公司直属机关纪委成立综合处，编制 4 人，其中领导职数 1 正。直属机关纪委首次设置独立工作机构，明确工作职责，修订和出台工作规则和有关监督执纪工作制度，规范信访登记管理、问题线索处置、立案审查、党纪处分等各项工作流程，理顺直属机关纪委的收发文件、OA 公文办理和公章使用等各项工作程序，为直属机关纪委履行好监督执纪问责职能提供组织保障。（党组党建工作部）

【集团公司党组出台《关于贯彻落实〈中国共产党问责条例〉实施办法》】 9 月 5 日，集团公司党组印发《关于贯彻落实〈中国共产党问责条例〉实施办法（试行）》（中国邮政党组〔2016〕51 号），突出管党治党政治责任，从党的领导弱化、党的建设缺失、全面从严治党不力、推进党风廉政建设和反腐败工作不坚决等方面细化出 23 条具体的问责情形，对问责程序进一步予以明确和规范，让失责必问、问责必严成为常态，为邮政企业党风廉洁建设提供坚强制度保障。（党组党建工作部）

【“三严三实”专题民主生活会】 1 月 6 日，集团公司党组在京召开“三严三实”专题民主生活会，中央组织部、中央国家机关工委有关领导出席会议。

会前，面向全系统 65 个二级单位党组织，征求到对班子的意见 35 条、对个人的意见 35 条。每位党组班子成员结合分管工作，通过座谈会、谈心活动广泛听取意见和建议，形成党组班子和个人对照检查材料，并制定民主生活会方案。

会上，李国华通报党组班子对照检查情况，指出党组班子在修身做人、用权律己、干事创业方面，遵守党的政治纪律、政治规矩和组织纪律方面，以及落实党风廉政建设主体责任方面存在的主要问题。从理想信念、宗旨意识、党性修养、纪律规矩意识及权力观、地位观、利益观等方面深入剖析主要问题产生的思想根源。从加强理论武装，增强党性锻炼；加强党的建设，从严管理干部；切实落实“两个责任”；深化巡视整改，完善体制机制；深化邮政改革，加快转型发展等五个方面，明确努力方向，提出整改措施。党组每位同志也紧密联系思想和工作实际，联系中央巡视整改工作，逐一对照检查，开展严肃认真的批评和自我批评。（党组党建工作部）

【全系统开展“两学一做”学习教育】 4月20日，集团公司党组在京召开全系统视频会议，动员部署“两学一做”学习教育，全国邮政系统“两学一做”学习教育全面开展。按照中央要求，集团公司党组成立学习教育指导协调小组，下发《中国邮政集团公司党组关于邮政系统开展“两学一做”学习教育的指导意见》，作出具体部署。各级党组织结合实际制定《实施方案》，细化学习计划，以党支部为基本单位认真组织实施。一是以深入学习党章党规、习近平总书记系列重要讲话、十八届六中全会和全国国有企业党建工作会等重要会议精神为主要内容，强化理论武装，打好“学”的基础。二是通过开通学习教育网上专区和手机客户端，开展征文活动，开辟行业报纸专栏，板块间交叉讲党课，党章党规知识竞赛等丰富学习形式，注重学习成效。三是坚持知行合一，引导党员强化问题意识，自觉查找和纠正自身问题，把学习教育举措落实到提高认识、查找问题、立行立改、对标达标的过程中，把学习教育效果体现在践行宗旨、履行义务、发挥作用、攻坚克难的具体实践中。突出以“学”促“做”。同时，根据中央要求，全系统开展党员组织关系集中排查、党费收缴使用管理专项检查等七项重点工作。中央“两学一做”督导组三次到集团公司检查指导工作，对邮政系统“两学一做”学习教育给予充分肯定。（党组党建工作部）

【集团公司党组开展党建理论研究】 集团公司党组组织各级党组织围绕邮政发展改革热点难点问题开展思想政治工作研究，在全系统开展2015年度优秀政研成果评选活动，评选出一等奖5篇，二等奖10篇，三等奖20篇。同时，在中国邮政报、邮政网站上对部分优秀政研成果登载宣传，促进成果转化。此外，集团公司还参加上级单位的党建课题研究，并取得好成绩。集团公司直属机关党委课题组申报的《在深化改革中加强国有企业党的建设问题研究》，被评为中央国家机关党建研究会2016年度党建课题研究成果一等奖。“中国邮政集团公司党组党建工作部信息化管理平台”荣获“中央国家机关党建信息化评选优秀案例”。集团公司离退休党支部选送的3篇文章在中央国家机关工委“支部书记谈党建”征文活动中获奖。（党组党建工作部）

【首期党建干部专题研讨班】 5月5日至6月3日，集团公司2016年党建干部专题研讨班在中共中国邮政集团公司党校举行。50名来自全国邮政系统各个板块专职党务干部参加培训，系统地学习习近平总书记系列重要讲话精神、马克思主义经典理论与中国特色社会主义理论、党性教育与党性分析、党的执政理论及其前沿问题以及邮政企业党的建设方面特色课程等内容。学员深刻认识到加强邮政企业党建工作的重要性和紧迫性，提升理论素质、党性修养和职业素养，增强开展党建工作的底气、自信和能力。党建干部专题研讨班的举办对于提升邮政党建工作水平、保障和促进邮政的改革发展具有非常重要的意义。（党组党建工作部）

【集团公司总部机关离退休党支部改选为党总支】 5月13日，集团公司总部机关离退休第一届党总支选举工作完成。总部机关离退休党支部正式改选为总部机关离退休党总支。新成立的离退休党总支有党员103名，下设四个党支部。（党组党建工作部）

【集团公司直属机关第二次党代会召开】 11月2日，中国共产党中国邮政集团公司直属机关第二次代表大会在集团公司总部隆重召开。中央国家机关纪工委书记邓修明到会祝贺并讲话，集团公司党组书记、总经理李国华出席开幕大会，并发表重要讲话。集团公司党组成员、副总经理、直属机关党委书记李丕征代表中国共产党中国邮政集团公司直属机关第一届委员会，以《贯彻从严治党要求 落实管党治党责任 不断开创中国邮政集团公司直属机关党的建设新局面》为题作大会报告，部署今后一个时期直属机关落实全面从严治党各项任务。集团公司党组成员、党组纪检组组长孙国栋出席会议。大会选举产生集团公司直属机关党委第二届委员会和纪律检查委员会。（党组党建工作部）

【集团公司组织开展基层党组织书记党建工作述职评议考核】 集团公司党建工作领导小组和直属机关党委按照述职评议考核实施方案，对各省（区、市）分公司、各控股子公司、直属各单位和总部各部门开展2016年度基层党组织书记抓党建述职评议考核工作。考核采取书面述职报告（10个省分公司和12个直属机关基层党组织采用现场述职评价）、民主测评、党建工作领导小组成员部门评价、领导评价四部分加权计算的方法，确定各单位（部门）的考核评价结果。10个党组织得分在95分以上（含95分），59个党组织得分在90—95分之间，1个党组织得分在 85—90 之间。通过述职评议考核，进一步压实全面从严治党责任，推动全面从严治党向基层延伸，促进基层党建工作全面进步。（党组党建工作部）

【集团公司党建信息化管理平台获评优秀案例】 10 月，由中央国家机关工委宣传部、中央国家机关工委研究室、紫光阁杂志社和中央国家机关工委信息中心联合开展的党建信息化案例征集评选结果揭晓，中央国家机关各部门、地方各级党组织推荐 129 个案例，“中国邮政集团公司党组党建工作部信息化管理平台”入围 30 个党建信息化“优秀案例”。

2015 年 7 月，该部门启动“门户网站 + 数据管理”的党建工作信息化管理平台建设工作。初步形成及时反映中央、集团公司党组最新工作要求，指导全系统深入开展党的建设、精神文明建设、企业文化建设及离退休干部管理工作的综合服务平台，逐步实现党建日常工作的在线教育、交流学习、基础服务、信息传送等功能。平台自 7 月 1 日上线运行，为全系统广大党员和党务工作者学习党建理论、了解党建信息、交流党建经验提供又一重要渠道。（中国邮政报记者　管雯、苗雨）

【审计局落实党建工作责任制】 审计局党支部发挥好支部书记党建“第一责任人”作用，完善支部书记带头抓、支委和处室负责人具体抓，一级抓一级、层层抓落实的工作格局，认真从严落实党建工作责任制。认真执行“三会一课”制度，支部书记带头讲党课，扎实开展民主生活会、组织生活会和支部述职评议工作。以处室为单位成立党小组，保证学习教育的及时性和全覆盖。注重积极分子和预备党员的培养，严格党员发展程序和流程，2016 年吸收 2 名同志成为中共预备党员。（审计局　付信龙）

【中共中国邮政集团公司天津市分公司第一次代表大会】 11 月 16 日，中共中国邮政集团公司天津市分公司第一次代表大会召开。中共天津市交通运输委员会发来贺电。来自天津市分公司，速递物流天津市分公司、中邮保险天津市分公司 145 名党员代表共同见证公司新一届党委、纪委成立。会议选举产生公司新一届党委委员和纪委委员，李克超为市分公司新一届党委书记，刘承发为市分公司新一届纪委书记。集团公司党组党建工作部副主任柴力强到会祝贺并讲话。李克超书记代表新一届党委会作表态发言。大会首先听取会议筹备工作报告，通过代表资格审查报告、大会主席团名单、大会秘书长名单及大会议程。李克超代表市分公司党委作题为《增强管党治党意识　落实管党治党责任　不断开创天津邮政党的建设新局面》的党委工作报告。报告全面回顾两年来天津邮政党建工作，总结出八大亮点。在总结成绩的同时，也指出天津邮政党建工作存在的主要问题，并就下一步工作强调应抓好的六个方面主要工作。刘承发代表市分公司纪委作题为《聚焦中心任务　在全面从严治党中认真履行监督执纪问责职责》的报告。大会采取无记名投票、先差额预选、后等额正式选举的方式，产生了由李克超等六名同志组成的市分公司第一届委员会和由刘承发等五位同志组成的市分公司第一届纪律检查委员会。经过分组讨论审议大会批准市分公司党委工作报告、市分公司纪委报告。（天津市分公司　魏普金）

【中共中国邮政集团公司海南省分公司直属机关第一次代表大会】 12 月 14 日，中共中国邮政集团公司海南省分公司直属机关第一次代表大会在海口市召开。省分公司直属机关党员、离退休老党员代表 93 人参加会议。省直工委综合监察室宁华主任到会指导。会议投票选举产生省分公司直属机关第一届委员会委员及机关纪委委员。省分公司张冬生、王春民、吴泽春、陈信媛、杨君，邮储银行省分行黄志勇，速递物流省分公司龙新颖，省运输局陈奋当选新一届机关党委委员。（海南省分公司　洪文娴　陈佳佳）

【河北省分公司启动巡视“回头看”】 11 月 28 日，河北邮政三大板块和石家庄邮电职业技术学院联合召开巡视“回头看”工作动员会。河北省分公司党组书记、总经理杨全代表河北省邮政企业单位作表态发言，全力支持配合集团公司巡视组开展工作，切实把思想统一到集团公司党组对巡视工作的决策部署上来，自觉接受集团公司巡视组和全省邮政员工的监督，做好集团公司党组交给河北邮政企业单位的各项任务。集团公司党组第五巡视组于 11 月 28 日至 12 月 27 日对河北省分公司进行巡视“回头看”，计划 2017 年 2 月 22 日反馈巡视意见。（河北省分公司　程钰）

【辽宁省分公司党建工作进展显著】 各级党组织举办丰富多彩的学习活动，创新学习的载体。省分公司将督导包挂融入“两学一做”，聚焦四项重点工作，组织干部员工下基层、干实事，发挥基层党组织的战斗堡垒作用和党员的先锋模范作用。全省邮政 22 名党员荣获市级以上“优秀共产党员”和“优秀党务工作者”称号，4 个基层党组织荣获“先进基层党组织”称号。省国资委评价省分公司“两学一做”学习教育“学得扎实、做得到位”。狠抓巡视整改，推进重点领域和关键环节制度建设，巡视反馈问题得到全面整改。党建和纪检监察机构实现省市县“全覆盖”，岗位配员 82 人。紧盯节日时点，严肃廉洁纪律，保持对“四风”问题的高压态势。运用“四种形态”，强化执纪办案，全省各级纪委共函询 2 人、批评教育 1 人、提醒谈话 10 人、诫勉谈话 5 人、经济处罚 9 人、党内警告 2 人，公开通报 5 起违规违纪典型问题。（辽宁省分公司　王欣）

【吉林省分公司党的建设暨纪检监察工作会议】 3 月 9 日，吉林省分公司党组召开 2016 年党的建设暨纪检监察工作电视电话会议。会议明确 2016 年吉林邮政党的建设 6 方面重点工作：一是认真贯彻中央要求，深化落实全面从严治党责任；二是扎实推进思想政治建设，认真开展“两学一做”学习教育；三是着力夯实党建工作基础，健全完善党的工作体系和组织体系；四是从严从实狠抓作风建设，驰而不息推进党风廉政建设；五是着力加强干部队伍建设，把从严管理干部的要求落到实处；六是统筹推进精神文明创建工作，加强企业文化建设、群团工作和员工思想政治工作。（吉林省分公司　蔡敏杰）

【集团公司党组第四巡视组对重庆邮政系统开展巡视工作】 3 月 11 日，集团公司党组第四巡视组开始对重庆邮政系统开展巡视工作，至 4 月 18 日结束。根据巡视反馈意见和集团公司党组对整改的要求，市分公司党委从讲政治、讲规矩、讲纪律的高度，把落实巡视整改工作作为一项重要的政治任务，制定巡视整改工作方案及巡视整改工作台账，明确整改任务 19 项，细化整改措施 38 条，整改一个销号一个，至 7 月 20 日，整改完成率 100%。在执行财经纪律、选人用人、集中采购等重点领域组织开展专项排查，针对问题，立行立改，并建立健全规章制度 16 项，形成长效机制。制定《巡视整改持续推进工作任务表》，对 20 项持续整改任务实行强化跟踪督办，严肃执纪追责，确保巡视整改持续推进、取得实效。（重庆市分公司）

【云南省分公司开展首轮专项巡查】 9 月 6 日，云南省分公司党组成立三个巡查组对玉溪、昭通、临沧、德宏、怒江、红河 6 个州市分公司开展全面从严治党专项巡查。巡查的重点内容包括落实全面从严治党“两个责任”、执行“三重一大”决策制度、执行中央八项规定和选人用人等四个方面。专项巡查期间，巡查组通过听取汇报、列席会议、个别谈话、民主测评、查阅资料、走访调查、深入基层、受理信访等方式开展巡查，针对巡查发现的问题严肃指出，不遮掩、不护短，并提出巡查反馈意见和整改要求，责成被巡查单位限期整改，在一定范围内公布巡查整改情况，自觉接受干部员工监督。（云南省分公司　甘静）

【甘肃省“三级七岗”建清单】 8 月 30 日，甘肃省分公司召开党组会议，专题研究党建工作，落实集团公司全面从严治党要求。会议讨论通过《关于贯彻落实全面从严治党主体责任的实施意见（暂行）》，通过建立从严治党责任清单，完善保障运行机制，更好地发挥政治核心作用，战斗堡垒作用和先锋模范作用，为企业发展提供坚强的政治保障。并要求党组和市州党委党建工作部采取定期提醒、随机抽查、专项检查等方式，对责任清单落实情况进行跟踪督导检查。（甘肃省分公司　李凯）

【集团公司党组对新疆分公司专项巡视】 6 月 3 日至 7 月 12 日，集团公司党组第五巡视组对新疆分公司专项巡视。8 月 16 日，第五巡视组向新疆分公司党组反馈巡视意见。新疆分公司针对巡视“反馈意见”确定需要整改的 4 个方面 29 个问题和 97 项整改措施，完成整改任务 96 项，完成率 98.97%；针对巡视组向领导班子反馈的“具体问题与重点关注问题”确定 5 个方面 47 个问题和 123 项整改措施，完成 122 项，完成率 99.19%。（新疆分公司　康燕）

【精神文明建设】 全系统各级邮政企业广泛开展文明单位、青年文明号等群众性创建活动，企业发展软实力提升。全邮政系统新增全国“五一劳动奖状”3 个、全国“五一劳动奖章”6 个，全国青年文明号 20 个，全国“工人先锋号”16 个，全国交通运输行业精神文明建设先进集体、先进个人 13 个，感动交通年度十大人物称号 1 人，首届全国文明家庭 1 个。在全国交通运输文化建设优秀成果评选活动中，邮政系统荣获优秀品牌 1 个、优秀单位 19 个、核心价值观践行者 1 人。（党组党建工作部）

【邮政两集体两个人获中央国家机关工委“两优一先”表彰】 6 月 24 日，中央国家机关工委在北京人民大会堂召开中央国家机关优秀共产党员、优秀党务工作者、优秀党务工作者标兵和先进基层党组织表彰大会。集邮总公司设

陕西省西安邮区中心局党员志愿服务队在纬二十九街社区开展“理论宣讲　携手逐梦”活动，将党的十八届六中全会精神送进社区，打造践行“两学一做”的体验式教育课堂。（新闻宣传中心 / 提供　张舒晖、朱忻 / 摄）

计编审部党支部和总部机关人力资源部党支部获得“中央国家机关先进基层党组织”荣誉称号，郭恩娟同志荣获“中央国家机关优秀共产党员”荣誉称号，孙英剑同志荣获“中央国家机关优秀党务工作者标兵”荣誉称号。（党组党建工作部）

6 月 23 日，中国邮政航空公司机关及在京单位的 80 余名党员前往房山区平西抗日纪念馆开展主题实践活动，纪念建党 95 周年，进一步推进“两学一做”学习教育。（新闻宣传中心 / 提供）

【直属机关党委庆祝建党 95 周年】 6 月 29 日，集团公司直属机关在京召开大会庆祝中国共产党成立 95 周年暨“两优一先”表彰。在纪念中国共产党成立 95 周年之际，直属机关党委开展“学先进、树典型，‘两优一先’”评选表彰活动。经过组织推荐和民主投票，评选出郭恩娟等 51 名共产党员为“中国邮政集团公司直属机关优秀共产党员”，张学文等 20 名党务工作者为“中国邮政集团公司直属机关优秀党务工作者”，总部机关人力资源部党支部等 18 个基层党组织为“中国邮政集团公司直属机关先进基层党组织”。（党组党建工作部）

【贵州省分公司纪念中国共产党成立 95 周年纪念活动】 6 月 30 日，贵州省分公司举行庆祝中国共产党成立 95 周年纪念活动，全省各州、市、县分公司近 2000 名党员干部共同聆听张斌总经理题为《认真学习践行党章，推动贵州邮政持续健康发展》专题党课，并对直属机关先进单位和个人进行表彰。省分公司党组成员、纪检组长牟崇俊宣读表彰决定，党组成员、副总经理吴卓主持会议，党组成员、副总经理王明君带领新党员进行入党宣誓。（贵州省分公司　王莹）

6 月 20 日，江苏省射阳县分公司组织党员志愿者义务献血，用献爱心方式迎接党的生日。（新闻宣传中心 / 提供　刘德林 / 摄）

【邮政党建宣传报道】 新闻宣传中心按照集团公司党组要求，加强和改进党建和纪检监察工作的宣传。高度重视在重要版面和版位增加对集团公司党组有关工作部署、党组重要活动报道，在要闻版头条位置对基层邮政企业以党建促发展等情况进行报道。新闻宣传中心新媒体增加党建内容，报纸官微开设展示基层党员风采的“身边的感动”专栏，并在“七一”期间以连续专题形式推出“纪念建党 95 周年”系列报道，专题阅读量超过 10 万人次，点赞数近万人次。《中国邮政》杂志编辑部与集团公司党建工作部联合开展全系统庆祝建党 95 周年、深入开展“两学一做”学习教育征文活动。集团公司党组对此给予高度肯定，认为新闻宣传中心不仅在传达、贯彻党中央及集团公司党组的精神中充分发挥舆论主渠道作用，也使基层党建工作建立新抓手，营造全行业重视党建工作的浓郁氛围。（新闻宣传中心　许涛）

【新闻宣传中心“再走长征路　续写邮政情”大型采访活动】 为纪念红军长征胜利 80 周年，中心开展途经 8 个省（区）的“再走长征路　续写邮政情”主题采访报道活动，围绕长征中的红色邮政、新邮政新发展、助力地方服务民生需求、开展金融扶贫和电商扶贫等主题开展采访报道，进一步提升邮政新闻的社会影响力。（新闻宣传中心　许涛）

【数据中心党员参观“纪念中国工农红军长征胜利 80 周年主题展览”】 10 月 26 日，数据中心组织全体党员干部参观中国人民革命军事博物馆“英雄史诗　不朽丰碑——纪念中国工农红军长征胜利 80 周年主题展览”。展览分

6月28日，邮储银行贵州省遵义市分行开展“重走长征路 进步与您同步”纪念建党95周年暨党员“政治生日”主题健步走活动。（新闻宣传中心／提供）

为“战略转移踏征程”“伟大转折定航向”“浴血奋战勇向前”“革命理想高于天”“胜利会师开新局”“不忘初心，走好新的长征路”六个部分。通过大量珍贵的图片和实物，展现红军在中国共产党领导下艰苦卓绝的光辉历程，生动表现伟大的长征精神。（数据中心 张丽娟）

【数据中心党员合唱团活动】 数据中心党支部持续开展党员合唱团等教育活动。自2015年11月数据中心党员合唱团成立以来，中心所有党员和积极分子主动参加合唱团活动。业余时间，大家通过微群，互相推荐好的音乐作品来欣赏、学习。截至12月31日开展28次唱红歌活动，通过《走向复兴》《共筑中国梦》等10首红歌的排练。在“两学一做”学习教育中，中心通过组织“党员合唱团”活动，提升中心员工的党员身份意识，重温党的优良传统，学习社会主义核心价值观，进一步坚定共产主义的理想信念。（数据中心 张丽娟）

【西藏分公司表彰“两优一先”】 6月30日，为庆祝中国共产党建党95周年，表彰在西藏邮政转型发展中涌现出的先进基层党组织、优秀共产党员和优秀党务工作者，区分公司组织召开纪念建党95周年暨机关“两优一先”表彰大会。区分公司党组书记、总经理陆学鹏，区分公司党组成员、区速递物流公司总经理袁军，区分公司党组成员、副总经理何云，党组成员、纪检组长吴登寿，机关各部室、直属各单位、专业局全体党员及区速递物流公司党员100余人参加会议。林芝市分公司行政党支部等8个党支部被授予“先进基层党支部”荣誉称号；张慧丽等28人被授予“优秀共产党员”荣誉称号；赵建平等9人被授予“优秀党务工作者”荣誉称号；林芝市分公司羊奉生被授予“优秀共青团员”荣誉称号。（西藏分公司 刘德立）

工会工作

【概述】

1. 推进工资集体协商工作。明确将年度职工工资调整幅度、最低工资保障水平、职工绩效考核、收入分配、生活福利、休息休假、职工教育培训等事项作为平等协商的内容。各级邮政工会利用主席信箱、基层座谈调研、问卷调查、职工代表提案等多种渠道，及时了解职工诉求。集团邮政工会7月编写的《全国邮政职工思想动态报告》得到集团公司党组的重视。

2. 做好邮政工会网站的“主席信箱”管理。完善处理流程，做好来信和来电的处理。所收员工来信，均已转相关单位处理，并全部答复完毕。

3. 推进职工小家建设。12月31日，邮政三大板块建成“职工小家”2.7万余个，受益职工52万人，职工满意率96%。9月，在山东省召开全国邮政系统职工小家建设现场推进会，对深化创新邮政职工小家建设工作、提高小家综合效能提出要求。

4. 实施“关爱工程”。指导各级邮政工会开展冬送温暖、夏送清凉、金秋助学和重大节日走访慰问等活动。2月，“两节”期间全国邮政系统各级领导共慰问生产一线职工、劳模先进、困难受灾职工4.68万人，发放慰问金5540万元。对受灾严重的7省（安徽、江西、江苏、湖北、湖南、福建、河北）拨付105万元救助资金。完善困难职工档案，做到因人施策、精准帮扶，深化职工互助补充保险工作。

5. 工会干部培训。通过中国邮政网络学院，5—9月对县级以上专兼职工会工作人员15823人远程培训。8月，在辽宁省邮政培训中心，组织三大板块130名工会副主席参加集中培训。（集团公司工会 王圣光）

【先进集体和先进个人名单】

全国“五一劳动奖状”

1. 辽宁省邮政分公司盘锦市分公司
2. 山东省邮政分公司菏泽市分公司
3. 广东省广州邮区中心局（国防邮电工会推荐）

全国“五一劳动奖章”

1. 辽宁省鞍山市分公司湖南投递部投递员 赵玉镇
2. 安徽省宿州市分公司投递员 张 军
3. 安徽省淮北市邮政分公司 李 珍
4. 湖北省十堰市郧西县六郎支局投递员 陈伦顺
5. 广东省佛山市分公司投递局南庄投递班投递员

刘忠华

6. 重庆市秀山县分公司投递员　刘　江

全国“工人先锋号”

1. 北京市报刊发行局中邮新媒体中心
2. 石家庄邮区中心局包件分拣转运局
3. 内蒙古区兴安盟分公司陵园路邮政支局
4. 黑龙江省哈尔滨市分公司直属营业局东大直街营业所
5. 黑龙江省佳木斯市分公司站前邮政支局
6. 黑龙江省黑河市分公司国内处理邮件中心
7. 江苏省南通市分公司营业局
8. 浙江省电子商务局农村电商运营团队
9. 湖北省孝感市三里棚邮政支局
10. 广东省阳江市分公司网路运营中心投递一班
11. 海南省邮政11185客户服务中心
12. 四川省彭州市分公司天彭镇迎宾路支行
13. 云南省镇雄县分公司罗坎邮政支局
14. 中国邮政速递物流公司陕西西安市雁塔分公司（国防邮电工会推荐）
15. 甘肃省白银市平川区分公司大水头支行
16. 青海省西宁市分公司朝阳揽投部

2015年感动交通十大年度人物

广东省珠海市外伶仃岛营业投递员　谢　坚

【一届五次全体委员（扩大）会议在京召开】 5月27日，集团公司工会一届五次全体委员（扩大）会议在北京召开。集团公司党组书记张亚非出席会议并作重要讲话，国防邮电工会副巡视员黄敬平出席会议。此次会议完成集团公司工会一届委员会主席、常务副主席、副主席、常委、委员和女职工委员会委员的增替补工作。康宁当选主席，李玉峰当选常务副主席，廉福臣、杨连祥、刘斌当选副主席。（集团公司工会　王圣光）

【工会组织建设完善】 3月，集团公司工会召集北京、辽宁、山东、福建、重庆和陕西6省（市）的工会副主席，在山东省济南市召开座谈会，商讨如何开展工会会员对工会组织进行评议的工作。根据此次会议的共识，结合国防邮电工会下发的《中国国防邮电工会关于新形势下开展职工之家评议的指导意见》，11月，集团公司工会转发此文件并就实施范围、操作方式等提出具体要求。此举是对在2015年开展的“六有工会”调查中发现的各省工会组织建设方面存在的不足的解决措施。（集团公司工会　王圣光）

【工资集体协商工作】 三大板块各省级邮政企业本着“协商共谋、机制共建、效益共创、利益共享、风险共担”的原则，普遍依法开展工资集体协商工作，明确将年度职工工资调整幅度、最低工资保障水平、职工绩效考核、收入分配、生活福利、休息休假、职工教育培训等事项作为平等协商的重点内容，合理确定职工收入水平，确保企业发展成果最大限度惠及职工。（集团公司工会　王圣光）

【职工诉求表达渠道畅通】 各级邮政工会利用主席信箱、基层座谈调研、问卷调查、职工代表提案等多种诉求渠道，及时了解职工诉求，准确分析职工思想动态，并针对职工在休息休假、文化娱乐、生产生活条件等方面的意见、建议，向本级党组提出工会的建议、主张并督促落实，效果良好。7月，集团邮政工会编写《全国邮政职工思想动态报告》，得到集团公司党组的重视。（集团公司工会　王圣光）

【职工小家建设推进】 9月，集团公司邮政工会在山东省召开全国邮政系统职工小家建设现场推进会，总结、交流全国邮政系统职工小家建设工作经验，对深化创新邮政职工小家建设工作、提高小家综合效能提出要求，指导各板块小家建设提档升级。各级邮政企业、邮政工会认真贯彻落实会议精神，践行“建家就是建企业、建家就是建队伍、建家就是构和谐、建家就是促发展”的理念，推动职工小家建设三年规划的实施，确保职工小家建设快速有序推进并取得阶段性成果。截至12月31日，邮政三大板块建成“职工小家”2.7万余个，受益职工52万人，职工满意率96%。各单位建设适合自身实际和职工需求的小家类型，并注重强化管理，不断提升小家综合服务效能，职工小家服务支撑凝聚作用进一步彰显。邮政分公司和邮储银行针对速递物流板块建家工作存在的困难，开展邮速共建、银速共建小家，江苏、安徽、山东、河南、山西、广西、海南、陕西等省（区、市）提出凡是和速递物流共用办公场地的单位都要开展邮速、邮银小家共建共享，或者通过资金帮扶、小家向速递物流职工开放等措施，切实帮助地市速递物流公司推进职工小家建设。集团公司工会加大对艰苦边远地区职工小家建设的补贴力度，为3个省（市）下拨小家专项补贴资金近40万元，用于购买小家体育文化设施等。

通过拍摄职工小家建设宣传片和微视频、在《中国邮政报》开辟“幸福邮政”专栏、定期通报小家建设动态等方式，宣传各地小家建设的有益经验和做法，促进各地间的相互学习和交流，推动各地加大推进力度，确保职工小家三年规划阶段目标的顺利完成。（集团公司工会　王圣光）

【“关爱工程”】 集团公司工会构建“助医、助困、助学”大帮扶格局，做到因人施策、精准帮扶，服务职工能力和水平不断提高。各省（区、市）深化职工互助补充保险工作，提高对遭遇重病大病和意外灾害职工的帮扶救助水平，利用地方帮扶政策，使符合条件的困难职工纳入全总困难职工档案中。集团公司工会争取国防邮电工会支持，加大对邮政困难职工的帮扶力度。指导各级邮政工会开展冬送温暖、夏送清凉、金秋助学和重大节日走访慰问等活动。各级邮政工会认真做好元旦、春节送温暖工作，集团党组成员春节前分别带队前往慰问邮政三大板块的一线员工。2 月“两节”期间全国邮政系统各级领导共慰问生产一线职工、劳模先进、困难受灾职工 4.68 万人，发放慰问金约 5540 万元。“双十一”业务高峰期间，通过大力开展送温暖、强支撑活动，强化一线职工的就餐、取暖、休息等后勤保障服务。山西、广东、河南、湖南等省（区、市）邮政工会下发通知或倡议书，号召广大机关干部“双十一”期间深入一线和一线员工并肩作战，提高邮件处理速度。

做好对遭受自然灾害省份的慰问工作，集团公司工会对受灾严重的 7 个省拨付 105 万元救助资金，为受灾职工送温暖。关注特殊慰问对象，集团邮政工会对身为云南缉毒烈士遗属的邮政职工拨付慰问金抚恤慰问。（集团公司工会　王圣光）

【职代会质量提升】 集团公司工会贯彻集团公司党组《关于做好省级邮政企业职工代表大会民主评议工作的意见》。12 月，下发《关于进一步做好省级邮政企业职工代表大会民主评议工作的通知》，规范职代会流程。指导督促各省级邮政企业健全职代会工作制度，职代会民主评议工作取得重大进展，三大板块省级职代会民主评议领导班子和成员工作普遍开展，对于加强党风廉政建设和领导班子建设、完善企业科学管理、推动邮政改革发展、调动职工积极性。为规范职代会运行和民主评议工作，集团邮政工会深入调研，12 月召开座谈会，广泛听取意见、建议，推动基层不断落实职代会职权、规范和完善民主评议内容和程序。（集团公司工会　王圣光）

【劳模培树管理】 集团公司工会重新修订并下发《全国邮政系统劳动模范（先进个人）管理办法》。集团邮政工会对 1998 年邮电分营以来全国邮政系统劳模先进（省部级及以上）情况摸底调查和汇总分析，加强劳模先进（省部级及以上）统计管理。全国邮政系统有 3 个单位荣获全国“五一劳动奖状”；16 个集体荣获全国“工人先锋号”；6 名职工荣获全国“五一劳动奖章”。广东珠海外伶仃岛营业投递员谢坚被评为 2015 年感动交通十大年度人物。（集团公司工会　王圣光）

【劳动竞赛】 集团公司和集团邮政工会针对重点业务、重点工作、热点难点和薄弱环节，开展营销创优、全国网路运行“达标争先”、全国邮政代理金融“十强百优千佳”、重点城市电商快包业务发展、农村电商、邮政企业信息网安全运行等六项劳动竞赛。集团公司工会对各项劳动竞赛进展情况督导跟踪，编发 7 期《劳动竞赛动态》专刊，宣传先进经验和典型案例，及时反映存在的问题。为加强和规范邮政企业劳动竞赛管理工作，9 月，集团公司工会重新修订并下发《中国邮政集团公司劳动竞赛管理办法》。（集团公司工会　王圣光）

【体育赛事活动】 1 月，开展纪念中国邮政开办 120 周年职工文学、摄影作品征集评选活动；4 月，组织参加“第七届理士杯全国通信职工桥牌赛”，在各系统综合排名中，中国邮政名列第一；5 月，组织三支代表队参加“全国通信职工乒乓球比赛”，荣获团体第二、五、七名，专业男子单打获冠、亚军的好成绩；7—9 月，动员组织全系统参加“2016 年中国通信职工‘泰康养老杯’重走长征路健步走网络公开赛”暨“2016 年‘承载梦想、走向健康’全国健步走网络公开赛”，邮政系统 431 个单位 90382 人次参赛，6 个单位获优秀组织奖，11 个单位获优胜奖；8 月，组织参加“全国通信职工健身操舞展示赛”，获得规定动作和自选动作双项冠军；9 月，组织参加中央和国家机关第十三届“公仆杯”乒乓球联赛，在 104 支代表队中取得团体第三名的优异成绩；10 月，推选广西分公司气排球女队代表中国通信体育协会参加“第六届全国绿色运动会气排球公开赛”，荣获冠军。（集团公司工会　王圣光）

【工会干部培训】 5—9 月，集团公司工会通过中国邮政网络学院，对县级以上专兼职工会工作人员进行“怎样当好工会主席”等六方面内容的远程培训。此次工会干部远程培训班实际参加培训人数 15823 人，超过全国邮政工会专兼职干部数量的总和。8 月，集团公司工会在辽宁省邮政培训中心，组织三大板块 130 余名工会副主席参加的集中培训。此次培训，通过国防邮电工会聘请专家、教授，讲授“职工文化就是企业核心竞争力”等 6 个课程，邀请集团公司战略规划部领导讲解集团公司的“十三五”规划。在培训班的总结讲话中，李玉峰常务副主席结合此次培训课程和交流座谈中反映的情况，提出各级邮政工会要围绕“六大工程”开展好工会工作，并提出“知民情、传民意、聚民心”是工会干部的基本职能。（集团公司工会　王圣光）

【集团公司工会四川省第一次代表大会】 9 月 19—21 日，集团公司工会四川省第一次代表大会在成都召开。9 月 20 日，四川邮政先进表彰仪式暨“新邮政　新征程”四川邮

政职工文艺展演在成都市金色歌剧院举行。(四川省分公司　钟劲)

【集团公司工会贵州省第一次代表大会召开】 6月3日，集团公司工会贵州省第一次代表大会召开，省分公司党组书记、总经理张斌出席会议并讲话，省分公司党组成员、纪检组组长牟崇俊主持会议，省分公司党组成员、副总经理吴卓致开幕词，省分公司党组成员、副总经理王明君宣布表彰决定并致闭幕词。会议对先进基层工会、优秀工会工作者、优秀工会积极分子和模范职工小家进行了表彰；通过民主选举产生中国邮政集团公司工会贵州省第一届委员会、经费审查委员会和女职工委员会，并通过《中国邮电工会贵州省邮政第三届委员会工作报告决议》及《中国邮电工会贵州省邮政第三届经审委员会工作报告决议》。(贵州省分公司　王莹)

【全国政协厂务公开工作组调研青海邮政工会】 9月20日，全国政协委员、四川省总工会原党组书记、常务副主席罗茂乡，黑龙江省总工会副主席于国君，四川省总工会民主管理部部长范会军，青海省总工会党组成员、副主席常伟宁，到青海邮政工会就改革和民主管理工作进行专题调研，并召开座谈会。调研组先后深入西宁邮区中心局实地查看了职工食堂、职工之家、员工阅览室和邮件转运、分拣生产场地。详细了解了职工食堂运营，职工之家建设、邮件转运和分拣设备运行情况，企业用工、员工权益保障、员工教育、员工福利发放等方面情况，查阅企业局务公开、民主管理等资料。对西宁邮区中心局在职工食堂、企业文化墙、图书阅览室建设、企业用工、员工权益保障、员工教育以及邮件转运和包分设备现代化建设等方面取得的成绩给予了高度评价，对邮政基层工会组织建设提出表扬，对邮政在普遍服务中承担的重要社会责任给予肯定。调研组希望青海邮政企业在今后的工作中继续保持在企业民主管理工作中的优良作风，发扬邮政企业“人民邮政为人民”的企业服务精神，不断增强企业凝聚力、向心力和战斗力，加快推动企业转型升级步伐。调研组慰问企业优秀员工代表和全国劳模陈庆福。(青海省分公司　韩建)

【集团公司爱心捐赠仪式在新疆和田举行】 8月9日，集团公司工会常务副主席李玉峰、新疆分公司总经理王俭、集团公司机关事务部副总经理叶军、新疆分公司副总经理姚新根与英艾日克乡党委、政府领导、广大村民共同参加新疆和田地区和田县英艾日克乡巴什阔尕其村“中国邮政集团公司爱心衣物捐赠仪式”。常务副主席李玉峰代表集团公司表达对两个村广大村民的慰问，他指出：邮政与广大老百姓的生活息息相关，与各族群众感情深厚。此次捐赠充分表达中国邮政对新疆贫困地区各族百姓的爱心。希望在各方的共同努力下，两个村的村民能够过上更好、更幸福的生活。新疆分公司住村工作组组长，分公司副总经理姚新根代表住村工作组表达对集团公司的感谢，表示将把集团公司的爱心传递到每个村民，尽心尽力做好“访惠聚”工作。和田县政协副主席、英艾日克乡党委书记阿迪力·阿不都尼亚孜在讲话中表示，要把中国邮政集团公司无私的帮助化为工作的动力，带领广大村民同心聚力奔小康。活动期间捐赠衣物8000余件，鞋400余双，配饰300多件。这些捐赠物资将由新疆分公司两个住村工作组有序分发到村民手中。

李玉峰常务副主席一行在疆期间还分别前往速递物流公司国际大巴扎揽投部、乌鲁木齐市公司扬子江路营业部、西虹路投递班、乌鲁木齐邮区中心局、和田分公司封发转运班、阿克苏阿拉尔市公司看望慰问基层各族员工，并查看各单位员工小家、员工餐厅建设情况。(新疆分公司　康燕)

【各省(区、市)庆祝邮政开办邮政120周年活动】 3月20日，集邮公司与天津市分公司联合举行“大龙行天下　丙申双甲子”客户文化会暨百年珍邮展、《中国邮政开办一百二十周年》纪念邮票首发等系列活动。集邮总公司总经理邓慧国、副总经理顾军，天津市分公司总经理李克超、副总经理石青，市体育局局长李克敏、副局长陈铭，市旅游局副局长何智能、市交委副主任吴秉军、市邮政管理局副局级巡视员陈宝国，以及中国集邮报社总编蔡旸等领导嘉宾出席。数千名大客户和集邮爱好者分别在天津邮政博物馆、海河假日酒店及邮政网点参加活动。(天津市分公司　魏普金)

3月20日，中国邮政开办120周年纪念图片展(上海站)在上海邮政大楼举行。展览分为“中国邮政发展图片展”和“上海邮政发展图片展”两部分，展出展板95框，汇集珍贵图片300余幅，集中反映从近代邮政创办起，中国邮政业的发展和取得的成就，以及上海邮政近年来的发展情况。上海分公司在全市100多个网点同步推出历史图片展精华版，通过易拉宝展示、视频滚动播出等形式，展示相关内容。上海邮政博物馆配合历史图片展的举行，集中展示第一轮至第四轮生肖大版，并开展“最美生肖邮票”评选活动。推出“中国邮政开办120周年答题闯关邮礼送”等丰富多彩的线上活动。(上海市分公司　陆怡琼)

3月23日，湖北省分公司举行纪念中国邮政开办120周年图片展，展出图片25框，回顾发展历程，展望未来前行之路。(湖北省分公司　王春瑞)

3月20日，为庆祝中国邮政开办120周年，海南省分公司客户答谢暨珍邮鉴赏会和《中国邮政开办120周年》纪念邮票揭幕仪式在海口华邑酒店举行。省邮政管理局丰圣少副局长和省分公司苏沙沙副总经理参加此次活动并为纪念邮票揭幕。此次答谢会还邀请一直关心和支持海南邮政的新老高端客户120人参与。此次活动播放中国邮政120周年历史故事和海南邮政发展史视频宣传片，邀请省函件集邮局陈文勇专家做集邮知识讲座。设立邮政产品展示宣传栏及展柜，展示园生递、函件、包裹、集邮等邮政实物产品。珍邮展示区展示《乙未年邮票金砖A款》《灵猴献礼》《铁面包公珍藏册》《中国邮政成立120年版票册》《春光锦绣》二十四节气邮册等稀有珍邮，客户可以在现场直接进行预订或购买，当日销售和预定邮品133万元。（海南省分公司　洪文娴、陈佳佳）

【首届科技创新成果奖评选】 信息科技与建设部组织开展集团公司首届科技创新成果奖评选，收到38个单位上报的256项科技成果。9月20日，集团公司召开评审会，推荐出科技创新成果奖一等奖10项、二等奖20项、三等奖30项，小技改、小发明奖30项。组织开展集团公司科学技术奖评选活动，收到20个单位上报的165项科技成果。12月20—22日召开评审会，推荐出科学技术奖44个项目，其中一等奖2项、二等奖7项、三等奖35项。（信息科技与建设部　宋超）

【上海研究院职工获“上海工匠”提名奖】 上海市总工会实施“上海工匠”培养选树千人计划，计划每年培养选树100名具有突出工艺专长、掌握高超技能、体现领军作用、做出突出贡献的“上海工匠”，推动各行各业培养选树一大批“行业工匠”，通过重塑新时代的“工匠精神”，激发全市职工创新创造活力。10月，上海研究院新产品研发中心高级工程师巫炜煜获“上海工匠”提名奖。巫炜煜长期从事信函分拣机及物流设备研发工作，多次参与重大项目研发，曾获得上海市科技进步一等奖，集团公司科技进步奖一等奖、二等奖、三等奖等多个奖项。（上海研究院　龙潜）

【上海市分公司建立微信企业号】 4月，上海邮政微信企业号启用。以企业号为基础平台，首先建设推出双创金点子微平台，员工可以在此平台上发布双创金点子，也可查看其他人发布的双创点子，并进行点赞和评论。此举突出员工在“双创”中的主体地位，形成促进企业发展的新动能。企业号推出安全生产、报刊目录查询、教育培训、上海邮政报、问卷调查、新闻资讯等微平台，借助互联网技术，建立起一个全体员工智慧共享的开放平台，也为上情下达、下情上晓顺畅渠道。（上海市分公司　陆怡琮）

【数据中心获通信行业及全国邮政企业管理现代化创新成果二等奖】 数据中心申报的《依托大数据分析的寄递产品时限对标体系构建》荣获通信行业企业管理现代化创新优秀成果二等奖、第十二届（2016年）全国邮政企业管理现代化创新成果二等奖。《依托大数据分析的寄递产品时限对标体系构建》利用互联网+和大数据思维的成果，创新实践寄递产品竞品时限对标分析，构建邮政寄递产品对标体系。该体系涵盖非结构化数据解析、内外部数据整合、数据集市建立、寄递产品环节拆分、节点数计算、环节时限计算、对标结果可视化展示等内容，形成分析应用模式，并在集团邮务局、速递物流公司和各省分公司进行推广应用，为寄递业务的科学发展提供有力的数据支撑。（数据中心　张丽娟）

【软件开发中心ERP项目组受集团公司表彰】 2月26日，信息科技与建设部表彰2015年度ERP项目先进个人和优秀团队，中心刘策、纪雨、蔡立铮、贾亮、刘佛、李洋、王璐、田蕊琪、朱士刚、章妮等十位同志被评为先进个人；宋雨、丁芸芸、杨硕、纪雨、姜聪翀、刘策、王藤霖等七位同志被评为优秀团队成员。（软件开发中心　吴俊华）

【《中国珍邮》大型系列纪录片获国家大奖】 12月，国家新闻出版广电总局组织的2016年“弘扬社会主义核心价值观　共筑中国梦”主题原创网络视听节目展播活动推选结果揭晓，由中国邮政集团公司出品、中国邮政集团公司新闻宣传中心摄制的大型系列纪录片《中国珍邮》获评“优秀原创网络视听节目（非剧情类）”。《中国珍邮》23集，是中国首部以珍邮为题材的大型系列纪录片，旨在纪念中国邮政开办120周年。该片遴选大龙邮票、中国邮政第一套生肖邮票等多套邮中珍品，真实还原邮票的诞生过程以及背后鲜为人知的历史故事。3月20日起，《中国珍邮》在中央电视台10套、亚太第一卫视、广电总局下属几十家视频网站和网络电视台进行展播，播出后在集藏界引起热烈反响。（中国邮政报记者　王珂）

【全国邮政行业精神文明建设工作培训班学员参观海南11185客户服务中心】 12月6日，全国邮政行业精神文明建设工作培训班学员到海南省分公司11185客户服务中心，就该中心创建青年文明号相关工作进行参观和交流。省邮政管理局副局长丰圣少和省分公司副总经理苏沙沙参加交流。培训班的学员来自国家邮政局、各省邮政管理局，集团公司及部分民营快递企业。汇报会上，海南省分公司11185客户服务中心向学员们分享中心概况、创建全国青年文明号的历程和收获，得到学员们的认可，纷纷表示受益良多。（海南省分公司　洪文娴、陈佳佳）

【湖北省邮政文史展馆开馆】 10月9日，湖北省分公司举办湖北邮政文史展馆开馆仪式暨中国邮票设计名家荆楚高端品鉴会活动。湖北邮政文史展馆位于省分公司机关大楼四楼，占地面积2200平方米，是集收藏、研究、展示、交流等多功能于一体的综合性邮政文史展馆，也是中华人民共和国成立以来湖北首家邮政文史展馆。（湖北省分公司　王春瑞）

【云南省总工会王晓明劳模创新工作室】 1月14日，云南省分公司举行王晓明劳模创新工作室授牌仪式。自2011年以来，云南省总工会先后在全省选树命名一批云南省劳模创新工作室，在提升职工技能素质，实施创新成果转化，推动企业创新发展中发挥示范引领作用，为云南产业结构调整和转型升级做出贡献。2015年，省总工会命名20个2015年云南省劳模创新工作室，云南省分公司王晓明劳模创新工作室位列其中。王晓明作为云南省分公司信息技术局技术开发科研人员，长期以来，在提升传统业务的信息化水平、创新产品和服务等方面取得突出成绩，并于2014年被授予云南省劳动模范荣誉称号。这次以他领衔的团队，被省总工会命名为云南省劳模创新工作室，也是号召广大邮政职工向他学习，从而进一步发挥劳模时代擎旗手、领跑者的引领作用，影响和带动广大邮政职工提升技术技能、强化综合素质，在推动云南实现跨越式发展进程中，充分发挥工人阶级主力军作用。该工作室将聚焦邮政企业转型发展，结合“互联网+”“一体两翼”发展战略，在邮政服务地方经济，打造邮政综合服务平台等重点项目上开展创新创造。（云南省分公司　甘静）

【新疆邮政老年大学成立】 5月17日，新疆邮政老年大学正式成立。新疆邮政老年大学面向乌鲁木齐地区邮政系统，包括邮储银行新疆区分行、新疆邮政速递物流分公司招生，学制一年，安排8门课，其中三门大课，五门专业课。根据老年朋友们的需求，新疆邮政老年大学拟逐步开办声乐班、舞蹈班、书法绘画班、摄影班，开设党课时事政治和健康知识、集邮知识等讲座，成立集邮协会、摄影协会、体育协会。新疆邮政老年大学的成立，是实现离退休老同志“老有所学、老有所乐、老有所为”的具体举措，是对离退休老同志政治上尊重、思想上关心、生活上照顾的具体体现，是使离退休老同志共享新疆邮政改革发展成果的现实需要。（新疆分公司　康燕）

【青海省西宁市分公司朝阳投递部荣获全国“工人先锋号”荣誉称号】 青海省西宁市分公司朝阳投递部被中华全国总工会授予2016年度全国“工人先锋号”荣誉称号。青海省分公司党组成员、副总经理、青海省邮政工会主席赵利平代表青海省分公司党组，看望慰问，并向他们颁发奖牌和荣誉证书。赵利平指出，朝阳投递部是全省邮政投递部门的典型代表，在平凡的工作岗位上做出不平凡业绩，发扬青海邮政人积极进取、勇于探索、求真务实、艰苦创

5月8日，广西公益品牌活动“为爱Hi跑”开启。主办单位根据参赛选手的完成情况为当地贫困山区孩子捐助相应的公益基金及物资。（新闻宣传中心/提供）

业的精神，得到用户的认可。希望朝阳投递部全体员工珍惜荣誉，谦虚谨慎、再接再厉，大力弘扬劳模精神，继续做辛勤劳动、诚实劳动、创造性劳动的模范，用优秀品格、模范行动引导和鼓舞全省邮政员工，为全省邮政树立榜样和标杆。（青海省分公司　韩建）

【邮政金融“双优”评选及表彰活动】 1—5月，集团公司和邮储银行组织开展“优秀支行（优秀营业所）”和“优秀支行长（优秀营业所主任）”评选活动。评选出“优秀支行”70家、“优秀营业所”130家；“优秀支行长”50名、“优秀营业所主任”100名，其中“金牌支行长”10名、“金牌营业所主任”20名。（邮政业务局　刘佳）

4月27日，中国邮政金融“双优”表彰大会在全国政协礼堂隆重举行。新闻宣传中心承办此次中国邮政金融“双优”表彰大会。（新闻宣传中心　许涛）

【代理金融争创“十强百优千佳”劳动竞赛】 1—12月，集团公司、集团公司工会组织开展代理金融争创“十强百优千佳”劳动竞赛。10省荣获“2016年全国邮政代理金融储蓄业务发展‘十强’省分公司”荣誉称号、19省的100个地市荣获“2016年全国邮政代理金融储蓄业务发展‘百优’地市分公司”荣誉称号、29省的1000个网点荣获“2016年全国邮政代理金融储蓄业务发展‘千佳’营业机构”荣誉称号，集团公司对先进单位及个人给予表彰及奖金奖励。（邮政业务局　刘佳）

【速递物流两单位获评全国用户满意工程先进】 11月24日，速递物流河北省分公司和速递物流安徽省芜湖市分公司获得“2016年度全国实施用户满意工程先进单位”称号。河北省分公司成立“提升用户满意度”专项工作领导小组，明确职责分工、确立工作目标及完成时间进度。河北省分公司持续加大省内网优化建设力度，不断开展流程优化，推广应用“标准化处理中心生产作业系统”，同

时，提升运行管控能力，全面提升邮件时限水平和服务品质。此外，该分公司还通过完善客户服务体系、加强服务质量考核、强化关键质量指标考核、强化运行过程控制等措施，有效保障服务质量。芜湖市分公司深入推进用户满意工程，运用“互联网＋政务服务”思维为客户提供证件寄递服务；利用仓储资源和专业化的物流服务团队优势，为客户提供“仓储＋配送＋信息化”的一揽子解决方案。该分公司建立主动客服团队，全年主动为客户查询邮件35万件，申诉率优于行业五星级快递企业的评价标准。（中国邮政报河北记者　高翔、安徽记者　顾诚）

【邮政三大板块新款服装换装工作】 4月21日，邮政业务局提交《关于启动新款邮政系列制式服装采购工作的请示》。12月22日，集团公司采购管理部下发《关于进一步明确2016款邮政制服采购、检测和结算流程的通知》（采购传〔2016〕78号），对各省在服装面料的采购、检查及结算的相关流程提出具体要求。（邮政业务局　刘佳）

【辽宁省分公司改善职工生活】 为55名特困职工提供生活托底保障，“献爱心重病医疗基金会”帮助72名职工解决生活困难，“金秋助学”活动持续开展。开展关爱职工健康工程，超过2万人次参加体检。职工意外伤害和重大疾病医疗“两险”发挥保障作用，累计出险24起，理赔金额310万元。新建、改造职工宿舍13处、面积4000余平方米；新建、改造职工食堂32处，20个市、县分公司在职工食堂“公开晒”活动中获奖，职工生产生活条件不断改善。走访慰问基层职工，用心服务离退休人员。局务公开、民主管理工作有序开展，职工诉求表达渠道更加畅通。（辽宁省分公司　王欣）

【海南省分公司举办投递岗位练功比赛】 10月30日，海南省分公司投递岗位练功比赛在省邮电培训中心闭幕。省分公司苏沙沙副总经理、张冬生纪检组长和陈运和副总经理出席闭幕式，并为获奖的代表队和员工颁奖。此次比赛由省分公司和省邮政工会联合举办，旨在全面提升我省邮政投递从业人员业务技术和服务水平，练好内功迎接“双十一”旺季生产挑战，促进海南邮政寄递翼发展。全省23个代表队69名选手参赛。经过2天的比拼，有5支代表队获得团体奖，20名选手分别获得个人全能奖、个人业务操作单项奖和个人理论知识比赛单项奖。（海南省分公司　洪文娴、陈佳佳）

【天津市分公司“体育健身年”活动】 4月12日，天津邮政“体育健身年”启动，至9月24日结束。旨在鼓励干部员工加强锻炼，实现天津邮政健康可持续发展，提高员工综合素质，提升员工健康幸福指数。组织普及体育健身知识培训，开展乒乓球、篮球、健美操、“健康伴我行”健步走，以及羽毛球、台球等各类体育活动300余次，比赛280余场，市分公司31个二级单位参赛率100%，参加员工3100余人，得到基层单位员工的一致好评。（天津市分公司　魏普全）

【海南省分公司职工羽毛球团体赛】 10月12—14日，海南省分公司在省邮电培训中心举办首次职工羽毛球团体赛，20支参赛队，160名选手参加比赛。这是海南邮政践行“辛勤工作，愉快生活”理念的具体举措，展现海南邮政职工“想拼、爱拼、敢拼、能拼”的精神风貌。（海南省分公司　洪文娴、陈佳佳）

交流与合作

◇ 国内交流合作

◇ 国际交流合作

【概述】

1. 组织承办大型国际会议。4 月 12 日，中国邮政举办中国（重庆）跨境电商邮政高层论坛，会议以“合作共赢、促进发展”为主题，以服务跨境电商、发展跨境包裹寄递业务为核心，提出具有开创意义的合作设想，分享新产品开发、邮政改革创新等方面的经验和做法，并一致通过《重庆宣言》。7 月，中国邮政承办万国邮联 EMS 合作机构理事会会议暨亚太地区跨境电商和 EMS 市场发展战略高层研讨会，与会代表就区域 EMS 市场发展策略、EMS 运营质量提升、供应链整合及海关清关等问题深入交换意见。

2. 服务国家“一带一路”建设。万国邮联伊斯坦布尔大会通过中国邮政关于建立铁路运邮常态化沟通、协调机制的提案；万国邮联明确将中欧铁路运邮作为重点推进项目，中国邮政担任万国邮联铁路运邮项目组主席。中国邮政推进铁路运邮项目测试，利用“渝新欧”铁路成功进行中德间邮件运输测试，利用中俄间国际旅客列车成功进行运邮测试。全年与“一带一路”沿线国家签署多项多双边合作协议，实现跟踪小包、国际 e 邮宝产品的快速拓展。

3. 促进海峡两岸邮政交流合作。两岸邮政派团互访，加强业务、青年、工会组织间的交流合作。11 月 21—22 日，在昆明市举办海峡两岸邮政发展研讨会，回顾《海峡两岸邮政协议》签订以来的落实情况，围绕“邮政服务社会”主题，交流、研讨两岸邮政服务社会大众、服务电子商务发展的基本经验和具体实践，推进海峡两岸邮政业务多层次、多维度、多角度的互动交流。

4. 加强对外交流合作。接待来自美国、俄罗斯、柬埔寨、泰国、孟加拉等 10 多个国家和地区的 25 个代表团。派员参加第二十六届万国邮联大会、万国邮联世界总裁论坛、中日韩高峰会、第二十届圣彼得堡国际经济论坛、第十五次中俄通信与信息技术分委会、卡哈拉 CEO 会议和高级经理委员会会议等国际会议。通过双边、多边交流，促进业务合作与发展。

5. 推进多双边合作。分别与英国、古巴、巴西、哥斯达黎加、意大利等国家和地区邮政签署 16 份业务合作协议或备忘录。内容主要涉及新产品开发、国际费率结算、推进跟踪小包、提升寄递质量和发展跨境电商等，明确双边合作发展的方向。拓展跟踪小包（或增强型小包）产品，与新西兰、法国、德国 3 个国家签署双边协议，与意大利、丹麦、斯洛文尼亚等 16 个国家通过签署多边协议开始开办业务，开办英国、法国、意大利等 17 国路向的 Prime 挂号业务。扩大国际 e 邮宝覆盖范围，新增 21 个路向，拓展到 32 个国家。截至 12 月 31 日，中国邮政与世界大部分国家和地区建立通邮关系，与 200 多个城市建立国际普邮邮件总包直封关系；国际速递业务可通达 200 多个国家和地区，并与 100 多个城市建立国际 EMS 业务关系。国际邮件互换局和交换站 67 个。（国际合作部 袁芳）

国内交流合作

【2016 中国（重庆）邮政高层论坛】 4 月 12—13 日，为响应中央“一带一路”倡议部署，推进中国邮政国际化及“走出去”发展战略的有效实施，由集团公司主办，以“合作共赢、促进发展”为主题的 2016 中国（重庆）跨境电商邮政高层论坛在重庆市举行。万国邮联秘书长比沙尔 · 侯赛因以及 26 个国家和地区的邮政高层代表出席论坛。

此次论坛以“合作共赢、促进发展”为主题，以服务跨境电商、发展跨境包裹寄递业务为核心，26 个国家和地区的 60 多名邮政高层深入交流，提出具有开创意义的合作设想，分享新产品开发、邮政改革创新等方面的经验和做法，并一致通过《重庆宣言》。

此次论坛，有四个特点：一是参与范围广。“一带一路”沿线重点邮政悉数参会，国家邮政局、海关总署、国家铁路局、中国铁路总公司等国内相关单位领导和部门负责人应邀参会，阿里巴巴、郑州陆港、重庆渝新欧公司等企业也踊跃参加本次论坛。二是会议规格高。邮联国际局总局长侯赛因、重庆市长黄奇帆出席大会并致辞，韩国、斯洛文尼亚、阿联酋、沙特、哈萨克斯坦、香港、澳门等 10 多名境外邮政总裁参会。三是成果丰硕。通过《重庆宣言》，并与 20 多个国家和地区邮政举行双边会谈，涉及各项邮政业务合作。和多个邮政在跟踪小包、国际 e 邮宝、铁路运邮等方面达成合作意向和签署合作协议。四是影响巨大。社会各界反响强烈，中国邮政的国内和国际影响力提升。境内外媒体高度关注《重庆宣言》，与会邮政和嘉宾盛赞该论坛是一次内容丰富、智慧分享的盛会；中央电视台、《人民日报》、《新华时报》、《经济日报》、中国新闻社、《中国日报》（英文版）、人民网、新华网、中国经济网、华龙网等各大媒体和新闻网站均对论坛进行报道、转载和评论。（国际合作部 袁芳）

【第三届世界互联网大会邮政服务体验】 11 月 15—18 日，第三届世界互联网大会在浙江省乌镇召开。集团公司在互联网之光博览会邮政展区以及乌镇主题邮局为参会嘉宾提供邮政服务体验。中国邮政作为参展企业开设邮政展厅，以“互联网 + 中国邮政”为主题，通过现场实景模拟、多媒体展示、实物展出等方式，介绍邮政农村电子商务、邮政金融、寄递业务以及便民服务等，描绘“线上

线下综合服务提供商”现代邮政发展方向。交通运输部党组书记杨传堂莅临邮政展厅参观指导。（浙江省分公司 周静）

【集团公司与腾讯公司合作建立全国首家互联网广告媒体研发基地】 集团公司与腾讯公司签署战略合作协议，在广东省成立全国首家互联网广告媒体研发基地。引进腾讯广告、DSP 互联网广告、微信朋友圈广告等迎合市场需求的新产品。与腾讯合作开展 15 场“腾邮中国行”论坛，参加客户 1200 个，现场协议创收 1000 余万元。各地市尝试对数据库商函、微信、短信、视频广告、宣传牌等各类媒体资源进行整合营销，全省创收 3157 万元。（广东省分公司　蔡菡）

【中国邮政广告传媒公司参展第二十三届中国国际广告节】 10 月，中国邮政广告传媒公司代表参与第二十三届中国国际广告节。媒介资源部孙雅芳总经理在本届广告节上被授予“2016 中国广告长城奖广告主奖——年度品牌贡献人物奖”。广告节以“海 · 纳百川”为主题，公司在活动现场策划设计的“绿色海南 · 绿色邮政”主题邮局，为游客提供极具海南地方特色的邮政文化产品及海南特产。在展区内，组织“扫码有礼”、免费制作个性化明信片，现场体验“把美丽海南寄出去”活动。（中国邮政广告传媒公司　郑凌燕）

【河南省跨境电商发展高峰会议】 9 月 24 日，由河南省跨境电子商务综合试验区建设工作办公室、河南省分公司、阿里巴巴全球速卖通联合主办的河南跨境电商发展高峰会议在郑州举办。全省各地从事跨境电商出口贸易和制造、服装、零售等行业的近千家企业和商户参会。峰会以“开启中原跨境电商发展新时代”为主题，旨在通过整合跨境平台、产品供应、园区运营、邮政物流多方资源，发挥郑州“区位＋综合枢纽”的优势，打造“成本低、效率高、功能优”的跨境网购交易集疏体系。（河南省分公司　郭艳）

【宁夏分公司“双选双挂”双向交流】 宁夏分公司通过“送出去、请进来”等培训方式，选派 7 名干部到集团公司挂职交流、接受培训；组织市县分公司、专业局 60 多人次分别到安徽、湖北、江苏等先进省份交流学习；邀请安徽省分公司各层面管理人员授课。加强年轻干部培养，建立干部双向挂职交流机制，组织 28 名机关、专业局与市县管理人员进行“双选双挂”双向交流锻炼。（宁夏分公司办公室　白振峰）

【两岸邮政发展研讨会】 11 月 21 日，在昆明市举办以“邮政服务社会”为主题的 2016 年两岸邮政发展研讨会。这是自 2008 年以来，两岸邮政连续第九年通过举办研讨会的形式沟通交流。会议回顾《海峡两岸邮政协议》签订以来的落实情况，围绕“邮政服务社会”主题，交流和研讨两岸邮政服务社会大众、服务电子商务发展的基本经验和具体实践，会议分享两岸邮政劳模代表在各自平凡岗位上的服务心得。会议期间，中国邮政与台方代表进行双边会谈，重点就修订两岸邮政速递（快捷）和两岸邮政 e 小包操作规则、建立两岸邮政分销渠道、现有两岸邮政操作问题等内容沟通协商，并对修订两项业务操作规则达成一致意见，对建立两岸邮政分销渠道达成原则一致。海峡两岸邮政交流协会会长张亚非、国家邮政局副局长赵晓光、国务院台湾事务办公室经济局副局长彭庆恩、台湾邮政协会监察人谢敏贞、中华邮政公司董事长翁文祺、云南省副省长董华先后在开幕式上致辞。研讨会由中国邮政集团公司副总经理张荣林主持。

张亚非在致辞中指出，两岸邮政发展研讨会是为两岸邮政交流搭建的重要平台，始终坚持服务两岸邮政合作交流的宗旨，保持专业性、务实性的特色，促进两岸邮政在多个业务领域的交流，为多项新业务的推出建立基础。张亚非强调，要切实发挥两岸邮政发展研讨会的桥梁平台作用，积极推动两岸邮政共同发展。面对不断变化的外部市场，两岸邮政应加强合作，携手共进。全力巩固全方位、宽领域、多层次的交流合作态势，扩大合作领域，尤其是加强电子商务、金融业务、邮政信息与科技领域的合作，使两岸邮政合作的步伐更稳健，道路更宽阔，不断开辟合作新前景。要不断强化两岸邮政间的沟通机制，扩大交流合作范围，进一步深化两岸员工尤其是工会和青年员工的交流与合作，努力开创两岸邮政交流与合作的新局面。

赵晓光在致辞中表示，衷心希望两岸邮政行业在共同深化《海峡两岸邮政协议》成果的基础上，不断汇聚“两岸一家亲”的强烈感召力和包容心，同舟共济、顺势而为、齐心协力，继续坚定扩大合作领域，创新合作形式，实现共同发展，为推动两岸经济交流合作作出邮政更大的努力和贡献。

翁文祺表示，展望未来，两岸邮政要认真探讨如何实现物流、商流、资金流、信息流等资源整合，线上线下渠道创新运用及业务分工合作、战略联盟等重要课题，用心服务千家万户，以提供普遍、公平、合理的邮政服务为天职，以增加全体民众福祉为目标。两岸邮政的交流合作应该更加紧密，持续为两岸民众及社会做出贡献，让社会因邮政而更加美好。来自两岸邮政业界的有关领导和专家参加了会议。本次会议全面回顾了《海峡两岸邮政协议》签订以来的落实情况，围绕“邮政服务社会”主题，交流和研讨了两岸邮政服务社会大众、服务电子商务发展的基本经验和具体实践，并分享了两岸邮政劳模代表在各自平凡

岗位上的服务心得。（国际合作部　袁芳、云南省分公司　甘静）

【“中华邮政”代表团访问邮政科学研究规划院】 7月20日，“中华邮政”代表团访问邮政科学研究规划院，就邮件处理中心设施建设规划、邮件内部处理流程、自动化设备应用等方面进行交流。国际合作部及院办公室人员全程陪同，市场经营部、科技管理部、设计中心、物流系统集成公司、终端设备公司等相关部门（单位）领导和专家参加交流。（邮政科学研究规划院　彭芃）

【台湾中华邮政访问重庆市分公司】 11月13—17日、23—25日，台湾中华邮政工会交流访问团、中华邮政财团法人台湾邮政协会代表团到重庆市分公司交流访问。参观支局网点、投递站、主题邮局、邮政指挥调度中心等地，现场体验用邮环境，并特别关注员工工作生活情况。中华邮政财团法人台湾邮政协会代表团团长、中华邮政公司董事长翁文祺对重庆邮政发展取得的成绩十分钦佩，表示将加强交流，相互学习。（重庆市分公司）

【集团公司与吉林省政府在长春签订战略合作协议】 2月22日，集团公司与吉林省政府在长春市签署战略合作协议。双方将本着优势互补、互惠互利、合作共赢的原则，在更广范围、更宽领域、更深层次开展合作。根据协议，双方将发挥各自优势，携手推动吉林省所辖区域内经济社会和邮政通信事业的共同发展，促进地区经济结构调整和转型升级，实现地方经济可持续协调发展。吉林省政府将从产业规划和政策制定、金融体制稳定和机制创新等方面营造良好的产业发展格局和政银合作环境。支持邮政参与农村电商与跨境电商，对邮政物流集散网建设、邮乐网“地方馆”建设、邮政车辆通行、“快递下乡”邮件补贴、智能包裹柜布放等方面给予特殊政策支持等。（吉林省分公司　蔡敏杰）

【集团公司与甘肃省政府签署战略合作协议】 4月25日，集团公司与甘肃省政府在兰州市签署战略合作协议。根据协议，双方共同推进金融服务、电子商务、现代物流、公共服务、文化旅游和邮政基础设施等领域的深度合作，推动甘肃邮政基础设施和服务能力的提升，更好地服务甘肃地方经济社会发展。甘肃省委书记、人大常委会主任王三运，省委副书记、代省长林铎会见集团公司总经理、邮储银行董事长李国华一行并出席签约仪式。（甘肃省分公司　李凯）

【集团公司与西藏人民政府签署战略合作协议】 9月14日，集团公司与西藏人民政府在拉萨签署战略合作协议。双方本着“依法治藏、富民兴藏、长期建藏、凝聚人心、夯实基础”的工作原则，建立紧密、稳定、长期的合作关系。自治区副主席甲热·洛桑丹增，集团公司党组成员、副总经理张荣林分别代表双方签署协议。集团公司战略部总经理韩广岳，邮储银行副行长邵智宝，邮政业务局副总经理唐华建，西藏分公司党组书记、总经理陆学鹏，邮储银行西藏区分行党委书记、行长余红永等人出席签字仪式。根据协议，双方在普遍服务和特殊服务、“三农”工作、普惠金融、电子商务、大物流体系建设、文化旅游发展以及信息公开等七个方面开展合作。（西藏分公司　刘德立）

【集团公司与中国石化集团公司签署全方位战略合作协议】 12月8日，集团公司与中国石油化工集团公司在京签署战略合作协议，双方在市场拓展、金融业务、速递物流及邮政业务等方面深化合作，实现互惠共赢。中国石油化工集团公司董事长、党组书记王玉普与集团公司总经理、党组书记，邮储银行董事长李国华出席签约仪式。邮储银行、中邮保险、中邮证券为中国石化提供全方位金融、保险服务，同时，中国邮政将充分利用自身业务资源，为中国石化提供仓储运营、物流配送、业务和形象宣传、客户维护等方面的服务，支持中石化的业务运作。（市场协同部　朱辉）

【集团公司与中信集团签署战略合作协议】 12月19日，集团公司与中国中信集团有限公司在京签署战略合作协议，双方在金融业务、速递物流以及邮政业务等方面进行战略合作。此次战略合作在金融业务方面包括双方下属金融机构在银行、证券、期货、信托、保险、资产管理、租赁、基金等众多领域广泛合作，双方共享业务资源，为对方业务发展提供支持。根据协议，双方共同策划开展品牌宣传、客户关怀、市场拓展等活动；共同发掘在航空货运飞机的租赁、维修维护等方面的合作；依托各自优势，探索通过平台公司合作模式，充分提升各自全国范围内不动产资源的价值；加强业务合作，共同拓展海外市场；强化在电子商务、报刊出版发行、教育培训、医疗养老、商旅服务等领域的业务合作。（市场协同部　朱辉）

【集团公司与腾讯公司签署社交广告战略合作协议】 8月18日，集团公司与腾讯公司签署社交广告战略合作协议。各省通过开展腾邮峰会，与3500余位客户达成1.8亿元的意向签约金额，累计服务2500位广告主，收入6826万元，集团公司荣获腾讯社交广告区域与行业渠道“2016年度最佳区域开拓服务商”奖项。（邮政业务局　刘佳）

【集团公司与Wish全面战略合作】 5月26日，集团公司与北美最大的移动购物平台Wish在上海签署全面战略合作协议，双方将在物流、金融、保险、仓储、培训、线下推广、代运营等方面开展深入合作。2015年2月，中国邮政携手Wish联合推出全新跨境电商物流产品——“Wish邮—中邮小包”，并于上海市落地。产品推出后，其运营质量、服务水平和处理时限等均受到境内卖家和境外买家的肯定和好评，日均交寄量快速攀升。为满足卖家需求，2015年12月起增加北京、义乌、南京、福州、深圳、广州6个对接城市。深化合作后，双方对现有的跨境寄递服务模式将进行优化，通过数据对接实现在线派单、属地揽收，提升服务时效；携手拓展金融服务，满足跨境电商商户在线支付寄递服务费、小额信贷等金融服务需求；搭建智能化仓储服务平台，提供整体的仓储物流解决方案；合力推进商铺代运营项目，助力中国出口跨境电商产业快速发展。（上海市分公司　陆怡琼）

【上海研究院承接京东自动分拣机项目】 5月，上海研究院中标京东成都郫县分拣中心自动分拣机项目。该设备提供三挡速度，分别为1.8、2.0、2.3米/秒，单侧提供每小时1万件以上的处理能力，同时分拣差错率低于万分之一，识别率高于99%。该设备基于两个关键技术（动力系统、通信系统）、具备三个独有系统（容错系统、识别系统、运维系统），更配置了多个配套方案。9月，设备顺利投产使用。（上海研究院　龙潜）

【上海研究院承接斑马物流香港仓项目】 6月，上海研究院与中国物联网有限公司正式签约，负责其香港仓建设。中国物联网有限公司香港仓主要承担跨境电商仓配一体化服务。上海研究院针对香港仓所提供的整体设计方案在与同行竞争中脱颖而出，得到中国物联网有限公司高度认可。中标自动分拣、传输设备及信息系统相关建设内容。该项目贯穿电商物品进、出库整个流程，以MPF600混合分拣机为核心，通过WMS系统的连接、辅以电子分拣柜等设备，贴合用户操作习惯和流程，实现高速、安全、准确的传输与分拣。“双十一”前设备按期投入生产。（上海研究院　龙潜）

【山西省分公司与省政府及其他企业达成合作共识】 2月3日，山西省分公司与省商务厅，就充分利用邮政农村物流配送网络，按照电子商务发展需求，升级转型、提升能力，解决制约农村电商发展“最后一公里”的瓶颈问题达成共识。

9月21日，山西省分公司与上海光明乳业，就双方在企业运营、产品合作、渠道共享等领域开展深度合作达成共识。光明乳业表示会全力支持山西邮政在各个平台运作光明乳业全品类商品，在政策、活动等方面给予重点支持，承诺邮政运作产品在山西境内不存在窜货和跨区域限制。

12月16日，山西省分公司与北京星亿东方文化科技服务有限公司，就开展《游戏规则》邮资明信片兑换券项目进行合作洽谈，双方就电影宣传、票务销售、服务支撑、代销事项等合作细节进行深度沟通。（山西省分公司　孙久臣）

【吉林省分公司与松原市人民政府签署战略合作协议】 4月26日，吉林省分公司与松原市人民政府签署战略合作协议。双方将以合作共赢、互惠互利、优势互补、平等守信为原则，以政府的组织优势和邮政品牌优势为基础，在更广范围、更宽领域、更深层次开展合作。双方将发挥各自优势，携手推动松原市所辖区域内经济社会和邮政通信事业的共同发展，促进地区经济结构调整和转型升级，实现地方经济可持续协调发展。（吉林省分公司　蔡敏杰）

【吉林省分公司与四平市人民政府签署战略合作协议】 9月13日，吉林省分公司与四平市人民政府战略合作协议签约仪式在四平市吉平宾馆举行。双方本着合作共赢、互惠互利、优势互补、平等守信的原则，以政府组织优势和中国邮政品牌优势为基础，发挥各自优势，推进四平经济社会和邮政通信事业共同发展，促进地区经济结构调整和转型升级，实现地方经济可持续协调发展。双方将在普惠金融服务、文化旅游产业发展、电子商务和物流配送业务发展、便民公共服务和精准扶贫项目开发等领域共同展开合作。（吉林省分公司　蔡敏杰）

【黑龙江省分公司与省高速公路管理局签订ETC合作协议】 4月，黑龙江省分公司与省高速公路管理局就ETC事宜达成战略合作，共同推广不停车收费业务。根据协议，双方同意以邮储银行卡绑定龙通卡的模式联名发行ETC龙通卡，并联合制定具体的推广方案和宣传活动。通过本次合作，黑龙江邮政将利用自身品牌、平台、技术等优势，在省内县、区级以上地区设置ETC全业务综合服务网点，为省高速公路电子不停车收费项目提供优质、高效、优惠的金融和其他邮政服务，包括龙通卡发行、申办、查询、收费票据打印、电子标签二次发行、安装、调试、激活和售后服务等工作，同时根据省高速公路管理局系统产生的龙通卡交易记录信息向其指定的专用账户划拨相应额度的资金。用户通行高速公路所产生的费用将通过邮储银行卡预存代扣的方式实现。（黑龙江省分公司　时波）

【浙江省分公司与省就业管理服务局签订促进农村电子商务创业就业战略合作协议】 5月6日，浙江省分公司与省就业管理服务局签订促进农村电子商务创业就业战略合作协议。该《协议》主要包括村级电子商务服务站建设、“一县一品，万斤扶贫”“一县一中心建设”、农村电子商务服务、农村电子商务数据共享、人才培养及宣传推广等方面内容。双方提出，计划到2020年，全省扶持创业10万人，带动就业30万人，建立2万个村级电子商务服务站，培训电子商务人才25万。（浙江省分公司　周静）

【浙江省分公司与省民政厅共建“邮善邮乐”网上慈善超市】 9月20日，由浙江省民政厅和浙江省分公司联手共建的“邮善邮乐”网上慈善超市在丽水举行上线启动仪式。该活动由浙江省民政厅、浙江省分公司和省慈善总会主办，省民政厅副厅长江宇，省分公司副总经理李革平，上海邮乐网络技术有限公司总监方彪等出席启动仪式。（浙江省分公司　周静）

【贵州省分公司与省体育局签订战略合作协议】 6月21日，贵州省分公司与省体育局签订战略合作协议，开办代售体育彩票业务。省体育局支持邮政利用满足体育彩票代销条件各类经营网点代销贵州省在售的所有中国体育彩票。省体育局在销售设备的配置使用和费用上对邮政给予减免，给予邮政代销费相关政策不低于其向社会公开征召的体育彩票代销者所享有的代销费相关政策，包括派奖促销期间的全部优惠政策。并为邮政销售渠道提供体育彩票销售相关的业务培训和日常管理指导。双方将在重大国际、国内体育赛事活动，100个生态体育公园建设等重大公共体育设施建设等方面进行合作，适时发行有关纪念、特种邮票、首日封等，并在福利采购、物流配送、业务宣传等方面进行业务合作探讨，开展深度合作。（贵州省分公司　王莹）

【西藏山南市分公司与洛扎县战略合作】 11月3日，山南市分公司与洛扎县人民政府签订战略合作协议，区分公司党组成员、副总经理扎桑拉姆出席签字仪式。根据协议，双方计划对接精准扶贫工作，在农村电商平台建设、普惠金融服务、文化旅游发展等方面，进一步开展精诚合作与深入交流。洛扎县人民政府将山南市分公司作为农村电商重点合作服务商，结合邮政电商服务站，在县域范围内建设农村电商平台，组织本县农特产品和手工业等产品，在“邮乐购”“天上西藏”等网络平台上销售，相关产品的物流和寄递业务优先委托邮政负责；为邮政网点运营提供政策和资金支持，对邮政支农、惠农项目及涉农资金发放等业务准入给予政策支持。支持邮政实施“普惠金融”，推进储蓄和信贷业务在县域发展；将邮政企业纳入传统文化保护开发及文化旅游建设实施单位，景区推广宣传等业务优先交由山南分公司负责，支持旅游部门和单位使用邮政宣传邮册、邮折、明信片等产品，提升文化旅游影响力。（西藏分公司　刘德立）

【陕西省分公司与省扶贫办、省商务厅签订农村电商扶贫战略合作协议】 10月14日，陕西省分公司、邮储银行省分行、省扶贫办、省商务厅签订《农村电商扶贫战略合作框架协议》。根据协议，2016—2018年四方将联合在全省56个贫困县建设村级“农村电商扶贫站点”4400个；为全省贫困县农产品寄递提供绿色通道；联合培育1000个“农村电商精准扶贫带头人”，带动10万贫困人口脱贫致富；为全省贫困地区电商业主及贫困户提供电商项目运营及日常生产经营所需融资服务，每年提供专项信贷额度资金不少于5亿元。（陕西省分公司　常雅楠）

【河北省分公司与省移动公司签署战略合作协议】 10月20日，河北省分公司与省移动公司签署新的《战略合作协议》，双方在以往合作的基础上，拓宽合作范围和空间，特别是在市场拓展、渠道合作、业务代办和品牌宣传等方面，实现互利共赢，开创强强联合、共同发展的新局面。为保证战略合作推进，河北省分公司成立项目组，负责对接工作，策划、实施面向省移动公司的定制产品和专项营销活动。邮政、移动双方将发挥各自资源优势和品牌影响力，在业务代理、渠道共享、信息化应用、寄递服务等各个领域开展深层次合作。（河北省分公司　程钰）

【吉林省分公司与吉林大学签署全面战略合作协议】 12月29日，吉林省分公司与吉林大学全面战略合作协议签约仪式在吉林大学东荣会议中心举行。根据协议，吉林邮政将为吉林大学重大活动、节日庆典活动、学校日常文化宣传等设计、制作文化产品，并将紧密结合吉林大学“学术立校、人才强校、创新兴校、开放活校、文化荣校”发展战略，协助吉林大学申请发行吉大历史和风光明信片、个性化邮票等系列文化产品。（吉林省分公司　蔡敏杰）

【山东省分公司与鲁商集团战略合作】 8月1日，山东省分公司与鲁商集团签订战略合作协议。根据协议，双方将发挥各自专业资源优势，运用互联网平台，推进消费品下乡及农产品进城，在广告、报刊投递、物流速递等方面开展全方位合作，并按照“创新、协调、绿色、开放、共享”的发展理念，探索新形势下服务经济社会发展的新模式。（山东省分公司　赵军泰）

【山东省分公司与北汽福田战略合作】 12月21日，山东省分公司与北汽福田汽车股份有限公司签订战略合作协议。协议提出，双方充分利用各自资源，在广告宣传、产品推介、业务叠加、客户服务等方面开展广泛合作，在同等条件下优先选择对方产品和服务，为双方客户提供更加全面、便捷的综合服务，实现互惠共进、共同发展。（山东省分公司　赵军泰）

【河南省分公司与中石化河南石油分公司战略合作】 3月31日，河南省分公司与中石化河南石油分公司签署战略合作协议。双方按照“资源共享、互惠互利、战略联盟、长远发展”的原则，充分利用各自优势资源，在市场拓展、业务宣传、信用卡充值、商易通和POS收单服务、中央仓及物流配送等领域开展深度合作，并探索邮政“自邮一族”和中石化“油中感谢”会员等业务领域的合作，通过合作为社会提供更加优质的产品和便捷的服务。（河南省分公司　郭艳）

【湖南省分公司与新天地投资控股集团战略合作】 12月2日，湖南省分公司与湖南新天地投资控股集团正式签订战略合作协议，双方将以业务合作为纽带，通过优势互补、强强联合，搭建合作平台，推动金融服务、快递物流、宣传推广等方面的合作。根据协议，在金融服务方面，双方计划进一步加大金融外包服务合作力度，共同开展投融资项目合作和金融服务合作；在营销渠道方面，双方将充分发挥各自资产、物理网络和零售终端渠道优势，实现在产品销售、市场拓展等方面的合作共赢，推动在营销渠道、物流配送、渠道配套服务等方面的共同发展；在寄递服务方面，邮政将为新天地提供寄递配送服务及所属分支机构日常邮件寄递服务和仓储租赁、货物保管、封装打包、签收返单等增值服务；在宣传推广方面，邮政将使用数据库商函、封片、互联网广告、展演、定制邮品、报刊、各类邮政网点广告等方式，助力新天地开展客户维护挖掘、企业宣传及营销推广。（湖南省分公司　王俊）

【贵州省分公司与阿里巴巴签署战略合作协议】 3月15日，贵州省分公司与阿里巴巴农村事业部举行战略合作签约仪式。省分公司总经理张斌，副总经理王明君，阿里巴巴农村事业部、商业发展部总经理周理想等双方主要领导出席签约仪式。作为阿里巴巴农村电商项目全国推广的首个试点省份，以“村淘”项目为基础，以遵义县和湄潭县作为首批试点，以邮政提供“邮掌柜”消费系统、阿里巴巴提供“淘宝网”结合“邮乐网”“惠民优选”等邮政自有电商平台，将优质的网购体验从城市带到农村。（贵州省分公司　王莹）

【贵州省分公司与省电信公司签订战略合作协议】 7月5日，贵州省分公司与省电信公司签订战略合作协议。省电信公司上官亚非总经理、省分公司张斌总经理在会上作讲话。省电信公司陈杰副总经理、省分公司王明君副总经理签订战略合作协议。吴卓副总经理主持仪式。协议规定，双方同意在通信服务、ICT系统集成项目、物联网、信贷鹰眼、后向流量、代收费、代办电信业务、互联网及大数据应用、金融、物流等领域建立全面合作伙伴关系。即贵州邮政选择贵州电信作为信息通信服务的主要提供商之一，贵州电信选择贵州邮政作为代收费业务、金融业务和物流的主要提供商之一。（贵州省分公司　王莹）

国际交流合作

【中国邮政参加第二十六届万国邮联大会】 9月20日至10月7日，中国邮政派员出席在土耳其伊斯坦布尔举行的第二十六届万国邮联大会。会议期间，中国当选新一届行政理事会和经营理事会理事国，成功竞选担任经营理事会二委主席。会议通过新的全球邮政发展战略——“伊斯坦布尔全球邮政战略”；修改《万国邮联总规则》《大会议事规则》等邮联法规；中国邮政提交的规范使用邮联单式、国际函件终端费用、质量基金账务管理和邮联产品改革等多项提案，均取得不同程度的进展。推动我国邮政“走出去”发展战略实施，对加强我国“一带一路”建设，推进中欧铁路运邮项目落地起到重要作用。（国际合作部　袁芳）

【中国邮政参加第十七届中日韩邮政高峰会】 4月5—9日，中国邮政派员赴韩国参加第十七届中日韩邮政高峰会。与日、韩邮政高层就“2015年发展情况和2016年发展战略”“跨境电商现状和未来策略”“EMS和航空包裹质量提升”议题进行交流。会议期间，还与韩国邮政商定开办跟踪小包、e邮宝和中韩间EMS次日递业务，研究中韩间开办“天津—仁川”海运EMS业务的可行性。（国际合作部　袁芳）

【中欧运邮项目】 3月14—15日，中国邮政组织中俄两国海关、铁路、邮政部门举行六方会谈，就推进中俄铁路运邮工作进行协商并达成共识。4月10日、5月18日，利用K19次（哈尔滨—莫斯科）旅客列车和K3次（北京—乌兰巴托—莫斯科）旅客列车进行运邮测试；5月24—25日，派员参加在莫斯科召开的国际邮寄物品铁路运输项目研讨会，会议通过《莫斯科宣言》，旨在通过国际组织层面的共同努力，推进利用国际铁路运输国际邮件的目标；9月29日，开展中欧班列首次全程运邮测试，139件邮件搭乘“中欧·渝新欧”班列从重庆出发，15天后顺利抵达德国法兰克福邮件处理中心，截至10月21日全部投递，中欧班列全程运邮测试成功。（国际合作部　袁芳）

【邮政科学研究规划院参加2016年全球物流技术大会并获奖】 5月19—20日中国物流与采购联合会组织召开“2016年全球物流技术大会”，并在会上举行颁奖典礼。邮政科学研究规划院推荐的“跨境电商物流处理关键技术研究”和“智能物流分拣系统先进仿真技术研究”两个项目获得“2016 年度物流技术创新奖”；物流系统集成公司刘磊获得“2016 年度物流技术匠心奖”。（科学研究规划院　彭芃）

【中国邮政广告传媒公司与马来西亚彭亨州旅游文化部签订《业务合作意向书》】 11 月 4 日，中国邮政与马来西亚彭亨州旅游文化部《业务合作意向书》签约仪式在中国大饭店举行。马来西亚总理纳吉布会见集团公司总经理李国华，双方就“一带一路”合作倡议下通过邮政渠道共促两国人文交流与经贸合作等话题交换意见。集团公司副总经理李丕征参加会见。马来西亚彭亨州旅游文化部部长拿督斯里沙卡和中国邮政广告传媒公司总经理李陕川签订《业务合作意向书》。协议双方计划以此为契机，聚焦人文旅游，汇集优势资源，充分发挥中国邮政网络优势，深耕旅游文化市场，通过产品研发及渠道推广，搭建旅游文化桥梁，共同促进中马两国经贸、文化领域的发展与交流。（中国邮政广告传媒公司　郑凌燕）

【广西与越南邮政合作会谈】 11 月 28 日，广西分公司总经理李凯乐在凭祥会见越南邮电总公司代表周琼英女士一行。双方就跨境寄递业务和跨境电商业务合作举行专题会谈。李凯乐重点阐述广西邮政在跨境电商方面的渠道建设和服务能力，提出中越邮政跨境电商及跨境寄递业务的合作计划。越南邮电总公司表示同意中国邮政在开办边境包裹、合作跨境电商及建立常态合作机制方面的建议，也希望中越邮政，特别是谅山邮政与广西邮政协调好监管部门，加强能力建设，在寄递业务方面有更务实的合作，满足共同的市场需求。双方均表示，中越山水相邻，经贸往来持续快速增长，跨境寄递、跨境电商业务市场广阔，中越邮政合作大有可为。会上，双方达成开办边境包裹业务的具体共识，并就包裹结算价格、开办时间达成初步意向，双方经各自审批程序后，计划在 2017 年进入实质性合作。（广西分公司　蒙淋芳）

【“中泰邮政交流活动”】 12 月 5 日，“中泰邮政交流活动”在广西南宁市举行。广西分公司副总经理、广西区集邮协会副会长何贝祖，泰国邮政有限公司集邮市场部副主任威本 · 斯里猜蓬分别率领代表团参加活动。双方就中泰专线包裹、跨境电子商务、建立互访沟通机制等问题进行交流和探讨。何贝祖提出，希望以“中泰邮政交流活动”为契机，一是深入开展两国集邮文化交流与合作，二是加强在跨境电商业务方面的合作。威本 · 斯里猜蓬表示将与中方在邮票和集邮产品开发、设计和创新，以及跨境电商等方面开展有效合作，推动各项邮政业务深入发展。（广西分公司　蒙淋芳）

【万国邮联秘书长比沙尔 · 侯赛因考察重庆市分公司】 4 月 11—13 日，参加 2016 中国（重庆）跨境电商邮政高层论坛的万国邮联秘书长比沙尔 · 侯赛因实地考察重庆西部物流园、南坪邮政投递站和南坪西路邮政营业所、铜梁安居邮政所，并参观大足区海棠小学小海棠少儿邮局。比沙尔 · 侯赛因对重庆邮政取得的成绩表示赞赏与肯定，并欣然为重庆邮政题词。（重庆市分公司）

【孟加拉国邮政代表团参观访问天津市分公司】 11 月 23 日，孟加拉国邮政副总经理苏航书 · 榭卡 · 巴哈德拉一行七人访问天津市分公司。天津市分公司副总经理顾洪文陪同参观天津邮区中心局网运工艺流程改造升级后新建成的包件分拣机等工艺设备，了解双层包裹分拣机使用工艺及组织管理、作业流程等情况。孟加拉国代表团对天津邮政现代化高效的邮政运营能力给予很高评价。天津市分公司副总经理张瑞陪同参观天津邮政博物馆，了解天津邮政在中国近代邮政史上创造的多个第一，并对天津邮政重现邮政历史文化建设表示赞赏。代表团成员在主题邮局向远在孟加拉国的亲朋好友寄出天津个性化明信片。（天津市分公司　魏普金）

【马来西亚驻南宁总领事黄奕瑞等访问广西分公司】 12 月 19 日，马来西亚驻南宁总领事黄奕瑞一行访问广西分公司。双方就跨境电商业务进行了洽谈，达成广泛合作共识。何贝祖提出三个方面的合作建议：一是在南宁、凭祥综合保税区内建立马来西亚产品仓储基地，帮助更多的马来西亚公司产品进入中国市场；二是加强双方在电子商务方面的合作，为中国的消费者提供来自马来西亚的产品；三是提高跨境物流效率，满足跨境电商的需求。黄奕瑞对广西邮政提出的合作建议表示认可。他指出，近年来跨境电商越来越受到马来西亚国内社会各界的关注，马来西亚政府和企业已经为发展跨境电商特别是与中国发展跨境电商做足了准备，马来西亚驻南宁总领事馆愿为广西邮政与马来西亚国内企业搭建起合作发展的桥梁，促进两国经济的发展。（广西分公司　蒙淋芳）

【2016 年国际合作备忘录】

序号	名　　称	签署单位	签署日期	备注
1	中法邮政关于跟踪包裹和挂号邮件协议	中国邮政、法国邮政	4 月 13 日	英文
2	中俄铁路运邮会议纪要	中国邮政、中国铁路、中国海关、俄罗斯联邦邮政、俄罗斯铁路、俄罗斯联邦海关署	3 月 14—15 日	中文 俄文
3	国际野生动植物运输特别工作组声明	国际野生动植物	3 月 15 日	英文
4	中国邮政与古巴邮政签署备忘录	中国邮政、古巴邮政	7 月 7 日	英文 西班牙
5	中国邮政与巴西邮政合作意向书	中国邮政、巴西邮政	7 月 12 日	英文
6	中国邮政与新西兰邮政双边协议	中国邮政、新西兰邮政	8 月 1 日	英文
7	中国邮政与哥斯达黎加签署备忘录	中国邮政、哥斯达黎加邮政	7 月 8 日	英文

（国际合作部 / 提供）

控股公司和直属单位工作

【中国邮政储蓄银行股份有限公司】

1. 资产规模。邮储银行资产规模8.27万亿元，比上年增长13.28%；各项存款余额7.29万亿元，比上年增长15.56%；各项贷款总额3.01万亿元，比上年增长21.80%。税前利润429.28亿元，比上年增长3.72%；净利润397.76亿元，比上年增长14.11%。

2. 深化改革。完成H股发行上市，获得海内外知名机构大规模投资，募集资金591.5亿港元，是近两年全球最大IPO项目，提升公司治理水平和综合竞争实力。推动事业部制改革，成立"三农"金融事业部。综合化经营布局推进，中邮消费金融业务发展和风险管控实现良好开局，申请设立中邮金融租赁有限公司（筹）。

3. 转型发展。零售金融稳中有进，个人存款新增8235.36亿元，比上年增长15.29%；深耕银政担合作平台，服务现代农业，做大新型农业经营主体贷款规模；布局民生领域、政银合作领域、"双创"领域小微金融业务，加快传统金融业务转型；成立"邮你有家"消费产业联盟，开展"幸福·加邮"主题营销，个人消费贷款新增3647.23亿元，比上年增长49.49%，余额突破万亿元。公司金融快速拓展，公司存款新增1574.17亿元，比上年增长17.16%；贷款优先支持国家战略产业和新兴产业，强化投贷债联动，满足客户多元化融资需求，新增984.12亿元，比上年增长10.03%。金融市场业务顺应供给侧结构性改革，创新"融资+融智"业务模式，主动服务稳增长、调结构、惠民生、防风险大局。全面启动互联网金融发展规划，重点打造"邮e贷"系列产品，电子支付交易量翻番。

4. 风险管控。推进全面风险管理，强化资本约束，确立风险偏好和风险管理政策，优化风险限额动态调整机制；促进资产合理配置，优化资产质量管控，实施不良贷款增量与余额双控机制，审慎充分计提减值准备；构建内部评级体系和风险数据集市，提升风险量化管理水平与决策支持能力；扎实推进内控体系建设，持续强化内控管理基础。截至12月31日，不良贷款率0.87%，拨备覆盖率271.69%，资产质量优良。

邮储银行支持国家重大项目建设。图为邮储银行融资支持的大亚湾核电站建设项目。（邮储银行/提供）

5. 能力建设。开展科技自主创新，推动"十三五"IT规划建设，成功推进互联网金融云平台、零售信贷工厂等94项重点工程，区块链技术应用取得突破性进展，软件研发中心通过CMMI3国际认证，信息科技风险总体可控，主要业务系统交易成功率保持较高水平。强化资产负债统筹管理，加强资产配置与资本约束间的联动，促进资产负债规模、风险、收益的协调稳健增长；完善利率管理机制，上线产品定价管理系统，优化FTP曲线构建方式，切实增强定价能力。通过优化预算管理模式，强化财务集中管控，推进财务转型，财务管理基础夯实。

6. 业务渠道。（1）营业网点。探索网点轻型化、自助化、智能化发展，推动传统网点转型升级，提升服务水平与价值创造能力。营业网点39927个，其中自营网点8163个，代理网点31764个；营业网点覆盖中国大陆所有城市和98.9%的县域地区。（2）电子银行。以互联网思维创新金融产品，推出邮享贷、邮薪贷等新产品，开展微信贷款营销、定制化设备等创新研究。电子银行客户数量1.85亿户，比上年增长23.47%；交易替代率81.78%，比上年增长10.08%。加大移动金融产品创新力度，推出新一代手机银行，推广移动展业。手机银行客户1.33亿户。探索自助渠道新型服务方式，新增业务功能16项，完成自助银行系统试点建设及自助填单系统应用推广，推出ITM定制化设备。自助设备11.30万台，实现自助交易笔数51.34亿笔，总交易额5.07万亿元。

7. 信息科技坚持。采用超级账本架构将区块链技术成功应用于真实生产环境，是中国银行业将区块链技术应用于银行核心业务系统的首次成功实践。持续推进科技创新重点工程建设，邮储银行互联网金融云平台、新一代零售信贷工厂、区块链托管业务管理系统等项目先后落地应用。推进大数据平台建设，深化大数据应用，提升服务水平，创新分析工作模式，完成7项数据产品研发。信息系统运行稳定，无一级重大故障及二级运行故障，逻辑集中系统日均交易量8758万笔，系统成功率99.81%。

8. 党建工作。深入推进"两学一做"学习教育。开展"强基固本"建设工程，打造近500家优秀基层党组织，形成"建好一个，带动一片"的示范效应。创新开展"政治生日"主题活动，强化党员身份意识。党风廉政建设扎实推进。保持反"四风"高压态势，组织开展中央巡视整改自查，严抓集团巡视三批次17家分行整改问责。全面从严治党延伸到基层，首次实现年度内对36家分行党廉考核全覆盖。充分运用监督执纪"四种形态"，加大对小金库等违规违纪问题查处力度。工会工作有序开展。组织邮政金融“双优”评选、“模范职工之家”评选等活动，开展劳动竞赛，激发全行干部员工干事创业热情。河北省保定市七一路支行荣获全国“工人先锋号”，北京、山西、江西、广东、甘肃、宁波、青岛等省（市）7家一级分行荣获省级“五一劳动奖状”。（邮储银行　马静）

【中国邮政速递物流股份有限公司】

邮政速递物流业务量13.5亿件，比上年增长20.2%；总收入323.6亿元，比上年增长17.1%，增幅比上年提高3.6%。国家邮政局公布EMS服务满意度保持行业第2位，申诉率降至百万分之六点九，为历史最好水平。荣获物流行业“2011—2016年优秀会员”“2015—2016年度中国电子商务物流优秀服务商”称号和科技进步一等奖。

1. 重点业务发展

（1）国内标准快递业务。组织开展“市场抢夺战”和重点城市会战，收入增幅提高6.3%。推进“三进工程”发力商务市场，强化总对总项目联动开发，新开发调换货类等七大行业省级客户125家，总部统签项目收入增长40%。加速拓展政务市场，出入境等九大总部统管项目，拓展省级及以上项目300多个，与地方政府搭建“政务专递服务平台”，推进自主电子政务平台建设。全年运行“极速鲜”总部级项目42个，寄递收入增长3倍，并向产业链上游整合，开通极速鲜微商城。

（2）国际速递业务。国际速递业务继续打造美国、日本、韩国等11条精品线路，通过梳理关键环节、关键指标、确定关键人，建立全环节、多层级质量监控体系，提升精品线路时限质量，国际EMS业务实现较快增长。国际e邮宝业务新增德国、意大利等20余个路向，国际e邮宝开办路向拓展至32个，业务增速保持在60%以上。与速卖通、Wish、亚马逊、eBay等电商平台加强对接合作，为客户量身定做解决方案，客户体验提升。国际非邮业务与行业优秀快递供应商开展全方位，深层次合作，渠道能力进一步增强，提升中国邮政速递物流整体方案解决能力，进一步满足商业大客户的需求。实施“走出去”战略，整合香港地区邮政资源，设立中国邮政香港公司，在澳大利亚、韩国、德国、英国等国家和地区开办海外仓，拓展海外业务。

（3）电商业务。电商专线拓展至12个省份、35个重点城市90条线路，整体业务量增长154%。重点电商大省加快发展，营销罗莱家纺、良品铺子、三只松鼠等行业领先客户；金华智慧橙等近30个云仓金融项目成功上线，吸引大客户入仓。围绕“全国仓配业务快速实现规模化、重点城市标杆仓库实现专业化，实现仓配业务跨越式发展，保持仓配市场领先地位”的目标，在全国24省118个城市完善云仓网络布局，全网仓储人才逾7000人，472个仓储中心总面积逾百万平方米，仓配一体化项目500余个，“双十一”出库750万单，单日峰值发单量逾300万单。

速递物流仓储中心。（速递物流/提供）

（4）物流业务。21个省25个重点地市物流营销中心建设和大客户收入增速持续保持两位数以上，全国百万元级以上规模客户数比上年增加110个。华北、华东、华中三个区域营运中心建设持续推进，基本形成区域协同发展战略格局。升级速递物流O2O订单管理系统，在服装、医药、汽配、快消等行业推出物流与快递业务融合解决方案，满足传统制造企业线上、线下一体化的转型需求。

2. 经营机制

（1）营销体系建设。重点地市营销中心基本组建完成。强化政务、商企中心负责人和行业客户经理的营销技能培训，深入10个省开展送教到基层，促进经验推广和复制，全年新增注册协议客户13.4万个，比上年增长24.7%。出台《揽投员管理办法》和《揽投操作及服务规范》，试点运行营销管理系统，实现客户、客户经理和营销机构管控一体化。

（2）“众创众享工程”稳步推进。由15个试点省扩大至全国，并逐步向营销中心、项目组（部）、网格团队、“三进工程”全面推开，全国实施经营单元总数超过3500个。河南、上海、安徽、湖北、湖南、浙江、山西、陕西、新疆等工程推进较深入的省总收入或标准快递业务收入均实现20%左右的增长。

（3）项目制运作。强化总部—源头项目组—相关省项目组的三级支撑管理体系，全网联动提高面对市场的适应能力，运作大樱桃、水蜜桃、荔枝、鲜花等高端“极速鲜”项目以及菜鸟、苹果、小米、华为等项目，得到合作客户和公众的高度赞誉，荣获小米“最佳服务商奖”。

3. 生产能力

（1）处理能力。环渤海（廊坊）中心、长三角（无锡）中心以及沈阳航空、台州处理中心等7处场地运行投

中国邮政航空首架波音 757 客改货飞机交付仪式。（南京集散中心 / 提供）

产，菜鸟廊坊、无锡仓，以及东莞华为、温州鞋都等 10 余个仓储场地完成改造及工艺设备投入，上海、杭州、厦门等互换局完成场地改造和设备更新，全网日处理能力 900 万件。深圳、金华等重点处理中心完成资源整合，重点区域网络实现优化升级。

（2）网络运递能力。执飞航班增至 28 架。优化自主航空网二频次集散运输网络，新开通兰州—天津—南京、乌鲁木齐—西安—南京往返快递航线，通航节点城市 29 个。新开通 17 条一级航空邮路和 10 条一级干线汽车邮路，加快推进揽投、市趟用车电动化，各省采用多种方式解决运能缺口。

（3）流程优化工作。处理中心自动化设备名址匹配率 95%，上机率 70%。推行二码合一散件外走、三级分拣码，可支持多种分拣方案，自动匹配分拣封发关系。上线新国际邮件处理系统，推行国际互换局标准化流程。上线进口国际邮件代征税系统，增加网上申报、缴税方式，加快征税流程，既有效缓解国际邮件查验现场压力，又大幅提高客户满意度。

（4）信息化建设步伐加快。完成国内生产、客服、时限等系统的扩容改造，启动建设 KPI 看板管理体系。试点上线订单管理系统。推广热敏详情单，全网热敏使用率提升至 70%。试点电话隐私快递、电子地图围栏、云打印等新技术应用。配合完成集团公司 ERP 项目上线工作。

（5）旺季生产。“双十一”“双十二”期间全网业务量质齐升。其中，菜鸟仓配一体化项目发件量 500 余万件，出库及时率 99.4%，落地配签收率 97.1%，快递签收率 93%，在行业中名列前茅。EMS 标准快递和 EMS 快递包裹分获阿里“飞毛腿”大奖第一、第二名，并以 13 分钟的配送时效打破天猫全球首单配送纪录。克服国际业务旺季启动早、持续久、上量快、峰值高等困难，首次派员前往境外口岸，协调处理积压中转运输事宜，实现整体发运平稳。

4. 运行质量

（1）运行质量管控。质量管控“一会一中心”制度由建模分析向落地整改转型，各省市不断加大时限延误、投递质量、丢失、虚假等突出问题的定向整改力度，客户投诉率比上年减少 30%。通过跟单系统有效解决 800 余个时限质量问题，56 个重点城市标准快递和国际进口 EMS 滞留邮件发生率由 13% 降至 7%。全网 84% 的邮件量纳入重点城市间承诺时限服务，56 个重点城市标准快递次日妥投率 80.8%。卡哈拉邮件全程时限准时率 92.2%。

（2）服务质量。建立国际 EMS 客服，国际 EMS 客服质量居邮联和卡哈拉组织领先地位，获邮联客服质量奖。建立理赔信息化流程，邮件 10 日赔偿率提升至 96.5%，并实现跨板块理赔及结算。建成覆盖邮政全网的问题邮件处理体系和客服质量控制体系，速递问题邮件及时解决率 95.8%。11183 关键指标领先行业，整体获呼叫中心行业大奖“金音奖”。安徽省芜湖市、江苏省无锡市、重庆市永川区等 25 家地市公司分获全国、通信行业、集团用户满意企业称号。

（3）运营质量。加强对各省质效考核薄弱指标的预警和质询工作，31 省评分平均 97.9 分，比上年提高 5 分，福建、浙江、安徽、宁夏等省（区）继续保持质量领先，河南、海南等省质效提升显著。开展虚假信息、丢失台账双销号整改活动，有责丢失量和有责虚假信息量分别下降 32.3%、87.1%，丢失、虚假信息机构减少 44.7%、48.4%。

（4）国际航空承运商管理体系。推进与各国际航空公司的系统对接，承运商扫描率 70% 左右，初步实现国际邮件航空运输信息可视化，有力推动承运商质量考核工作的开展。

5. 企业管理

（1）财务管控。实行预算动态管控制度，按季进行绩效结果预考核。加快 ERP 业财一体化建设，推行多维度损益核算，建立健全统计管理体系。开展财务对标工作，加强对效率类指标分析结果的应用，扎实推进企业盈利模式建设，推动实施“六五四”工程（指处理中心单件成本降低至 0.6 元 / 件、0.5 元 / 件，直至 0.4 元 / 件），优化企业资源配置。

（2）审计监督和集中采购管理。完成全国各类审计项目 409 项，对发现的问题持续监督整改并追责。完成 16 个省主要领导人员的离任审计，扩大各省对下属单位的经济责任审计覆盖面。工程审计严控不合理施工预算，节约建设资金 7423 万元。在集团公司 ERP 系统中，创新构建风险预警宏图、内控自动评级、高阶风险仪表盘等审计工具，提高发现问题的能力。规范全网采购工作流程，完成股份公司集中采购项目 19 个，完成首次国内航空运能集采，国际航空采购运费减少 18.3%。

（3）资费体系管控。健全全网资费管理体系，规范资费审批，强化损益评估，标准快递重量单价比去年提高 11%。重点加强对撤回邮件和资费修改邮件的系统管控，开展资费规范性日抽检、月调审、案件专项视检，督查邮件 523 万件。开展资费审计工作，找准资费“跑冒滴漏”问题根源，推动资费严格管控。

（4）对外合作与社会支持力度加大。成功承办万国邮联 EMS 合作机构理事会暨亚太区跨境电商和 EMS 市场发展战略高层研讨会，推进全球邮政在跨境电商领域的深入合作。股份公司当选中国物流与采购联合会第六届理事会副会长单位，得到国家物流行业重点支持，从发改委争取到 1.6 亿元国家贴息专项贷款（年利率 1.2%）。

（5）安全生产和风险防控管理。严格落实安全生产主体责任，强化资金、邮件、信息网、航空、消防、交通和员工等安全管理。全网 80% 处理中心基本完成封闭制管理。收寄安全整改成效显著，邮航安检查获违禁品量下降 51.8%，不合格总包 / 邮件占比降至 0.5%。邮航航班累计安全飞行 34147 小时，继续保持无飞行事故、无机务维修事故、无空防安全事故、无严重不安全事件的良好态势。供应链质押监管业务风险得到有效控制，全国大额涉诉项目均胜诉。

6. 党建工作

（1）党的建设。按照中央全面从严治党要求，认真落实党委主体责任和纪委监督责任，强化党员领导干部“一岗双责”意识。扎实开展“两学一做”学习教育，不断强化思想理论武装。进一步完善治党管党工作机制和制度。健全和规范全系统党的组织体系，加强党建、纪检监察组织建设，落实党务、纪检监察工作机构和人员编制，开展全面系统的教育和培训。

（2）强化作风建设和反腐倡廉工作。积极开展“四风”问题整治情况“回头看”，深挖细查隐性变异，严防“四风”问题反弹。对 22 个省进行“两个责任”落实情况检查，首次对 10 个省开展党建工作、纪检监察工作以及干部管理等落实情况的综合检查，推动全面从严治党各项任务落地见效。股份公司党委配合集团公司党组完成四批巡视。针对巡视反馈 55 个问题，股份公司党委立足解决系统问题、管理问题、长效问题，逐项进行销号整改，借势推进党风廉洁建设和企业中心工作。

（3）干部员工队伍建设。加强各级领导班子建设，充实后备干部队伍。印发《干部管理制度选编》，强化干部监督，严格落实领导干部个人有关事项报告填报及抽查核实。深入推进“一报告两评议”，不断提高选人用人公信度。围绕六支人才队伍，组织开展集中培训 2950 人次、网络远程培训 3.7 万人次。开展大规模职业技能鉴定，完成地市分公司总经理全员轮训。

（4）和谐企业建设。继续投入资金 3484 万元，建成地市级以上基础网点“职工小家”3100 个，建家率 100%，保障员工“吃上热饭”“喝上热水”。组织开展各类劳动竞赛和企业创新活动评选。推荐总部和部分省公司项目获得物流、交通运输、通信行业及集团公司等多项管理创新成果奖、科技创新成果和小技改小发明奖。（速递物流　蔡 瑋）

【中国集邮总公司】

实现收入 25.55 亿元，完成预算 18.61 亿元的 137.3%，比上年增长 49.64%；实现利润总额 13.82 亿元，完成预算 9.44 亿元的 146.37%，比上年增长 59.08%。

1. 转型升级。（1）项目开发。适应客户需求新特征，加强市场调研，结合主题营销、重点题材和一般项目不同特点，有针对性和侧重点地进行开发和挖掘，努力做大规模提升效益。（2）支撑服务。加强日常与各省邮政企业专业间的沟通与联系，为各省邮政企业解难题、办实事。17 个省（市）邮政企业与中国集邮总公司合作开发 49 款产品，收入 1.52 亿元。创新合作模式，以活动为支撑手段，利用品牌优势，支撑集团统一开展的生肖贺岁季、佳邮评选、集邮文化季等主题活动，并抓住全国邮展、亚洲邮展、长征巡展等各类展会，帮助相关省扩大活动实际效

集邮总公司开创发行的《丙申年》邮票金。（集邮总公司 / 提供）

果和辐射影响，带动当地收入规模提升。(3)产品结构。落实集团公司提出的将集邮商品打造成为集邮业务发展新的增长极的要求，加大以“邮票金”为代表的贵金属仿印类产品的开发。集邮商品开发业务的收入为7.6亿元，比上年增加6亿元，比上年增长4倍，占总收入的比重为30%，比上年占比增长21.3%。集邮商品占全年收入增幅的70%，成为拉动收入增长的主力。(4)渠道建设。与中国黄金、建设银行、中国银行、依文集团等十多家优秀企业确立战略合作伙伴关系；通过创新与社会文创类公司的合作模式，拓展更多的新渠道，强化与社会公司合作开发力度。(5)线上渠道建设。在网厅首页开设销售专区，整合全网资源开展邮品定时抢购、摇号、满额购等活动，通过资源带动、积分回馈等形式开展营销工作。做好后期加工寄递及售后服务工作，提升网厅订单处理能力与服务质量，并配合集团公司，做好网厅及微店资金清分工作。(6)宣传推广。自媒体平台建设稳步发展，在今日头条平台开通头条号。微信、微博、头条等自媒体粉丝量121万余人次，各平台累计阅读量1200余万次。强化在社会媒体上的宣传推广，在电视媒体，高铁、飞机的杂志上投放相应的广告。(7)产品研发和新型业务。制定特许经营商品的审核及宣传规范。完成首批授权特许经营企业的招商、签约工作，向17家社会企业授予集邮特许经营企业资质，向5家邮政企业授予特许生产商资质。

2. 各项管理工作。(1)财务管理，推动企业价值提升。强化预算管理，首次实行收入和利润目标摘挡制，增加对邮票资源投入产出效果的评价指标，引导经营单位更加关注发展效益，并配套相应的绩效考核激励机制，加强预算执行监控。建立集邮文化产业链统计指标体系。加强成本管控和采购管理，有效控制开支。完成ERP系统的上线工作。(2)人力资源管理。落实人才发展规划，确保人才队伍建设的各项工作落到实处，开展干部人才的选拔与使用，提高人才资源的使用效能。开展各类培训14次，1680余人次参加综合素养和专业技能培训。落实各项干部管理制度，实施新的绩效考核机制。(3)强化生产、发运及库房管理。科学安排、统筹规划各项生产及发运工作，完成年册、生肖、“奥运会”等项目的生产组织和运输。出台《中国集邮中国集邮总公司集邮品生产制作质量标准》，建立集邮总公司色彩管理体系。创新生产工艺，研发新型的PVC贴片，提升中国集邮总公司产品品质。加强库房管理，确保各类票品的安全。

3. 党建工作。(1)“两学一做”学习教育。在内部网站和报纸上开办“两学一做”专栏，电子媒体滚动播放学习要点精编，通过党委中心组学习、讲授专题党课、组织辅导讲座、知识竞赛、征文、主题党日等活动，党员干部理论学习持续深入，干事创业氛围浓厚，基层支部品牌建设取得重要成果。设计编审部党支部获集团公司“先进基层组织”及中央国家机关工委“先进基层党组织”荣誉称号。(2)从严治党。做好党建述职评议考核工作，评议结果纳入绩效考核体系，推动全面从严治党主体责任落到实处。推进中央巡视整改各项工作，认真落实集团公司巡视相关工作并进行两批即知即改工作。做好党员发展工作，选送3名入党积极分子参加集团培训。(3)反腐倡廉教育和廉洁文化建设。集邮总公司党政一把手与各部门党政主要负责人签订党风廉洁建设责任书，严格落实“一岗双责”。组织广大党员深入学习贯彻党章党规党纪以及习近平系列重要讲话精神，牢固树立“四个意识”，严格执行中央八项规定精神，持之以恒纠正“四风”。开展多种形式廉洁自律教育，组织准则条例讲座、廉政谈话、廉政法规知识考试、参观警示教育基地等党风廉政宣传教育活动。围绕中心工作开展效能监察，加强采购、项目谈判等流程的审计监督，认真开展经营联合大检查强化制度的执行力。(4)精神文明创建工作。围绕长征胜利80周年等邮票发行，开办集邮文化大讲堂，举办6场“邮票上的长征”和“邮票上的核心价值观”宣讲活动。开展“送温暖”及丰富多彩的文体活动，中国集邮总公司团总支荣获2013—2015年度中央国家机关“五四红旗团支部”等3项荣誉称号。关心离退休职工，组织适合老同志特点的参观学习活动。(集邮总公司　汪洋)

【中国邮政航空有限责任公司】

安全飞行34809.6小时，起降19805架次，比上年分别增长3.8%和2.6%；飞机平均日利用率4.22小时，比上年增长0.04小时。保持无飞行事故、无机务维修事故、无空防安全事故、无严重不安全事件的良好态势，实现第20个安全年。运行22194班；平均航班正常率84.4%。邮货运输总量17.54万吨；运输总周转量20686.2万吨公里；航班平均载运率68.8%；经营收入19.06亿元；成本支出19.06亿元。

1. 安全基础工作。(1)排查治理安全隐患。制定责任清单和隐患清单，对各系统安全管理工作专项检查，每月定期向局方报送安全隐患排查情况；加大危险品管控力度，加强锂电池运输和邮件运输治理；参加以“教育培训强基础，隐患排查保安康”为主题的“安康杯”活动，开展以“强化安全发展理念，提高全员安全素质”为主题的“安全生产月”活动，强化安全生产红线意识和底线思维，重点排查重大安全隐患和危险源。(2)安全生产工作。利用QAR数据分析，对典型三级事件技术研讨；定期开展航班运行、机组准备安全检查；严抓飞行训练工作，严把飞行安全准入关口；注重理论培训与实操演练结合，提高机组应急处置能力。加大老龄飞机重点疑难故障处理；开展维修作风专项教育，发现问题立即整改；优化飞机预防性维修工作，提升老龄飞机科学管理能力。组织开展“运控安全整顿月”，制定风险控制措施；处理安全与正点的关系，在遇大面积特殊天气时，科学调整航班计划，严把签派放行关，确保飞行安全。强化危险品培训、应急演练，有效提高危险品运输管理；召开危险品季度工作会，开展危险品检查工作。

2. 运营质量。（1）航班运行品质。梳理2008—2015年生产运行主要数据，总结“全夜航”运行规律，逐月、逐周做好相关应急预案；公司领导干部坚持值夜班，机关部门主要领导全部纳入“全夜航”生产一线值班体系；加强生产运行品质管理，每月召开运营品质分析会，坚持问题导向，查找分析主要问题；推进南京运行控制中心建设，提升南京分公司运控管理能力，实现北京与南京各生产运行数据互联互通，提高解决问题的效率，确保生产运行稳定性。（2）航班载运率。加强与速递物流各省分公司沟通协调，将交邮截载时间延长5—10分钟，保障更多邮件及时赶发航班；南宁、南昌、兰州、温州等10余个站点利用串飞航线空余舱位，扩大邮件发运范围，增加邮件发运量；上海、南京、深圳、首尔、大阪、台北等国内、国际及地区站点主动开展正班货运业务，确保航班载量最大化。（3）飞机利用率。9月6日开通兰州—天津—南京定期航线，每周7班；与各地政府沟通，利用相关政策支持，执行西安—首尔、石家庄—首尔、南宁—福州等多条定期货运包机航线；支持速递“极速鲜”“双十一”等特色业务，完成山东、辽宁“大樱桃”运输保障任务，执行108班、运量1438吨；完成哈密瓜、水蜜桃、大闸蟹等包机运输，执行11班，运量184吨；完成6班日本大阪至国内海豚包机。飞行小时2140小时。

3. 航线网络。（1）B757全货机交付投产。多次组织召开波音757飞机引进专题会，按照飞机投产运行时间，编制推进表，明确分工和责任，各相关部门根据工作推进表扎实细致地推进飞机引进工作。完成6架B757飞机接收工作，其中3架完成客改货并投产运行；完成22名飞行员改装训练以及机务、运控、地面专业人员B757机型培训工作，满足B757飞机投产运行需要。（2）网络建设。结合B757飞机投产运行，与股份公司多次召开协调会，确定“三个层次”网络建设布局，即以南京为中心的轮辐式集散基础网络，重点城市之间点对点航线网络，以邮件量和季节性产品为主导的直达航线网络。将B757飞机重点投放到深圳、广州、杭州等航线，利用B737飞机于11月12日开通西安—乌鲁木齐航线，扩大网络覆盖范围。

4. 成本管控。严格审核各项成本费用，杜绝预算外支出，加大成本控制的深度和广度，将成本控制工作做到“五全”：全成本覆盖，全过程控制，全环节监控，全员参与，全面考核。2016年公司被评为“北京市东城区50强企业”。

5. 基础管理。（1）基础管理制度。结合公司发展实际情况，印发《中国邮政航空公司固定资产管理办法》，制定《中国邮政航空公司备份机组管理规定》，设立公司领导参与“全夜航”生产值班制度。（2）人力资源管理。完成公司各部门干部2015年总结述职工作，组织开展年度领导干部个人有关事项填报和抽查工作；规范公司各部门领导职务名称和党的工作机构；制定实施空勤人员B757改装期间薪酬政策；启用邮航薪酬自助查询APP系统；推进和规范业务外包工作；组织公司中高层管理人员、飞行管理人员、主管级干部培训，开展民航特有工种

12月31日，中国邮政航空公司实现第20个安全年。（中国邮政航空有限责任公司 / 提供）

职业技能培训与鉴定工作，提升领导干部战略思维、经营管理创新、专业技术等综合能力。（3）关键技术人才队伍。增加聘用机长 18 名（含 3 名外籍）、专职模拟机教员 1 名、副驾驶 16 名，另有 12 人进入机长升级训练。完成 7 名发动机试车人员、22 名整机放行人员、36 名二类机型维修人员培训工作。培养签派放行人员 4 名和 FAA 执照签派员 4 名。（4）信息化建设。服务器总数 75 台，数据专线 25 条，应用系统及子系统数量 35 个；建设“3A”模式移动办公平台；完成 B757 机型投产信息系统配套改造，中心配载“快速装卸机法”获得 2016 年全国邮政企业科技创新成果奖。（5）基础设施建设。完成南京维修机库工程立项工作；通过北京速递处理中心邮航办公场地装修改造工程立项。

6. 党建工作。（1）党风廉政建设。开展“两学一做”专题学习教育；组织“四风”问题整治情况“回头看”；配合集团公司党组第三巡视组完成专项巡视工作；召开中共邮航第三次党员代表大会，选举产生新一届委员会和纪律检查委员会；举办党委书记讲授党课、参观平西抗日纪念馆、组织党章专题学习等活动。落实党风廉政建设“两个责任”，强化“一岗双责”，把“两学一做”学习教育活动引向深入，扎实开展“党风廉政宣传教育月”活动。（2）强化干部队伍思想教育。注重加强干部队伍思想教育，对领导干部提出“敢担当、树正气、提效率、看结果”的总要求，引导干部队伍树立正确的世界观、人生观和价值观，增强大局意识和责任意识，努力培养一支忠诚、干净、担当的干部队伍。（3）营造“互相尊重、积极向上”企业文化氛围。坚持以人为本，尊重关爱员工，增强员工企业荣誉感和自豪感。开展夏季“送清凉”、冬季“送温暖”活动，慰问一线员工，改善员工工作环境；组织开展“京宁杯”对抗赛等文化活动；营造“互相尊重、积极向上”的企业文化氛围。（邮政航空　杨卫东）

【中邮人寿保险股份有限公司】

实现营业收入 334.8 亿元，比上年增长 18.1%，总资产 789.9 亿元，比年初增加 55.4 亿元。完成利润总额 2.3 亿元，连续 3 年保持盈利。实现增资 15 亿元，资本金规模 80 亿元。展业范围覆盖 19 个省、260 个地市、1289 个县、28576 个网点，客户数 309.5 万人。在保监会组织的寿险业年度服务评价考核中获得行业最高评级 2A 级。《2016 中国保险公司竞争力评价研究报告》显示，中邮保险综合竞争力列行业第 4 位，经营能力列第 1 位，资本管理能力、发展潜力等关键指标继续名列前茅。

1. 转型升级。（1）高效业务。实现保费收入 296.5 亿元，比上年增长 19.8%。实现期交保费收入 137.4 亿元，比上年增长 121.6%，超额达成期交“百亿工程”目标，期交保费占总保费比重 46.3%。其中，期交新单保费 89.4 亿元，比上年增长 157%，期交新单保费规模连续 2 年列银保系寿险公司第 1 位；长期期交新单保费 6.1 亿元，比上年增长 67.3%。实现团险保费收入 2.17 亿元，比上年增长 55.7%，团险兼业代理拓展至 13 个省。两项保险覆盖 18 省 48 个邮政系统单位员工及家属，承保 60.6 万人。（2）投资收益。优化资产配置结构，实现投资收益 38.2 亿元。拓展投资渠道，参与投资摩根士丹利人民币基金、中国互联网基金、中信多策略基金、光控全球并购基金、中国电影出版社战略重组等项目。与康利投资、昆士兰投资、北美信托等国际知名资管公司合作，推进境外债券、股票、股权等海外投资。

2. 专业能力。（1）运营能力。核心运营指标良好，契约合格率 98.5%，比上年增长 4.3%，亿元保费投诉量 0.13 件，保持行业较低水平。完成保全处理 92.2 万件，比上年增长 30%；契约抽检 37 万件，比上年增长 12.5%。推进业务外包，保单制作和寄达效率显著提高，业务档案管理压力有效缓解。总省 34 人通过保险业首次人身保险两核专业人员认证，通过率 77%，居行业前列。在“3 · 15 保险消费者权益周”中被保监会授予“最佳组织奖”和“最佳团队奖”，是唯一同时获得两个奖项的公司。应对江苏盐城龙卷风、湖北当阳爆炸等 27 起重大突发事件。（2）信息化建设。完成风险管理、单证管理、呼叫中心二期等 9 个重点信息系统建设。实施呼叫中心系统迁移工程。实现与保监会保单登记报送平台、行业协会保单验真平台等 5 个系统互联互通。优化核心系统、财务系统、投资管理系统，上线 300 余项新增需求，组织实施版本升级 160 余次。完成财务、采购、投资、审计 4 个条线 10 大应用模块建设，ERP 系统上线运行；实施 CRM 及大数据平台等项目需求论证。（3）产品体系。在售产品 35 款，形成符合客户差异化保障需求的特色产品体系。及时上市财寿嘉新产品，支撑保费规模平稳增长。推出六六保、绵绵寿年金和守护星成长计划。开发财富嘉 1 号、2 号新产品，支撑 2017 年开门红和期交规模化发展。升级改造百保倍、多多保等 6 款主销期交产品。（4）营销培训。扩大讲师队伍规模，总省专职讲师 107 人，市县兼职讲师 1181 人。开展第二届“星火传递杯”讲师技能大赛，省分公司专兼职讲师、邮政企业内训师 836 人参赛。1 名优秀讲师荣获中国保险业“金牌讲师”称号，并在行业展示评比中获得二等奖。联动邮银开展“中邮保险—邮政金融客户开发维护能力提升培训”30 期。各省组织各类营销培训活动 8462 场次、22.7 万人次。

3. 风险管控。（1）偿二代风控能力。开展偿付能力充足率评估与预测，开展压力测试，优化资产负债管理，中短期业务规模严控在监管红线以内。健全风险管理体系，制定 117 项风险管理制度。建立风险偏好体系，设置 45 项关键风险指标，加强日常监测。规范开展信息披露，加强舆情监测与应对，有效防范声誉风险。完成偿付能力风险管理能力自评估和监管现场评估。（2）重点风险。流动性、资金运用、满期给付和退保等重点风险防控有力，未发生系统性区域性风险。完善流动性风险管理机制，成立流动性管理专项小组，全力做好资金调配，建立流动性风险问责机制，确保流动性安全。投资风控指标良好，投资结构安全，资产质量和交易对手信用等级状况优良，市场风险应对有力，未发生一笔坏账。处理满期给付和退保74.7万件、金额258.3亿元，备付金使用比例仅26.6%，未发生群体事件。（3）合规管控。制定监管检查整改措施42项并督导落实，追责54人次。扎实开展“两两”回头看，发现并整改问题54个。内控合规检查覆盖277个地市、554个县、1809个网点，满足监管要求。开展反洗钱风险自评估工作，完成客户身份识别1.7万件，排查可疑交易8500余笔。组织开展合同与制度梳理，加强关联交易审查，审批关联交易32笔、金额11.9亿元。审计监督职能有效发挥。完成总省20位高管人员任中或离任审计，开展财务、资金运用、关联交易等专项审计。总省开展审计项目74项，涉及金额7.25亿元，提出建议253条。配合集团公司实施总部审计调查和12个省分公司财务收支审计。督促落实审计整改责任，核查489个问题整改结果。

4. 管理水平。（1）财务管控。建立以零基预算为基础的全面预算管理体系，加强转型发展费用支撑，开展财务季度对标工作，有效提升费用开支效果。强化预算过程管理，动态监控收入和利润目标完成情况。制定财务授权管理办法，完善财务内控制度。优化省分公司绩效考核制度，建立总部部门绩效考核机制。制定投资资金账户划拨规则，完成账户间资金清分及占用成本清算。组织总部集中采购16项，采购预算节约率达16%。总省营改增工作顺利落地。（2）人力资源管理。推进岗位标准体系和职级体系建设。科学核定增员计划，引进急需人员273人。开展劳务工择优转招，规范劳动用工管理。落实关键岗位和强制休假制度，防范操作风险和道德风险。制定工效挂钩管理办法、高管人员绩效考核办法和总部员工绩效考核方案。出台违反薪酬分配纪律行为处理办法，规范人工成本提取发放管理。健全企业补充医疗保险制度。（3）机构建设。研究制定总省机构编制调整方案，推进总省机构改革，增设续期业务部等部门。成立总省机构编制委员会，出台规定强化机构编制规范管理。针对市县机构建设、岗位设置等问题，制定市县机构优化方案。修订《委托管理协议》，明确市县机构考核责权利关系，推动各省对市县机构实施有效考核。加强入网机构准入审核和在网机构管理，增加入网7个地市、58个县、1184个网点，对2014年、2015年未达标及低效营业机构进行评估整改。

5. 从严治党。（1）党建工作。贯彻集团公司党组部署，落实总省党的工作机构、编制和人员配备，确保总省两级党建、纪检机构到位、人员到位、工作到位。坚持“四个同步”，把党建工作放到与经营发展同等重要位置推动。扎实推进“两学一做”学习教育。制定贯彻落实《中国共产党问责条例》实施细则。修订完善党委工作规则、“三重一大”决策制度，规范议事程序，强化制度执行和监督管理。出台2016年度党建工作考核办法，开展党建述职评议，强化党建工作效果评价。坚持思想建党，加强领导班子思想理论学习，组织党委中心组（扩大）集中学习143次。分层分级签订党风廉政建设责任书，强化主体责任落实。（2）党风廉政建设。党委约谈9个省分公司“一把手”，纪委约谈18位纪委书记，质询履职情况，强化责任意识。开展省分公司党风廉政建设现场考评，推进“两个责任”落实。修订落实中央八项规定精神实施细则，扎实开展“四风”问题整治情况回头看和专项自查，狠抓作风建设。召开党员干部警示教育大会，严肃信访问题线索查办，开展廉洁文化主题教育活动，惩防并举，运用“第一种形态”。组织主题教育活动506场，约谈领导干部62人次，开展廉政谈话705人次。

6. 和谐企业建设。（1）企业文化和精神文明建设。落实《中国邮政企业文化宣贯工作实施意见》，培养企业文化宣贯内训师。开展公司标识使用标准化检查，编制企业形象管理手册，完善公司形象标识。参加全国交通运输行业文明单位和文化建设优秀单位评选，江西省分公司获评行业文明单位，北京、江西省（市）分公司获评文化建设优秀单位。江苏省分公司获得“江苏省文明单位”称号。（2）员工幸福工程。发放各类慰问款项144.6万元，慰问3390人次。建立“手拉手”互助基金，健全困难员工档案。推进总省“职工之家”建设，优化员工工作环境，增强员工归属感。建立“工会主席信箱”，增加员工民主诉求渠道。开展全员创新活动，收到创新成果96项，其中7项获得集团公司评奖。加强选先树优工作，发挥先进标杆作用，授予19名女员工“巾帼英雄”称号、38名员工“青年标兵”称号。组织劳模、标兵、先进工作者疗休养，开展健步走、乒乓球、气排球等各类文体活动。（中邮保险　王森龙）

【中国邮政集团公司信息技术局】

1. 信息化工程建设。（1）平台化建设。新一代寄递业务信息平台邮政寄递现状分析报告、业务需求和技术架构的编制、评审工作完成。CRM系统咨询设计工作完成。大数据平台7月成功上线，接入18个系统的存量数据，满足数据分析和管理的基本要求。ERP工程14个核心功能模块在全板块的全面推广上线，基本完成三大板块近40个系统的业财集成及推广。11月18日，集团公司下达立项批复，正式启动在线业务平台工程建设工作。正式确定以互联网分布式架构云技术作为新一代寄递业务信息平台的云技术路线，并完成邮政私有云平台的初步搭建。(2) 信息化引领能力建设。邮政包裹快递业务整合信息化改造工程实现邮速信息系统的资源共享与协同，支撑包裹快递业务做大做强。网运转型升级工程支撑时限管控、指挥调度、质量考核三大体系，使传统的网运生产作业方式发生革命性变革，运营管控软实力得到提升。快递包裹损益核算系统工程在全国 201 个地市正式上线，利用微信和手机 APP 等移动技术，基于邮政省际处理费结算和市内结算规则，实现成本实时分析。指挥调度中心工程增加按作业区视频展示功能，具备大屏展示动态效果。二维码数字邮资、账单（商函）制作系统成功上线。(3) 邮政 + 互联网落地实施。提升客户体验和客服支撑质量，陆续开发上线集邮网厅异常订单监控、用户评论及回复等新功能，新增“集邮者之家”宣传活动专区的实时动态展示和珍品鉴赏两个功能板块，支撑集邮周系列主题活动和邮政开办 120 周年、集邮文化季、亚洲邮票展览等专题活动。发布商品 6200 款，完成有效订单 317 万笔，比上年增长 55%，实现收入 7.85 亿元。网上报刊优化客户订阅体验，实现流转额 2.1 亿元，比上年增长 600%。

2. 信息网运维能力建设。(1) 信息网运维保障。坚持 24 小时不间断运维值守，完成两会、G20 峰会、十八届六中全会、“双十一”业务高峰等重要时期的信息网安全运行保障任务。全国中心完成机房巡视和设备检查 2 万次（巡检总里程 3.5 万公里）、处理全网运行突发事件 2 万件、实施网络和系统变更 1008 次、安装上线信息设备 1183 台（套）、综合布线 4 万米，支撑和保障全国性电视会议召开 181 次（比上年增长 28%），保障信息系统安全、平稳运行。全网各系统平均可用率 99.98%。(2) 信息安全防范能力。开展全国中心渗透测试和省中心等保测评、全网的信息安全检查等工作；为中国邮政官网等网站部署 Web 应用防火墙、网站监控等安全设备，提高信息安全技防能力；坚持网站漏洞监测、漏洞扫描、系统上线前安全检测工作常态化，全年完成漏洞扫描和代码扫描 977 次，监测整改全国互联网网站安全漏洞事件 166 起，漏洞事件数量比上年下降 26%。(3) 应用系统旺季联合集中保障运维模式创新。旺季业务生产期间，信息技术局创新采用业务与技术联合、基础与应用联合、多厂商集中支持的旺季生产保障模式，远程支撑与现场支持结合，全面保障和重点保障并重，在“双十一”和春节旺季生产期间取得良好效果。(4) IT 基础能力建设。组织完成全国中心生产、办公互联网出口的升级改造、11 个省中心的局域网改造和 27 个省的省际网改造，完成全国互联网网络统一接入系统的方案编制、工程立项和招标采购，优化完善骨干网络资源；完成营业、网运、投递省中心系统部分服务器、磁盘阵列的更新扩容和全国中心投递等系统的扩容迁移工作，有效提高信息系统的支撑保障能力。

信息技术局运维人员对亦庄机房 UPS 进行冗余性测试。（信息技术局 / 提供）

3. 企业管理。(1) 丰富和完善信息化 2.0 的科学内涵。通过对中国邮政信息化整体形势的理性分析、准确判断，并结合邮政生产经营管理的实际，信息技术局研究探索出“三新四化一目标”的信息化 2.0 的总体工作思路，并在信息化建设实践中不断丰富和完善，即在科技不断发展的背景下，要把握新趋势，树立“以用户为中心”“数据驱动”“技术与业务融合”“统一平台 + 分省应用”“微创新 + 迭代完善”等新理念，加快移动互联网、云计算、大数据、物联网等新技术的应用步伐，逐步实现信息系统平台化、信息资源内云化、运行维护全面化和软件开发敏捷化，重塑邮政信息化架构，全面提升信息化服务能力，以信息化引领支持中国邮政改革创新和转型升级。(2) 规范信息化工作流程。加强验收推进工作，组织完成便民服务站等 7 个项目的初验，配合完成安全加固系统等 14 个项目的竣工验收；编制并下发 5 个合同管理流程，修订下发“技术产品和服务采购实施流程”；严格执行“三重一大”决策制度，凡重大决策事项、重大项目安排、大额度资金运作等能严格按照议事原则和程序进行决策，专人记录，形成专门会议纪要。(3) 加强人才培养。鼓励学习，为员工报销与工作相关的考级、考试费用累计 3.2 万元，并设置图书角，为员工购置工程技术类图书；修订专业技术职务评聘管理办法，开展信息技术局初级人才测评活动。通过评聘、考试和论文撰写等多种形式，选拔 11 位初级人才；开展培训和交流，组织 4 次集中培训班、1 次远程培训班和 10 次双休日培训，内容涉及系统建设、运行维护、科技创新、新技术等，受训人数 1035 人次。多次开展有针对性的技术交流和研讨；组织申报邮政企业科技创新成果、通信行业企业管理现代化创新成果和全国邮政企业管理现代化创新成果等奖项并获多项荣誉。

4. 全面从严治党。(1) 全面开展“两学一做”学习教育。制定“两学一做”学习教育工作计划，并不定期督促检查；组织学习习近平总书记系列重要讲话及党章、党规；组织安排习近平总书记系列重要讲话读本导读专题辅导和“两学一做”网上学习辅导；党总支书记、纪检委员和两支部书记分别讲党课；组织开展主题征文、专题研讨、党规党章知识竞赛等专题活动。（2）党风廉政建设和反腐败工作。组织学习贯彻《关于新形势下党内政治生活的若干准则》和《中国共产党党内监督条例》，坚持把严明党的政治纪律和政治规矩摆在首位，严格执行请示报告和个人重大事项报告制度，认真填报企业领导人员廉政档案；认真落实党风廉政建设主体责任和监督责任，切实加强全面从严治党责任的监督问责；同两党支部书记、各部门主要负责人签订年度党风廉政建设目标责任书；进行7次中心组学习，宣传贯彻中央重要会议、重要文件精神和集团公司党组重大决策部署，通报违法违纪案件；积极发挥廉政教育基地作用，组织两次参观学习，利用反面典型和发生在身边的腐败案件加强警示教育。（信息技术局　秦佳）

【邮政科学研究规划院】

实现收入3.49亿元。合同额3.33亿元，基本实现总体收支平衡，完成集团下达的考核指标。

1. 重点项目。承担工程及科技项目419项，其中新立工程项目205项、科技项目46项。完成集团工程建设项目。工程设计任务方面，完成集团公司和速递物流公司的北京、上海等24个处理中心设计任务；完成北京、郑州、西安、武汉、哈尔滨、合肥等航空及国际处理中心的可研报告，以及262个地市处理中心建设方案的编制工作；完成黑龙江、甘肃等11个邮政信息网省中心机房工程的可研报告，以及辽宁、浙江等7个省中心机房的设计工作。处理中心工程项目建设方面，承担的昆明、蚌埠处理中心包件分拣机项目在“双十一”前投产运行；速递物流沈阳工艺设备安装工程、无锡长三角集散中心工艺设备安装工程小件分拣机项目和集成总控系统项目投产运行，济南、金华、武汉项目完成初验。在智能终端设备应用方面，北京、杭州、山东270套智能包裹柜安装开通；智能包裹柜统版系统持续升级，接入厂商7个，接入设备962套；深圳国际小包自动化设备项目平稳运行。

2. 信息系统。速递标准化处理中心系统完成改造和实施，无锡集散中心项目按需求定制开发；速递国际业务系统、邮件分拣资料库地址匹配系统全国上线；现场管理平台的无锡和武汉项目进入试点和试用阶段；深入参与ERP项目工作；参与新一代核心寄递平台建设，开展名址大数据及匹配应用等开发工作。

3. 邮政规划咨询及支撑工作。开展邮政管理咨询、生产作业规范、竞争情报跟踪等领域十几个咨询项目；完成集团公司、重庆、西藏、速递物流及中邮保险的“十三

速递物流江苏省南京市分公司引进17部新款智能手机PDA，在部分揽投部试点使用。（新闻宣传中心／提供）

五”规划和“邮政服务‘三农’资产配置规范”“速递物流邮件集散中心生产操作指导手册”等成果。

4. 多方位支撑邮政质量检测、采购和标准化工作。全面支撑集团公司供应商后评估、技术规范编制和用品用具检测工作，协助集团公司完善集中采购工作体系；支撑国家邮政局快递质量检测，市场占有率超80%；承担国标、行标和集团标准项目16项；契合“绿色发展”主题，完成“塑料快递封装用品有害物质检测可行性研究”项目。

5. 科技研发。新立研发项目39项，比上年增长44%；投入经费2307万元，比上年增长124%。获得科技奖励16项，其中获得工信部、物流与采购联合会等省部级奖励13项。电子行业优秀工程项目管理、优秀工程设计，以及物流与采购联合会科技进步一等奖各1项；全国物流技术大会“物流技术创新奖”2项、“物流技术匠心奖”1项。获得集团公司科技创新奖1项，小技改、小发明奖2项。另外，集团科技进步奖评选中，获得7个奖项，其中一等奖1项。

6. 体制机制。修订完善党建及纪检监察、市场经营、工程建设、科技研发、招标采购、人力资源等37项管理制度。健全科技管理体系。强化品牌和知识产权管理，获得授权发明专利1项、实用新型专利10项、外观专利1项，获得软件著作权证书23项；召开“互联网+”、AGV和机器人专题研讨会，邀请国内外专家开展专题讲座。强化营销团队建设、营销管理和市场分析。规范项目管理，强化项目协调、技术审查和质量管理。强化采购管理，加强采购全流程、关键环节管控，建立合格供应商库、标准产品分类库和采购评审专家库。完善人力资源管理，强化干部管理和监督、构建院和公司两级专家体系、优化人力资源配置。扎实开展党建工作，抓好党风廉政建设。

7. “两学一做”学习教育。成立院“两学一做”学习教育领导小组，制定落实实施方案。院党组开展中心组学习9次；全体党员学习党章党规、习近平总书记系列重要

讲话、《准则》和《条例》等重要文件。设计中心党支部和优秀党员孟硕、史林获集团公司表彰。完成院党组改党委工作，设置党建和纪检监察机构。加强支部建设和党员管理，完成党支部手册检查、党员组织关系排查、党费收缴等工作。落实“一岗双责”，党支部书记讲党课24人次，集中交流研讨3次。制定“关于专项巡视反馈问题整改方案”，提出的14个具体问题全部整改完毕；开展“四风”问题“回头看”活动，查找的13项问题全部完成整改；针对中央纪工委专项检查反馈的问题，对12个具体问题进行了整改。加强对“三重一大”事项监督。接受集团公司党组第五巡视组的巡视。（邮政科学研究规划院 彭芃）

【中国邮政集团公司上海研究院】

实现营业收入2.4亿元，比上年增长82.4%。

1. 销售市场。上海、贵阳两个邮区中心局工艺流程建设改造项目完成，再次实现邮政大型建设项目当年招标、年中启动建设、“双十一”前投产运行的高效目标，保障邮政业务高峰期中心局生产作业的正常进行。邮政速递物流无锡长三角集散中心工艺项目完成。

5月，与京东公司项目合同，这是上海研究院分拣系统第一次从快递领域进入电商仓配领域。承接第一个跨境电商仓配一体化建设项目——斑马香港项目。

终端设备和应用方面，顺应景区现代化的管理需求和“互联网+”的发展潮流，推出智慧景区整体解决方案，完善景区电子商务管理系统，实现景区与其他各类系统以及第三方旅游网站、微信平台、官网的数据对接。推广方式上，构建山东泰山和南京中山陵这一北一南两个核心，打造智慧景区平台新标杆。

2. 科研创新。增加发明专利申请5项，获得发明授权7项，获得软件著作权4项。确定将新型扁平件分拣机、新型供件台、体积测量设备等作为新技术新产品的重点研究项目。新型扁平件分拣机完成研发，正以租赁形式交付上海速递物流公司使用。通过实际运行，该设备供件效率16000件/小时（单人单供件台模式），设备结构紧凑，系统可靠性高。新型扁平件分拣机的应用节约人力和时间，提高分拣效率，降低人员劳动强度，节省邮件处理成本。各类技术研发方面，无论是泰文识读、手机拍照后号码识读、体积快速测量等研发，还是开发的实用小设备，如：蓝牙秤和配套PDA等，在开拓市场应用，降低工作强度，减少单调重复劳动等方面都产生较好效果，得到用户的欢迎。上海研究院首创产品摆臂式分拣系统在韵达四个分拨中心推广建设，完成62条自动化线体和529套摆臂。建设过程中，在原有产品的技术基础上，研发加入二合一叠加供件、包裹信息网络自动检索并分拣、体积重量自动采集并上传等一系列实用的复合型功能，基本覆盖快递包裹在自动化处理过程中的绝大部分用户需求。

3. 软科学研究。配合集团公司发展需要，开展“快递进入资本市场对快递市场的影响”相关研究，收集并整理各主要快递公司上市详细情况，分析其对快递市场的影响及未来竞争格局，向集团公司党组提交相关研究成果报告。围绕集团业务发展开展主动性预研：在2014年制定的邮政网转型升级方案的基础上，根据实施后的实际情况，制定未来三年的发展规划，为邮政网动态调整和优化提升提供支撑，促进邮运网对寄递业务发展的支撑引领。

4. 党风廉政建设。围绕“两学一做”专题，全面加强思想政治教育工作。通过定期组织党委中心组学习、书记讲党课、纪录片观摩、读书交流、座谈讨论等形式，安排党员及时认真学习贯彻十八届六中全会等党和国家重要会议、文件精神、习总书记系列重要讲话精神；大力开展党风廉政宣传教育月活动，学习优秀共产党员和邮政企业先进代表的典型事迹，发挥模范人物的示范引领作用。组织开展“四风”回头看、巡视工作回头看等相关工作。企业党建工作为经营发展提供坚实保障。（上海研究院 龙潜）

上海研究院跨境电商仓配一体化建设项目——香港斑马物流分拣设备。（上海研究院/提供）

【石家庄邮电职业技术学院（中国邮政集团培训中心）】

1. 继续教育工作。举办 4 期中央党校分校班、6 期中国邮政党校班，培训学员 700 人，健全分层分类的培训课程体系，打造水平一流、专兼结合的师资队伍。支撑企业完成业务、技术、管理等集中培训 317 个班次，培训学员 3 万余人次，支撑开展领导力培训、人才测评、岗位资格认证、职业技能鉴定等工作，策划实施重点培训项目 40 余个，与人才发展协会（ATD）签署战略合作协议。开展远程教育，年访问量 6082 万人次，运行培训项目 418 个，培训 257 万人次，组织支撑在线考试 3128 个，考试 450 万人次。国家开放大学邮政学院在学院挂牌成立，推进邮政学分银行研究建设工作，为员工搭建终身学习平台。

2. 高职教育工作。招收新生 2840 名，学院办学规模保持稳定，生源质量位于省内高职院校前列。深化订单定制人才培养，新招订单生 1140 人，在校订单生总量 2943 人；实施定制培养项目 6 个，培养毕业生 800 余人。作为教育部批准的全国首批现代学徒制试点高校，与订单企业共同推动“校企双主体育人、学校教师和企业师傅双导师教学”机制建设，2 个学徒制试点专业取得成效。推动实施工学交替课程改革，新增全国邮政电子商务运营中心、11185 客服中心、速递仓储配送中心等实训基地，工学结合课程教学模式趋于成熟。2016 届毕业生就业率 98.7%。

3. 科研与服务支撑工作。教师公开发表论文 192 篇，立项数量 122 项，首获国家社科基金项目立项，实现国家级项目零突破，成为 2016 年河北省唯一获国家社科基金项目的高职院校。围绕企业经营发展战略，加强人力资源、企业文化、邮政金融、包裹快递、农村电商、教育教学等领域科技支撑，学院承担的 2 个科研项目分获集团公司科学技术二、三等奖。推动校企科研合作与创新，组织与 58 家邮政地市公司联合成立邮政农村电商发展联盟，与中华全国集邮联合会共同成立集邮文化研究与传播中心。强化科技服务支撑功能，支撑邮政企业完成 6 项全国性技能竞赛活动，开展集团人力资源系统建设与维护、信息备份与软件测试、信息情报支撑等工作。

4. 基础能力建设工作。举办建校 60 周年系列活动，展现学院发展成果和办学特色，弘扬石邮文化和精神，密切学院与邮政企业的联系，提升学院的社会知名度和影响力。编制印发学院“十三五”发展规划，颁布实施学院章程，正定新校区建设取得实质性进展，党校北京雁栖湖校区建设取得成效，学院发展空间拓展。党校培训楼装修改造工程完成，开展学院信息化建设顶层设计，加强与企业生产实际对接的实训环境建设，学院教学培训环境提升。推进内部管理制度建设，强化财务预算管理和财务分析，加强审计监督检查，推进后勤保障服务标准化和规范化建设，强化校园内部治安防范和综合治理，保障学院事业合规健康稳定发展。

5. 党建工作。认真开展“两学一做”学习教育，促进党员干部进一步坚定理想信念。健全党的基层组织，成立 1 个党总支和 3 个直属党支部，严格党内组织生活制度，基层党组的政治核心和战斗堡垒作用进一步增强。开展“四风”问题整治情况“回头看”专项自查整改工作，推进作风建设常态化长效化。配合集团公司做好巡视“回头看”工作，认真做好反馈意见整改落实。扎实抓好党风廉政建设“两个责任”落实，召开党的建设暨党风廉政建设联席会，签订党风廉政建设责任书。强化党建主体责任分工协作机制和党建述职评议考核机制，制定贯彻《中国共产党问责条例》实施细则、党员干部婚丧喜庆报告制度等，形成靠制度管人、管权、管事的制度体系。（石邮学院　付皓轩）

【中国邮政集团公司邮票印制局（北京邮票厂）】

1. 邮资票品生产。承印纪特邮票 16.3 套 65 幅图，承印套数占比 49.5%，印量 21.24 亿枚；承印普通邮票 17 个图，印量 2.99 亿枚；纪特封片 13 套 14 个图，印量 6388 万枚；个性化邮票（折 16 枚版）585.85 万版。全年封装发运各类邮资票品突破 6 万袋。封装发运邮袋数量比上年增长 35%。及时、准确、安全地完成集团公司下达的各类邮资票品发行与用票保障任务。

2. 编辑设计工作。编辑设计人员克服监管力度加大、临时调整增多等困难，确保守住版权红线、杜绝图文差错，在内部建立应急机制和邮票设计师与责任编辑联动沟通机制，编设工作进度和质量提升。完成 2016 年纪特邮票选题 33 套 105 幅图，完成 2017 年纪特邮票选题 16 套 67 幅图，完成其他选题 25 套 49 幅图。局设计师中选邮票 11 套 29 幅图，套数图数均创下近年来最高纪录。

3. 邮票质量工作。坚持质量第一、产能第二，严格执行质量奖罚条例。加强质量抽查小组的力量，对全部邮资票品保持至少 20% 的抽检率，查出问题的予以奖励，被查出问题的严肃处罚，坚决杜绝不合格品流出厂外。启动生产运行和产品质量追溯制度，生产或质量问题一经发现，100% 追溯到人、100% 分析原因，通过周例会、OA 和局刊等渠道在全局范围进行点名通报，形成追责处罚的有效震慑和关注质量的良好氛围。

4. 重点项目建设收获成果。5 条喷码生产线投产，格贝尔静电吸墨系统改造完成，热力站改造、消火栓系统维修、配电室改造、凹印楼四层喷码场地改造等项目完成，废气收集处理工程接近完工，胶雕机加装在线冷烫装置、主力印刷机大修等项目开始启动。研发“新型生肖专用防伪邮票纸”，应用于《丁酉年》邮票。邮票纸多点供货项目，全部品种邮票纸的试制工作均完成并试印合格，改变长期以来单一来源供货的局面。

5. 党风廉政建设。按集团公司要求，单独设立监察室、成立党委办公室、党委党建工作部和党委组织部，使党建工作力量得到明显加强；扎实推进中央专项巡视反馈问题整改工作，按期完成20项整改任务和60项具体整改措施；迎接中央国家纪工委专项检查并认真做好反馈问题整改工作；扎实开展“两学一做”学习教育活动，组织党委书记讲党课、支部交流研讨、“两优一先”评比表彰、主题征文、知识竞赛等活动，活跃学习氛围、强化学习效果；以党员领导干部为重点，组织42次党委中心组扩大学习；做好《邮票人》“党建专版”，以多种载体开展党员宣传教育；完成全局20个基层党支部的换届改选工作，加强基层党组织力量。

6. 企业品牌形象。《甲午年》生肖邮票代表中国获得第十六届政府间邮票印制者大会的最佳影写奖；“新型生肖专用防伪邮票纸”获得中国安全防伪产业最高奖项——“蓝盾杯应用成果奖”；《黄河》邮票获得2015年度北京市印刷质量大奖提名奖；邮票印制局获得“全国先进集邮单位”荣誉称号；制版中心工会被评为“全国模范职工小家”；郭恩娟获得“中央国家机关优秀党员”称号。邮票印制局技术进步的亮点、转型发展的成绩，还在《中国邮政报》、中国邮政官方微信、《集邮博览》等主流邮政媒体上得到报道。（邮票印制局　刘洁）

【中国邮政集团公司新闻宣传中心】

1. 多媒体互补联动。全国两会上，报社记者及时采写习近平总书记点赞邮政开展预防邮路建设和精准扶贫工作的报道。及时报道李克强总理视察江西省瑞金市邮政电商脱贫站点和汪洋副总理视察四川省凉山州邮政“三农”服务站、苏州市东山农产品电子商务产业园参观邮政馆的情况。加强和改进党建和纪检监察工作的宣传。《中国邮政》杂志编辑部与集团公司党建工作部联合开展全系统庆祝建党95周年、深入开展“两学一做”活动征文活动。全过程跟踪采访报道中国邮政成立120周年、邮储银行香港上市、2016中国（重庆）跨境电商邮政高层论坛、金融“双优”表彰、2016年集邮周和《丁酉年》特种邮票开印仪式等重要活动。

2. 品牌价值提升。为纪念红军长征胜利80周年，开展途经8个省（区）的“再走长征路　续写邮政情”主题采访报道活动。联合集团公司办公室共同策划“直击邮政‘双十一’”大型采访报道活动，8路全媒体采访组深入5省8地邮政和速递物流生产经营一线，相关报道在全媒体平台连续10日广泛传播。《中国邮政报》发行量14.6万份、《中国邮政》杂志月发行量稳定在3.3万份。中国邮政门户网和视频网点击量7670万次，手机APP安装量15万个，中国邮政微信粉丝数67万人，中国邮政报微信粉丝数8.3万人，“鹏博的家”微博粉丝数17.9万人。5个省建成全媒体记者站，初步具备报纸、杂志、网站、手

新闻宣传中心拍摄江苏省东海县分公司联合县工商、农业等部门，在全县开展“携手共维权、‘邮肥’保春耕”主题活动。（新闻宣传中心／提供）

机APP等新媒体立体报道的能力。由新闻宣传中心自主制作的大型系列纪录片《中国珍邮》在中央电视台科教频道《探索发现》栏目、香港《第一财经》频道首播，获得“2016年中国梦优秀原创纪录片大奖”；纪录片《网运中国》全程展示中国邮政网运工作的新成绩、新亮点，交通运输部、国家邮政局、集团公司领导观看后给予高度评价；记者吕磊在全国行业性媒体第三届“好记者讲好故事”活动获得第二名，成功晋级全国决赛，参加全国“好记者讲好故事”活动巡讲。

3. 制度建设。开展干部“三龄两历一身份”人事档案核查、领导人员“一报告两评议”、裸官清理、出国（境）证件集中管理等专项活动，进行人才评价选拔及人力资源系统信息完善等工作，提升人力资源管理的水平。推行年终绩效考评工作，以工作任务的完成情况为依据，以月度绩效考评结果为参考，对全体员工按优秀、良好、称职、基本称职、不称职五个等级进行分类考评，并以考评结果兑现年终绩效奖金。新闻宣传中心党总支根据巡视组反馈问题，立行立改，在巡视期间制定出台《新闻宣传中心党总支工作规则》《新闻宣传中心领导干部廉洁谈话（暂行）办法》等9项规章制度。

4. 党建工作。组织全体党员到延庆平西抗日烈士纪念园参观学习、慰问农村贫困老党员，参加中国邮政网络学院“两学一做”专题学习和中央国家机关党章党规知识竞赛等活动。接收两名同志为中共预备党员，完成两名预备党员的转正工作。开展党员组织关系排查及党费补交工作，进一步规范党员管理工作。

5. 群团组织。广泛联系职工、服务职工。组织第二届职工运动会、健步走、春季和秋季的摄影采风等活动；团支部针对团员青年的特点，组织开展符合青年特点的活动，调动团员青年工作的主动性和创造性。（新闻宣传中心　许涛）

【中国邮政集团公司数据中心】

1. 数据分析项目。围绕集团“一体两翼”和“三个增长极”发展战略，确定重点分析选题，针对企业发展的痛点、难点问题，开展大数据分析工作。通过建立全员绩效与项目挂钩的激励机制、按季度研定分析项目、成立专题项目组等措施，全面深入地开展数据分析项目。完成EMS竞品时限对比分析、中邮证券黑龙江省分公司客户分析等18个项目，分析成果均得到集团领导及相关专业的肯定。通过大数据分析摸索与实践，对分析项目流程进行梳理，围绕寄递产品的对标、电商平台、客户流失预警等累计建立20个模型，并规范模型的目标、适用场景、应用项目、数据来源、模块算法等。

2. 分析成果落地应用。通过建立分析成果反馈机制，强化与项目需求方跟进成果应用情况，成果转化和应用推广取得突破。一是集团层面：EMS竞品时限对标分析项目、跨境电商行业动态、跨境电商卖家数据获取项目、电商快递包裹客户数据分析（Ⅰ期）4个分析项目得到落地应用，得到集团领导和相关专家的肯定；国际挂号小包跟踪查询信息获取分析项目、中邮证券黑龙江省分公司客户分析、寄递网络组织对标分析项目3个分析项目推广；分析过程中的研究成果获得行业及集团4项奖项。二是省层面：代理金融网点效能分析项目，河南、湖南等九省开展项目复制；邮政代理金融及邮务类部分专业客户贡献度分析项目，湖南、湖北、广西、辽宁及西藏五省提出项目复制申请；2015年电子银行客户分析项目，安徽、江西等三省开展复制应用；2015年商易通客户分析项目，广西完成项目复制。

3. 企业信息化2.0。数据中心选派11名技术骨干，跟进参与大数据平台、新一代寄递平台、CRM、ERP等系统的建设工作，深度融入企业信息化2.0。一是参与大数据平台建设。完成数据接入数据湖、数据分析、分析成果固化三个主要流程的梳理，并实现前两个流程的应用；参与《技术规范书》的编写工作；整理《业务需求对比模板》400项；制定《数据梳理模板》，开展订单、报刊等20个业务系统9941张库表、178632个字段的梳理工作；完成11月30日核心功能的试用测试工作；配合平台技术及数据组，全程参与工作框架与实现路径的确定及数据安全管控的研讨工作。二是组建名址组，参与新一代寄递业务平台“名址匹配中心”的核心设计。组成专班，全面加入项目组中开展工作，编写了名址维护模块、名址匹配中心模块及测试用例需求，参与GPS、GIS模块的需求设计；参与咨询设计过程中的研讨，对《寄递业务运作模式规划报告》《系统总体架构》等重要文档提出有针对性的修改意见。三是参与ERP项目。严格按照集团ERP项目实施工作安排，组建项目上线施工工作团队，抽调专人参加集团项目推广集成测试工作，开展财务模块数据清理、供应商主数据清理工作。四是跟进CRM项目。参加项目咨询服务阶段的《能力评估报告》《高阶蓝图设计报告》《技术方案建议书》和项目启动阶段的《中国邮政CRM系统工程实施及应用软件主要内容》等核心方案文档的修改和审定工作。

4. 做好数据服务支撑。一是创新“两库”维护模式，数据质量持续提升。运用互联网、大数据技术，通过自动与互联网、GIS和用户地址的比对，找出“两库”中的问题数据和缺失数据，进行有针对性的下发维护，减少基层维护工作量，提高维护效率，实现“两库”维护由粗放式向精准化的转变。二是数据服务支撑能力持续提升。对内优化邮政内部数据服务申请、审批流程，为集团公司部分专业和省分公司提供数据服务支撑，受理25笔数据服务申请，提取、清洗、匹配数据8.85亿多条；对外在做好鹏元征信、CPDC网站等对外服务的基础上，推进对外合作，与中国电信签署合作协议，加入“中国企业大数据联盟”（BDU）。三是数据库营销助力分析成果应用。配合邮务局函件、报刊专业分别开展数据库营销活动。商函专业约投挂号数据库营销项目：全国累计下发数据约59.43万条，营销成功数据13376条，实现收入1.2亿元；报刊专业政务类图书数据库营销项目：全国累计下发数据22.46万条，营销成功数据8775条，实现收入3732万元。

5. 大数据分析能力增强。一是优化人才结构，提升专业能力。数据中心选拔招录9名专业技术人才，涉及数学、统计学、机器学习、计算机等专业，充实中心大数据分析技术力量。打破部门和岗位的限制，组建多个专题项目组开展数据分析，达到锻炼队伍、提高实战能力的目的。二是不断开展大数据技术探索实践。在Hadoop+Spark环境下进行大数据加载、分布式计算、资源管理及安全管理实验；完成大数据集SQL查询、R语言分析功能等测试；不断探索外部数据获取技术和方法；深入研究机器学习算法并应用到项目中，为大数据分析挖掘提供技术支持。三是不断强化大数据技术学习交流。加强内部培训力度，坚持员工每半月进行自主培训，开展“大数据能力”“机器学习”等专题培训；参加2016年数据分析行业发展战略大会、2016年R语言技术大会；赴中国电信云计算分公司、中国移动研究院、恒丰银行学习调研；参观学习北京市邮件处理中心及集团公司邮政信息网亦庄机房。对省培训交流方面，分赴湖北、西藏等省开展大数据专题培训及调研，接待宁夏、辽宁、山西等省来中心培训、交流学习；配合邮储总行完成2015年全国邮政代理金融数据分析优秀案例评选工作。

6. 加强数据安全管理。从制度、环境、管理、人员、检查与考核等方面入手多措并举，全面保障数据信息安全。一是制度方面，制定《数据中心信息安全管理暂行办法》《分析核心区管理规定》《数据安全指引》等，并严格执行。二是环境方面，设置物理安全边界，将核心分析区与外网隔离。三是管理方面，成立安全领导小组，实施ISO27001信息安全管理认证。四是人员方面，与所有员工签订保密协议，定期对员工开展安全教育。五是检查与考核方面，采取部门定期、中心不定期检查的方式，落实安全管理制度。

7. 科学管理水平。一是实行绩效奖励与重点数据分析项目挂钩。制定《中心全员绩效项目挂钩暂行办法》，建立全员绩效与项目挂钩的激励机制，激发员工想干事、能干事、干成事的积极性，形成主动承担分析项目任务，刻苦钻研数据分析技术及应用的良好氛围。二是进一步打通员工晋升通道。组织中心一、二级主管的选拔工作以及中心初级人才评测工作，进一步打通管理及技术序列员工的晋升通道。三是进一步加强财务管控。配合集团公司新成立的财务部直属会计处，进一步加强集中管控与核算。优化资源配置，细化对办公费、差旅费等可控的行政管理性支出，以及生产和管理部门日常运行支出的对标管理，节约支出预算约10%，很好地支撑和服务了中心各项工作任务。

8. 持续抓好党风廉政建设。一是认真落实“两个责任”。深化廉洁从业教育，把廉洁从业教育列入中心组学习计划；认真学习贯彻执行《中国共产党廉洁自律准则》《中国共产党纪律处分条例》《关于新形势下党内政治生活的若干准则》等，强化遵规守纪意识。二是建立党建工作责任机制。坚持“两手抓，两手都要硬”，增配一名专职党建工作人员；年初谋划全年党建工作，分解任务，明确责任人和完成期限，紧盯目标狠抓落实。三是“两学一做”学习教育扎实推进。组织中心组扩大学习22次；参与集团公司“迎‘七一’、谈党建、‘两学一做’”主题征文活动，三名党员同志分别荣获二等奖和三等奖；隔周开展“党员合唱团”活动；组织全体党员参观“英雄史诗　不朽丰碑——纪念中国工农红军长征胜利80周年主题展览”。四是强化党员干部培训力度。选派4名党员干部参加集团公司党校培训班，并就学习心得、体会进行专题汇报。

9. 精神文明建设。一是开展丰富多彩的工会活动。组织开展健步走、乒乓球比赛、扑克牌比赛、三八妇女节花艺讲座、健康知识讲座等活动，切实把关心关爱员工落到实处。二是营造轻松、愉悦的工作氛围。通过设立“书香邮苑自助书屋”、开展“全民阅读”活动、建立大数据前沿技术学研微信群、坚持眼保健操和工间操等措施，营造了轻松愉悦、积极向上的工作学习氛围。三是进一步畅通沟通渠道。通过召开新入职员工座谈会、专题工作研讨会等方式，及时了解员工思想状况，摸清员工诉求及实际困难，采取切实可行的措施加以解决。四是共青团工作扎实推进。组织五四青年节缅怀革命先烈丰功伟绩、“书香邮苑　让梦想飞”主题读书、参观工体体育邮局、“让青春飞扬”演讲比赛等，进一步锻炼青年员工的团队协作能力和凝聚力。（数据中心　张丽娟）

【中国邮政文史中心（中国邮政邮票博物馆）】

1. 作风建设

文史中心结合“五大发展理念”和“两学一做”学习教育要求，围绕“提能力、增效率、正风气”这一主题，开展“作风建设年”活动。通过调查问卷、学习身边优秀典型、“大家谈”等多种形式，查找和梳理作风建设方面存在的突出问题，结合实际制定解决措施，建立长效机制，初步形成“治庸提能力、治懒增效率、治散正风气”的良好氛围。成立联合考察小组，按照中组部和集团公司党组的考核标准和程序，制订考察方案，围绕“德、能、勤、绩、廉”五方面内容，通过以测评打分、组织谈话等形式，对12位三级实职领导干部多维度考察，全面了解领导干部的思想状况及部门班子的情况，针对存在的问题和不足，对各部门的班子和领导干部本人提出整改要求，促进领导干部在综合素质、管理水平及履职能力等方面认知的提升，明确努力的方向。

2. 中国邮政开办120周年展览和专题片工作

根据集团公司整体部署，完成集团公司总部一层大厅、邮政邮票博物馆二层展厅以及各省邮政分公司关于纪念中国邮政开办120周年图片展的同策划、同设计、同展览以及同宣传工作。配合120周年活动，完成两个时长版本的纪念专题片《邮政风华》的摄制工作。中国邮政开办120周年图片展和《邮政风华》专题片采用线上线下结合的宣传模式，让全国邮政职工可以近距离地欣赏展览和专题视频。截至12月31日，全国近20万人次参观图片展，仅文史中心就接待集团公司、在京直属单位、北京邮政分公司及来自全国各地的数万名观众，百余个团体。

3. 学术研究

（1）《中国邮政通史》编纂工作。挖掘和利用人才资源、藏品资源、文化资源的工作核心，建立机制，补充制定一系列项目管理办法，确保编纂工作稳步推进。一是开发调阅管理系统，使文献资料室的万余册图书资料更加便捷的查找和利用。二是对档案馆的近百万页档案资料进行数字化处理，整理编印12卷、500万字的专题资料汇编。三是邀请王子今、王剑智、唐晓峰等知名专家就邮政邮驿等问题召开多次研讨会。组织专家到河西走廊、丝绸之路沿线驿站驿道、龙场九驿等以及鸡鸣驿等地实地考察和调研，为“通史”的编纂工作积累历史材料。四是完成《彩图中国邮政通史》，影视卷《千年邮韵》的编辑思路和大纲初稿。

（2）《中国邮政集团公司年鉴》编纂工作。根据集团公司部署，组织力量开展年鉴编纂工作。一是召开数次专题会议，研究制定集团公司邮政年鉴编纂工作方案。二是邀请年鉴专家进行现场授课和集中辅导，确保年鉴编纂工作的推进。三是完成中国交通年鉴社的组稿任务。经过半年时间的深入学习和广泛调研，完成《中国邮政集团公司年鉴（2015）》初稿，并通过专家审定。

（3）发挥学委会平台作用。文史中心学术委员会发挥学术研究、教育和传播的平台作用，与集团公司、邮政高校合作，开展多种形式的授课和讲座：一是与集团公司党校合作开展“大国邮政五百年”邮政史讲座；二是为中邮保险、邮票印制局等单位的新入职员工进行了“历史长河中的邮政”等课程培训；三是制作了“邮票与邮政的故事”和“中国邮票与邮政的传统”等培训课题，在石家庄邮电职业技术学院完成了邮政史选修课的授课，充分发挥了“传道、授业、解惑”作用，受到了合作单位的普遍好评。2016 年，学委会编辑出版了三期《邮苑春秋》内部学术刊物，跟进报道了“通史”编撰进度和研究成果，刊登中心员工和外聘专家撰写的专业学术论文，充分展示了文史中心的学术水平和传播能力。

（4）影视摄制工作。影视部制作完成 15 分钟和 45 分钟两个版本的邮政开办 120 年专题片《邮政风华》，成为继《国脉所系》《朱学范》之后又一影视精品。推进“通史”影视卷和图片卷的编辑创作，启动《邮政口述历史》人物采访拍摄工作，抢救珍贵的邮政口述历史资料。

4. 信息化建设

（1）数字化工作。启动数字博物馆有关筹备工作，完成《中国邮政邮票博物馆智慧博物馆建设方案初稿》。开展档案数字化工作，细化档案管理系统可行性研究报告，为邮政档案馆各类档案的数字化管理做准备。

（2）基础工作。博物馆以邮展为契入点，加强制度建设。一是修订完善一系列的馆内规章制度，为文物安全保管提供保障。二是征集并整理数百件邮政老物件，填补藏品空缺。三是结合社会热点，策划“生肖邮票专题展”“纪念红军长征胜利 80 周年邮展”“一带一路”邮票展览，扩大博物馆宣传。四是举办“第八届小小讲解员”活动、“生肖文化第七届青少年邮票绘画比赛”活动、“首届留守儿童北京夏令营”活动以及配合建国门街道举办“第五届彩虹文化节”等活动。五是参加南宁“2016 亚洲邮展”珍邮展、甘肃 2016 年“丝绸之路（敦煌国际文化博览会）”邮展、湖北邮政文史展馆开馆等活动。六是邮票鉴定室通过北京市质监局资质认定的复评审工作；完成北京市司法局和东城区司法局的执法检查工作；对湖北省邮政局、河北省检察院等单位送检的邮票提供专业鉴定，日常邮票鉴定近万枚。

档案馆服务主业，加强基础管理工作。一是全年完成文书档案、合同档案 11472 件，工程档案 191 卷的接收和目录核对、编目打印、消毒、入库排架等工作。二是为工业和信息化部、中国移动、中国电信集团公司及中国邮政集团公司等提供档案查阅服务 135 次，21477 卷。三是完成国家邮政局和中国邮政集团公司 1998—2012 年 18999 件，440051 幅画的扫描和整理工作。四是按期保质保量地完成原邮电部移交档案的缩微工作，并推进此部分档案的移交工作。五是为邮政科学研究规划院、亦庄邮政三期工程及厦门、宁波等邮政工程进行 5 次工程档案整理的专

文史中心举办首届留守儿童夏令营活动。（文史中心 / 提供）

业指导工作。六是启动档案馆搬迁筹备工作。主动沟通协调，撰写新馆的建设需求报告，完成新馆选址工作。七是开展业务研究工作，配合“通史”编纂工作查找相关资料百万页。

5. 全媒体平台

2016 年，《集邮博览》杂志再次被列入报刊局重点推介项目。杂志社一是利用微博、QQ 群、微信公众号等线上资源，吸引近 3 万线上读者的关注；二是完成集团公司手机报的编辑、中国集邮信息网的运维等工作；三是完成“生肖文化季”“中国邮政开办 120 周年”“红军长征 80 周年”“集邮周”等 22 个国家重大事件和活动宣传报道，资讯报道最多月更新 40 条；四是策划和举办“爱满三秦”“博览方寸美　欢聚会员家”“捐出一本书，点燃一个梦”等创意活动，延伸和扩展发展渠道和集邮文化交流平台；五是策划出版《中国集邮年刊》《2016 亚洲邮展特刊》。在南宁亚洲邮展文献类评选中，《中国当代集邮家藏品展特辑》《中国当代集邮展览资料大全（1983—2012）》获银奖。

6. 制度建设

（1）强化安全意识。为强化全体员工的安全意识，增强领导干部的安全和责任意识，严格落实安全责任制，文史中心领导与各部门负责人签订《安全责任书》；邀请公安大学教授、东城消防支队警官来中心授课并模拟演习；完成文史中心 1080P 网络高清监控系统的全面上线；启动“火灾自动报警监控系统改造工程”建设工作，提高全员安全意识和中心的各项安全防范能力。

（2）完善规章制度。补充修订员工绩效管理、薪酬管理、人事档案管理、职务晋升管理等 22 个管理制度。通过规章制度的补充完善，并在实践中不断修订，有效地规范工作流程，对推进中心各项工作起到重要的指导作用。

（3）队伍建设。为加大干部培养，提高干部综合素质，中心安排四位三级以上党员领导干部参加集团公司党校 1—3 个月的脱产培训；安排干部员工参加集团公司组织的 ERP 系统培训、招投标培训等多项业务培训，组织全员参与团队建设与人才培养、文书规范等培训。同时，鼓励员工参加学历继续教育、申评专业技术职称和考取职业资格证书等，六位同志通过职称评定考试，分别被中心聘为高级经济师、编辑、馆员、助理馆员。

（4）财务管控水平。一是优化财务流程，深化预算管理，确保办公费等行政管理经费预算 100% 完成。二是强化资金资产管理，确保固定资产采购金额、重大工程项目资金等严格按照规定列支，杜绝发生违规财务行为。三是掌握并完成 ERP 系统、银企直联系统和报销报账系统的上线及运用。

（5）后勤保障。严格执行每周巡视制度、周例会制度，发现问题及时进行处理解决。完成对中心大楼墙面、电梯导轨、通风系统及博物馆展厅等设施设备的检修、维护工作，排除隐患，确保中心大楼正常运转，在中心各项大型活动中提供完善的后勤保障服务。中心加大对物业公司的监督力度，办好职工食堂和医务室，提升服务水平。

7. 党的建设

（1）组织建设。严格按照《基层组织工作条例》《党员发展工作细则》要求，组织完成支部换届选举工作，推进组织发展工作，进一步健全完善党的基层组织体系；加强党员教育培训，开展《党支部工作手册》填写培训，提升业务素质和专业技能。分层开展党建述职评议考核工作，强化党务公开，强化书记履行管党治党第一责任人的意识。坚决贯彻落实集团公司党组巡视工作要求，全力配合巡视进驻，主动接受监督检查，对巡视检查发现的问题立行立改。组织“两优一先”评选和上报工作，文史中心段宏伟、张坷两位同志被授予“中国邮政集团公司直属机关优秀共产党员”称号，档案馆支部被授予“中国邮政集团公司直属机关先进基层党组织”荣誉称号。号召党员“向身边的先进典型学习”，以典型为标杆，真抓实干转作风、立足岗位做贡献。

（2）党风廉政建设。根据直属机关党委《关于落实基层党组织廉政建设“两个责任”的指导意见》，补充完善文史中心“党委工作规则”和“党建工作领导小组工作规则”，制定党委议事规则，签订《党风廉政建设责任书》，落实党员领导干部个人重大事项报告制度，填写《三级副以上领导干部廉政档案》，进一步完善责任机制。认真落实“一报告两评议”工作，强化对“三重一大”民主决策制度落实、督办情况和招投标工作的监督，重点对领导人员执行政治纪律、组织纪律、人事任免、资金安排、执行中央八项规定等情况进行监督，促进领导人员遵纪守法，恪尽职守。

（3）群团组织作用文史中心工会、团支部在中心党委的直接领导下，举办以“拥抱春天”为主题的新春团拜会，组织建党 95 周年和红军长征胜利 80 周年知识竞赛活动，组织离退休老同志参观中央国家机关廉政教育基地——“明镜昭廉”明代反贪尚廉历史文化园；团支部带领团员参加团中央“青春之梦”活动、参观李大钊故居，参加中央国家机关评优活动，杨米娜同志获得“优秀团干部”称号。（文史中心）

【中邮信通实业投资有限公司】

1. 业务发展

协助集团公司采购管理部完成集团公司服装采购项目的供应商寻源、收集、信息录入等工作；配合完成网点 A 类点钞机等自助设备采购项目、2016 款邮政制服集中采购项目招标工作；建立完善集团公司采购评审专家库；完成大量纸质材料、电子信息筛选、录入、装订、归档等工作；实业公司向集团公司采购管理部派遣常驻人员，实现专人专项支撑服务，协助完成财务结算、订单管理、档案管理工作；使用实业公司供应链系统进行升级改造的中国邮政采购供应管理信息系统，以提升集团公司采购项目供应的运作效率。

与速递物流山西省公司开展“身份证快递包”业务；与天津市分公司及河南光达邮电实业公司洽谈“高校大学生档案袋”业务；与北京邮政器材公司拓宽业务范围增加邮政直封袋的销售；河南、辽宁、天津等省（市）增加EMS大学生高校档案袋的销售业务；与甘肃省二十七军邮局增加邮戳油墨销售业务；与北京邮星公司开展纸箱（飞机盒）的销售业务。

2. 管理水平

（1）财务审计。组织开展2016年预算编报工作。并按照分解的目标实施目标责任人考核；配合集团公司审计局开展财务收支审计；完成邮政企业国有资产产权登记、国家税务总局千户集团电子财务数据采集工作。

（2）人力资源。强化干部监管工作；按时组织填报领导干部个人重大事项报告，完成干部档案专项审查及领导班子和领导干部测评；对工资总额和劳务费预算进行管理；开展集团公司人力资源管理系统维护工作；完成薪酬、福利数据变更采集、数据结转工作。

（3）行政后勤。组织开展职工住房档案系统及廉政档案填报工作；强化档案安全管理工作，完善档案安全管理工作机制；加强对档案安全管理的工作监管，落实档案安全的主体责任。

3. 物业服务

（1）突发事件预警应急机制。物业公司防患未然，持续提升居安思危防范能力。除做好日常物业服务、设施设备维护保养工作，还建立起完善的突发事件预警应急机制。

（2）内部管理机制。物业公司根据企业发展实际，修订《中邮物业合同管理办法》，对合同的审批流程等方面进行监督与检查；增加综合办公室复核环节，规范公司的合同管理，并制定应急事项会签制度，规范应急事项审批手续，避免工作中出现随意性及不公平现象。

4. 党建工作

（1）落实主体责任。党支部严格落实党风廉政建设“两个责任”及“一岗双责”。明确支部书记、总经理为第一责任人，全面负责公司党建工作。

（2）“回头看”自查整改工作。组织成立“四风”问题整治情况“回头看”工作领导小组，制定工作方案，明确路线图和时间表，层层分解任务，确保责任落实到人，切实把中央、集团公司的决策部署落到实处。

（3）中央专项巡视反馈问题整改自查工作。结合实业公司实际，制定《专项巡视整改工作方案》，确立“反馈意见彻底整改、相关问题举一反三、着力建立长效机制、促进企业规范经营”的整改思路。依据“整改方案”制订《中邮信通实业投资有限公司专项巡视工作整改任务推进表》，针对整改任务、整改措施、整改责任，以及整改工作目标和时间节点，逐个问题深入研究、逐项措施狠抓落实。

（4）“两学一做”学习教育。党支部多次组织全体党员开展“两学一做”专题学习，召开“两学一做”学习研讨会。以“学要带着问题学，做要针对问题改，严防四风问题反弹”为主题，组织专题党课，并组织全体党员进行讨论剖析。

（5）中央国家机关纪工委专项检查反馈问题整改工作。根据中央国家机关纪工委第二专项检查组专项检查反馈的机关党组织在履行从严治党主体责任及推进巡视整改工作、机关纪检组织在履行监督责任及巡视移交问题线索处置和贯彻落实中央八项规定精神等三个方面的突出问题，制定11项整改任务，20项措施。除“按照集团公司2016年直属机关党建述职考评工作实施方案，扎实推进、开展本单位述职评议考核工作”和“按照中央要求和集团公司相关办法规定，抓好党费收缴，完成党费补缴工作”还在等待集团公司部署外，其他18项均已整改落实完成。

（6）开展党风廉政建设宣传教育活动。党支部召开2016年党风廉政建设宣传教育月活动动员会，成立支部书记为组长的“党风廉政宣传教育月”活动领导小组。在宣传教育月活动期间，公司党支部结合“两学一做”学习教育，安排全体党员、干部进行多次专题学习，并组织全体党员参加党章党规知识竞赛活动。实业党支部党员11名，参与竞赛党员11名，参与率100%，平均分90.45分，其中答题100分党员2名、90—95分党员7名。（中邮信通实业投资有限公司　邓琳）

【中邮证券有限责任公司】

实现收入2.84亿元；实现利润1.2亿元，利润率42.3%。

1. 业务发展

（1）外部环境。A股行情震荡、交易量萎缩、国家持续去杠杆，市场环境变化对证券业发展产生了重大影响。从行业数据来看，整体收入和利润同比下降明显，部分中小券商由于基础薄弱，抵御风险能力差，收入、利润同比下降十分显著。

（2）外部竞争。大型券商依靠雄厚的资金实力和客户基础，业务领先优势不断扩大，中小券商通过发展创新业务、上市融资等方式实现弯道超车，经纪业务佣金率、资管通道费率不断走低，行业竞争日趋激烈。

（3）监管政策。证监会强化依法监管、全面监管、从严监管，对内幕交易、操纵市场等各类违法违规行为进行重罚。监管环境的变化，短期内对业务发展产生一定影响。

2. 管理水平

（1）合规及风险管理。围绕协调、健康发展，持续推进合规及风险管理体系建设，全面提升管控水平，保障公司合规、稳健运营。制定完善业务制度70余项；加强对ABS、PPP等创新业务和新三板、公司债等重点项目的跟踪监控，为业务发展保驾护航；强化日常管理，修订管控要点，持续跟岗培训，全方位提高风控能力。

（2）人力资源管理。制定《中邮证券公司人事管理制度》等6个文件，促进人力资源管理规范化、制度化；下发《中邮证券公司招聘管理办法》，加大人才引进力度，有效提高招聘效果；认真落实2016年培训工作计划，开展“每日一训”活动，各部门、各单位全员参与，公司3名员工考取保荐代表人资格；引进专业机构，初步拟定《中邮证券公司薪酬管理优化方案》，加快建设适应市场竞争的薪酬制度。

（3）财务管理能力。一是强化预算和成本管理，修订资金管理、业务核算等16项制度，促进了财务管理的制度化、规范化。二是强化流动性风险管理，监控流动性覆盖率和净稳定资金率，提升流动性风险管理水平。三是资金运用向高效业务、创新业务倾斜，为业务发展提供有力支撑。四是顺利完成营改增和ERP全辖上线，提升财务管理效率。

（4）运营和清算质量。制定股转、网下配售、港股通、三证合一等新业务制度，修订债券投资者适当性管理和分支机构运营指南；在业务规模迅速扩张和业务品种不断增加的情况下，梳理作业流程，强化操作规范，严控环节质量，完成清算交收工作。

（5）企业管理研究能力。三个研究项目先后获得2016年全国邮政企业科技创新成果三等奖、第十二届全国邮政管理创新成果二等奖、第十三届通信行业管理创新成果二等奖和集团公司科学技术三等奖。

3. 竞争实力

（1）板块联动发展。一是集团公司下发关于进一步加快中邮证券发展的指导意见，明确中邮证券的发展定位和方向，为推进板块联动奠定坚实基础。二是发展中邮证券业务成为集团金融翼板块协同的重点内容，并作为加分项纳入集团对各省邮政分公司、邮储银行总行的板块联动考核体系。三是集团公司和邮储银行组织开展中邮证券专项营销活动，有效推进业务发展。四是承接集团公司“子改分”股权非交易过户工作，涉及9个单位4.5亿股，规模67.3亿元。五是资管业务与邮储银行合作规模逾1300亿元，合作投资债券品种200多个。

（2）业务资格申请。在取得互联网证券创新试点、沪港通、企业债副主承销、险资受托管理、利率互换等业务

12月2日，中邮证券在广西南宁市举办亚邮展。

资格的基础上，公司获得企业债主承销、股票IPO、新三板承销与保荐等重要业务资格，并首批获得深港通业务资格，中邮证券成为全资质券商，为培育新增长点开拓新渠道。

（3）分支机构。黑龙江、辽宁、广东、浙江、吉林、贵州等省分公司先后开业，部分省分公司正在筹建中。13家分公司开发客户47.5万户，客户资产26亿元，两融余额新增5100万元；12个分公司实现资管项目落地，业务存续总规模145亿元；14个分公司有效申报投行项目52个，通过立项7个，项目落地4个，3个项目产生收入99万元。江苏省分公司有效户数1万余户，与西安市南大街营业部持平；江西分公司充分撬动邮政资源，创新“一二三四”工作法，保证分公司全面快速发展；四川、福建等省分公司在市场化开拓、融资融券、金鸿小贷等业务发展上做出特色；山东省分公司定制销售“恒星二号”资管产品业绩突出；深圳市分公司资管收入占比40%以上。依托邮政的分支机构建设步伐向纵深迈进，业务及收入规模开始拉动。

（4）信息化建设水平。一是持续提高运维水平，做好应急演练，信息系统全年实现稳定运行，无重大安全和通信事故。二是依托集团公司和邮储银行的科技资源，加快推进亦庄数据中心建设，实现ERP系统网络资源共享。三是新三板系统、深交所新一代交易系统等建设上线，IPO新规、深港通、移动APP等系统完成改造。

4. 党建和党风廉洁建设

（1）党的建设。根据中央和集团公司党组部署，组织开展“两学一做”学习教育。争取集团公司党组和直属机关党委支持，成立中邮证券直属机关党委和直属机关纪委。认真落实集团公司党组《关于中邮证券各省分支机构党的建设有关事宜的批复》，按照属地管理和垂直管理相结合的原则，推进各分公司党组织建设。开展基层党组织书记抓党建工作述职评议考核，将党建工作纳入公司绩效考核体系。

（2）党风廉洁建设。认真落实党风廉洁建设“两个责任”，建立健全公司纪检监察部门工作机构，完善各分公司兼职干部队伍。进一步落实中央巡视整改要求，开展“四风”问题整治情况“回头看”工作。认真落实集团公司党组纪检组工作安排，组织开展专项自查和督导工作，深化整改巡视反馈的问题。

（3）和谐企业。举办中国共产党成立95周年纪念活动，对总部“双优”进行表彰，组织开展摄影比赛、健身跑、演讲与征文等活动；建立员工补充医疗保险计划和企业年金计划，完善多层次福利保障体系，努力为员工办实事、办好事，在弘扬社会主义核心价值观的同时，进一步增强企业凝聚力和向心力。（中邮证券　黄颖琼）

【中国邮政广告传媒公司】

中国邮政广告传媒公司以“千万市百万县”函件传媒转型升级工程为主线，推进全国邮政函件传媒融合发展。全国邮政媒体收入8亿元，比上年增长69.2%。业务发展呈现低开高走、逐月见好的态势，工程正式启动后，第二、第三季度实现快速发展，媒体收入单月增幅连续在50%以上。

1. 建立传媒发展理念。提出将传媒业务作为函件传媒的战略性增长空间，突出向媒体化转型升级，通过全面整合资源，搭建媒体平台，推进融合发展，使函件焕发新的生命力，打开传媒发展新的战略空间。配合邮务局举办两期函件传媒融合发展培训班，配合组织邮政新媒体项目观摩及内训师培训。以“金字塔式＋刺猬式”整体管理模式指导全国实现工程项目落地。战略上，采用传统的“金字塔式”管理模式。按照工程整体实施方案要求，在集团公司的统一领导下，实行省、市、县自上而下分层分级负责的金字塔式管理；战术上，采用“刺猬式”管理模式，以项目为核心，集中各层级力量整合资源，快捷便利地把项目做大做强。

2. 总部级全网型媒体项目。创新开展明信片开奖商业化运作项目。分别在山东、重庆、四川、广西等省（区、市）举办4期开奖晚会，指导各地实现业务收入8500多万元。首次引进社会文创公司及自由设计者参赛，突出大众参与，收到作品超万件。指导全国开展文化惠民活动。围绕“总部抓品牌，省局搭平台，市局抓特色，县域抓普及”的总体思路，并根据各省情况因时制宜推进，全国实现业务收入2亿元。整合全国资源，开发农村户外媒体广告。开发华晨汽车中华品牌在河北、山东等7省的农村墙体广告发布工作，项目实现整体收入72.6万元。

3. 开发工程系统平台，全面整合邮政媒体资源。在中国邮政广告传媒网上开辟“千百万项目专区”及手机客户端。截至12月31日，系统实际使用用户1836人，登录使用人次近3万次。配合开发邮政媒体资源静态电子地图，编发全国媒体资源手册，为全国开展业务提供营销工具书。

4. 行业内部支撑服务。截至12月31日，完成审核总量233563件，比上年增长15.96%。审核及时率99.89%，高于集团公司95%的考核标准。完成集团公司“E网邮情”微博项目第一年度的日常运维。截至7月，项目除完成粉丝数量200万的工作目标外，超额完成线上活动15个；大型宣传推广活动4次；粉丝沙龙活动1次。校园“邮乐场”项目完美收官。活动覆盖北京、天津等12个省会城市，囊括全国178所高校，线下推广覆盖人群400万人次。执行大学生广告艺术节秋季赛学院奖邮政命题的组织、策划和实施工作。10月，代表中国邮政参与第二十三届中国国际广告节。参与河北望都雪莲藕联动开发项目。以“3M运营模式”对望都雪莲藕产品进行邮政综合服务，为河北省分公司综合增收200万元。服务集团报刊发行工作。中标2017年度报刊大收订广告营销宣传项目。配合报刊发行局迪士尼系列图书广告营销宣传，实现项目收入46万元。高效完成邮政航空公司波音757飞机外观涂装设计工作，首架飞机于10月16日在厦门交付使用，项目设计创收8.5万元。完成马来西亚—沙巴专题明信片册的创意设计制作项目，形成业务收入8万元。

10月，中国邮政广告传媒公司代表中国邮政参加第二十三届中国国际广告节。（中国邮政广告传媒公司／提供）

5. 基础管理。加强制度建设，制定《领导人员任免工作程序》《领导人员选拔任用纪实工作实施办法》等公司干部管理、财务内控等相关管理制度10项。严格执行各项管理制度，加强领导干部任用管理。夯实会计基础工作、严格规范会计核算行为。夯实后勤保障，对公司办公场地、网络通信和基础设备等进行日常管理及维护，保证公司业务正常开展。（中国邮政广告传媒公司　郑凌燕）

【中邮资本管理有限公司】

根据集团公司7月18日下发文件《中国邮政集团公司关于无偿划转北京中邮资产管理有限公司股权的通知》，北京中邮资产管理有限公司划归中邮资本管理有限公司管理。

【中邮资产管理有限公司】

2015年4月成立，截至2016年12月31日，公司注册资本23.53亿元，是集团公司全资子公司和一级资本运营平台，致力于围绕集团公司经营战略开展投资和运营。

7月，为推进实施邮政资本运营战略、加快集团公司资本运营平台建设，集团公司将中邮资产整体注入中邮资本，成为中邮资本全资子公司；8月，中邮资本代表集团公司成为滴滴出行的战略投资人，集团公司与滴滴出行宣布达成战略合作；10月，中邮资产与中信城开合资成立湖南中邮信城房地产开发有限公司，标志着系统内首个不动产合作开发重点项目——湖南省邮政公司长沙火车站邮政大院项目正式启动。

【中国邮政电子商务局】

1. 农村电商

（1）渠道建设。全国便民站总数38.97万个，累计实现交易额990亿元，比上年增长13.93%。其中，代收公共事业费累计交易额756亿元，代收话费累计交易额199亿元，代售卡累计交易额26亿元。全国通过农村电商发展邮政会员数量654万个。

（2）“五个结合”。第一，线上与线下相结合。在继续优化邮乐网、“邮掌柜”系统功能和客户体验的基础上，加快推进线下渠道建设：一是加快邮乐购网点规范化建设，制订三年的发展规划，归纳建点标准步骤，从掌柜和邮政运营两个角度制定“红宝书”“绿宝书”指导全国规范化建点。邮政的建点数全国第一。二是加快县级、乡级、村三级体系建设，配合分销仓储体系建设形成农村电商完整运营体系为“邮乐购”网点的建设、运营和发展做好支撑。全年建成县级电商运营中心300个。三是推广运用移动互联网工具“邮助手”，加强对“邮乐购”站点帮扶的信息化管理，为站点的基层运营提供了管理工具。四是同步加快构建物流配送体系，结合“邮乐网”开发的“邮包裹”“邮配送”系统进一步完善提升仓储配送服务水平，初步构建一套线上线下相结合的农村电子商务O2O生态体系。第二，工业品下乡和农产品进城相结合。工业品下乡主抓代购和批销核心业务，形成“耐用品代购+日用品批发”的工业品下乡模式。一是不断完善代购业务营销机制。建立直接面向掌柜群的邮政店小二微营销团队，与邮乐的农村特销商品定期投放形成联动，不定时营销推送和承担一对一售后服务。同时加大营销活动力度和频次，5月发起“接地气，聚人气”主题代购营销活动，推广至20个省58个地市，涉及182个掌柜联系群，直通的掌柜2万余人，直接形成代购订单3万笔。二是规范批销业务商品引入流程。制定邮掌柜渠道批销商品的引入管理办法，依托邮掌柜系统的进销存大数据和邮政总谈的议价谈判能力，引入广州立白、安徽琪嘉、山东圣亚、汇源果汁、恒大冰泉等适合批销的商品。通过统一组织营销活动，在10省试点开展端午“爆品欢乐购”，初步理顺批销业务流程；“月满中秋”活动实现批销额7.9亿元。此外，加强系统互联互通，实现分销业务系统（DMS系统）与邮掌柜系统数据对接。三是加快推进农产品返城。搭建贫困地区特色农产品平台，建立地方特产馆，以农民自营网店或邮政代运营等方式，深入推进“邮乐网+原产地认证+地方邮政+农村合作社+农户”的特色农产品进城模式。同时大力发掘特色产品和产业，对接当地龙头企业，培育特色品牌，积极打造“一村一品”“一县一特色”，有效促进农产品进城，帮助农民解决农品外销的问题。累计建设邮乐地方馆300余个。第三，农村电商与邮政业务相结合。与金融业务联动：一是推广互联网金融产品掌柜贷，掌柜贷推广至浙江、湖北、河北、吉林、江西、山东、安徽、江苏、福建等九个省，累计授信2342万元，满足部分农村店主开展批销业务产生的资金需求。二是明确“支付结算、积分管理、保险理财、信贷支持”四大功能，以邮掌柜、邮乐购会员为目标客户发行邮储银行绿卡联名卡。与寄递业务联动：全面促进邮政寄递最后一公里的投递能力建设。推广山东“私车公助”形式，浙江、江西、山东、河北等省通过“私车公助”加快车辆配备，并通过优化投递道段，增加农村投递班次，支撑农村电商的发展。部分试点省实现次日配，个别区域实现当日配。安徽省建立县域物流网，累计改造县域邮路233条，寄递村级站点覆盖率80%。第四，邮政企业和各级政府部门相结合。一是通过主动汇报邮政的优势、特色和主要做法，争取各级政府给予邮政更多的政策倾斜和资金支持。2014年和2015年财政部、商务部下发的“电子商务进农村的示范工程”文件中确定的256个示范县中，邮政有超过150个县级邮政与当地政府进行对接，获得资金支持5亿元。二是社会影响力持续扩大。8月22日，国务院李克强总理视察江西瑞金“邮乐购”电商扶贫站点，肯定邮政电商做法。9月6日，国务院汪洋副总理出席全国“互联网+”现代农业工作会议暨新农民创业创新大会邮乐网展区，对邮政发展农村电商工作给予充分肯定。农业部与邮乐网签署战略合作协议，共推农村电商发展。9月25日，电子商务局代表集团公司参加国务院扶贫办召开的“全国电商精准扶贫现场会”，国务院扶贫办洪天云副主任对邮政农村电商发展高度评价和充分肯定。10月16日，由国务院扶贫办主办，财政部、商务部、网信办信息化发展局共同主办的“2016年电商精准扶贫论坛”，江西邮政作主题发言，在电商扶贫工作上走在全国邮政前列。第五，农村电商与精准扶贫相结合。形成江西“六个一”模式，即一个电商图片站点、一个电商脱贫主打农产品、一个电商脱贫合作社、一个电商脱贫线上平台、一条扶贫爱心邮路、一体两翼结合等“六个一”。全年江西共建成电商脱贫站点1554个，覆盖贫困户约4.2万户，销售贫困户农产品2407万元，建立和扶植产业合作社146个，同时得到各级政府和社会大众的高度认可，争取到政策支持和资金补贴，取得良好的社会效益和经济效益。

（3）配套体系建设。采用纸媒、电视、微信等多种形式大力宣传农村电商的发展。全年在社会主流媒体宣传邮政农村电商135次，涉及《经济日报》、人民网、新华网、中国新闻网、中国广播网及新浪、腾讯、搜狐等主流门户网站的财经频道等，以及电视节目2篇（如：CCTV新闻、《吉林新闻联播》等）。从2015年5月13日开始，在中国邮政报开辟农村电商专版，累计发表专版31版。在邮乐人内刊、邮乐微信和邮掌柜学堂对内、外发布相关文章315篇。通过全方位的宣传和推广，打造中国电子商务进农村国家队、主力军、主渠道、主导者的品牌形象，中国邮政农村电商获得了越来越多各级政府的认可、掌柜的支持和顾客的满意。集团公司组织领导干部培训：一次全国农村电商培训会议，在辽宁省盘锦市召开的东北三省+京津冀三省片区会，在河南省新乡市举行的两次东部八省片区会和中部八省片区会。此外，电子商务局参加集团组织的其他培训会并对参与培训的人员讲解农村电商的内容。省级层面邮乐公司负责开展技术培训：邮乐网针对各地市邮政同事进行的业务培训形式包括线上培训、线下培训，线上培训为远程视频培训，线下组织现场培训。线下组织培训59场，参与培训的省份25个，地市41个，培训人数超2000人。掌柜层面开展远程掌柜学堂：全年新建102篇培训资料，更新129篇培训资料，该渠道自2015年11月上线以来，浏览超过83万次，月均浏览人数5万，覆盖全国各省。同时上线微信版掌柜学堂，自4月14日上线以来，发布530篇文章，累计关注人数3.3万，覆盖全国各省。

（4）邮乐网支撑能力。一是加强平台建设。商家数量3785家，比上年增长20%，SKU数38.36万。邮乐商城PV网站端日均52.5万，移动端28.74万。UV，网站端日均7.65万，移动端8.7万。累计会员653万人。二是强化技术支撑。推出邮乐小店APP，全国累计注册小店9.26万个，累计激活5.82万个，激活占比62.83%，累计分享人数超过100人/次，累计分享次数超1000万次。推出邮乐购巡店管理的邮助手APP，邮助手累计注册5.2万个，累计激活4.4万个，完成总目标6.2万个的71%；累计绑定网点数20.3万个，网点覆盖率68%；累计签到率56%；累计签到次数135.4万次。三是加大设备投入。投入打印机4929台、会员卡71.46万张，扫描枪12.54万支，条码秤25台，收银机10台，球形扫描枪10台，电子称20台，合计物料84.50万件，累计金额超2000万元，比上年增长30%。

2. 增值业务

全年全国邮政增值业务累计实现收入81.9亿元，比上年增长14.4%，完成年度收入计划105%，超序时进度5.4%。

（1）短信业务。短信业务累计实现收入56.4亿元，比上年增长15.5%。其中，储蓄短信收入54.3亿元，比上年增长11.9%；储蓄短信用户2.91亿户，累计加办率22.8%，比上年提高2%。具体工作包括：一是通过采取例行和集中方式，对近2.2万个短信用户进行电话回访，清理无效用户1181万户，投诉率减少54%。二是下发《关于进一步规范储蓄短信业务管理的通知》（电子商务传〔2016〕86号），强化营业人员规范经营意识，降低投诉风险。三是开展全国培训，重点从短信业务发展新情况、系统新增功能、规范经营等方面，对各级业务主管近2000名开展培训。四是完善系统功能，完成短信系统五期工程项目建设，完善短信系统服务功能，提高储蓄核心系统处理能力；完成ERP系统集成短信业务工作，实现业财一体化。

（2）车务代办业务。车务代办业务累计实现收入7.2亿元，比上年增长59.3%，完成年度计划的103.4%。其中车险收入5.7亿元，比上年增长77.5%，市场占有率0.7%。全国新增会员124万名，会员总数481万名。主要措施包括：一是全力推动窗口交管业务开办。公安交管互联网综合服务平台上线稳定运行，邮政互联网交管寄递业务顺利开展，针对非一体化地区线上寄递业务问题得以解决；完成《邮政局所受托办理公安交通管理办法（试行）》《警邮服务平台与电商平台接口对接需求》编写工作。二是推进车险业务规模发展。与中华联合、平安、人保和太保四家保险公司总部完成系统对接，实现车险全流程操作；与平安、中华联合分别组织车险“开门红”和全面营销竞赛活动；在成都、黑龙江组织部分省市召开车务代办业务推进会议，指导各省发展代办车险业务，并通过远程以及电话会议的形式，对全国车务代办业务经营情况进行定期通报；赴江苏、湖北、吉林、陕西、黑龙江、四川、安徽、广东和贵州等省进行车务代办业务调研，深入了解省内业务发展实际，切实指导省内业务发展。三是推进系统平台功能开发。完成全国车务代办业务系统会员管理和车险功能模块开发工作，并组织省市业务人员进行多轮的测试工作，推进会员管理和车险功能全渠道试点上线工作；开发“185爱车”车务代办客户端，为18个省开通车险询价出单功能。

（3）便民业务。累计实现收入15.8亿元，比上年增长1.44%。渠道建设方面，新增站点2.2万个，达38.9万个，累计实现交易额990亿元，贡献邮政企业收入6.8亿元，日均资金沉淀近11亿元；电商平台方面，交易额1508亿元，增幅4.6%，日均交易额5亿元，服务人次10.1亿；在线服务方面，发生缴费交易额764万元。主要工作包括：一是“两票一险”重点项目初显成效。税务合作：邮税“双代”委托合作在全国19个省178个地市7164个邮政网点开办，成为疏缓税务部门压力、方便纳税人的一条“绿色通道”，获得各方一致好评。全年代征税额52亿元，实现收入1.7亿元，比增45.2%。体彩合作：双方总部通过制定下发指导意见，开展实地调研，召开视频启动会和现场座谈会等方式，推动14个省签订合作协议，有29个省开展不同层面销售合作，销售体彩1.5亿元，实现收入636万元。简易险：与中国平安、中华联合、中国太平洋、中国人保险四家公司签署战略合作协议，推进系统对接工作，实现在中国邮政官方微信公众号已上线中华联合5款保险产品，实现产品查询、产品购买、订单管理、前台营业员营销、业务后台管理、营销员业务统计等功能。全国简易保险业务在5个省开办，保费实现2.4亿元，湖南、辽宁、河南、浙江、天津和广西六省（区）筹备业务开展工作。二是电力服务能力稳步提高。新增农村代收电费站点3万个，累计26万个，现金代收金额769亿元，增幅11.3%，服务5.1亿人次，增幅6.9%，实现收入4.1亿元，增幅6.4%。三是渠道运营管理日趋完善。线下通过总部一点接入中国移动专线方式，解决便民站商户接入网络稳定性问题，开发便民站异常交易报警、可视化数据分析等多项防控功能；线上在邮政员工自助系统、邮掌柜等渠道叠加便民缴费服务，累计发生交易额764万元。

（4）商旅业务。累计实现收入9514万元。在加快转型发展方面主要有如下措施：一是提高服务支撑能力。完成邮政销售系统、业务规则、结算流程等代理模式配套改造工作；下发《邮政商旅票务全国集中支撑运行管理办法（暂行）》，对支撑中心人员及台席数量进行优化，有效应对系统重大故障，配合技术部门在短期内实现系统功能恢复。二是丰富商旅产品种类。深化与艺龙等外部单位合作，实现预付酒店产品上线，提高酒店产品市场竞争力；

四川省绵阳市三台县农村电商仓储配送中心。（电子商务局 / 提供）

与中国旅行社总社实现总对总合作，联合组织旅游产品专项营销活动；与30余家航司续签协议，并获得后返奖励资金300余万元。三是拓展业务发展渠道。完成“邮生活”管理后台搭建，实现业务报表、数据监控等功能，并配合集团公司人力资源部完成“员工自助系统”商旅业务上线工作。

（5）营销工具。全年5.1万名营销员安装使用营销工具，发展客户8.3万名；通过“邮生活”办理业务客户5.4万人，实现收入1800余万元。完成与“邮政员工自助”手机客户端融合工作，实现了车险业务、机票业务、酒店业务、函件广告等新功能上线应用工作。

（6）11185服务能力。累计人工呼入量1445万次，人工接通率93%，客户满意度98%，累计受理各类业务1657万次，工单办结率99.5%，均高于行业平均水平；在线客服会话量34万次，问题一次性解决率65%；包裹快递后台处理工单396万次，结案直派调度令94万次，主导24小时处理率99.4%。主要工作包括：一是微信客服系统上线使用，通过对系统的优化实现微信客户在线服务交流，丰富邮政对外服务渠道；二是制定11185业务拨测模型，深入开展客户投诉分析工作；三是完成浙江夜班上收工作，截至10月31日，完成29个省11185夜班集中；四是按照包裹快递客服工作整体部署，完成11185承接理赔相关工作；五是根据集团公司信建部要求，提出中国邮政11185整合建议方案。

3. 互联网创新

（1）平台建设。一是在线业务平台建设立项工作有序推进。组织编写在线业务平台基础功能部分需求，并组织各专业完成11个专业分册需求的编写工作。经与信建部、市场部及邮务局就业务需求进行深入研究、逐一修改完善，完成《中国邮政在线业务平台》的需求编写与汇总，并于5月完成业务需求和技术方案的评审工作，10月通过总经理办公会评审，并且通过立项批复。二是着力推进“中国邮政”微信服务号建设和推广工作。完成邮件查询、集邮商城、报刊订阅、金融服务、EMS在线下单等功能的上线及优化；打造集团与省市联动发展的专区及入口，完成“天天特惠”和“省市专区”两大频道的开发与上线；协助各省市、各专业制订微信营销方案，完成报刊订阅模块营销员业绩统计功能开发上线。中国邮政微信服务号8月18日上线试运营，与集团公司市场协同部联动组织“中国邮政”微信服务号全国上线推广活动，围绕“爱邮微、送祝福、得幸运”和“邮乐特惠优选”两大活动主题，在一个月内实现增粉145万人；开展“中秋切月饼争霸赛”“祖国在我心中国庆主题活动”和“美·赛出来”三次线上互动活动，参与用户数81万，有效提升用户活跃度和黏性。截至12月31日，“中国邮政”微信服务号粉丝数180万人，实现各项业务累计交易额1.7亿元。三是“主题邮局”线上平台正式上线。按照“服务各专业、服务各省市”的定位，6月运营支撑处联合运营中心，与函件部门成立联合项目组，经过多次研究讨论、产品研发、系统优化、操作培训等一系列工作，9月29日“主题邮局”线上平台“邮印象”在成都市启动上线。

（2）平台运营支撑能力。一是优化平台功能，提升用户体验。按照“一个目标、两个思维、三个改造、三个需要、六个切入、六个要求”的原则，推进老平台的用户侧改造工作，用以支持新的在线业务平台上线前的过渡期运营工作的开展，具体包括：丰富业务种类，完善系统功能。与中邮证券系统对接，引入中邮理财业务，丰富业务种类。开发手机号查询邮件物流信息功能。通过“老平台用户侧改造”项目提升客户体验。在不改变系统架构的基础上，进行邮政网上营业厅、手机邮局等电子渠道的页面改版升级工作，改版后，客户端用户安装量、注册用户数实现大幅增长。北京、云南等省（市）通过“票务”板块上线七彩蝶园门票、南博会门票等产品，销量有所增长。持续对网厅页面进行维护更新。定期更新网厅的焦点广告、横幅广告等位置图片，上线各专业主推产品，促进交易量提升。持续维护更新集邮、报刊、邮乐购物等楼层内容，给各专业不断引流。二是承接集邮平台运营支撑工作。全面承接集邮网厅运营支撑工作，成立专业的集邮网厅运营团队，明确相关部门的工作职责、流程，全力保证集邮网厅日常运营，稳步提升运营水平，指导和帮助各省市店铺解答和解决了大量问题，形成了短信预警、周周通报、月月分析的工作制度，支撑互联网集邮业务的发展。集邮网厅累计实现收入7.9亿元，比上年增长46%，完成交易316万笔，发布商品13263款。新增注册用户372万，比上年增长32%，累计注册用户635万，社会关注度和认可度稳步提升。按照“制度化、标准化和流程化”的运营要求，强化店铺管理，完成集邮网厅运营管理办法的拟写，审核商品上万款，创建地市店铺173家，支撑140多个网厅营销活动，为205个店铺的运营人员提供日常业务及操作指导。以周、月为周期，形成仓储发货及客服工单统计通报表，督促各省提高网厅仓储发货时限及工单处理效率，提升业务处理效率及客户满意度。形成以电子商务局为中心，客服中心及运营中心为两翼的工单快速处理机制，处理2015年遗留的历史工单1600多件，近4000件系统异常工单。提升突发事件处理速度，及时、有效缓解红楼梦邮票发行支付政策变动、新邮预订等事件造成的客服压力。建立月总结制度。根据运营情况，每月拟写集邮网厅月度运营报告，及时发现运营过程存在的问题，寻求和落实处理方案，进而提升运营水平。三是不断优化系统，提升客户体验。一方面，根据运营需要提出系统优化建议，不断推动原有系统完善和升级，改善用户体验，提高运营支撑的效率，如店铺嵌入在线客服QQ功能、运营中心后台增加退换货进度及订单推送情况查询功能等。另一方面，从客户体验的角度出发，运用互联网思维，参与测试，对新功能上线进行严格把关。完成2017年新邮预订、原地实寄、首日封预订等业务测试，确保上线功能流程顺畅、操作简单、性能稳定。四是做好报刊平台支撑工作。在线订阅累计流转额2.59亿元（含各省自有平台数据），比上年增长624%，其中网站累计流转额2686万元，比上年增长2.3%，微信累计流转额2.3亿元。做好报刊业务支撑运营：打造全新的移动订阅平台，提升用户体验。以用户移动端体验为基础，基于网站生产系统，全新建设微信订阅用户平台。实现目录和分类查看、搜索、全流程订阅、地址管理、退订、省市区域化活动、好文推送等功能；建设报刊微营销系统，分层级多维度管理营销员业绩，调动线下营销。统一入口，多维度（按年度/业务类别/报刊品种）业绩查看，追踪用户订单并定向发布营销指引。完善运营管理机制，全面提高服务质量。协助业务部门梳理平台资金清分及各省、地市落地处理流程，规范处理流程，完善平台统计报表，规范在线订阅业务处理，明晰各环节责任，并下发管理办法；与信息部门及系统开发商明确运维响应机制，确保平台运行稳定，提前做好各平台运营计划及峰值预测，并制定大收订期间系统问题应急处理办法。推动线上线下融合宣传推广。下发通知至各省及畅销刊社，通过纸质刊物宣传微信订阅方式，同时系统接入各刊社微信号，在线宣传微信订阅，累计接入刊社微信号88个。五是做好客服支撑。在线平台客服中心承担“中国邮政网上营业厅”“中国集邮网上营业厅”的在线客服工作以及“中国邮政”微信客服工作。梳理并初步形成一套科学、合理、高效的客户服务和工单处理机制。在线平台客服中心成立应急工作小组，提前制定应急预案，做好业务量突增期间客服支撑工作。建立“周训”“周例会”制度，每周组织常规性业务、差错案例、系统操作等专题培训，并针对疑难问题、系统问题，通过电话会形式与各业务部门进行沟通、解决。7月，微信客服上线，全年语音客服累计受理来话量55万人次，在线客服累计受理来访量约60万人次；客服团队形成并派发工单3.9万件。六是提高支付运营能力。完成邮政统一支付平台需求编写工作。通过中金国盛认证中心2016年度支付系统监督审查，获得认证证书。推进支付网关清分，实现交易380万笔，比上年增长152%，交易金额10亿元，比上年增长72%。提升支付系统运营水平。确定由支付网关承担全国邮政在线业务资金统一清分结算工作，并完成与电子商务运营中心的交接培训，并协助开展在线业务资金清分结算工作。

4. 党建工作

（1）"两学一做"学习教育。一是落实"读原著·学原文·悟原理"的要求，抓好自学和集中学习。号召全体党员完成《中国共产党章程》《中国共产党廉洁自律准则》和《中国共产党纪律处分条例》的自学，组织集中学习研讨交流。二是支部书记讲党课，强化理论武装。支部书记结合局内党员的学习状况、思想实际和需求，选好"两学一做"党课主题。三是做好"两优一先"推荐表彰工作。把"两学一做"学习教育与纪念建党95周年活动结合起来，党支部按照直属机关党委的安排部署积极推荐符合条件的优秀党务工作者参加遴选，并在"七一"前表彰会上对1名党务工作者予以表彰，授予"优秀党务工作者"荣誉称号。四是组织参加知识测试和竞赛活动。按照中央国家机关工委要求和直属机关党委统一部署，组织全体党员参加"党章党规在我心中——中央国家机关党章党规知识测试及竞赛"活动，局党员领导干部带头参加竞赛，做到党员100%参与率。

（2）两部党内法规学习宣传贯彻。抓好《廉洁自律准则》《纪律处分条例》学习贯彻为重点，组织开展党内法规知识竞赛、主题宣传教育月等，深化党内法规和纪律教育，引导党员干部把党章党规党纪印在心上，形成尊崇党章遵守党纪思想行动自觉。加强党内法规的执行力度，维护党内法规的权威性和严肃性。

（3）党组织工作内容和方法创新。填写集团公司直属机关党委为各单位配发的《党支部工作手册》，将"三会一课"、支部活动、支部管理等工作情况进行规范化存档留痕；建立电子商务局党支部QQ群，通过QQ群布置支部工作、发出工作通知、发布学习材料等，提高工作效率和成效；按照中央国家机关工委和集团公司直属机关党委要求，推广使用"支部工作"APP。完成机构党组织架构设置和信息录入工作，党支部管理员在APP中完成支部信息完善、全体党员注册登录等工作。

（4）开展中央国家纪工委专项检查巡视反馈问题整改工作。认真制订整改方案，明确整改责任，细化整改措施，持续推动各项整改任务的落实，针对两个问题完成6项具体整改措施，并通过实施台账销号管理。（电商分销局　周伍浩）

【中国邮政集团公司软件开发中心】

1. 综合管理

3月11日，中邮信息科技（北京）有限公司成立，与软件开发中心合署办公。5月，中邮信息科技（北京）有限公司成立作为中心运营实体，全面进入自主运行阶段。软件开发中心执行固定资产投资计划837万元，依托邮政规划院的办公场地，完成办公场所准备和家具、设备的购置；完成中心开发测试环境和工具的购置与搭建。完成"软件开发中心薪酬管理暂行办法"等36项制度的编制和印发，内容涉及决策机制、综合行政、干部管理、薪酬管理、绩效考核、财务管理和项目管理等方面，为中心正常运行提供制度保障。建立中心ISO9001质量管理体系，形成1个质量手册、26个程序文件、7个作业指导文件的体系文件；经过试运行、内部审核、管理评审等环节的评审与验证，于11月通过由第三方认证机构组织的外部审核，并于12月8日获得认证证书。

2. 队伍建设

严把人员质量关，通过邮政行业内选聘、应届毕业生招聘和社会公开招聘等方式，招募各类专业技术人员和管理人员154名；通过与部分省分公司信息技术力量合作，整合业务、技术人员63名，为中心运行和项目承接提供人力保障。完成中心副职后备干部初步人选推荐工作；完成中心四名平级转任部门正职的任命工作；完成三名部门副职的选聘、提任工作。截至12月31日完成培训20项，其中外派培训6项，参训人员140人次；内训14项，参训人员1257人次。本着共享资源、共同提升的理念，对于部分专业技术培训，如高级需求分析师、敏捷开发等课

"线上线下综合服务提供商"是现代邮政发展方向。（新闻宣传中心/提供　余耀锋/摄）

程，邀请信息技术局等相关单位人员参加并取得良好成效。确定9人取得初级人才资格，并聘任为专家职务。

3. 项目进展

（1）阿里云技术路线验证。自主投入17人，作为主体力量完成阿里云技术路线的验证测试。全面参与需求分析、架构设计、开发框架搭建、详细设计、联调测试等工作，并对中国邮政云技术实施路径进行了深入分析思考，为新一代寄递业务信息平台云技术路线的选择提供了决策支持。

（2）新一代寄递业务信息平台。自主投入57人，整合省级邮政企业业务、技术人员48人，全程参与新一代寄递业务信息平台咨询设计。参与完成业务及信息系统现状分析、蓝图设计、流程梳理及总体架构设计；参与完成需求分析、流程设计和领域架构设计工作；独立完成开发规范、版本管理规范和开发环境管理流程等制度的制定，完成第一批次上线功能测试大纲的编写。全力参加POC测试、数据模型设计、详细设计及测试用例编写工作，为中心自主承担后续软件开发实施任务准备技术和力量。

（3）邮政ERP系统。自主投入41人，整合邮政规划院等合作伙伴业务、技术人员23人。全面参与业务分析、方案设计、技术开发、工程推广和运行支持等工作，重点参与财务内往、资金、合并、预算子模块以及采购、投资项目、主数据、审计模块的方案编制、功能设计和技术开发，主体承担审计模块的开发工作并在邮务、速递、保险试点省成功上线，有力保障ERP项目的顺利推进和ERP系统的稳定运行。项目推进过程中，形成较强的EPR系统自主运行支持能力，具备初步的ERP系统维护性开发和优化提升能力。

（4）邮政CRM系统咨询服务。自主投入5人，全力参与CRM系统咨询项目的需求调研、现状诊断与能力评估、高阶蓝图设计等工作，学习咨询厂商德勤公司的先进理念、咨询方法和设计思路，为中心承担后续软件开发实施任务打好基础。

（5）中国邮政大数据平台建设。自主投入9人，参与完成平台总体方案评审和系统架构搭建，全面参加到量收迁移、数据梳理、业务数据接入和平台核心功能等模块的软件开发中，为推进大数据平台建设任务、形成邮政自主大数据平台建设能力而努力。

（6）金融信息化建设项目。自主投入36人，参与邮政金融信息化建设项目。重点参与邮政金融中间业务平台、同城前置系统的开发，参与邮政金融信息化建设管理的技术支撑。

（7）应用软件测试项目。以建设中国邮政“软件评测中心”为目标，以开展应用软件入网测试为内容，中心设立专门软件测试团队，承接国际小包订单集货及收寄系统、集邮营销平台系统、人力资源系统员工自助查询功能以及短信业务系统核心功能等性能测试任务，完成性能评测、问题诊断和优化建议等工作，为系统上线后的平稳高效运行提供性能保障。

（8）各业务板块应用软件开发。根据信建部、信息技术局、速递物流公司、中邮证券及广东邮政公司等单位下达或委托的13项工作任务函，中心积极承担了报刊微信订阅改造、速递物流国际账务结算改造、中邮证券扫码开户及中邮保险网站改造等项目的软件开发工作，支撑邮政各业务板块的发展需要。

（9）接转邮政规划院项目。推进从邮政规划院接转15个项目的工作开展，完成国际邮件结算信息、安全电子邮件、北京互换局国际包裹、国际业务综合信息平台等多个项目的验收工作，完成所有接转项目的主体工作。

4. 技术储备

（1）建立内部技术交流和培训机制。通过不定期组织新技术跟踪与交流活动，使员工能够及时跟踪新技术的发展，不断认识、了解技术发展态势，拓宽思路、转变理念，提升技术水平和研发能力。

（2）结合新一代寄递业务信息平台的建设，深入掌握云环境下新的架构体系及技术难点，总结新的开发方法和架构要点，满足中心进一步发展需要。向IBM、德勤等知名企业学习先进的理念和设计方法，主动熟悉梳理邮政现有系统的现状，深度参与具体流程设计和架构设计，逐步转变理念，提升软件开发方法，为后续软件开发打下基础。对业界主流报表开发工具的功能、特性、技术架构、性能等进行深入了解和评估，结合支持移动端、PC端多种渠道展示的需求，提出邮政项目统一报表工具的选型建议。

5. 党建工作

（1）组织建设。2月，成立中心党总支。5月，完成中心党总支所属三个党支部的设立，通过民主方式完成总支委员和支部委员的选举，配备1名党务工作人员和1名专职纪检工作人员。在中心党总支内部形成“总支抓、书记抓，一级抓一级、层层抓落实”的良好党建工作格局。全年发展新党员1名，转正预备党员1名，确定重点培养对象1名，吸收入党积极分子5名。

（2）学习教育。中心党总支部组织全体党员集中开展“两学一做”学习，全年累计开展学习《十八届六中全会公报》等专题学习讨论活动24次；开展“支部书记”讲党课活动12次，并通过“两学一做”知识答卷、参观中国工农红军长征胜利80周年展览、观看教育视频材料等不同形式的教学方法，有效引导中心内部形成浓厚的学习教育氛围。

（3）党建宣传。在集团公司组织的“迎‘七一’、谈党建、‘两学一做’”征文活动中，中心推选的两篇论文分别获得二等奖和优秀奖；一名同志在集团公司直属机关“学先进、树典型、‘两优一先’”评选表彰活动中荣获优秀共产党员称号；全年编发党建信息 12 期。

（4）纪检建设。建立中心党风廉政责任制体系，落实主体责任和监督责任。印发关于贯彻落实《十八届中央政治局关于改进工作作风密切联系群众的八项规定》实施意见等相关制度文件，强化监督检查和执纪问责，要求领导带头、以上率下，发挥示范作用，大幅提升全体党员干部的纪律意识和规矩意识。

（5）制度建设。编印中心《党总支委员会工作规则》等 18 项党建制度，为中心党建工作体系的建设提供强有力的制度保障。编制下发“党支部工作手册”“党员交纳党费实施细则”等相关文件，为实现党员管理的规范化、制度化提供了可靠的保障。

（6）群团建设。4 月，民主推选 37 名职工代表，参与中心薪酬管理、绩效管理等与职工利益密切相关的制度审议，切实保障职工参与民主管理和民主监督的权利。7 月，成立团总支，组织团员青年参加中央国家机关优秀共青团员、优秀共青团干部的评选活动，提高广大青年员工的向心力、领导力，增强中心的凝聚力。10 月，工会正式成立，开展包括职工生日、结婚、生育祝福及病、老等特殊情况的慰问工作。（软件开发中心　吴俊华）

各省、自治区、直辖市分公司工作

北京市

【北京市分公司】 北京市分公司主要经办信函、包裹、报刊发行、集邮等传统业务，及代理速递、物流、金融、保险等业务。职能机构13个、区分公司及分局19个、专业局（公司）10个、支撑及后勤单位4个、直属单位2个。邮政局所总数为779处，其中：邮政支局166处，邮政所595处，电子化局所709处。邮政报刊亭1695个，二类及邮政代理储蓄点429个，邮政电子商务网点1088个，其中：便民服务站427个。邮政信筒信箱5403个，邮局用户自取信箱4812个。邮政妥投点831万个，其中：直接投递的821万个。农村邮站3677个。邮路总条数1008条，邮路单程总长度8.78万公里。其中：全国干线邮路44条，长度4.7万公里；市内邮路917条，长度3.8万公里；农村邮路47条，长度0.3万公里。全国干线邮路中：铁路邮路11条，长度2.4万公里；汽车邮路33条，长度2.3万公里。用工总量21900人，比上年减少697人，降幅3.1%。北京市分公司全员劳动生产率23.67万元，比上年增长9.6%。固定资产投资3.69亿元，其中：基本建设投资1.75亿元，技术改造投资1.94亿元。

1. 邮务板块业务。邮务板块业务总量25.2亿元，比上年增长13%，占邮政业务总量比重50%，比上年增长6%；邮务板块业务收入实现20.4亿元，占主营业务收入比重43%，比上年增长2%。从“规模提升四条龙”与“结构调整四条龙”着手，促进代理金融业务快速发展。保险业务跨越发展，理财业务有效转型，收入比上年分别增长72.86%和106.47%；客户数量质量双提升，渠道建设稳步推进，网点提升转型效能和风险控制能力。金融总资产净增超百亿，储蓄余额市场占有率稳固。代理金融业务总量12.2亿元，比上年增长2%；占邮政业务总量比重24%，比上年增长1%。代理金融类业务收入15.8亿元，比上年增长14.78%；占主营业务收入比重33.5%，比上年增长4.8%。寄递板块业务量5977万件，业务总量7.9亿元，占邮政业务总量比重15.62%；寄递板块业务收入7.77亿元，比上年减少3%。分拣邮件（报刊）量41.99亿件（份），比上年增长4%；转运总包邮件接发量7194万袋，比上年增长110%。邮件（报刊）投递量10.53亿件（份），比上年减少8%。其中：投递函件3.67亿件，比上年减少19%；投递报刊6.64亿件，比上年减少4%；投递包裹快递量（含包单）2065万件，比上年增长74%；投递机要件143万件，比上年减少6%。

2. 科技支撑能力。北京邮件综合处理中心生产指挥调度中心大屏幕控制系统上线，与集团公司网运指挥调度系统连接，实现场院管理的可视化和邮件分拣情况实时监控；ERP项目有序推进，采购、投资和财务等模块上线运行；加强自主科技研发，微信平台、代理金融智慧大堂系统、同城小包信息系统、金融储蓄IC卡应用等10个科技项目投入使用。其中，跨境电子商务邮件信息管理系统荣获中国邮政集团公司科技创新成果三等奖。

3. 企业社会形象。完成“两会”、G20峰会、十八届六中全会等重大会议邮政通信服务保障任务，做好党报党刊发行工作；建成邮政仓储配送中心，满足水果、生鲜等不同产品的储藏需要；建设邮乐购站点5000个；与昌平、密云、延庆等区的多家农副产品企业和农业合作社联合，试点建立“农邮通”服务站，实现农村物流的有序集散和高效配送；在邮政系统内首家实现北京国际小包出口邮件24小时快速验放、便利通关；更新配置电动三轮车56辆，保证投递网络支撑能力；接收市速物分公司194个同城快递信筒，提升快递网络支撑能力。

4. 企业发展。“两学一做”学习教育取得实效，采取多种形式，组织党员学习《中国共产党党章》《中国共产党廉洁自律准则》《中国共产党纪律处分条例》和习近平总书记系列重要讲话。党风廉政建设持续深化，加强公司两级党建机构建设，重新明确组织机构、部门职责和人员编制，加强对党务干部的选配力度；认真落实两个责任，对各基层单位开展巡视调研。开展“企业发展我受益、我为企业做贡献”主题教育、劳模创新工作室工作交流会、“京邮榜样之‘最美服务礼仪’”展示、岗位立功竞赛、百佳金点子评选等活动。多家单位和个人获得省部级以上荣誉；5项管理创新成果、1项科技创新成果和1项小技改小发明成果，获得国家级、行业级、北京市级和集团公司级多个奖项。新闻宣传工作围绕企业经营发展的中心任务，推进传统媒体向“融媒体”的转型升级，新闻报道数量递增50%以上，社会媒体刊登播出北京邮政新闻3000余篇，记者站被《中国邮政报》评为先进记者站、读报用报先进单位。

5. 职工福利水平。薪酬分配进一步向一线倾斜，一线职工收入比上年增长6.1%，高于管理人员增幅7.7%；投入39万元继续实施北京邮政在职职工职业发展助推计划，受助职工130人；13个邮政特有职业（工种）纳入北京市“在职职工职业发展助推计划助推职业”；职工帮扶中心和医疗保险基金会救助职工930人次，救助金额414.42万元；为8606名外勤岗位职工续保团体意外险；“两节送温暖”和“双十一”期间，投入305.62万元，慰问一线职工2万余人次。启动通信生产单位职工置装工作，提升一线人员对外服务形象。（北京市分公司　石连成、陈丽涵）

【邮储银行北京市分行】 资产规模4427.66亿元，比上年增长 9.28%，各项存款余额 2177.40 亿元，各项贷款余额 1076.59 亿元。不良贷款率 0.26%。邮储银行北京市分行下辖一级支行 19 家，营业网点 567 个，其中自营网点 138 个；在岗员工 3528 人。

1. 公司金融业务。对公存款余额 1016.85 亿元，公司贷款余额 601.25 亿元。通过板块联动、批零联动，获得多个项目的投后、托后回存资金，实现财政代收付业务与卡业务共同发展。提出打造交易银行的理念，有 12 家支行实现交易银行业务突破，新增交易银行客户 44 家，覆盖全部 10 项交易银行产品。组建投行业务团队，通过发展以客户为中心的债券承销、债券投资、非信贷融资、并购贷款、财务顾问等业务，实现客户投贷联动和深度开发。

2. 个人金融业务。个人储蓄存款余额 545.85 亿元，信用卡发卡 6.3 万张。完善借记卡、贷记卡产品体系，通过特色产品和产品创新获取价值客户。借记卡管理上，联合卫计委持续推进居民健康卡（北京通基本卡）项目，累计发行北京通基本卡 31 万张，覆盖通州区所有新农合参合人员，是北京通基本卡发卡量最大的银行。在贷记卡管理中，为提高对高素养、高收入、高消费、高资产的“四高”客户的服务质量，发行面向高端客群的鼎雅白金信用卡；为深入挖掘海淘消费客群和境内寄递客群，发行 EMS 联名信用卡。丰富中间业务产品，拓展新客户资源，推广上线代发代扣城乡居民养老保险、代发机关事业人员养老保险及职业年金业务，拓展代收付业务合作领域，与北京燃气集团、拉卡拉、中金支付等企业达成结算合作意向。启动“一小”、代发工资、“DO 商圈”三大营销项目，“一小”客户实现 BO 借记卡发卡 2.7 万张，新增代发工资客户 100 余户，形成 91 万人的 DO 卡客群。

3. 国际金融业务。响应国家“一带一路”、扶持企业“走出去”的政策方针。为海航集团办理邮储系统内首笔跨境权益性融资业务，金额 7 亿美元；为首创股份办理邮储系统内首笔跨境专项贷款信贷资产转让业务，金额 4500 万美元；为供销集团办理分行首笔人民币国内融资性保证业务，金额 2.11 亿元；为海航资本办理分行首笔股权质押续作内保外贷业务，金额 5 亿欧元。

4. 电子银行业务。坚持走“线上 + 线下”一体化的发展道路。电子银行客户 417 万户，占全行个人客户数的 36%。交易替代率由年初的 72% 提升到 82%。线上、线下不断融合，自助渠道建设加快，新布放自助设备 95 台，点均自助设备达 5 台。智能化网点建设初见成效，首家智能网点玲珑路支行于 12 月 9 日正式对外营业，配有智能导览台、互动桌面、智能机器人等近 20 项新型智能设备。

5. 金融同业业务。顺应资产证券化业务爆发式增长趋势，以资产证券化业务为重点，发展同业投资市场，参与设计渤海银行、华运金租、华融信托的资产证券化产品。首次涉足股权投资领域，通过理财股权投资产品参与国华航天军民融合基金 30 亿元、中关村并购母基金 10 亿元。同业理财双向发展，投资同业理财产品 54 亿元，销售理财产品 141 亿元，理财规模 195 亿元。托管规模超过 1 万亿元，成为邮储系统首家运营规模超万亿元的分行。承担国家发改委、财政部、国资委等牵头的国家级产业基金，包括中国政企合作投资基金、中国国有资本风险投资基金和中国国有企业结构调整基金等多只总规模超千亿元的产业基金运营工作。

6. 服务“三农”。围绕客户做文章，针对京郊专业大户，在郊区探索开办家庭农场（专业大户）贷款，放款金额 3908 万元。紧抓休闲农业这一北京“三农”未来发展方向，契合大众日益蓬勃的休闲旅游消费需求，将城乡资源与市场需求进行良好对接，研发推广“民俗贷”小额贷款，放款金额 1400 万元。与大北农集团、太平洋保险合作，推出“三农”保证保险业务，以农业龙头企业为中心，开展其下游经销商信贷工作，保险公司承担风险保障，龙头企业负责推荐客户，银行通过“一点对接全国”的方式，由北京市分行负责总部，全国各省、各地市分行负责分部与客户的信贷投放，走出一条金融服务“大三农”的新路径。

7. 服务“小微”。加快进入文创、科技类行业，加强与市科委、中关村管委会等政府部门合作，面向高新技术企业发放小企业贷款 6.9 亿元。加强平台式合作，实现名单制营销，以核心企业为切入点，针对其上下游的中小企业群，实现链式营销。与经信委中国中小企业产融服务平台等部门合作，扩展服务范围，增强通过平台合作服务小微企业的能力。

8. 服务区域。全面落实国家京津冀协同发展战略，主动融入地方经济发展，对接铁路、公路、机场、轨道交通等重大基础设施建设项目，累计投入资金近百亿元。中标首都新机场建设和京津冀城际铁路等多个项目，中标京滨铁路项目 19.2 亿元，为首发集团京石二通道高速公路工程项目放款 15 亿元，为北京地铁 10 号线和 8 号线项目分别放款 30 亿元和 15 亿元。重点关注民生工程，为旧城改造项目提供资金支持，助力棚改项目落地，为石景山区西黄村棚户区等棚改项目累计提供资金支持 30 余亿元。

9. 制度建设。提出在三年内持续开展“制度建设年”“制度执行年”“制度评价年”系列活动。围绕“制度建设年”，开展系列卓有成效的工作，累计梳理制度性文本 697 项，累计调研制度 375 项，制定整改计划及整改措施 153 项，统一汇编《基础管理规范》手册。

10. 风险防控。秉承“大案防”的管理理念，完善案防管理机制，实现金融资金案件为零的目标。风险条线组织开展各类专项检查、风险排查活动 8 次。针对检查发现的问题积极整改，整改率 97%。推进全面风险管理体系

建设，提升资产保全工作成效，不良清收 1.22 亿元。（邮储银行 马静）

【速递物流北京市分公司】 收入 14.94 亿元，增收 740 万元，实现扭负目标。其中，特快收入 10.93 亿元，比上年增长 7.66%，增收 7777 万元。异地标准快递收入 4.04 亿元，增长 4.56%，增收 1762 万元。

1. 同城业务。自主搭建绿色同城专网和信息平台，7 月 1 日推出半日递、次晨达、次日递等产品，提供个性化服务。收入 1.21 亿元，增长 17.11%，增收 1774 万元。

2. 跨境电商。与大型电商平台对接，如 Wish、一带一路等平台合作；协调北京海关开通个人业务，开发跨境电商客户入驻。国际板块增收 9090 万元，增长 30.07%，其中，国际 e 邮宝完成 2.42 亿元，增长 104.97%，增收 1.24 亿元。

3. 国内电商。依托后桥仓储场地，提供仓配一体化服务。出台《电商业务发展协调发展方案》，对 3 千克以内轻小件按客户规模实现分区管理。

4. 分等分级管理。对 78 个营业部分等分级。根据收入规模分十档，根据完成利润结合众创众享给予 20% 的效益奖励。建立营业部经理评价考核淘汰机制、竞争机制和赛马机制，定期考评。对政务、商企和渠道中心实施分等分级、双挂双考核。在市公司、区域分公司、直属分公司各层面实现客户分层、分级管理。

5. 实体化运营成果转化。建立七个中心，商企中心完成 4.31 亿元，增加商企类客户 576 户，增加收入 7073.57 万元；政务中心完成 1.37 亿元，增加客户 226 户，增加收入 651 万元；渠道中心收入 2.45 亿元，增加中小协议客户 1910 户，增加收入 3442.98 万元。

6. 众创众享工程。在所有具备条件的部门鼓励实行“众创众享”，划小单元，制定超额奖励政策。7 个众创众享营业部有 6 个利润比上年增长，其中，怀柔、延庆、平谷、门头沟等区（县）完成利润进度要求。

7 月 19—20 日，北京连续两天强降雨，局部地区达到大暴雨。北京市分公司的邮政人员冒雨投送邮件。（北京市分公司 / 提供）

7. 内驱力发展。一是加大人工成本管控。推行人工成本动态管控。二是加强业务外包费用管控。减少部分外包环节，通过招投标方式，下调外包单价。三是加大运输费用管控。合理制订邮航填仓计划，提高装载率及复用度，运输成本比上年减少 3816 万元。四是加大租赁费用管控。提升场地使用效率，控制租赁面积，降低租赁费用。房屋租赁费实际下降 170 万元，降幅 2.28%。五是加大资费和欠费的管控。按重点线路细分定价，成立专项核查小组，坚决查处虚假欠费和核销欠费的行为。

8. 新动力发展。一是优化调整市内网。市内 25 条集散邮路扩容到 32 条串行邮路，取消 41 条三干邮路。二是优化人员结构，盘活人力资源。优化出揽投端内勤和管理人员 359 人，全部充实到营销和一线揽投队伍。三是启动邮件处理中心流程优化。调整人员班次组织，采用动态排班，同时启动外包环节招标工作，降低外包成本。四是多渠道监控提升运营质量。关注重点质量指标管控，优先解决次日递率、申诉率、丢失率、赔偿、工单和虚假信息等指标。（速递物流 蔡建）

【中邮保险北京市分公司】 在北京保监局 2015 年度监管评价中，中邮保险北京市分公司被评为 A 类机构；荣获交通部“2016 年度全国交通运输文化建设优秀单位”称号；荣获“2016 年全国金融系统银行证券保险综合业务技能竞赛 · 北京赛区选拔赛”寿险组团体一等奖；荣获“2016 年北京金融系统银行证券保险金融服务技能竞赛”寿险组团体优秀奖。

1. 业务结构。实现中邮保费 6.8 亿元，比上年增长 52.9%，完成预算目标的 108.4%。其中：新单期交保费 2.1 亿元，比上年增长 66.4%，完成预算进度 100%；团险保费 5892 万元，完成全年预算的 348.6%，规模及进度均列全国第一，其中承接北京邮政 2017 年员工补充医疗保险项目，实现团险保费 4171.29 万元。期交网均保费 47.33 万元，全国排名第二。客户数 24785 人，其中期交客户 21238 人，占比 85.69%，高于全国平均水平。

2. 城市保险项目。撰写《中邮保险兼职营销团队基本法》《中邮保险兼职营销团队委托管理协议》《中邮保险兼职代理人协议》《复用邮政人员开展中邮个险业务暂行规定》初稿，谋划建设营销团队，拓展邮政营销新渠道。

3. 支撑服务。（1）三方联动。将中邮保险期交保费目标纳入北京邮政绩效考核中，分别考核各区分公司 1 分、代理金融局 2 分。协调邮银分别拿出专项资金，组织期交业务及团险业务竞赛。（2）创新营销。结合新春、母亲节、儿童节、重阳节等节日，开展客户回馈活动，增加 5 万元以上期交客户 431 人，实现期交保费 5036.2 万元。全方位提升客户体验，开展第六届客服节活动，组织青少年邮票设计大赛、送健康到四方、VIP 客户体检、健步走、烘焙、与门头沟区福利院共建志愿服务基地等活动，提升客户满意度。（3）优化支撑服务模式。在原有四个督导组的架构下，为全市 36 个邮银单位各指定一名支撑服务专员，开展一对一支撑服务工作，实现对基层销售单位的流畅服务。

4. 精细管理。（1）营运品质。度过新年 A 和补充医保理赔业务高峰期，未发生群体性事件。满期给付平稳有序进行，联合邮银共同制定《北京中邮保险产品满期给付实施方案》，成立邮银保三方领导小组，明确各方职责，梳理和细化业务处理流程；开展满期给付应急演练 17 场，确保 2016 年产生满期给付业务 6460 件，给付金额 2.14 亿元，已使用备用金额度的 0.47%，低于总公司 1% 的控制线。（2）风控体系。开展“岗位规章制度大起底”整改复查和“合规管理加强季”延伸检查，梳理完善岗位风险点 156 个，查出问题 34 个，重新修订宣传品管理办法等 7 个制度，建立岗位规章制度档案、部门规章制度档案，提高风险防控能力。完成“两个加强，两个遏制”“回头看”工作专项自查并建立专项问责机制，自查出 34 个问题，全部整改。（3）技术支撑。开发“中邮保险微课堂”系列微课，使全市从储人员通过手机微信学习中邮保险业务知识，提高工作效率。

5. 队伍建设。（1）兼职讲师队伍。聘任 111 名基层人员为兼职讲师，有 10 人被评为明星讲师，17 人晋升级高级讲师。组织 7 场兼职讲师集中培训，深入一线现场指导 193 次；全市兼职讲师转培训 752 场。（2）营销精英队伍。组织邮银渠道开展“汇聚巅峰　荣耀起航”高峰会活动，激发销售热情，营销精英实现中邮保费入收 1035.75 万元；联合邮银组织开展第三届中邮保险大练兵活动，以赛促学，提升业务技能，为北京中邮保险业务发展奠定坚实基础。（3）专职讲师队伍。制定满足基层需求的课程体系、组织各类培训，组织各类培训 509 场，6848 人次，网点覆盖率 100%。（4）人力资源管理。强化员工培训和素质提升，启动 2016 年员工素质工程，与同业保险公司交流，组织参加行业高端论坛，修订岗位说明书，组织员工内部培训 17 场，人均 80 学时。健全选人用人制度，出台领导人员管理规定等 9 项制度并严格落实。29 人获集团公司、中邮保险总公司、市分公司及行业荣誉。

6. 党的建设。（1）全面从严治党。健全和完善分公司党的组织体系和制度建设，成立监察部、党委办公室、党委组织部和党委党建工作部并配齐人员；制定党委工作规则，修订完善“三重一大”决策制度，强化监督管理。召开党风廉政建设工作会，与各部门负责人签订责任书，层层传导压力。严格贯彻落实“一岗双责”，完善对各部门落实党风廉政建设的考评机制，将结果纳入绩效考核。（2）“两学一做”学习教育。组织“两学一做”专题学习研讨、撰写心得、党委书记讲党课、参观廉政警示教育基地，提高全体党员的思想政治素质。建立“党员责任区”和党员先锋岗，为基层提供“一对一”支撑服务工作。（3）纪委监督执纪。运用好监督执纪“第一种形态”，开展任前廉政谈话及廉政考试 4 人次，调整岗位廉政谈话 2 人次，提醒谈话 3 人次、领导班子成员约谈 15 人次，例行廉政谈话 17 人次；开展全体党员廉政知识考试 3 次，参加考试 49 人次。开展党风廉政建设宣传月活动，制作学习口袋书，建立党建微信群，下发党风廉政学习电子月刊，开设学习园地，建立党风廉政建设月报制度。扎实开展“四风”问题整治情况“回头看”和专项自查，狠抓作风建设。（4）和谐企业。完善分公司职工民主管理，召开一届一次职工大会。开展关爱孤残儿童公益活动，履行社会责任。组织植树、歌咏比赛、秋季运动会等活动，培育积极向上的企业文化。（中邮保险　王森龙）

【中邮证券北京市分公司】 北京市分公司员工人数 18 人，后台员工 9 名，客户经理 7 名、经纪人 2 名。正常客户数 103029 户，高端客户占比很高，客户交易自主性强。新开户 78601 户；新增资产 606441.51 万元，客户总资产 993861.96 万元（其中邮储银行三方客户资产 22093.94 万元）；截至 12 月 31 日融资融券余额 9054.13 万元；收入 1097.28 万元（其中手续费收入 590.04 万元、利息收入 506.24 万元），利润 596.30 万元。

1. 营销服务工作

（1）板块联动。为推动邮储银行三方存管业务，加强与邮储银行北京分行、北京邮政代理金融业务局的沟通和合作，洽谈业务推动工作方案；与非覆盖地区进行紧密交流，协助做好业务推动工作。对北京市邮政代理金融业务局、邮储银行天津市分行进行网上开户、三方存管办理、客户服务等内容的业务培训，参加人数 400 余人。同时，为做好邮储三方存管客户服务工作，建立业务交流和服务群，实时做好业务办理指导和后续咨询服务工作，提高客户满意度。截至 12 月 31 日，邮储三方存管签约 88539 户。

（2）两融、金鸿小贷业务。1—2 月行情低迷，市场预期不明朗，客户对于申请两融业务的认可度不高，针对这一情况，组织员工分析客户盈利情况并对市场走势进行研判，对资产满足开户但未申请两融业务的客户进行全面筛选，对客户进行回访的同时分步骤对客户进行两融业务讲解。两融开户 29 户，客户获批可使用的授信额度比上年增加 11474 万元。对所有客户，按照开户地区、当前资产情况进行分类统计。根据客户资产、交易换手率、盈利状况等数据进行电话沟通，以服务为切入点，向客户进行“金鸿小贷”业务讲解，重点对达不到两融门槛要求的客户进行业务推介。“金鸿小贷”业务开通户数和融出余额均排名第一。

（3）营销工作。对“春季业务竞赛”活动各项任务指标完成进行全面部署。以客户利益为中心、为客户提供专业化服务为目标，制定具体营销推动方案。收入完成率排名分支机构第一，销售金融产品、新增资产、新增户数等指标均完成目标任务。

2. 客户服务

（1）客户服务与交流指导。通过 VIP 客户、邮储三方客户业务交流服务 QQ 群，对客户进行实时在线服务，对客户进行客户直观、及时、精炼、实战指导，客户活跃、参与热情较高，提高客户体验度和满意度。

（2）内外部检查相结合，规范运营。重点完成全面业务自查、适当性管理自查以及内控执行情况自查，真实客观地反馈检查结果；配合完成两融现场检查和负责人强制离岗稽核。通过检查情况来看，在进行日常业务办理中，能够有效遵照证券监督管理规定、公司内部规章制度来执行，严格自律行为规则，未发现重大风险事件，不存在重大风险隐患；但在业务细致程度上还需进一步加强与完善，发现后及时进行整改。

3. 网下 IPO 申购业务推广

提交客户网下 IPO 申购中国证券业协会和上海、深圳交易所资格申请资料，研读和讨论网下 IPO 申购业务办理的条件、流程和用户平台操作手册，对取得交易所资格的客户开展业务指导工作。截至 12 月 31 日，7 人申请通过上海交易所资格、9 人申请通过深圳交易所资格。

4. 党风廉政工作

党的十八大以来，按照中邮证券有限责任公司要求和统一部署，将思想统一到中央精神上来，认真落实中央八项规定精神，围绕重要节点，紧盯“四风”问题，不存在违反中央八项规定和“四风”方面问题。对于自查中发现的薄弱环节，找准问题，有的放矢、及时整改，树立正确的世界观、人生观和价值观，在态度上做到实事求是、严格要求，培养良好的学习风气，加强日常沟通交流的长效机制。（中邮证券　黄颖琼）

天津市

【天津市分公司】 邮政业务收入 199917 万元，比上年增长 13.07%，完成集团预算 102.3%。成本费用完成 206498 万元，比上年增长 12.38%，净利润完成 146 万元。

1. 转型创新。代理金融业务收入 10.05 亿元，完成预算 100.8%，比上年增长 8.4%，收入贡献率 52%。两额协调发展，新增余额 53.55 亿元，累计存款余额 511 亿元。保险收入 2.73 亿元，比上年增长 38.1%，进度 105.4%。保险期交占比 10%，比上年增长 6.6%，市场占有率 36%。居全国渠道第一位。代理金融网点转型覆盖率 100%。网点产能提升明显，点均增加 1900 万元，89% 的网点实现正增长。

包裹快递业务收入 2.3 亿元，完成预算 104.6%，比上年增长 26.4%。“双十一”项目收寄快递包裹 128.9 万件，收入 974.7 万元。标准速递业务增幅全国排名第 16 位。速卖通项目收入 2674 万元，线上发货邮件量占比 77.9%。在集团公司爱心包裹项目评比中，天津市分公司获得服务贡献奖。

函件、集邮、报刊发行三项收入 4.1 亿元，完成年预算 100%。其中毛利润完成 2.3 亿元，比上年增长 9.7%，高于收入增幅 5.9%；补续订流转额完成 739.4 万元，新增校园报刊流转额 107.9 万元，比上年增长 6.3%。通过传统媒体与今日头条、腾讯朋友圈广告的组合打包，培育并拉动新媒体业务增长。

通过加大电商分销融合，拓展线上销售渠道，分销业务收入 7452 万元，完成年预算 104%，全国排名第 6 位；电商完成业务收入 1.09 亿元，邮掌柜站点月均活跃度 49%，交易额 2.97 亿元。

2. 企业改革。

（1）经营组织架构改革。南开、静海等 8 个区分公司金融专业化有序推进。滨海新区一分公司划入滨海新区分公司。建立人力资源、财务管理支撑中心，实现人力资源、财务核算等工作的集中处理。报刊亭经营、管理划归电商专业，并落地市内六区。完成邮区中心局机构调整和中层干部的竞选聘工作。调整信息技术局内部管理架构。

（2）内部管理机制完善。建立省内结算体系，强化各层面全程全网成本意识和效益观念。实行利润零基预算对标提升、摘档管理。将业务发展奖、重点业务奖励分配权下放给区分公司。建立薪酬弹性管控机制，确定以效益为核心考核方式。深化绩效工资分配制度，营投等重点环节岗位推动按量计酬计奖。在双定的基础上，制定投递补员费用补贴政策。

（3）网运和投递改革。整合陆运网资源，将速递物流公司进、出口快递包裹并入邮政企业处理，新增一级干线邮路 3 条，省内邮路 14 条，农村邮路全线提速，整合零售报刊配送方式，组建全市和滨海小同城网。在武清、东丽等区试点“普邮、包裹”分网运营模式，滨海新区试点运行“混投＋专投”模式，打造“段道＋渠道”“段道＋片区”，具有邮政特色营揽投网络。新增 5 个全功能投递部，推进投递改革中的点位布局。

（4）创新转型联动发展。“特惠日”活动带动余额净增 34 亿元，价值客户 108 万户，平均资产提升 0.24 万元。函件、集邮、报刊发行实施资源、产品、活动融合策略，开发多款“邮票＋封片＋图书”的组合产品。举办“腾邮赢客营销峰会”天津站，实现意向收入 1900 万元，居全国首位。网厅接收有效订单7200笔，收入1020万元，累计发放集邮联名卡3.4万张。

3. 核心能力。增加自助机具48台，完成31处自助银行改造，39处金融网点改造。投资424万元购置万东邮电局房，完成静海区杨成庄邮电所主体工程。增强仓储面积近1万平方米；新租和改造投递场地14处，配置皮带机设备7个；新增、更新通信生产用车12辆，租赁电动汽车28辆，新增电动自行车100辆；增配PDA641台。完成ERP相关系统、授权集中、积分管理等系统上线，以及普通邮件网点监控设备安装工作。启动运管中心、“邮惠购”系统建设工作。完成电商、包裹等专业六个项目的自主研发。信息网运行维护考核指标列全国第12位，网点故障修复及时率98%。新增便民服务站806户，累计3580户；维修改造营业、生产、办公场地102处，完成普遍服务基础设施改造项目11个，建成农村快递公共服务中心22处。出台营销体系建设实施意见，规范不同等级营销岗位的业绩和晋升标准；营销三支队伍规模达到662人，占比8%，比上年增长0.6%，其中金融专职队伍296人，包裹专职队伍141人，综合营销225人。

4. 管控能力。

（1）计财管控。深化利润预算认档管理，18个区分公司有14个完成或超额完成利润认档目标，认档后增加利润预算540万元，实现超额利润1300万元。借助ERP信息化手段，实行会计集中核算，业财管控流程更加规范高效。投资和集中采购更加规范，制订集中采购流程规范和实施暂行办法，完成采购项目48个，节约采购成本671万元。量质并重推进资产盘活工作，新增盘活资金439万元。

（2）人力资源管理。开展全岗位定员工作，完成生产岗位的全岗位定员工作，结合定员结果和用工现状，提出投递全岗位定员实施方案，通过核增业务成本，动态定员等措施，解决投递缺员问题。规范人工成本列支管理，推进银企互联薪酬直接发放，实现员工自助系统上线。

（3）队伍建设。制定和完善领导人员管理、监督等9项管理办法。加强党管干部的培养，30名领导干部得到多岗位锻炼。调整17个单位主要负责人，使二级单位领导班子结构更加合理。输送6名二级单位班子成员到集团公司党校培训，选派35名领导干部分赴外省交流学习。组织两期支局长培训班，一期中青年干部培训班。培训金融所长、包裹营销等各类人才420人次。启动初级人才选拔工作。招用大学生190人。

（4）服务质量。开办邮政和社会自提点1013处；用户服务满意度89.95分。省内互寄、同城邮件次日递率为全国先进水平。快递包裹城市当日妥投率、农村及时妥投率、妥投信息实时反馈率等指标均达到集团公司考核标准。

（5）审计监督。开展跨年财务收支专项审计。审计项目完成574项，审减工程项目费用766.89万元，审计覆盖率93%。对14名领导干部进行经济责任审计，在审计范围上特别强化“三重一大”、八项规定等事项的监督检查。针对审计发现的问题，提出审计意见118条，落实整改112条。

（6）安全和风控管理。通过开展安全专项整治、安全大检查和安全警示教育等活动，强化广大员工金融、消防、资金、邮件、信息、交通等安全意识。确保G20峰会期间邮件寄递安全。深入开展金融专项整治，加大代理保险客户真实性整改，完成6961件问题保单的核实。以“两个加强，两个遏制”“回头看”活动为契机，开展风控工作，加强代理金融内控管理检查力度。

5. 党建和纪检监察工作。

（1）基层组织建设和制度落实。选优配强各二级单位党组织班子成员和党务工作者队伍，为18个二级单位配备专职党务人员，为2个单位配备专职纪检人员；规范组织生活制度，编制28项基层党建工作制度，重点明确“三会一课”、主题党日、党员档案管理、党费收缴管理使用等工作流程，为基层党建工作提供组织保障和制度保障。

（2）“两学一做”学习教育。成立领导小组，制定方案，细化时间表和责任清单。天津市分公司党委书记和党委委员带头讲党课，各二级单位开展党课教育91次；组织1527名党员重点学习《准则》《条例》，并通过考试，651名党员干部参加“五大理念”网上学习；开展“两学一做”主题征文，“七一”主题邮展、党建知识竞赛等活动。突出问题导向，组织两次全面专项检查，落实市委“六项专项整治”，建立换届台账，细化党员名册。收缴、补缴党费206万元。

（3）纪检监察工作。加强纪检监察组织体系建设；制定党风廉政建设责任制检查考核办法，将评价结果纳入领导班子年度考核；组织17个二级单位纪委书记参加培训，对10个二级单位党政负责人及相关人员，就落实“两个责任”情况进行检查和约谈；对24名领导人员进行提任前廉政谈话；对在信访举报案件追责和专项检查工作中的责任单位和责任人进行处理。

6. 和谐企业建设和精神文明建设。职工薪酬增加7199万元；建成职工小家70处；举办“三小”创意大赛；为8000余名职工缴纳会员卡保障金；为606名职工办理困难及互助金补助等，计38.2万元；为3000余名外勤人员发放9.4万元暑期药品；发放高龄补贴44.6万元，医疗救助基金40万元，祝寿金18万元。开展“体育健身年”活动，组织活动300场。机要局荣获市“五一劳动奖状”；两个单位荣获市级“工人先锋号”先进集体称号；5名个人被授予市“五一劳动奖章”；刘树东被评为天津市优秀共产党员；12 人被评为市交委优秀党员，2 人被评为市交委优秀党务工作者，4 个基层党组织被评为市交委先进党组织；4 人被评为所在区优秀共产党员。市分公司团委获得天津市五四红旗团委称号。（天津市分公司　魏普金）

【邮储银行天津市分行】 总资产 942 亿元，各项存款余额 914 亿元，其中自营存款 393 亿元，比上年增加 46 亿元，各项贷款余额 322 亿元。不良贷款金额 2.4 亿元，不良贷款率 0.74%，低于全市平均水平 1.01%，实现“量率双降双达标”。邮政金融业务收入 23.08 亿元，为年度目标的 104%，比上年增长 4.18%。其中自营收入实现 13.28 亿元，为年度目标的 106.3%，比上年增长 1397 万元。全行实现利润 4.76 亿元，为年度目标的 165.08%，增长 2.23 亿元。收入利润率 35.83%，网均利润 363.23 万元，人均利润 17.89 万元，均为分行成立以来最好水平。

1. 业务发展。（1）个人金融细分客户，收入 4.51 亿元，为年度目标的 100.33%，比上年增长 4.93%。理财余额净增 15 亿元，列城市行第 2 位；外币储蓄净增与信用卡发卡量均实现历史突破；贵金属熊猫银币与奥运纪念章销量，基金定投新增有效客户数，三方存管有效开户数三项排名均列城市行首位。个人金融中高端客户规模 8.48 万户。

（2）零售信贷强化平台和渠道建设，收入 1.3 亿元，为年度目标 109.01%。房贷业务快速发展，比上年增长 108.99%，一手房市场份额不断扩大。小额贷款净增 4260 万元，比上年增长近 8 倍，其中新型农业主体贷款净增占比 109.76%，业务结构调整成效初显。

（3）小企业信贷强化管理，创新产品，加快转型，收入 4493 万元。特别是下半年分行出台一系列措施后，全市 18 家支行实现贷款正增长，扭转下滑局面。

（4）公司金融以“双走”活动为契机，加强板块联动，收入 5.78 亿元，为年度目标 103.67%。公司存款新增 55 亿元，列城市行首位，活期占比 95%，列全国首位。全年承销地方债 90 亿元，并以此为契机，在全国首开政府投融资平台监管账户，河西、西青、河东和蓟县支行引致存款 42 亿元。

（5）金融市场收入 1.71 亿元，完成年度目标的 131.61%。同业融资业务融出 151 亿元，首次实现融入 1 亿元。理财对接公司客户融资业务顺利续接存量并拓展，同业机构理财实现零突破，累计认购 6 亿元。票据融资全年交易 201 亿元。

2. 渠道拓展。推动移动金融，手机银行新增客户 6.2 万户，为目标 103%；新增客户激活率 57%，比上年增长 12%。电子银行交易替代率 75%，比上年增长 8%。

3. 联动发展。通过多种方式投放资金 481 亿元，服务实体经济，助力小微和“三农”。在产品创新方面，实现 15 个总行新业务在分行首笔应用落地，并在 8 个自主研发的新产品上形成业务收入。个人金融“1+N”商户代发、体检一卡通创新项目成功复制推广；零售信贷试点首开“邮薪贷”产品，打开线上消费金融新思路；小企业自主研发科技企业信用贷，丰富产品序列；公司业务实现有追索权融资租赁保理业务零突破；金融市场创新理财对接客户融资产品，拉动业务收入。在模式创新方面，个人金融与爱康国宾、国美电器等大型企业平台合作，带动卡业务快速发展；小企业加强机构合作，开发“龙信保”“商票贷”等项目；“三农”金融以农业龙头企业联农带农模式，链式营销新型农业经营主体贷款业务；公司业务以地方债为跳板，开创银政合作新模式；金融市场争取总行支持，变单向营销为总分多向沟通，融资业务成交金额单笔上百亿元。综合营销实现突破。小企业金融深挖贷款客户资源，交叉营销公司存款 9700 万元；零售信贷落实房屋买卖双方百分百开户措施，引致存款，新客户资金归行率 24.18%，资金监管账户日均余额 3.58 亿元。分支行多条线联动，与某寿险公司由单向合作转为双向合作，形成公司存款 47 亿元，日均余额 30 亿元。

4. 风险管理。在全国率先建立系统的信用风险监测预警机制，提升风险监测前瞻性。处置不良资产 1.32 亿元，其中现金清收 4762 万元，为年度目标 183%，核销不良资产 8480 万元，为年度目标 141%。开展“内控建设达标年”活动，做好合规管理系统推广。开展案件防控治理、“两个加强，两个遏制”等活动，各项排查发现问题 225 个，处理 175 人次，问题整改率 100%。审计工作发现问题 628 个，整改 557 项，整改率 88.69%。实施 13 项审计项目与调研，对 12 位总行挂职人员及支行领导进行经济责任审计。对 10 个建设项目审减资金 25.08 万元。建成 2 个“全国安全管理标准化营业网点”，防范 1 起外部侵害事件，协助公安机关抓获 1 名网上逃犯，实现 10 个邮银混厅营业网点物理隔离，未发生外部侵害和安全生产事故。（邮储银行　马静）

【速递物流天津市分公司】 自营收入 36323 万元，比上年增长 10%。其中，速递收入完成 24589 万元，比上年增长 11.8%；物流收入 11701 万元，比上年增长 6.5%。

1. 标准快递业务。国内标准快递业务收入 13490 万元，比上年增长 10.3%。开展“保揽收”专项研究，推行揽投差异化排班，在重点区域采取揽投分设或增设以揽为主的道段设置。以快递包裹投递分流为契机，推进揽收能力转换，强化揽投部营销组织管理。推进标准快递“市场抢夺战”和月度“分组竞赛”活动。开展“天津—兰州”邮航专线上量增收活动，拉动西北四省标准快递业务发展。创新政务营销组织模式，组建项目组实行“哨子式”管理，增加居住证、二手车市场、医院病历寄递三个项目。通过深挖存量市场，身份证、护照、驾驶证项目收入增长 28.7%，打造 EMS 便民服务电子政务平台。

2. 国际业务。收入 7198 万元，比上年增长 41.2%；国际 e 邮宝业务收入比上年增长 94.5%。利用政策优势，举办跨境电商推介会，推进与 Wish 平台对接，深化与松昌国际战略合作。按照“四本原则”，拓展国际出口客户，e 邮宝业务快速发展。受邀参加中国天津第五届跨境电商峰会并作专题发言。开办中速—DHL 业务，提高客户服务质量。依托非邮公司推出若干条电池专线，降低电池类物品出口的难度。

3. 电商业务。落实总部义乌电商会议精神，组织开展“快包突围战”，E 标准业务收入比上年增长 217%。成立快包开发专项工作组，建立电商客服体系、价格体系、赔偿机制。开发联通 T 卡项目，安利项目、老板项目运作稳定，小米项目收入实现翻番。与天津市“狗不理”签订全面战略合作协议，对“狗不理”旗舰店实行代运营。开通“天津—潍坊”电商专线，提升小米项目质量，扩大电商专线市场份额。“双十一”期间，电商出口业务量收增长均超过 40%，并与菜鸟进行合作，实现规模效益双提升。

4.“物流再提升”。开发权健沈阳仓配项目，拓展讯铭科技项目。通过提升运营服务质量，拓宽与天士力、三星电子、王朝集团的合作。权健项目、三星项目年收入均突破千万元。组建“营销 + 运营 + 信息技术”物流专职营销团队，开拓物流目标市场。强化业务风险管控，下线所有仓单质押项目，主动放弃损益核算亏损的项目，推进物流板块业务转型发展。

5.“众创众享工程”。在环城四区分公司和静海营业部的 9 个揽投部试点推进“众创众享”工程。通过确保政策稳定性和可操作性，授予揽投部经理自主生产组织和用工权、内部薪酬分配权、场地设备自主使用管理权、市场开发运营管理权，实行经营保证金制，推行正负激励，对试点单位超利润目标部分按照企业、领创者、员工实行 5：2：3 比例分成奖励等措施。

6. 网络支撑。加大航空网建设力度。组开天津—兰州邮航专线，邮航覆盖范围扩大到 21 个省。执行总部民航集采价格，整体民航运价下降 15%。加快陆运网优化整合，调整国内邮路组织，解决邮航文件型邮件粗分后的现场分拣下行问题。开通“天津—潍坊”“天津—廊坊”专线，提升“天津—山东”“天津—河北”的运营时限。与天津国际机场签署战略合作协议。

7. 服务运行质量。坚持周质量会制度，应用“红图、邮件质量管控衰减模型”等手段，对重点指标进行专项治理。开展邮件丢失及虚假信息专项整治工作，建立销号制度及初始化台账。结合公安系统实名盾使用，制定收寄实名制内部管理奖惩办法。对绫致、安利、黑卡、政务类等同城项目业务进行专项管控，提升投递质量。73 个城市及时妥投率比上年增长 13%，民航计划执行率比上年增长 5%，邮航邮件赶发率比上年增长 8%，进口名址匹配率比上年增长 9%。

8. 管理水平。深化损益核算，编制损益核算底价管控模型，在产品定价、外包审批、运费配比、项目运作等方面实行损益前置，指导经营发展。开展超期欠费大清缴工作，业务资金得到及时回笼。开展揽投部、处理中心双定工作，优化生产流程及人员配置。出台干部管理配套办法，规范干部选拔任用程序和标准，开展干部档案专审工作。（速递物流　蔡琏）

【中邮保险天津市分公司】

1. 经营质量。实现总保费 51901 万元，完成全年预算进度 91.5%，保费比上年增长 36.5%，增量 13824 万元。续期保费 15701 万元；团险保费 222 万元；小额保险保费 0.5 万元。价值型期交新单保费（不含财寿嘉）10593 万元，完成预算进度 59.5%，比上年增幅 38.4%。

2. 邮银联动。一是发展共识。将集团公司打造“十三五”中邮保险增长极和“双百亿工程”的部署、中邮保险期交规模化发展的思路以及 2017 年中邮保险开门红的规划结合起来，利用 9—12 月与天津市邮银领导密切沟通，形成天津邮银保三方共同促进邮政自办保险做大做优做强的发展局面。二是区局调研。深入 18 个区邮银渠道与负责人交流探讨，就各区局 2017 年开门红工作的安排和部署深入了解，对区局提出的意见和建议认真听取，撰写调研报告并上总经理办公会汇报，梳理分解问题，责任到人，为切实提升分公司整体服务支撑渠道水平和能力奠定基础。三是网点支撑。按照集团公司“双百亿工程”会议精神，结合天津城市化发展的实际和特点，在原有的部门包联推动组的基础上，成立业务骨干先锋队、大学生突击队和讲师特战队三支团队，深入区局网点开展主题营销方案策划、业务督训、典型报道、后援支撑和宣传联络等工作，与现有的各部门包联组一道，形成多层次服务支撑格局。

3. 整改工作。5 月，天津监管部门对天津分公司进行为期两个多月的监管检查，并于 11 月对中邮保险天津市分公司及天津市分公司进行相应的罚款和停止天津市 6 个区 123 个邮政网点代理保险业务处罚。面对这种情况，分公司采取措施应对。一是加强与保监局各层面领导的联系和沟通，就检查问题、整改问题谦虚听取意见，就监管检查发现问题强化整改速度和效果。二是加强渠道培训，策划开展 130 余场网点活动、合规经营和系列“主题晒单”营销活动，12 月联合邮储银行天津分行，邀请专家进行保险法律法规和中邮期交产品等内容培训；联合天津市分公司邀请专业培训机构讲师为来自各区局协管金融业务副总经理、金融业务局局长等进行“成功从优秀员工做起”

主题培训。

4. 业务管理。一是营运质量。新契约合格率98.93%、理赔五日结案率98%、13个月保费继续率92.53%、续期达成率97.65%等关键营运指标继续保持全国领先水平；首期满期给付平稳过渡，此前通过建立邮银保三方联动机制，采取“亲情疏导”和“有限补偿”相结合原则，化解非正常满期给付个案，妥善处理非正常满期给付业务258件，补偿金51.95万元，补偿金额占比0.48%；实收续期保费1.57亿元，续期保费完成率104.6%，超序时进度4.6%，比上年增长30.58%，达成全年目标。二是风险管控体系。强化内控合规管理，深化邮银保三方联动机制，做好联动合规内控检查、专业培训和违规处理。强化合同管理，加大制度管理与执行力度。做好非法集资、保险欺诈等案件排查，密切关注满期给付风险，防止出现群体性事件。开展洗钱风险自评估与宣传工作，逐项排查可疑交易信息，在中国人民银行天津分行反洗钱分类评价中获得A类。

5. 精细管理。一是人力资源体系。完善用工管理机制；健全绩效考核激励约束机制；建立绩效与荣誉体系相结合的奖励机制；规范人工成本提取、使用和结转；结合岗位职责和员工成长需要，优化培训体系，分类分级开展各类培训；加强人力资源制度建设、系统应用、档案管理等基础管理工作；规范专业技术职务聘任管理，集中开展专业技术职务聘任工作；规范中层干部因私出国（境）管理；加强人力资源系统管理；开展劳务用工择优招用工作；开展“每周一讲”互培活动，全体干部员工轮流担任主讲讲师对全体员工进行集中授课。二是制度建设。对原有制度进行梳理完善，制定完善干部管理规定、干部选拔任用纪实工作实施办法、干部任免工作程序、中层领导干部任职前听取纪检监察部门意见、因私出国（境）管理规定、人事档案管理暂行办法、中层后备干部和中长期培养对象管理暂行规定、亲属回避暂行规定、员工月绩效考核办法、“三重一大”、会议议程管理等一批制度。三是财务管控机制。推行滚动预算，合理安排行政费用；建立全员的大成本理念，强化预算监控机制，加强成本分析；明确采购管理流程，制定采购管理专用表格；加强会计核算、资金、税务、统计等方面的日常财务管理，提升财务基础管理水平。四是信息技术。承保成功率87.42%，全国排名第二；开展网络中断电力中断应急演练、信息技术安全检查活动；开展区局设备巡检工作。

6. 党建监察。一是“两学一做”扎实开展。定期组织党委中心组理论学习，严格落实“每月一学”；党委书记带头讲“两学一做”专题党课、开展专题学习研讨；开展“党风廉政教育宣传月”活动，组织全体党员参观教育实践基地，观看革命历史题材影片；举办廉政诗歌大赛及“两学一做”知识竞赛。二是党风廉政建设。分公司党委与各党支部签订《2016年度党风廉政建设责任书》，明确职责分工，履行“一岗双责”；定期召开党风廉政建设联席会；开展分公司基层党建述职评议考核，召开“三严三实”专题组织生活会；开展“四风”问题整治情况“回头看”自查工作；梳理完善各项党建基础资料；开展民主评议党员活动；制定“每月一学”方案，制作“纪检监察学习专刊”8期，下发学习材料37份；组织党风廉政建设教育集中学习14次，参训人员462人。三是员工幸福指数提高。开展庆“三八”趣味活动、“春暖花开”主题摄影采风、“关爱有保障，夏日送清凉”慰问、冬至“包饺子比赛”、员工思想动态调研及“天分成长我献策”合理化建议征集活动等活动，开设员工健身室、图书角、员工食堂，增强员工幸福感和忠诚度，营造个人与公司同发展、同进步、同成长的和谐氛围。（中邮保险　王森龙）

河 北 省

【河北省分公司】

1. 创新转型。全省邮政收入51.11亿元，比上年增长6.49%，利润5358万元。企业运行呈现出发展稳健、结构优化的良好态势。推进代理金融业务转型，逐步建立良性发展机制，加大包裹快递经营组织和网络建设力度，成立专业经营管理机构，业务增速明显。农村电商平台粗具规模，与各级政府合作，全省建成邮乐购店2.4万处，建成县级电商运营中心116处，累计吸收会员211万名。依托线下实体网点和“邮掌柜”、邮乐网等线上平台，探索线上线下融合发展模式。电子商务依托渠道创新业务发展模式，代理车险、便民服务等业务实现较快增长。函件、报刊、集邮专业通过融合新媒体、运用新技术，创新产品和服务，发挥各自在文化创意服务领域的资源和优势。中邮保险河北分公司获保监会批准成立并开业。

2. 社会服务水平。改造金融网点145处，营业、投递场地59处，建设区域仓储中心8处、县域仓储63处、直营店仓储231处；购置CRS、ATM 233台，新增金融终端设备4715台（套），更新揽投、运钞车辆287台。设立廊坊邮件集散中心，加快省内以及河北、天津等省市互寄快递包裹邮件的传递速度。调整15条二级干线邮路，增开2条快包专线，对区内和市趟邮路进行优化，实现与内部处理频次的有效衔接。启动县域“三合一”工作。加快代投自提网络布局，建立代投自提点3.1万处。全省进出口快包处理效率大幅提升。全省出口邮件平均时长、省内互寄邮件平均时长较去年同期大幅缩短，次日递率明显提高。建成全省视频监控管理平台，完成国税发票代投、包裹微营销等15项系统研发和8项重点流程优化。服务

河北省分公司开展代理金融宣传活动。（河北省分公司／提供）

质量持续改善。机要通信连续19年质量全红。

3. 党建和党风廉洁建设。推进党建工作，深入开展“两学一做”学习教育；开展作风教育活动，建立作风建设长效机制；开展“四风”问题整治情况“回头看”，健全完善相关规章制度；落实全面从严治党新要求，强化监督执纪问责，把内部巡察作为监督执纪的重要手段，不断提高党建科学化水平。

4. 企业内部管控能力。健全领导干部管理制度，组织44名管理人员开展上下交流。启动青年员工创新实践等重点人才建设项目，加大对重点环节和岗位的支撑，明确劳务承揽实施范围，加强总量管控。建立以资金为主线的经济运行质量分析体系，突出问题导向，创新集中核算管理手段，初步实现“核算人员项目化”和“流程标准化”。完成经济责任、财务收支等审计项目765项，工程审减率15.85%。加大业务库建设和金融安防设施达标工作力度，整改各类安全隐患，障企业安全稳定运行。

5. 和谐发展环境。开展文明单位、文明示范窗口、青年文明号等群众性创建活动。全省邮政有1个单位荣获全国“工人先锋号”，5个单位荣获河北省“五一劳动奖状”，6个单位荣获河北省“工人先锋号”，4个单位被评为省级青年文明号。秦皇岛市分公司赵红劳模志愿服务队被省总工会授予“年度最美劳模志愿服务团队”称号。泊头市分公司投递员杨中波当选“全国交通运输行业文明职工标兵”。加大“职工小家”升级版建设力度。建成“农村支局职工小家”586个、“城市投递员之家”31个，各级邮区中心局均建成“网运职工之家”，受益员工总数7891人。（河北省分公司　程钰）

【邮储银行河北省分行】 资产规模2893.38亿元，存款余额2804.38亿元，贷款余额1332.55亿元。

1. 企业发展。坚持以观念转变为基础、以市场为导向、以科学发展为指引，调整资产结构、收入结构、成本结构和客户结构。个人储蓄存款余额637.74亿元，累计发放信用卡20.78万张，信用卡活跃率43.91%；小额贷款放款96.03亿元，列全国第2位，发放全国首笔保单质押贷款；消费贷款净增228亿元，列全国第4位；公司存款余额551.95亿元，净增56.11亿元，发放公司贷款178.61亿元，列全国第1位；小企业法人贷款结余112.70亿元，列全国第3位；分别为新奥集团、河北钢铁“走出去”成功办理国际业务；同业业务余额124.43亿元，与省政府签订300亿元的PPP战略合作协议。客户结构不断调整，VIP客户新增7.22万户，资产在5000万元以上的公司客户13个，小企业退出高风险客户1186户，新增科技型、创新性小企业100余户，放款超过2.32亿元。

2. 综合实力。新增和更新ATM 110台、存折取款机140台、自助发卡机58台、自助缴费终端49台，新建离行式自助银行24个，增设单台离行式自助设备7台。完成总行统建系统50余个，自主建设管理系统25项，开发新业务系统32项，完成1078项数据提取、9份数据分析报告，为服务创新提供技术保障。推进营业环境改善、特色支行建设、网点功能转型等工作，提升线下网点渠道服务能力。建成15家总行级小企业特色支行、17家分行级小企业特色支行、29家现代农业示范区支行、17家汽车金融及信用消费贷款特色支行、34家外汇特色支行。

3. 风险防控。完善风险管理顶层设计与传导机制，制定系统防控风险政策，推进由区域、条线、岗位分散防控向系统防控转变。由人防为主向“物防、技防为主、人防为辅”的管控模式转变，在全省推广柜面操作预警系统、员工账户监控系统、金库视频监控系统、反洗钱预警系统、合规管理系统、电子印章系统等，预警风险交易超过35万笔。加强营业场所安全管理标准化达标建设，被总行作为首批标杆在全国推广，在总行组织的年度安保工作检查考评中，连续三年荣获全国第一名。调整信贷产品和客户结构，规避市场风险，持续开展高风险产品、高风险客户退出工作，创造性开展省、市、县三级“一户一策”走访活动，强化不良贷款迁徙与拨备检测分析，综合运用展期、减额续贷、重组、不良清收、核销等多种处置方式，累计清收不良贷款3.34亿元，核销5.29亿元，不良贷款率1.15%。

4. 党建工作。深入开展“两学一做”学习教育、党员重温党章、过政治生日等活动；开展“强基固本”工程，全行所有基层党组织提前完成达标建设工作；积极推进基层党建示范点建设，树立衡水分行及安平支行党建工作先进标杆，李国华董事长亲自到衡水分行调研基层党建工作并给予充分肯定；完善共青团组织建设，以党建带团建，激发全行广大青年员工的创业激情。严格贯彻“两个责任”，签订《党风廉政建设责任书》，开展领导班子民主测评及民意调查、党风廉政建设责任制落实情况自查等工作，推动“一岗双责”层层落地；创新开展案件防控和资产质量效能监察，明确督办事项红黄牌问责标准，严肃工作纪律；整顿机关作风，全行形成机关对基层、管理对经营、后台对前台的全面服务承诺机制。

5. 品牌宣传。系统性开展品牌宣传工作，以正面发声、加大广告力度、举办各类大型主题活动等，树立邮储银行“普惠金融”的品牌形象。开展国防工业协同创新成果展洽会等15项重大主题宣传活动和签约仪式，组织《中国邮政报》《河北日报》《河北经济日报》等主流媒体开展基层采风活动，挖掘基层工作亮点。在全省重点城市和重点区域的繁华地段投放户外广告25处。保定七一路支行荣获全国“工人先锋号”，保定七一路支行、廊坊光明道支行被中国银行业协会评为“千佳示范单位”。

6. 精神文明。建立完善以职工代表大会制度为基本形式，以行务公开、行长信箱、职工思想动态调研、合理化建议等多种形式为补充的民主管理制度；对涉及员工切身利益的事项，通过工会组织和各种渠道，充分听取员工意见建议，职工民主权益得到有效保障；推进职工之家建设，全行建家率100%；开展形式多样的关爱活动，为53名困难职工建立帮扶档案；组织开展文体活动，营造“激情创业，快乐生活”的企业文化氛围。（邮储银行　马静）

【速递物流河北省分公司】

1. 业务发展。收入7.6亿元，全国排名第10位；比上年增长16.37%，全国排名第12位，完成总部下达的挑战目标。其中，速递业务收入50796万元，比上年增长9.79%，增长排全国第22位；物流业务收入22364万元，比上年增长29.89%，增长排全国第4位。

2. 服务质量。股份公司考核的15项网运质量指标有9项达标，比上年增加5项。运营监控15项指标中除问题邮件一次解决率有所下降外，其他指标均有明显提升，11183及时揽收成功率、48小时及时回复率、理赔及时率等指标处于较好水平；申诉率降至8.52%，比上年减少10%。

3. 重点项目运营能力。在苹果公司新品发售工作中，剔除客户因素后及时妥投率100%；极速鲜、安利等项目管理日渐成熟；菜鸟仓配项目运营，宝湾仓运行质量在菜鸟所有合作仓储项目中获评最高分，广阳仓“双十一”期间发货63.23万单，出库及时率100%，跑赢菜鸟“双十一”99%的KPI要求，综合KPI考核指标在三个邮政仓中排名第一。

4. 重点业务开发。政务业务方面，身份证、网上车管、公文寄递、医疗卫生、检察院等项目上线，扩展车驾管、法院专递等存量项目，主要政务项目收入5388万元，比上年增长133.25%。国际业务方面，强化专业团队建设，投产运行石家庄中邮快件监管中心，加快e邮宝市场开发，拉动国际业务板块收入快速增长，收入1.16亿元，比上年增长82.17%，全国排名第5位。物流业务方面，发挥专业化、实体化经营优势，省市联动，集配资源，拓展与开发五百万元级客户6个、百万元级客户10个，增加客户收入5665万元。物流业务结构调整，从以中短途运输业务为主向一体化供应链服务转型，廊坊物流分公司实现“走出去”战略，拓展好丽友项目广东至云、贵两省的干线运输及云、贵省内的仓+配业务。全省物流业务规模与效益同步提升，实现利润1501万元。

5. 营销活动。商企业务方面，省公司分别与省联通、省移动、中石油河北公司、邮储银行河北分行签署战略合作协议，省市联动开发联通华盛终端寄递、太平保险保单配送、中石油网销加油卡、中邮人寿空白凭证和业务档案等10余个重点项目；开展银行类、保险类客户销号开发活动和重点项目定向营销活动，开发重点行业客户318个，增加收入446.7万元，重点行业收入3769万元，比上年增长14.4%。电商业务方面，运营菜鸟项目廊坊仓，进驻客户272家，实现仓储增值收入570万元，配送收入466万元；尝试电商专线运营模式，开通电商专线3条，达到7条，9—12月专线开通省份出口快包业务量比上年增长8.49%。

6. 网络运行能力。一是华北（廊坊）陆路邮件处理中心及石家庄航空邮件处理中心一期工程通过验收，二期工程获得立项批复。完成58个营业网点装修改造。扩展北京民航运输资源，利用社会代理公司开通19个省份的20条自主民航航线，6—12月降低航空运费159万元。更新、增加97台速递物流运输、投递车辆，新租赁电动三轮车114辆。集中投入建设菜鸟项目廊坊仓，提高河北省分公司仓储能力，开辟电商发展新模式。更新和增配打印机、无线中心、PDA、详情单打印设备等2530余台，一线生产作业效率明显提高。完成处理中心系统推广工作、二码合一及三级分拣码推广工作；协议客户热敏详情单应用上线率达到59%；上线运行国际EMS客服新流程系统和包裹快递业务信息化理赔流程系统，改善客户体验，网络信息化水平得到提升。完成总部直管建设项目投入1.09亿元，完成省管建设项目投入1496万元。二是完成21条省内二级汽车干线邮路集中上收管理工作，增加1条二级汽车干线邮路、调整压缩28条二级汽车干线邮路运行时长，规范邮件处理中心业务流程及操作，省内干线网提速，其中，省内互寄次日递率74.09%，比上年增长12%（剔除旺季及雪雾天气等因素，最高达到81.88%）。增加31条二频次区内汽车邮路，优化11个地市59条区内邮路和市内转趟邮路的运行时刻，实现全省区内网整体提速，其中，进口接收到下段超24小时占比为21.66%，比上年减少8%（剔除旺季及雪雾天气等因素，最高完成16.47%）。三是对重点指标进行“日监控、周分析、月通报”，分析问题，查找原因，落实责任人，持续推动整改；完善运营管控制度，严格违规违纪考核，提高全员质量意识，促进各项指标提升；对全省运控人员进行系统培训，强化客服、质控、视察三支队伍建设，为运控工作开展奠定基础；常态化开展视察检查，形成检查报告书20份，下发《罚款通知书》34份，促进服务质量提高。（速递物流　蔡肆）

【中邮保险河北省分公司】 11月23日，中邮人寿保险股份有限公司河北分公司成立，集团公司副总经理康宁、中邮人寿保险公司总经理党秀茸出席开业仪式。该公司是中邮保险股在全国开设的第19家省级分公司。

1. 省首批市县中邮保险机构。按照保监会有关文件和集团公司关于市、县中邮保险机构、岗位设置和人员配备要求，对市、县中邮保险机构展业采取分步实施的策略。首批按照规模大、效益好、易管控的原则，优先选择全省邮银代理保费规模靠前、发展潜力较大、风险管控到位的7个地市、50个县及424个县及县以上网点为入网和上线机构。为扎实高效推进市、县中邮保险机构筹建工作。制定并印发《市、县中邮保险机构建设指南》，明确市县机构岗位设置、人员配备、职场建设标准。组织开展市、县中邮保险机构专兼岗人员及邮储银行市分行业务人员专业知识和操作技能培训。在省分公司和各级邮银企业的共同努力下，首批入网市、县机构筹建工作全部按时完成并通过中邮保险总部和河北保监局验收，与省分公司同步开业。

2. 工作构架。按照中邮保险总部《关于省级分公司机构设置方案》，遵循精简高效、合理配备的原则，设置八个职能部门，分别是综合部、市场部、营运管理部、计划财务部、合规与风险管理部、信息技术部、党委党建工作部、监察部。设置管理岗位40个。员工队伍开业初期为33人，平均年龄37.6岁，均为本科及以上学历，且具有3年以上管理岗位经验。

3. 建立健全规章制度。按照保险监管及中邮保险总部的有关规定，河北省筹建办制定综合管理、营运管理、市场营销、计划财务、合规与风险管理、信息系统等6册、21类、211项管理办法和实施细则，落实了监管部门对内控管理的要求。

4. 员工培训。为适应工作需要，促使员工从邮政人向保险人转变，河北分公司以“提升素质、强化能力、适应发展”为目标，组织开展内部培训44期，参训人数585人次，培训时间595学时。组织人员参加监管部门资格认证，领导班子成员通过“高管人员任职资格考试”，有17人取得高级寿险管理师资格，19人取得中级寿险管理师资格。（中邮保险　王森龙）

山 西 省

【山西省分公司】 全省邮政实现业务收入32.69亿元，完成集团公司预算目标的100.02%，比上年增长6.47%。与全国邮政平均增幅相比，山西邮政呈现出总体增幅低、结构调整大、重点项目相对好的特点。新增金融总资产287.14亿元，比上年增长51.22%。其中，新增储蓄余额189.55亿元，新增保费85.2亿元，理财类资产新增12.4亿元。邮速寄递收入实现3.57亿元，比上年增长25.52%。其中邮政实现标准快递收入4345万元，比上年增长11.81%，增幅排全国第8位；快递包裹收入5160万元，比上年增长136.6%，增幅排全国第9位。

1. 转型发展。

（1）寄递业务。一是合体改革。按照“两个牌子两本账、一套人马一个网，全面托管、共拓市场”的思路，实施36个一体化县域邮速合体经营改革，调动县域发展。制定全省邮速统一的激励考核机制，对混合揽投部站采取无底薪计件和“计件+提成”的激励模式，执行统一的计件单价和考核标准，实行同工同酬；对速递托管人员执行被托管单位薪酬标准考核制度；对各市分公司分管寄递业务副总的年终绩效考核，挂钩各市分的质效指标和合体收入完成情况；完善对全省邮政30强县和10强区分评比考核，增设包裹快递收入这一指标。深度整合全省网运资源，优化省区和市趟邮路，规范内部处理操作，调整县域投递作业组织，完成太原、侯马邮区中心局流水化工艺改造，全省特快邮件实现同机分拣、同频发运、同段投递。至年底，同城“次日递”率95.10%，省际出口邮件时限达标率99.79%，省际进口邮件时限达标率98.24%，省内网达标竞赛四项指标全部达标。

二是能力投入。成立投递网建设专家团队，编制操作手册，加强项目指导，自上而下统一推进。通过内部优化和外包等方式，增加县内邮路和投递人员550人。新增汽车346辆、三轮摩托车288辆、三轮电动车450辆，增配PDA1704部，建设智能包裹柜15个，安装皮带机89台。改造速递揽投网网点104处，其中使用邮政场地17处、速递场地80处，新租赁场地7处。推行投递人员私车公助管理模式。

三是发展动力。按照省分突破、市分落实、上下联动的推进模式，持续开发车牌照、检察文书、税务发票寄递等单证照类项目，促进标准快递业务快速发展。聚焦政务、商务和电商市场，组织开展“开局亮剑、王者归来、唱响品牌”“提速增效、开拓创新”等专项营销系列活动。与电商、微商等元素融合，对接“邮惠购”“E邮味晋”

等自有平台扩大农产品销售渠道，临猗苹果、临县红枣、绛县樱桃、阳高京杏等寄递项目。组建成立“尖刀排”专职营销队伍，主攻重点协议客户开发；借鉴“阿米巴”模式组建商务网格团队，进军写字楼等“众创众享”项目，形成立体式营销网络布局。

四是时限质量。加强省内时限质量管控，陆运网各项指标综合排名全国第一。开展违规行为专项整治活动，省内互寄快递包裹“次日递”率99.13%。整合邮速双方客服平台，组建全省主动客服团队。建立100万元专项理赔基金，加快邮件理赔速度。

（2）代理金融业务。一是行业服务质量。组织开展营业网点服务规范远程培训；聚焦客户数据分析和维护管理能力提升，组织全省县区分总经理开展培训；对标行业服务标杆，组织开展“海底捞”员工激励和客户服务实操培训。修订完善网点视觉营销系统方案，组织开展金融网点营销氛围营造评比活动，以30个优秀示范网点为引领，全面推进服务氛围营造。参加新型农村金融服务共建，打造服务“三农”的邮政农村金融综合服务站。从持续开展“暖冬暖心”活动，到与百圆裤业携手开展“爱心裤”公益活动，再到向社会大众开放网点卫生间等举措，做服务老年客户群体的“服务专家”。加大网点装修改造力度，逐步更新配备网点自助机具和设备，邮政代理金融网点良好的行业服务形象和鲜明的行业服务定位逐步展现。

二是金融服务。组织全省代理金融条线管理层、内训师、支局长和柜员，进行多轮次培训和实战演练；聘请第三方协助开展银行业从业资格和理财经理岗位资格认证考前培训，年内五岗人员持银行从业资格证率29.6%，较年初增长14.78%；基金销售资格持证率15.7%，较年初增长6.96%。搭建客户积分回馈系统，开展特色服务体系建设，通过调整金融业务发展费用开支和人员激励政策，利用积分杠杆推动理财产品销售。与邮储银行协作，全面启动信用卡、对公、小额信贷等多项代理银行业务；与高速公司、电力公司等第三方合作推出ETC、社区电费批量扣缴等服务，客户体验度明显提升。

三是政策机制和营销体系。加大对基层一线营销奖励力度，增设市场占有率等对标指标，基层发展积极性显著提高。围绕八大特色客群、片区开发、年度营销活动策划等主题，精细化制定点策实施方案，组织开展“金猴闹春”赛中赛、猴年生肖主题存单、“快乐福娃”礼仪存单等活动，项目精准营销成效明显。

四是自主转型和产能。围绕太原、晋中、阳泉、运城四个产能提升重点市，聚焦客户管理、服务提升、片区开发进一步细化产能提升辅导方案，具化产能提升辅导内容，实施精准化转型。研讨完善网点内部分配办法、客户积分回馈、分户管户规则及业绩统计办法，重新修订点策评审标准，全面推行客户标签化和信息化管理。修订完善内训师工作规范管理办法，制度化保障内训师政策待遇，多轮次组织内训师参加素质和技能培训，全省转型内训师181人。完成新增产能提升和集团级示范网点流程导入，开展“回头看”检视整改工作，建成52个集团级示范网点、500个产能提升网点、449个自主转型网点。

（3）渠道平台建设。一是探索农村电商发展。围绕电商扶贫，运作“农产品返城”项目。与省农科院果树所就技术服务支持、共建示范基地等方面开展深度合作，并取得地方政府支持；研究和探索邮政自有品牌农产品运作，在产品组织、品牌注册、宣传推广、平台运作和包装寄递等方面取得进展。聚焦精准扶贫，创新“寄递+”摸索，运作吕梁临县红枣、运城樱桃、大同京等项目，拓宽边远农村农产品销售渠道。借力第三方平台，尝试“工业品下乡”项目，融入“互联网+”商业运作模式，截至12月31日网售轿车22台。

二是传统电商业务。邮储短信注重客户二次开发，精细化督导，个性化维护，收入增幅高于全国平均增幅3.14%。车务代办业务聚焦增值服务多措并举，依托尊享服务拓展会员渠道，代理车险市场占有率较去年底翻番。社区电费批量扣缴项目开辟省邮银合作的新模式。代收税款贴近民生、服务社会，实现迅速发展。传统便民店实现转型升级。截至12月31日，转化提升为“邮乐购”店9719个，其中，“A类掌柜”店2276个。

三是渠道平台建设。以太原为中心推进线下体验店的建设运营，通过调整布局、优化产品和粉丝关注等提升客户体验度和满意度。推进“村邮乐购”加盟店建设，数量4778个；嵌合“邮掌柜”功能，邮乐网“上党馆”和“邮掌柜”进货批发模块上线运营，“双十一”期间“上党馆”订单突破7000笔。开展农产品微营销项目，加快农产品线上销售，山西省分公司自有品牌农产品项目运作初显成效，孙吉果、习礼情等地方特色产品平台化运作全面启动。此外，太原市北张园区电商孵化基地的建设也初显

山西省分公司严把水果质量关，确保网民收到优质时令水果。（山西省分公司／提供）

成效，与487家电商客户实现合作，入仓商户60余家，日均邮件交寄1.6万余件；园区基地大学生“创业孵化”项目启动。

（4）文化传媒板块。一是函件专业以启动“千万市百万县”函件传媒转型升级工程为契机，组织开展全省书信文化大赛，策划校园开学季“国际互寄明信片”活动，举办腾邮赢客中国行山西峰会，契入公益元素运作系列商演新媒体项目，整合投递资源推出“定时递”业务，促进跨专业融合和联动发展。紧扣时代主题，创新文化产品，挖掘晋商、红色、根祖、祈福等文化资源，开发“戳游山西”旅游护照、特色文化主题邮局等独具山西文化特色的系列性文化产品。尝试进军影视文化产业，与知名演出公司开展战略性合作，开展《游戏规则》邮资明信片兑换券项目。特色饭票、门票等项目依托线上线下渠道进行销售，实现营销方式创新。

二是报刊专业努力实现单一报刊产品向“报刊、图书、动漫”功能集一体的综合文化产业领域转型，组织开展全民阅读、健康讲堂、书香校园、图书巡展等项目活动。实施精准营销，对接政府老年机构部门，提供老年客群特色服务，开展《中国老年》专项主题营销项目，完成计划和增量均排名全国第一；尝试跨平台多渠道订阅模式，推动报刊线上及微信订阅服务，微信订阅实现流转额1545.76万元，完成集团目标的219.88%，订阅规模居全国第6位，完成进度居全国第2位。2017年报刊大收订完成计划103.13%，超全国平均进度2.43%，排名全国第9位。阳泉市分推出的全省邮政首家儿童绘本馆，体现了传统业务与文化传媒元素的有机融合。

三是集邮专业调整经营思维和营销模式，大调整产品结构，减少贵金属制品，明确销售纪律。组织开展全省性大众集邮“四进”系列活动和生肖贺岁季、文化季主题营销和“丙申年”邮票首发等系列活动和品鉴会。集邮微营销平台建设全面启动，营销员注册人数1.29万；“山西集邮”微信服务公众号吸粉1.1万人。聚焦协会的服务职能。完成省集邮协会的换届选举工作。

2. 基础能力。完成太原邮件处理中心工艺改造二期工程立项和建设，组织实施侯马邮件处理中心扩能改造和部分市分公司网运设备升级改造，为县分公司安装皮带机90余台。加大揽投专网建设投入，新增网运生产车辆309辆、投递车辆496辆、投递三轮车830辆、PDA 2918部、图形终端300套，建设智能包裹柜15个；全省改造速递揽投网点104处。寄递能力建设投入增大，省内寄递服务质量显著提升。购置金融网点1处、装修改造77处，新增自助发卡机110台、CRS/ATM 320台，配置社保IC即时发卡机23台、叫号机167台。加大安防投入，完成全省金融网点监控联网和金融合规系统建设工作，更新运钞车31辆。61处空白乡镇局所已全部恢复设置，全省农村乡镇局所覆盖率100%。

3. 企业管理。围绕人事、劳资、财务、资产、核算数据等企业管理重点和焦点，推进企业管理的“社会化、信息化、公开化”。强化人力资源优化配置，严控用工总量，人工效能持续提升。财务会计集中核算中心职能建设进一步深化，ERP内部往来等模块成功上线。全省财务费用对标管理进一步规范，核算管理体系不断健全，支撑企业经营转型。落实《分角色安全事项手册》，开展新一轮安全隐患彻底排查活动和全省县区分总经理独立排查工作，落实县区内控检查人员统一上收工作，全力做好国家各项重大活动期间的安全保障工作，确保了平安发展。深度整合全省网运资源，优化省区和市趟邮路，规范内部处理操作，调整县域投递作业组织，完成太原、侯马邮区中心局流水化工艺改造，全省特快邮件实现同机分拣、同频发运、同段投递。开展全省合规经营专项检查，严格问责追责。持续加大审计监督，推进关口前移，围绕经济责任、经营绩效考核、项目结算、离任审计以及财务收支等重点开展审计监督，督促规范工程项目建设和集中采购管理制度。坚持以问题为导向，聚焦全年重点工作目标任务，强化督察督办工作。

4. 服务质效。整合11183、11185客服团队，打造全省主动客服团队，采取小组制、分片区开展主动服务。借助投递“最后一公里”能力提升，全省实现全部县区和52%乡镇党报当日投递，省委常委、宣传部长王清宪同志批示，给予肯定和鼓励。健全完善客户增值服务体系，组织开展“寄意邮新、邮礼相送”中国邮政开办120周年用户回馈等系列活动。坚持“服务金融”战略定位，抓好“两个服务”的提升，持续关注客户需求，聚焦提升客户体验。强化服务质量管控体系，开展专项服务问责和服务问题集中整治活动，用户服务满意度93.96分，服务质量明显提升。机要通信质量连续10年保持全红。

5. 和谐企业建设。一是全面倡导和践行“员工至上”核心价值观，推动员工参政议政、群策群力，鼓励基层探索、尊重员工首创精神，开展经营一线创新成果评选活动。二是明确在各级职工代表大会中增加职工议事的条款和内容，在日常工作推进和议事决策中切实发挥职工代表的作用。三是首创“恳谈会”员工心理疏导模式，改变以往在基层一线中存在的以罚代管、僵化考核等不合理现状，组织1100多名在服务及金融条线违规的从业人员参加恳谈，真心实意为大家解心结、答疑惑。四是出实招、办实事，持续开展“送温暖”活动，累计2100名员工受益，45名困难职工子女得到“金秋助学”资助；新建职工小家42个，城市投递员之家6个；维护职工小家19个，城市投递员之家23个。五是对身份转换困难员工实施“一带五”精准帮扶，组织乡邮员集中培训和持证考试，为130多名新入职大学生员工开展职场心理教育培训，首次为省内异地和跨省工作的大学生新增补贴，为窗口一线女员工配备舒适暖心的“孕妇工装”。六是通过微信、贴吧、省分公司动态等渠道加强与基层员工的沟通联系，拉近同员工之间的距离，“实打实”解决基层一线的痛点和难点。

6. 作风建设。一是党建工作。深入开展“两学一做”学习教育，组织全省邮政3840名在职党员开展“亮身份、树标杆、作表率”主题活动，加强基层党组织建设，省市县三级领导班子成员与基层党组织之间开展“一加一”挂钩帮扶，常态化联系、制度化帮扶的基层党建助力机制初步形成。二是持续深化“问责年”活动。严明各项纪律规矩，建立清单汇编成册，强化对领导干部及管理人员的问责追责，增强领导干部和管理人员的规矩意识和责任意识，失责必问、失责必究渐成常态。三是着力推进机关作风建设。加大“约法三章”的执行督办力度，着力解决基层之“三痛”（报表之痛、会议之痛、活动之痛）、“三弊”（分配不公、以罚代管、考试诚信缺失）等突出问题；推进细节落实和闭环问责，培养有问有答、事毕回复的工作习惯，全省各级各层服务基层、支撑一线、自动自发、主动作为的氛围逐渐浓厚。（山西省分公司　孙久臣）

【邮储银行山西省分行】 总资产规模2313.55亿元，比年初增长56.75亿元，比上年增长2.51%。各项存款结余2236.94亿元，比年初增长258.18亿元，增幅13.05%。累计投放各项贷款685.04亿元，贷款总结余520.13亿元，比上年增长21.84%。年末贷款不良率0.8%，比年初下降0.17%。拨备覆盖率223.33%。累计实现业务收入25.49亿元，增幅4.42%，完成总行预算目标的104.79%；累计实现利润5.66亿元，比上年增长10.77%，完成总行预算目标的110.35%。

1. 个人银行业务。个人客户2036.90万户，其中个人VIP客户58.26万户。（1）个人存贷款业务。个人存款规模1976.49亿元，余额净增223.67亿元，比上年增长283.63%，新增存款市场占有率15.40%，省内同业排名第1位。其中，个人活期存款余额增长11.88%，个人定期存款余额增长13.14%。个人贷款余额139.01亿元，比年初增长27.78亿元，增幅24.98%。发放小额贷款31.67亿元，贷款余额25.24亿元（不含已核销金额），增幅2.06%；发放个人消费贷款29.7亿元，结存余额86.55亿元，增幅50.36%；发放个人商务贷款16.2亿元，结存余额27.22亿元，降幅5.94%。（2）“三农”金融业务。涉农贷款余额95.34亿元，比年初增长11.8亿元，增幅14.12%，实现“三农”金融业务利息净收入1.93亿元。开展金融扶贫，与扶贫办合作发放扶贫小额信贷2977笔、1.86亿元。与省内农业龙头企业新大象公司合作开展全国首家委托经营扶贫模式。持续开展农村支付环境建设项目，设立助农服务点6532个。（3）银行卡业务。借记卡结存发卡量2522.43万张，消费金额360.93亿元，比上年增长19.65%，其中，绿卡通IC借记卡结存发卡量784万张。全省信用卡结存卡量41.7万张，信用卡全年消费金额133.22亿元，比上年增长68.63%；期末透支余额15.44亿元，比上年增长39.35%。（4）养老金业务。代收代付养老金930.21万笔，其中代收养老金9.07万笔，代发养老金921.14万笔；代收“新农保”交易笔数2.97万笔，交易金额354.52万元；代发“新农保”交易笔数428.54万笔，交易金额43903.87万元。（5）代销基金、国债业务。代销基金总额5.36亿元，比上年减少45%。代销国债10.29亿元，比上年增长51%。（6）代理保险业务。销售保险产品93.9亿元，比上年减少12%。（7）个人理财业务。销售个人理财产品134.86亿元，比上年减少10%。

2. 公司银行业务。（1）公司存贷款业务。公司存款集中发力财政专项资金、代收付类资金，存款总额266.45亿元，比年初增长37.04亿元，增幅16.15%；发放公司贷款151.81亿元，贷款结余199.25亿元，比年初增长26.86%。（2）小企业金融业务。优化营销组织，拓展合作平台，加快重点产品投放。发放小企业法人贷款15.65亿元，结余16.07亿元，比年初增长1.16亿元，法人客户455户，户均353万元。（3）国际结算与贸易融资业务。加快省内重点外贸企业营销拓展，合作客户3户。国际结算量10.53亿美元，外币存款日均4312.79万美元。首次开办福费廷业务，办理19.72亿元，结余9.96亿元。（4）票据业务。累计办理票据直贴214.85亿元，比上年增长73.5%，结余97.75亿元，比上年增长80.78%。票据贴现余额97.76亿元，比年初增长44.12亿元；首次开办票据敞口承兑，票据承兑结余4.49亿元，比年初增长2.1亿元。首次开办票据大管家业务，拓展客户数7户。

3. 金融市场业务。（1）投资业务。落地太原市天然气煤气收费权资产支持证券、同煤北辛窑融资租赁结构化融资、晋商银行私募ABS、中欧盛世资管计划、亚宝药业股票质押、山西证券固收凭证等业务，投资总结余113.92亿元。（2）同业融资业务。办理同业融出业务105.5亿元，办理同业融入业务1亿元。存放同业余额161亿元，同业存放余额1亿元。（3）理财业务。销售机构理财495.6亿元，结余288.27亿元，列全国系统内第3位。（4）托管业务。托管资产规模456亿元，比年初增长159亿元，比年初增长53.54%。

4. 渠道拓展。（1）网点建设。营业网点1220个，其中，自营网点271个，占比22.21%；代理网点949个，占比77.79%；营业网点县域覆盖率100%。改善网点运营条件，通过规范管理、增长投入，网点布局逐步优化，装修改造网点19个。变更“名行实所”机构。推动网点智能化，新增离行自助银行6处、CRS74台、自助填单机

23 台。（2）电子银行。坚持电子优先战略，依托“亿路有你”系列营销活动，开展数据挖掘，推动精准营销，持续做大客户规模。完成 10 个地市烟草分公司 B2C 支付协议签订和系统对接。上线移动展业系统，实现多条线各层级推广应用。顺应互联网发展趋势，加大电子银行推广力度。全省电子银行渗透率、交易替代率分别为 40%、83%，均列全国第 10 位；累计交易 3.7 亿笔，列全国第 11 位，比上年增长 60%。全省电子银行客户结存 563 万户，其中手机银行客户 405 万户，激活率全国第 9 位，交易金额 866 亿元；个人网银客户 466 万户，激活率全国第 2 位，交易金额 538 亿元；微信银行客户 12.37 万户，全国第 8 位。电子渠道专属理财销售 19.67 亿元，列全国第 2 位。加大自助设备投放力度，ATM 总量 2277 台，交易金额 1292 亿元。

5. 信息科技。理财类产品录音录像系统在 1220 个营业网点部署完成。市分行“三网”改造完成，启动营业网点 WLAN 建设。研发营销小秘书，为一线营销人员及管理人员精准化营销、精细化管理提供技术支撑。夯实运维基础，加强巡查巡检、应急演练，重要前置系统可用率保持在 99.9% 以上。拓展数据应用，上线运行生产经营信息发布平台，实现数据自动推送。开展 6 项主题数据分析，其中电子银行专项营销分析入选总行推广案例。梳理数据库表 73 个、创建 524 个字段的数据字典，数据抓取响应时间压缩至 10 天。

6. 会计营运。实施运管分离、集中营运，成立省分行营运中心，实现网点个人业务柜面远程授权、资金汇划省行集中、个贷放款市行集中。105 个网点完成高低柜整合优化，分流 35 名柜员充实至营销岗位。运营流程持续优化，上报总行 14 项软、硬优化项目，为营运效能提升奠定基础。备付金率列全国第 6 位。会计稽核重大差错率比上年下降 50%。

7. 风险管理。（1）信用风险方面。严把授信审查关，行业和客户覆盖面拓宽，信贷投向结构持续优化。持续监测行业与重点客户，定期开展监督检查，实行动态差异化授权管理，提升征信报送质量。强化风险限额管理，完善考核评价机制，管控能力提升。开展零售贷款评级调研，为总行优化评级管理提供参考。突出管好信用风险，健全监测、预警体系，加快不良资产处置。不良贷款移交率比年初增长 13.1%，累计清收不良贷款 1.59 亿元，完成总行计划 144%；核销呆账 1.63 亿元。贷款不良率 0.8%，比年初减少 0.17%，贷款不良金额 4.28 亿元，比年初增长 400 万元，两项指标均控制在总行限额内。（2）合规与操作风险方面。启动三年内控合规建设，开展“内控达标年”活动，查找内控缺陷，整改各类问题 7349 个，经济处罚 6391 人次。上线合规管理系统，技防水平提升。开展“两个加强，两个遏制”“回头看”，狠抓制度落实和问题整改。开展制度梳理，推进外规内化，修订、新建制度 60 项，废除 42 项。保持案防高压态势，银邮联控，加强压力传导，全年未发生资金案件。（3）安全防范。2 个安全管理标准化达标网点入选邮储银行总行首批名单。物防、技防改造营业网点 13 个、16 个。（邮储银行　马静）

【速递物流山西省分公司】 总收入 2.5 亿元，比上年增长 18.97%。标准快递及时妥投率 85.15%，比上年增长 4.83%，列全国第 10 位；省内次日递率 92.75%，比上年增长 12.12%，列全国第 3 位；接收到下段超 24 小时邮件占比 4.63%，比管控初期减少 11%，列全国第 1 位；收寄到封发、封发到发运超时邮件占比控制在目标值之内。

1. 客户服务水平。协查工单 48 小时及时回复率 96.35%，协查工单一次性解决率 85.63%，直派调度 2 小时及时回复率 95.72%，上门揽收及时成功率 96.99%，各项重点指标均达目标要求。根据山西省邮政管理局数据统计，EMS 的客户满意率 97.1%。

2. 政务市场。开发国税网购发票寄递和二代身份证寄递项目。二代身份证项目寄递转化率由 6 月启动初期的 2.77% 提高到 12 月 31 日的 5.69%，寄递二代身份证 11.12 万件，业务收入 209.98 万元。线下车牌实现寄递量 65.75 万件，比上年增长 48.46%，业务收入 1131.8 万元，比上年增长 32.25%。

3. 商务、电商市场。重点在太原地区揽投部，以商厦、写字楼、密集产业园区为核心，推进专揽网格建设。试水“销售 + 寄递”模式。联合省邮政公司探索“销售 + 寄递”的农产品电商发展之路。组织运作运城苹果、临县红枣、绛县樱桃、大同京杏、定襄香瓜等特色农产品寄递项目，发运销往全国各地的各类农产品邮件近 60 万件、3000 吨。启动自有平台建设运营。自主创建“E 邮味晋”微信平台，将平台定位为集网络店铺、商品分销、直销、零售、商圈等功能为一体的 C2B2C 综合电子商务平台，启动大学生创业计划，推进资源整合和规模化发展。

4. 物流业务。开发山西美特好连锁超市、水塔醋、紫林醋、心怡科技、海镁特、新华化工厂、双汇等一批规模较大的优质客户，实现与国美、百岁山、百丽、银湖制药、平遥宇皓以及江南布衣、亮龙、天生、联强等规模客户的深度合作。扩大海信冰箱、绫致 O2O、惠普 MIT 等项目的规模。增加租赁 4.9 万平方米仓储场地，增强仓储软硬实力。

5. 资源配置。在全省 11 个地市城区范围内组建混合部站，增加投递人员和专揽人员；推进 36 个一体化县的托管工作，实现县域资源的有效整合。重点在太原地区加密揽投部站建设，在全省各地市加大终端能力投入；优化调整县以下投递网络布局，完善“最后一公里”建设。优化理赔客服流程。建立理赔垫付基金，完善理赔机制；组建省—市—生产机构的三级主动客服工作体系，打通生产机构调度全网资源解决问题邮件的渠道。强化企业财务管控。持续推进ERP上线运行，强化预算管理，规范和理顺邮速财务结算流程，保障企业资金正常运转。

6. 管理水平。调整计件奖励标准，鼓励揽投人员加大全资费、文件类等高效业务的开发力度，提升效益；在重点校园市场推出包裹快递专属产品，部分重点院校的校园包裹市场占有率70%以上。职工小家建设有序推进，完成全省107个揽投部、项目部的职工小家建设任务。

7. 企业内部管理。省公司建立机关周例会、公司领导周会议计划、邮速质量联席周例会制度，以问题为导向，以周为节点，逐条逐项解决发展中存在的问题，推动各项工作落实落地，加强了流程管控和内控风险管控。

8. 党建纪检工作。全面落实党风廉政建设主体责任，深入推进"两学一做"学习教育活动，狠抓党的制度建设；强化纪检监察的监督职能，充分发挥监督执纪问责作用；认真落实集团党组巡视整改工作，对照巡视反馈的问题，梳理整改任务，细化制定整改措施，强化督办问责，并将巡视整改工作要求贯彻始终，坚持执行。（速递物流 蔡瑋）

内蒙古自治区

【内蒙古分公司】 内蒙古分公司下辖12个盟市分公司，5个专业局，5个直属单位，用工总量15186人，邮政网点1599处，其中设置在农村牧区的1037处，占比65%，覆盖所有旗县及乡镇（苏木）层面；投递段道2712条，其中城市897条，旗县679条，乡镇农村1136条，累计投递里程16.8万公里。

1. 企业运行

（1）业务收入。邮政收入18.76亿元，完成集团公司预算的104.72%，比上年增长9.79%，增幅居全国第22位，区内口径增长10.75%。12个盟市分公司全部完成收入目标，7个盟市实现两位数增长，收入负增长旗县从年初的39个减少到5个。按照"一体两翼"格局，"金融翼"收入10.62亿元，比上年增长11.15%，列全国第19位，完成集团预算的107.4%，列全国第9位。"寄递翼"中的主要产品包裹快递收入1.38亿元，比上年增长28.25%，列全国第20位。依托"一体"平台，邮政基础业务收入5.65亿元，比上年增长8.2%。

（2）主要财务状况。账面上历史欠缴员工的问题基本得到解决。总支出22.1亿元，增幅低于收入增幅1.06%。实现净利润–8330万元，比下达预算减亏163万元；收入利润率和成本费用收入率分别比上年提升2.46和2.36%。归还银行及集团公司借款5000万元，缴清员工当年社会保险、住房公积金及2015年度企业年金4.18亿元，并首次实现社保当期缴纳。区分公司和盟市分公司分别集中费用解决预算外成本合计近8000万元。劳动生产率增长1.03万元，人均利润增加0.08万元，人事费用率比上年减少6.1%。

（3）坚持"先生产后生活、先专业后综合"原则，完成投资2.15亿元，其中基本建设5726万元，技术改造1.13亿元，成本安排4473万元。一是加大基础设施投入，投资7327万元购置网点3处、整修和翻建网点60处、新建服务"三农"区域仓储2处、改造危旧县局房14处、改扩建网运投递生产场地86处；投资739万元安排盟市及旗县邮件生产流水化改造。二是加大网点支撑力度，投资2928万元购置CRS、存折取款机、营业前台图形终端等金融设备，投资800万元用于网点视频监控高清改造。三是加大信息化建设力度，投资3534万元安排了邮政信息网省中心机房建设等5个信息系统硬件设备更新工程。

2. 经营转型

（1）代金业务。获得集团"十强百优千佳"竞赛第12位，新增市场占有率11.35%，比上年增长15.82%，列全国第17位。以总资产竞赛活动为核心，按季同步开展客户管理、渠道、产品等竞赛活动累计23项，累计新增综合资产186.3亿元，其中新增余额94.74亿元，占比51%；高收益日鑫产品占理财比重64%，比上年增长12.6%。强化渠道精细管理，新增POS机11618部，资金回流率127%；手机银行客户新增33.6万户，电子银行替代率68.5%，比上年增长12.6%，列全国第一位。代理保险发展稳中增效，新单保费42.2亿元，收入1.62亿元，比上年增长7.93%。

（2）包裹快递业务。按照"抢市场、拓市场"总要求，建立三级责任主体并出台问责考核办法，以竞赛活动为抓手，突出重点市场和重点项目开发，经营收入提前3个月实现扭负阶段目标，逾1亿元，超计划2.6%，增长20.67%，列全国第21位。开展4项竞赛活动，集中投递员、营销员、营业员和社会渠道力量，参与揽收投递人员达1879人，揽收邮件72万件，收入1216万元；新开发有效协议客户1690户，协议客户收入3114万元，占经营收入比重提高了18%。电商快包收入逾2000万元，比上年增长448%，居全国首位；窗口业务量收降幅分别收窄5.2%和4.3%；建成社会代办渠道912处，创收120余万元，立体式营销网络初显成效。

（3）邮政基础业务。函件业务商函比上年增长55.6%，居全国首位；函件媒体收入3601万元，绝对值列全国第9位；商演、"政讯通"项目绝对值均列全国第7位，"手递手""一县一册""社保账单"项目绝对值均居全国首位。举办商演95场，收入1066万元，通过存款换票等形式新增储蓄余额3635万元。报刊发行校园市场比上年增长10.6%，老年市场《健康时报》增量2.7万份，居全国首位。与代金专业联动开展“邮乐园”项目，举办亲子沙龙200多场，签约幼儿园190家，实现流转额60万元，新开儿童储蓄卡6810张，为春节压岁钱和社区家庭金融业务开发储备客源。集邮业务比上年增长10.27%，列全国第21位，集邮品毛利率56.2%，列全国第15位；生肖贺岁项目完成集团目标的171%，定制版年册超集团计划17.5%，居全国首位。举办品鉴签售55场，收入5049万元。增值业务增幅列全国第6位、进度列全国第4位。储蓄短信累计加办率33%，列全国第5位；举办车险产说会139场，保额768万元。双代业务开办代收点397处，代征税额5.51亿元，比上年增长424%；邀约优质“双代”客户9940人，组织专题沙龙322场，新增总资产2.86亿元。农村电商线下实体网点2154处，完成集团目标的215.4%；9个盟市开通邮乐地方馆，上线地方特产商品194种；上线“草原邮生态”微信商城，销售农产品11种，产生包裹2158件。分销业务销售额1710万元，收入593.4万元。机要通信实现连续25年无事故。

3. 党的建设

（1）思想建设力度。深入开展“两学一做”学习教育，区分公司组织党组中心组理论学习（扩大）会议22次，各级企业组织中心组学习150余次；对400余名党组织书记和党务干部进行集中培训。组织研讨会507次，讲专题党课326次。坚持学用结合，在全体党员中开展“亮身份、践承诺、做表率”、重温入党誓词等活动，通过签订党员请战书、成立党员突击队等主题活动，注重从理论中学方法、思想上提境界。

（2）党建机制。制定出台《2016年度党建工作考核办法》，首次将党建工作纳入企业年终绩效考核体系，全面开展党组织书记述职评议考核工作；制定《党组工作规则》，建立抓党建“五个一”工作机制；明确各级党建工作机构，调整补充19名专职党务人员。开展党组织和党员摸底情况等四项党建重点工作的排查；对34个单位和部门、21个旗县开展党建督导检查。完成12个盟市分公司党组改党委工作。

（3）党风廉政建设。不断强化制度约束，修订《中国邮政集团公司内蒙古分公司党组落实党风廉政建设主体责任实施意见》《中国邮政集团公司内蒙古分公司党组纪检组落实党风廉政建设监督责任实施意见》等制度。着力强化廉政监督，重新修订并与23个单位负责人签署“党风廉政建设责任书”，对20个单位落实党风廉政建设责任制情况进行检查考核，对12个盟市分公司的党组书记、总经理和纪检组长分别进行集体廉政谈话，对调整和新提拔的中层领导干部进行任前廉政谈话。严格监督执纪。对房屋土地资产出租、用户欠费、人事档案等14项工作开展效能监察，对22个采购评审项目进行现场监督，全程参与大学生招聘、内部竞聘等工作，为防范经营风险、堵塞管理漏洞、规范“三重一大”决策程序提供了保障。

8月7日，内蒙古赤峰市分公司阿鲁科尔沁旗青少年主题邮局组织天山蒙古族实验小学的10名“小邮迷”进行业务培训和集邮知识竞赛。（内蒙古分公司/提供　张忠民/摄）

4. 和谐企业

收入增长机制。在对所辖各单位收入分配差距量化评价的基础上，实行领导人员、管理人员收入增长差异化调控，确保新增效益工资向生产一线人员倾斜，一线操作序列员工收入当年提高13.7%。开展扶贫助困送温暖活动，为员工分忧解难。全年筹集送温暖资金223万元，慰问1044名员工，筹集金秋助学资金39.85万元，资助238名困难员工子女圆了大学梦；实施《重病互助保障实施办法》，为31名患病员工发放补贴61.5万元。建家工作继续向基层支局班组倾斜，投资406万元，完成16个旗县、71个农牧区和部分城市支局所小家7828平方米的建设项目，有效解决轮岗、交流人员的吃住问题。打造积极向上企业文化，激发员工奉献精神。让员工当主角，讲述基层故事，举办“转型在路上”为主题的演讲比赛和沙龙主讲人大赛，“转型创新、党建先行”知识竞赛、“转型促发展，讴歌颂党情”主题文艺会演等活动，有力地激发一线员工投身企业发展的主人翁意识。（内蒙古分公司　苏永胜）

【邮储银行内蒙古分行】 员工3804人，其中，本科以上学历2324人，共产党员1074人；资产规模831亿元，负债规模825.66亿元；邮政金融总收入实现29.6亿元，其中自营收入实现20.61亿元，完成总行下达年计划的101.87%；利润总额实现7.5亿元，比上年增长43.92%。净利润实现6.99亿元，比上年增长45.5%。收入利润率36.42%，高于全国水平4.43%。成本收入比51.46%，经济资本回报率18.88%，高于全国平均水平3.17%，拨备覆盖率188.55%，全年不良贷款余额4.96亿元，不良率1.22%，低于同业平均水平，风险可控。

1. 个人银行业务。（1）个人金融业务。推行“以贷增存”和“扫街工作”，存款规模近800亿元，比上年增长30.86%；其中自营储蓄余额突破180亿元，当年新增30亿元，比上年增长20%，全国排名第一位。（2）“三农”金融业务。“‘三农’金融事业部”首发试点行，于11月24日正式挂牌，新组建的“三农”金融事业部将统筹全行涉农信贷业务，提升服务“三农三牧”的水平。发放涉农贷款余额132.96亿元，占全部贷款的32.74%，涉农贷款投放67.64亿元。完善“五大平台”的合作内涵，与农牧业厅、林业厅、就业局、各担保机构和农业龙头企业形成平台合作项目99个，授信额度35.6亿元，平台业务规模超过20亿元。（3）信用卡业务。信用卡新增11万张，结存卡36万张，净收入全国排名第四位。

2. 公司业务。通过PPP方式为5个盟市农村街巷硬化项目提供105亿元的资金支持，实现综合收益1.7亿元；对接国家电网、京能、华润等大型企业，总行批复直接授信额度207亿元，增长30%。新增公司结算类存款46亿元。以ETC项目为抓手，推动与各级交通部门的全面合作，累计发行ETC卡19万张，市场占比65%，累计结算资金21.7亿元，沉淀公司存款8.93亿元；

3. 渠道拓展。自营网点154家，旗县地区网点实现全覆盖，旗县及以下地区覆盖率67%。

4. 信息科技。完成集中授权、ERP等40多个系统上线，完成代收北方联合电力、国库集中支付一体化等6个自建信息化项目开发；配合风控管理创新需要，完成合规管理、网点“双录”、电子印章等系统上线运行；结合大数据、移动互联网等前沿技术，尝试邮享贷、移动展业等互联网产品，为经营和发展提供支撑。

5. 风险管理。风险管理作为管理工作的重中之重，以有效控制信贷不良为重点，以有力督导内部合规从业为重心，推动建立横到底、纵到边、无缝隙、无死角的全面风险管理体系。紧盯风险密集行业、高危产业，时刻关注市场风险变化，运用好评级工具，开展区域风险预警，遏制不良贷款的增长趋势。同时妥善清收、化解、处置不良贷款，清收资金1.4亿元，核销不良贷款1.61亿元，超额完成计划目标。将原本“人盯人 点对点”的“网格化”管理模式，向覆盖面更广、作业水平更高、技术手段更丰富的“六道网格”细化，关注前台操作风险、高科技违法犯罪等重点风险节点，理顺岗位监督制约机制，拓宽投诉检举通道，保持案防高压态势，未发生重大风险案件。开展手段多元、覆盖多层、主题多样的各类排查工作，创新开展“走支行 探风险”专题活动，发现信贷业务风险点63项，总结风险案例49个；落实“内控达标年”活动要求，查找问题并推动整改，整改率91%，邮银联合推动“两个加强，两个遏制”的“回头看”工作，整改率90%。（邮储银行 马静）

【速递物流内蒙古分公司】 速递物流业务收入3.78亿元，比上年增长9.25%。

1. 机制创新。启动“众创众享工程”。5月，在12个盟市、93个市内揽投部、旗县营业部、实体化营销中心推行“众创众享工程”。区分公司市场部通过定期培训、政策宣讲、学习借鉴各省及各盟市经营经验、对众创众享战绩进行实时通报、表彰并阶段性兑现，调动各环节员工的积极性、主动性和创造性。承包经营的盟市分公司7个，占比58%。93家二次承包经营单位收入1.35亿元，比上年增长12.56%。

2. 营销体系建设。落实总部营销，以总对总项目开发带动全区业务发展，年内开发项目51个，收入1841.39万元。

3. 标准快递业务。业务收入1.27亿元，比上年增长7.31%。开展“抢商务”“打政务”“进校园”“扫商圈”“战旺季”为主题的市场营销活动。开发内蒙古国税、国际蒙医院病历、税务数字认证等重点项目，拉动标准快递业务的发展。6月，组织“标准快递抢夺战”，实现标准快递业务收入7551万元。

4. 电商业务。业务收入8001万元，比上年增长15.8%。唯品会业务规模扩大，业务收入4978万元，比上年增长39.6%，带动唯品会退件揽收，收入302万元；开发盛世云仓、等全代和电商客户，业务收入近300万元。10月，开通呼和浩特市发往京、沪、江、浙、湘、鄂、粤七个省（市）的电商专线运输，增加电商客户130户，增加业务收入100万元，拉动E标准业务及快包增长加速。专线开通后，全区E标准业务加快包业务收入比开通前月均纯增17万元，增幅比开通前增长19%。

5. 国际业务。业务收入630万元，比上年增长21%。通过组建国际专业营销团队，走访大客户和零散客户，业务收入27万元；借助E-bay等四大平台，发展国际e邮宝业务，业务收入114.5万元，比上年增长244%；协调政府相关部门，取得自治区口岸办配套资金补贴，完成呼和浩特市、二连浩特国际邮件互换局搬迁改造工作，取得国际快件许可证，为进口跨境业务发展奠定基础。

6. 物流业务。业务收入1.45亿元、实现利润1609万元。拓展业务领域，增加四条运输线路业务。搭建“邮果乐购”网上商城，探索物流业务转型发展；拓展冷鲜产品市场，与阿健餐饮，额尔敦肉业等多家用户达成合作；探索仓+配业务新模式，将仓储与电商业务融合，引进乐寿健康科技等两家电商平台客户。加强精细化管理，针对仓配业务，推行项目管理责任制。（速递物流 蔡建）

辽 宁 省

【辽宁省分公司】 邮政收入 41.7 亿元，比上年增长 10.7%；实现利润 2.2 亿元，超利润基数 1.75 亿元，换回建设资金 1.55 亿元，挂回工资总额 7015 万元。省分公司在集团公司战略绩效考核中达到 A 级水平；5 个市分公司在全省战略绩效考核中达到 A 级水平。员工收入稳步提升，合同工人均比上年增长 8.6%，增加绝对值 6500 元；劳务工人均比上年增长 14.3%，增加绝对值 7500 元。

1. 金融翼。全局全网全业务联动，探索代理金融业务综合、协调、可持续的发展模式。专业营销竞赛和活动全年不断，"申猴献瑞""优惠购"等专业联动活动亮点纷呈，广场舞、合作社、秋粮经济等特色客群初步形成，网点转型产能提升效果显现。收入 29.06 亿元，比上年增长 9.6%；新增金融总资产 378.8 亿元，比上年增长 139.8 亿元；储蓄业务新增余额 168.3 亿元，新增市场占有率 9.1%，6 个市分公司新增余额超过 10 亿元，20 个县（市、区）超过 3 亿元；全省储蓄余额规模突破 1600 亿元。保险业务全年实现实际保费 148.5 亿元，列全国第 8 位。中邮期交发展强劲，实现保费 4.17 亿元。两次"保险抱团"实现保费 85.6 亿元，收入 2.7 亿元。渠道业务快速发展，电子银行交易替代率 74.4%，比上年增长 10.4%。新开发代收付业务 582 项，代发额 29.5 亿元。代理公司业务全面开办，中邮证券辽宁分公司成立，邮政金融产业链更加完善。

2. 寄递翼。网络改造，增强包裹快递业务市场竞争力。包裹快递业务量 1384 万件，比上年增长 51.7%；收入 2.06 亿元，比上年增长 6%。在"次日递"网络支撑下，快递包裹业务量 1029 万件，比上年增长 111.4%，收入 7012 万元，比上年增长 68.1%。省分公司抢抓旺季，组织开展专业营销竞赛，拉动业务增长。电商快包日出口峰值在"双十二"突破 11 万件，量、收比上年翻两番，业务量增幅列全国第 5 位。"仓储 + 寄递 + 金融"一体化模式推广，建成仓储场地 71 处，入仓客户 212 户，出口量 243 万件，收入 1468 万元。农产品返城造包项目成为新的增长点。

3. 农村电商。省分公司发起"决胜仲夏""收获金秋"渠道平台建设攻坚战，建成"邮乐购"店 1.14 万处，发展会员 71.56 万人；"邮农丰"农民专业合作社 1228 处，发展社员 20.55 万人；农产品返城直营店 91 处；微商城会员超过 30 万人，线上线下相结合的农村电商平台快速壮大。"一下一返"粗具规模，组织"一社一会"，推进示范棚建设，实现大化肥和生物有机肥销售收入 1.03 亿元。发展批销、代购，组织节日营销，实现消费品销售收入 7511 万元。开展农产品返城，实现销售收入 7771 万元，打造大连樱桃、盘锦大米、鞍山南果梨、岫岩地瓜、朝阳大枣 5 个 10 万斤项目。

4. 平台支撑专业联动的。合作社社员金融总资产超过 65 亿元；组织"优惠购"活动 8160 场，开卡 7.1 万张，吸收存款 10 亿元，代办保险 2.1 亿元；带动寄递收入 124.7 万元；实现分销销售收入 2885 万元，代办车险保费 876.8 万元；带动函件、报刊和集邮业务收入 156.2 万元；"邮乐购"店代收包裹超过 8000 件，代投包裹近 7 万件。

5. 邮政基础性业务。函件专业收入 1.14 亿元。旅游套票、电影票、刮刮卡等项目收入 2150 万元。围绕文明生活、安全知识、消费指南、优惠促销等热点主题，开发手册类项目，收入 1355 万元。主打儿童舞台剧，组织会展商演超过 200 场，收入突破 900 万元。开发广告传媒业务，实现媒体收入 902 万元，比上年增长 17.1%。策划贺岁主题文化产品，发展"定时递"封片业务，实现申报收入 277 万元，主题邮局 23 个。报刊发行专业收入 2.23 亿元，比上年增长 3.5%。2017 年报刊大收订实现流转额 5.87 亿元。承办第五届辽宁省全民读书节、首批"韬奋书屋"进校园和首届青少年读书节活动，举办各类书展 120 场，实现图书销售码洋 3052 万元，比上年增长 33.3%。紧抓时政热点，开展政务图书营销，实现销售额 234.5 万元。"一带一路""茶文化""旅游摄影"等图书文化产品实现销售收入 262.7 万元。集邮专业收入 2.17 亿元，比上年增长 12.2%，集邮产品毛利率 50%。2017 年新邮预订收入 7821 万元，比上年增长 5.7%。生肖贺岁项目收入 9616 万元。开发定制版年册 5.2 万册，收入 1343 万元。举办邮票首发式 95 场，收入 1850 万元。举办集邮品鉴会 47 场，销售额 3178 万元。增值业务预计收入 1.82 亿元。代办车险保费 7885 万元，收入 824 万元，比上年增长 35%。代收交通违法罚款 3.5 亿元，结算收入 445 万元。代办商旅业务预计收入 251 万元。

6. 信息化建设。完成省际网扩容改造、金融网点集中授权等基础建设项目，增强信息化运营支撑能力。金融客户综合管理系统功能更加完善，投递员智能派单、邮件自动分拣等 4 个系统上线，支撑"两翼"发展。"网点智慧营销平台"项目获得集团公司科技创新成果三等奖。

7. 服务质量。邮政普遍服务得到监管部门肯定。机要通信连续 30 年安全无事故。便民服务站、村邮站实现"一村一站"，在全国邮政"百市千县"渠道平台建设及运营质量测评中排名第一；沈阳、大连、丹东、铁岭进入地市前 30 名，19 个县分公司进入县域前 100 名。完成"两会"、G20 峰会等重点时期邮件收寄安全任务。建立快递包裹快速理赔机制。省分公司被评为"2016 年辽宁省用户满意企业”。

8. 企业管理。实行收入、利润目标“双摘档”，市分公司均完成三档以上利润目标，超利润基数 1.23 亿元，10 个市完成五档及以上。实行成本对标管理，审减日常成本支出 3480 万元，比上年减少 7.6%。企业货币资金存量 7.42 亿元，比上年增长 15.1%，用户欠费率低于全国平均水平 10%。上存融资存款 3 亿元，创利 775 万元。市分公司资金池总额 1.38 亿元。全省出租房屋收入 6660 万元，单位面积年租金比上年增长 7.6%。加强集中采购管理，节约采购资金 437 万元。ERP 项目推进，省级集中核算深入实施。以效率效益为导向，初步构建市场化的用工配置机制和弹性人工成本管控机制。规范企业岗位用工形式，完善用工身份转换、分类补员和考核退出机制，全省劳务用工 4460 人，占比 24.4%。推行以“固定薪酬 + 岗位绩效 + 营销（积分）奖励”为主的分配模式，规范各序列重点岗位绩效标准。在全国率先完成银企互联代发薪酬试点工作，实现薪酬发放的全流程闭环管理。

9. 风险管理。推行工程建设和集中采购项目招标代理制，项目管理更加科学规范，增强企业廉洁风险防控能力。信息网保持高质量运行，在全国处于先进水平。逐级落实安全管理责任，配备代理金融风险合规内控管理人员 106 人，加大网点、运钞车、业务库、消防等关键部位物防、技防建设力度，开展安全隐患检查整改，增强了企业安防能力。

10. 队伍建设。坚持从严选拔、教育、管理和监督干部，修订领导人员管理、异地交流任职等制度，选人用人和干部管理制度体系更加完善，程序更加严谨。全省邮政初级人才评价、专业技术职务评审、职鉴考评等工作完成。

11. 精神文明建设。省分公司加入“郭明义爱心团队”“爱心邮路”事迹得到《人民日报》报道，“爱心邮路”创建工作入选辽宁省精神文明建设工作品牌项目。省分公司、盘锦市分公司、抚顺望花投递班荣获省级“敬老文明号”，4 人荣获省级“敬老爱老助老模范人物”称号。赵玉镇荣获全国“五一劳动奖章”，盘锦市分公司荣获全国“五一劳动奖状”；省分公司荣获“辽宁省思想政治工作先进单位”；盘锦市分公司荣获“全国交通运输文化建设优秀单位”。（辽宁省分公司　王欣）

【邮储银行辽宁省分行】 收入 39 亿元，列全国第 13 位；实现利润 9.79 亿元，列全国第 14 位，完成预算的 125.6%，比上年增长 2.75 亿元，增幅 39.1%，高于全国平均水平 16%。经济增长值 0.85 亿元、人均经济增长值 0.99 万元、经济资本回报率 11.35%，分别比年初增长 0.94 亿元、1.09 万元和 1.51%。

1. 个人银行业务。（1）个人金融业务。储蓄时点余额 527 亿元，净增 37.8 亿元，均列全国第 14 位；日均余额 516.7 亿元，列第 14 位，净增 21 亿元，列第 18 位。优质项目 243 个，涉及金额 5.8 亿元。代理业务快速发展，理财日均保有量新增（含人民币理财、基金、国债）19.4 亿元，列全国第 13 位；短信业务收入从 2013 年的 556 万元增至 1483 万元，年均增幅 38%。（2）“三农”金融业务。收入 6.21 亿元；累计投放“三农”贷款 81.47 亿元，列全国第 6 位；贷款余额 73.36 亿元，列全国第 4 位；新产品余额 41.68 亿元，占比 57%，比年初增长 18%；新型农业经营主体贷款投放 21.56 亿元，比上年增长 17%，列全国第 6 位。余额 17.54 亿元，列全国第 6 位；再就业贷款投放 16.89 亿元，比上年增长 58%，列全国第 7 位。不良贷款 2.94 亿元，比年初减少 3500 万元，不良率 4.02%，比年初减少 0.3%。（3）信用卡业务。累计收入 1.02 亿元，列全国第 16 位，比上年增长 16.21%；净收入 7709 万元，列全国第 15 位，比上年增长 6.29%；累计发卡 12.75 万张，列全国第 15 位；结存卡量 49.79 万张，列全国第 12 位；透支余额 11.07 亿元，比上年增长 22%；本息不良率 2.08%，列全国第 15 位；不良资产结余 2303 万元，控制在全年管控目标内；年化当前损失率 1%，列全国第 14 位。

2. 公司银行业务。（1）公司存贷款业务。公司存款日均余额 197 亿元，时点余额 184 亿元，列全国 18 位。公司存款收入 3.8 亿元，完成进度 90.5%。公贷净增多月列全国首位。用信率为 70.2%，比上年增长 14.3%。公司信贷当年累计发放 242.52 亿元，列全国第 2 位，净增 38.99 亿元，结余 217.1 亿元，列全国第 9 位。（2）小微企业金融业务。围绕“零售 + 批发”发展模式，加强风险管理长效机制建设，推动风险防控前移。小企业法人贷款余额 23.17 亿元，列全国第 22 位，放款 23.96 亿元，列全国第 22 位，本年净增 –5.84 亿元，列全国第 32 位。（3）国际结算与贸易融资业务。国际业务在市场利差收窄形势下，持续扩大市场份额。国际结算业务全年结算量 9.3 亿美元，贸易融资业务余额 80 亿元。（4）票据业务。票据直贴实现贴现量 280.9 亿元，达到开办业务以来的最高水平。全行存量贴现客户数 441 户，新增 129 户，增幅 29.3%。承兑业务办理 25 亿元，带动保证金存款 7.4 亿元，对公理财销售 9.65 亿元，业务联动成效显著。

3. 资金业务。（1）金融市场业务。收入 2.69 亿元，票据收入 3262 万元，同业投资收入 12811 万元，比上年增长 167.30%。其中，同业融资收入 6713 万元，交易量 75 亿元；资产管理收入 1988 万元；托管收入 2083 万元，新签约托管项目 10 个；票据收入 3262 万元。（2）理财业务。实现销量 122.01 亿元，列全国第 12 位。日均保有量 79.41 亿元，列全国第 11 位，新增 23.24 亿元，列全国第 15 位。（3）贵金属业务。实现代理金交易 24.23 亿元，列全国第4位，销售代销实物金产品1.18万个，金额1583.05万元，列全国第9位。

4. 渠道拓展。（1）网点建设。营业网点1447个，其中，自营网点310个，占比21.42%；代理网点1137个，占比78.58%；营业网点县域覆盖率100%。（2）电子银行。按照"创新发展"要求，以支撑零售业务转型、促进效率提升为出发点，以手机银行业务为核心，抓好业务发展，实现各项指标"增量升位"。电子银行交易替代率85%，列全国第24位，比上年增长10%，增幅列全国第8位。个人网银新增客户激活率86.8%。从激活率看，手机银行新增激活率由上年的65.92%上升至75%；结存激活率46.2%，比上年增长8.3%。自助设备单台日均交易笔数178笔，列全国第13位，比上年提升3位。

5. 信息科技。一是完成金融信息网安全运行竞赛任务，在总行绩效考核中获满分。二是完成省分行软开中心组建工作，完成软开项目上线16项，完成数据主题分析6项。三是实施总行、省内技改工程30余项，完成率100%。四是配置IT设备4398台套。五是完成全辖信息科技现场计划，上、下半年各进行一次，效果显著。

6. 风险管理。以资产质量管控为切入点，从核销、清收、缓释等几方面入手，全力压降不良，不良贷款（不含信用卡）8.85亿元，新增不良加回核销6.15亿元，不良率0.86%，较年初上升0.04%。不良额、不良率、新增不良额均未超过总行管控目标。组织开展资产质量管控。围绕内外部形势，结合不良贷款向下迁徙情况，制发2016年全行资产质量控制方案，结合总行要求，调增考核内容和要求，下发资产质量管控补充方案，明确全行不良资产限额，分解机构、条线资产质量管控目标，建立分类考核机制，部署不良贷款、新增不良阶段性考核目标和任务。制发风险化解督导实施细则，分别针对本溪、沈阳、营口、朝阳市分行下发五期风险化解督导书，针对相关市行触发预警的级别，提出相应督导措施；督促上述分行提出阶段性化解措施和计划，听取化解进展情况汇报，要求市行将连续三个月超总行预警线情况在省分行风委会做专题汇报，按照风险化解督导细则，提出约束措施，按阶段上报落实情况。建立限额指标日常监测报告机制。每周对各机构、各贷种不良贷款情况进行统计；每旬对不良贷款余额、不良贷款率及相应排位进行统计，关注不良贷款新增情况；每月对不良贷款管控情况进行通报，督促各行、各条线完成各阶段不良管理目标，按季考核；重点关注个商、小企业高发区域。组织资产质量管控调度。在不良高发期，按周组织召开调度会，指导全行采取有效措施全力压降。（邮储银行　马静）

【邮储银行大连市分行】 资产规模479.58亿元，增幅8.29%；各项存款余额465.94亿元，净增34.43亿元，增幅7.97%；贷款余额达194.21亿元，增长37.25亿元，增幅23.73%；信贷资产不良率0.90%，拨备覆盖率164.37%；自营收入6.08亿元，减少9.12%。

1. 个人金融业务。自营个人金融总资产（AUM）年日均新增7.63亿元，储蓄余额128.24亿元，净增1.67亿元，活期存款比重44.72%，增长3.24%；大理财业务销售50亿元，完成计划121.8%，比上年增长21.7%；完善客户维护手段，个人金融资产10万元以上VIP客户新增2718户，比年初增长8.74%，资产新增7.39亿元；新发放信用卡1.12万张，比上年增长16.52%；结存激活卡1.45万张，增长21.89%。

2. 零售信贷业务。投放16.01亿元，结存77.16亿元，比上年增长9.35%；面对大连消费信贷市场低迷和同业竞争加剧的双重压力，投放各类消费贷款15.76亿元；与大连市科学技术协会开展合作，一次性授信24笔、金额192万元；投放首笔非提款型个人留学贷款和首笔个人信用贷款项下的"网贷通"业务。

3. 小企业信贷业务。投放12.69亿元，结存15.62亿元，比上年减少12.53%；摸排存量贷户，主动退出高风险贷款，避免不良贷款大量爆发；与中国人寿财产保险创新合作领域，借助"一手车质押监管+保证保险"担保方式降低新业务风险；与国、地税合作，全年投放"税贷通"5户、1116.8万元，担保公司担保贷款1户、1000万元。

4. 公司业务。办理全国首笔无追索权再保理业务，实现上游公司在我行开立回款账户；首度参与海外银团贷款，额度为1亿美元；发放公司贷款9笔、17.87亿元；外币与贸易融资贷款结存17.71亿元，增长12.49亿元；外贸融资业务年派生日均存款3000万元，派生票据直贴业务7亿元；营销跨境人民币信用证开立1.2亿元。

5. 金融市场业务。加大票据贴现业务发展力度，直、转贴业务收入均列计划单列市分行第一名；完成同业存放4笔，合计金额33亿元。

6. 电子银行业务。增加手机银行客户20.59万户，完成总行下达年度计划128.7%，全国排名第2位；增加客户激活率72.09%，增长21.63%；结存客户激活率为43.74%，增长13.2%；地区电子银行交易替代率75.07%，增长9.49%；柜面小额现金可分流率达67.9%。

7. 中间业务。实现中间业务收入0.52亿元，比上年增长10.7%；中间业务收入占比8.58%，提高1.55%。

8. 风险管理。资产保全能力提升，清收移交后不良贷款本息1821.81万元，完成总行计划387.62%；核销各类不良贷款3917.56万元；收取抵债资产86.45万元。

9. 财务管理。在总行2015—2016年财务基础规范达标竞赛活动荣获一等奖；"营改增"税务管理初见成效，多项措施提升取票率，进项票据管理到位，5—12月还原比上年口径利润增加 328.62 万元。

10. 人力资源。优化用工结构，录用高校毕业生 24 名，其中硕士研究生及以上学历占比 41.7%；实现 49 个营业网点大堂引导员和各支行现金清分工作外包，缓解缺员压力制定实施柜员积分制绩效考核、产品销售积分制考核办法和一级支行绩效分配管理办法。

11. 会计与营运。地区个贷放还款、代收付业务账务处理等工作全部集中上收，实现资金汇划业务全国首批推广上线；自营网点全部实现 171 支个人业务集中授权交易的上收工作，授权拒绝率控制在 3.5% 以内，笔均授权时长为 47 秒，超总行目标。

12. 网点转型。加强网点建设和机具布放，试点网点实现排号机 VIP 客户识别、自助填单及移动 PAD 大堂营销和外拓，具备智慧网点的能力；营业网点经营管理转型效能得到大幅提升，总行转型评估成绩综合排名稳居全国前五位；分行营业部荣获“2016 年度中国银行业文明规范服务千佳示范单位”称号。

13. 党的建设。扎实开展“两学一做”学习教育，召开党委中心组理论学习会议 7 次，开展“两学一做”专题学习 6 次，开展党组织书记讲党课 20 次；接受集团公司党组第一巡视组巡视，严格按照中央巡视和集团巡视要求开展整改工作，整改完成率 100%；组织召开 4 次纪委会议，加大信访核查力度，强化监督职责；正式成立分行团委，支行团支部全部组建，获团中央、银监会联合颁发的青年团干赴县区团委挂职工作优秀项目奖等荣誉。（邮储银行　马静）

【速递物流辽宁省分公司】 专业自营业务收入 4.18 亿元，增长 10%，绝对值列全国第 16 位，增幅列全国第 22 位，比上年提升 7 位。

1. 标准快递业务。国内标准快递收入 2.16 亿元，比上年增长 3%。一是政务市场落实首席客户经理责任制，提升二代证项目速递率，加强居住证、检察院、网上车管等新项目开发。二是重点市场、重点商厦开发力度加大。全省进驻商厦 96 座，收入 948 万元，比上年增长 12%。拓展集群市场 14 个，收入 1184 万元。三是在原有大连海参、樱桃项目的基础上，盘锦河蟹、朝阳大枣、鞍山南果梨入选总部极速鲜项目，采取“寄递 + 线下销售”双轮驱动模式，收入 1476.4 万元。搭建“辽速优选”微商城，微商城发展粉丝 3.7 万人。四是开展“春雷行动”、“奋战六十天，确保双过半”、国内标准快递“市场抢夺战”“段道增量增收”等营销竞赛活动，开发速递协议客户 1955 户，创收 4624 万元。

2. 国际业务。收入 9117.4 万元，比上年增长 25.4%。一是围绕产业集群、外贸园区等重点市场，搭建“好德国际重货”渠道，开展中速 TNT 积分换礼、DHL 重货促销等活动，开发商务类客户 984 户，增加收入 752 万元。二是开展“跨境新渠道推广”“存量跨境电商客户深挖掘金”“美线 e 邮宝暑期专项促销”等营销活动，加强巴西、俄罗斯专线，Wish 邮等新产品，e 邮宝 30 余个路向宣传推广，实现 e 邮宝收入 2831.3 万元，比上年增长 137.5%。三是国际重点项目，深化与方得技术等跨境电商平台合作，万达、芒果等跨境云仓项目落地，储备跨境电商进口落地配客户 15 户。

3. 电商业务。实现电商业务收入 4431.9 万元，比上年提升四位。一是梳理“5432”、“1611”、金冠、皇冠客户信息百余条，分批次开展集中走访，开发电商客户 1918 户，形成收入 1404.4 万元。二是引进和开发良品铺子、三只松鼠、菜鸟等分仓项目 9 个，收入 635.1 万元。

4. 物流业务。实现物流收入 3286 万元，比上年增长 24.6%。一是整合搭建社会物流平台，与五家社会运输商洽谈合作，打通辽宁至全国的物流运输渠道，收入 290 万元。二是开发超市配送、冷链运输、市内短途运输等优势项目，伊莱泉、步长药业、童书汇等项目进仓，乐扣超市配送，老韩头、好丽友食品等配送项目扩大规模，实现年收入 328 万元。三是拓展中石化省内加油卡等网间配送项目，增加收入 186 万元。

5. 营销体系建设。一是落实“五个中心”实体化运作，14 个市公司组建政务、商企、渠道中心 14 个，电商中心 7 个，国际中心 6 个，配备客户经理 137 人。二是持续推动施耐德、华为、松下等 15 个总部项目运作，实现年收入 172 万元。三是推进“众创众享”工程，累计收入 2.4 亿元。

6. 投资建设。一是重点工程项目。沈阳邮政速递物流邮件处理中心建设工程全部投产，日均处理量 7.4 万件。辽宁邮政速递快件监管中心建设基本完成，通过海关初验。二是基础能力。信息技术支撑能力增强年投入资金 884 万元。

7. 网络运行能力。一是分四批次 14 个市公司处理中心标准化作业系统上线推广。二是大连及辽西五市陆运网整合；将省内二级干线邮路下行发车时间和返程发车时间平均延后 10 分钟，增加邮件揽收时长。调整沈阳至哈尔滨干线邮路到开时间，辽宁省至黑龙江省时限水平提升 20%。

8. 客户服务质量。一是省内承诺服务水平提高。二是主动客服模式丰富，完善主动客服体系建设，增设主动客服热线，提供多渠道服务对接，确保主动客服全覆盖。

9. 科学管理水平。一是成本费用管控成效显著，累计人工成本占比比上年减少 6%。二是用工结构优化，一、二、三线人员配比为 67.3 : 24.1 : 8.6。（速递物流　蔡建）

【中邮保险辽宁省分公司】

1. 转型发展。（1）规模体量。实现保费 18.4 亿元（含续期、团险），比上年增长 109.4%，增幅列全国第 2 位；新单总保费实现 16.3 亿元，比上年增长 120%。（2）业务发展。期交新单保费 4.3 亿元，比上年增长 190.1%，其中，价值型期交完成 2.4 亿元，完成预算进度的 116%，列全国第 3 位。银代渠道期交市场占有率列全省第 3 位。（3）主要运营指标。新契约抽检合格率 99.65%，列全国第 3 位，续期业务达成率 96.64%，25 个月保费继续率 95.68%，保全两日结案率 97.69%，复核修改率 1.37%，亿元保费投诉 0 元 / 件，连续 24 个月实现零投诉，人核件回执回销率、重要空白凭证回销率、隔月归档扫描率均为 100%。

2. 板块协同。（1）经营推动。把握经营主动，联合邮、银组织九次竞赛活动，其中“中邮保险抱团营销”“一季度冲刺赛”跨赛期间赛中赛实现趸交保费 12 亿元，新单期交保费 7800 万元。（2）板块交叉。邮、保、证券联合召开项目工作联系会，将中邮保险发展融入邮政全年各板块项目。借助“儿童剧”开展“守护明日之星，关爱留守儿童”公益活动，践行社会责任，提升品牌形象。

3. 创新驱动。（1）创新营销活动形式。与省分公司联合开展“中邮邀您来”百场客户答谢活动，在全省 13 个市、40 个县开展两轮百场客户答谢活动，立足转型发展，提升活动组织能力，实现期交保费 600 余万元。（2）创新业务宣传载体。编制《中邮保险营销手册》，配发全省 1162 个入网金融网点，涵盖公司线上全部期交产品投保规则、营销要点等重点内容，做到中邮期交“一本通”。利用多媒体传播形式，制作“中邮年年好健康保障计划宣传动画视频”，导入重疾保险保障理念，着力解决一线长险营销难题。（3）创新培训支撑体系。加强讲师队伍建设，分步骤、分批次建设市、县兼职讲师队伍。深化一线操作培训，针对新契约、保全等业务难点，集中对全省 13 个市及 40 个县业务人员开展培训，培训人数 1500 余人。

4. 管理水平。（1）重点业务流程。修订《中邮保险辽宁分公司团险业务核保管理办法》，下发《关于强化中邮保险客户信息真实性和新契约承保业务工作的通知》。优化新契约回访问题件处理流程，加大不成功件工单重置力度，通过向客户发送提示短信、上门回访等方式，提高全省综合回访成功率。强化续期服务支撑，提高电话催收频次，拨打电话 1.8 万笔，比上年增长 138%；逐月开展失效保单清理，拨打失效保单清理电话 2162 笔，完成续期保费收入 1.71 亿元。（2）运营管理机制。建立合同回执回销定期监控机制。推进回访模式再造，将省分公司新契约二访及续期催收业务进行外包，新契约回访成功率提升至 88%。改变信函回访邮寄方式，采取挂号 + 回函（邮资总付）形式进行信函回访。明确失效保单清理流程和清理标准，清理失效保单 1347 件，推进效力中止保单常态化清理。（3）满期给付处理。制定完善满期给付工作方案，强化三方统一组织、部署推进，提前对重点网点、客户做好风险排查，按月将存量保单明细下发至各市，对承保问题件提前做好更正，避免因承保问题影响满期给付处理时效。组织满期给付应急演，明确各级机构应急工作职责，确保各级人员熟练掌握业务处理流程。

5. 风险防控体系。（1）风险排查的联动协作和资源整合。深化地市兼业代理机构合规检查，检查 13 个市、10 个县、50 个网点，指导市县中邮保险局梳理重要制度 110 余个，发现问题 13 类、97 项，下发整改通知 20 份。开展非法集资风险大排查，重点梳理排查保费收入前 50 的重点网点、销售人员和分公司关键岗位人员。（2）合规宣传。开展反非法集资宣传教育，利用微信平台发布非法集资风险防范信息专栏 15 个，通过 LED 显示屏在 600 余个网点滚动播出防范打击非法集资提示语，向客户发送风险提示短信 700 余条。（3）除反洗钱风险隐患。以反洗钱内控制度建设为重点，提升制度执行效果，梳理反洗钱制度 3 项，全年排查核心业务系统自动提取交易数据 701 笔，识别首期缴费保单 1143 件、保全退费保单 13222 件、理赔或给付保单 15690 件，重新识别客户身份 2 件，分 9 次抽查客户身份资料及交易记录保存情况，抽取保单信息及影像资料 740 份。（中邮保险　王森龙）

【中邮证券辽宁省分公司】 4 月 16 日，辽宁省分公司正式运营。员工 11 人，营业厅 1 处。主要经办经纪业务、两融业务、资管等业务。

1. 业务发展。与省邮政金融业务局配合，开展“邮政助推，证券启航”展业营销活动和中邮证券专项营销活动，全省 1308 个邮政代理金融网点实现证券客户破零，占全省网点总数的 96%。累计开户 59760 户，资产规模 4386 万元。取得股票质押式回购交易业务资格和融资融券业务资格；开立金鸿小贷账户 54 户，融资余额 6 万元。完成对省内资管投行市场基础调研，向总部推荐大连长兴岛开发建设投资有限公司发债项目和美锦能源股票质押项目。

2. 客户服务。建立分类分层维护客户体系，利用 CRM 客户管理系统整合分公司开户客户数据，在营销管理系统内进行更新维护。根据客户资产规模建立 6 个微信服务群，每个交易日发布要事要闻、大势预判、个股跟踪、个股推荐、新股申购等信息，覆盖 516 名客户。借助兄弟分公司的投顾人员，对客户个性化需求进行一对一咨询服务。对于新股申购成功的客户，进行短信和电话双重提醒，避免客户投资损失，分公司开业以来 13 名客户成功申购新股。对开通创业板客户做好风险提示，并进行电话跟踪回访。全年开通创业板客户 98 户，完成其中 68 名客户的电话回访及录音留档工作。

3. 风险防控。根据辽宁证监局要求，在营业厅进行反恐宣传及针对特定股票的风险警示公告；按时上报监管报表、券商基本情况调查表、投资者保护自查、投资者教育工作动态等各类监管报表。落实证券业协会投诉处理要求，做好客户答疑工作，实现客户零投诉。在辽宁证监局组织的投资者保护自查中，分公司被评为“投资者保护状况良好”证券经营机构。按月对分公司员工进行风险警示案例、业务风险点等合规专项培训；组织分公司互联网金融风险、合规经营、开户代理、投资者适当性管理等 9 次自查工作；开展加强守法合规和社会责任意识教育活动，并组织签订合规执业承诺书；按日对新开户进行反洗钱初次评级，按月报送反洗钱识别审核报表，按季组织反洗钱专项培训。截至 12 月 31 日，累计评级客户 54172 户，处理公司内控平台预警的可疑交易 2 笔。

4. 企业管理。完成国、地税税种认定，税务备案，三方协议签订、企业所得税汇总纳税报备；按照总部内控管理要求，建立费用报批手续；制定客户分档分级服务、突发事件应急预案、反洗钱管理、业务档案管理等 11 项管理办法，规范管理流程，保障业务合规开展。同时，与沈阳金融商贸开发区沟通，争取相关补贴政策。加强信息系统管理，按照监管要求，营业厅单独开通外网宽带，按月对网络、端设备和移动存储设备进行检查，对 PC 机进行病毒扫描，及时更新防病毒软件，全年未发生信息安全事件。

5. 党的建设。加强队伍思想作风建设。制定分公司“两学一做”学习计划表，组织党员集中学习 7 次，上报党建汇报材料及党风廉政活动信息 8 篇，在集团公司组织的“庆‘七一’”“两学一做”专题征文活动中，被评为征文活动优秀组织奖获奖单位，为全国唯一的证券分公司，并有 1 人次获得集团征文三等奖。在总部举办的庆“七一”征文活动中，获得三等奖 1 名，优秀奖 1 名。组织参加总部举办的迎“五四”摄影大赛活动，上报的 6 幅作品获一等奖 1 名、纪念奖 1 名。为支撑网点推荐客户见证需求，实行一周七天工作制，在开业初期人员紧张的情况下，每周六、周日轮流义务加班见证。

6. 队伍建设。加强队伍专业能力建设。以集中学习、自学为主要方式，提升员工的专业能力。参加总部培训 40 期、324 人次；内部由每周一训调整为每日一训，组织内部培训 64 期、417 人次，打造“学习型”队伍，4 人次借调总部进行重点业务研讨，1 人次获得总部投顾竞赛优胜奖。推行全岗位学习交流，每人都可以从事 2 个以上岗位工作。加强队伍综合能力建设。建立日例会、周计划、月总结管理制度，每日进行重点工作汇报，每周进行重点工作计划，每月进行重点工作总结，实现计划、过程、总结的闭环式管理，确保每名员工计划有方向、过程有管控、总结有效果。（中邮证券　黄颖琼）

吉 林 省

【吉林省分公司】 业务收入 29.33 亿元，比上年增长 11.49%，超额完成年初确定增长 10% 的目标；完成收入预算 103.5%，超集团计划 1.15 亿元。有效收入实现 20.42 亿元，比上年增长 8.18%，占总收入比重 69.63%；实现净利润 1.12 亿元，超利润计划 9317 万元；

1. 转型升级。一是代理金融。全省各级邮政企业扎实开展余额“千亿工程”活动，促进余额连续 6 个月实现逆势增长，引领金融业务实现历史性突破。截至 12 月 31 日，储蓄余额 992 亿元。实现业务收入 20.88 亿元，比上年增长 12.33%。二是包裹快递。创新包裹快递运营机制，以内控增效，外拓增收为着力点，扎实开展营销季专项活动，助推包裹快递业务发展。实现业务收入 1.21 亿元，比上年增长 0.55%。三是农村电商特色发展。各级邮政企业累计争取电商示范县专项补贴 2000 余万元；完成 1.2 万个邮乐购店建设目标，拓展会员 33 万人；建设农民专业合作社 522 个，吸纳社员 3.8 万人。实现电商分销业务收入 2.35 亿元，比上年增长 9.96%。全国人大常委会副委员长沈跃跃、省委书记巴音朝鲁、集团公司总经理李国华分别对吉林邮政在农村电商上的发展给予充分肯定。四是文化传媒。各级邮政企业成立文化传媒部。函件传媒、报刊大收订、企业年册与新邮预订均超额完成计划。实现业务收入 4.1 亿元，完成年初计划的 103.24%。其中，集邮业务收入 1.99 亿元，比上年增长 21.76%；报刊业务收入 1.17 亿元，比上年增长 1.58%；函件业务收入 9462 万元，比上年增长 12.47%。五是项目开发。累计开发 10 万元以上营销项目 295 个，实现项目收入 1.2 亿元。拓展政务、车企、校园、保险等行业市场，深化与省国（地）税局、省交通运输厅、省交警总队等单位的业务合作层级。拓宽与车企合作领域，开发一汽—大众关怀旅游联票和纪念册项目，策划“中国邮政汽车行业农村市场综合服务”项目。六是区域经济。在“三个关注”指引下，吉林邮政融入地方经济发展达到一个新高度。促成集团公司与吉林省政府签订全面战略合作协议，完成吉林邮政与松原、四平市政府协议签署；完成吉林邮政与吉林大学的协议签订。全省县域业务收入 18.09 亿元，增幅超过全省平均增幅 4.25%；公主岭市分公司业务收入 1.13 亿元，成为东北邮政第一大县。

2. 能力建设。一是渠道平台建设。在自营渠道建设上，邮政网点总数1279处，创建主题邮局16个；在社会渠道建设上，邮乐购店1.24万个，总量位居全国前列；平台业务种类30余种，累计交易金额70亿元，活跃度89%；全省代办车险累计1.45万单，双代税款累计开票11.21万笔，平台规模与实力不断壮大。二是基础设施建设。累计投入建设资金2.14亿元，改造和翻建局所113处，更新各类终端机具3717台，布放智能包裹柜6套，新增和更新邮运与投递车辆246台。完成重要信息工程建设任务8项，完成软件开发12项，优化平台系统功能10项，加强数据挖掘与分析工作，进一步发挥科技信息对业务经营的支撑与引领作用。三是网运投递能力。加强省内网能力建设，为业务量较大的重点地市增加简易分拣设备，提升机械化作业水平，提高生产效率。优化调整干线邮路，包裹快递省内互寄次日递率90%以上，吉林邮政网运生产运行质量位列全国前10位。

3. 管理创新。一是经营组织架构改革。在全国率先完成经营组织架构改革工作，在转变经营模式与发展方式上取得新突破。成立中邮证券吉林省分公司，启动中邮保险吉林省分公司筹建工作，大金融全面展翼格局初步形成。二是财务规范管理。围绕企业中心工作，构建以利润为导向的财务管控体系。调整省内绩效考核办法，引导企业从注重规模向注重效益转变。创新预算管理和对标管控，促进资源配置优化。认真做好零基预算准备工作，为2017年全面实施奠定良好基础。三是人力资源管理。建立常态化用工总量调控机制，重点满足专业队伍建设需要。规范薪酬支付行为，严控领导人员工资发放。完善分配激励机制。深入推进教育培训和职业技能鉴定工作，举办各类培训班121期，完成2557人次的各级别职鉴工作。四是企业基础管理。创新开展全省邮政综合性调研工作，组织各类专题调研超过20次。严格落实安全生产责任制，确保企业安全稳定。完成审计项目619项，审减金额2620万元，审减率17.65%。全面加强集中采购精细化和规范化管理，节约预算资金1122万元。全省邮政综合服务满意度80分。机要通信连续29年质量全红，列全国第二位。

4. 党的建设。一是党建工作。明确省、市、县三级邮政企业党的工作机构设置和纪检监察机构设置，强化人员编制与配备。全面落实从严治党主体责任，认真做好“四个同步、四个对接”。以“四个一”活动为载体，将“两学一做”学习教育引向深入。“三重一大”制度与“两个责任”得到有效落实。二是狠抓巡视整改落实工作。集团公司党组第二巡视组对吉林邮政进行专项巡视。针对巡视组指出的4个方面13项重点问题，截至12月31日，全部按照要求整改完毕。加大对巡视移交问题线索的分类处置，对核查属实的问题进行严肃处理与严厉追责。三是精神文明建设。在吉林省庆祝建党95周年表彰活动中，省分公司直属机关党委获得省直机关先进党委称号。继续巩固6个国家级、40个省级文明单位创建成果，继续保持全省文明行业称号。四是和谐企业建设。推进“五大民生工程”，员工切身利益得到有效保障。坚持薪酬分配“向一线员工倾斜”原则，员工人均收入增幅12%，超过企业收入增幅。首次开展“感动吉林邮政十大人物”评选活动，组织先进人物事迹报告巡讲活动。（吉林省分公司 蔡敏杰）

5月14日，吉林省延边州分公司六鼎山祈福邮局开业。（吉林省分公司／提供 张景宝／摄）

【邮储银行吉林省分行】 内设20个部门（9个二级部门），下辖2个直属单位（营运中心和省行直属支行）、9个二级分行、41个县（市）支行、1070个网点，其中自营网点169个。员工4427人。收入利润双达标，人均经济增加值3.42万元，经济资本回报率15.71%。

1. 转型升级。（1）“大零售”业务。储蓄规模居省内同业第4位。零售信贷增幅25.8%。一是战略性业务发展势头向好。信用卡业务量质齐升，新增发卡11.23万张，排全国第3位；活跃率增长1.4%。“三农”金融更加专业化，传统小额支持“备春耕”净增2.37亿元，全国居首。助力脱贫攻坚，精准扶贫贷款余额3.4亿元。小企业金融深挖区域特色，自主研发松子贷产品，“发票贷”全国首家开办，小企业法人贷款全年放款26.14亿元，个人商务贷款净增4.12亿元，排全国第3位。二是业务结构持续优化。个金非利差收入占比提高3.27%。消费信贷两年规模翻番，全年净增、余额分列省内同业第2、第4位。非购房类贷款净增占比28.9%，列全国第5位，为全国平均水平的3倍。三是客户服务能力进一步提高。优化网络布局，撤并网点10个。新增布放175台ATM类自助设备。电子银行交易替代率73.7%。（2）“大公司”业务。一是项目拓展见成效，公司信贷与一汽轿车签署战略合作协议，公司贷净增增幅78.6%。金融市场深化与政府部门和平台企业合作，成功营销银政企、产业投资基金、资产证券化等17个项目，收入增幅达72.9%，人均创利1600余万元，其中新业务收入占比86%，新增收入排全国第4位。二是协同联动实现新突破。拓宽公司存款来源，以债引存、以贷引存达30%，营销理念得到根本转变。三是卖出回购票据等6项新业务实现破冰发展。

2. 风险管理。一是"建设管理示范行"取得阶段性成果。编制《业务流程与风险控制要点》，跟踪管控信用风险，实现信贷资产质量和风险状况的动态管理。资产保全创新处置手段，化解不良贷款风险，并接受省财专办呆账贷款核销专项检查。二是合规自律水平稳健提升。完善内控体系，制定新制度420项，修订26项。通过开展"内控达标年""合规管理示范二级支行建设"等活动，夯实"双基"。反洗钱宣传、消保工作赢得监管部门好评。三是开展重点区域、行业授信政策研究，突出差异化授权和动态跟踪调整。四是审计效能。"业务营运资金效益审计"推动压降备付金日均额1.5亿元、增效225万元。五是安全管理水平不断提升。完善营业场所安防设施建设。

3. 提质增效。一是组织架构更加专营化。全国率先实现"三农"金融事业部三级机构同步挂牌，升格小企业金融组织框架，完成营运中心改革，专营化服务能力显著增强。二是资源管理更加精细化。实现预算执行过程动态化监测，扎实推进财务集中核算。强化资产负债管理，加强二级支行损益核算结果应用，亏损网点占比下降6.3%。改善员工生产生活环境，投资2108万元实施改造项目33个。三是人力管理愈加科学化。通过校招、外引、"上派下挂"优化用工结构和人才培养，实现1640名员工职级晋升。推进流程优化和资源整合，降低成本300余万元。四是营运流程深度优化。年平均备付金率0.7%，优于全国平均水平，实现管理创效。公司结算连续12个月总行考核满分。五是信息支撑有效增强。完成46项信息化工程、20余项中间业务系统开发上线，开展4项主题数据分析，信息安全管理水平和客户体验进一步提升。

4. 强基固本。一是党建工作不断深入。体制机制进一步完善，完成党委党建工作部增编扩责。开展基层党支部换届，支委会新增纪检委员。推进"强基固本"工程，建设19个示范基层党组织。推进"两学一做"学习教育，创新开展"四个看齐"。二是党风廉政建设有效落实。以高职高管效能监察为核心，纪检监察主责主业更加突出。推动党风廉政建设"两个责任"和"一岗双责"落实。高度重视集团公司党组巡视，围绕反馈意见，梳理问题、明确责任，做到立行立改，把从严治党落到实处。通过"四风"整治"回头看"和警示教育，各级党员干部廉洁自律意识显著增强。三是企业凝聚力明显提升。关心职工生活，走访慰问困难、优秀职工120名，基层网点36个。推进"两家建设"，累计投入475万元建成职工之家10个，职工小家124个。争先创优显现活力，全省各级机构获得集体类荣誉24项，12名员工获省部级以上荣誉称号。（邮储银行　马静）

【速递物流吉林省分公司】 1. 政务市场。一是吉林省"互联网＋公安"综合服务平台上线启动，速递物流吉林省分公司作为唯一的快递服务商，与省公安厅签署合作框架协议，110项业务可通过EMS邮寄办结。二是全省范围内开办检察专递业务，开通返单业务。

2. 商企、校园市场。一是针对省级大客户突出营销优势，开办移动4G卡和手机终端邮寄业务、铁通票据交换业务、工商银行资料邮寄业务、邮储银行银企对账单邮寄等业务。二是在采取进驻和委办并行方式的基础上创新思路，在部分重点目标院校实施"众创众享"工程，全面开发校园市场。

3. 物流、电商业务。一是物流业务结合现有租赁仓库资源，开发新胎"仓＋配"项目和换季胎存储项目，通过组建营销团队，策划营销方案，制定仓储和运输操作流程，签约修配厂、大型经销商等20家。二是对电商客户进行综合损益核算，主动放弃部分信用度较差、利润率低的客户，拓展电商轻小件市场。

4. 国际业务。通过完善涉税项目流程，借助新系统上线，收入84万元；作为国际业务重点的延边分公司联合兄弟省公司开辟国际海运业务，扭转颓势，为全省国际业务的增长奠定坚实基础。

5. "众创众享"工程。截至9月，44个城市揽投部、40个县营业部、8个实体化营销中心全面启动并实施"众创众享"工程，机构覆盖率100%。拓展运营机制的适用范围，推行对重点市场、重点项目的承包机制。

6. 营销体系建设。市场部内成立政务、商企营销中心和渠道运营中心。在市州公司层面，根据业务结构和规模，长春、吉林、延边3个分公司成立政务、商企、国际、电商物流营销中心；四平、辽源、通化、白山、白城、松原6个分公司成立政商、电商物流营销中心。省分公司组织多次营销培训，提高营销队伍的业务能力和整体水平。

7. 网运管理。一是优化网络资源。对通化、白城、白山、辽源邮路优化，确保全省范围出口邮件全部纳入邮航覆盖范围，在保证时限质量的前提下降低了网运成本。二是取消处理中心开拆环节，优化内部流程。三是以问题为导向，召开每周时限质量例会，加强业务考核，运行质量不断巩固。四是全力确保苹果、大闸蟹等"极速鲜"项目运行质量。五是服务质量全面提升。主动客服向纵深发展，利用96183客服平台对全省分销业务进行主动客服，提高客户服务水平。

8. 财务管理。一是资金管理。优化对账流程，集中开展专项检查。速递业务欠费周转天数比上年减少 13 天，物流业务欠费周转天数比上年减少 3 天。账期外欠费总额占欠费总额比重在全国位居前列。

9. 党建工作。10 月巡视组反馈四个方面的意见，并提出具体整改要求。省分公司党委成立整改工作领导小组。制定整改方案，建立问题清单、任务清单和责任清单，多次召开党委扩大会议，认真分析查找存在问题的原因，逐项排查，挨个扫描，提出要求，立行立改，截至 12 月 10 日，巡视整改任务全面完成，制度建设得到进一步完善。全年组织四次党委理论中心组学习扩大会议，党要管党的意识普遍增强。编发学习教育专刊 9 期，编印四平研讨会文集，创新学习教育形式拓展外延。开展纪念建党 95 周年纪念活动，对全省 16 名优秀党员进行表彰。举办党委和纪委书记封闭式培训，促进“关键少数”政治理论水平的提升。召开全省警示教育大会，提出全体干部职工要肃清刘明尧案件影响。（速递物流　蔡建）

【中邮证券吉林省分公司】 吉林省分公司 10 月 17 日试营业，11 月 28 日正式开业。内设市场部、资管投行部、运营风控部、综合部 4 个部门，从业人员 13 人，全部通过证券从业人员资格考试（其中 7 人通过证券从业五科考试），均取得证券从业资格，并完成执业资格注册工作。开立证券账户 1190 户，其中有效户 242 户，有效户占比 20.34%。资产总量 1009.73 万元，其中，证券市值 620.73 万元；开放式基金资产量 50.16 万元；资金资产 338.83 万元。信用账户资产 48.38 万元。截至 12 月 31 日，完成经纪业务营业收入 1.21 万元。

信息系统按照 B 型营业部模式建设，为客户提供现场交易，设置专门的机房。配备 36kW 的 UPS 供电电源，另备有额定功率 165kW 的柴油发电机，在市电中断情况下，可保证不低于 25% 的现场交易终端在交易时间内持续工作，满足客户现场交易需要。配置三条地面数据专线。一条电信 10M 内网专线，一条联通 30M 外网专线（作为客户主交易线路，同时作为办公内网和办公外网备份线路），一条电信 30M 互联网专线（办公外网用，同时作为客户交易备份线路），确保通信安全。配备一名兼职技术人员，并制定备岗等相关制度，确保在交易时间内有技术人员值守。兼职技术人员对系统运维日志进行规范管理，日常操作及异常事件处理在系统运维日志中详细记录。（中邮证券　黄颖琮）

黑龙江省

【黑龙江省分公司】 业务总收入 46.34 亿元，比上年增长 9.18%，规模列全国第 13 位，增幅列全国第 23 位，高于集团公司预算增幅 6.44%，超集团预算 2.84 亿元，完成集团公司计划的 106.52%；累计完成业务总支出 46.83 亿元，比上年增长 8.82%，低于总收入增幅 0.36%；累计实现利润 10056 万元，绝对值增加 5596 万元，超出集团公司下达的利润目标；期末货币资金余额 4786 万元，加上上存集团公司的 5.82 亿元，全省邮政实有资金 6.3 亿元。

1. 业务发展。代理金融业务提前一个月完成全年收入计划，其中，实现储蓄利差收入 21.3 亿元，比上年增长 10.4%；实现代理保险收入 6.74 亿元，比上年增长 21.86%，实现基金理财收入 1.3 亿元，比上年增长 22.22%。对俄国际小包业务收入 2.69 亿元，比上年增长 37.98%；重点推进国内三项业务扭正，13 个地市全部实现正增长，累计实现国内三项业务收入 1.81 亿元，比上年增长 37.17%。集邮专业以生肖贺岁主题营销活动、企业形象年册、省内定向邮品开发为支撑，累计收入 2.5 亿元，比上年增长 8.25%，超额完成全年收入计划。电子商务专业形成以邮储短信、代收代缴业务为支柱，农村电商、代理车险、商旅业务等为补充的业务体系，收入 2.86 亿元，比上年增长 9.8%。报刊专业发展质量有效提升，报刊订阅收益率为 36.26%，比上年增长 1%，收入 1.86 亿元，完成集团公司计划的 104.11%。函件专业加快与新技术新媒体融合，推进专业向文化传媒转型，累计收入 10053 万元。

2. 运营机制。与邮储银行配合，围绕“风控体系建设年”，联合开展风险防控管理工作；与速递物流共同推进，完成陆运网两网资源整合工作；整合企业各方面资源，支撑中邮证券黑龙江省分公司组建开业；支持中邮保险发展，完成代理新单保费 13.87 亿元，其中发展中邮期交保费 4.38 亿元，增幅 360.4%。推进三项制度改革，重新设置企业党的工作机构和纪检监察机构，加快人力资源服务支撑中心和会计核算中心建设，为企业重点工作开展提组织保证和基础支撑；强化薪酬集中发放管理，上收易岗易薪审批权限，对原有业务流程做出调整，实行薪酬调整优化集中审批；完善绩效考核管理体系，突出薪酬和绩效考核的激励、导向作用。推进作业流程优化，组织实施转运、分拣、投递“三合一”改革，实行转运分拣和投递大班组合并作业，压缩内部处理时间 1—2 个小时，减少 88 名内部处理人员，调减部分投递段道，各县（市）分公司全部完成“三合一”优化工作。

5月28日，黑龙江省分公司组织机关、直属单位、在哈邮政单位员工2400余人参加徒步活动。（黑龙江省分公司／提供）

3. 科学管控。以精细化管理为主线，以对标管理为手段，创新管理方式。财务管理方面，重点强化预算管理，推进零基预算，实施关键业绩指标过程预警，实行预算执行问责机制，确保成本增幅低于收入增幅；加强核算管理，强化ERP系统运用，在优化核算流程方面成为全国第一个实现“随机派单”的省份；强化对标管理，调整完善部分企业核心指标，引导成本资源的优化配置和结构调整；强化资金管理，持续清理往来账款，开展欠费专项清理，全省用户欠费率1.92%、应收账款周转率14.47次。人力资源管理方面，严格履行相关程序，对部分领导人员进行调整；加大培训力度，举办各类培训班2900个，培训2.2万余人，培训率79.43%；强化用工管理，加强各单位工时系统排班考勤工作，提高工时利用率；规范劳务用工，关键岗位不再使用劳务用工、劳务承揽及外包人员，291名劳务工转招为企业合同用工。强化审计管理，开展审计项目725项，查出违规资金400万元；工程送审金额11949万元，审减金额2467万元，审减率20.65%。

4. 基础能力。发挥信息技术引领作用，强化线上线下相结合，推行多站合一，打破渠道、专业和信息壁垒，实现渠道整合复用，累计建设综合服务平台站点12889处，实现平台收入4354万元。强化大数据分析及应用，累计沉淀客户有效数据1550余万条，采集客户信息900余万次，维护客户500余万户；依托微信平台建设及应用，开展创新平台创建工作，累计实名注册13000余人，征集营销案例591条、产品推广话术630余条，综合支撑能力明显增强。优化网路组织，累计开通3条货运班列邮路、6条客运行李车邮路；落实52个重点城市提速战略，加快邮件传递时限；就利用K19/20次国际列车开通哈尔滨至莫斯科火车邮路进行两次成功测试。巩固投递网改革成果，突出抓好快递包裹、约投挂号等重点业务投递质量管控，加快投递智能派送与指挥调度等系统应用，支撑竞争性业务发展。夯实运营管理中心工作基础，多项运营指标得到提升，并对同城快寄系统进行升级改造，实现7个地市系统上线及业务开办，并被纳入全国5个同城业务开办试点省份。

5. 党建工作。黑龙江省分公司党组牢记两个责任，深入贯彻落实党的十八大和十八届五中、六中全会精神，通过扎实推进“两学一做”学习教育、政治巡察、专题辅导报告会、星级党组织评比、抓好案件查办等，促进“两个责任”的有效落实。以党建工作统领和谐企业建设，将企业文化学习践行工作纳入目标管理和绩效考核体系，组织开展为期两个月的巡回报告活动，推动全省邮政核心价值观建设和员工素质的提升；组织开展“达标创先”劳动竞赛等系列活动，引导员工积极投身企业改革发展；深入推进关爱工程，累计投入送温暖资金110.6万元，发放重病互助保障金102万元；推动职工小家提档升级，补建职工小家12个，改造职工小家9个，建设县分公司食堂7个，建设小食堂32个，受益员工1708人。省分公司荣获全国交通运输行业文化建设优秀单位称号，1人荣获全国交通运输行业核心价值观践行者奖，3个集体荣获全国“工人先锋号”称号，2个单位荣获黑龙江省“五一劳动奖状”称号，1个单位荣获黑龙江省“工人先锋号”称号，4人荣获黑龙江省“五一劳动奖章”称号，1人荣获黑龙江省职工创新标兵称号。（黑龙江省分公司　时波）

【邮储银行黑龙江省分行】 收入29.32亿元，完成总行计划的101.6%；实现考核利润4.85亿元，完成总行计划的224.3%，扭转两个年度持续负增长的被动局面。不良额控制在17.1亿元，比上年减少9亿元；不良率控制在2.87%，比上年减少2%。

1. 业务发展。（1）个人金融业务。实现资金净流入139亿元，比上年增长46.7亿元。其中，储蓄业务增额54.4亿元，比上年增长52.7亿元；累计实现新单保费29.4亿元，理财产品保有量182亿元，基金加权销量4亿元，均位居全国前列；开放式理财日均保有量更是达到149亿元，排名全国首位；信用卡发卡12.3万张。（2）零售信贷。小贷立足“大农业”。实施目标认领，启动“龙江小贷县乡行”，上下联动实现小额贷款年净增6.6亿元，比上年增长22.5亿元，占全国增量的10%，居全国第4位，比上年提升31个位次。农场职工小额贷款放款35亿元，占比52%；土地权益类放款5.1亿元，占全国比重76%，再就业、土地权益类、新主体等业务有效拓展。小微贷面向“大民生”。小微信贷结余67.1亿元，其中小企业贷款净增4.4亿元，居全国第5位。在全国首创、首发的供热贷产品列为总行支持民生类重点产品，农场土地收费权质押贷款、米贷通等产品当年净增超4亿元。消费贷依托“大城市”，发放贷款51.2亿元，净增28.7亿元，结余156亿元；省内净增额市场占有率排名第4位。（3）公司业务。公司存款余额141亿元，公司信贷余额38.97亿元，福费廷余额104.3亿元，居全国第4位。国库集中支付代理机构达23个、非税代理分支机构51个，开立省级非税账户，取得全省缴纳交通罚没款代理银行资质；获得卷烟销售款跨行支付结算资质；供应链金融、银行承兑汇票、信用证、保函等业务均有创新成果。（4）金融市场业务转型创新。调整票据业务收入结构，买入返售和转卖价差收入占比比上年增长20.5%。同业业务新增344亿元，比上年增长159亿元。（5）电子银行业务稳步发展。交易替代率83.7%，比上年增长2.8%。

2. 风险管控。零售信贷精细化管理年活动由“基础期”进入“巩固期”，步入资产质量常态化管控阶段。出台系列方案，确定“四高一低”整体目标，新投放的零售信贷逾期率控制在0.5%。（1）风险管理。操作重精细，完善相关制度，强化面签、资料清单、公证等各环节的精细管控。日常重预判，风险、授信及信贷业务条线联动，区别不同区域、行业和不同季节、产品，密切关注资产质量变动，及时预判新增不良，适时启动限额管理。后台重管控，在严格现场检查的基础上，利用大数据分析等手段开展非现场监测，电话回访近3400次，下发60份风险质询书和23份风险提示。风险重缓释，做到“三及时”：及时把握真实风险状况，主动开展手工分类调整；及时约谈高风险机构，启动重大风险督导；及时化解高风险业务，转期贷、展期、贷款重组等多种方式综合运用。（2）资产保全。不间断开展清收竞赛，保持高压态势，整合司法、委外、经侦力量“啃硬骨头”，严格按照总行要求，规范开展核销，压缩存量不良资产规模。实现现金清收4.2亿元，收回核销不良1.67亿元，完成计划的265%，累核不良贷款10.7亿元，完成计划的112.6%，实现抵押类贷款核销零的突破。

3. 平台合作。与省农垦、省扶贫办、省工信委、省工商局、省科协等签订全面战略合作协议，与省政府签订60亿元的PPP投资基金协议，与团省委联合开展“邮储银行杯”黑龙江省青年创业创新大赛，与省委宣传部、省扶贫办等单位联合开展扶贫“三下乡”活动；与省发改委、哈尔滨市政府、大庆市政府等成功对接信息平台。

4. 能力建设。一是队伍专业能力。组织全省范围包括地市副职、县行班子在内的高管人员考试；赴辽宁、吉林等兄弟行现场取经，跟班作业；选拔“金种子”信贷员。二是投资建设能力。基础建设上，投资额1.5亿元；低效网点从上年的84个下降到18个；完成省档案中心及二分档案库建设。提升科技支撑能力。授权集中、资金汇划、非税代理、积分考核、交通款罚没等多个总行及自主项目，先后上线推广。生产网扁平化直连改造、省市县行机关办公网互联改造等工程有序实施。

5. 党的建设。围绕“两学一做”，结合实际采取“加、减、乘、除”学习法，开展党建宣传和主题活动；以“强基固本工程”为抓手，创新党组织建设管理，基层支部完善“一簿三盒”规范化建设；建立基层党组织书记述职评议考核长效机制，凝练“听、谈、看、查、评”五个环节的考评方法。以孙吴县支行为切入，启动企业文化建设推广；成功举办“综合业务岗位技能大赛”；承办总行台球比赛决赛，开展“三人制”篮球赛、“金点子”创新创效、亲子摄影、暖冬公益等活动。省分行获得“诚信经营示范企业”“黑龙江省最具行业影响力企业”和全国“银团合作优秀派出机构”等荣誉称号；黑河五大连池支行被授予“全国巾帼文明岗”；哈尔滨和平路支行、鹤岗分行营业部获评中国银行业协会千佳示范网点；宝清支行、望奎支行被授予省级“工人先锋号”；北安支行营业部、虎林青山支行获评全国邮政金融“双先”表彰“优秀支行”；牡丹江东宁支行、绥化海伦建新路支行获得“全国送金融知识下乡工作先进单位”；哈尔滨分行殷建辉荣获第七届全国杰出财富管理师铜奖，成为邮储银行首次获奖的理财经理。（邮储银行　马静）

【速递物流黑龙江省分公司】 自营收入24104万元，比上年增长12%。其中，速递专业收入16702万元，比上年增长4.8%；物流专业收入7402万元，比上年增长32.7%。

1. 标准快递业务。国内标准快递业务收入4697万元，比上年增长25%。推进身份证、护照、社保卡等12个重点项目，全省政务类项目收入2632万元，比上年增长15%，占全省标准快递收入的30%。

2. 物流业务。千万级一体化物流项目百威啤酒和恒丰纸业的发展拉动全省物流业务收入增长，合计4728万元，增收1671万元。通过发挥GSP认证的仓储资源优势，修正药业、嘉瑞泽药业合计增收30万元。

3. 营销活动。按照季度出台4个主题竞赛活动，1个短期竞赛和3个主题营销活动，加大资费、奖励、服务等方面支撑力度。四个季度分别完成计划的107%、89%、102%和104%，实现季度收入小盘子保总收入大盘子的目标。开展“思乡月”“五节联送”等专项营销活动。其中，“思乡月”活动收入865万元，超既定目标400余万元。

4. “众创众享”工程。“众创众享”工程在92个揽投部（县营业部）实施，通过“小团队二次领创”，划小经营单元。44个揽投部（县营业部）收入确保目标，收入比上年增长17%；22个揽投部（县营业部）完成利润确保目标。

5. 客户管理。实施“5+1+1”客户走访，通过巡讲、培训和评先，结合揽投部晨夕会等方式，促进揽投部“5+1+1”客户走访工作取得实效。8—12月，客户走访数量14.6万条，提出建议2.6万条，获得3.6万条客户信息。对重点客户建立维护清单，确定维护人员及走访频次，新客户开发数量明显增加，客户流失现象得到遏制。6—12月，增加客户890户，比1—6月增长78%，增收396万元。

6. 网运质量。考核指标、评价指标根据岗位职责细分至人。执行“日监控、周分析、月通报”制度，周质量分析会针对重点问题进行重点分析和解决，三季度网运指标达到并超过总部标准。搭建全环节运营沟通平台，建立问题快速反应和解决机制，处理疑难邮件300余件。

7. 网络组织能力。减少处理中心和中心局之间的市内盘驳处理频次5个，通过省内二级干线加密哈齐、哈佳运行频次各一个，省际增加哈海运行频次。“双十一”“双十二”旺季生产的综合组织、协调、调度、处理、应对能力增强，“双十一”处理邮件121万件，日均11万件。

8. 网运成本管控。启动处理中心运营模式调整工作，使其由成本中心转变为利润中心。省邮件处理分公司通过流程优化，减员92人，节约外包费123万元。各项成本费用下降，其中，单位散件处理成本下降30%，总包处理成本下降20%。

9. 财务管控水平。开展揽投部损益核算模式全省巡讲，促进揽投部人员会算账、算好账。制定全省集中采购管理办法、评审专家管理办法，建立全省评审专家库，加强采购流程管理。强化成本管控，人工、单册耗材、业务费、代理业务成本支出分别下降731万元、311万元、370万元和527万元。

10. 人力资源。通过制定人工成本使用管理办法，规范使用薪酬优化增资，完善全员KPI薪酬绩效考核体系，增强全员参与人工成本管控的意识。下发《揽投员计件薪酬分配办法》，使揽投员薪酬分配机制更加贴近市场，激励揽投人员多劳多得，按业绩提成。规范劳务承揽工作，筛选2家全省性人力资源劳务承揽供应商，转移劳务承揽员工770人。开展职业技能鉴定工作，专业技能人才持证率81.82%，比上年增长12.32%。

11. 党建工作。建立健全党建工作体系，成立党建工作领导小组、党委办公室及党委组织部。深入开展“两学一做”学习教育活动及“再学乐东找差距，挑战自我求发展”学习大讨论活动，增强全体党员的看齐意识；认真履行党风廉政建设责任，省分公司党委召开两次会议专题研究党风廉政建设工作。对涉及支付外包费、业务费、运输费等相关岗位进行排查、研判和防控，加强廉洁风险防控。重点对账期外欠费实施效能监察，对离任审计结果实施效能监察评估，加大效能监察力度；发挥工会组织作用，投资140万元用于二期工会小家建设，改善员工工作环境。（速度物流　蔡瑋）

【中邮保险黑龙江省分公司】 1. 业务发展。一是经营指标。总保费16.1亿元，列全国第10位；进度101%，超额完成总公司计划，列全国第16位，比上年增长40.3%，列全国第8位。省内行业规模排名第11位。市场占有率3.17%，列全国开业省第3位。团险保费收入429万元。新业务价值3193万元，比上年增长179%，标准保费2.1亿元（其中，中短期存续产品1亿元），比上年增长67%。二是期交业务。期交新单完成4.5亿元（其中，财寿嘉1.72亿元），列全国第11位；进度104.5%，列全国第10位，比上年增长360%，列全国第2位，业务结构初步调整。三是服务支撑。与中国培训师大联盟等专业机构合作，开展“龙江星兼职讲师大赛赛前培训”“蒲公英讲师培训”“星火传递杯”讲师技能大赛。与重点市县联合开展新产品上线、理财经理培训、旺季重点地区专项培训，以及微沙、网沙等，专兼职讲师、理财经理和基层展业人员专业技能、邮银渠道销售能力提升。

2. 运营质量。一是重点指标管控。对总公司绩效考核指标、分类监管指标和服务考核指标，实施分类监控，逐项分析，对标整改，重点质量指标逐季提升。其中，13个月保费继续率85.81%，理赔30日立案率97.18%，亿元保费投诉量0.45件/亿元，续期综合达成率96.28%，隔月签单扫描率100%，隔月档案归档率100%，投诉客户满意度100%，保全两日结案率95.37%，复核修改率0.97%，流转时效1.97天。二是业务流程。规范续期、单证、核保、保全、契约回访等环节的操作流程；通过档案外包，完善档案流转和管理模式。三是提前谋划满期给付。邮银联合下发《2017年满期给付工作实施方案》，规范满期给付处理流程，各项给付准备有序推进。四是客服活动。举办“3·15”“7·8”公众宣传、“佑未来”关爱留守儿童以及“您的健康、邮我保障”VIP客户体检等活动，回馈客户5000余人；开展进校园、进企业、进机关、进村屯公益宣传和扶贫救济活动，增强服务意识，履行社会责任，树立品牌形象。

3. 基础管理持续加强。一是风险管控方面，与各部门签订合规经营责任书，明确合规经营责任。深入地市县和网点开展风控检查，下发整改通知书督促整改。遵循监管部门和总部安排，开展“两个加强，两个遏制”“回头看”专项自查，对发现的两个方面的5个问题，实现立查立改。加强内控制度梳理，开展关键指标检测、防范和处置非法集资工作，宣传反洗钱法律法规，推进消费者权益保护工作。二是人力资源管理方面，按照总部编制要求，成立党委党建工作部、监察部，党委组织部和党委办公室。开展职工教育培训，达到监管和总部要求的内容和课时。通过校园、同业、系统内招聘增员20人。三是财务管理方面，发挥财务管理建设性作用，在优化客户结构、提高重点产品件均收入水平与单件产品效益，促进整体效益提高和降低风险等方面创新和探索。落实“营改增”和ERP项目，获总部肯定。四是综合管理方面。规范办文、办会、公务接待、公务用车流程，加强新闻宣传、舆情监测、信访投诉、审计、信息技术系统和设备维护以及安全生产等综合管理。

4. 党的建设。一是党建工作。始终坚持党的建设“四同步、四对接”原则，细化责任，层层传导。组织开展党委中心组学习、“五大发展理念”网络学习、“两学一做”辅导讲座等学习活动，增强中层以上领导干部和全体党员的“四个意识”。班子成员、纪委书记分别开展廉政谈话和集体约谈。“两学一做”专题学习教育活动有序开展。二是推进党风廉政建设。召开党风廉政建设及纪检监察信访联席会议，开展廉洁风险防控及党风廉政建设责任书自查自评工作。开展党性宗旨教育和反腐倡廉教育工作，组织全体党员参观廉政教育基地、观看示范教育片、开展党风廉政知识考试。参加总公司廉政诗歌朗诵大赛，并取得第一名的优异成绩。三是深化“四风”问题整改。开展“四风”问题专项自查整改，对自查发现的两方面的3个问题，实现有效整改。结合集团公司巡视及巡视“回头看”工作，开展自查并全面整改。四是和谐企业建设。发挥工会组织作用，参加总公司乒乓球、气排球比赛；行业协会歌咏大赛、篮球赛，开展“环岛一日游”徒步活动。在总部工会指导下成立摄影书画、文学艺术、体育三个兴趣协会。开展青年标兵、先进女员工、先进个人、先进集体，优秀共产党员、优秀党务工作者和先进党支部评选。通过开展“防寒降温”和“金秋助学”等活动，发放慰问品和慰问金48万余元。开展职工之家建设，投入5.78万元购置组合健身器械、微波炉、乒乓球台、饮水机、书柜和阅读桌等。（中邮保险　王淼龙）

【中邮证券黑龙江省分公司】 3月18日，中邮证券黑龙江省分公司在哈尔滨市成立，成为中邮证券第10个设立的省级分公司。截至12月31日，累计开户26407户，资产总值5569万元，完成交易量8.09亿元。其中有效户629户，有效户资产5391万元，户均资产8.57万元。

1. 经营发展。依托邮政、邮储平台及客户资源优势，启动“邮银共推　证券启航”展业专项活动，从激励政策、培训、服务支撑等方面着手，推动三方存管、资管投行业务发展。联合邮政举办“中邮证券特训营”活动，全省130名中邮证券管理专员、优秀理财经理，接受为期两天的证券知识培训。开展“相约盛夏”特训营营销活动，设置“日开户王、周开户王、月营销精英”等奖项。协同邮政、邮储银行组织开展“三方存管业务培训”，全省80名优秀理财经理参加业务培训。召开“2016年度投资策略报告会”，235名投资爱好者参加投资策略报告会，扩大品牌影响力。加大资管投行业务的客户走访活动，针对客户融资情况设计了服务方案。实施重点推动战略，抓好总部安排的重要业务推展，“金鸿小贷”业务、代销南方基金产品业务、互联网理财产品业务等，多方面开发客户。

2. 资管业务。发展省内、外金融机构通道业务5笔，总规模28.48亿元，在全国省分公司排名第5位；实现业务收入17.51万元，在全国省分公司排名第5位。

3. 投行业务。上报项目3笔，过会2笔。在客户服务上，深入基层，组织全省邮政、邮储银行业务培训48场，培训6000余人次。开设中邮证券“微讲堂”“微型沙龙”活动，针对全省邮政及邮储银行网点理财经理、高端VIP客户进行培训，制作PPT培训课件30余个。制作中邮证券“三方存管开户”“新股申购”“国债逆回购”“黄金ETF”“创业板转签”等业务微信指南，并广泛推送，使客户直观了解到中邮证券业务操作环节。建立邮政、邮储片区业务微信群，及时发布各类资讯信息，为邮政及邮储发展三方存管、资管投行业务提供有力的支撑和服务。

4. 合规风控。通过不断整章建制、健全体系、加强培训，奠定合规发展氛围。密切与监管部门、兄弟省分公司之间的沟通和交流，通过日常学习、闭卷考试、业务练兵等形式，认真学习行业文件及政策法规。选派业务、财务、营销等优秀人员到总部、兄弟省分公司学习专业知识和业务操作流程。对信息系统完备性、带容带宽、权限设置等进行逐项设置和检查，并针对问题及时整改。开展“金融知识普及月”系列活动，印制识别非法证券、防范洗钱活动内容的宣传单1万份，每周对11488名客户发送警示短信，通过QQ、微信平台向全省2341余名邮政金融从业人员、1200余名VIP客户发送风险警示及金融知识内容。

5. 内部管理。做好会务安排、文件接收、文稿起草拟定、信息报送传达等综合办公事务。积极办理员工入职手续，满足运营需求。开展“每日一训”活动，从业务、管理、党务等方面安排课程。通过多种层次的培训安排，分公司基本制度得以建立、专业技能得到提升。根据证券的行业特点，逐渐掌握了各类预算的测算数据来源、调整依据等，为科学、准确编制、执行成本预算打好基础。严格按照总部财务管理制度要求，严格报账程序和标准，确保成本预算进度可控，账务处理风险可控。同时根据证券行业和税务机关的要求，按时限上报各类财务监管报表，最大限度规避行业监管风险和企业税务风险。

6. 党建工作。党支部成立之前，分公司全体党员按照要求参加省邮政公司组织的党建培训、“两学一做”专题教育实践活动以及每月组织的专题讨论等各类党建工作。7月25日，分公司党支部成立，参加总公司的党建活动，出台分公司相关党建工作制度，学习习近平总书记系列讲话，组织召开组织生活会、民主测评会以及支部书记讲党课等系列活动，确保党建工作不走过场。（中邮证券　黄颖琼）

上 海 市

【上海市分公司】 超额完成集团公司下达利润目标的1.1%，累计完成收入56.7亿元，比上年增长0.6%，完成集团公司下达收入目标的101.2%，经营质量和效益提升，业务结构优化，代理金融累计收入15.8亿元，比上年增长9.6%，占总收入的27.9%；一体化物流累计收入17.6亿元，比上年增长36.1%，占总收入的31.1%。"两翼"收入占比合计59%，较上年增长6.4%。机要、包裹快递、集邮、金融业务超额完成全年目标。储蓄余额活期占比28.2%，提升幅度名列全国第一。实收保费106.2亿元，增幅12%，高出全国邮政平均水平。中邮保险业务在多项政策措施激励下，年度期缴保费完成集团公司目标的133.4%，完成率名列全国邮政第一。

1. 业务发展。体制机制方面，成立上海邮政创新创业领导小组及双创办公室，领导企业双创工作，出台双创管理办法，开通微信企业号，搭建"双创金点子"平台，明确积分规则，将双创积分与员工职业生涯通道挂钩，对双创项目给予人、财、物等资源支持，助推项目孵化、转化、应用和推广。企业号关注率96.12%，发帖1.4万余条，评出金点子37条，其中13条立项并落地，评出创新创业组织奖3个、项目奖3个、"点子王"1名。经营活动方面，受"网红邮筒"启发，限量发行2万枚外滩网红邮筒明信片，开发"外滩网红邮筒"圣诞周边产品套装并以众筹方式向社会预售；开展"随手拍邮筒"活动，获得2016年度第十一届金瑞营销奖"最佳社会化媒体营销奖"。创新采用"竞标"方式开展代理金融跨年度营销竞赛，明确目标，共担责任。生产组织方面，着力整合社会碎片生产力，试点"滴滴运邮"，自身用车缺口得到弥补，盘活资源投入到竞争性业务。试点"生产车辆集中调度"，实行车辆跨支局调度，建立车辆有偿使用机制，对驾驶员实行积分制承包，提高各级各层降本增效意识。邮区中心局以邮件处理中心工艺改造为契机，优化内部作业流程，探索灵活组合分拣模式，确保"双十一"期间邮件收得进、发得出；各区县分公司共同确保全市进口139.59万件快递包裹"投得好"。在业务拓展方面，开办同城冷链业务，开发东方CJ、泰康食品等6家大客户，以及都市菜园等19家合作商，累计配送约11万件，创收近237万元。打造"订了么"平台，拓展5种新宣传载体、4个新订阅渠道，微信端激活专用单15万份，实现收订流转额4000余万元，排名全国第一。加大营销力度，签订大量"浦江月"订单，实现税后收入5411万元，比上年增长60%，远高于全市5%的行业平均增幅。加大产品和活动创新，陆续推出迪士尼地铁卡、水墨米奇庆中秋等特色产品，开展迪士尼"欢乐今夏""暑假回馈季"等跨专业合作活动，收入3000万元。加快保险"网销"业务发展，基于非金融网点的"网销"保险规模超8.3亿元，实现2000余万元净收益。

2. 质量效能。围绕基层党建、综合考评体系建设、提高邮运车辆效能、同城寄递业务、大都市金融发展3个研究方向启动新一轮课题调研。党委调研课题聚焦影响企业发展的战略性问题，从选题、调研，到试点、结题，每个环节都注重收集民意、汇集民智、发扬民主。选题时"几上几下"征求意见，党委多次酝酿，不少议题由基层主动提出，体现出干部员工的政治意识、担当意识。围绕创新、协调、绿色、开放、共享"五大发展理念"的30项重点工作任务全面落地，在党建、依法治企、能力建设、开放协调等方面推出多项举措。

3. 内部管控。经营预算编制坚持"五个不动摇"（即以利润为中心不动摇、调增长方式不动摇、微观放活留空间不动摇、以改革创新来解决发展中的问题不动摇、企业发展成果与员工共享不动摇），绩效考核办法做出"三调整"（即取消繁复的考核单项，更突出发展重点；改变一些评分方式，更兼顾公平合理；加大运营管控扣分力度，促进运营质量提高），领导班子和领导干部综合考评重点突出党建工作，新增二级单位党组织书记党建述职考评内容。对利润贡献大的金融业务，通过单列考核指标、设立专项奖励、优先使用营销费用等一系列办法积极优化业务结构。优化劳动力资源配置结构，向代理金融、一体化物流倾斜。积极推行投递员联合承包改革、工作量积分，实行"底薪＋计件工资""底薪＋提成"、全额计件计酬等多种分配，在确保业务收入增长和完成经营生产任务的前提下，实现员工收入增长。质检中心建立起垂直管理、网格化视察、责任包干和异地交叉检查机制，对577个网点

8月10—25日，上海市分公司加强邮件安检，保障G20峰会期间邮运安全。（上海市分公司／提供　刘青／摄）

开展7202天次的检查，发现并督促整改通信服务质量问题；开展服务提升专项整治活动，代理金融神秘人检查得分跃居全国第五位。编制上海邮政“安全生产口袋书”，推行上海邮政安全生产标准化建设，相关规范被确认为上海市安全生产地方标准。

4. 员工关怀。组织1952名员工参加2016年初级人才评价选拔综合理论知识和素质潜能测评考试。实施代理金融岗位“蓄水池”计划，第一批56名见习基地学员从下半年开始岗位见习锻炼。加大员工职业技能培训力度，开展9个职业技能鉴定工作，高技能持证人数比上年提升1.2%。注重企业文化建设，突出群众性，在保持上海邮政合唱文化品牌的基础上，结合邮政特色，成立自行车协会，举办3次大型自行车健身活动。摄影、书画、歌唱、插花等活动。

5. 精神文明建设，健全三级联动精神文明创建工作机制。率先响应上海市文明办、上海市建设交通工作党委“条块结合、同创共建”工作部署，创新区企共建模式，“为老服务进社区”“服务文明进社区”“志愿者服务”等活动赢得政府、百姓赞誉。获评“2011—2015年全国法治宣传教育先进单位”，成为上海唯一一家实现全国普法先进“六连冠”的企业。（上海市分公司　陆怡琼）

【邮储银行上海市分行】 设高级管理层委员会5个、一级部门21个、二级部门6个、直属单位1个，下辖2个二级分行（浦东新区分行、自贸区分行）、1个分行直属营业部及15个一级支行，486个营业网点，其中自营网点106个、代理网点380个。员工3124人，其中研究生及以上学历142人、本科学历1795人、大专及以下学历1187人。

总资产1892.51亿元。各项存款余额1688.20亿元，比上年增长187.44亿元。各项贷款余额679.49亿元，比上年增长161.18亿元。不良贷款率0.61%，资产质量优良。拨备覆盖率198.2%，符合监管要求。继续保持“零案件”态势。实现营业收入24.39亿元，剔除营改增收入影响后，比上年增长3.42%。净利润6.95亿元，完成总行下达利润预算目标的162.29%。

1. 改革创新。（1）关键领域。上海自贸区分账核算单元通过人民银行验收。进入上海市住房公积金贷款业务准入名单。（2）组织架构。成立营运中心，完成新静安区支行合并组建。做好105家二类支行机构变更工作。（3）产品成果。实现交易资金平台类业务上线，推出银商通产品，填补存管类业务领域空白。开辟场景类消费贷款市场，与春秋航空合作推出春秋贷，完成首笔家装贷、拍卖贷业务放款。上线跨境电商专属协作平台，打造跨平台、跨币种、跨渠道的一站式跨境支付体系。推出瀚华担保新三板贷，丰富小企业金融服务手段。资管条线ABS业务获总行好评。办理首笔自主平衡机构理财业务，国债期货托管业务创全国首单。

2. 转型发展。（1）零售金融。个人储蓄：自营储蓄余额405.71亿元，比上年增长26.19亿元，活期占比32.41%。高端客户49.60万户，比上年增长5万户。信用卡：新增发卡2.26万张，比上年增长125%。零售信贷：消费贷款比上年增长61亿元。个人住房贷款市场占有率4.75%，比上年增长3%。小企业金融：小企业贷款累计放款7亿元，新增贷款实现“零不良”。电子银行：新增手机银行客户40.86万户，比上年增长19.18%。柜面小额现金可分流率压降至52.39%，排名全国第四。互联网支付商户69户，排名全国第三。（2）批发业务。公司业务：对公存款时点余额415.45亿元，比上年增长107.31亿元，新增规模排名全国第六。日均余额359.69亿元，比上年增长109.89亿元，新增规模排名全国第七。公司信贷余额122.31亿元，比上年增长31.12亿元。票据直贴买断余额76.51亿元，比上年增长39.31%。国际业务：收入1.38亿元，排名全国第三。外汇存款4.30亿美元，比上年增长4.10亿美元，新增规模排名全国第一。国际贸易融资余额48.43亿元，比上年增长88%。获得全行首批国际信用证福费廷业务开办授权。同业业务：金融市场业务收入5.36亿元，其中同业投资类收入4.01亿元，比上年增长39.46%。托管业务收入2.19亿元，托管总运营规模3824亿元，营销规模3128亿元，列全国第二位。

3. 各项管理。（1）内控风险。开展“两个加强，两个遏制”“回头看”专项检查。全面风险管理体系有效运行。资产质量目标管控得以强化，新发生不良贷款比上年减少90%。内部审计职能有效履行。内控评价增加特色指标，实现辖内机构全覆盖。资产保全力度持续加大，处置不良贷款2.97亿元，其中现金清收1.70亿元，释放减值拨备1.57亿元。开展百日清收竞赛活动，完成总行下达清收目标的129.96%。（2）综合管理。授信管理全面加强。征信管理获得人民银行上海总部企业征信工作考核A类评价。资产负债与财务管理效益显现。全面加强信贷计划管理，建立收益率、付息率及净息差通报机制。完成报账系统和ERP核心系统等上线。人力资源管理持续强化。科学核定人员编制，重点加强营销类和风险管控类岗位人员配置。加强业务骨干培养，开展菁英、蒲公英、向日葵等种子培养计划。（3）能力建设。信息科技支撑有力。安全运维考核成绩继续保持全国前列。实施敬老卡业务系统、社银互联互通工程等自建项目。自主研发财政综合支付系统、金融交易网络服务质量监测系统，获总行科技创新奖。《养老金客户的潜在需求分析》被总行列为优秀案例。会计营运能力稳步提升。正式启用首个区域金库。围绕公积金组合贷款、保险箱等业务开发，加强会计营运操作管理。安全保卫能力切实增强。安全保卫能力提升活动，建成2个总行级安全管理达标试点网点。品牌形象不断提升。获“上海银行同业年度机构贡献奖”“上海地区银联卡发卡创新突出贡献奖”“上海地区ATM最佳成长奖”“年度消费金融零售银行品牌奖”等多项荣誉。（4）党建工作。党建工作水平全面提升。通过微信答题、“三亮三展”等形式，深入开展“两学一做”学习教育。推进“强基固本”建设工程，建成20家达标单位。实现团组织关系挂靠市金融团工委。党风廉洁建设扎实推进。开展“两个责任”约谈检查。举办“党风廉政宣传教育月”活动。巡视整改工作深入推进。自觉接受监督，推进自查整改，建立长效机制。员工凝聚力不断增强。开展“邮储风采榜”巡回展示主题教育活动。1家单位被评为上海市金融系统先进职工之家，4家单位被评为上海市金融系统先进职工小家。（邮储银行　马静　上海市分行　温育平、林嘉琦）

【速递物流上海市分公司】 业务量9637万件，比上年增长29%；收入完成20.21亿元，全国排名第5位。

1. 隐私快递业务。隐私快递是一种利用隐私通信技术实现在隐藏收/发件人信息的前提下，快递员通过拨打虚拟电话与用户直接通话的方法进行联系的新型快递服务。速递物流上海市分公司采用隐私快递技术拓展金融类业务，并与中信银行信用卡中心达成合作意向，发运隐私快递16万件。

2. 上海出口跨境电商发展高峰论坛。12月8日，速递物流上海市分公司联合市流通经济研究所共同举办上海出口跨境电商发展高峰论坛。市政府发展研究中心、市发改委、市商委、上海海关、相关监管部门等政府部门领导莅临指导，学术教授、金融机构代表及100名电商企业、物流企业和电商研究机构代表受邀出席，共同研讨布局上海跨境电商发展转型升级之路，并举行跨境电商产业园启动仪式。此次论坛以“立足上海，布局全球，同拓跨境电商大市场”为主题，邀请政府工作人员及各行业专家学者分享跨境电商行业动态和政策，分享行业巨头经验，共同探讨如何促进本土传统企业转型和产业升级，助力跨境电商规范经营，从而通过立足上海本土，布局全球出口电商平台，达到进一步扩大行业市场份额，提升上海全球资源配置能力的目的。

3. 可视化指调中心。4月，速递物流上海市分公司组建成立指挥调度中心，通过GPS车载设备及生产场地监控接入探头，加强对各操作环节、流程的实时监控及动态管控，做好生产运行指挥调度、生产运行质量监控、生产运行实时预警、突发事件及时处置、重大生产任务保障、客户服务支撑等网运生产工作，实现从事后管理向事中管理、事前预警转变，加强网运质量实时监控，提升动态管控能力。

4. “众创众享”模式。2月，速递物流上海市分公司在全公司范围内推广“众创众享”经营模式，并引入“阿米巴”经营理念，力争实现“全员参与会算账，经营团队有担当，考核结果能服众，经营成果众分享”的经营成果。通过聘请上海国家会计学院专家调研辅导阿米巴经营模式的实践应用；成立推进领导、工作小组制定具体的阿米巴经营模式推进工作方案；召开每周工作例会交流总结经验；举办2期阿米巴经营模式集中培训等举措，普及推广该经营模式。推出商务楼、营业部和老员工政策性片区包干3种试点形式，大部分试点单位都超额完成收入序时目标。8月，举办“众创众享”系统工程试点阶段总结暨全面推进阶段动员培训，推行该经营模式。至12月，42名员工与所在单位签订片区包干协议，参与政策性片区包干。

5. “三新”教育实践活动。4—12月，速递物流上海市分公司党委组织开展“总结上海新现象、重塑上海新形象、展现上海新气象”主题教育实践活动。活动坚持教育引导、理论实践、宣传落实相结合，以市场为导向，以客户体验为中心，以创新发展为手段，制定“总结上海新现象　重塑上海新形象　展现上海新气象”主题教育实践活动方案并下发至各级党组织进行动员部署，引导员工进一步认清企业深化改革面临的新形势、新任务和新要求，科学把握企业深化改革面临的机遇，打造一支素质过硬的员工队伍。各基层单位党组织纷纷制定切实可行的活动方案，力求活动落到实处。（速递物流　蔡瑋）

【中邮保险上海市分公司】 上海市分公司设有综合部、市场部、营运管理部、计划财务部、合规与风险管理部、信息技术部、党委党建工作部和监察部。16个区分公司均设立中邮保险局开办中邮保险业务，网点114个，其中邮政代理金融网点92个、邮储银行网点22个。8月，由曾洪屏任副总经理、纪委书记。上海市分公司荣获中国信息安全技能竞赛管理运维赛优胜奖、上海保险“快易杯”首届少儿创意绘画比赛优秀组织奖。

1. 经营发展。保费收入9088万元，有效保单件数1.48万件，赔款支出215万元，退保金额7434万元。承保上海邮政系统员工团体保险。根据集团公司统一部署，上海市分公司首次完成对上海市邮政分公司、邮储银行上海市分行、速递物流上海市分公司员工重大疾病和意外伤害团体“两项保险”的承保工作。承保“两项保险”业务保费249.11万元，覆盖邮政系统员工及家属1.9万余人。在提供保险保障服务期间，做到及时响应、尽职调查、快速理赔，确保时效和质量。发生理赔报案44件，审结31件，赔付167.1万元。其中重大疾病理赔16件，赔付160万元；意外伤害理赔1件，赔付5万元；意外医疗报销14件，赔付2.1万元。

2. 企业管理。为推动上海邮政代理金融业务转型发展，由市邮政分公司储汇局牵头，各区邮政分公司精心抽调业务骨干，组建首支上海邮政代理金融专兼职内训师队伍。12 月 15—17 日，市邮政分公司储汇局和中邮保险上海市分公司联合举办“上海邮政代理金融业务专兼职内训师能力提升班”，外聘资深讲师组织现场授课与实战通关等培训。

3. 专业技能。为选拔参加中邮保险第二届全国运营人员业务技能竞赛，提升中邮保险运营管理人员的专业技能和业务水平，夯实“自营 + 代管”发展基础，市邮政分公司和中邮保险上海市分公司联合举办中邮保险运营人员业务技能竞赛活动，16 个区中邮保险局以及中邮保险上海市分公司 55 人参加此次竞赛。竞赛以闭卷考试方式进行，从风险管理与人身保险、保险从业人员职业道德、人身保险产品、人身保险合同、寿险公司经营与管理、人身保险监管六个方面对竞赛人员理论知识进行集中测试，根据成绩评选出团体奖 3 名以及个人奖 10 名，并选拔出 4 名优秀选手首次组队参加 11 月 9—11 日由中邮保险总部举办的业务技能竞赛，其中 2 名选手分获个人二等奖和个人三等奖。

4. ERP 上线。9 月 14 日，中邮保险 ERP 系统在上海正式上线运行。根据集团公司和中邮保险总公司 ERP 系统上线的总体工作部署要求，上海市分公司在前期完成财务模块、投资模块、采购库存等模块的期初静态数据清理工作，并对基础数据进行收集和录入。做好内部门相关人员培训工作，确保前期准备和上线后 ERP 系统、财务系统并行顺利。根据集团公司《关于进一步加快中邮保险发展的指导意见》（中国邮政〔2012〕171 号）文件精神，上海市分公司在市邮政分公司的大力支持下，于 11 月完成财务分立工作，实现平稳过渡。

5. 同业沟通。4 月 5 日，上海市保险同业公会顾孝乐副秘书长调研上海市分公司。顾孝乐与干部员工亲切交流，并详细咨询各项经营发展情况。座谈会上，顾孝乐充分肯定上海市分公司对上海保险市场作出的贡献，并对未来发展提出建议和设想，希望学习借鉴优秀的商业保险公司运作模式，充分融入上海金融市场，同时要继续锻炼队伍，提升自身能力建设。

6. 党的建设。全面开展“两个加强，两个遏制”“回头看”工作。全面贯彻落实中国保监会和中邮保险总部关于开展“两个加强，两个遏制”“回头看”工作的要求，组织开展自查工作。9 月 5—6 日，中邮保险纪委书记邹江平带队督导检查。针对自查和督导检查中发现的风险问题，上海市分公司及时制定落实整改计划期限，进一步建立健全有关制度，优化工作流程，推进合规与风险管理工作，切实防范经营风险。上海市分公司“两学一做”学习教育在中邮保险总部党委、市邮政分公司机关党委双重领导下进行。通过把贯穿全年的“两学一做”专题教育分为学党章、学党规、学系列讲话三个专题，环环相扣，推进落实。每个专题都相应明确重点内容、学习形式，并配以“三会一课”制度为载体，为开展集中学习及党员自主学习提供素材。在学习过程中通过各种形式营造良好舆论氛围，激发广大党员投入学习教育的积极性和主动性，以学促做，引导各级党组织围绕中心任务发挥战斗堡垒作用。组织引导上海市分公司全体党员立足岗位、履职尽责。（中邮保险　王森龙）

江 苏 省

【江苏省分公司】

1. 业务发展

（1）经营质效。全省邮政企业累计收入 128.39 亿元，比上年增长 11.9%；实现利润 6.75 亿元，各市分公司均完成年度利润目标；实现货币资金增量 1.72 亿元；全员劳动生产率 30.85 万元 / 人。

（2）金融业务。优化业务结构，持续加快网点转型，实现规模发展。邮银储蓄存款规模 5000 余亿元。代理金融业务收入 75.8 亿元，增幅 11.9%。累计新增金融总资产 1193 亿元，规模居全国首位。其中，新增储蓄余额 546.41 亿元，规模市场占有率提升 0.64%；实现新单保费 520.58 亿元，新增理财 125.87 亿元；销售期交保险 27 亿元，比上年增幅 364%。中邮保险累计实现新单保费 36 亿元，期交新单保费（不含财寿嘉）9.8 亿元，规模均列全国第一。中邮证券账户规模逾 9 万户，资管业务主动管理规模 164.7 亿元，列全国首位。邮银融合深入推进，信贷、信用卡、公司存款等业务均取得新突破。

（3）包裹快递业务。抢抓寄递业务重点市场、集群市场，谋划旺季营销、创新发展。快递包裹业务量收分别完成 1.14 亿件、8.18 亿元，比上年分别增长 92%、66%，市场占有率 5.7%。“双十一”期间单日揽收量峰值 140 余万件。国际小包业务量收分别完成 6595 万件、8.81 亿元，比上年分别增长 83%、19%。

（4）综合服务平台建设。依托线下实体网点和“邮掌柜”、邮乐网等线上平台，参与农村电商建设运营，累计发展“邮乐购”加盟店 2.26 万个，纯 A 类掌柜 1.6 万个，交易额 86.06 亿元。开发“阳山水蜜桃”“焦溪翠冠梨”等 8 个全省性农产品项目落地运营。“邮乐江苏”网站和 APP 一期上线运行，所有地市“邮乐农品”地方馆开馆，初步形成以邮乐网为基础平台的农村电商运营新模式。加大短信、车务代办等重点项目推进力度，培育便民办税、非车险、代理旅游、体彩等新型项目。代办车险保费突破

12 亿元，市场份额跻身行业第五位。研发全国首个非车险在线交易平台。推进税邮合作，累计开办便民办税窗口 141 个，代征税额 5772 万元。

（5）文化传媒业务。函件专业加大融合创新力度，培育出约投挂号、旅游联票、动漫影视、市民手册等多个收入规模在千万元以上的长效型项目，收入 7.13 亿元，规模列全国第二。集邮专业以二大文化季为抓手，讲好集邮故事、用好集邮资源、做好集邮文化、创新集邮产品，拓宽网络渠道，收入 5.41 亿元。发行专业加快在产品、营销、管理方面的转型，开展党报党刊、校园市场、图书、商务期刊等四类主题活动，收入 6.69 亿元，保持平稳发展态势。

（6）品牌形象。汪洋副总理在全国“互联网 +”现代农业工作会议期间视察邮政展位，勉励邮政要把“国家队”的优势发挥好。省分公司与无锡、泰州、徐州市政府签订战略合作协议，与省农委、团省委、省商务厅等部门在发展农村电商、扶贫助农、青年电商人才培养方面开展深度合作，与苏宁云商、飞牛网等总部企业签订合作协议，彰显邮政品牌价值。《邮政综合便民服务平台》荣获“江苏省职工十大科技创新成果提名奖”。

2. 企业改革

（1）体制机制。推进邮政企业党的工作机构建设，充实和加强省、市、县党建工作力量，确保党建工作主体责任有效落实。加强代理金融风险合规管理机构设置和人员配备，提升风险管控能力。对省电子商务局内设机构进行调整。省分公司会计核算中心和人力资源支撑服务中心正式运作。

（2）包裹快递业务。完善市县邮政包裹快递业务机构编制，明确包裹业务岗位设置，整合营销资源，提升专业经营管理能力。将省分公司投递作业组织、投递质量管理职能划至网路运维部，理顺邮运网络与投递网络的协同关系。深化邮速融合，探索区域邮速资源整合，形成发展合力。

（3）调整激励约束机制。一是完善绩效考评体系。修订绩效考评办法，突出发展的质量和效益，在经营质效、业务发展、客户管理和支撑保障方面优化考评指标，强化干部职工的提质增效意识，提升经营管理水平。二是建立人工成本配置约束激励机制。重点根据利润、业务收入、员工控制数等指标，实施弹性人工成本对标，加大对超利润预算的激励力度，规范人工成本列支和使用。三是探索内部分配制度改革。出台江苏邮政企业领导薪酬管理办法，完善领导人员薪酬激励约束机制。强化对市、县（区）分公司领导薪酬的集中管控。

（4）实物网改革。通过本地网布局优化、中心局实体化运作等举措，提升邮件处理效率。“双十一”期间，进出口邮件日处理峰值 208.9 万袋件，比上年增长 106.2%。制定并实施投递网建设优化方案，通过段道“并普增机”，改进作业流程，提高投递服务能力。加快邮件自提网络建设，提高投递信息化水平，完善投递质量管控手段，提升投递服务品质。“双十一”期间，投递日均 36.8 万件，峰值 47.8 万件。快递包裹邮件城市当日妥投率、农村及时妥投率等重点指标均稳定在 97% 以上。

3. 能力转型

（1）基础建设。投资 4.45 亿元，强化对高效业务、核心业务和战略性业务支撑建设项目的投入。组织宿迁、泰州邮件处理中心和无锡电商产业园等项目建设。加快苏州、南通、徐州处理中心等项目前期方案论证工作。改扩建营业网点 219 个，布放自助设备 379 台，移动展业终端 2091 台，支撑业务发展。推进和规范中央预算内资金项目的建设和管理。

（2）寄递类业务。加快中心局场地扩容和技术改造升级，按邮件日处理峰值计算，苏州中心局 32 万件，常州中心局 22 万件，无锡、徐州、淮安、盐城和扬州中心局 10 万件。苏州万达生产场地通过工艺设备改造，处理效率提升至 8000 件 / 小时。新增南京直达法国、英国、加拿大、澳大利亚等 8 条国际小包航空邮路。南京禄口机场日均发运能力增加至 14 吨。新配备投递汽车 255 辆、电动三轮车 665 辆、手持终端设备 1560 台，新建和改造投递部 20 个，支撑寄递类业务快速发展。

（3）信息化建设。完成直购进口业务管理系统、金融合规视频监控配套工程、“两录”系统等省内信息系统建设。在电商平台实现广电代收、非车险、便民办税等业务功能，完成“苏邮惠民”向“邮掌柜”的整体移植。完成代理金融老年客户、集邮与金融关联客户、存折取款机运营等数据专题分析。完成金融自助填单、移动展业、集中授权等 8 个金融项目在我省推广上线以及网运、投递、营业、客管等系统扩容。稳妥完成省中心机房建设和搬迁。信息网总体平稳安全运行。

4. 管理转型

（1）财务支撑和管控。实现 ERP 系统资金、采购、内部往来等新模块上线。以利润管理为导向，完善预算管理制度。在资源配置上有保有压，优先保障代理金融和寄递类业务成本，统筹安排人工成本和业务直接成本，从紧安排非生产性成本预算，三公经费比上年减少 17.1%。健全财务管理制度，强化财务数据的日常监控和分析，严肃执行财经纪律，有效规范财务行为。完善审核流程和标准，对 13 个市分公司开展了财务集中审核。规范各单位营收资金的上缴渠道，加大资金日常支付额度管控，严防资金出现“体外循环”，保障资金安全。

（2）人力资源管理。一是推进干部队伍建设。完成对 11 个市分公司、7 个直属单位班子的考察与调整。组织市县邮政企业领导和中青年干部培训班。落实领导干部个人事项报告制度，严格规范选人用人过程管理。深入推进“一报告两评议”，提高选人用人公信度。二是提升人才队伍素质。围绕“四支队伍”建设，建立分类教育培训体系，开展各类集中培训1.42万人次。出台金融督训师管理办法，加强金融营销团队建设。加大中青年人才省内外交流力度。开展专业、科技、营销等五大序列初级人才评价选拔，选拔人才1622人。三是加强劳动组织管理。强化用工风险管控，规范劳务承揽和业务外包管理。开展投递和中心局环节工作写实及定额测定，制定省内指导性标准，为人员配置、人工成本投入、业务外包和劳务承揽等提供依据。四是加强薪酬分配管理。持续开展企业分等分级管理。强化企业年金运营风险管控，确保年金资产安全运营。结合员工自助服务系统上线运行，规范员工薪酬发放。

（3）服务质量监督。加强对快递包裹收寄重量与实际不符问题的检查。开展无着邮件专项治理、邮政普遍服务履职管理检查、11183客服工单优化提升等工作。落实环节管控，狠抓实名寄递和邮件验视。完善通信质量、服务质量KPI指标体系，实现对生产质量全流程的管控。机要通信连续24年保持质量全红。

（4）落实安全生产管理。强化安全教育，落实各项措施，企业安全生产保持平稳态势。落实银行营业场所安全防范的新要求，推进安防设施达标工作。防范电信诈骗案件256起，避免客户损失498万元，51名员工受到当地见义勇为基金会的表彰奖励。做好G20杭州峰会等重大活动期间安全保障工作，杜绝各类安全生产事故发生。

（5）审计监督。开展经济责任审计65项、财务收支审计及专项审计调查9项、工程及维修项目审计1728项，审减不合理工程费用5259万元，提出审计建议268条。

5. 和谐建设

（1）党建工作。省分公司党组印发意见，对新形势下加强和改进全省邮政企业党建工作作出全面部署。组织开展基层党组织书记述职评议考核工作。完善党建工作量化考评，考评结果纳入市分公司领导班子绩效考核。深入开展“两学一做”学习教育，组织开展“一创两争”评选表彰、“迎‘七一’、谈党建”主题征文、专题学习讲座、党组织书记讲党课等活动，达到了以学促做、学做合一的效果。

（2）集团巡视整改落实。制定32项整改任务、48项具体整改措施台账，逐项明确责任和完成时间，督促承办单位按期完成，做到完成一件、“销号”一件。完成巡视组交办和移交的19件问题线索核查工作，及时向巡视组反馈处置情况，确保件件有回音。

（3）党风廉政建设。一是有效落实党风廉政建设责任制。围绕推进“两个责任”落实，开展专项检查，细化五个方面纪检监察重点任务。组织开展对5个市分公司党委书记、纪委书记“两个责任”约谈，对4个市分公司进行党风廉政责任制检查考核。二是加强纪律规矩学习教育。组织党员干部学习贯彻《关于新形势下党内政治生活的若干准则》《中国共产党党内监督条例》等党内法规。完善薪酬分配等纪律规定。三是强化执纪问责。加大信访核查和案件查办力度，党纪处分9人，诫勉、提醒谈话3人。

（4）精神文明建设。江苏邮政系统被命名为2013—2015年度“江苏省文明行业”，实现八连冠。对13个特色邮路创建单位进行表彰。“预防邮路”受到习近平总书记肯定，并被最高检反贪总局、集团公司在全国推广。“爱心邮路”、苏州、南京、常熟市分公司及何健忠获评2016年全国交通运输企业文化建设优秀成果（个人）。南通市分公司营业局荣获全国“工人先锋号”称号，无锡市分公司被评为全国邮政用户满意企业。有13人被授予“江苏省劳动模范”荣誉称号，何健忠、解加平工作室被省总工会评为“示范型劳模创新工作室”。

（5）员工获得感。为员工购买重大疾病保险，建立多层次的员工健康保障服务体系。举办职工文艺交流演出等文化活动，丰富员工生活。组织“健康与你相伴”“五一”劳模主题慰问等活动。持续开展“三保证三关爱”活动，发放各类补助款632万元。累计创建职工小家1755个、投递员之家101个，一线员工生产生活条件进一步改善。员工满意度总体满意率为93.3%，满意度得分81.5分。（江苏省分公司　吕俊玉）

【邮储银行江苏省分行】 内设风险与内控委员会等5个专门委员会，个人金融部等22个一级部门，营运中心一个直属单位，审查审批中心等6个二级部门。辖内13家二级分行，55家一级支行，2530个网点。其中，自营网点431个，代理网点2099个。员工总数9448人，93.66%的员工具有大专及以上学历，35周岁以下（含35周岁）年轻员工占比63.6%。江苏省分行系统获得江苏省“2013—2015年度文明行业”等荣誉称号。

实现自营收入83.78亿元，居全行第2位，比上年增长3.66%；实现利润总额30.75亿元，居全行第2位，比上年增长12.58%。各项存款余额5927.71亿元，比上年增长18.61%，本年净增929.79亿元，居全行第1位；贷款余额达2793.88亿元，比上年增长46%，净增880.23亿元，居全行第1位，居省内银行同业第2位。人均创利32.31万元，比上年增长11.3%。不良贷款率0.41%，低于省内银行业平均水平0.98%，比年初减少0.21%。拨备覆盖率343.89%。

1. 运行效率。（1）资本消耗降低。各贷种平均资本占用率4.87%，比上年减少0.09%。（2）成本管控成效明显。成本收入比43.92%，比上年降低0.34%（还原营改增影响）。“三项费用”比上年减少887.89万元，降幅12.36%。推进省市分行455个集中项目采购，实现采购金额达5.04亿元，节约成本约7000万元。劳动生产率不断提升。年末点均收入2043.54万元，比上年增长8.97%；点均利润749.94万元，比上年增长18.35%；人均收入88.04万元，比上年增长2.48%；人均利润32.31万元，比上年增长11.3%。短板指标持续改进。电子银行交易替代率79.2%，比上年增长9.4%；新增电子银行激活客户415.6万户，居全行第2位。信用卡结存76.43万张，比上年增长17.44万张，激活率提高1.88%；日均备付率0.72%，比上年减少0.11%。

2. 业务发展。（1）业务规模。自营储蓄存款余额1131.07亿元，净增137.58亿元，居全行第2位，比上年增长48.58亿元；公司存款年日均余额净增234.11亿元，居全行第2位；本外币各项贷款余额2793.88亿元，实现新增贷款880.23亿元，超过省内工行、农行、中行，增幅46%，增速是工、农、中、建、交五大国有银行平均增速的4.19倍，占本年邮储银行系统新增贷款的16.29%。（2）业务布局。发展住房贷款业务，住房按揭贷款余额1358.56亿元，占全部信贷规模的48.63%，比年初增长626.99亿元，比上年增长380.93亿元，不良率0.11%；住房抵押类经营贷款，个人商务贷款净增21.61亿元，连续两年净增量居全行第1位，其中有房产抵押的占比91.59%；发展金融市场和贸易金融业务，实现金融市场业务收入8.84亿元，占自营总收入的比重10.56%；实现贸易金融业务收入1.76亿元，稳居全行第2位。（3）资产质量。不良贷款余额和不良贷款率实现“双降”，不良贷款率降至0.41%，连续五年下降；不良贷款余额减少0.44亿元。

3. 风险内控管理。建立新业务风险后评估机制，对“快捷贷”等7项新业务开展风险评估。加强信用风险监测，关注逾期贷款集中的高风险机构与业务的资产质量。主动调整信贷产品及客户结构，开展高风险产品、高风险客户退出管理，累计退出小企业法人贷款风险客户132户，金额6.68亿元，退出率5.15%。针对零售信贷“顶冒名”风险，出台《个人零售信贷业务“顶冒名”风险全流程防控要点》，明确顶冒名贷款风险控制要点以及控制方法。制定各贷种调查和审查审批要点及风险要点，组织开展重点公司客户风险隐患排查，做好公司客户风险隐患化解处置。加强不良贷款迁徙与拨备监测分析，提升信贷资产质量管控的主动性。拓宽不良资产处置渠道，提高处置效率，处置不良资产11.26亿元，比上年增长57.79%。

4. 管理水平持。改进预算管理方式，实施预算执行偏离度管控，确保预算执行处在良性轨道。实行“分档认领制”，根据经营情况上下浮动确定三档收入、利润目标，将资源包括人工成本向高效率分行倾斜。完善绩效考核办法，根据经营性贷款发展需要，适时动态调整，增加“两小”业务考核指标并挂钩20%市分行领导班子绩效，扭转经营性贷款余额下滑的不利局面。改进工效挂钩办法，将2013—2015年各市分行的发展成果部分固化，新增效益工资与当年绩效考核结果、经济增加值、人力资本回报率相挂钩，鼓励各级分支行增收创效。优化资源配置，集中预留1.2亿元战略性费用，构建“抢盘”机制推进“两资两负”战略性业务。统一网点核算口径，确定网点分摊依据，明确网点核算规则，使得网点效益指标具有可比性。

5. 党建和党风廉政建设。（1）党建工作。深入开展“两学一做”学习教育，给3155名党员、247名党支部书记配发学习手册；建立党员“政治生日”档案，给2850名党员过“政治生日”。扎实推进基层党组织“强基固本”建设工程，实现58个一级支行党组织全覆盖。汇总全年基层调研、思想动态、问卷调查、专题征集等多渠道136条意见建议，逐项落实、逐项改进、逐项反馈，86%的问题年内得到整改。（2）党风廉政建设。从严落实“两个责任”，印发《江苏省分行党委履行党风廉政建设主体责任和纪委履行监督责任清单》，明确党委和纪委的37项责任。对党的建设工作和党风廉政建设工作实施单独考核并赋予与经营管理绩效考核相同的100分权重。制定并下发《关于做好党员领导干部“八小时以外”廉洁自律及监督管理的意见》等16项规章制度，形成较为完备的制度体系。配备专兼职纪检监察工作人员40名，充实纪检监察联络员763名。信访办结率100%。（邮储银行　马静）

【速递物流江苏省分公司】 实现业务量1.61亿件，比上年增长16.4%；实现总收入32.28亿元，比上年增长17.2%。

1. 标准快递项目。政务类项目收入1.3亿元，比上年增长59%。省分公司与省政务办联合开启“审批结果快递送达”战略合作，发展“互联网＋政务服务”全省性便民服务新平台。政务中心实现100% EMS进驻服务。通过搭建警邮互动平台，开展二次营销，实现身份证项目收入2100万元，增幅340%，其中，连云港、盐城、徐州、泰州、扬州市分公司便民率超20%；实现系统对接，以信息手段支撑业务发展，国税项目收入1401万元，比上年增长131%，发票“仓储＋配送”实现零的突破；规范作业流程，稳定运行质量，法院项目收入6138万元，比上年增长19.2%；推进“警医邮”“警险邮”等增值＋运作模式，开创微警务车牌选号寄递业务，车管项目收入1100万元，比上年增长26%。通信行业项目收入2175万元，比上年增长55%；银行业项目收入7097元，比上年增长53%。与大地、天安、平安保险公司统签全省性协议，保险项目收入1700元，比上年增长32.2%。

2. 国际业务。省分公司与苏州、无锡市人民政府签订跨境电商战略合作协议与备忘录；建立南京、苏州等

13个省内地市跨境电商产业园，其中，10个地市被省商务厅列入省级试点跨境电商产业园。“9610”出口模式得到推广，全省日均出口超过5000件；推行中速—TNT业务“一市一策”政策，四季度业务收入增长超过10%。国际业务发运渠道优化，增加德国、韩国等20多个路向国际e邮宝业务，形成收入4000万元；开拓美、英、德、澳中邮海外仓业务，签约客户30家；苏州互换局建立台北路向国际特快、航空函件、包裹总包直封关系；开通南京机场直飞美、俄、澳、港、新等路向国际航线。国际业务收入超10亿元。

3. 电商仓配。重建包裹快递业务前端营销体系，引入菜鸟客户，以仓稳配。电商仓配业务总收入9000万元，比上年增长64%；仓储面积21万平方米，增加11万平方米；长三角云仓、南京、苏州、南通市分公司组建仓配营销及运营团队。“双十一”期间，“菜鸟”在长三角云仓发货75.66万单，形成仓配收入970万元。推广“仓储+配送+供应链金融”服务新产品，全省电商仓配在线客户达74家，增幅68.2%。试点开通北京、福州、广东等6条电商专线，启用社会“众筹众包”团队，平均时限较大网运输缩短6—12小时，满足客户较高的时限需求。

4. 物流业务。挖掘服装、医药、汽配行业龙头客户，其中，江阴海澜项目业务收入1.08亿元，连云港医药项目总收入超5000万元，苏州博世收入近3000万元，连云港市分公司被中国物流与采购联合会评定为《药品冷链物流运作规范》国家标准试点企业。省市联动，独创我省“互联网+”项目开发投标体系，开发苏州京东千万元级、南京大唐、泰州双登、常州大合等500万元级规模项目。物流实现净利润1022万元，比上年增长34.8%。

5. 礼仪业务。全省“月递情谊”产品升级换代占比80%。拓展电子销售渠道，试水全省礼仪产品众筹活动，三大传统节礼收入破亿元。其中，徐州市分公司实现100万元以上礼仪收入；连云港市分公司邀请大客户组织啤酒节，现场销售100万元。“阳山水蜜桃”项目首开“无锡—广州”邮航专机，实现“分销+寄递”收入700余万元。“阳澄湖大闸蟹”项目得到总部领导亲自批示；“阳澄湖大闸蟹”项目实现“分销+寄递”收入2297万元，寄递业务市场占有率比上年提升8%。（速递物流　蔡建）

【中邮保险江苏省分公司】 新单保费、期交新单保费、长期期交新单保费及续期保费四项规模指标列全国第一。其中，实现中邮保险新单保费38亿元，中邮期交新单保费（不含财寿嘉）9.9亿元，比上年增长74.8%，实现续期保费8.3亿元，长期期交新单保费1.49亿元，成为全国首个年度长期期交新单保费规模破亿的省分公司，比上年增长71.3%；省内银保市场期交新单占比13.3%，行业排名第3。在总部对省级机构的月度合规内控综合评分中均名列前茅，其中，新契约电话回访成功率97.67%，列全国第一。分公司荣获“2013—2015年度江苏省文明单位”称号，精神文明创建工作取得阶段性成效；在第二届中邮保险业务技能大赛中，荣获团体一等奖；被总部评为“2016年度业务发展综合奖”一等奖、“2016年长期期交业务发展优胜奖”一等奖、“中邮保险2016年度市场经营管理卓越奖”一等奖；在2016中国保险业金牌讲师评选中，王梦代表中邮保险参赛并获二等奖；分公司开发建设的中邮保险客户管理系统荣获邮政企业科技创新三等奖；在全省保险行业“两学一做”主题演讲比赛中，分公司员工获三等奖。

1. 强化支撑。（1）营销管控。组织开展一季度中邮保险“金猴迎春”主题营销活动，达成期交新单保费3.6亿元，比上年增长40.6%。通过省邮政分公司将中邮保险期交业务纳入全省邮政金融“客户提质　转型增效”主题营销活动中统一推进，实现期交业务规模发展、长期期交业务常态发展。完成邮政系统三大板块员工“两项保险”项目承保工作，为全省约5.6万名邮政系统员工提供保险保障。（2）营销活动。组织实施各类节日、节庆主题活动745场次，服务客户数约7500人次。组织开展中邮保险“营销精兵下基层，经典案例全覆盖”巡讲活动，开展巡讲39场次，覆盖理财经理2000余人次。（3）营销能力。按照“训前诊断、训中沟通、训后追踪”模式，将业务培训与营销督导相结合，定制具有地方特色的培训。全省中邮保险兼职讲师开展中邮保险专项业务培训637场次、客户经理团队例会543场次。中邮保险期交营销精兵打造持续推进，纳入全省邮政代理金融营销队伍“赢在未来”专项营销活动统一布置。

2. 邮保联动。应对“6·23”盐城龙卷风冰雹灾害事件，被中国保险报评为“2016中国保险业月度影响力十大赔案”；联合兄弟省分公司妥善应对“东方之星”游轮倾覆事故，入选中国保险报“3·15”诚信保险特刊“2015中国保险年度影响力十大赔案（寿险）”。在全省范围内组织开展系列“学保险、用保险活动”，获得省保险行业协会颁发的2016年度“人身保险消费微主张”优秀组织奖。

3. 创新发展。（1）财务管理。完成ERP试点项目建设，作为唯一全程参与保险模块建设的省分公司和试点单位，协助构建采购、库存等系统模块与财务实务流程。（2）营运管控。全省新契约综合合格率99.74%、亿元保费投诉件数0.06件、13个月保费继续率90.06%、续期宽末综合达成率98.21%。（3）信息化建设。完成邮政保险前台智能销售平台研发工作，并在扬州市等多个地市推广使用；分公司信息系统网络可用率、设备完好率等关键指标全面达标，系统交易成功率居全国前列。

4. 风险防控。（1）合规与风险管理。完成“两个加强，两个遏制”“回头看”工作，对南通、淮安和镇江等7个地市中邮保险局“回头看”工作开展情况现场督导检查。现场检查市中邮保险局17次、县（市、区）中邮保险局40次、邮政代理金融网点125个，发现业务合规B类问题253个，均整改到位。在全省保险行业“偿二代”知识竞赛活动中，分公司荣获二等奖。（2）满期给付工作。联合江苏邮银共同下发《关于做好2016年全省中邮保险满期给付工作的通知》，满期给付业务过程管控到位。全省满期给付业务6.74万件、给付金额15.39亿元、补贴差额1178.70万元，满期给付工作总体平稳有序，未发生群体性投诉事件。

5. 全面从严管党治党。（1）党建工作。成立江苏省分公司党建工作领导小组和党风廉政建设领导小组，成立分公司党委党建工作部，党群管理人员配备到位。“两学一做”学习教育深入开展。开展党委中心组学习10次、党支部学习40次，组织开展党委书记讲党课、何建忠专题报告会、“两学一做”主题征文等活动。（2）全面从严治党。成立监察部并配备纪检监察专岗人员。配合集团公司党组第二巡视组完成入场巡视工作。开展党性宗旨集中教育和反腐倡廉教育11次、参加人数1137人次。组织开展党风廉政宣传教育月活动，分公司作品获总部中邮保险廉政诗歌朗诵比赛获三等奖，分公司获优秀组织奖。

6. 和谐企业。开展“关爱留守儿童”活动11次，送出“爱心守护大礼包”1000余份、图书近千册，设立爱心图书室2个，打造分公司“诚信+爱心”品牌。联动邮政企业，启动“保险普法知识进邮路”活动，向邮递段道覆盖社区，特别是农村地区客户赠阅《保险在我身边》丛书，推动保险知识进农村、进社区。（中邮保险　王淼龙）

【中邮证券江苏省分公司】

1. 经纪业务

截至10月31日，累计开户7.85万户，其中有效账户0.97万户，占比13%，在新设分支机构中名列第一；邮政储蓄银行第三方存管账户6.3万户；客户资产4.89亿元；累计成交金92.5亿元。开户数及托管资产均在新设分支机构中名列第一。累计开发两融客户13户，其中机构户1户，个人户12户。两融客户总资产720万元，两融授信额度1137万元，额度使用102万元。新增“金鸿小贷”客户356户，实现融出金额96万元；基金销售实现零突破。资管投行业务收入162万元（资管102万元，投行60万元）；资管业务存续规模约21亿元，金陵一号成功兑付本息；承揽承做两单“新三板”项目；协同常州市分行完成两个投行项目前期工作。

2. 发展措施

（1）邮银联动。全网资源共享方面，主要以邮银为中心，借力邮银活动开展契机，快速推动证券业务发展。沟通方面，一是公司负责人与省邮政、省分行主要负责人及分管总汇报并寻求支持；二是借助与省公司、省分行各级领导一同调研的机会，与地市分公司、分行负责人及分管总面对面交流，提高各地市对证券业务的重视程度；三是由分公司负责人带队一同至地市分公司及分行，以及多个县级单位等地开展调研积极推进经纪业务和资管业务发展，并取得良好效果。

（2）资产规模。通过开展证券交易知识培训、举办证券投资讲座等方式，引导和培养存量客户的投资需求。精准营销，促进存量客户资产回归，分析整理在中邮证券开户但资产在其他券商客户明细，作为地市营销的重点目标。

（3）培育高净值客户。通过客户走访、活动回馈等方式，增强有资产客户对中邮证券的忠诚度。通过“两融”及“金鸿小贷”等新业务的开办，利用此项产品价格低、效率高等特点，为现有大客户提供资金周转抓手并作为策反其他券商客户的有力抓手。

（4）资管投行业务发展。负责人牵头经多方面努力，与邮储银行建立良好有效的互动与合作机制。一是与省分行主要负责人及分管总汇报并寻求支持。二是派驻专人每周二、四定期赴邮储银行省分行合并办公，确保业务落地中邮证券。

（5）开发市县资管业务需求。资管投行人员赴南京、苏州、无锡等邮政公司进行业务宣讲，与各分公司金融业务局相关负责人就资管投行业务在当地的开展探讨思路，交换意见。资管投行部与各地市邮储银行持续交流，与金融市场部、公司部相关负责人探讨资管投行业务与银行现有业务的合作点，努力获取资管投行项目线索。

（6）渠道拓展。与宁波银行南京市分行、徽商银行南京市分行、南京银行等商业银行进行业务洽谈。资管投行部对原西南证券、兴业证券在办的投行项目进行梳理，并对辖区内的13家企业进行拜访。主动与无锡格林通安全装备有限公司、无锡美业机械制造有限公司等进行业务洽谈，并对上述企业进行初步的尽职调查。

（7）客户服务水平。为保证客户见证不排队，制定见证值班制度、见证高峰备岗制度、资料预审制度，各部门人员配合完成见证与审核工作，能够保证见证不排队，审核不积压。见证与审核环节发现的问题，均及时向地市联络人反映并明确相关要求，做到及时沟通，及时联系。

（8）客户服务效率。客户服务及见证效率是提升运营水平的重要工作。分公司根据邮政金融发展特点和经纪业务发展需求，对内部部门职责进行调整，将市场部和营业部柜面人员进行合并，专设板块联动岗。

（9）客户服务支撑。完成5.1万户的开户资料审核及整改工作。

（10）强化管理。对员工证券账户开户情况进行专项检查，对办公网员工 IP 和 MAC 地址进行确认和固定，在每台办公网上安装限制交易软件，确保每一台电脑都不能进行交易。

（11）综合协调管理。制定办公会议制度和重点工作督办单制度以及分公司日常行为管理办法。获准筹建中邮证券江苏分公司直属机关党委。按照江苏省工商局的要求，进行分公司三证合一工作；按照国税部门的要求，进行分公司营改增、纳税人实名认证以及纳税户三方银行国税关联工作。做好 ERP 系统上线数据准备、导入和校验工作。

（12）团队建设。通过集中培训、现场参观操作流程等方式，提升地市分公司证券业务主管业务能力，培养其为地市分公司的证券业务专业队伍。分公司要求资管投行团队注重日常工作中的专业知识积累，通过与合作机构的洽谈与合作逐渐完善专业知识体系，通过全程参与承揽的项目积累实践经验。（中邮证券　黄颖琼）

浙 江 省

【浙江省分公司】 业务收入 82.82 亿元，比上年增长 21.33%，实现净利润 7609 万元，比上年增长 796.23%。完成通信服务质量各项指标，服务质量综合满意度 86.1 分。

1. 业务发展

（1）金融业务。省分公司坚持将金融业务作为“头号工程”，持续深化客户经营、创新协同发展，提前 7 个月实现既定的“力争用两年时间、储蓄余额规模跃上 2000 亿元台阶”目标。代理金融业务收入 35.2 亿元，比上年增长 14.5%，余额规模 2162.2 亿元，新增 442.1 亿元，列全国第五。新增余额增长率列全国邮政第二、浙江行业第二。点均余额新增 3350 万元、列全国第二；累计实现代理保险系统内保费 116.7 亿元，其中，期交保费 19 亿元、列全国第四，中邮保费 20.5 亿元、列全国第三，中邮期交 9.6 亿元，列全国第二。

（2）包裹快递业务。收入 23.5 亿元，比上年增长 38.3%，收入规模列全国邮政第二。通过在网运投递能力建设上提前布局，聚焦重点区域和市场、主攻轻小件和省内件，力推省内和省际优势路线，进军电商配送市场。快递包裹收入 7 亿元，比上年增长 102%，业务量 1.1 亿件，比上年增长 237.8%，量和收均列全国第二。快递包裹业务量比上年增长 425.7%，是浙江省同行业同期发展速度的 8 倍，业务量列全国第一。日均出口量 60 余万件。国际小包收入 15 亿元，业务量 1 亿件，量和收继续列全国第二。

（3）农村电商。按照“五个结合”要求，与政府对接，提升农村电商平台运营质量，并通过开展“919”“年

7 月，浙江省临海市分公司通过邮乐购，利用线上线下优势，帮助果农卖桃 1 万多斤。（浙江省分公司 / 提供　冯珠 / 摄）

货节”等活动切入农村快消品流通领域，巩固邮政农村电商主渠道地位。建成商超型农村电商服务点 1.65 万个，进销存金额、代购订单量等关键运营指标列全国第一。批销金额（含农产品进城项目）2.1 亿元。4 月，中央财经领导小组办公室、中央农村领导小组办公室韩俊副主任、浙江省孙景淼副省长和集团公司李国华总经理一起调研绍兴、桐庐两地农村“邮乐购”店，对浙江邮政农村电商发展实践和邮政农村电商发展模式给予高度肯定。

（4）传统业务。省分公司在集邮业务发展上聚焦重大题材，开拓线上渠道，打好“G20 杭州峰会”和“丙申年生肖贺岁季”两大营销战役，收入 4.2 亿元，比上年增长 51.1%，增长率列全国第一。其中，G20 邮政营销项目的总销售额 2.1 亿元，创造集团公司会展类项目的销售纪录；报刊业务重点拓展校园市场，推动印广发、特色图书和微信订阅项目发展，使业务结构调整和发展方式创新落到实处，收入 4.9 亿元，收益率提升 2%；函件业务通过实施两个“千百工程”（“千万市百万县”函件传媒转型升级工程、“12+X”千百万级重点项目），加快向传媒型发展，收入 4.3 亿元；增值业务通过抓好短信业务和车险业务发展，收入 2.8 亿元。

2. 资源配置

（1）网运投递改造。以“够量直达”为原则，组开 42 条非省会中心局省际直达邮路（占全部省际邮路的 66.7%），实现全国 52 个重点城市提速；提升地市节点能力，在重点县域也加强能力储备。完成宁波、义乌互换局建设，支撑国际小包发展；推进投递专业化和农村投递中心支局管理，做好县域转运、分拣、投递“三合一”流程优化，建立陆运网质量考核体系，缩短全程时限，县以上城区“T+1”达到 95.7%。当日妥投率 95% 以上，投递质量进一步提升。全省 22 个市、县（市）分公司采取私车公助模式，实现以车换人、减员提速、提能增效。

（2）财务管理。完善以效益为导向的资源配置机制，

加大对“三个一把手工程”和网运投递升级的财务支撑力度，通过加强资金额度管控、尝试收取资源占用费等手段，引导基层树立资产效益理念；初步建立起业务驱动型预算管理模式；强化效益导向，通过绩效、工效等杠杆促进各级企业更加注重主营业务盈利能力；开展用户欠费专项整治活动，加强风险管控，提高收入质量；同时制定资产盘活管理办法，加强资产盘活，优化资产结构；深化ERP应用，有序推进全省集中核算工作。

（3）人力资源配置。加强对劳务承揽规范管理，合理控制劳务承揽人员规模，严格规范承揽费用列支；通过开展社会招聘，逐步解决“三个一把手工程”专业队伍建设所急需人员的配备问题；实施人工成本弹性预算管控，加强领导班子薪酬绩效管控，严肃薪酬分配纪律，规范人工成本提取发放管理；加大干部异地任职和跨地区交流，新增22名市、县分公司领导班子成员跨地区任职。

（4）审计监督和集中采购管理。加大审计力度，开展各类审计项目（包括财务收支、领导人员经济责任、管理专项及工程审计）315个，发挥内部审计对企业经营管理的监督评价、风险警示和支撑服务作用。完成全省性集采项目20项。

（5）安全管理和风险防控。严格落实安全生产主体责任，强化资金、邮件、信息网、消防、交通和员工安全管理；组织寄递渠道隐患大排查大整治、金融机构专项安全检查等专项检查活动；机要服务继续保持高水平，未发生失密丢损事故和用户有理由申告，实现质量安全“二十三连冠”。

（6）信息网建设。重点做好快递包裹省内时限监控、流量流向预警及辅助调度系统以及金融客户识别系统等信息系统的开发上线工作。初步建立省、市两级数据分析队伍，加强大数据挖掘与分析，为企业经营管理提供技术支持和数据支撑。

（7）平安护航G20。严格贯彻落实集团公司李国华总经理“严字当头、抓好落实，确保万无一失”的要求，确保峰会期间全省“零事故、零案件、零事件”。

3. 党风廉政建设

省分公司认真贯彻落实集团公司党组各项要求，加强党建和纪检监察工作机构建设和人员配备。一方面，制定和修订省分公司党组工作规则、“三重一大”决策制度暂行办法等20项工作制度。强化各级党组织书记履行党建工作主体责任。重视队伍建设，集中培训党组织书记240人、党务干部94人、纪检干部121人。认真开展“两学一做”学习教育，组织开展党员组织关系集中排查、党费收缴工作专项检查、基层党组织按期换届等工作。通过“党建+”主题实践活动，助推企业经营发展。评选“浙江邮政好党员”“浙江邮政好支书”，发挥榜样示范作用。另一方面，层层压实党风廉政建设主体责任和监督责任，制定贯彻落实《中国共产党问责条例》实施办法。扎实开展内部巡察和“四风”问题整治情况“回头看”，有力推进廉洁风险防控工作。探索监督执纪“四种形态”，尤其是第一种形态的运用，党员干部的纪律规矩意识明显增强。加大执纪审查力度，坚持挺纪在前，让纪律成为带电的高压线。

4. 和谐企业

省分公司完善工会帮扶救助长效机制，“两节期间”慰问员工3593人次，完成第11期全省邮政职工医疗互助保障会入会工作，1.77万名职工参加互助保障会，768名患病职工得到补助，补助金额507.7万元；建立异地交流人员关怀慰问制度，开展模范职工小家复查复验活动，举办第五届“信”文学大赛；举办各类培训班498期，培训2万余人次，首次完成针对全省1500余名支局长轮训，提升支局整体经营服务水平。同步开展网上专业培训34个，参加学习人数4.6万人次。省邮政培训中心被全国总工会评为“全国职工教育培训示范点”；全省获得8项国家级、省（部）级企业管理现代化创新成果奖。省邮政农村电商运营团队获得全国“工人先锋号”荣誉称号，文成县分公司玉壶支局和杭州市邮区中心局处理一局进口邮件处理小组被授予浙江省“工人先锋号”荣誉称号，并荣获10个省级青年文明号、3个青年岗位能手、1个浙江省万名好党员称号、1个G20峰会浙江省青年文明号、1个G20峰会浙江省青年岗位能手。（浙江省分公司　周静）

【邮储银行浙江省分行】 设有19个综合职能部门、2个直属单位，按行政区划设10个二级分行、55个一级支行，全辖员工7042人，本科以上学历5372人，占比76.29%。

1. 经营发展情况。资产规模2996亿元，增幅21.54%；实现自营收入59.12亿元，居全国第4位；实现考核净利润22.66亿元，保持全国第5位，增长12.93%；人均创利34万元、人均创收86万元；不良贷款率0.59%，为浙江省同业最优。各项存款结余2865.76亿元，比年初增长21.30%。新增存款503.16亿元，其中储蓄存款、单位存款分别净增475.33亿元、27.83亿元。各项贷款余额1671.99亿元，比年初增长29.06%。其中小企业贷款结余172亿元，净增20亿元，结余和净增均保持全国第1位，在温州召开全国经验推广会；贸易融资余额净增23亿元，客户新增居全国首位。实现中间业务收入5.80亿元，其中信用卡发卡20.45万张，消费金额比上年增长33%；电子银行客户规模达873万户，实现电子支付手续费收入1.43亿元，全国排名第1位，比上年增长349%；实现资产管理和托管业务收入1.35亿元，比上年增长419%。实现金融市场业务收入（含票据业务、同业业务、托管和资管业务）10.65亿元，保持全国第1位；收入占比18.05%，比上年增长3.26%。

2. 企业服务水平。（1）产品创新。推出或落地创新产品32项，其中14项为全国首笔落地。其中，美丽乡村农房建设小额贷款、司法拍卖房屋按揭贷款为全国首创；贸易金融成为全国唯一一家全面落地八大类贸易金融产品的分行。（2）联动发展。通过金融市场业务、贸易金融业务带动公司存款11亿元、理财资金5.5亿元。通过邮银协作，营销省高速公路联网收费资金结算项目，公司存款日均沉淀2.1亿元，并达成ETC项目合作意向。（3）网点转型。完成317家网点转型推广，建立基于客户服务的营销模式；全省第一家财富管理中心、全国第二家智慧网点落地杭州高新支行，离行自助银行数量居全国第1位，在杭州石桥支行试点建设轻型网点。（3）运营流程。集中授权覆盖全部网点，82个网点完成高低柜优化组合，实现资金汇划、代发工资业务等集中上收。（4）信息科技支撑加强。完成20个管理类项目和28个中间业务类项目建设，申请知识产权和著作权9项，获得总行级科技创新奖项5项。

3. 风险内控管理。（1）风险管理。完善对机构和部门的风险考核管理办法，优化考核指标，新增对二级支行的综合风险考核，落实"横到边、纵到底"的风险管理责任。明确20项针对性风险管控措施，推动一级支行全面风险管理责任落地实施。（2）资产质量。推行审慎发展、双线管控、分级预警、重点监控、量化分析、强力清收、常态核销、灵活化解等八大举措，处置不良贷款11.35亿元，是上年的1.48倍，全口径不良贷款清收金额8.69亿元，居全国第1位。（3）合规管理。开展"内控达标年"活动，制定和修订制度141份、废止35份，发布风险提示12篇，按"两个办法"处理2253人次。在全国率先上线推广合规管理系统。（4）安全保卫。建成2家总行级和21家省行级安全管理标准化达标网点。完成护航G20峰会银行安保工作，省分行和绍兴、丽水市分行获G20杭州峰会安保工作成绩突出集体。

4. 内部管理。（1）资产负债管理。坚持资产负债匹配发展理念，加强存贷联动考核，新增存贷比86.05%；完善利率定价机制，上线产品定价管理系统，贷款利率水平与全国平均差距较上年缩小9BP。（2）授信管理。推进信贷能力提升工程，在一级支行组建信贷管理团队，开展授信政策调研和行业分析，完成浙江全辖、特色小镇和民营及中型企业授信政策调研报告。（3）财务管理。构建省、市、县、网点四级机构目标同向、方法趋同、指标可比的绩效考核体系，清晰传导效益导向；规范采购行为，完成采购项目167个，签订合同193份。10月购置位于杭州市钱江新城的明珠国际6号楼作为浙江省分行新的营运场所。（3）人力管理。调整组织架构，组建营运中心、大客户中心、托管业务中心、软件研发中心，纪检监察部调整为监察部，在市县分支行试点综合营销中心；实施员工评价和晋升工作，超过2000名员工实现职级或星级晋升；出台统一的客户经理绩效考核指导意见，强化绩效薪酬的效益导向。

5. 企业文化。（1）社会影响提升。浙江省分行被浙江省政府授予"支持浙江经济社会发展先进单位一等奖"荣誉称号；下沙支行行长沈科、嵊州支行行长商建平被评为全国邮政金融"金牌支行行长"；邮储银行义乌支行营业部荣获"2016年度中国银行业文明规范服务五星级营业网点"称号；省分行公司部郭峰琪被评为全国金融青年岗位能手。（2）党建基础。深入推进"两学一做"学习教育，全辖安排党员干部专题学习137次，参与学习党员干部4979人次；做实"强基固本"建设工程，12家党支部参建达标，萧山、海宁支行党支部以百分成绩通过总行验收。（3）群团工作。组织劳动竞赛12项，开展评选表彰活动3次，建成合格职工小家307家，省级"妈咪暖心小屋"12家。（邮储银行　马静）

【速递物流浙江省分公司】 业务总收入30.8亿元，比上年增长20%，规模居全国第3位；业务量2.33亿件，规模居全国第1位，比上年增长45.75%。

1. 国内基础标准快递。EMS成为省政府"互联网+政务服务"唯一快递服务提供者。房屋权属证明、纳税证明、行驶证补换和驾驶证补换、会计从业资格证书等"网上申请、快递送达"服务项目上线。12月31日，二代身份证便民率提高到30%，净增收入750万元。开发中石化、电信、移动等增票项目。25+X重点项目收入2.24亿元，比上年增长30.9%，对传统标准快递的增长贡献率108.3%。全省国内基础标准快递业务收入4.76亿元，比上年增长11.4%。

2. 国内电商业务。仓配"336840"项目签约上线55个，其中366万以上17个，开发完成率114.5%；开展贝因美、老板电器、红蜻蜓、雅戈尔等"全景供应链"服务合作，收入6111万元；上线云仓项目6个，完成15个省份云仓建设并覆盖全国范围。拓展与菜鸟平台合作，全国菜鸟配送总控项目组落地浙江省。实现电商业务收入11.56亿元，电商业务量1.65亿件，比上年增长55.8%，量、收均列全国第一位。仓储面积31.5万平方米，总面积全国第一。

3. 国际业务。国际业务总收入11.15亿元，比上年增长40.31%。宁波、义乌互换局建成投产，杭州、温州互换局扩建增能，杭州、宁波商业快件运营资质获批。海外仓及跨境规模客户发展迅速，开发跨境规模客户2059家，全年实现国际e邮宝收入8.5亿元，比上年增长64.6%。海外仓有效客户38家，收入123.73万元。

4. 运营能力。宁波、义乌国际互换局和台州新处理中心投入运营。全省进出口速递邮件3.41亿件，以占全国8.13%的员工，处理占全国12.28%的邮件。处理、运输、投递能力常量从上年60万件/天，到100万件/天。特别是“双十一”期间，连续三天出口量300余万件，进出口业务量峰值400余万件，整体运行平稳有序，主要时限指标处于全国前列。

5. 时限及服务质量。“五项重点指标”中标准快递、快包各环节逾限率比1月分别下降4%—22%，重点城市标准快递、快包、省内互寄时限T+1及时妥投率分别为85.58%、93.91%和90%。形成“11183+主动客服+生产机构”的问题邮件处理及质量控制体系，全省主动客服协议客户492户，比上年增加115户。问题邮件理赔及时率100%。

6. 试点推广“众创众享、众包众筹”机制。全省出台“众创众享”实施方案和分配机制，确定“A+X”试点推进单位46个，其中三类县分公司23个，经营部、电商专线、处理中心处理成本及车辆装载率项目等特色项目23个。其中，以义乌为试点的电商专线采用“众创众享”与“众包众筹”机制结合的方式，实现创收、降本、提速、增效。全省电商专线32条，义乌电商业务量增幅300%。电商专线模式向全国推广。

7. 人员结构。全口径用工总量10794人，百元人工成本投入产出效能高于全国平均水平11.59%。一线员工占比比上年增长2.37%，劳务用工占比6.39%。（速递物流　蔡瑋）

【中邮保险浙江省分公司】 设有综合部、党委党建工作部、监察部、市场部、营运管理部、计划财务部、风险与合规管理部、信息技术部、营业部等9个职能部门，员工69人，其中硕士研究生学历18人，同行引进13人，46人获得寿险管理师等中高级资质，持证率66.7%。实现总保费27.74亿元，排名全国第3位，比上年增长5.19%。其中新单保费21.64亿元，列全国第3位。完成期交保费9.79亿元，排名全国第2位，比上年增长115%。在浙江寿险市场占有率2.98%，排名行业第9位。

1. 转型升级。（1）期交业务。全省期交占新单保费45.34%，超过全国平均9%，比上年增长24%。期交点均产能71.2万元，列全国第1位。累计续期保费收入6.1亿元，比上年增长47%，列全国第2位。设立“六一”节、端午节、父亲节三个爆破日，刷新单日长期险保费记录，6月1日150余万元，6月30日接近400万元。完成长期险保费9412万元，列全国第2位。（2）自营业务。实现团险保费收入738.63万元，比上年增长24.5%。其中，直营渠道累计收入保费645.49万元，中介代理渠道累计收入保费93.13万元。实现团体意外保险收入273.63万元，团体健康保险465万元。推进团险兼业试点，开发12家系统外客户，实现保费收入11.1万元。

2. 专业能力。（1）培训支撑。研发产品类、营销类等6个维度58个培训课件，组织中邮保险局局长、理财经理、中级内训师等培训227场，培训人次1.73万人。协助基层举办98场大型客户答谢会，实现期交保费8243万元。联合省邮政分公司在杭州、台州、萧山、余杭等地开展财富中心建设，强化理财经理队伍管理。在第二届中邮保险“星火传递杯”讲师技能大赛上，分公司2人获讲师组“十佳明星讲师”，绍兴、萧山中邮保险局2人获内训师组“十佳明星讲师”，3人荣获“十佳课程制作奖”。（2）营运支撑。营运指标控制良好，犹撤率（5.19%）、保全两日结案率（96.21%）、续期业务达成率（97.21%）、亿元保费投诉件数（0.11件）、理赔服务时效（2.43天）优于全国水平。一是打造客户信息真实性长效机制。对市县客户信息真实性管理工作进行检查，抽检保单27540份，抽检比25%，远高于10%的监管要求。对客户信息不真实及回访不成功的保单，缓发委托管理费。二是平稳度过集中退保和首个满期给付高峰。派发满期金1.76万件，金额3.5亿元，未发生一起因满期给付而引发的客户投诉及群体性事件。三是加强续期管理。优化流程，创新开展收费前提醒，宽末前催告等工作，宽末达成率97.21%，高于全国平均水平。四是提升回访质量。联手11185，二访27208件，提升回访成功率25.4%，二访支撑量排名第五。五是开展重点客户、满期客户维护活动。借助全省邮政大走访契机，走访客户6万人次。服务个银理赔客户311位，给付金额838.5万元；服务团险理赔客户50位，给付金额334.2万元，理赔五日结案率99%。（3）信息支撑。自主研发业务管理平台，为基层提供保单信息查询、续期处理、满期查询等基础服务。开办分公司微信公众号与人力资源论坛，定期发布最新保险资讯和营销技巧，打造业务信息传播交流平台。

3. 经营风险。对31个中邮保险局、68个代理网点开展现场合规检查和帮扶，下发违规整改通知书17张，对22人违规积分处理。抽检承保档案1422份，确认问题件263份，处理责任人197人，累计经济处罚11450元。对全省业务关键风险指标进行监控，下发17份预警风险提示函。组织合规培训6次，参训398人次，培训时长24小时。

4. 企业管理。（1）财务管控。实时监控成本费用开支进度，优化费用开支结构，强化预算管控，为期交业务发展与基础能力建设提供财务支撑。以总公司绩效考核办法为导向，推动以新业务价值为核心的绩效评价体系落地，对财务指标进行重点管控，推动全年绩效考核各项指标完成。做好营改增后税务管理工作，实现财务工作平稳过渡。（2）人力资源管理。出台《领导人员选拔任用纪实工作实施办法》等制度，严格选人用人程序。组织关键岗位人员轮岗，多形式加强员工教育培训，组织培训86场，课时1800余小时，参训人数1600余人次。分公司46人取得寿险管理师等中高级资格证书，占比66.7%。

5. 党建工作。（1）党建的工作。制定党委理论中心组学习计划，召开中心组学习12次。开展“迎‘七一’、谈党建、两学一做”主题征文活动，参加总公司评选，1篇获一等奖，1篇获优秀奖。推进党组织建设，进行党总支换届选举，并对各党支部进行调整。开展2015年度优秀党员评选工作，评选出3名优秀党员。做好入党积极分子培养、预备党员接收和转正工作，发展党员1名。（2）纪检监察工作。增设监察部，与纪委合署办公。认真开展党风廉政责任制检查、“四风”问题整治情况“回头看”等重点工作。开展廉政谈话，约谈中层以上领导45人次。组织开展廉洁风险点排查，排查风险点89个，制定防控措施202条。开展党风廉政宣传教育月“七个一”活动，党委书记、纪委书记带头讲党课，强化纪律规矩意识。开展廉政诗歌朗诵比赛，报送总公司3个作品，分获二、三、四名，分公司被评为优秀组织奖。（3）和谐企业构建。召开一届一次职工大会和一届二次全委会议，通过绩效考核管理等办法，签订工资集体协商协议。开展“猜灯谜、庆元宵”以及气排球等活动，丰富员工业余文化生活。企业氛围保持良好，2人获得中邮保险“青年标兵”，1人获“优秀营销员”，1人获“保险业岗位学雷锋先进个人”，1人被省直机关党委评为“先锋党员”，员工创作的《启航吧，中邮保险》获中邮保险“最美瞬间”摄影比赛一等奖及中国邮政120周年摄影相机纪实类银奖。（中邮保险　王森龙）

【中邮证券浙江省分公司】 4月22日，中邮证券浙江省分公司成立。设有综合部、市场部、资管投行部、运营风控部四个部门。在岗员工13名，其中邮政企业划转12名。员工平均年龄33.2岁，均具有本科以上学历，具有硕士学位6人，占员工总数的46.2%。证券账户总规模73390户（绑定邮储三方账户61380户），有效户（邮券通口径）1901户，托管客户资产总量1.37亿元，各项指标均位列同期开办分公司前茅。

1. 账户数量增长。一是抓好协同发展。以邮储银行第三方存管上线为契机，结合全省金融跨赛开展“三方存管+中邮证券开户”专题劳动竞赛。二是抓好客户服务。建立多个客户群用于工作沟通和业务咨询，并每天安排人员值班答疑；加强客户分层、分类管理，为大客户提供个性化服务。建立邮政公司联络人制度，进一步明确责任，保持沟通顺畅。三是抓好业务培训。加强内部培训，参加总部和地方证券业协会组织的培训；以电视电话会议的形式开展数期“中邮证券开户专题培训”，做讲解与布置开户各重点环节；4月、10月针对全省证券业务协同管理员举办两期证券业务专项培训，提升证券协管员证券认知水平；分别在杭州、宁波、舟山等地开展主题为中邮证券账户开户常见问题解析及市场营销的专项培训；借助全省各单位金融管理员、网点工作人员集中培训机会，宣讲中邮证券发展战略意义及发展规划。

2. 提升账户有效性。在抓数量的同时，重点逐步由账户数量向账户质量转变，加大对“有效户”的考核占比，促使激活闲置账户，挖潜邮政员工中和用邮客户中的潜在资源，服务维系好现有有效客户，推动有效户的提升。逐步实施“协同开户加自主开户”两手抓的发展举措，增加主动性，把好开户关，有效提升有效户占比和托管资产总量。

3. 资管投行业务。分公司领导多次走访邮储银行省分行、上市公司等业务单位，加强与邮储银行洽谈，通过协同发展，实现资管业务的突破；利用自身人脉关系跟踪对接多个资管投行项目。

4. 运营体系。在总部团队的精心指导下，梳理岗位职责、工作分工、业务流程，对全体人员进行规章制度、业务流程、合规管理、基本业务操作等方面的培训。初步构建柜面业务、网上见证、开户资料审核、开户资料抽查、客户回访、基层业务推进等流程为主的分公司基本运营体系。

5. 合规风控。高度重视合规风控工作，不断加强风险管理，时刻强调合规经营。一是认真组织学习各项合规风控制度，不断强化认识，增强意识。二是开展浙江省证监局、中邮证券总部布置的证券分支机构全面合规自查，对柜面业务、营销管理、信息系统等六个方面进行全面梳理，查找存在的问题并及时整改到位。根据《中邮证券公司反洗钱内部稽核通知》要求，对开业以来的反洗钱工作进行全面梳理，开展客户身份识别、客户资料及交易记录保存、反洗钱培训及宣传等工作。三是全面强化日常合规和风险管理工作，加强合规风控指标的监控分析，做好对各项新业务的合规分控要求的学习和风险排查。

6. 内部管理。过渡阶段财务管理执行省邮政分公司的制度要求，各项费用按照预算进度实施。分公司财务顺利完成建账、税务“营改增”改革、集团公司“ERP系统”上线切换等工作。人力资源管理方面积极配合总部人员招聘，为新员工及时办理入职手续，认真组织各类培训。

7. 发展劳动竞赛活动。2015年12月1日—2016年4月30日，针对各市分公司，开展个人客户第三方存管暨中邮证券跨年度营销竞赛活动，要求活动期间新签中邮证券第三方存管账户开户3万户，其中有效户1万户。截至4月30日，全省第三方存管暨中邮证券总开户数26002户，实现资产总值4646万元，总开户数完成率86.7%。其中，证券有交易户3304户，完成有效户1988户，有交易户占比12.7%，有效户占比7.6%。其中，完成跨赛开户目标的地区分别为：舟山、绍兴、湖州、台州、丽水。有效户目标完成率列全省前列的地区分别为：衢州、丽水、台州。

针对各市、县（市、区）分公司，开展全省邮政第三方存管暨中邮证券发展劳动竞赛，评选出发展优胜地区：衢州、丽水、绍兴、台州、金华（不含义乌）、舟山等6个；评选出发展优胜单位：丽水庆元县、衢州市本级、丽水遂昌县、丽水景宁畲族自治县、绍兴新昌县等17个；评选出业务明星：长兴县分公司王小青、建德市分公司王向红、青田县分公司康鹏、磐安县分公司陈红萍、遂昌县分公司谢森龙等30名。

5月1日—12月31日，针对各地市分公司、义乌市分公司，开展全省中邮证券第三方存管“抓契机、提效益”专项营销活动，要求二季度末全省累计开户数4万户，其中有效户0.2万户；三季度全省累计开户数5.5万户，其中有效户0.9万户；四季度全省累计开户数6万户，其中有效户1.5万户。发展争先奖评选中，资产排名前三位的地区为：丽水、金华、绍兴等市；有效户提前完成排名前三位的地区：舟山、丽水、台州等市。

10月8日—12月31日，为提升证券交易的技能与水平，针对全省邮政员工和中邮证券客户，开展“中邮证券股王擂台赛”模拟盘炒股大赛。全省585人参赛，根据总体收益率进行排名，评选前10名为“高手奖”。（中邮证券　黄颖琼）

安徽省

【安徽省分公司】 业务收入54.61亿元，列全国第10位，比上年提升2位；比上年增长18.57%，列全国第3位，比上年提升3位，增长率高于全国优秀水平1.4%。完成集团公司预算进度109.28%，列全国第3位，比上年提升4位。

1. 收入规模

邮政基础业务收入12.87亿元，比上年增长7.58%。代理金融业务收入36.92亿元；中邮期交保费3.08亿元，比上年增长75%，提前3个月完成发展目标。包裹快递业务收入4.81亿元。电子商务、代理金融、包裹快递专业收入增长率分别为34.12%、17.68%、71.93%，分列全国第1位、第2位、第3位。12个市分公司、51个县分公司收入增幅超全国优秀水平，市分公司全部完成卓越档目标。用户满意度测评85.85分，高于集团公司考核目标8.85分。未发生重大安全生产事故、重大资金案件和机要通信安全事故。

2. 能力建设

能力建设投入8.02亿元，改造营业网点266处、购置9处、翻建52处，设立自助银行87处。改造生产场地63处，其中电商仓储25处、6万平方米；新建综合生产楼3处、1.9万平方米。新建邮件处理中心、电商推广中心、仓储中心9处，2.1万平方米；淮南包裹快递场地、六安邮件处理中心征地123亩，为客户提供仓配增值服务。更新购置金融机具、营投终端设备等。改变单一投资主体管理模式，实行省市两级投资主体；改变利润目标管控模式，实行利润目标以内全额上缴、超额利润分成的分配制度；加强绩效考核导向，首次引入利润和收入目标摘档考核，增加预算偏离度考核；建立服务质量挂钩机制，将普遍服务特殊服务补贴与服务质量挂钩、网间结算与实物网运行质量挂钩；优化用工配置机制，建立市场化用工配置机制，新增455人重点支撑代理金融、包裹快递、农村电商等发展；做好产品供给侧改革，以“引智买智”模式，引进文化创意机构，建成135家主题邮局，围绕六尺巷、章氏家训等特色资源，开发和引进2000多款主题文创产品。推出联动发展的组合产品，开发“生肖明信片＋邮票台历”“专享定制服务套餐”等组合产品，塑造差异化竞争优势。“生肖贺岁主题存单”带动新增存款12.9亿元，旺季期间金融服务套餐拉动存款220亿元。推出全员参与的微营销，依托“邮你邮我”微信平台，搭建“微商城＋微店＋兼职营销员”的线上销售平台，促进邮政业务链式发展。订单累计8.11万笔，销售额1250万元。推出全业务链的“ETC邮惠宝”，形成“车驾管引流客户、车险业务承担成本、增值服务创造利润”的盈利模式。会员31.5万人，金融总资产79.3亿元，沉淀活期余额10.6亿元，拉动邮务类业务收入8540万元、车险手续费收入810万元。推出基于订单的分销“定时递”模式，成功运作桃李满江淮、红心猕猴桃等10余个项目，销售农产品50万斤，销售额3000万元，助力精准扶贫。

3. 发展创新

（1）邮政基础业务。推进“互联网＋邮政”，形成以邮政服务、文化传媒、政务代办、电商寄递等为一体的综合产品服务体系。函件专业深化与传媒融合，打造“政讯通＋互联网新媒体＋活动媒体＋纸媒”为一体的综合媒体服务平台。提前2个月完成集团公司预算目标。报刊专业深化数据发行，融入全民阅读，强化融合发展，精心塑造文化品牌。私费客户有效开发，图书项目连攀新高，校园报刊高位增长。提前13天完成2017年度报刊大收订流转额计划，获集团公司贺电嘉奖，校园报刊、畅销报刊均居全国前列。集邮专业坚持文化引领，完善营销体系和内外部渠道，提高产品开发、渠道拓展等六种能力，收入规模和质效双提升。2016生肖贺岁季、集邮文化季、形象宣传年册和2017新邮预订累计收入2.4亿元，比上年增长25%。分销专业以市场需求、客户体验为导向，推进专业联动。引进省内外知名品牌，丰富产品体系。创新微营销、邮掌柜批销等营销方式，实现线上线下有机结合。销售收入4000万元，比上年增长30%。电子商务专业加快外部合作，强化渠道和平台支撑，促进转型发展。非短信业务收入7743万元，比上年增长181.31%。机要通信专业开展“机要员工素质提升年”“专项定点检查”活动，连续26年质量全红。

（2）代理金融业务。紧抓储蓄存款的根本，变单一业务竞争为“多业务组合、多服务手段整合”的链式营销，实现低成本高效发展。在金融旺季营销活动中，净增余额409亿元。在集团公司2015—2016跨年度旺季营销活动中，取得第2组第1名。

（3）包裹快递业务。以提高市场占有率为目标，对标行业，提升品质，推进由“单一寄递服务商”向“综合寄递服务商”转型。“双十一”期间，揽收快递包裹227万件，列全国第7位。

（4）农村电商工作。以县域物流网建设为核心，整合农村物流网和投递网，加快“两中心一站点（县运营中心—镇运营中心—邮乐购站点）”建设。牵头建设共享开放的县域物流平台，加快与快递物流公司合作，主导县城至乡镇村的快递包裹运输、寄递和投递工作，助力“快递下乡工程”。主动参与电子商务进农村综合示范县建设，完成17个全国电子商务进农村综合示范县（市）建设（全省21个示范县），占比85%。

（5）客户基数。依托个人营销、资产到期提醒、业务数据报告和可视化数据分析等系统，实现客户数据化管理。金融非零客户净增93.77万户。以标准快递客户失效激活、国际小包直客试寄、劳动竞赛、“单报刊客户1+1”等活动，新增快递包裹客户853个、有效短信用户268万户、报刊客户9.3万户、新邮预订户1.32万户、近6000个函件政务类客户回归。万元以上大客户1.43万个，比上年增加1135个；大客户用邮7.73亿元，比上年增长25.08%。

4. 平台化建设

（1）渠道平台建设。打造O2O综合便民服务平台，塑造服务民生的主渠道、电商产业的新入口和公共投递的服务端。自有渠道效能有力提升。金融标准版转型网点点均净增金融总资产4612万元、净增余额4021万元，分别较非标准版网点高46.46%、48.65%。合理安排金融网点调整迁址和纯邮政营业网点布局，增配ATM/CRS、智能包裹柜等自助设备，确保服务不降低、市场不减少。统一社会渠道模式，叠加交管、安广、税务等业务，整合“N站合一型”站点1.8万个，占比85%。警邮合作试点推进，六安市分公司率先建成警邮便民服务站，提供16项车驾管服务。

（2）信息化建设。转变“业务牵头、技术支撑”理念，以技术引领业务发展。以ATM替代柜面资源、金融网点效能等27项数据分析，开发ETC邮惠宝及服务套餐管理系统。开发金融VIP客户服务套餐、邮掌柜金融转介等46项系统，自主开发能力持续增强。高清视频会议系统投入使用，“智慧投递”“快递包裹自动称重预处理”等系统加快建设，完成视频监控中心联网工程，智能化水平稳步提高。

5. 精细管理

（1）财务管控。一是资金管控长效机制初步建成。制定营收资金管理办法和管理模板，通过专项检查、定期分析、按月落实，实现闭环管理。二是资产周转速度持续加快。制定并实施应收账款年度控制目标和邮资票品管理办法，应收账款和集邮品周转速度分别加快12.5%和3.1%。三是税收管理。争取到全业务汇总纳税政策，降低企业税负。四是市公司历史债务负担减轻。减免市分公司邮电分营遗留借款、储蓄924账户清理借款等债务1.34亿元。五是集中采购管理。实施年度集中采购计划，采购效率和效益不断提高，节约资金1616万元。六是投资管理。实行季度能力建设计划与年度能力投资预算相结合，增强投资的计划性。加强服务“三农”补贴项目管理，确保合规使用。

（2）人力资源管理。一是人才支撑。完成初级人才评价选拔、成熟型人才引进、大学生校园招聘等工作，为企业发展提供智力支持。二是用工管理更加规范。929名老B类合同用工调整为A类合同用工。三是人工成本。根据经营发展情况动态配置人工成本，实现“五统一”。四是教育培训。出台三年教育培训滚动规划，开展安徽邮政高管、经营副总培训，持续强化“双周培训”，组织职业技能鉴定和揽投员大赛等活动，队伍整体素质和履职能力不断提升。五是跨省交流。与山东、江苏、天津、河北等省分公司组织83人次交流学习。

（3）安全保障。一是安全生产管理持续强化。严格落实安全规章制度，加快安防设施建设，加密隐患排查整治频次，安全保障作用更加突出。二是金融风险防控更加严密。建立省市县三级合规管理委员会，全面落实五级岗位检查机制，配备专职检查员150人。合规管理系统和集中授权系统全面推广上线，开展综合检查和整体接管式突击检查。强化制度执行和检查整改问责，风险管控能力有力提升。

（4）服务质量。完善服务质量管控机制，加大县公司服务质量管理。落实首问责任制，投诉处理及时率、投诉用户回访率均100%。持续开展微笑服务活动。未出现重大用户有理由投诉和新闻媒体曝光事件。

（5）审计工作。开展财务收支真实性审计、经济责任审计、电商专业资金审计等。开展审计和审计调查600项，审计总金额55.67亿元。工程审计582项，工程送审金额2.07亿元，综合审减率17.67%。

（6）企业关系。深入开展中国邮政企业文化体系和“五四四”宣贯工作，通过宣传海报、专题片、演讲比赛、征文比赛等，及时传播正能量。召开职工代表大会，民主管理工作进一步夯实。

（7）先进模范。省公司连续荣获五届“安徽省文明单位”称号、三届“安徽省文明行业”称号。所辖的芜湖市分公司荣获安徽省“五一劳动奖状”，滁州市分公司荣获“全国用户满意企业先进单位”。宣城、芜湖市分公司和临泉县分公司荣获“安徽省劳动竞赛先进集体”。培育出2名全国“五一劳动奖章”获得者，2名安徽省“五一劳动奖章”获得者，1名“安徽省优秀共产党员”获得者。

6. 党建工作

（1）思想建设。深入学习贯彻党的十八大和十八届三中、四中、五中、六中全会精神及习近平总书记系列重要讲话，推进“两学一做”学习教育，开展纪念建党95周年暨“一先两优”表彰、“讲看齐、见行动”学习讨论等活动，建立机关联系基层、党员联系群众的“双联”机制。

（2）组织建设。修订完善“三重一大”、党风廉洁建设责任制等8项制度，出台党建工作领导小组工作规则，开展基层党组织书记抓党建工作述职评议考核。落实党的工作机构、纪检监察机构和人员编制。全面完成中央专项巡视反馈问题整改任务。信访量比上年减少47%。

（3）队伍建设。完善领导人员管理规定等8项制度，开展廉洁谈话，约谈221人次。首次开展市级单位纪委书记向省公司党组纪检组现场述职述廉。

（4）作风建设。开展“四风”问题整治“回头看”，严肃执纪问责。出台省内系统间公务活动禁酒规定。以“廉洁皖邮”“纪检监察”微信平台，定期推送廉洁提醒信息。开展警示教育158次。严肃查处违反中央八项规定精神问题3起，处理8人。（安徽省分公司　魏薇）

【邮储银行安徽省分行】 下辖16家市分行，62家县（区）支行，网点1762个，员工7506人。资产总额3711亿元，增加581亿元，增幅18.57%，负债总额3698亿元，增加578亿元，增长18.53%；实现营业收入48.56亿元，比上年增长8.6%。各项存款余额3584亿元，净增563亿元，净增市场占有率8.83%，居同业第3位，各项贷款余额1219亿元，净增416亿元，净增额居全国第4位、同业第3位，净增存贷比74%。

1. 负债业务。（1）个人存款业务。借记卡结存发卡量2959万张，个人储蓄存款余额3121亿元，增加447亿元，增长16.74%；全省个人存款余额市场占有率16.55%，净增量市场占有率24.28%，均列全省同业市场第2位。（2）公司存款业务。公司存款余额464亿元，增加115亿元，增长33%。

2. 资产业务。（1）个人贷款业务。个人贷款余额788.51亿元，增加218.38亿元，增长38.3%。其中，小额贷款余额78.92亿元，年净增5.53亿元；个人商务贷款余额129.26亿元，年净增 –12.27亿元；个人消费贷款余额580.33亿元，年净增225.12亿元。（2）小微企业金融业务。推动“政银担”“医院贷”“联动分保”等重点产品发展，余额全国排名比上年前进一位。率先开发小企业法人客户综合收益评价系统，增加收益1000万元。全行小企业法人贷款结余72.55亿元，净增1亿元。（3）公司贷款业务。公司贷款余额123.9亿元，增加29.85亿元，增幅31.73%。棚户区改造、水资源治理、路网建设等表内外融资项目取得重大突破，公司贷款新增授信714.85亿元，授信余额1035亿元。救灾贷款和公积金流动资金贷款成功落地。（4）票据业务。票据贴现业务品种不断丰富，贴现规模378.75亿元，增加316.12亿元。（5）福费廷业务。包买福费廷业务全年累计放款73.2亿元，净增39.21亿元，15家市分行实现破零。

3. 中间业务。（1）理财业务。理财产品个人和机构合计销售585亿元，列全国第2位。理财投资项目实现新突破，向总行推荐并获批项目22个、金额86亿元，落地放款54亿元，铜陵、合肥、芜湖、淮北四家分行表外融资额均在5亿元以上。（2）信用卡业务。信用卡存量卡59.48万张，消费金额169.07亿元，比上年增长35.08%；取现金额4.27亿元，比上年增长33.92%；分期金额6.02亿元，比上年增长43.92%，期末透支余额16.58亿元。（3）代理业务。累计办理代收付金额897.37亿元，比上年增长8.59%。代理新单保费124.59亿元，代销基金有效销量0.35亿元，代销国债3.72亿元，实物贵金属线上销售1787.41万元。（4）电子银行业务。新增手机银行客户67万户，增长率37.8%；新增个人网银客户54.8万户，增长率23.76%。电子银行交易替代率84.4%，比上年增长7.7%，电子渠道销售理财产品310亿元，占全渠道销售量94%。“掌柜贷”全年累计放款122笔、金额242万元。试点移动展业，利用移动展业申请贷款182笔，金额4837.7万元。

4. 信息科技。完成移动展业、产品定价、营改增、合规管理等十余项总行统建系统推广上线；完成小企业综合收益评价、机构风险审计、他项权证管理、理财双录等一批省内自建系统开发上线工作，发挥信息科技支撑促进作用。

5. 风险内控。（1）风险管理。构建重点风险监测预警机制，对小企业贷款、个商贷款等重点产品进行专项预警。建立重大风险问题化解督导机制，指导帮扶化解重大风险问题。统筹做好客户投诉和声誉风险管理，客户投诉处置和舆情化解合计成功率98%。创新清收模式，在现金清收基础上，探索抵债资产处置、委外清收等多种手段，清收不良贷款 4.92 亿元。（2）内控案防。落实银监局“两个加强，两个遏制”“回头看”和总行“内控达标年”活动要求，重点排查信贷、票据、理财和代销等重点业务领域，梳理问题整改率 96.07%。组织内控知识“千人测”活动，累计 35612 人次参加，举办案防培训 23 次。加大网点合规检查力度，开展 13 次“空降部队”整体接管式检查。落实“安全保卫能力提升活动”要求，推动网点达标建设工作，马鞍山市国际华城支行和黄山市黄山东路支行顺利通过总行网点达标验收。（3）内部审计。首家自主建设“机构风险审计系统”，实现对机构总体风险程度量化评价。全国率先开展“三重一大”决策后评估工作，为提升全行科学化决策水平提供重要参考。持续加大专项审计工作力度，完成 21 个审计项目，审计金额 29.73 亿元，发现问题 809 个，提出审计建议 246 条。

6. 党建工作。深入开展“两学一做”专题教育活动，扎实推进专题讲座、党委书记讲党课、中心组政治学习研讨、党支部“三会一课”、参观警示教育基地活动，提升全行各级党员干部“四个意识”。强化廉洁风险防控工作，省分行本部梳理廉洁风险点 95 个，制定完善措施 129 项。强化纪律审查工作，“四种形态”得到有效运用，干部廉政意识和群众满意度显著提升。开展一系列送温暖活动，慰问帮扶困难职工 290 人，发放慰问金 78.15 万元。（邮储银行　马静）

【速递物流安徽省分公司】 业务总收入 7.48 亿元，列全国第 11 位，比上年上升 2 位，比上年增长 23.2%。

1. 国内标准快递业务。标准快递业务总收入 3.19 亿元，比上年增长 25.5%，增幅居全国第 3 位。其中，7 月、8 月、9 月增幅连续 3 个月保持全国第 2 位，10 月居全国第 3 位，连续 4 个月增幅保持在 35% 以上。

2. 电商业务。按照“专线 + 仓配”的发展思路，快递包裹业务量 502 万件，比上年增长 5%。增加仓配项目 13 个，在线运作项目 23 个，业务收入 1314.27 万元。开通电商专线 10 条，居全国第 2 位，专线营销初具成效。

3. 国际业务。围绕“建团队、找项目”的发展思路，业务收入 1.03 亿元，比上年增长 59.4%，列全国第 7 位。实现标准快递收入 1212 万元，比上年增长 25.73%，列全国第 2 位。

4. 物流业务。按照“找项目、建团队”的发展思路，实施“一个平台，三大战区”发展战略，物流业务收入 1.92 亿元，比上年增长 11.84%。围绕区域重点行业，发挥中心城市示范带头作用，带动物流业务全面发展。全省组建 85 个物流团队，运作百万元级以上规模合同物流项目 39 个，收入占比 90% 以上。

5. 邮速联动。省各级单位按照包裹快递业务改革要求，聚合邮速资源，共同提高市场占有率和服务品质。邮

安徽合肥国际邮件互换局。（安徽省分公司 / 提供）

速双方快递市场占有率 15.7%，业务收入增长率达行业平均水平。开展“找敌人、送亲人”活动，实行错位经营。

【中邮保险安徽省分公司】 总保费收入实现 9.8 亿元，规模排名全国已开业省分第 13 位，完成全年预算的 102.8%；在安徽寿险市场占有率为 1.83%，保费收入在全省 37 家寿险公司中列第 13 位；被中国保监会安徽监管局评为 2016 年度分类监管 A 类机构，被人民银行合肥中心支行评为 2016 年度反洗钱 A 类机构，荣获第二届中邮保险业务技能大赛团体三等奖。

1. 经营转型。（1）期交新单业务。期交新单保费实现 3.34 亿元，其中价值型期交（不含财寿嘉）保费 2.96 亿元，比上年增长 59.5%，完成期交年度预算的 108%，进度排名全国第 7 位；10 年期及以上期交保费 500 万元。（2）续期和团险业务。组织开展续期业务竞赛和客户联谊活动，多措并举推进续期业务发展。借助呼叫中心、微信和短信平台，增加电话催收和短信通知频次，提高续期达成率和继续率指标。开展效力中止保单清查，常态化逐单追踪，复效 1397 件，完成续期收费 5.1 万件。续期保费实现 2.6 亿元，完成全年预算的 101.6%。承接安徽省分公司、速递物流安徽省分公司的团体保险业务；与安徽省分公司签订团险兼业代理协议。团险保费实现 617 万元，完成全年预算的 94.9%。

2. 运营管理。（1）运营关键指标管控。加强信息真实性管理，开展历史保单清查。深入合肥、马鞍山、淮北、蚌埠市中邮保险局及所辖 7 个网点，开展信息真实性专项调研。开展失效保单集中清理，复效 1397 件，复效金额 838.53 万元；联系清查 116 件保单贷款逾期未还客户，履行告知义务。新契约综合回访成功率 94.1%，人核件回执回销率 100%，25 个月保费继续率 93.67%，保全资料流转时效 1.41 天，理赔服务时效 3.82 天，亿元保费投诉件数 0.1 件。（2）集中退保和满期给付。高效应对“新年 A”集中退保，完成新年 A 退保 13423 件，退保金

额 7.7 亿元。推进满期给付业务，制定满期给付服务工作方案和措施，组织开展满期给付业务技能培训和突发事件应急演练，提升满期给付业务处理、应急协调和处置能力。绘制风险地图，对重点地区、重点网点、重点客户进行摸排。累计满期给付 10305 件、金额 2.08 亿元，未发生风险突发事件。

3. 服务水平。(1) 客服能力。与合肥电信 114 话务中心建立呼叫外包合作，呼叫中心于 1 月正式投入运营，完成回访、续期、信息真实性核实等各类呼叫业务 85593 件次，电话回访成功率指标 28.63%。推进档案存储和整理服务外包，获得总部批复，12 月正式开展合作。(2) 客户活动。组织开展新春客户回馈、“迎五周年，回访有礼”客户问卷抽奖、“您的健康，邮我守护”健康体检等活动，丰富客户服务内容，提供增值服务体验，增强客户对中邮保险的认同感。深入长丰县庄墓镇李庄小学开展“守护明日之星　关爱留守儿童”爱心捐赠活动，履行社会责任。两名员工受邀参加安徽经济广播电台《非常保险》节目，宣传推广保险知识和理念。

4. 风险防线。(1) 风险管控。深入马鞍山、淮北、淮南、蚌埠、宿州、亳州、池州及安庆 8 个市及辖内 21 个县中邮保险局、87 个网点开展业务合规检查，排除各类风险隐患 44 处。开展地市机构风险分类预警评估，及时做好风险提示。组织开展非法集资风险专项排查、保险欺诈风险专项排查、年度常规排查。(2) 法律合规管理。健全内控制度体系，增加制度 48 项、修订制度 7 项、废止制度 9 项。开展 421 笔客户身份识别工作核查，完成 307 笔可疑交易线索排查，向人民银行阜阳支行上报 1 笔人工识别重点可疑交易。深入淮北等 8 个市县机构、11 个代理网点开展反洗钱现场检查，完成 18 人次反洗钱问卷调查。规范法律事务管理，审查合同 96 份，处理法院协助执行件 1 件。

5. 管理水平。(1) 代管机构。对市县邮保险局人员配备情况开展摸底调查，掌握市县中邮保险局专兼岗人员应配和实配情况。举办全省第三届中邮保险业务技能竞赛，强化市县机构专职岗位人员内功修炼。针对中邮保险从业人员等不同群体持续开展素质培训。深入 24 邮银单位开展各类专项培训，面授培训 89 场、培训 9252 人次，创新开展网络视频培训。(2) 人力资源管理。加强人才队伍建设，引进应届毕业生 3 人、理赔人员 2 人、营业部负责人（筹）1 人，提任四级副领导人员 1 名。建立由业务发展指标、业务品质指标、工作质效、分片督导等组成的绩效考核指标体系，突出业绩导向，层层传导压力。推进员工教育培训，不断提升员工队伍素质。出台 9 项干部管理制度，持续强化干部监督管理。(3) 财务管控。将预算重点放在围绕期交发展为中心，优先保障业务发展费用，期交业务推动项目累计投入 302 万元，占业务营销费用 71%。合理安排各项费用，按月对预算目标执行情况进行跟踪分析。实行集中采购管理，规范采购流程，组织 16 次集中采购，节约资金近 18 万元。（中邮保险　王森龙）

江 西 省

【江西省分公司】

1. 业务发展

收入 36.81 亿元，列全国第 17 位；比上年增长 18.12%，列全国第 4 位；完成预算 110.3%，列全国第 2 位；经营性资金流入 43.52 亿元，比上年增加 6.36 亿元。

(1) 农村电商。实施农村电商“百县千乡万村”规划和电商脱贫工程“千百十”计划，同步推进电商扶贫和邮乐购商超，逐步形成模式，得到中央国家部委、省委省政府的充分肯定和社会各界的广泛关注。李克强总理视察瑞金市华屋“邮乐购”电商脱贫站点，称赞“邮政把公共服务保障了”。集团公司总经理李国华多次对江西邮政农村电商工作作出重要批示，要求着力推广江西经验。《人民日报》、中央电视台、《江西日报》、江西电视台等主流媒体持续深入采访报道；全国邮政农村电商发展工作推进会和全国网络现场扶贫会两大会议在江西召开；江西邮政参加全国电商精准扶贫论坛和北京国际农业农产品展览会；瑞金壬田脱贫站廖奶奶荣获全国脱贫攻坚“奋进奖”，并将登上央视网络春晚。全省建成电商脱贫站点 1474 个，上线农产品 1800 余款，线上线下销售农产品 1.2 亿元，使 5 万余户贫困家庭增收脱贫；扶植和对接产业合作社 303 个，帮助近万名贫困村民实现就业。建成邮乐购商超站点 9243 个，上线批销商品 3000 余款，实现批销金额 1700 万元、代购金额 340 万元。

(2) 金融业务。全省邮政金融收入完成 24.4 亿元，比上年增长 15.7%，列全国第 8 位；完成计划的 108.8%，列全国第 5 位。邮储余额净增 212.9 亿元，比上年增长 276.2%；新增余额市场占有率 13.37%，比上年增长 9.16%。代理保险完成 210.9 亿元，比上年增长 17.5%，其中期交保险 11.9 亿元，中邮保险 13 亿元。新增金融客户 93 万户，手机银行客户 41 万户，金融资产百万元以上客户净增突破千户、万元以上客户净增近 16 万户。购置金融网点 28 个，装修改造金融网点 177 个（其中精品网点 48 个），更新添置 ATM/CRS382 台，客户用邮环境进一步改善。全省转型网点 949 个，覆盖率 85.3%，点均资产净增 4200 万元。财富团队三级中心初步成形，人员 442 人，团队建设获集团公司领导题词肯定。重点转型项目实现区域突破，省分公司联合省扶贫办制作发放电商扶贫卡，打造农村百姓政策资金发放、电商资金结算的重要平台；鄱阳市发放新农合医疗联名卡32万张；乐平、玉山均开发农村电费预存代扣客户近3万户。

（3）包裹快递业务。深化县域包快改革，创新推进“仓储+寄递”“专线+大网”“电商+快递”“省内+同城”等模式，推出“次日递”服务，实现邮件整体时限和寄递服务质量“双提升”、业务量收规模“双翻番”、市场占有率和发展速度“双领先”。企业包裹快递收入完成3.87亿元，比上年增长106.7%，列全国第1位，完成计划的159%，列全国第2位，其中电商快递包裹市场占有率9.9%，连续两年列全国第1位。代管县速递收入8555万元，比上年增长17%。

（4）传统业务。函件业务创新推进一批千万级、百万级转型项目，其中演艺媒体项目收入翻番，村志项目突破300万元，与北京星亿东方开展战略合作，进军文化传媒领域，开发电影票兑换券项目1300万元；跨年封片业务提前三个月完成“圆梦计划”。报刊业务着力开发校园、政务、动漫图书等重点市场和产品，推进“全民阅读”“书香行”等系列活动，收入逆势快速增长，增幅6.43%，高于全国5.36%，荣获全国报刊年度收订二等奖、专业经营管理二等奖和新华社报刊发行先进单位。2017年报刊大收订流转额突破6亿，提前完成集团计划。集邮业务成功承办纪念红军长征胜利八十周年全国青少年集邮教育实践活动启动仪式。加大旅游、校园和线上市场开发，收入2.3亿元，产品毛利率列全国第1位。

2. 机制改革

（1）网点发展。“损益核算”其成果运用得到集团财务部的充分认可，派专题调研组深入宜春等地调研。全省1112个金融网点全面推行损益核算，收入26.22亿元，占全省总收入的71%；实现利润14.6亿元，收入利润率55.69%，网点员工月均增收近千元。

（2）“三包”认购机制。建立增量利润上缴累进递减机制，提高“资源包”激励标准，增加底线考核指标。全省11个市分公司完成收入计划且实现两位数增长，其中景德镇、上饶、萍乡、抚州、吉安等市分公司提前一个月完成收入计划，最高收入增幅中景德镇市分公司超过30%；南昌市分公司收入增幅比年初增长22.55%；吉安和宜春市分公司得到李国华总经理的批示肯定。县域邮政收入增长18.18%，20个省直管县分公司完成收入计划，占县域邮政总收入的38.84%。

（3）“双创”机制。成立省、市、县“双创”服务中心，以员工自主创业和项目创新，全面搅活企业创新创业氛围。全省申报“双创”项目963个，项目推进率95%，带动新增收入2.25亿元，新增沉淀资金24.39亿元。

（4）“市场化”管理。探索实施“基本配员+定效配员”模式，主动匹配业务发展需求，人员配置向金融、包快、农村电商等重点专业倾斜。创新建立能力建设利润分档奖励、重点竞赛激励、专项成本资金池和有偿帮扶等机制，引导资源配置向“激励先进、靠发展解决问题”转变，向重点业务、战略领域倾斜。强化基层财务管理，在省直管县成立账务中心，将预算权、激励权释放到专业、网点、项目，激活基本经营单元活力。

3. 企业“四网”能力

全省投资3.6亿元，加快推进信息网、投递网、邮运网和安防网“四网”建设。

（1）信息网。投入技改资金1.72亿元，启动省中心机房、高清视频会议系统改造等项目，完成数据分析共享平台和各地市数据分库建设。实施信息化2.0战略，加快推动信息技术与业务深度融合，自主开发软件11个，其中经营分析系统获2016年全国邮政科技创新成果奖一等奖；引进开发老俵微商城、指尖快递等应用系统，从客户维护、精准营销、经营分析等各方面提供大数据支撑。

（2）投递网。推进基础网点建设行动计划，改造投递、分拣场所1199个，改造率89%。推进“私车公助”计划，引导增配揽投车辆740辆，其中汽车135辆，城市段道汽车配备率27.32%。建成快递综合服务中心99个，代理社会快递公司快件66万件。加大投递信息化终端投入，配备智能手机终端3164台，配备率100%。“双十一”期间，全省包快城市当天妥投率93.2%、三日妥投率98.5%，农村及时妥投率94.8%。

（3）邮运网。县域转分投“三合一”作业模式得到集团公司高度认可，并在全国邮政推广。全省投入近3000万元完成南昌邮区中心局工艺流程改造，所有市县邮件处理场地基本配齐皮带机，购置邮运车辆35辆。双“十一”期间，包件日均处理量76.16万件，比上年增长211%，但全省邮件处理人员增加不到30%，整体全程时限缩短1/3，江西省到安徽、江苏等省的5条重点路线时限快于同行。

（4）安防网。强化集中监控，推进营业网点、邮件处

江西省广昌县白莲等优质农副产品通过“私车公助”广销全国。（江西省分公司／提供　龙景君／摄）

理场地、投递生产场地、邮运车辆、票品库监控全覆盖，业务库实现异地值守。推广江西邮政检查管理系统，推进“平安邮政”工程建设，深化“双文明”服务活动，创新检查方式，企业综治维稳和安保工作不断增强，连续六年荣获全省综治工作（平安建设）先进单位。强化机要通信管理，机要通信工作连续21年质量全红。

4. 关爱员工

一是“双改善”工作。解决一线员工工作用餐问题，提升职工之家建设层次和质量，建成模范职工之家11个、模范职工小家33个。二是员工收入水平。落实员工收入三年规划，推进工资集体协商制度，解决一线员工收入偏低等问题。通过“双创”、网点损益核算等激励机制，基层一线员工收入稳步提升，劳务用工收入增幅比合同用工高7%。三是员工福利保障体系。落实劳务用工和劳务承揽人员公积金缴纳和重大疾病投保工作；修订补充医疗保险制度，提高住院报销比例、增加门诊限额和在职人员因病身故、住院津贴等保障项目；加强企业年金管理，年金收益稳步提高。四是员工关爱。组织开展送温暖、送清凉、互助帮扶等活动，落实为员工办实事七项承诺，走访慰问先进劳模、离退休老同志、困难和一线员工，发放慰问金240余万元。为26名重病、住院员工提供救助金52万余元，为46名困难员工子女提供助学金29.8万元。

5. 从严治党

（1）全面强化责任落实和制度执行。健全各级邮政企业党的工作机构和纪检监察工作机构，出台《关于落实全面从严治党要求加强和改进企业党的建设工作的实施办法》，修订完善省分公司党组工作规则、总经理办公会议事规则和“三重一大”决策制度。扎实推进“两学一做”学习教育，落实四个专题学习，组织全省邮政党政负责人、纪委书记赴延安参加“传承红色基因，践行两学一做”主题培训。深入开展“四风”问题整治情况“回头看”工作。全面组织“两个责任”专题约谈和现场检查工作，发现并整改有关问题79个。

（2）突出抓好专项巡视整改工作。认真落实中央专项巡视反馈问题整改落实情况自查和集团专项巡视整改工作，针对集团巡视意见指出的问题和建议，按照项目化、责任制、时间表的要求，方案细化为14个重点问题、21项整改任务，并提出38项具体措施，建立任务、责任清单和“销号”台账，除长期坚持的常规性工作外，整改任务完成97.36%。

（3）扎实推进干部人才队伍建设。出台领导人员管理规定、任免程序、选拔任用纪实办法等一系列干部管理制度，提高选人用人科学化、制度化、规范化水平。进一步优化班子年龄、知识和专业结构，调整任用三级领导人员46人次。加大各类人才培养，选送5人到集团公司交流、100余人到县分公司或网点挂职锻炼；公开选聘36名重点县分公司农村电商发展带头人；组织选拔聘任297名各类初级人才；开展近10年大学生员工成长专题调研。开展全省各级领导人员专题培训、所有支局所长集中轮训以及经营、财务、人力等管理人员素质提升培训；组织金融、包快等专业人员到广东、浙江等兄弟省份跟班学习。

（4）营造干事创业良好氛围。突出抓好中国邮政企业文化宣贯，继续深化“三色企业文化”内涵，深入开展“思想再解放、创新再发力、机制再突破”大讨论活动，引领企业创新转型发展。修订完善机关作风建设、领导干部调研等工作制度。开展机关青年调研、职工代表巡视和合理化建议征集等活动。统筹推进党的群团、离退休和精神文明创建工作。一批单位和员工获得国家级、省部级荣誉：全省邮政企业荣获2个全国文明单位、35个省级文明单位、1个江西省“五一劳动奖状”；1名同志被评为“全省优秀党务工作者”；2名同志被评为江西省“五一巾帼标兵”。（江西省分公司　叶金平）

【邮储银行江西省分行】 下辖11个市分行、81个县（市）支行，1478个营业网点，从业人员6000余人。87%以上的营业网点分布在县及县以下农村地区，是沟通城乡居民个人结算的主渠道。全省每月通过邮储银行渠道发出的养老金近60万笔，占全省的45%，年代发金额近100亿元，占全省的40%。每年代发全省新农保、农民低保、财政涉农补贴等12项涉农资金16亿元。

1. 银行规模。一是资产总额。资产总额2330.86亿元，年增加322.56亿元，比上年增长127.26亿元，增长16.06%。期末贷款减值准备余额15.55亿元，拨备覆盖率347.37%，拨备率1.52%。二是预算目标。收入41.65亿元，列全行第12位，完成总行预算的100.7%，比上年增加1.64亿元，增长4.11%。超额完成总行利润预算目标，实现利润18.66亿元，列全行第8位，完成总行预算的106.71%，比上年增长2.26亿元，增长13.82%。三是经营效益。分行人均经济增加值12.62万元，比上年增长0.99万元；收入利润率升至44.82%，列全行第3位，比上年增长3.82%%；成本收入减少40.73%，列全行第2位，比上年减少1.22%；点均创收1137.86万元，比上年增长44.96万元，点均创利509.97万元，比上年增长61.91万元；人均创收65.3万元，比上年增长2.43万元，人均创利29.26万元，比上年增长3.49万元。

2. 转型升级。一是业务规模连续取得突破。全省邮政金融居民储蓄存款余额1940.39亿元，列全国第15位，年净增298.5亿元。其中，自营网点储蓄余额619.71亿元，列全行第10位，年净增85.55亿元，列全行第7位。公司存款余额313.67亿元，年净增23.01亿元。各项贷款继续快速增长。其中，小额贷款余额81.28亿元，年净增0.78亿元；个人商务贷款余额达175.36亿元，年净增2.91

亿元，列全行第6位；小企业法人贷款余额达55.3亿元，年净增11.41亿元，列全行第2位；消费贷款余额447.24亿元，年净增146.79亿元，列全行第10位；公司贷款余额124.76亿元，年净增44.42亿元，列全行第8位。二是业务结构。汽车消费贷款余额19.73亿元，年增长一倍。信用卡年新增发卡16.25万张，列全行第7位，且分期金额10.7亿元，列全行第4位，创收1.03亿元，列全行第6位。自营网点代理期交保费2.41亿元，列全行第4位，代理中邮保费3.47亿元，列全行第1位。第三方存管个人签约账户11.19万户，列全行第5位；其中，中邮证券账户3.3万户，列全行第1位。自营网点结存电子银行注册户数368.62万户，交易替代率82.67%，比上年增长7.74%。分行资产1万元以上的价值客户103.5万户，年增加5.1万户；VIP客户18.12万户，年增加2.88万户。同业投融资和托管业务发力，创收比上年增长6747.4万元。三是服务优势。投放ATM 161台，新增70台；新建离行式自助银行19个、电子银行体验中心7个。实施产品创新30项，推广上线一系列新产品、新服务和新功能；代理中邮消费金融业务全面推开，实现放款6000多万元。下放公司贷款、小企业法人贷款、国际和承兑等更多业务的经营权。福费廷年发生额36亿元，营销ABS业务金额41.02亿元，办理1亿元的SPV存款业务。

3. 责任担当。一是服务实体经济建设。投放资金1051.24亿元，净增各项贷款248.4亿元，列全省第4位，增长32%，列全省第8位，提前79天超额完成省政府下达的全年200亿元信贷净增指导计划。各项贷款规模1021.62亿元。不良贷款率仅为0.44%，不及江西省银行业平均水平的1/5，资产质量列全行第6位。二是提供普惠金融服务。涉农贷款净增106.72亿元，结余404.15亿元；小微企业贷款年净增55.5亿元，结余359.98亿元。其中，“财政惠农信贷通”结余27.16亿元，“财园信贷通”结余20.71亿元，得到党中央、国务院以及江西省委省政府和总行的一致肯定。推进金融精准扶贫，与赣州市人民政府签订精准扶贫战略合作协议，投放精准扶贫贷款4.42亿元；省分行直接对2个包扶或帮创贫困村捐赠了19.98万元资金。三是融入地方。发展公司贷和产业基金，投资江西振兴发展基金10亿元，另有9只基金支持全省一大批基础设施建设项目。开展“百园千企”活动，新增购买地方政府债券96.3亿元，列全行第4位。全分行作为唯一一家省级金融机构荣获江西省“五一劳动奖状”。（邮储银行　马静）

【速递物流江西省分公司】 业务收入5.08亿元，比上年增长14.4%，增幅列全国第13位。

1. 机制创新。一是推行“三包”经营机制。对市分公司推行任务包、资源包和薪酬包“三包合一”的经营机制，构建市场化的考评、激励和资源配置体系，调动市公司经营发展的积极性和主动性。上饶、宜春、鹰潭、抚州等市分公司实现较快发展，完成业务收入高级包认购计划。二是实施“众创众享”工程。全省所有揽投部实施“众创众享”工程，专业营销中心和项目组实施“众创众享”工程覆盖面97%；全省173个团队、622人参与段道及项目的分创活动，占一线人员的一半以上。全省90个实施“众创众享”单位收入2.78亿元。三是开展“双创行动”计划。全省进驻楼宇145栋，收入470.7万元；设置社区服务代揽投点143个，服务居民25万户；建立校园快递超市3个、服务点14个，收入63.1万元。

2. 重点业务。一是政务市场。开展政务类老项目挖潜、新项目开发活动，推进市分公司“5+5+10”项目，扩大政务类市场规模。全省实现自管政务类收入3839万元，比上年增长33%。二是商企市场。聚焦省内36家上市公司、百强民营企业、制造类企业开展立项开发活动，每月增加客户收入近200万元。开发移动公司物资仓配、返修机寄递项目以及省工商银行票据包全省配送项目，开发安邦保险保单配送项目，实现年收入近1000万元。全省商企类协议客户累计5785户，收入1.06亿元；比上年增加客户2336户，收入比上年增长37.6%。正式上线赣南脐橙极速鲜项目。三是国际业务。通过收集梳理海关备案客户信息，组织开展一对一客户走访、统一营销。全省国际业务收入1.01亿元，比上年增长67%。四是电商业务。通过推进电商市场化运营、省电商营销中心实体化运作，促进电商业务提速发展，全省增加电商仓4个，增加仓储面积6400平方米。实现仓配收入1734.3万元，比上年增长47%。开发老板电器、鹰潭万臣光学、新余南极人、九江良品铺子等12个入仓客户，增加收入614万元；开发基础寄递类客户151个，收入1598万元。五是物流项目。通过省市联动、团队营销，全省续签8个老物流项目，开发南昌江中米稀、赣州晶环稀土等10个新项目，增加物流收入375.6万元。南昌物流分公司发挥全省龙头作用，收入1.13亿元，比上年增长18.8%。

3. 核心能力建设。一是加快航空网建设加强与东航、地服公司的沟通合作，对民航资源开展集采，按新的运价进行结算，运输成本减少30%。增开下午和晚间民航线路10条，加快南昌至国内重点城市间标准快递全程时限，至73个城市出口次日递率稳定在50%以上，民航执行率95%。二是推进陆运网优化。分步推进快递包裹邮件处理、运输交接工作，重新规划省内标件快速运输网络，形成衔接邮航、民航午间集散频次快速邮路和夜间集散二干邮路“两上两下”的网络格局。增加南昌至上海省际快速邮路，调整南昌—广州、南昌—福州省际邮路始发时间，重点保障全省电商邮件赶班发运。三是重点加强营销体系建设。全省11个地市建设44个专业中心，配置专职营销人员95人，生产支撑人员83人。四是揽投平台建设。全省增加3个揽投部、193个授权代办服务点和快递超市。组织开展全省市本60个揽投部大会战活动，有27个揽投部增长幅度超过20%。

4. 运营服务质量。一是抓关键环节质量。梳理出运营质量"问题清单"，按KPI指标考核标准与各单位主要领导签订问题整改责任书。二是搭建综合性客服平台。在省集中客服和主动客服平台的基础上，完成内部客服系统、国际客服系统和理赔系统在省内的推广和应用，形成以"省集中客服+VIP项目主动客服+生产机构内部客服"为核心模式的综合性客服平台，构建全环节、全客户覆盖的售后支撑服务体系，提升客户服务体验。三是构建问题邮件处理机制。健全完善总部—省—市服务质量沟通制度，与省邮政管理局建立申诉问题对接工作机制，及时妥善处理用户申诉，确保受理渠道畅通高效。构建紧急问题邮件核查绿色服务通道，加快紧急问题邮件的处理速度。

5. 企业管理水平。一是成本管控。在集中管理一、二干运输成本的基础上，对邮区内委办、航空运费进行监控与分析。将外包、搬运及代办费成本纳入人工成本管理，对福利费、外包费等人工成本增长进行专项分析。二是用工管理。加强用工分类管理，统筹推进用工结构优化，基本形成"以合同用工为主体、其他用工方式为补充"的用工体系。全省一、二、三线人员结构比达到67.2∶24.1∶8.1。三是审计监督。对部分单位开展离任经济责任审计，明确领导干部的管理责任。开展财务收支专项审计工作，对成本费用多列少列等问题进行整改。（速递物流　蔡建）

【中邮保险江西省分公司】

1. 业务结构。实现保费收入20.12亿元，完成全年计划的104.5%，规模列全国第4位。完成新单保费16.5亿元，续期保费3.48亿元，在全省寿险市场排名第8位，市场占有率4.9%，列全国第1位。实现期交业务4.58亿元，其中价值型期交业务3.51亿元，比上年增长68.2%，实现续期业务3.48亿元，比上年增长44.9%。期交占比40%，比上年增长22%。实现十年期及以上长期期交保费6470万元，规模列全国第3位，占价值型期交总保费比重的18.45%，比上年增长69.4%。与宜春、新余和南昌市邮政分公司共同开展团险兼业代理团队的建设，兼业团队规模扩充至50人。完成团险保费487.07万元，比上年增长31.48%，其中兼业代理团险保费107.42万元，列全国第1位。

2. 运营质量。开发电子化填单系统、档案管理系统等电子化系统，提高工作速度和效率，业务质量和服务能力增强。新单电话回访成功率97.33%，列全国第3位，比上年增长4.94%；其中二访占总回访件39.5%。续期综合达成率97.92%，列全国第4位；13个月继续率93.51%，列全国第2位；25个月继续率97.19%，列全国第2位。新契约抽检合格率99.37%，比上年增长7.54%。重控单证回销率和隔月签单扫描率100%。受理满期给付36841件，给付金额6.66亿元，无投诉和异常情况发生，补偿率为全国最低，获评"2016年度满期给付卓越服务奖"。组织开展VIP客户健康管理、进社区保险知识宣传等主题客户服务活动。

3. 团队能力。整合邮政企业内训师、财富中心理财经理队伍，兼职讲师36人。在第二届"星火传递杯"讲师技能大赛中，获得内训师组第一名和第五名的好成绩。分层分级开展人员培训，对分公司员工开展集中培训10期，重点提升管理能力。对网点营销人员开展业务发展专题培训1062期，对团险兼业营销队伍开展通关和实战培训16期，对代管人员开展营运管理培训2期。举办全省优秀风险联络员、稽核联络员培训班，60人参训。

4. 合规水平。邮政企业、邮储银行和中邮保险联合对11个市、16个县区、171个邮储网点进行现场检查，整改风险隐患16个。开展合规管理提升年活动，对15项重点指标和33项日常指标进行监控，全省无重大风险事件发生。公司被人民银行评为"执行人民银行政策和管理规定综合评价A级单位"和"江西省金融机构金融消费权益保护工作先进单位"。对符合条件的988件新保单、3.73万件保全退费和2.37万件理赔给付进行客户身份识别，对330笔交易数据排查，未发现可疑交易，在年度反洗钱宣传交叉检查评比活动中，取得全省保险机构最高分。

5. 工作效能。开展精细化管理活动，梳理制度文件307项，增加制度文件7项，修订2项；细化岗位工作流程，将岗位工作制度细化成43项操作流程并编印成册，实现工作流程化。开展效能监察，做到检查有痕迹，问题有反馈，整改有落实，提升工作效率和效美。低值易耗品费用比上年减少70.82%；水电费比上年减少9.56%；公杂费比上年减少7.37%；会议费比上年减少53.22%；修理费比上年减少61.34%；业务招待费比上年减少31.53%。

6. 责任落实。成立党委组织部、党委办公室、党委党建工作部和监察部，制定党建工作制度8个。组织中心组学习12次，党委书记及班子成员上党课3次，政治理论集中学习30余次，组织"增长极"学习研讨、党风廉政宣传教育"典型案例"专题讨论等专题活动4次。开展"两学一做"学习教育。举办"传承井冈精神，推进'两学一做'"革命传统现场教学等一系列专题活动。围绕"坚定执着追理想、实事求是闯新路、艰苦奋斗攻难关"等三个专题，组织开展各类学习和专题活动24次。

7. 精神文明建设。分公司获评"2014—2015年度全国交通运输行业文明单位”和“2016年度全国交通运输文化建设优秀单位”，连续六年获评“省直机关文明单位”。分公司学雷锋志愿服务队被中国保监会评为“保险业学雷锋活动先进集体”；市场部讲师团队和营运团队获评江西省直属机关青年文明号。员工万莉艳获评“南昌市劳动模范”；3名员工获评中邮保险“青年标兵”和“巾帼标兵”。（中邮保险　王森龙）

【中邮证券江西省分公司】

2015年5月正式挂牌成立，下设综合部、市场部、资管投行部、运营风控部四个部门。在岗员工17名，其中邮政企业划转13名。均具有本科以上学历，具有硕士学位1人，占员工总数6%。证券账户总规模74028户，有效户5148户，托管总资产（含两融）3.75亿元，各项指标均位列新开业省分公司前列。

1. 协同发展模式。通过与省邮政分公司、省邮储银行领导沟通达成一致，形成“四个联合”的系统发展模式。一是联合召开板块联席会，定期与省邮政分公司、省邮储银行相关部门召开板块间联系会议，针对中邮证券协同发展中的问题进行协调沟通，理顺板块间协作职责。二是联合召开月度经营会，自2月起，分公司与省金融业务局建立联动机制，规范三方各自职责和联动内容，每月召开一次三方联动的经营分析会，总结发展经验，解决发展中存在问题，把经营过程管控落到实处。三是联合下发营销方案，与省邮政分公司联合下发《关于开展中邮证券年度专项营销活动的通知》、补充通知文件及《关于开展全省中邮证券业务“树标杆、学标杆”活动的通知》，通过系列不同层级的方案推动，明确展业发展的目标，形成以省、市、县、网点联动发展效应。四是联合进行数据对接。根据省邮政分公司的业务数据需求，分公司安排专人每日对中邮证券相关业务进行通报，每月进行一次考核通报，针对各地市所需业务数据进行个性化数据提取。

2. 营销重点金融产品。分公司员工熟悉每项重点产品的业务流程，推介南方安裕养老基金、金鹰鑫瑞灵活配置基金、金鸿小贷、融资融券等金融产品。

3. 资管投行业务。在资管投行业务上坚持“两条腿走路”，一方面与邮储银行江西省分行沟通，争取其在资管、投行业务加大资源共享与协同力度，重点推进资管、投行业务快速发展；另一方面与中商华夏实业有限责任公司及中商华夏（江西）实业有限责任公司签订战略合作协议，加快对江西市场的开拓力度。

4. 送教下乡培训。分公司培训团队自学相关证券业务，制作“证券助力金融，携手共攀高峰”“证券投资基础知识及当前行情大势分析”“转签业务流程”等培训课件。组织培训96场次，11个市分公司均完成中邮证券开户流程、证券基础知识、转签、金鸿小贷等系统业务培训，做到每个理财经理、网点员工、部室骨干均能够熟练掌握手机开户流程，每个金融局成员、网点所长、理财经理能够了解证券业务基础知识。

5. 客户服务。一是打造服务品牌，注重温馨服务。每周定期给上周新开账户发送服务短信，给有申购权益的客户定制新股发行与上市短信，给交易活跃客户定制盘后综述短信等。二是深化客户服务内涵。分强化VIP客户群的服务，由投资顾问专项维护，以总部提供的晨会纪要、智赢组合为核心，提供投资顾问一对一的盘面分析、个股答疑等服务，有效地提高客户交易活跃度。三是深化高端客户的服务内涵。深入了解现有高端客户的潜在需求点，进行适当的引导，例如融资融券的开发，配合总部组织策略报告会、理财沙龙等形式，加强与高端客户交流活动，促进与大客户的良性循环。

6. 加大宣传。一是调研邮政金融网点，针对网点场所不同情况，分别提供台卡、展架、三折页、电视、吊旗、灯箱、海报、荧光板、横幅、LED屏等不同形式宣传推广建议。二是营销口号的征集。如“百年邮政办证券、万三喊你来开户”“选择中邮证券、智赢财富人生”等。三是制作《邮政第三方存管业务销售垫板》，并印制分发至邮政各市、县分公司，为方便开户及业务拓展提供有力支撑。四是制作《中邮证券宣传片》并发放至各邮政网点进行电视宣传，对网点客户进行轰炸式营销。五是利用微信等新媒体宣传，利用微信朋友圈宣传推广“中邮证券江西省分公司形象推广”“金鸿小贷”“南方安裕基金”“金鹰鑫瑞灵活配置基金”等重点产品。

7. 强化合规。组织学习合规知识4次，知识测试2次，组织进行分公司合规自查5次。各项业务均严格按照监管和公司的合规要求开展。

8. 贯彻落实反洗钱工作。根据公司总部及监管部门的有关规定，按照分公司反洗钱工作小组职责有序开展反洗钱工作。一是采用LED日夜滚动宣传发洗钱知识，在营业厅摆放发洗钱宣传手册。二是配合人民银行、中国证监会等监管单位开展相关洗钱宣传活动，合规、稳健地开展证券经营活动。

9. 党支部组建。根据中邮证券总部党组织体系建设要求，中共中邮证券江西省分公司机关支部委员会于2015年12月28日正式成立。江西省分公司党员5名。5月3日召开第一次全体党员大会，大会选举产生支部委员会委员，报省邮政分公司直属机关委员会，于5月9日批复通过。

10. 党建学习。根据集团公司、中邮证券总部关于“两学一做”的学习教育部署，分公司党支部于5月6日组织全体党员进行学习。会议学习张亚非书记、宋英忠书记的重要讲话，集团公司、省邮政分公司的“两学一做”学习教育实施方案和《中国共产党章程》。并要求党员利用业余时间学习《中国共产党章程》《中国共产党廉洁自律准则》《中国共产党纪律处分条例》等，要通过学习教育，强化政治意识，保持政治本色，践行党的宗旨，保持公仆情怀，加强党性锻炼和道德修养，在推动改革发展稳定实践中建功立业，争做严格党员。另外，分公司党支部书记组织两次党课培训，通过两次培训将自身学习的心得和每个党员分享，促进每个党员共同进步成长。（中邮证券　黄颖琼）

山东省

【山东省分公司】 收入92.87亿元，完成集团公司预算的106.57%，比上年增长14.98%，高于全国平均增幅1.91%。实现劳动生产率27.7万元，比上年增长15.4%，居全国第4位。

1. 质量与效益

（1）三大增长极发展方面。持续推进代理金融转型战略，完成总量1002亿元，列全国第2位；余额年增673亿元，连续三年居全国第1，新增市场占有率16.71%。在集团公司组织的“十强百优千佳”评选中，全省14个市分公司入围“百优地市”，177个网点入围“千佳网点”。快递包裹收入规模进入全国第4，日均业务量12.4万件，比上年增长171%。国内标准快递收入增幅23.4%，收入规模及增幅居全国第3位。仓储日均发件量4万件，省内“明天见”日均1.5万件，“全城达”日均1.5万件。农村电商实现线上销售额22亿元，比上年增长17倍；邮掌柜批销交易额4.35亿元，居全国第1位；发展供应商8800家、零售商10.5万户，投递员“带车加盟”2300辆；通过电商平台绑定绿卡11万张、金融资产20亿元。分销业务收入超10亿元，绝对值居全国第1位。

（2）邮政业务转型创新。集邮收入规模居全国第4，函件媒体业务全国领先。“三微平台”粉丝数230万人，线上销售5600万元。推行社群营销，建成微信社群8067个，粉丝数68.35万人。开展数据库营销项目475个，开发客户560万个，收入3.2亿元，拉动余额154亿元。开展报刊试读跨专业联动营销，拉动金融总量24.4亿元，开发报刊客户14.85万户、包裹快递客户964家，买卖惠用户活跃度49%。

2. 平台能力建设

投资9.8亿元，安排购建网点89处，改造548处，建设市、县级仓储123处，改造镇级服务中心1270处，更新及新增网运揽投汽车291辆、电动三轮车1054辆，配备CRS300台、卡折存取款机400台、POS机近万台。累计建设便民站7.7万处，“三农”服务站2.6万处。争取省政府财政资金3000万元，与省财政厅、发改委、商务厅、鲁商集团和苏宁云商共同推进“惠民e邮通”工程。城市易邮站（亭）建成265处，新增智能包裹柜900台。便民站代缴费规模超过150亿元，助农取款交易额4.8亿元，发展城市代投自提点1.5万余处，快包自提量占比22%以上。邮政服务“三农”和精准扶贫方面，与省农业厅开展战略合作，推广邮政土地“半托管”模式，新建村级鸿雁合作社698处，新发展社员44.1万户，新增示范田392万亩；销售农肥32万吨，拉动余额160亿元。全省邮政农产品进城项目交易额6.5亿元；104个县区组织150种农产品的寄递服务，累计寄递330万件、总价值2.3亿元。完成34个贫困县“一社两站”建设，建成省级示范留守、流动儿童之家175处。山东邮政扶贫经验被写入省委《第一书记扶贫读本》。

3. 运营管理

推进经营组织架构改革，市县两级基本调整到位，完成省公司专业整合，实施济南邮区中心局组织架构优化。完成市县两级包裹快递专业机构和人员配备。成立省级人力资源服务支撑中心。服务质量方面，普遍服务和特殊服务违规问题大幅减少，机要通信连续19年质量全红。完善服务质量制度体系，开展“关注客户用邮体验、提升客户满意度”活动，建立包裹快递全流程质量管控和主动客服制度，全省邮政服务满意度92.25分，普通邮件局内处理综合达标率98.43%，超集团公司规定3.43%。网络提速方面，完成17个地市处理中心流水化改造，增开29条省内、省际干线邮路，调整优化43条省内干线邮路，组开县域二频邮路350余条，实施重点报刊邮件分离运输，农村投递全部执行周六班，全省“T+1”率达到98%以上，“T+2”率99%以上，均列全国第1位，与顺丰基本持平。规范管理方面，完成新一轮全岗位双定，在有效控制用工总量基础上，三大增长极增配2490人，一线和直接创收岗位职工占比提高近3%。完成集团ERP系统上线运行，账务处理时效比上年提高16%，市公司百元收入直接成本比上年下降2.2元。财务及工程审计，覆盖面77.4%，审减工程费用6755.8万元。科技创新方面，围绕“一体两翼”战略，自主完成买卖惠平台升级、省内互寄快包时限质量监控、仓储系统、进销存系统等20余项开发。6个项目获集团公司科技创新成果奖，居全国前列。

4. 基层党建、幸福邮政建设和精神文明建设

认真贯彻党的十八届六中全会及全国国企党建工作会精神，加强党建和纪检监察机构建设和人员配备。完成市分公司党委书记抓党建述职评议考核三年一轮目标，开展党建专题调研。加强基层党建，组织好“三会一课”和换届改选。干部管理监督方面，出台涵盖省、市、县的15个干部管理和监督制度办法，规范选人用人程序，对在同一岗位任职6年的干部进行调整，加大后备干部培养和领导干部交流力度。对59名干部的个人事项报告进行专项

截至 11 月 30 日，山东省分公司借助邮运、投递网络，在 7 万余个邮政便民服务站、易邮店（亭）设立包裹代投点，解决农村与城市居民接收包裹时间和投递员投递时间不对称问题。（新闻宣传中心 / 提供　中国邮政报记者崔鹏森 / 摄）

核查与随机抽查，组织函询 17 人次。深入开展“两学一做”学习教育，全省 582 个党组织组织集中学习 2460 次、书记讲党课 626 次，开展“党规党纪在我心中”“党员标杆在我身边”活动，选树 32 个基层党组织示范点和 47 名党员标杆。扎实推进党风廉洁建设，开展“四风”问题整治“回头看”，配合完成集团党组对山东邮政企业的巡视“回头看”及再巡视工作。完成对 9 个市分公司党风廉洁建设责任制检查考核、5 个市分公司约谈和 9 个单位的巡视，实现市分公司三年巡视全覆盖。加大执纪问责力度，对 30 人进行处理或追责。

幸福邮政建设方面，一线职工人均收入较上年实现两位数增长。建设并评选星级小家 794 个，农村支局职工小家、城市投递员及网运职工之家覆盖率 100%。启动城市网点职工小家建设，投资 67.7 万元为 677 个城市网点配备午餐设施。推行网点淡季轮休，职工带薪年休假比例 95% 以上。补充医疗保险惠及 1.36 万人次、理赔医疗费 2110 万元，救助大病职工 29 人、困难职工 94 人，发放救助金 91.2 万元。职工满意度 96.4 分。

精神文明建设方面，菏泽市分公司荣获全国“五一劳动奖状”，9 个单位和个人获得省富民兴鲁劳动奖状（奖章），新增省级文明单位 10 个、省级“工人先锋号”4 个、国家级青年文明号 1 个。（山东省分公司　赵军泰）

【邮储银行山东省分行】 下辖二级分行 16 家，一级支行 109 家，各类网点 2689 处，从业人员 1.22 万人。2009—2016 年连续八年保持山东省文明单位称号，全行省级文明单位 30 个。

1. 业务情况。（1）经营效益。收入 57.37 亿元，列全国第 6 位。实现利润 19.25 亿元，列全国第 7 位。总资产规模 4852.88 亿元，列全国第 4 位，增幅 22.71%。人均经济增长值 4.25 万元，增幅 38.93%；收入利润率 33.56%，比上年增长 3.97%；点均利润 400.28 万元，增幅 27.21%；人均创利 15.58 万元，增幅 23.69%。信贷不良资产余额 7.27 亿元，不良率 0.49%，列全国第 7 位，资产质量好于全省同业和全国平均水平。无安全事故、资金案件、重大风险事件发生。

2. 业务发展。（1）负债业务。各项人民币存款余额 4712.26 亿元，居全国第 3 位；比年初增长 872.24 亿元，居全国第 2 位、省内同业第 1 位。公司存款余额 552.57 亿元，年增 125.55 亿元，日均存款年增 124.33 亿元，均列全国第 4 位。自营总资产净增 223.45 亿元，列全国第 3 位，增幅 44%。公司存款突破性增长。承销政府债 140 亿元，列全国第 1 位，以债引存省级国库现金 35.69 亿元，列全国第 3 位。（2）资产业务。各项贷款余额 1477.06 亿元，列全国第 5 位；比年初增长 325.97 亿元，列全国第 7 位，省内同业第 1 位。零售贷款。小额贷款余额 71.40 亿元，个人商务贷款余额 109.28 亿元。经营车按揭贷款业务余额 8.26 亿元，净增 7359 万元，年度净增和余额分居全国第 1 位和第 2 位。消费贷款余额 669.92 亿元，年内净增 179.86 亿元。小企业法人贷款余额 65.02 亿元，年内净增 1.93 亿元。对公资产规模较快增长。公司信贷余额 286.62 亿元，列全国第 5 位；发放公司贷款 226.85 亿元，居全国第 3 位；净增 39.04 亿元。（3）中间业务。收入占比 10.82%，比上年增长 5.01%。全年发放信用卡 15.02 万张，结存 65 万张，居全国第 7 位。大理财业务发展迅猛，收入增长 85%，国债、保险销量分居全国第 1、第 2 位，理财保有量净增居全国第 4 位。（4）同业投行业务。同业投资业务增 256 亿元，同业融资业务增 100 亿元，规模均居全国前列。托管业务总规模 1022.55 亿元，增 492 亿元，列全国第 5 位。销售机构理财 175.6 亿元。同业投行业务收入 5.17 亿元，比上年增幅 36%。

3. 服务能力。（1）网点服务。探索智慧网点建设，推进营业网点优化调整，撤并网点 23 处；跟进低效网点管理，扭亏或终止营业 17 处低效网点。服务质量类投诉持续下降，12 月投诉比年初减少 112 笔、降幅 65%。（2）电子渠道。个人网银新增客户 234.2 万户，手机银行增 298.1 万户，均列全国第 2 位。电子银行交易替代率 87%，实现客户交易渠道的线上迁移。

4. 精细管理。（1）财务管理。强化成本管控，招待费、会议费和差旅费分别减少 3.76%、42.03% 和 9.88%。完成营运房改造 1.72 万平方米。（2）考核评价体系。发挥考核导向作用，实行弹性人工成本管理，创新绩效考核机制，推进考核权限下放。（3）队伍建设。狠抓干部队伍和后备队伍建设，评选授信管理专业十大领军人才，选拔优秀青年人才 30 名。开展客户经理分级、“百佳客户经理”评选和星级柜员评定，组织开展高管人员、二级支行长培训，对150个网点实施能力提升项目。（4）会计营运。省行成立营运中心，加快集中营运体系建设。公司结算、集中授权、会计稽核综合考评每月保持满分，超额备付金率全国排名保持前列。推行10S现场管理，得到总行认可并在全国推广。（5）科技支撑。完成总行电子印章等十多项工程试点或推广，开展数据提取和分析400余项。“小额贷款客户营销管理系统”获总行科技创新优秀项目奖，“个人贷款风险分析”项目获总行数据分析项目优秀奖。

5. 风控情况。（1）授信管理。统一审查标准，通过“绿色通道、平行作业和集中作业”等形式，支撑授信业务转型发展。以队伍建设和信贷全流程电子化为基础，提高精细化管理水平。（2）合规管理。抓好违规问题整治，重大违规问题数量比上年减少83%。试点完成合规管理系统上线推广。在山东银监局禁止性规定考试中，获得国有大型银行和政策性银行第1名，9家市行被人民银行评为反洗钱“A级”机构。（3）风险管理。推进全面风险管理体系建设，资产质量不断优化，不良额和不良率均低于总行下达限额标准，连续三年实现“量率双降”。（4）审计工作。开展各类审计活动33个，审计总金额20.99亿元，提出审计建议80条，推动内控风险管理水平不断提高。（5）安保能力。开展安全教育培训和应急处置预案演练，组织开展营业场所安全管理达标试点活动。安保能力提升工作荣获全国优胜奖。

6. 党建工作。深入推进“两学一做”学习教育。72家基层党支部实施“强基固本”建设工程。文明创建工作取得新突破。全行省级青年文明号29家。加大党风廉政责任制考核力度，形成“闭环式”考核方式，强化“两个责任”落实。编发《党纪条例学习手册》，明确纪律“红线”。

7. 工会工作。推进“两家”建设。建成职工小家348家，建家率78.73%，建家经验得到上级认可，并在全国推广。为员工参加重大疾病、意外伤害及补充医疗保险。建立瑜伽、羽毛球、篮球、摄影等协会。参加总行乒乓球和中式台球比赛，均取得团体第5名的好成绩。（邮储银行　马静）

【邮储银行青岛市分行】 总资产476.7亿元，拨备覆盖率294.22%，信贷资产不良率0.47%，资产质量居一级分行第7位。人民币各项存款462.5亿元，增加61.4亿元。贷款规模254.5亿元，增加66.9亿元。增加存、贷款均居青岛市金融机构前列。自营收入完成6.63亿元，完成总行计划101%。实现利润1.28亿元，完成总行计划153%。

1. 个人银行业务。个人客户515.37万户，其中个人VIP客户13.44万户。（1）个人金融。以“乐邮生活商圈”、乐邮付、POS、车主卡为突破，储蓄存款增加7.2亿元、日均余额增加3.75亿元，均居计划单列市分行第1位。代理保险收入711万元，居计划单列市分行第1位；贵金属业务收入337万元，比上年增长89%，手续费收入95万元，居计划单列市分行第2位。POS存量规模突破1万台，年布放7501台，均居计划单列市分行第1位，沉淀余额5.6亿元。信用卡突破5万张，增加激活1.05万张，居计划单列市分行第3位。车主卡增加5.56万张，总量8.9万张，卡均余额1.01万元。（2）消费金融。以产品创新、结构调整及流程优化为重点，推动汽车消费贷款、信用消费贷款等业务发展；创新“汽车保证保险”产品、推广“网贷通”业务、开办代理中邮消费金融业务，实现多元化经营。消费贷款净增41亿元，规模148.8亿元，结余量居计划单列市分行第2位，全国第22位，市场占有率5.05%。其中汽车消费贷实现突破，净增额居单列市分行第2位，列全国分行第17位。（3）“三农”金融。创新产品（含要素调整）12项，实现放款2.03亿元。围绕现代农业示范区支行建设，新型农业经营主体类贷款净增6039万元，增幅122.45%。推动小额循环抵押贷款、土地承包经营权抵押贷款、烟草贷、“三农”保证保险贷款等新产品落地，平度支行成功发放我市金融机构首笔“无附加第三方担保或其他抵质押物”的农村承包土地经营权抵押贷款。创新金融扶贫模式，平度支行、莱西支行在贫困乡镇推出对建档立卡贫困户或对贫困户有扶持带动作用的农户优惠利率政策。（4）个人卡业务。信用卡业务结存卡5.64万张，计划单列市排名第2位。进件22418件，比上年增长12.52%；增加发卡15682张，计划完成率78.41%，比上年增长16.90%；增加激活卡片1.05万户，计划单列市排名第3位；收入735.37万元，比上年增幅34.21%；净收入482.82万元，比上年增幅29.79%；电子账单替代率87.78%，全国排名第2位。车主卡产品升级，累计发卡8.91万张，沉淀余额8.95亿元，卡均1.00万元。其中2016年增加5.55万张，余额净增4.85亿元。

2. 公司银行业务。（1）公司存贷款业务。应对金融脱媒、利差收窄、财政及集团类客户资金集中上收等因素影响，投资地方债获配财政资金、现金管理等业务实现良好突破。公司存款余额47.36亿元，日均余额41.2亿元，年日均增加16.52亿元，居计划单列市分行第2位。增加青岛国际机场、大唐青岛风电等公司授信客户12户；贷款规模28.9亿元，净增8.6亿元，居计划单列市分行第1位、全国23位。（2）小微企业金融业务。开展“走千家访万户”“重点工业企业走访”“能力建设大提升”等活动，“快捷贷”“税贷通”“医院贷”等民生类业务稳步发展，“电商贷”“发票贷”“新三板产品”等新业务实现突破。小企业贷款（含个商）余额25.35亿元，净增2.75亿元，增加规模居全国第7位，资产质量控制居全国第5位。（3）票据业务。直贴业务规模进一步扩大，承兑业务增速较快，票据贴现金额 52.53 亿元，实现净收入 1151 万，收益率 3.51%，分别居计划单列市第 2 位、第 2 位、第 3 位。

3. 资金业务。全年收入 9066 万元，增幅 19.34%，完成收入计划的 101.68%，计划单列市排名第 3 位。非标投资业务取得实质性进展，通过理财投资青岛城投集团融资项目 10 亿元、青岛银行资管计划收益权转让项目 9 亿元。市分行纯托管规模 137 亿元，列全国第 11 位，实现托管收入 922 万元。参与总行作业，实现队伍建设、业务收益双提升。通过参与资产证券化、投贷债联动、PPP 等新型投融资项目，业务联动发展实现新突破。

4. 渠道拓展。（1）网点建设。营业网点 266 个，其中，自营网点 49 个，占比 18.42%；代理网点 217 个，占比 81.58%；营业网点县域覆盖率 80%。（2）电子银行。电子银行交易替代率 78.1%，交易笔数 1743.2 万笔。个人网银结存客户 98.3 万户，交易金额 115.78 亿元；手机银行结存客户 84.1 万户，交易金额 195.48 亿元；ATM 总量达到 656 台。

5. 信息科技。配合完成总行 17 个项目推广上线工作，完成自建项目 5 个。强化数据分析支撑，开展数据主题分析 4 项，推广应用 1 项。强化运维管理，开展重启及演练 7 次、专项检查 3 次，中间业务平台升级 5 次，全年未发生重大信息系统故障。细化外包服务商考核管理，有效实现分层级监督管理。

6. 风险管理。（1）风险管理能力。完成以资产质量控制为核心的总分行各项限额管控目标，资产质量居全国前列。风险监测预警及督导化解水平进一步提升，全年发布信用风险周报 50 期、风险监测通报 36 期、风险内参 24 份、风险提示 12 份、各类风险报告 10 份。资产风险分类、评估机构准入、新业务风险评估、风险管理履职考评等工作规范开展，风险管理重点建设项目有效实施。《青岛分行以“三大平台”为核心的内控管理体系建设》获 2016 年度全国邮政企业管理现代化创新成果三等奖。（2）资产保全。明确保全考核激励机制，夯实保全基础管理，推行重点不良贷款集中管理模式，加大保全督导力度，全年超额完成总分行各项保全计划，实现移交后不良贷款清收 3362.7 万元，为总行计划的 1.2 倍，其中核销后贷款清收 835 万元，为总行计划的 4.2 倍；核销呆账 4966.9 万元，为总行计划的 1.2 倍。（3）内控体系建设。开展“内控达标年”活动，对照同业监管处罚开展自查整改工作。加强合规检查，开展“两个加强，两个遏制”“回头看”工作，组织开展六项专项检查及两次网点（含代理）全覆盖合规检查。开展防范“非法集资及电信网络新型违法犯罪”工作，保持经营活动零案件。强化问责，认真落实“十条禁令”要求，开展不良资产责任认定工作，提升责任认定管理水平。扎实推动反洗钱标杆化网点建设，实施岗位资格认证动态管理，荣获“反电信网络诈骗洗钱工作优秀奖”。完善消保制度及应急预案，积极推进分行理财专区及“双录”建设工作，荣获青岛银监局“金融知识进万家”活动先进单位荣誉称号。（3）审计监督。开展项目审计，加大对新业务、高风险、管理相对薄弱等领域关注，完成审计项目及调查 19 项，出具审计意见书 56 份，促进分行整章建制 9 项。完成工程审计 18 项，送审额 609.7 万元，审减值为 47.5 万元，审减率 7.79%。推进分行整改机制持续完善，制定《审计结果运用实施细则》《审计追踪工作指引》，开展“十项重点问题”审计追踪。提升非现场审计能力，开展个人贷款增长及结构分析等 3 项主题分析。加强重点监测与创新，运行模型 63 个 / 次，下发风险核查通知书 38 份，编制模型 15 个。主动开展审计研究，研究成果获得总行审计研究征文三等奖，一篇论文在国家级刊物发表。（邮储银行 马静）

【速递物流山东省分公司】 山东省业务收入 12.75 亿元，比上年增长 10.5%。

1. 体制机制。一是创新运营模式。邮速两网资源整合稳步推进，提升运营效率、降低运行成本；实施基础营销和项目营销“双轮驱动”，组开电商专线、启动物流省市一体化经营，市场化、专业化运营步伐进一步加快。二是优化激励机制。126 个基层经营单位实行“众创众享”，占经营单位比重 61%。三是变革管控模式。在省公司设立资金清算中心，实施客服省集中模式；济南、青岛、潍坊三大邮件集散中心相对独立运营，重启山东中邮物流有限责任公司。

2. 标准快递业务。开展标准快递市场抢夺战，国内标准快递收入 5.08 亿元，比上年增长 9.6%。政务市场，落实首席营销师制，传统深挖与新增开发双管齐下，收入 2.3 亿元，比上年增长 28%。商务市场，推进“三进”工程，以专人进驻、团队营销等方式拓展商厦、写字楼 153 栋，园区、集群市场 86 个，收入 1.84 亿元。全省极速鲜樱桃项目收入 2080 万元，比上年增长 170%。电子渠道加大宣传推广力度，微信平台粉丝 5.8 万个，电子支付日均量 485 单。

3. 国际业务。实现业务收入 1.83 亿元，比上年增长 10.9%。全省跨境电商进出口形成收入 6100 万元，出口业务，开通中韩海运出口快件，与国际大型电商平台合作，做大业务规模；进口业务，打造“源产递”跨境电商平台，实现“电商平台 + 邮政综合服务平台”口岸通道模式，10 月重启跨境进口直购业务。济南国际邮件互换局（兼交换站）获批设立，启动商业快件进口业务。

4. 电商业务。实现业务收入 1.95 亿元，比上年增长 30.3%。仓配、落地配项目开发实现突破，上线菜鸟落地配项目、启动亚马逊落地配，承接绫致项目O2O业务，老板电器山东仓落地潍坊，三只松鼠配送量稳步提升。开通电商专线，推进1611客户、5432客户开发，成效明显，全省百万级客户22家。

5. 物流业务。实现业务收入3.38亿元，比上年增长4.0%。开发潍坊福田雷沃、烟台中行仓储、济南维客意、莱芜移动仓配、德州祥辉铜业等项目。

6. 网络支撑。一是加快省际、省内、区内三级陆运网优化调整，解决全省出口长三角和东部五市出口珠三角邮件运能及时限问题。二是推进处理中心标准化建设和设备升级改造，提升主要节点处理能力。三是完善关键指标、关键人的网运质量管控体系。四是加快推进信息系统建设和应用。

7. 运营服务质量。一是通过突出重点时限、服务指标考核，启动重点城市标准快递邮件跟单处理，加强重点项目省集中监控力度等措施，建立起贴近市场的监控体系。二是建立全省客户服务中心，推进全省集中赔偿。三是对影响客户体验的全程时限不稳等重点指标持续整改。

8. 企业管理水平。一是财务管控。实施重点项目集中支付，提升资金运营效益；加强欠费管理，开展超账期欠费专项清理；动态监控各项成本，全面及时掌握各单位预算执行情况。二是人力资源配置。优化用工结构，全省劳产率14.2万元，比上年增长19.5%；推行“弹性预算+零基预算”的人力资本新型管控模式，人工成本完成6.52亿元，总人工成比上年增长5%；干部选拔工作规范，干部监督工作得到加强。三是审计监督工作强化。开展2015年度财务收支真实性专项审计，调整年度损益917万元；市分公司7个工程项目结算审计，审减额45.1万元，审减率18.3%；完成对6个市分公司总经理离任经济责任审计，发现重大风险点8处，提出审计建议48条。（速递物流　蔡建）

【中邮保险山东省分公司】

1. 经营业绩。实现总保费收入18.42亿元，预算完成率104%，列全国第9位。新单保费14.3亿元，规模列全国第9位。其中，新单期交保费（不含财寿嘉）5.53亿元，保费规模列全国第3位；预算完成率110.5%，列全国第6位。续期保费4.02亿元，列全国第3位；预算完成率105%。团险保费925万元，规模列全国第8位；预算完成率289%，列全国第2位；两项保险覆盖17个地市邮政系统单位员工及家属。小额保险保费61万元，规模列全国第4位；预算完成率102%，列全国第2位。在省内寿险行业中，规模排名上升至16位，前移3位。承保超过9.8万件，新契约抽检合格率（95%）、电话回访成功率（90.8%）、期交退保率（1.46%）、13月继续率（90.96%）等重要指标持续向好。受理理赔190起案件，理赔额466.29万元。未发生客户投诉、风险事件和监管对中邮保险业务处罚事项。

2. 基础能力建设。增设营业部、监察部。员工结构更加合理，增员17人，员工总数71人；研究生学历或硕士学位人员占比40%，平均年龄32岁。（1）人才队伍建设。专职讲师10人，兼职讲师3人，在总部讲师技能大赛中2位同志荣获“全国十佳明星讲师”称号，首次参加总部营运业务技能大赛，获得团体三等奖及个人三等奖；2人通过保险业首次人身保险内核专业人员认证；14人取得高级寿险管理师资格，39人取得中级寿险管理师资格。（2）经营管理制度体系建设。制定下发业务、党建、纪检、人力、财务等各类制度41项，推动各项经营管理工作流程化、制度化、规范化。（3）人力资源管理体系建设。实施以月度工作计划及部门KPI指标为核心的省分公司绩效考核办法，实施员工晋级晋等管理，合理拉开部门之间绩效差距，促进部门间的协调配合。（4）财务管理方面。严格遵循相关制度进行财务核算和招标采购工作，通过集团巡视和总公司跨年审计工作；初步实行滚动预算管理体系，全年预算实施到位；完成营改增和ERP上线，确保公司健康运营；完成西厅装修改造，职场整体布局更加合理。

3. 发展举措。（1）建立邮银保协同发展机制。协调邮银渠道，集团公司“第一增长极”战略部署。市县机构、人员的考核得到有效落实，联合省邮政公司每月定期通报考核情况，年底通算全年绩效。融入邮银渠道发展节奏，快速推进期交业务发展。承办首届精英理财经理高峰会，组织长期险“精英争霸赛”；讲师团队深入地市开展培训745场次，1604课时，受训人数1.8万人次，网点覆盖率100%，开展“金猴献保　耀齐鲁”“九十联动”等竞赛活动与阶段性主题营销。推进风险管控三方联动。《关于成立山东邮政中邮保险联合领导小组》（鲁邮银联〔2016〕9号）正式下发；联合省金融局开展检查、培训、队伍共建等重点工作，强化基层内控检查，促进各级中邮保险局规范化运营。合规条线为全省17个地市理财经理轮训“双录”课程，助推渠道合规。（2）营运保障支撑能力建设。通过细分岗位职责、加强数据分析、优化业务流程，前移续期工作环节，从源头上把控业务质量，化解续期压力。通过失效保单清理、续期客户体检等专项活动提升客户体验，有效应对续收高峰。通过“送培到基层”模式，组织多层次、多形式的培训200余场，基本上做到业务重点单位全覆盖，提高市县各级业务水平，总部抽检新契约综合合格率稳定在90%以上，提升业务品质。通过开发营运工作平台，每月组织全省营运通报视频会议，加强过程管控和流程优化。探索建立市县专兼岗荣誉体系，组织全省营运合规质量评优、达标争先活动。（3）提升风险管控能力。坚持“先合规、再发展”的理念，在提升自身风险管控水平的同时带动渠道代理保险的整体合规。每季度召开全省合规与风险分析会；开展内控检查，检查市局 8 个、县局 48 个、网点 57 个。扎实开展“两个加强，两个遏制”“回头看”和反洗钱可疑交易甄别排查、身份识别等工作。加强合同、关联交易审查，及时防范化解案件风险。开展反洗钱、防范非法集资主题宣传教育活动，完成法律法规及反洗钱培训。（4）从严治党。召开员工大会全面部署党建工作；配齐党群、纪检专岗；设立党委办公室、党委组织部、党委党建工作部；增设机关三支部。履行全面从严治党主体责任。与各部门签订党风廉政建设责任书；组织 14 次党委中心组学习，9 次党员集中学习。组织开展多层次、多种形式的主题教育活动，包括“两学一做”学习教育、“四讲四有”征文比赛、基层党支部主题学习日、党委书记讲党课、“井冈山红色教育”、“党员示范岗”等活动，营造风清气正的企业发展氛围。开展党风廉洁建设和反腐败工作，把反腐倡廉建设融入到日常企业经营管理之中，坚持勤俭办企业，简化营业部开业及省分公司开业两周年活动。（5）和谐企业建设。加强干部人才队伍建设，按照规定流程选聘中层干部 3 名。健全干部管理制度；建立晋升通道，开展专业技术职务评聘和非领导职务聘任工作；加强对干部个人事项报告、干部人事档案、因私出国（境）等重点事项的监督管理。提升员工幸福感，“送温暖”“送清凉”等活动常态化、规范化；建立“手拉手”互助基金。推进“职工之家”建设，优化员工工作环境，增强归属感。开展健步走活动，承办总部乒乓球比赛，文体生活更加丰富。中邮保险山东分公司先后获评山东保监局 2015 年度分类监管等级 A 类机构、人民银行济南分行 2015 年度山东省金融机构综合评价 A 类机构、山东省保险协会人身保险公司服务质量达标测评先进。（中邮保险　王淼龙）

【中邮证券山东省分公司】 内设综合部、市场部、运营风控部、资管投行部等四个部门，配备员工 16 人。

1. 运营风控。截至 12 月 31 日，开户 25155 户，其中机构户 2 户，此外开立融资融券 7 户、港股通客户 5 户。

（1）电话回访。客户回访率 145.21%。回访内容主要有：年度客户专项回访、身份证件过期回访、创业板开通风险提示回访、视频资料规范性整改回访等。

（2）系统测试。参与并配合总部柜台系统测试 26 次，其中沪深交易所集中交易系统测试 2 次；IPO 全网功能测试 1 次；网上开户系统功能测试 1 次。

（3）业务培训。组织实施各类培训 47 次，内容包括：证券业务介绍、两融业务讲解、反洗钱业务知识、股票技术分析等。

2. 客户营销与板块联动。累计新增账户 8476 户，有效户 558 户，资产新增 4992 万元。开业以来累计开户 25155 户，有效户 1794 户，期末资产 16356 万元。

（1）业务转型融入金融翼战略体系。服务于邮政金融转型工作，制定下发《中邮证券板块协同发展考核实施细则》，将中邮证券有效户开户、资管投行项目推荐、协同发展队伍建设、专项培训组织等工作完成情况纳入对市、县领导班子及专业负责人的绩效考核体系。

（2）树立“专业创造客户价值”的理念。集中对优秀客户经理组织专业金融知识培训，高端财富论坛、证券投资技巧、行情分析、证券市场解读、中邮证券业务介绍等。加快推动财富共享中心建设，发挥中邮证券专业投研力量，打造一支“邮政金融财富管理团队”，实现对客户资产的最优配置，进一步提升金融网点转型效能。

（3）组织“恒星二号”资管产品销售。定制“恒星二号”集合资产管理计划，通过邮政金融业务渠道，在全省范围内销售。通过类固定收益产品销售，丰富邮政金融产品链条，提升高净值客户黏性及对邮政品牌的认可度。

3. 投行与资管方面。

设计销售“恒星二号”资管产品，制作产品的认购流程，产品推荐材料，自主进行销售，累计自主销售 3000 万元。产品实现收益远超同期沪深 300 指数表现。协作邮储银行青岛市分行进行青岛地铁一号线产业基金项目投标工作；营销日照银行济南分行非银同业存款的通道业务。与中泰证券投行部、邮储总行投行部、中信银行济南分行联系，就龙矿集团私募债、国泰租赁中票、山东水务超短融、宏桥集团私募债、浙商银行二级资本债、山东当地农商行二级资本债等进行拓展销售。推进祥达租赁 ABS 的业务，与广发银行沟通上市公司恒通股份的资产证券化项目。与远东租赁、浙商银行沟通股权投资基金业务。票据类业务与邮储青岛行、中国银行青岛分行进行业务沟通，对今后的业务合作模式进行探讨，研究票据定向资产管理计划的项目的可行性。

4. 党建工作。

根据省分公司《关于同意中邮证券山东省分公司成立党支部的批复》（鲁邮政直机党〔2016〕31 号），6 月 2 日成立中邮证券有限责任公司山东省分公司党支部。党支部深入学习贯彻中央全面从严治党要求精神，按照公司党委要求，切实履行党风廉政建设主体责任，以“加强教育、改进作风、完善机制、明确责任、强化监督、严格考核”为基本思路，扎实推进企业党风廉政建设，落实民主集中制、“三重一大”决策机制及中央八项规定，取得积极成效。开展党风廉政宣传月活动，以《中国共产党问责条例》《中国共产党纪律处分条例》《中国共产党问责条例》为重点进行学习，整体做到有过程、有结果。12 月 8 日，山东省分公司召开总经理办公会，会议通过《中邮证券山东省分公司“三重一大”决策制度实施办法（暂行）》。

建立重大事项决策回避规定、考核评估和后评估机制、决策失误责任追究制度、决策失误纠错改正机制。坚持理想树人，加强党员干部党性宗旨教育和政治理论学习。将反腐倡廉教育与反对四风、落实党中央八项规定结合起来，纳入党支部学习的重要内容，每月坚持学习一次，除党员学习外，像支部书记讲党课，警示教育都扩大到全体员工。同时，参加省分公司组织的廉政学习，四级副以上人员参加网上廉政法规学习考试，明确领导干部必须遵守的法纪红线、道德底线，对于提升领导干部的政策理论水平，增强学习的针对性起到重要的作用。（中邮证券　黄颖琼）

河南省

【河南省分公司】 业务收入96.53亿元，比上年增长15.06%，实现利润10.45亿元，业务收入和利润分别完成集团公司预算目标的107.07%和287.91%，完成年目标任务。

1. 经营发展

（1）“金融翼”。新增金融总资产926.6亿元，比上年增长24.03%，收入63.94亿元，完成集团公司预算的109.2%，资产规模、收入均创新高。业务结构进一步优化，全年储蓄余额新增活比44.92%，新增期交保费13.3亿元，比上年增长356%。网点转型工作推进，246个标杆网点点均新增金融总资产6612万元，是全省网点平均水平的1.47倍，示范效应凸显。

（2）“寄递翼”。实现包裹快递业务收入5.83亿元，比上年增长60.65%。快递包裹、国际小包业务量成倍增长，协议客户总量比上年翻番，仓配服务模式发寄总量超千万件，春节和“双十一”旺季营销日均揽收量取得较大突破。在集团公司组织的包裹快递业务劳动竞赛中，河南省国内业务、国际业务均获得业务发展贡献奖。

（3）基础业务。函件专业收入2.79亿元，累计开发1710个村志项目，收入6150万元。集邮专业依托中国集邮产品研发分中心、特许生产商和网上营业厅“三位一体”的研发运营体系，强化生肖等品牌产品创意，创新集邮文化季、品鉴会等项目运作，实现业务收入5.35亿元，毛利率增长3.5%。

（4）农村电商。累计建成“邮乐购”实体店2.59万个，实现线上交易额5.65亿元。新乡、商丘、郑州、安阳等市分公司探索农村电商发展模式。新乡市分公司依托邮乐新乡特色馆，打造线上线下融合发展的农村电商平台，促进了“两翼”业务协同发展，取得了较好成效。

2. 企业改革

（1）“两个中心”建设。人力资源服务支撑中心搭建起涵盖5大类18项的日常事务处理平台，基本实现事务处理、信息支撑和业务咨询的功能，提升服务效率和规范化水平；会计核算中心依托ERP系统，通过推进核算人员项目化、派单随机化、流程标准化，实现了集中核算全覆盖。

（2）激励机制。实施利润目标摘档管理，制定分档位的激励政策；实施弹性人工成本管控，完善经营绩效考核办法以及省专业、郑州邮区中心局等直属单位绩效考核办法；推进“基本工资＋绩效工资”的内部分配模式，制定投递员、邮政营业、内部处理和金融网点人员等岗位绩效考核办法，通过按量计件、按业绩计酬等方式，调动一线员工积极性。

（3）网运改革。推进陆运网资源整合，上线推广省陆运网指挥调度系统，开通信阳、洛阳省际直达汽车邮路，快递包裹全程时限比上年缩短19小时，省内县城以上互寄快递包裹基本实现次日递。

3. 能力建设

（1）基础能力建设。投入能力建设资金5.94亿元，改造162个网点，自助设备点平均2.09台，提升网点产能和服务水平。加大寄递类业务能力建设力度，建成物流配送中心9个，改建邮件生产处理场地49处；郑州航空邮件处理中心工程筹备工作取得突破。

（2）信息化建设。完成ERP各主要功能模块在全省的落地应用及相关外围系统的升级工作，初步建成ERP信息共享平台，推进企业各类基础数据的融合共享。

4. 管控理念

（1）人力资源。通过双定管理、用工省级集中审批、人员合理兼职等多项措施，用工总量控制在集团公司要求范围内。通过开展劳务用工择优招用、规范优化非全日制用工、推进劳务承揽等措施，优化全省用工结构。

（2）财务管理。优化资源配置，强化人工成本预算、投资预算和利润预算的执行，推行预算扁平化管理。按照零基预算要求编制2017年预算，完善以利润为导向的财务管理体系。省分公司全省资金实现集中支付和集中结算，制定房屋土地资产出租管理实施细则，强化资金的集约管理。

（3）基础管理。加强服务质量管理。完善质量指标考核体系，明确22个关键指标，纳入各单位服务质量评估。狠抓售后服务的质量和效率，用户申诉处理满意率98.1%，高出集团公司标准4%。全年邮政企业服务质量社会评价综合满意度名列前茅，机要通信连续12年保持质量全红。加强审计监督管理。组织开展全省邮政企业财务收支真实性、电商业务资金、工程审计质量等专项审计调查，开展各类财务和经济责任审计140项。强化安全生产和风险防控工作。成立各级代理金融风险管理委员会，开展关键岗位风险排查“飓风行动”，完善安防监控联网系统，建设运钞监控联网指挥调度系统，提升安全保障能力和信息化水平。

5. 从严治党

（1）全面推进党的建设。加强党建、纪检监察组织建设和队伍建设，完成18个县（市）分公司党组改党委工作。扎实开展“两学一做”学习教育，通过专家学者专题辅导、党组织书记讲党课、主题征文等多种形式，强化政治理论学习。组织开展“四强”党组织、“四优”共产党员评选表彰，开展基层党组织规范工作示范点建设，建成示范点20个。分层开展党建工作述职评议考核，完成党员党组织关系排查、基层党组织换届、党费补缴等工作，加强党建规范化管理。

（2）加强党风廉政建设。细化纪检监察40项重点目标任务，实行量化考核，逐级传导压力。省分公司党组对各市县分公司、机关职能部室和直属单位主要负责人进行集体约谈，对人力资源、工程建设等关键领域的党员干部进行6次集体廉政谈话。开展廉洁风险防控排查，机关部室和直属单位排查风险点575个，制定风险防控措施479项，完善工作流程96项。对收到的问题线索进行核查函询，对2名党员干部给予政纪处分，对6人作出组织处理，对4人进行诫勉谈话。

6. 队伍建设

（1）队伍建设。制定完善领导人员管理规定、任免工作程序等制度办法，组织开展市、县（区）分公司总经理和支局长“三支队伍”培训、全省金融高管培训，开展初级人才评价选拔和评聘工作，举行优秀大学生评选、内训师大赛、优秀营业所主任评选表彰等活动。

（2）员工生产生活条件改善。为劳务用工办理住房公积金，进一步完善企业福利保障体系。为广大员工办理重大疾病和意外伤害两项保险，员工报案110起，获得赔付557万元。加大对生产一线员工、劳模先进、离退休人员和受灾员工的关爱力度，发放补助款、慰问金1300余万元。完成168个职工小家的创建工作，员工生产工作环境进一步改善。

11月4日，河南省分公司联合速度物流河南省分公司在滑县分公司召开全省邮速县域“三合一”工作现场会，总结推广试点县经验。（河南省分公司/提供　李平/摄）

（3）精神文明建设。安阳市分公司荣获“全国通信行业用户满意企业”称号，郑州、濮阳市分公司荣获“全国邮政用户满意企业”称号，省邮电印刷厂被授予“河南省级文明单位”，滑县分公司荣获河南省“五一劳动奖状”，安阳县分公司辛村支局荣获河南省“工人先锋号”，姚艳等3人荣获河南省“五一劳动奖章”。河南省分公司连续七年被中国扶贫基金会授予“爱心包裹服务贡献奖”。（河南省分公司　郭艳）

【邮储银行河南省分行】 河南省分行下辖17个市分行、3个直属支行、114个一级支行和2293个营业网点。职工10706人，平均年龄37岁，其中大专以上学历人数9567人，占比89.36%。各项存款余额5391.08亿元，比年初增长785.59亿元，排名全国第3位、省内商业银行第1位，增幅17.06%，净增市场占有率11.73%；各项贷款余额1750.33亿元，比年初增长477.26亿元，排名全国第2位、省内商业银行第3位，增幅37.49%，高于省内商业银行平均水平20.69%，净增市场占有率8.94%。收入87.90亿元，排名全国第1位，完成总行预算目标101.02%。实现利润总额37.25亿元，排名全国第1位，增幅20.81%，完成总行预算目标107.49%，超出预算绝对值2.45亿元。全省不良贷款余额7.56亿元，不良率0.43%，低于省内同业平均水平2.44%，完成总行资产质量限额管理目标。拨备覆盖率155%。

1. 业务发展情况。自营储蓄余额净增186.31亿元，信用卡新增发卡32.13万张，新增电子银行客户345万户，三项指标排名全国第1位。个人贷款净增264.67亿元，排名全国第2位。民生事业类新业务净增7.72亿元，结余占比13.04%，比上年增长12%。新增对公存款161.03亿元，排名全国第3位；公司贷款净增53.59亿元，排名全国第5位。营销同业投资业务365.5亿元，增幅52%，营销同业融资业务155亿元，增幅27%。

2. 经营管理情况。财务管理方面，扩大费用支出集中管控范围，大项支出实现省、市两级统谈分签。成本收入比44.21%，比上年减少1.58%，低于全国平均水平6.33%。人力资源管理方面，以鼓励发展为导向，修订信贷客户经理绩效考核办法。严格人工成本计划管理，适度加大对人均效益指标的考核权重，建立人员增长的内在约束机制。授信管理方面，新增棚改、城建等8个重点行业和郑发投等41家核心企业，实现公司授信二级分行全覆盖。全年获批公司授信2209亿元，申报数量排名全国首位。会计营运方面，支付清算业务处理及时率达到100%，核查各系统业会不符23.75万笔、1.77亿元。实施二级分行集中对账、个贷集中放款等流程优化工作。采购管理方面，完成采购项目 87 个，节约资金 1755.34 万元，节资率 11.18%。

3. 风险防控情况。清收移交类不良贷款本息 4.51 亿元，核销呆账 3150 笔、3.48 亿元。推进案防机制建设，制定一、二道防线履职规定。开展违反“十条禁令”行为排查、“两个加强，两个遏制”“回头看”等专项活动，累计对 4061 条问题问责和督促整改。以风险为导向，开展抵质押物风险、采购管理、授信管理等 31 个审计项目，直接挽回风险资金 470 万元。建成 2 家总行级、18 家省级安全管理标准化达标网点。完成营业场所和离行式自助银行预报警接入、网点业务库异地值守改造等工作。

4. 能力建设情况。自营网点服务类投诉工单比上年减少 24.8%。面向高端客户开展增值服务，自营资产 10 万元以上的客户比上年增长 6.6 万户。切入夏粮收购市场，拉动储蓄活期余额增长 76 亿元。搭建投贷联动框架，设立系统内首只投行系产业基金。获批百城建设提质工程统贷统还融资项目，批复金额 300 亿元。搭建还贷中心、国土、国控、水投等一批行业性省级融资平台。零售信贷客户结存的自营储蓄存款达到 49.76 亿元。通过贷款、投资、托管等业务，拉动公司存款增长 35.3 亿元。完成营改增系统工程、合规管理系统等 31 个信息化项目建设，开发上线 ETC、国土资源招投标等 25 个项目，自主研发率 88%。

5. 党建监察情况。深入推进“两学一做”学习教育，全行各级党组织开展专题学习 582 次。开展“强基固本”建设工程，建成 54 家达标单位。层层签订党廉责任书，开展党廉考核工作。出台《高管人员十类禁止性规定》。针对集团公司巡视组反馈的问题，制定整改措施 41 条，整改完成率 100%。建立工资集体协商、职代会民主评议等制度。员工人均薪酬比上年增长 12.10%，企业改革发展成果惠及广大员工。

6. 品牌建设情况。7 月 19 日，河南省省长陈润儿在省分行《关于 2016 年上半年工作情况的报告》上作出批示，对河南省分行上半年工作给予充分肯定。河南省分行成为系统内首家信用卡发卡突破百万张的单位、首家个人贷款结余突破千亿的单位、首家公司存款结余突破千亿的单位。河南省分行被省政府授予“金融支持河南经济发展优秀单位”。全省 34 家单位（集体）、18 名职工荣获省部级以上单位表彰，其中原河南省分行行长刘虎城荣获河南省“五一劳动奖章”，并于 10 月当选河南省第十次党代会代表。（邮储银行　马静）

【速递物流河南省分公司】 业务收入 10.7 亿元，收入规模首次超 10 亿元，列全国规模第 8 位，比上年增长 27.28%，全国排名第 3 位。

1. 营销中心转型。推进营销机构向“六个中心”精细化转型。构建“以揽投平台为基础，项目拉动为中心”的发展模式，打造新的发展增长极，濮阳、南阳、平顶山、新乡等标准快递业务收入增幅 30% 以上。

2. 生产运营。成立邮件处理运输中心，通过模拟利润核算、提高生产效率、加强成本费用管控等措施，推进邮件处理中心、干线运输中心、航站等生产单位由成本费用中心向利润中心的转变，实现企业节支和员工收益的同步。优化 120 余人、节约资金 2600 余万元。

3. 国内标准快递业务。在以揽投平台建设核心 6 项指标为抓手、代办网点建设为补充，强化渠道建设的基础上，推出 62 个重点城市互寄时限承诺服务，深入实施“三进”工程，进驻商厦写字楼、校区园区、产业集群市场，以时限服务优势拼抢市场。全省国内标准快递收入 3.96 亿元，比上年增长 27%，收入增幅全国排名第 2 位。

4. 国际寄递业务。加强郑州至 13 个国家 16 个城市的 EMS 直航路线营销，开通郑州至瑞典、墨西哥、智利、挪威等 17 个国家的直封、直航邮路，丰富 e 邮宝欧洲 20 路向以及澳大利亚、德国、英国海外仓，推动国际业务快速发展。国际业务收入 1.91 亿元，比上年增长 65.76%。

5. 电商业务。实行“仓储 + 配送 + 供应链金融”模式，强化杭州、合肥、上海、福州、长沙、廊坊、武汉、南京、成都 9 条专线营销，打造差异化竞争优势。电商业务收入 8049 万元。

6. 物流业务。重点关注高科技、快消品、汽车、医疗保健等行业，培育郑州日产、郑州中石化、郑州汇优、鹤壁富士康、新乡百威等千万级合同物流大客户和郑州黄帝养生、郑州安利、郑州民生等五百万级大客户，实现物流业务规模持续快速发展和效益提升。物流业务收入 2.33 亿元，比上年增长 25.34%。

7. 项目运作。推出司法、银保、通信、教育等一系列大项目全省司法项目收入 1.17 亿元，比上年增长 50%。其中身份证业务收入 1.01 亿元。

8. 作业流程。做到当日一频进口标准快递邮件 8：00 前出班，投递完毕时限缩短 2 个小时，改善用户体验，重塑 EMS 的口碑。同时，进口接收—下段时限持续改善，超时未投递件数逐渐减少，郑州在全国 56 个重点城市中及时妥投率排在全国前 8 名。

9. 党的建设。开展党员手抄党章、党章知识考试、教育片观看等活动，创新“3+1+1”学习教育模式，签订“不出入隐蔽场所违规吃喝”承诺书，提高广大党员干部参与“两学一做”学习教育的思想自觉和行动自觉，严防“四风”问题发生。（速递物流　蔡瑋）

【中邮保险河南省分公司】 总保费收入 29.62 亿元（含续期 3.38 亿元），规模列全国第 2 位，比上年提升 3 个位次，完成全年计划的 100.8%。实现价值型期交新单保费

4.44 亿元，居全国第 5 位，比上年增长 68.2%，完成全年计划的 101.2%，其中长期期交保费 4478 万元，列全国第 6 位，比上年增长 71.5%，超过全年考核计划目标 2.9%；实现团险保费 1486 万元，规模居全国第 6 位，比上年增长 35.9%，完成全年计划的 120.8%，超额达成各项目标。

1. 经营发展。（1）营销策划。新年 A 销售 19.81 亿元，居全国第 2 位；财寿嘉 13 天抢售 1.76 亿元，居全国第 5 位。策划“金猴迎新三连唱”“亮点行动”“能量传递”等系列主题营销活动，一季度实现价值型期交新单保费 1.38 亿元，占全年计划的 31.43%。策划长期期交“晒单营销”“网点破零”“国庆七天乐”等专项营销活动，首次实现长期期交保费达成考核目标。（2）培训支撑。开展专兼职讲师队伍打造工作和培训能力提升工作，培养专职讲师 8 人，与邮政企业联合打造兼职讲师 108 人。在年度全国中邮保险讲师大赛中，2 名专职讲师荣获“全国十佳讲师”荣誉称号，其中一人荣获冠军，2 名兼职讲师晋级全国十佳内训师。另外，采取线上线下相结合的培训方式，线上建立覆盖全省近 2000 名理财经理的 QQ 培训群，线下组织专兼职讲师开展现场支持。开展培训 502 场，培训人数 9704 人次。（3）队伍共建。联合河南省邮政公司开展全省理财经理队伍共建和专业技能提升工作，培养 200 名中邮保险期交营销精英，组织开展全省 1200 名邮政理财经理的集中轮训，夯实网点专业营销基础。

2. 运营管理。（1）营运指标。电话回访成功率 90.06%，比上年增长 1%，13 个月保费继续率 88.5%，新契约抽检合格率 99.44%，5 日结案率 98.85%。（2）运营能力。面向市县中邮保险局专兼岗人员开展契约、保全、理赔、档案等业务条线培训；开拓业务委托外包新模式，实现业务单证、档案的外包管理，节约成本、提高效率。与 11185 平台加强合作，提升业务质量和指标。在中邮保险第二届营运人员业务技能大赛中，河南分公司代表队荣获“团体二等奖”。（3）服务方式。开展“节日有礼”、家庭健康讲座等常规客服活动，回馈客户近 6000 人次。组织“走近非遗”、邀约观影、邮品鉴赏等主题客服活动，回馈客户超过 1000 人次。

3. 风险防控。（1）培育合规文化。开展合规培训 7 场（次），参训人员涉及省分管理岗、市县专兼岗及网点一线人员 262 人，内容涵盖法律解读、监管政策、公司制度要求及业务操作风险提示等方面。（2）开展检查考评。联合省邮政代理保险专业检查 35 个（次）市局、46 个（次）县（市、区）局、154 个网点，超额完成监管和总部的要求目标。对各类检查及工单处理中发现的突出问题，提交邮政企业每月进行通报和考核，预警提示风险评估为“危险、可疑”的单位。（2）防控重点风险。联合邮银制订满期给付与集中退保应对方案，定期开展应急预案演练，准备和应对 2017 年 13 亿“富 1”产品满期给付与首季 19 亿“新年 A”集中退保。（3）开展反洗钱工作。召开多次反洗钱工作专题办公会，确立反洗钱工作成效考核及反洗钱培训宣传等 8 项措施，反洗钱工作得到当地监管部门充分肯定，并被《金融时报》刊登。

4. 基础管理。（1）规章制度。完善修订包括党委会办公会议事规则、党务公开、会议管理、接待管理、合同管理、绩效考核等 20 余项制度，开展岗位和部门职责描述、工作管理流程梳理、工作任务质量时限督办和制度执行有效性检查，形成精细化管控机制。（2）人力资源管理。开展劳务工择优转招，规范劳动用工管理。完成四级及以下非领导职务设置工作，并对拟任主任科员和副主任科员的人员履行干部选拔任用程序，提升主任科员 7 名、副主任科员 12 名。（3）信息化支撑。升级省分运营分析系统平台，开发回访成功率报表、犹撤率明细报表、退保率明细表、工单管理等系统模块。建立微信公众平台，实现产品推介、辅助购买、网点查询、保单信息查询、服务信息查询等系统模块。（4）财务管控。修订完善差旅费、采购、低值易耗品等 13 项规章制度，规范财务管理行为，改进预算编制方法，按月滚动编制，按月分析执行情况，提高财务管理精细化水平。ERP 各项静态数据和动态数据的整理、审核和切换导入工作，实现 ERP 系统上线和平稳运行。规范“分公司营改增”后各类管理行为，出台增值税发票管理办法，实现增值税工作平稳运行。

5. 党建工作。（1）组织建设。成立党建工作领导小组，设置党委办公室、党委组织部、党委党建工作部、监察部，配齐相关人员。（2）巡视整改。根据集团巡视反馈意见，制定整改方案，确定 10 项整改任务、26 项整改措施，立行立改，均全部整改到位。（3）“两学一做”。组织观看《建党伟业》等系列专题影片，开展“中邮保险—新的增长极”大讨论、参观预防职务犯罪警示教育基地、开展网络学习、举办微信知识答题和征文活动，组织学习“红旗渠精神”主题活动，激励大家“自力更生、艰苦创业、团结协作、无私奉献”。

6. 和谐企业。组织开展“两节”送温暖和“关爱有保障　夏日送清凉”慰问活动。分别慰问 113 人次和 109 人次。组织马拉松比赛、献血活动、献爱心活动，参加总部乒乓球比赛、气排球比赛等，营造浓厚的文化氛围，推进精神文明创建。（中邮保险　王森龙）

湖北省

【湖北省分公司】 业务收入 63.73 亿元、收入规模列全国第 7 位，收入增幅 15.92%、超全国邮政平均水平 2.85%。省分公司首次入选“湖北企业百强榜单”，列第 68 位，并在集团公司战略绩效考核中晋升全国邮政A级企业。

1. 业务发展

（1）代理金融。累计净增综合资产752.9亿元，列全国第3位。其中，代理储蓄新增余额574亿元，列全国第2位，新增市场占有率居省内同业第2位；金融市场占有率提高1.32%。代理保险保费规模179亿元，列全国第5位。期交保费规模增长380.2%。

（2）包裹快递。收入3.81亿元，比上年增长49.7%。其中快递包裹收入2.01亿元，比上年增长60.9%；电商快包市场占有率5.53%，比上年增长0.93%。特别是"双十一"，快递包裹收寄规模列全国第4位。

（3）农村电商。开通邮乐购站点20579个，活跃度92%；进销存销售额97.7亿元，列全国第1位。线上线下运作农产品进城项目，实现销售额1050万元、"造包"65万件以上。分销业务组织订货会86场，预收货款1.83亿元，比上年增长51.5%。

（4）传统业务创新。函件业务突出文化、寄递、传媒三大市场开发，收入3.14亿元，比上年增长4%。集邮业务强化线上线下融合发展，收入3亿元，比上年增长16.9%。《中国古镇（二）》等湖北题材新邮发行。报刊业务突出畅销报刊、图书和校园报刊，收入3.17亿元，比上年增长3.9%。增值业务突出税务双代、电费、车驾管业务，收入3.42亿元，比上年增长17.4%。机要通信实现安全运营22年。

2. 企业管理

（1）经营管理。一是解决痛点难点。开展"三互三评"活动，激励全省学有榜样、赶有方向、比有对手、追有目标。累计开展活动135场，整改率96%。二是加快转型落地。转型网点达1001个，启动投递转型试点。三是拓展总部项目。恒大、《湖北日报》等四个省级总部项目和车驾管等一批区域性项目全面启动。四是强化融合联动。邮银联动中标ETC项目，中邮证券第三方存管业务新开户3.28万户，税邮联动客户转介率72.5%。

（2）财务管理。推行"零基预算+集约成本"的预算管理模式，将资源配置向重点业务、重点环节倾斜。实施现金预算动态管理，科学规划资金使用。深化集中核算，推行以业务流程为主线的分类核算模式。优化集中采购流程，将法务审核环节前置，合理下放采购实施权限。全年完成采购项目122项，节约采购资金8279万元。出台营销费用管理办法，规范营销行为。

（3）人力资源。176名用工增量全部投入到金融、电商和投递等重点环节，资源配置更加优化。薪酬分配向业绩好、效益优单位及经营一线倾斜，完善择优转招机制，对业绩突出的县市给予专项奖励指标，员工激励更加完善。设立人力资源服务支撑中心，服务支撑更加有力。

（4）基础管理。服务管理开展营投管理对标、投递服务专项整治等活动。全省客户服务满意度85.2分，比上年增长2.76分。审计管理完成审计项目667项，工程审计审减金额3473.5万元。安全管理坚持源头治理、关口前移，实现金融资金零案件、安全生产零重大责任事故。

3. 综合服务平台建设

（1）网点渠道。科学规划、合理布局、丰富功能，重建、改造网点113处，更新及新增CRS 1028台；建成仓储中心57处，"掌柜之家"133处。依托"5118"工程，促进网点和渠道融合发展。

（2）网运投递。新增邮运及揽投车辆236辆、电动车1663辆、揽收设备266套；对10个市州邮件处理场地进行流水化改造；实施省际、省内、区内网络优化。省际出口、进口时限以及省内县及县以上地区互寄"次日递率"等指标均超过集团公司要求。

（3）信息技术。完成省运管中心和邮政信息网省中心建设；实施邮政客户营销管理系统等全面扩容升级，对网点和省内骨干网带宽全面提速；开展金融客户走访系统等软件项目自主研发、引进或二次开发，推出"湖北邮政企业号"。

4. 全面从严治党

湖北省委授予省分公司直属机关党委"党建工作先进单位"称号，成为湖北省直机关受表彰的75家单位中仅有的2家上榜企业之一。

（1）全面从严治党。深入开展"两学一做"学习教育。将党建工作和生产经营同部署、同落实、同考核。开展省分公司党组书记、纪检组组长听取基层党建工作述职暨约谈工作。省、市两级邮政企业新设立党组（委）办公室、组织部、党建工作部。

（2）干部人才工作。修订《湖北省分公司领导人员管理办法》等制度。调整充实机关部室、直属单位领导干部25人，市州、县市分公司领导干部59人。完成142名三级副以上领导干部个人有关事项报告工作。初级人才队伍规模239人。

（3）党风廉政建设。通过签订党风廉政建设责任书等方式，形成层层抓落实的党风廉政建设责任体系。开展党风廉政建设责任制检查考核，覆盖率100%。开展多样化的警示教育、专项执纪监督，受理核查信访53件，对8名违纪违规党员干部给予了党纪政纪处分。

5. 企业文化建设

（1）文化建设。扎实抓好中国邮政企业文化体系的宣册推广落地工作，举办首届青年员工创意大赛，省分公司荣获2016年通信行业管理创新先进单位；孝感三里棚支局荣获全国"工人先锋号"，十堰六郎支局投递员陈伦顺获全国"五一劳动奖章"；武汉邮政艺术团代表集团公司参加全国通信体协健身操舞展示赛，荣获两项特等奖；省分公司组队代表集团公司参加全国通信协会职工乒乓球比赛，荣获团体第二名，男子单打、女子单打亚军，创中国邮政参赛历史最好成绩。

（2）队伍素质。组织25名三级干部到安徽等先进省份考察学习。组织领导干部、优秀支局长到延安干部学院、北京大学、湖北大学培训。举办培训班572期，培训62475人次。从业人员持证率95%，比上年增长7%。

（3）关爱员工。第五轮重病住院互助保险参保人数22692人，“金秋助学”资助困难职工子女80名，“关爱帮扶”救助困难职工98名；帮扶汛期受灾职工家庭109个。（湖北省分公司　王春瑞）

【邮储银行湖北省分行】 下辖机构1636家，其中：一级分行1家、二级分行13家、一级支行68家（天门、仙桃、潜江、林区支行为省分行直管一级支行），二级支行264家、代理营业机构1290家。员工数7936人（不含代理从业人员）。资产总额4422亿元，净增802亿元，增幅22.1%；存款余额4307亿元，净增783亿元，增幅22.2%（其中自营储蓄余额927亿元，净增124亿元；公司存款余额525亿元，净增85亿元）；贷款余额974亿元，净增195亿元，增幅25%。累计实现业务收入45.3亿元，增幅0.9%（同口径）；累计实现利润总额12.2亿元，增幅104%。

1. 业务发展。个人业务收入14.82亿元，占比重32.68%，比上年增长9.77%；公司业务收入11.12亿元，占比重24.53%；贷款业务收入15.66亿元，占比重34.55%；金融市场业务收入3.25亿元，占比重7.16%，比上年增长38.05%。

2. 金融创新。以“十大创新专班”为重要抓手，推动创新成果转化为发展动力，构建项目专班致力创新、信息科技引领创新、网点转型助力创新、创新机制激励创新的良好格局。其中，上市公司预授信31户、额度205亿元，A级纳税大户预授信850户、金额39.95亿元；自主开发网点智能系统等创新项目6个，开发和上线推广中间业务项目37个，制定数据分析项目32个，完成10个课题分析报告和296个数据提取项目。制定网点建设三年规划，网点转型支撑经营发展；推行全面创新管理，设立创新奖励基金，开展首届创新奖评选。

3. 企业运行机制。授信管理主动靠前。强化授信政策导向作用，推进预授信创新，优化信贷签约管理，建立贷后APP管理系统，强化非现场监测和监督管理，加大征信管理，强化统一授信管理，强化行业风险管理，完善押品管理，开展授信评价和授信现场检查。人力管理紧扣中心。完善干部管理机制，加强梯次储备后备干部队伍，推进地方政府、总行和市州分行的干部交流任职，规范薪酬福利管理，优化客户经理管理办法，推进了市州大客户中心等营销体系建设。优化人力资源配置，省分行机关实行“双向选择，竞聘上岗”，全省用工数量总体稳定，劳务工占比降至16.29%。财务管理推行预算目标“分档认领制”，推行经济资本管理，全省成本收入比低于总行控制目标，财务集中核算工作更加规范，全省“营改增”专票抵扣率达到74.3%，投资管理效率提升，全省信贷产品执行利率均高于全国平均水平。品牌管理服务大局。构建“传统媒体+新媒体+自媒体”多元化传播模式，先后荣获腾讯总部“品牌传播创新奖”，全省“十佳优质服务银行”等荣誉。

4. 基础管理。案防体系日趋完善。建立省、市、县、网点“四位一体”网格化案防工作管理体系，未发生案件或重大风险隐患。完成13个审计项目，机构覆盖率83%；完成二级分行采购管理审计、工程审计质量自查等4个总行级项目。组建营运中心和资金汇划团队，推进会计与营运管理上收，推进高低柜劳动组合优化，实现小企业放款审核集中至二分。推行“七抓工作法”，保持安防案件防控高压态势。全省建成安全管理标准化达标网点30个，其中黄冈分行营业部、黄石大冶支行营业部被总行授予“达标网点”。

5. 党群团工会。健全党团、纪检监察组织体系。深入开展“两学一做”学习教育活动。全面落实“强基固本”建设工程。推动党建群团融合业务发展，在全省开展机关总部营销活动。落实党要管党、从严治党要求，开展集团巡视反馈问题专项检查和“四风”问题整治情况“回头看”活动。全面完成省分行2016年工作报告承诺为基层和员工办好的“十件实事”。

6. 风险管控。依托风险与内控委员会的平台，发挥“抓总”职能，出台年度风险政策与风险限额，搭建风险信息周报机制，建立重点机构和产品风险监测与管控机制。深入开展“山清水秀”信贷生态环境综合整治，组织开展“能力提升年”活动，重点落实“三抓两促”12项重点工作，建立健全资产质量管控体系和机制，为全行资产质量管控工作奠定良好基础。各项贷款不良额10.54亿元，比年初增长308万元，各项贷款不良率1.08%，比年初下降减少0.27%，不良额、不良率均在总行下达的风险限额内。拨备覆盖率200.22%，符合监管要求。

7. 精神文明建设。开展各类劳动竞赛和职工合理化建议活动。组织开展春送健康、夏送清凉、秋送助学、冬送温暖的“四送”活动，开展广播体操比赛、趣味运动会、健步走、登山活动等群众性的文体活动。湖北省分行、黄冈市分行获评湖北省级文明单位；湖北省分行获评全国“重合同、守信用”企业；武汉武胜路支行荣获全国银行业协会“千佳示范网点”；鄂州市分行黄荣荣获湖北省“五一劳动奖章”。（邮储银行　马静）

【速递物流湖北省分公司】 收入8.42亿元，规模列全国第9位，增幅列全国第8位，业务总收入增幅和快递包裹、国际、物流板块业务增幅均高于全国平均水平。其中标准快递收入规模列全国第10位，快递包裹收入规模列全国第5位，国际业务收入增幅列全国第9位，物流业务收入规模列全国第9位，增幅列全国第2位。

1. 运营机制改革。开展“众创众享”，全省签约众创众享基层经营单位267个（含营业部、揽投部、营销中心和项目团队、商厦写字楼、校园和产业集群）。加快五大中心实体化建设，加强省邮件处理中心、国际营运中心和荆楚平台成本和质量管控。4月16日，省分公司在武汉市召开“众创众享工程”现场推进会，提出在前期试点的基础上全面实施“众创众享”，20个经营单位现场进行经营目标摘标，13名竞聘成功的县（市）营业部领创者与各所属市州分公司签订领创协议。全省签约众创众享经营单元275个，一级经营单元签约21个市州级经营单位，二级经营单元签约170个，三级经营单元签约营销中心及项目团队84个。4月29日，省分公司召开全省“众创众享”工程青年员工创新大赛决赛，全省204名青年员工申报创新型项目96个，评选出23个获奖项目，获奖项目经过修改完善后在全省进行学习复制及应用推广。

2. 经营发展模式创新。62个大项目纳入省级项目范畴，实现业务收入2亿元。政务项目收入1.12亿元，其中公安项目收入8807万元，全国排名第4位；电商业务提速发展，收入规模全国第5位；物流业务跨越进位，增幅全国排名第2位，物流项目成功运营模式得到总部高度肯定。重要市场开发成效显著，商务市场以“三进”工程为抓手，创新市场开发模式；县域开展“县域经营发展PK赛”，实现业务收入1.09亿元，比上年增长22.5%；“极速鲜”成功起步，物流与速递融合并进。1月7日，省分公司与东风汽车公司签订战略合作备忘录，进行首批新能源邮政速递车的交接，80辆东风产新能源电动汽车计划投入到武汉市作为EMS邮件揽收投递使用。

3. 能力建设。企业基础能力不断夯实，进行网点购置与改造，运输、揽投车辆采购，处理中心工艺布局调整和设备投入，加快推进重点项目建设。网络运营能力稳步提升，投递质量明显好转，信息支撑作用成效凸显。渠道服务能力明显增强，取得代办点备案登记经营许可，开发代办点微信投递功能，全省建立有效代办点近千家。客户服务能力更加精细，建立以项目客户为中心、专业团队服务为重点、主动跟踪查询反馈为基础、首席客户经理负责制为前提、KPI分析问题件处理和提供一揽子解决方案为核心的主动客服机制。5月12日，集团公司副总经理、速递物流股份公司董事长李雄在湖北专题调研，肯定湖北物流专业化水平和实战经验，表示支持湖北物流立足华中走向全国、世界，塑造邮政物流品牌。5月13日，李雄在全国部分省物流再起航经营发展座谈会上，要求各省要在改革创新的基础上做好物流业务下一步扬帆起航工作：一是要提高发展物流业务重要认识；二是要准确看待当前物流发展的特点和市场前景；三是确定物流改革发展的主要方向；四是要考虑包括体制机制，市场化资源配置，网络搭建，商业模式创新，规模化发展，人才建设六大问题。6月，速递物流武汉航空邮件处理中心工程项目、速递物流武汉跨境电子商务中心工程项目立项，计划投资2.5亿元，以天河机场三期工程扩建为契机，配套建设邮政航空设施。其中武汉航空邮件处理中心定位为国内航空邮件处理、邮航辅助中心，国际邮件处理、国际邮件互换局及交换站等；跨境电商中心功能定位为国际邮件处理，跨境电子商务中心，跨境电商仓储、保税仓储中心，海关监管中心，武汉海关、中国国安、中国检验检疫、中国邮政航空公司等单位驻邮办等。

4. 企业管理。财务管理精细化，实现有效收入比上年增长20.64%，欠费率比上年减少13.1%，资金存量比上年净增3600余万元，成本费用比上年增幅比收入增幅低9%。质量管理严格化，实现虚假信息减少，丢失件减少，质效考核达标。网络运行效率化，实现质量指标全面提升、信息指标准快递速上升，均达到总部标准，网运成本有效降低。人员管理效益化，实现人事外包费用率比上年减少4.96%，劳产率比上年增长22.68%。（速递物流　蔡建）

【中邮保险湖北省分公司】 湖北省分公司被省政府评为2015年度支持湖北经济发展突出贡献金融单位，2015—2016年被省保监局评为风险评估A类分支机构。保费规模19.93亿元，名列全国第5位，比上年提升9个位次，比上年增幅居全国第1位。在湖北省中资寿险公司排名第11位，市场占有率3%。

1. 业务发展。实施“精准管理年”工程，围绕“顶层设计、高效执行”，针对性地补短板、强管理、提效能。组织开展精准管理系列活动，确定团险开发、合规大讲堂、财务标杆、续期业务、微信宣传等精准管理项目，分阶段推进实施，做到部署有计划、过程有管控、效果有评估，实现管理提能增效。与省邮政分公司、省邮储分行联动发展，参加湖北邮政举办的首届“一体两翼”发展论坛，与省代理保险局同部署、同安排，全省共建队伍、合抓培训、联动营销，共同促进中邮保险快速发展，实现企业和银行均完成年度计划的良好局面。加强邮政一线服务支撑，融入全省邮政代理保险转型发展，按月组织价值型期交宣传培训活动，优化推进措施，组织“培训—实战—提升—固化”四个层面的提升培训9期，参培内训师300人次、理财经理500人次。持续开展“百名讲师在行动”活动，全省专兼职讲师送培覆盖全省全网点，参培人数8201人次。

2. 客户服务。客户14.7万人，比上年增长25%，其中VIP客户21092人。推进“以客户为中心”转型工作，多形式开展客服活动。全年开展“为公益梦想点赞”“粉丝福利刮刮卡抽奖”“中邮保险喊你看电影了”“运动得奖更简单”等活动，组织100余场保险话剧客户答谢会、儿童保险夏令营等活动，3000余位客户参加。在“‘3·15’消费者权益保护日”“‘7·8’全国保险公众宣传日”等，针对不同职业、年龄段的客户开展保险知识宣传走访和“五进入”工作，畅通客户诉求渠道，宣传保险文化，普及保险知识。在暴雨洪涝灾害、宜昌当阳爆管事故等重大突发事件时，第一时间成立应急指挥中心，启动应急机制，分公司领导亲自带队赴事发地慰问一线职工。优化理赔流程，及时开通理赔绿色通道，主动做好重大突发事件遇难客户身份筛查，配合监管和当地邮政做好客户慰问理赔工作，获得客户一致好评。

3. 运营管理。建设微信公众服务号和企业号，接入第三方应用，开通会议助手、中邮论坛、问卷调查、考试测评等多项功能，实现掌上办公；开发普通单证系统，实现手机申请、签收、统计等功能，提高省市县单证流转速度。优化流程，提升运营品质，与第三方客户中心合作，初步建立常态化电话二访模式，二访成功率明显提高。落实监管要求，推进“访后付费”制度落实，签订“访后付费”专项协议，完成核心业务系统、客服系统改造，促进新单回访成功率稳步提升。梳理业务操作流程，全力配合各级邮政做好中邮产品“双录”培训。

4. 风险管控。坚持“先基础再发展、先模式再发展、先合规再发展”，切实将风险管理融入发展的全过程、全环节，未发生风险事件，未发现区域性、系统性风险。一是合规经营筑牢底线，对展业以来的153项制度进行全面梳理，满足监管对制度建设的全面性和适用性要求。接受总部内控检查、内部审计检查，23项问题100%整改完成。二是风险排查常态化，初步建立邮银保三方联动风险监督检查机制，联合邮政扎实开展“两个加强，两个遏制”“回头看”自查抽查工作，对10个市、7个县、22个网点进行专项检查，并要求及时整改，未发现区域性、系统性风险。

5. 党建监察。一是规范党组织体系建设，成立党委办公室、党委组织部、党委党建工作部和监察部，配足配齐干部人员。二是围绕“两学一做”，开展“党委理论学习中心组+支部集中+个人自学+专家讲座”相结合的学习教育，全体党员笔记字数均超1万字。三是坚决贯彻落实“两个责任”，党委书记与各部门负责人签订党风廉政建设责任书，层层传导责任。组织开展党风廉政责任制检查，将检查结果纳入年度绩效考核。全程监督“三重一大”事项履行情况，组织专项自查。紧盯春节、国庆等关键时点，开展“四风”问题整治情况“回头看”和专项自查，严防“四风”反弹。四是幸福企业初步构建，落实“四大工程”建设，实现企业和员工同发展。组织包点挂片劳动竞赛，树立争先进位的对标意识。开展各类文体活动，参加全省邮政气排球比赛，蝉联全省亚军。承办中邮保险首届全国职工气排球比赛，荣获冠军和优秀组织奖。

（中邮保险　王森龙）

【中邮证券湖北省分公司】 2015年6月16日，中邮证券有限责任公司湖北省分公司成立，下设有1家证券营业部。湖北省分公司是中邮证券在全国展业的第6家分公司。设有综合部、市场部、运营风控部、资管投行部等四个内设部门，配备员工15人。累计开户70521户，资产1.20亿元；成功合作开发通道业务2笔，储备IPO企业2家，企业债客户1家，新三板客户2家。

1. 业务发展。坚持以客户为中心，紧紧围绕三个并重，即开户与资产并重、店面与外拓并重、品牌与服务并重的思路，各项业务全速起航，引领经纪业务及资管投行业务双轮驱动发展。以证券投资报告会、证券沙龙等形式为抓手，加大客户金融资产的综合开发力度。组织召开投资报告会46场，参加人员2500人次。通过报告会收集客户信息，储备一批高净值意向客户，为后续业务的发展奠定基础。向省政府、市州政府金融办汇报中邮证券借助股东背景、支持当地企业走向资本市场所做的工作及意愿，参与湖北省政府金融办组织年度湖北省企业上市培育“金种子”计划。4月，参加京山县政府组织政企融资对接会议。5月，参加浠水县政府组织企业债研讨会。

2. 综合管理。

（1）人才引进。累计筛选简历1000余份，联系意向求职人员103人次，面试32人次。截至12月31日，确定拟增资管投行意向人员三名；配合总部进行校园招聘工作，招聘1名校招大学生入职运营风控岗；分公司业务条线人才队伍建设逐步增强。

（2）业务培训。培训纳入省邮政公司全年培训方案中。通过集中培训、视频培训、送培上门等形式，全面开展资管投行及经纪业务培训。完成6期全省500个骨干金融网点理财经理集中轮训、全省专题视频培训4次、赴市州开展现场业务培训40余场、开展旺季竞赛方案宣讲培训13场，及邮储行公司条线业务人员培训等，全省证券从业人员培训逐步系统化。

（3）风控管理。按照总部相关规定及要求，紧抓合规工作闭环管理、落实风险管控细节，全年未发生任违规事件及差错，未收到监管部门处罚事项，合规管理、风险控制整体情况良好。一是在分公司开展了风控、两融和反洗钱基础知识的普及内部培训。二是分别通过临柜业务、营业现场、短信发送等有效措施构筑了全方位、多层次的投资者风险教育体系。三是严格按照客户投诉处理流程，对客户的每项投诉、处理进行详细记录和反馈。四是在反洗钱工作落实上，按季度对身份证已到期的客户进行梳理并逐个电话通知，对不能及时临柜办理的客户在系统内进行了风险等级修改。

3. 党建工作。党支部建设工作。根据省公司《关于同意成立中邮证券有限责任公司湖北分公司机关党总支的批复》（鄂邮公司直党〔2016〕53号），12月9日成立中邮证券有限责任公司湖北省分公司机关党总支，隶属于中国邮政集团公司湖北省分公司直属机关委员会。围绕企业中心抓党建，有效解决经营管理问题。在分公司开展的“金鹰”基金销售劳动竞赛活动，充分发挥党员模范带头作用，党员完成计划占分公司整体计划80%；开展“迎‘七一’、谈党建、做合格党员”等征文比赛活动，全体党员结合本职工作，就加强党建工作、做合格党员拟写征文作品8篇；开展党员市州包片活动。党员主动承担对口市州的业务发展、培训、视频见证等工作。贯彻落实“三重一大”决策制度。根据总部方案，结合分公司实际，制定“三重一大”实施方案，严格执行选人用人有关规定，抓好干部监督管理，促进科学决策、民主决策和规范决策。推进企业文化建设。加强党的宣传舆论工作、落实分公司职场文化建设方案，组织做好办公区、营业部企业文化宣传工作。

4. 企业文化。组织开展文体活动，成立羽毛球队和乒乓球队。参与证券业协会及省邮政公司组织的相关比赛活动。6月4日，参加全省邮政系统职工乒乓球赛；10月28日，参加湖北省证券业协会组织的第五届“证券杯”乒乓球比赛。

5. 领导关怀。1月8日，省邮政分公司总经理任永信、副总经理鲁先彪一行到分公司慰问，充分肯定中邮证券湖北省分公司在2015年取得开户量列全国邮政第4位的成绩，勉励在2016年早动员、早发力，以全新的业绩推动新业务发展。7月29日，曹广晶副省长在省金融办刘美频主任、省政府办公厅金融一处周翔处长、省邮政公司任永信总经理的陪同下，视察调研中邮证券湖北省分公司。10月10日，集团公司邮务局副总经理唐华建一行，在省邮政公司李柏平副总经理的陪同下，视察湖北省分公司指导工作。11月14日，集团公司康宁副总一行，在省邮政公司任永信总经理的陪同下，视察湖北省分公司指导工作。（中邮证券　黄颖琼）

湖南省

【湖南省分公司】 业务收入58.88亿元，列全国第8位，比上年增长2位；增幅18.95%，列全国第2位。

1. 转型创新

（1）金融业务。推进代理金融转型，统一网点绩效机制，打造督训师队伍，推动局策、点策落地。创新营销，开展金融跨赛、“夏秋练兵，强基固本”“激战金秋”“年度收官”等不同阶段的营销活动；加强资源融合，开展12123场综平站点产说会；引入第三方合作公司，新布放POS机具1.6万台；线上线下融合发展，2016年电子银行替代率增长15%；开拓资产类业务，消费信贷放款规模逾2亿元，排全国第1位。新增金融总资产逾500亿元。其中，储蓄存款新增420亿元，比上年增长172亿元；储蓄存款市场占有率比上年增长0.7%，达12.19%，排全国第4位；新增市场占有率17.56%，排全国第3位。银保业务市场占有率全行业首位。在2015—2016年代理金融跨年度竞赛中，刷新湖南邮政代理金融业务发展的7项历史纪录。

（2）快递包裹业务。推行“营揽投合一”“仓配一体”“主动客服”“邮速联合”等发展模式，并在全省开展以“五帮五促”为内容的“亮剑”行动。实现包裹快递全业务收入（不含结算收入）3.7亿元，列全国第11位，比上年提升6位；比上年增长93.8%，列全国第1位。其中快包业务量3355万件，增长214.5%，列全国第7位；电商快递包裹市场占有率9.8%，列全国第2位，比上年增长5.2%。收寄特色水果包裹400余万件。省分公司荣获集团公司包裹快递业务劳动竞赛“国内业务发展贡献奖”第1名。

（3）农村电商。围绕全国邮政农村电商“十件实事”，加强渠道建设。累计建成综合服务平台站点3.1万个，建设邮乐购实体点1.6万个，打造“精品示范”线路203条，实现便民缴费、代购等交易总额146亿元。对接国家电子商务进农村综合示范县创建工作，建成高标准、全功能的县级电商公共服务中心10个，一般功能县级电商公共服务中心32个。全面推广怀化、邵阳批销业务发展成功经验，依托邮乐购实体店发展批销业务，以商品流带动资金流、物流，推进渠道升级和联动发展。引进批销商品9600多种，批销金额7500万元。发展农产品进城业务，依托邮乐网、邮三湘平台，开展“怀化麻阳和郴州永兴冰糖橙”“炎陵黄桃”等59个项目，实现销售金额2200万元，带动包裹寄递60多万件。增值业务收入4.44亿元，增幅27%，规模排全国第6位，进度排全国第2位。争取各级党委、政府支持，省委、省政府继续将政务金融邮政综合便民服务平台建设纳入对各市州党委、政府的绩效评估。张家界、湘西等8个市州政府与邮政签订战略协议，31个县（市）政府下发文件支持邮政参与电子商务进农村工作。全省邮政累计获得政府电商资金扶持补贴8600余万元。

（4）文化传媒业务。发挥传统渠道作用的同时，加大线上营销力度，创新发展文化传媒业务。集邮专业以新邮预订、项目营销、品鉴会、定向邮品开发、新邮首发活动

11 月 4 日，湖南省分公司举办备战“双十一”公开服务承诺暨新能源汽车交付使用发布会，50 辆新能源汽车投入长沙快递服务。（湖南省分公司 / 提供）

等为抓手，拓展集邮网厅、邮三湘等线上渠道，提前一个季度完成年收入计划。函件专业融入地方经济文化，加快主题邮局建设，创新开展“把美丽湖南寄出去”、村志编撰、文化演出等活动，打造“线上邀约（传播）+ 线下体验”的营销模式，开展网上 DIY 明信片个性化营销，拓展传统函件业务的新内涵。报刊专业通过保存量、拓增量、促转型、抓融合，整体业务持续稳定增长，收入规模在全国排位比上年前进 1 位；党报党刊实现全面交邮发行；校园报刊流转额规模排全国第 2 位；畅销报刊流转额规模排全国第 6 位；线上订阅流转额比上年增长 69%。连续九年中标农家书屋配送项目；探索报刊亭对外合作新模式，首台智慧报刊亭落户长沙。《时代邮刊》2017 年全国收订 109 万份，实现“百万大刊”目标，进入中国期刊“第一方阵”，并荣获湖南新闻出版最高奖——“湖南政府出版奖”。

2. 企业管理

（1）财务集中管控。围绕企业生产经营，强化对标管理，优化成本结构，百元收入成本费用率比上年减少 0.87%，管理成本率比上年减少 6.75%。加强集中管控，提高资金资产运营效率，全省在集团公司集中存款 16.21 亿元，通过集团归集的资金累计 191.27 亿元；加大集中核算力度，优化管理流程，规范核算标准，防范财务风险；强化网间结算分析，推进 ERP 系统应用。

（2）人力资源。加强人力资源盘活，强化用工集中管控，全省邮政企业从业人员 25611 人，优于控制目标 70 人；优化管理人员 23 人，管理人员比重 6.7%，达到全国行业先进标准。规范劳动用工管理，合理调控劳务用工总量和用工结构。实施弹性人工成本管控，进一步突出人工成本配置效益导向，严肃薪酬分配纪律，规范人工成本列支。

（3）网运集中运营管控。打破网运传统管理体制，推行全省营、分、运、投四大环节及名址建设集中管理，加快运营管控平台建设和应用，实行作业计划、责任制度、监控考核“三统一”，加强对快递包裹全环节运营质量的日监控、旬通报、月分析。大力推行县域邮速整合和转运、分拣、投递“三合一”改革，实现各环节紧密衔接。通过强化运营集中管控，全省邮件全程时限运行质量持续好转，省内互寄快递包裹平均时长 25.5 小时，比上年缩短 7.1 小时，网运综合质量稳步提升，经验与做法得到集团公司肯定和推广。

（4）服务质量管理。加强邮件全程时限检查，普通邮件各环节时限达标率 96% 以上。加大普遍服务资费核查，开展普遍服务和特殊服务对标达标工作，传递机要邮件 101 万件质量全红。发挥运管中心和 11185 客服中心的作用，加强对网点和投递服务质量的管控。完善省、市、县三级投诉管理体系，提高工单办结率，11185 客服中心各项运营指标均排全国前列。

（5）两级集中采购。修订、完善采购制度体系，建立评审专家库，规范集采流程，集中采购覆盖工程、物品设备及服务类项目等领域。完成集中采购项目 22 个，合同金额 1.1 亿元，节约预算资金 1000 多万元。

（6）审计内控管理。履行审计职责，扩大内部审计成果转化利用。完成企业审计项目 18 个，提出审计建议 80 条。完成工程结、决算审计项目 1244 个，送审金额 2.36 亿元，审减金额 4400 万元，平均审减率 18.67%。

（7）安防管理。完善安全防范设施，强化安全管理，较好地杜绝各类案件的发生，确保全年无重大安全责任事故和案件。省公司连续五年获得省委省政府授予的“社会管理综合治理先进（平安）单位”荣誉称号。加强合同管理和企业法制建设，法律事务工作迈上新台阶。

3. 基础能力

（1）基础能力建设。提升网点自有率，投资 1.43 亿元，完成网点购置项目 39 个。投资 6200 万元，用于网点自助设备购置、终端设备更新及空调等项目投入。加大邮件处理基础能力投入，完成张家界、宁乡电商物流处理中心征地，以及长沙县、衡南、会同、靖州、江永等县域仓储能力基础建设项目。

（2）投递和网运能力。实施投递三年规划和网运能力提升方案，确立全省投递组网模式。全省累计投资 8000 万元，新增投递汽车、电动三轮车、“私车公助”车辆、新能源揽投汽车 883 辆，机动车投递段占比 30%；新增揽投 PDA 5500 台，布放智能包裹柜 325 台，建设代投自提点 1500 个；完成 6 个市州处理中心流水化改造项目，提升全省网运和投递能力。“双十一”期间，全省邮政包裹分拣量 1005 万件，投递量日峰值 37 万件；其中，长沙中心局包裹处理量 636 万件，日峰值 74 万件。春节旺季期间，长沙中心局包裹处理量日峰值 81 万件，列全国第

2位，仅次于广州中心局。

（3）信息化水平。累计投入2460万元，自主完成生产、经营、管理等工程建设项目10个，引入外省优秀项目3个。通过“外包＋引进＋自主开发”模式，完成积分系统、渠道管控系统、智能包裹柜管理系统等软件开发项目并投入运用。加强金融及部分邮务类客户贡献度、金融网点效能、保险产品满期转换率及储蓄产品关联等大数据分析，支撑业务发展。

4. 党建工作

（1）全面从严治党。制定与完善从严治党相关制度19项，进一步明确主体责任。创新开展“两学一做”学习教育，使广大党员领导干部对党章党规党纪铭记于心、落实于行，增强主体责任意识。将全面从严治党工作纳入绩效考核，推动责任落实。持续转变作风，开展“党性教育”“党员亮身份”创建基层服务型党组织示范点和党员先锋示范岗等“创先争优”活动，各级党员领导干部累计2000多人次参与“体察实情”跟班体验、机关服务基层、调研督导和挂点包联活动。加强巡视整改。全面完成中央巡视整改任务。针对集团公司巡视反馈的问题，形成对应的32项整改任务和60项具体整改措施，完成30项整改任务，完成率93.75%。

（2）干部人才队伍建设。健全完善选人用人机制，加大干部监督和考核，完善后备干部选拔培养机制。继续加强干部人才双向交流，分别选派3名、9名优秀中青年干部赴集团公司交流和参加集团公司党校培训，组织近百名专业人才赴兄弟省进行学习，首次选拔74名优秀大学生员工到县分公司进行挂职交流。组织开展各层级干部培训2140人次，提升其综合素质与履职能力。初级人才评价选拔参评成绩居全国首位。开展大规模专业培训和职业技能鉴定工作，培训率90%，全省一线员工持证率87.9%，达到全国行业先进水平。

（3）监督执纪问责。开展形式多样的廉政宣传和纪律规矩教育活动，强化党员干部遵规守纪意识。弛而不息纠治“四风”，抓好重要节点易发多发“四风”问题时段的警示提醒、纪律要求，“三公”经费比上年减少23.17%。强化“三重一大”决策监督，尤其是加强对拟提任三级副以上干部选拔任用工作的监督；强化经济合同监督，共会审各类经济合同243个，会审金额3.66亿元。加强信访核查处置，对31人次进行责任追究或组织处理，信访件办结率100%。围绕企业重点难点工作开展效能监察30余项，促进代理金融等重点业务发展。

5. 精神文明建设

（1）“民生关爱”普惠员工。在落实好为员工办10件实事的基础上，进一步拓宽为员工办实事、办好事范围。全省邮政合同工人均收入增幅13.54%，劳务工人均收入增幅17.95%。不断改善员工福利，投入近1000万元为全省职工小家配备空调，投入1038万元为全体从业人员和退休职工购买补充医疗保险。加大扶贫帮困力度，互助帮扶基金会共惠及邮政员工2678人，总金额659万元；全省邮政党员为200多户在洪灾中受灾的员工家庭捐款66万元。

（2）精神文明创建与劳动竞赛。持续推进职工之家建设，1个单位荣获“湖南省模范职工之家”称号，4个单位荣获“湖南省模范职工小家”称号。参与“最美志愿者”“中国好人”“湖南好人”评选活动，常德邮政大堂经理姜化入选全国“最美志愿者”，常德投递员杜登文和益阳投递员张铁来入选“湖南好人”。开展青年岗位能手、青年文明号评选推荐工作，3个青年集体荣获2014—2015年度湖南省青年文明号称号，2名优秀青年员工荣获湖南省青年岗位能手称号。组织开展投递员“新春开门红，欢喜过大年”劳动竞赛，4219名投递员揽收邮储余额28亿元、代理保费2.24亿元，人均揽收业绩72万元。广泛开展“员工创新创业”活动，为企业创造收入1.4亿元，员工（家属）个人创收4300万元；创新开展员工微店项目，产生快递包裹7.8万件。

（3）品牌建设。践行“精准扶贫”，开展“十八洞村418桃树认领公益活动”、留守儿童夏令营、100名优秀留守儿童结对帮扶等活动。服务地方经济社会发展，构建“工业品下乡、农产品进城”双向通道，发展农产品进城项目。得到地方党委政府充分肯定，有效提升湖南邮政形象与地位。人民日报、新华网、湖南日报、湖南卫视等多家国家、省级主流媒体对此进行报道。全省邮政有5项成果获得湖南省企业管理现代化创新成果奖。（湖南省分公司　王俊）

【邮储银行湖南省分行】 下辖14家市州分行、1家直属支行和106个一级支行。省分行内设21个一级部门、8个二级部门和1个直属单位，营业网点2063个，员工7912人，其中大专以上学历7376人，占比93%。收入48.34亿元，完成总行预算106.57%，超预算2.98亿元，比上年增长9.53%；实现利润15.95亿元，完成总行预算113.29%，超预算1.87亿元，比上年增长20.95%。成本收入比45.03%，比年初减少2.35%，人均创利20.16万元，点均创利390.97万元。

1. 业务发展。各项存款余额3773.46万元，增加575.62亿元，列同业第1位，各项贷款余额1138.06亿元，增加249.57亿元，列同业第4位。通过开展高端营销，推进投贷债联动、金融市场中部战区牵头行工作，公司存款余额450.8亿元，增加75亿元，公司贷款余额257亿元，排全国第7位，增加35亿元，公司业务收入占营业收入比重23.92%，比上年增长4.78%，完成金融市场业务收入3.55亿元，比上年增长14.46%。个人存款余额

3328亿元，增加506亿元，余额、新增均排全省同业第1位；信用卡新增发卡14.7万张；电子银行交易替代率80.23%，比上年增长12.43%。“三农”金融全国首创“财银保”扶贫产品，新型农业经营主体贷款客户增加1587户，再就业贷款增加8.3亿元。消费贷款余额突破500亿元，增加185亿元，新增市场占有率列同业第2位。小企业金融新产品净增21.4亿元，发放全国首笔排污贷。

2. 风险合规。制定信贷资产质量控制方案，配套资源政策、解决方案和操作工具，突出重点抓好小企业（含个商）质量管控，逐笔分析会诊、“一户一策”、挂点督办，清收不良贷款3.92亿元，核销不良资产4.26亿元，分别完成总行年计划的196%、142%，不良率0.9%，比年初减少0.09%。开展“管理标准化践行年”活动，立标杆、树典型，涌现出60个“规范行”、140个“示范岗”。开展“两个加强，两个遏制”“回头看”、消防安全治理等专项检查活动，检查发现151类问题，问责67人次，认定不良贷款3277笔，责任认定追究9237人次。开展资产业务等专项审计项目26个，发现问题434个，工程审计核减116万元。完成了全省自营网点IP对讲紧急求助、预报警系统安装、安防工作专家库建设。

3. 改革转型。推行小企业贷款（含个商）集中审查审批作业模式，全省二级分行小企业（含个商）集中到省分行审查审批中心，把住信贷风险的咽喉环节。11月21日，总行新一代零售“信贷工厂”第一个在湖南省成功试点上线，单笔业务从受理到通过审批全流程平均用时85分钟，比上线前（156分钟）提速71分钟。

4. 资源配置。开展省分行机关员工“定编定员、双向选择”工作，6人分流至长沙分行从事营销工作，委托第三方实施省分行机关20名团队负责人公开竞聘。全省引进外部人才44名，开展干部交流调整42人次。创新开展省分行机关部门绩效考评，制定实施全省各条线客户经理考核办法，形成全分行抓业绩争效益的合力。成功组建“集中放款中心”“资金汇划中心”，完成会计稽核、集中授权服务外包，推进高低柜整合，优化网点148个，将网点手工登记台账从136种简化为25种，会计集中稽核综合成绩保持全国第一。完成授权集中审批、集中放款及零售信贷工厂等40多个新系统的上线和终端升级工作，运行维护保持全国领先。

5. 基础建设。分行营运大楼全面投入运行，常德市分行营运大楼购置、岳阳市分行用地项目得到总行批复。成立网点建设办，网点改造立项37个，完工、开工网点27个。推进营改增工作，实行全面集中核算管理，完成ERP系统上线。

6. 党群工作。完成集团公司巡视组对我分行的“政治体检”，制定落实41项整改任务、141项整改措施；召开党风廉政建设联席会议5次、纪委会议5次；组织开展廉政谈话92人次、处分6人次，开展“四风”整治情况“回头看”“党风廉政宣传教育月”等系列活动推进全行正风肃纪。规范公务用车、办公用房、公务接待管理，全年会议费、业务招待费、行政管理差旅费分别占36.07%、15.49%、6.55%，完成集中采购项目176项，节省资金400多万元。深入开展“两学一做”学习教育、“强基固本”工程、党员“政治生日”“送温暖”、争先创优等活动。

7. 重要荣誉。分行荣获全省金融机构年度“杰出贡献银行”奖，行长李晓良荣登年度“湖南金融创新人物”榜首。永州河东支行、长沙县星沙镇支行、衡阳市分行营业部获得总行级“优秀支行”，长沙县支行戴杰、醴陵市支行帅亮获得总行级“金牌支行长”“优秀支行长”荣誉。（邮储银行　马静）

【速递物流湖南省分公司】 业务收入7.2158亿元，绝对值增加1.13亿元，增幅18.44%，居全国第10位。

1. 体制机制。压缩省市管理机构31个，1033人下沉一线，其中四级副以上86人充实到“创客”团队、揽投部经理队伍。创造驻楼“四有”、进校“五有”、收入阵地“七个到位”经营模式。包裹快递收入1.95亿元，增幅68.82%；“众创众享”实现“全面实施、全面覆盖”，118个领创单位业务量增长；80%的领创单位欠费管控达标。

2. 业务发展。全省城区揽投部由62个增至103个，有41个揽投部年收入“过百万”，节假日收入增长83%；从9月份起，每天前两个阶段的收入日均超过180万元，占当日的60%以上。“四有”标准进驻105栋重点商厦写字楼，从7月起，增收237万元。按照“七个到位”，“创客”团队由50个增至235个，增收5100余万元。进驻全省113所高等院校，在“四有”标准上，发展学生团队47个、416人。“校园大会战”创收1251万元，增幅60.13%。6月起开通长沙至中山、无锡、杭州和益阳至郑州4条专线，创收570余万元，形成价格、时限和服务优势。切入省委省政府临空经济发展战略，金霞跨境项目日均进境处理量3000余件，湖南邮政速递快件项目成为长沙黄花综合保税区首批重点招商项目。9月与京阳物流合作，建仓6.4万平方米，引进美的电器、湖南移动、德邦物流等3个大客户，每月仅仓储收入增收110多万元。

3. 企业管理。欠费管理全部规范，营收资金100%上缴。代收货款年度欠缴降至670万元。盘活自有资产17处、3980平方米并实现盘盈，清理租赁用房104处、4.88万平方米。外包成本由2015年的2400万元降至90万元。市州分公司“1130”的历史挂账由省分公司统筹；历年的员工垫付、向企业借款等内部经济往来4779万元全部兑现或收回。

4. 能力建设。全省员工人均收益增长超过10%。全省邮速携手打造“寄递翼”，寄递收入超9亿元，在全省规模以上快递企业中占比17.45%。揽收成功及时率96.92%，超达标值1.92%，及时妥投率80.48%，比上年提升10.43%，问题邮件48小时解决率95.31%，超达标值5.31%，理赔及时率98.2%，超达标值23.2%，虚假信息下降84.46%，申诉下降50.16%，邮件丢失下降50.5%，邮件跟单综合指标列全国第2位。（速递物流　蔡建）

【中邮保险湖南省分公司】

1. 转型发展。实现总保费14.71亿元，完成计划目标的102%，比上年增长20%，其中实现新单总保费12.56亿元，新单保费规模在省28家寿险行业占比2.49%，市场占有率排名中邮保险开业省第8位；寿险银邮渠道新单期交排全省第2位，占全省邮银渠道期交业务保费20%以上。实现期交新单保费5.37亿元，排名全国第8位，比上年增长234%；实现续期保费2.13亿元，期交保费占总保费比重达51%；实现团险保费1379万元，完成计划目标的106%；实现小额保险保费95万元，规模排名全国第4位，获得全国第一：成为全国首个完成新年A第一阶段销售配额的分公司；首期财寿嘉销售保单件数和保费规模均排名全国首位；在全国“守护明日之星　关爱留守儿童”公益活动评比中喜获一等奖；成为全国第一家实现邮政、邮储银行、速递物流和邮政管理局“两项团险保险”全覆盖的分公司。（1）主要措施。实行分片挂点支撑服务的方式，制定管理办法，定期召开交流会议。充实专兼职讲师队伍，出台营销培训管理办法，讲师至全省市县，甚至网点，授课1068场、2198课时、1.55万人次。（2）开展评选优秀单位和营销员活动。在全国邮政系统“中邮保险期交‘百亿工程’推动奖”劳动竞赛中，郴州市分公司获评先进市级单位，郴州市本部、长沙市本部获评先进县级单位，石门县陈斌教等23名同志荣获营销标兵称号，常尚获评“优秀营销员”光荣称号。在第二届“星火传递杯”讲师技能大赛中，省选派的兼职讲师获得“十佳明星内训师获奖者”和“十佳课程制作奖”两个奖项；全国第二届运营技能比武竞赛中，获得个人一等奖第一名；“中邮保险湖南分公司营销培训部”被中国保监会精神文明建设领导小组评为“保险业学雷锋活动先进集体”。

2. 三方联动。全省邮银机构和人员高度重视中邮保险的发展，与省邮政公司联合开展“守护明日之星　关爱留守儿童”公益活动，为留守儿童捐赠2000册爱心图书、100个爱心包裹、保额1108万中邮“爱心”意外保险，被关爱儿童人数8410人，媒体报道36次，微信投票2.59万票，社会各界20余万人通过微信众筹形式对活动给予关注。每季参与邮银保三方风险内控联席会议，共同协商在运营中出现的相关风险问题，共同防控风险。

3. 运营质量。在全国领先的运营指标有全省人核件回执回销完成率、亿元保费投诉件数、重空单证回销率等。保全资料申请资料流转时效、新契约抽检合格率、新契约回访成功率等运营指标均达到总部考核标准。组织开展“走下去请上来，运营质量提升之行”活动，对基层有针对性进行培训、测试、检查。进行业务档案、续期催收及二次回访的外包。优质理赔，及时应对突发事件，3月岳阳高速发生爆炸事件、6月宜凤高速客车起火事件等省内重大事件时，均第一时间启动重大突发事件应急预案，妥善安排处置。湖南保险协会2016年公布处理的2015年“9·25”特大交通事故案件成为湖南保险行业2015年十大理赔案例第一位。连续两年被湖南保监局评为理赔服务指数A类公司。参加保险协会“3·15”宣传活动、“‘7·8’全国保险公众宣传日”活动、“三进”活动等；组织开展“VIP客户”“2016感恩有你”答谢会等客服节活动；组织开展保险进社区活动，向银港社区公益图书馆捐赠图书1000多册，受益人群近万人次。

4. 风险管控。成立“两个加强，两个遏制”“回头看”工作领导小组，印发实施方案，开展活动，得到监管机构的肯定。梳理省分开业以来印发的规章制度，组织编印制度汇编，现行有效制度163项。按时开展保险中介市场风险排查工作、年度风险排查工作及月度风险排查等工作，及时追踪整改。在2015年保险公司分支机构分类监管评价中被湖南保监局评为A类公司。被中国人民银行长沙中心支行评为2015年反洗钱A类公司。

5. 党建和党风廉政工作。坚持“四个同步”，把党建工作放到与经营发展同等重要位置推动；扎实推进“两学一做”学习教育，开展基层党支部规范化建设，创新实施“半月讲堂”活动、创建《党建视窗》易企秀；组织开展专题组织生活会和民主评议党员。出台党建工作考核办法，开展党建述职评议；组织党委中心组（扩大）集中学习7次。制定创建省直机关文明单位工作规划。定期召开党委会，专题研究党建和廉政建设工作；以签订目标责任书为抓手，明确领导干部“一岗双责”工作机制，分解廉政建设责任和工作任务，并纳入到对各部门的月度绩效考评，开展“每月一学”和“党风廉政宣传教育月”，进行廉政谈话和廉政考试。配合集团审计局的审计和集团第四巡视组的巡视，第一时间进行部署、落实和整改。截至年底，巡视组需要完成的33项整改任务中完成30项，整改率90.91%。

6. 员工关爱。组织召开工会第一届一次、二次职工（代表）大会，签订《集体合同》《工资协商合同》，出台“员工关爱”工程实施办法、员工亲情关怀慰问管理办法等制度。建立“手拉手”互助基金，健全困难员工档案。推进“职工之家”建设。建立“工会主席信箱”。组织员工体检，开展演讲比赛、环河跑等各类文体活动。（中邮保险　王森龙）

【中邮证券湖南省分公司】 2015年11月22日成立，下设1家证券营业部。内设综合部、市场部、运营风控部、资管投行部等四个部门，配备员工16人，其中党员6人。累计开户86533户，资产1.99亿元。客户证券市值17045.22万元，累计交易量501205.73万元，收入240万元。开发通道业务3笔，储备IPO企业2家，企业债客户2家。

1. 经纪业务。争取政策支持与省邮政公司、邮储银行省分行、速递物流省分公司协同发展。省邮政公司1月和3月分别下发《关于开展全省邮政业务转型发展“开门红”竞赛活动的通知》和《关于开展“夏秋练兵、强基固本”代理金融业务竞赛活动的通知》等红头文件，落实中邮证券三方存管及投行业务发展工作。省分行将中邮证券放在合作券商的首位，9月下发《关于进一步加快第三方存管业务的通知》，要求全省邮储三方存管新增1万户中邮证券账户，并纳入年度绩效考核。速递物流省分公司专门下发文件要求全省速递物流专业发展中邮证券有效户1000户，每户奖励100元，并对市州分公司进行绩效考核。

2. 资产管理业务。利用自身优势，进行资管业务外拓。在符合公司业务标准及合规风控要求的前提下，通过营销引入相关资管通道业务：安雅1号定向资管计划（预计规模为23.5亿元，首期放款8600多万元）、金湘2号定向资管计划（预计规模8亿元，首期放款5亿元）、金湘4号定向资管计划（预计规模25亿元）。

3. 投资银行业务。通过重点营销，分公司储备3个重点投行项目；湖南神通光电科技有限责任公司新三板挂牌，湖南林之神生物科技有限公司新三板挂牌，石门文化旅游投资公司新三板挂牌项。3个债券项目：湘潭高新集团债券融资项目、岳阳城投债券融资项目、常德石门城投债券融资项目。

4. 运营风控。未发生违规事件，未收到监管部门处罚事项，合规管理、风险控制整体情况良好。一是在分公司开展风控、两融和反洗钱基础知识的培训。二是通过临柜业务、营业现场、短信发送等有效措施构筑全方位、多层次的投资者风险教育体系。三是在反洗钱工作落实上，对不能及时临柜办理的客户在系统内进行风险等级修改。

5. 党建工作。通过建立健全党建工作责任制，做到党建工作与业务工作同研究、同部署、同检查、同考核。一是围绕企业中心抓党建，有效解决经营管理问题。二是贯彻落实“三重一大”决策制度，促进科学决策、民主决策和规范决策。三是推进企业文化建设，加强党的宣传舆论工作、落实分公司职场文化建设方案，组织做好办公区、营业部企业文化宣传工作。

6. 综合管理。完善内部管理制度并汇编成册。持续开展员工培训和后续职业教育，每周组织2次业务知识、规章制度的学习，提升员工业务能力。编制分公司年度财务预算；按税务部门要求开展“营改增”，并完成税务登记变更、工商备案登记。配合总部开展财务ERP系统测试及上线。（中邮证券　黄颖琼）

广 东 省

【广东省分公司】

1. 业务发展

（1）邮政三大板块业务。累计收入293.9亿元，比上年增长13.3%；累计实现净利润39.1亿元。其中邮政企业累计实现总收入135.4亿元，比上年增长17.6%，净增20.3亿元，业务总收入和邮政业务收入列全国第1位，收入增幅列全国第1位，完成收入预算进度列全国第1位，完成集团公司下达的利润预算目标。

（2）金融业务。代理金融收入63.3亿元，比上年增长9.1%，完成年度目标进度的105.5%。新增储蓄余额305亿元，比上年上年增长217亿元，余额市场占有率5.24%，新增余额市场占有率6.45%；代理保险累计新增保费176亿元，人民币理财保有量103亿元，比上年增长24%；累计净增手机银行用户186万户，比上年增长6.7%；获得新增3个代理金融网点牌照批复。中邮证券广东省分公司挂牌运营，证券客户7.4万户，资产总量10543万元，累计交易金额21.5亿元。中邮保险广东省分公司累计实现总保费收入15.7亿元，完成总部经营预算102.6%，新单期交保费6.6亿元，完成经营预算的100.4%。

（3）两包业务。包裹快递业务累计创收42.3亿元，列全国第1位，比上年增长46%，增量贡献率66%。其中国际小包量收3.05亿件，收入33.96亿元，量收规模、比上年增幅均列全国首位。电商快递包裹收寄9082万件，比上年增长65%，高出行业增幅7%，收入5.35亿元，比上年增长46%。

（4）邮政基础性业务。传统函件业务提早一季度完成年度目标，累计创收7.2亿元，列全国第3位。电子商务实现专业收入7.55亿元；简易保险累计销售7.6亿元，比上年增长60.67%，实现业务收入6365万元，比上年增长79.4%，成为专业收入新的增长点；农村电商全省累计拓点6117个，完成年计划进度111%，提前完成全年邮乐购站点建设目标；省分公司荣获广东省“优秀农村电子商务服务型企业奖”和“农村电子商务标杆企业奖”。报刊收入3.98亿元，举办粤邮讲堂“讲座＋活动”172场，覆盖10余万人次；集邮深化全员微营销、网点分类分级和销售模式转型，累计收入4.53亿元，比上年增长12.25%。

2. 企业实力

广东省邮政为前来广交会的外宾提供优质的寄递服务。（广东省分公司 / 提供）

（1）规模总量。包裹邮件处理量（含快递包裹、普包、挂刷、原快包、国内小包）2.1 亿件；储蓄余额规模 3008 亿元，列全国第 4 位；两包、电商专业保持全国第一。

（2）单位均量。人均劳动生产率 29.13 万元 / 人，比上年增长 19%；点均金融收入 421 万元，全国列第 1 位；点均余额 23242 万元，全国列第 3 位；全省段均包件投递量 33 件 / 日。

（3）科技含量。科技项目经费投入 460 万元；系统开发费用投入 3000 万元；技术设备投入 1.24 亿元。自助设备点均 2.94 台，台均交易笔数 281.79 笔，自助设备完好率 98.54%；电子银行交易替代率 90.79%，列全国第 1 位；投递 PDA 配置率 95%。

（4）人才储量。选拔出初级人才 726 人，占全部从业人员比重 2%；高技能人才 5731 人，占全部技能人员比重 20%；银专持证人数 11332 人，占代理金融从业人员比重 77.71%，基金证券持证人数 1181 人；点均客户经理配备数 1.4 人。

（5）服务质量。投诉反馈及时率 94.28%，比上年增长 11%；客户有效申诉率 5.4 宗 / 千万件，优于全国平均水平；客户国网申诉满意率 96.3%，达到集团标准；无着邮件总量比上年减少 83%；机要通信业务质量全红，普遍服务严格执行国家标准，无重大媒体负面曝光。

（6）运营质量。全省（进）出口快递包裹时限达标率、省内互寄时限达标率、同城邮件次日递率等重点指标均高于集团公司考核要求，其中省内互寄 T+1 从年初的 78.3% 提升到 90% 以上，省际出口时限达标率从年初的 90% 提升到 98%。投递方面，投递量持续保持全国第一，全省快递包裹当日妥投率 93.8%。

3. 精神文明建设

（1）“两学一做”学习教育。按照中央要求和集团公司党组部署，全省各级邮政以有力举措推动学习教育在全省邮政党员干部中扎实深入开展，切实推进学习教育与生产经营、企业文化建设等相结合，收到良好成效。

（2）全面落实中央和集团公司党组巡视整改任务。对中央巡视组反馈意见整改完成的事项，通过“回头看”强化追踪，持续巩固扩大整改成果；配合做好集团公司党组第五巡视组对广东邮政的巡视；对茂名、云浮、惠州市分公司和省机要通信局、省报刊发行局等 5 个二级单位开展巡视。

（3）党风廉政建设。深入推动从严治党“两个责任”落实，坚决执行中央八项规定，持之以恒纠正“四风”，加大信访案件核查力度，持续保持高压态势，深入推进党风廉政教育工作。

（4）和谐企业建设。着力做好扶贫开发工作，开展对广东省梅州市五华县水寨镇平湖村的对口帮扶工作。做好典型引路工作，培养选树一批富有时代特征、行业特色、典型特点的先进集体和先进人物，深入开展向先进人物学习活动；着力开展民主管理和创建和谐劳动关系企业活动，进一步健全完善以职工代表大会为基本形式的企业民主管理制度、局务公开民主监督制度以及基层民主协商机制；着力提升建家管理水平，开展星级之家、小家和“家文化”的创建活动；推进员工帮扶工程，建立健全工会帮扶救助长效机制，帮扶重病、困难员工金额 450 万元。（广东省分公司　蔡蕙）

【邮储银行广东省分行】 资产总额 4880 亿元，列全省银行业第 6 位。各项存款总额 4700 亿元，列全省银行业第 5 位；各项贷款余额 1663 亿元，年增长 336 亿元，增幅 25.33%，列全省主要银行机构第 1 位；不良贷款率 0.59%，在广东省主要银行中最低。实现自营收入 78.6 亿元，列全国第 3 位，比上年增长 19.74%；利润总额实现 22.21 亿元，列全国第 3 位，比上年增长 23.7%。

1. 个人金融业务。人民币储蓄余额 3366 亿元，列全国第 5 位；人民币理财销售创历史新高，累计销售 382.43 亿元，比上年增幅增长超过 30%；理财保有量 104.8 亿元，比上年增长 61%，揭阳市销量 60 余亿元；中邮期交保险销售 4023 万元，规模和完成率分列全国第 1、第 2 位。“客户资源深度整合营销”和“会员制营销”初见成效，中高端客户资产净增 84.75 亿元，贡献占比 96.93%；VIP 客户服务率 97%，比上年增长 48%；旺季营销期间贷款客户存款贡献度 17.71%，比上年增长 14%。

2. 零售信贷。小额贷款余额 53.57 亿元。小企业法人贷款与个人商务贷款余额 277.32 亿元，增长 24.9 亿元，列全国第 4 位；税贷通、医院贷款等多项新产品获得总行肯定。消费贷款增长 179.55 亿元，余额 570.14 亿元，均列全国第 2 位。信用卡发卡 15.6 万张；信用卡净收入

1.23 亿元，列全国第 3 位，比上年增长 46%。

3. 公司金融。公司存款时点、日均新增双过百亿，时点余额 724 亿元，列全国第 3 位，日均余额 664 亿元，列全国第 2 位。公司贷款新增 59.95 亿元，余额 300 余亿元，列全国第 3 位。国际贸易融资余额 12.65 亿美元，列全国第 1 位。公司现金管理账户 9394 户，列全国第 1 位。国际结算量列全国第 1 位，年度结算量 30 余亿美元。收入贡献超 1000 万客户有 36 户，南方电网、恒大集团、省交通集团的综合收入贡献超亿元。牵头“虎门二桥”银团贷款 23 亿元，新增港珠澳大桥银团贷款 16 亿元。平台营销与综合营销卓见成效，办理恒大内保外贷 12 亿美元，带来综合收益超过 1.37 亿元，实现全国“三个最大”。

4. 金融同业转型。同业投资余额 643.38 亿元；同业融入余额 25 亿元；自主平衡型理财产品累计发行 81 只，募集资金 129.95 亿元，列全国第 1 位；托管规模 500.6 亿元，列全国第 3 位。办理小票贴现 1.34 万张，贴现客户 2600 余家。“广东省中小微企业小额票据贴现中心”挂牌。

5. 电子银行。电子银行客户数 1160 万户，其中个人网银 960 万户，手机银行 752 万户，均列全国第 2 位。电子银行交易替代率 82.05%，列全国第 3 位。交易笔数 2.06 亿笔，列全国第 1 位；其中手机银行交易笔数 1.17 亿笔，比上年增长 108%。

6. 营运支撑。实施集中对账模式，重点和普通账户对账率分别位 100%、93.53%，比上年增长 10%。全省 651 个网点上线个人业务集中授权。现金运转效率比上年提升 5%，综合备付率比上年下降 9%。

7. 科技创新。自主开发的“易方达基金跨行代付业务项目”成为银行业首创；在全国系统内首创理财及代销产品录音录像系统、网点免填单及无纸化应用、智慧网点平台系统等应用。

8. 文化建设。开展“查隐患、促整改、强化执行力”“降投诉、提服务、化风险”及“压不良、提质效”等三个专项活动，创新推行分（支）行长“合规述职”评议，加强“十条禁令”的宣传贯彻落地，促使“合规是高管的保护伞，合规是员工的护身符”“合规创造价值”等合规意识形成从高管到员工的“肌肉记忆”。

9. 案防机制。推行“3+N”案防管理模式，前台业务把关、中台合规管理、后台加强监督、各部门合力履职的案防机制逐步形成。强化管理层推动，带头研究案防策略，主动督导合规活动，认真落实监管制度规定，特别是“三方会谈”要求。组织开展“两个加强，两个遏制”、尽职检查、邮银互查、审计检查等项目 86 个；加强印章规范使用，上收合规经理管理权限，防范重大资金案件的发生。安全保卫工作加强规范化管控，安防技防水平有效提升。

10. 资产质量管控。全行不良贷款率 0.69%，优于全国平均水平 0.2%，优于全省同业平均水平。资产质量控制较好的有揭阳市、梅州市、潮州市。开展“顶冒名”贷款排查，不良压降成效卓著，小额贷款不良率由年初的 6.68% 下降到 3.99%，优于全国平均水平；小企业法人贷款与个人商务贷款整体不良率 1.38%，优于全国平均水平 2.34%。（邮储银行　马静）

【邮储银行深圳市分行】 资产规模 693 亿元，增幅 18.3%；贷款规模 472 亿元，增幅 10.3%；存款规模 634 亿元，增幅 17.2%；邮政金融收入 26.3 亿元，增幅 7.5%；自营收入 19.2 亿元，完成全年预算 114%，增幅 11.6%；实现利润 9.4 亿元，完成年预算 162%，增幅 118%。

1. 零售金融。（1）客户服务。微银行建立以线上社区银行为主题的移动金融圈，上线社区银行 O2O 平台，理财经理财富微店、线上客户俱乐部、移动扫码支付等功能，成为全国第一批试点分行。（2）产品创新。在全国率先推出交易保产品，发放全国第一笔车秒贷业务，推出“个协助业贷”，丰富产品服务；推出华为“荣耀贷”，实现消费贷款“批发做”。（3）“走出去”营销。借助“深耕城中村，打造城中村 O2O 社区”创新项目，加快电子银行向综合服务营销平台转型，支撑 110 场支行外拓营销和 179 场城中村 O2O 专项营销。（4）渠道转型实现新突破。10 月 27 日，邮储银行首家轻型网点试点网点——深圳电信支行正式对外营业，打造“轻人工、低成本”便民服务网络。轻型网点以机具化、非柜台的服务方式，为居民提供基本金融服务，实现金融服务和社区服务相融合。（5）普惠金融。成为深圳第一家开办“广东省基本养老金领取资格协助认证业务”的商业银行，建成第二家“银发支行”，促进养老服务产业发展。

2. 公司金融。（1）客户基础。聚焦战略大客户，推动总行与平安集团、招商局集团等签订总对总战略合作协议；聚焦本地龙头企业，与华强集团、深汕合作区签订战略合作协议，推动总行与华大基因、深创投集团签订总对总战略合作协议；聚焦机构类客户，14 次成功中标地方国库现金管理项目，中标深圳市非税收入征管代理银行资格，入围财政专项资金监管银行。（2）服务模式。金融服务方式逐步向以信贷和债权、股权融资并行的方式转型，与中广核集团、华大基因等战略客户签订产业基金合作协议。（3）新业务。向总行推荐华润集团、中广核集团等发债主体债券承销的投行业务；取得商业汇票敞口承兑业务开办权。（4）小微金融。举办扶持创新、创业型小微企业的“创富大赛”活动，实现创富增收。加大新产品推广力度，实现转期贷、供应贷、创新研发贷、跨境速贷、股权质押贷款成功落地。与微众税银公司开展线上合作，建立贷前客户筛选、贷中风险分析、贷后预警监测的全链条数据服务，实现税贷通业务批量营销。与科创局、担保公司等机构合作，为深圳科技型企业提供融资支持。设立7家科技金融专营试点支行，在全行开展科技金融专项营销活动。(5)国际业务。以万科云链保理业务为突破口，简化流程实现T+1快速放款。创新业务模式，取得外币银团业务、关税保付保函业务、进口押汇业务、出口发票融资业务、国际信用证福费廷业务新突破。福田区支行营业部荣获“国际业务特色支行建设管理优秀单位”称号。

3. 金融同业创新。(1)业务发展。同业融出向融入转型，同业存款突破百亿大关，实现融入融出协同发展；同业融资向投资转型，产业基金业务在全国36家分行率先突破。分行营销并参与的中大型产业基金13只，总规模2700亿元，其中，邮银华大生命产业基金是总行首个作为GP的产业基金，招商银和母基金是分行首个与大型央企联合发起设立的母基金。(2)挖掘政企客户资源。营销两个在港央企中(招商局、华润)，两个深圳国资委三大投资平台(深投控、深地铁)，国资背景投资平台(深创投)、大型央企、国企(中广核、中移动、中集)，从顶层设计上实现客户升级。(3)分支联动。支行上报业务在分行向总行推荐业务中占比超过70%，其中福田区支行成功推荐中集海工产业基金；龙岗区支行等累计成功推荐债券投资26.3亿元；南山区支行等成功实现同业客户理财、企业客户定制专户理财突破。(4)专业能力。履行总行托管分部职能，推进运营产品由简单型、通道类产品向公募基金、理财、期货等复杂性、结构类产品转型。运营规模4875亿元，全行排名第2位。(5)拓展运营渠道。与交通银行合作开立三方存管账户、TA交收账户、期货交收账户，打通与中登、期货结算交收通道，增强托管业务延展性。(6)托管客户。对接和维护同业客户131家，新增15家，其中私募机构准入10家，规模116亿元，包括支行新增私募机构准入5家，其中南山区、华强北、四海、吉华和新沙各一家，合计规模30亿元；公募机构准入3家，规模20亿元；券商2家，规模60亿元。

4. 综合管理能力。(1)自主创新。微银行O2O项目等三个项目获评为总行“2016年科技创新重点项目”。城中村社区O2O营销分析入选邮政金融大数据应用推进会特展案例，《移动互联趋势下的营销体系分析》荣获邮政金融数据分析优秀案例三等奖。(2)财务管理。通过优化资负结构，资负统筹协调能力持续增强，综合考评排名全行第五。成立分行财务核算中心，实现财务核算规范化、集中化、专业化运行。规范采购行为，全年完成集采项目130个，采购金额8655万元，节约金额1828万元。(3)资产保全。建立不良贷款统一管理机制，厘清诉讼职责边界，实行重点分类清收管理，开展“百日清收”活动，收回10973万元不良贷款，完成任务的251%。(邮储银行　马静)

【速递物流广东省分公司】 业务总收入57.83亿元，全国占比近18%，增收9.5亿元，比上年增长19.6%。

1. 国内标准快递业务。业务收入13.2亿元，与上年基本持平。政务业务围绕推动“四个一批”核心项目的发展思路，打造“一点接入全省联动”的开发模式，业务收入4.34亿元，比上年增长18%，净增6626万元，在国内标准快递中占比1/3。商务项目推进“三进工程”扩增商厦写字楼、园区校区、产业集群市场等重点区域的能力布局，开展“市场抢夺战”和73个重点城市会战，商务项目完成收入8.8亿元，比上年增长6.3%，增收5200万元。

2. 国际业务。国际业务收入35亿元，比上年增长33.9%，增收8.9亿元，总体收入占比超过60%。国际e邮宝业务收入近20亿元，比上年增长39.4%，总体收入占比超过1/3。增加5条覆盖美国、西欧及日本的FBA头程业务的专线渠道，深圳、广州FBA重货业务发展势头明显回升；加强国际口岸渠道资源的统筹管理，扩大湛江口岸流水线，增加阳江、韶关口岸，升级流花口岸处理能力，实现香港进口E特快“一点清关”，开办粤港仓业务，上线运营“鸿雁E品跨境电商分销平台”。

3. 电商物流业务。电商与物流业务收入6.1亿元，其中电商业务收入3.6亿元，物流业务收入2.5亿元。电商业务配合总部云仓推广，推进仓配一体化项目，增加东莞万江服装仓、菜鸟永和美妆仓、广州花都B2B仓，增加仓储面积5.6万平方米，重点推进库内管理标准化建设，清远仓运营质量得到客户认可；外聘引进仓配专业人才23人，建立项目管理体系，省市联动推进仓配项目，东莞市分公司切入客户供应链，从工厂—仓库—门店周期由80天缩短至50天。物流业务实施“重新启航”，主攻高科技、快消品、汽车、医药、鞋服等物流重点行业客户开发，发展高端增值业务，拓展合同物流市场。

4. 项目制运作模式。各板块业务建立项目制运作模式，通过强化与总部项目组的对接和支撑，全省联动提高面对市场的适应能力，项目的营销能力、运营质量、服务水平均明显提升，已成功运作了税务、车证等多个政务项目以及金邦达、周大福、菜鸟、小米、华为等商务项目，得到政府部门、合作客户、社会公众和总部的肯定。

5. “众创众享”工程。以“固化存量、分享增量，共同创业、共同发展、共享成果”为总体要求，结合广东实际，细化实施方案，东莞、惠州、深圳、湛江、汕头等地的县区营业部和揽投部试点推进“众创众享工程”。

6. 生产能力。投资1.44亿元，开展一批重点项目建设，增加处理面积8300平方米，更新黄标车81辆，完成电商仓储投资1993万元，建设6个重点仓，提升基础生产能力；强化揽投作业规范，珠三角重点城市揽收核心范围由174个机构增加到271个机构，投递核心范围由213

个机构增加到274个机构；以提升珠三角核心区域次晨达率为抓手，优化同城网络，推出珠三角内次晨达、非珠—珠三角次日递时限承诺服务，支撑业务的快速发展。

7. 运行质量。开展运行质量专项整治行动，排查存在问题693个，邮件丢失率下降到十万分之一点二一；主动客服从售后环节延展到项目运营前端，实现嵌入式服务管理；强化区域客服和生产机构协同，推动问题邮件从受理向处理转变，全省有责申诉率百万分之四点一，投诉率万分之二十八。问题邮件48小时解决率由年初的94.3%提升到97.1%；国际重点线路运行质量稳步提升，卡哈拉leg1、leg2、leg3准时率保持在95%以上，关线国际e邮宝全程时限准时率均达标。

8. 企业管理。强化资金管理，调整资金管理考核办法，推广微信支付、支付宝等电子支付手段，促进欠费回收，加快资金回笼速度。强化审计监督职能，审计收入金额6.78亿元，节约投资资金约84万元。集中采购管理更加规范。以业务部门共同参与的项目小组形式开展对外采购，并定期对采购效果进行跟进，使采购结果能有效满足业务需求。资费体系管控更加完善。健全全省资费管理体系，规范资费审批，强化损益评估，开展资费管理各类专项检查。安全生产和风险防控管理进一步加强。严格落实安全生产主体责任，签订安全承诺责任书；开展邮件安全、交通安全等专项整治行动，强化资金、邮件、信息网、邮车、消防、交通和员工等安全管理。

9. 党建工作。扎实开展“两学一做”学习教育，强化党员领导干部“一岗双责”意识。完善治党管党工作机制和制度。强化基层党组织建设，加强党风廉政建设和反腐倡廉工作，对全省21个分公司党风廉政责任制检查和督导，严格落实中央八项规定，开展“四风”问题整治情况“回头看”，配合集团公司党组第五巡视组做好巡视的各项工作。（速递物流　蔡建）

【中邮保险广东省分公司】

1. 经营业务。总保费收入15.67亿元。一是提升业务价值，重点推动期交规模化发展。“开门红”期间完成全年期交任务的40%。年新单期交保费5.67亿元，比上年增长111.11%，总保费占比增长至36.2%。二是银行渠道完成3300万元期交任务（剔除财寿嘉），保费规模位列全国第一。三是打造“互联网+”网络营销新平台，整合网点资源，为网点销售人员和客户搭建一个实时高效的信息交流平台，提升客户服务体验。

2. 运营管控。在总部对各分公司年度服务评价中，分公司以100.71分列全国第2位。一是管控指标基本处于良好状态，其中，新契约合格率（98.2%）、新契约回访成功率（98.3%）、理赔服务时效（2.06天），年实现续期保费3.17亿元。二是依托邮政网络和资源，打造互联网运营专业管控平台，实现省市县一体化管理。三是探索线上客户服务新模式，打造“中邮保险广东客服中心”微信服务号，为客户提供图文并茂，简单便捷的在线服务。四是按照监管部门要求，在全省范围内全面推进“双录”工作，为业务销售保驾护航。五是全省推行免填单系统，为分公司运营全流程电子化作业奠定基础。与此同时，分公司在总部举办的“第二届全国运营技能竞赛”中，获得团体二等奖。

3. 管理水平。《管理型组织绩效考核创新》荣获通信行业企业管理现代化创新优秀成果三等奖。一是加强人才队伍素质培养，定期开展全员教育培训，如全员H5技能培训。二是围绕“价值贡献”和“争先创优”企业价值观，完善薪酬分配结构，优化绩效管理制度，开展绩效考核和人事考评。结合薪酬制度，建立长效的员工薪资晋升通道，优化员工激励效果。二是利用互联网手段，深挖微信企业号功能，研发日常管理小工具，开通微考试、微投票、微签到等20多个应用。

4. 合规管理。一是完善制度规范，初步建立制度体系。二是与集团公司广东省分公司形成联合检查机制，分4次对全省19个地市82个网点开展合规现场检查，提升检查的效率和权威性。三是贯彻落实“两个加强，两个遏制”“回头看”工作要求，重整改抓落实，一次性上报成功保监会。四是规范经营，接受集团公司审计，获得2016年全国审计工作评比“优秀审计单位”称号。

5. 党建纪检。一是强化党委对党建工作的统筹谋划，召开党建纪检工作会议；二是健全分公司党的组织体系；三是创新党建工作方法，搭建“党建微平台”；四是落实“一岗双责”，切实履行党风廉政建设工作责任。开展“两学一做”，深化党风廉政建设。成立“两学一做”学习教育指导协调小组，通过研究部署学习方案、拟定每月学习计划、创新互联网学习检测、定期组织支部学习督导等方式扎实推进专题学习。将党风廉政建设考核指标纳入分公司绩效管理，进行专项考核。发挥工会组织职能，打造“三位一体”企业文化。通过开展文体活动、组织技能竞赛、帮扶慰问员工等举措，发挥工会职能，培养员工的归属感和认同感，打造员工“幸福工程”。与此同时，利用微信图文形式，开展“走进部门，走近你”系列宣传，营造良好的“人文企业”文化氛围。（中邮保险　王森龙）

【中邮证券广东省分公司】 5月27日，广东省分公司成立。内设综合部、市场部、资管业务部、投行业务部、运营风控部五个部门和广东资管投行业务区域中心一个中心。在岗员工19名，其中邮政企业划转13名。均具有本科以上学历，具有硕士学位9人，占员工总数的47%。截至12月30日，年新增开户68662户，新增资产8979万元；累计开户73016户，资产规模10455万元；有效户规模1269户。

1. 省级分支机构筹建。完成分支机构设立的所有法律手续、落实办公场地和营业场地的选址与装修、明确分公司的组织架构、岗位编制和工作职责，并确保筹建人员的全体到位。同步完成员工社会保险登记、住房公积金登记、纳税登记，建立起员工福利保障体系。

2. 经纪业务发展。一是争取协同政策支持。制定业务发展专项考核办法，加大对地市邮政领导班子的经营考核力度，加强政策支持力度。二是开展多主题营销活动。一季度联合省公司、省分行制定“邮银同心 · 证券启航”专项营销活动方案，共同推动全省邮银发展中邮证券业务；三季度开展“开户抢红包”专项营销方案；四季度制定“有效开户 · 智赢财富”重点激活有效户的专项营销方案。三是及时反馈通报数据。每周向省分公司领导汇总报告全国、全省的关键指标数据。每天通过群发短信、QQ及微信实时向各地市通报关键指标进度。借助省金融月度推进会及理财夜校等平台对中邮证券经营情况进行通报。四是举办两期理财精英孵化培训。对全省150余名精英理财经理进行精细孵化培训。五是加大业务宣传力度。制作下发1150个业务宣传展架、38万份宣传三折页及23万份宣传二折页到各地市，金融网点全覆盖。六是行业客户专场批量开发。结合全省代理金融“走千访万”营销活动，对有合作关系的保险公司及其他各类有业务合作的供应商客户进行开发。重点挖掘代理金融合作的12家保险公司，通过专场开户的模式，快速实现开户和有效户激活。七是加强重点业务产品推进。结合总部阶段重点产品，向目标客户差异化推介适当性产品，重点针对短期融资需求客户推荐金鸿小贷产品，通过金鸿小贷快速、灵活及利率低的竞争特点挖掘其他券商客户及激活已开通中邮证券账户客户；针对未激活的追求稳定收益的客户，重点向其推介基金及国债产品，以绝对收益的特点吸引客户激发客户使用账户。八是做好业务推动挂靠包干。启动分片挂靠机制，将邮政省公司机关部室、各直属单位及各地市分片挂靠到每个人，明确职责及督导重点，结合业务通报情况对先进地市进行鼓劲，对落后地市进行督导。

3. 客户资源。自主承揽开发多个项目，包括：信源设备厂IPO项目立项、中邮消费金融公司拉卡拉债权转让通道项目、中邮消费金融公司资管计划资金规模达1亿元、推进中邮消费金融公司金融债、公司债及ABS项目。储备多个项目，包括：富士电子IPO项目，迪生铁塔IPO项目，广州农商银行委外项目，持续跟进的国投产业基金项目、东实集团公司债和对公理财项目、格力股份股权质押项目、梅州飞龙果业新三板挂牌项目，达安金控保理和租赁ABS项目等。

4. 干部队伍。一是认真落实中央“确立企业党组织在公司治理结构中的政治核心地位，构建确保党组织充分发挥政治核心作用的公司治理运行机制”的要求，主动协调省邮政机关直属党委、中邮证券总部党委申请成立中邮证券广东省分公司机关党总支。二是严格落实中央党政干部选拔任用条例规定的程序和办法，制定《中邮证券广东省分公司领导人员管理办法》。团队建设方面，本着“转型一批邮政员工、培养一批金融人才、引进一批行业大咖、交流一批成熟团队”的用人思路，加大从内部转型培育和从外部吸引招聘金融专才的力度。内部转型方面，通过制定员工能力素质提升计划，组织输送63人次参加证券从业资格、证券发行与承销、证券投资咨询、投资基金、保荐代表等职业技能考试，通过率95%。外部招聘方面，通过与多家专业猎头公司洽谈合作，沟通拟聘岗位职责和素质要求，扩宽人才引进的专业渠道，邀约面谈40多名业界专业人士，招聘首位证券投资顾问和首支投资银行团队。

5. 严防违规风险事件。一是组织对经纪业务、资管投行、信用交易、互联网金融和综合管理等条线相关管理制度的梳理，整理修订80多份并汇编成册，保证分公司运营和综合管理合法依规、有序高效。二是围绕创新发展狠抓制度建设，建立健全合规风控制度体系，全面提升风险管理水平。严把审核关，严控业务合规风险，未发生合规风险事项与监管处罚。三是改进日常风险监控方式，从事前、事中和事后三个环节着手，抓好日常风险管理。优化分支机构风险控制与管理，落实反洗钱和资管项目审核。四是落实内部稽核检查，在常规内部检查基础上，发现风险隐患及时整改完善15项。（中邮证券　黄颖琼）

【中邮证券深圳市分公司】 内设综合部、运营风控部、市场部和资管投行部。员工14人，其中本科12人，硕士2人。经纪收入264.33万元，比上年减少85万元；其中手续费收入204.35万元，比上年减少16%；利息收入136.88万元，其中融资融券贡献60万元，比上年增长29%，实现资管业务收入43.88万元。新增开户8432户，累计客户14712户，累计交易量52.7亿元，客户账户资产3.68亿元；融资融券客户61户，信用账户资产3251万元，融资余额约800万元，客户交易平均佣金率万分之3.54。

1. 经纪业务

（1）有效户激励机制。引导邮政在下半年将三方存管业务的方向从单纯的开户数量考核，到开户客户的有效户、资产量、交易量的规模上来，从而使得底层客户经理、理财经理在营销客户的时候更加注重客户质量和后期客户维护，真正实现业务同进共荣。

（2）融资融券业务。主动营销，疏通客户对融资融券的抵触情绪，提高客户使用的技巧和规避风险能力，让客户真正了解融资融券的杠杆交易性作用，从而挖掘融资融券新客户，盘活存量客户，打造成分公司经纪业务的支柱型业务，形成新的利润增长点。

（3）加强客户黏性。每月定期组织客户结合当期行情特点、热点、技术分析技巧，开展投资者交流活动，让客户体会到中邮证券的优质服务。每日通过 QQ、微信群等渠道，推送市场咨询信息，及时通知客户新股中签缴款、配股认购等温馨提示，提高客户的黏性。

2. 资管投行业务

（1）内部管理。资管投行条线逐步建立周例会、制度建设会议、培训管理会议、渠道拓展会议、目标客户管理会议、项目进度分析会议等会议制度以及工作日志、周总结、月总结、渠道进度表、目标客户管理表和项目进度表等完整的内部管理机制，同时建立了资管投行每日晨训、课件管理、标准化业务手册，并结合分公司每日一训、公司总部每周一训，逐步建立起完善的资管投行培训体系，在内部形成学习研究型团队的良性机制。

（2）团队建设。储备并引进投行资管优秀人才，强化现有人员的培训和实践：一是分公司投行资管负责人推荐人选持续推进；二是物色储备投行团队和资管团队骨干人选；三是利用分公司平台优势与同业加强交流，引进成熟团队；四是高强度训练新人；五是以老带新实践拓展。

3. 渠道建设

（1）银行渠道建设。7 月，资管投行部与邮储银行深圳市分行进行“银证投贷联动”业务交流，并达成共识：以新三板作为业务突破口共同开展“银证投贷联动”业务。7 月 16 日，邀请投行总部老师到深圳给邮储银行深圳市分行各部室经理及深圳分行对公客户经理开展“投行业务知识讲座”。参与邮储深圳市分行中小企业部举办的“走进深圳市分行一级支行培训活动”，并就邮储深圳市分行所有网点进行划分，由专人进行业务维护及项目开发。8 月 24 日，资管投行部给广东省南粤银行深圳分行所辖各支行行长及对公客户经理开展“投行业务知识讲座”。以新三板业务为切入点带动资管投行其他业务共同发展。与平安银行东莞市分行、平安银行深圳市分行、北京银行深圳市分行、宁波银行深圳市分行、江苏银行深圳市分行、包商银行深圳市分行等商业银行投行部、同业部建立紧密的合作关系，为资管投行业务拓展及项目资金来源提供保障。

（2）非银金融渠道建设。9 月，深圳市分公司与深圳市前海瑞旗资产管理有限公司签订全面合作框架协议，计划在经纪业务、投行业务、资管业务等方面进行全面合作，实现双方全面共赢。与高搜易、新沃基金、百度金融、金申翊金融、中恒泰等众多金融机构沟通，为分公司资管投行部未来项目储备打下基础。

（3）项目储备。截至 12 月 31 日，落地国通公司 2 个亿的定向资管业务，签约博乐科技风投项目一个并成功举办路演一场、储备拟投风投资金 600 万元（投资方进场尽调），通过平安银行授信 3 亿元审批，贵安新区开发投资有限公司企业债项目规模 50 亿—100 亿元进入财务顾问协议准备阶段，投行资管已储备银行通道、股权质押、资产证券化、新三板、上市公司并购、债券承销、风投募投等项目近 40 个，拓展但不符合公司要求被否决的项目近 75 个。（中邮证券　黄颖琼）

广西壮族自治区

【广西分公司】 下辖直属单位 9 个，市分公司 14 个，县（市）分公司 75 个，邮政支局（所）1504 处。员工 12800 人。全区邮政业务收入 32.58 亿元，比上年增长 12.1%，完成集团公司预算的 105.1%。

1. 业务发展

（1）邮政传统业务。12 月 2—6 日，在南宁市举办中国 2016 亚洲国际集邮展览，13 万人次观展，集邮、函件、报刊、电商、金融等专业融合资源实现业务收入 5430 万元。全区嘉年华活动举办 395 场，各专业融合互动实现业务收入 2200 多万元。集邮、函件专业融合开展奥运币产品营销，实现业务收入 1054 万元。开展存款享集邮豪礼积分兑换，以及丙申年猴票礼仪存单等活动，净增余额 15.26 亿元。邮乐购平台净增余额 1.09 亿元。产品销售带动寄递业务收入超 2000 万元。积分系统为融合发展、拓宽奖励形式提供更多选择，数据挖掘也为融合发展提供更多可能。区政企客户部实体化运营走入正轨，立项开发营销项目 19 个，全区业务收入 5380 万元。

（2）代理金融。年新增储蓄存款 109 亿元，比上年增长 70 亿元。代理金融新增总资产规模（余额 + 保险 + 理财保有量 + 基金 + 国债）163 亿元，比上年增长 63 亿元。代理储蓄活期比例比上年增长 0.16%，电子银行交易替代率排全国同行第二位，中邮证券第三方存管业务完成进度在全国空白区组排名第一。代理金融风险管控、检查、考评、培训体系进一步完善，未发生重大资金案件。

（3）代理保险业务。代理保费累计 45.06 亿元，增幅 18%。规模保持全区银保渠道第一名。代理手续费收入占全区代理金融增量收入的 21.9%。期交业务保费 3.5 亿元，增长 3.9 倍，规模列全区银保渠道第一位。

（4）包裹快递业务。实施包裹快递事业部制改革，推进“营揽投”合一的网格化营销服务模式。南宁市分公司电商包裹快递收入增幅位居全国“新百团大战”第三组第 4 名。区内“新百团大战”9 个市分公司电商包裹快递业务量、收入比上年增长 2 倍以上。“双十一”期间业务收入比上年增长 37%。国际业务方面，开通南宁、梧州“速卖通”线上仓业务。

12 月 2—6 日，中国 2016 亚洲国际集邮展览在广西南宁市举行。（广西分公司 / 提供　何军 / 摄）

（5）分销业务。快消品、农产品销售收入占比分别比上年增长 23.5% 和 11.9%。思乡月项目试点中心仓模式，销售额比上年增长 15.3%。节日营销实现销售收入 3478 万元。邮码头发展粉丝 2 万多名。

（6）函件传媒业务。业务收入增幅列全国同行第 4 位。封片、数据库商函业务均实现正增长。以信息化提升媒体平台服务品质，引进行业战略合作，开拓网络新媒体业务，媒体平台实现业务收入 4287 万元，增幅 31%。

（7）报刊业务。开展校园报刊、订阅有礼、商务期刊、政商务图书、线上订阅五大营销项目。2017 年报刊大收订实现流转额 4.73 亿元，完成计划任务的 101%，增幅 3.86%。

（8）集邮业务。亚邮展项目实现业务收入 4340 多万元。生肖项目业务收入 4116 万元。新邮预订业务超额完成计划任务。开展各类营销活动 179 场，销售额 3500 多万元。区集邮协会选送 8 部 35 框邮集和 2 部集邮文献参加第十七届中华全国集邮展览，获得金奖 1 个、镀金奖 3 个、大银奖 2 个、银奖 3 个、铜奖 1 个。

（9）增值业务。代理车险业务市场规模继续扩大，销售额比上年增长 16.7%，业务规模逾 3000 万元。新增 98 个代征税款网点，覆盖全区 14 个市，业务收入近千万元。鑫达公司经营能力持续增强。实现业务收入 1.9 亿元，比上年增长 9.39%。累计投入 1700 多万元更新各类装备。按时保质完成自助设备集中配钞、自主维保等服务，提升差异化竞争能力。业务库现金备付率低于考核指标。空白乡镇网点全部开业运营，实现普遍服务全区所有乡镇全覆盖。机要通信业务连续 19 年实现质量全红。

2. 企业管理

（1）人力资源。组织制定干部管理和监督管理办法 13 个，对 7 个市分公司进行选人用人专项检查。推进市场化用工配置和代理金融网点从业人员“双定”。择优转聘 163 名优秀劳务用工和承揽人员。工资总额分配实现从工效挂钩到弹性管控的“软着陆”。区分公司集中培训 8882 人次，线上教育培训 19555 人次，完成职业技能鉴定 2380 人次，选拔初级人才 108 名。人力资源服务支撑中心正式运营。员工自助服务系统上线运行。

（2）财务管理。完善全面预算管理，提前下达成本预算，建立分类考核的绩效考核评价体系。统筹资源重点支撑“一体两翼”以及增长极业务。推进 ERP 系统的建设、管理和应用，进一步理顺会计核算中心流程、职责。基本完成“子改分”收尾工作和邮银房产租赁市场化定价。在南宁、北海市分公司开展代理金融网点损益核算试点。

（3）安全管理。邮银速联合开展 2016 年消防专项检查。启动 16 座业务库新建和改造扩容工程。建成钞车北斗定位监控和机要车载监控系统。开展安全检查 3500 次，发现隐患问题 1650 多个，隐患问题整改 1360 个，问责 140 人。

（4）审计监督。完成审计项目 1545 项，其中，2015 年度绩效审计查出不规范操作金额 800 多万元，财务类审计查出违规金额 1356 万元；工程项目审减 1588 万元，审减率 9.72%。开展亚邮展和国际邮件互换局搬迁改造项目的跟踪审计。

3. 能力建设

（1）网络运营。实现网运环节的独立核算。一干邮路运行准班率、准点率均超过集团 95% 的考核要求，区内普通邮件邮路时限提前 2—3 小时，部分市县邮件互寄、包裹快递邮件进口时限进一步加快。面积 200 余平方米的县级邮件处理中心配备装卸皮带机、分拣辅助传输皮带机等设备。“双十一”期间全区处理邮件量增长 1.2 倍。

（2）信息化。立项 19 个科技项目。引进、开发快递包裹综合服务、广西微邮局平台、会员积分等 21 个信息系统。完成数据应用系统建设 4 个、数据分析 6 项、非定期数据提取 164 次，为提升经营效益和管理水平创造机会和条件。全区网络实现扩容升级改造，代理金融网点实现双线路备份。自主维护代理金融自助设备 390 台，降低成本 40%。

（3）工程建设。代理金融网点装修项目开工 31 个，完成 27 个；邮政服务“三农”建设项目开工 3 个，全部竣工；普遍服务基础设施项目开工 50 个，完成 37 个，开工率和完工率基本达到集团公司要求。

4. 从严治党

（1）党建工作。各级党的工作机构、编制、人员基本落实到位。扎实开展“两学一做”学习教育，举办专题辅导讲座、党性和革命传统教育、建党 95 周年、“两优一先”评选等活动。突出“四个全面”“五大发展理念”的学习。推广中央国家机关工委“一二三四”机关支部工作法。推进“桂邮党旗红”主题实践活动，各党支部挂点帮扶参与率 100%，无党员网点减少 374 个，发展党员 122 人。区分公司直属机关党委按期换届并成立机关纪委。

（2）党风廉洁建设。出台落实党风廉洁建设主体责任、监督责任实施办法和“两个责任”量化考核办法。强化信访举报核查回复和违纪行为查办，持续开展公务用车、“小金库”等专项治理，加大对“三重一大”决策、“劳转聘”、员工激励分配、营销费使用等腐败易发多发环节监督检查，有 3 人受到党纪、政纪处分。开展集中采购管理、投递平台建设效能监察。中央巡视组、集团公司党组巡视反馈意见整改任务全部完成。对 6 个市分公司开展专项巡视，发现问题 104 个，逐级落实整改任务。

5. 和谐企业建设

合同用工人均工资总额比上年增长 7.68%，劳务用工人均劳动报酬比上年增长 19.71%。建成不同级别和类别的基层职工小家 560 个，提前完成三年规划目标。7 名困难员工纳入全国工会帮扶系统，累计资助重病致困员工 134 人，帮助困难学生 84 名，全区各级邮政企业发放慰问金 650 万元。区分公司被评为“广西优秀企业”，1 名个人被授予“广西优秀企业家”称号，1 个市分公司被评为“广西质量管理先进单位”，2 个支局所被自治区总工会授予“广西五一巾帼标兵岗”荣誉称号，4 名员工荣获“广西五一巾帼标兵”荣誉称号，1 个班组新获自治区级青年文明号荣誉称号。我区邮政气排球女队代表中国通信体协在第六届全国绿色运动会气排球公开赛获女子乙组（青年组）第一名。两项管理创新成果分别获集团公司及通信行业二、三等奖。（广西分公司　蒙淋芳）

【邮储银行广西分行】 总资产 1666 亿元，比上年增长 11.17%。各项存款余额 1623.35 亿元，比上年增长 11%。各项贷款余额 524.19 亿元，比上年增长 31.36%。不良贷款率 1.08%，拨备覆盖率 193.67%。营业收入 40.16 亿元，实现净利润 2.26 亿元。

1. 个人银行业务。个人客户 1987 万户（有效客户数 1455 万），其中个人 VIP 客户 43 万户。（1）个人存贷款业务。人民币个人存款余额 1456.91 亿元，比年初增长 146.25 亿元，增长 11.16%。其中，个人活期存款增长 10.96%，个人定期存款增长 11.43%。个人贷款余额 261.43 亿元，比年初增长 63.67 亿元，增长 32.20%。推进借力平台模式，搭建“银政、银协、银企、银担、银保”，小额贷款余额 25.11 亿元；个人消费贷款余额 164.57 亿元，年新增 59.88 亿元；加快“快捷贷”推广工作，个人商务贷款结余 71.73 亿元。（2）“三农”金融业务。涉农贷款余额 153.09 亿元，比年初增长 29.93 亿元，增速 24.30%。建设现代农业示范区支行 7 家；截至 12 月 31 日，累计建设助农取款点 4923 个。（3）银行卡业务。借记卡结存发卡量 2352.24 万张，年消费金额 361.39 亿元，比上年增长 10.83%。其中，绿卡通 IC 借记卡结存发卡量 801.13 万张。信用卡消费金额 103.09 亿元，比上年增长 40.45%，期末透支余额 14.41 亿元，比上年增长 37.57%。（4）养老金业务。代收代付养老金 366 万笔，其中代收养老金 27 万笔，代发养老金 339 万笔。（5）代销基金、国债业务。加强与优秀基金公司合作，代销基金的产品总额 4.05 亿元。代销凭证式国债 8 期，实际销售 5130.18 万元，代销储蓄国债（电子式）10 期，实际销售 8121.75 万元。（6）代理保险业务。代理保险保费 55.87 亿元。

2. 公司银行业务。（1）公司存贷款业务。累计发放公司贷款 49.60 亿元，比上年增长 8.03 亿元；公司贷款余额 101.76 亿元，增幅 32.93%。供应链金融业务累计发放 37 笔，2.72 亿元，结余 1.37 亿元。（2）小企业金融业务。发放小企业贷款 43.1 亿元，余额 49.81 亿元，比上年增长 3.15 亿元，增幅 6.75%。（3）国际结算与贸易融资业务。年福费廷业务累计发生额 189.63 亿元，结余 33.05 亿元，比上年增长 145.72%；贸易融资业务累计发生额 18237.41 万元，其中国内信用证开立 5 笔，合计 36474.81 万元、国内信用证自营福费廷业务 5 笔，合计 36474.81 万元；国际结算 6.19 亿美元，跨境人民币结算 35.10 亿元，比上年增长 984.37%，超额完成年度目标，其中边贸结算系统内全国排名第一；外币存款余额 46.72 万美元（折合人民币约 324.07 万元）。（4）票据业务。年办理票据转贴现买断业务 187.26 亿元，余额 57.53 亿元；办理票据转贴现卖断业务 81.77 亿元；年累计办理票据回购式转贴现 93.30 亿元，余额 40.53 亿元。年累计办理票据直贴 47.47 亿元，直贴余额 19.23 亿元，比上年增长 88.83%；累计办理承兑业务 4.49 亿元，比上年增长 145%；累计办理敞口承兑 3.66 亿元。

3. 资金业务。（1）投资业务。同业投资余额 15.3 亿元；理财投资余额 31.5 亿元，年新增 21.5 亿元；理财投资企业债券余额 34.3 亿元，年新增 15.9 亿元。（2）同业融资业务。同业融资余额 48.85 亿元，增长 24.35 亿元。（3）理财业务。个人理财产品余额 79.01 亿元，比年初增长 20.00 亿元，增幅 34%。机构理财产品余额 60277 万元。（4）贵金属业务。推出实物贵金属产品 518 款，代理贵金属交易金额5.14亿元，实物贵金属交易金额1775万元。（5）托管业务。托管资产规模179.07亿元，增长33.63亿元，比上年增长23.12%。

4. 渠道拓展。（1）网点建设。全行营业网点964个，其中，自营网点264个，占比27.4%；代理网点700个，占比72.6%；营业网点县域覆盖率100%。（2）电子银行。累计发展电子银行客户数503.09万户，增长81.44万户。其中，个人网银累计发展客户447.17万户、手机银行累计发展客户351.23万户。全年电子银行交易量（含自助设备）4.8亿笔，交易金额3807.61亿元，电子银行交易替代率（含自助设备）90.12%。全区累计布放ATM（含CRS）3363台（县及县以下2301台，占比68.4%），其他自助设备537台（县及县以下351台，占比65.4%）。其中，新投放ATM设备349台（县城及县城以下投放数量为279台，占比79.9%）。全年自助设备交易量1.17亿笔，交易金额1761.87亿元，ATM交易替代率41.3%。

5. 信息科技。一是确保系统安全。处理系统运维事件单8550个，完成系统升级、变更313次，自发完成7次省内较大的系统优化改造，开展省中心和网点应急演练和信息安全风险专项检查，整改隐患，确保业务连续性。二是强化自主研发。开展区域特色项目研发，自主研发综合管理平台（信贷业务流程监控系统、视频会议申请、数据应用管理等）、ETC、新广西电网电费代收、交通罚没电子渠道缴费等8个项目。三是强化数据分析。完成496项数据挖掘分析工作，为业务发展提供科学、客观的数据参谋。选送的“贷款业务首次集中电话回访项目”荣获总行科技创新优秀项目奖，“广西自营网点营运与柜员综合配置分析”“广西信用卡潜在客户挖掘及消费行为分析”“广西代收付特色业务交易分析”分别荣获总行邮政金融数据分析优秀案例三等奖和优秀奖。（邮储银行 马静）

【速递物流广西分公司】 收入4.27亿元，比上年增长13.7%。其中，速递业务收入3.36亿元，比上年增长13.4%；物流业务收入0.91亿元，比上年增长15.1%。

1. 标准快递。国内标准快递收入2.03亿元，比上年增长6.1%。制定区内配套发展政策和劳动竞赛方案，推进落地实施，重点拓展政务、商企、校园、产业集群、生鲜特产等重点市场，打好重点城市标准快递和文件型快递业务两大战役。省际标准快递较快发展，比上年增长17.9%。政务市场快速拓展，全区政务类业务收入7455万元，比上年增长20.1%；开展政务行业客户销号营销工作，逐步推进消防、检察院专递、网上交管等项目的上线运作，实现居住证业务在全区的开办；完善和推广微信平台。商企重点区域、重点行业、重点项目取得一定成效，深挖大客户需求，拓展新业务合作，增加车管及证照代办、礼品采购寄递等业务；在全区正式启动“三进工程”，加快推进商企业务开发。

2. 电商业务。全年实现电商包裹业务收入5512万元，比上年增长20.7%。围绕品牌电商平台客户，灵活利用E标准、快递包裹产品组合及价格政策营销重点客户，强化差异化服务能力。整合利用邮航、经航航空资源，促进E标业务快速增长。调整发展策略，促进快递包裹加速发展。加快拓展“仓＋配”项目，实现“双十一”期间“爆品下沉”“仓＋配”项目落地南宁，“上海一起配送”B2B“仓＋配”项目落户北海。

3. 国际业务。国际业务收入3716万元，比上年增长68.3%。推进国际标准业务开发，配备国际营销团队主动客服、跟单及报价人员，为业务发展提供支撑；申请开通中速DHL业务，构建本区域出口国际新渠道。完善国际业务资质；注重加强国际网运协调机制和渠道建设。

4. 物流业务。物流业务收入9109万元，比上年增长15.1%。推进目标客户开发管理。深耕重点项目，挖掘客户潜力，实现项目增值。发挥中邮冷链资质优势，开通南宁—广州物流专线。加强整合社会资源，为旺季生产提供有力支撑。

5.“众创众享”工程。以12个城区、县营业部为试点，启动“众创众享”工程，推进在全区所有营业部完成签约。通过将员工利益与企业利益捆绑在一起，增强各级经营单位、员工的创业积极性、创收自觉性和营销主动性，营业部总体收入比上年增长19.25%。

6. 服务质量。一是基础平台建设。增加3吨汽车6辆、电动三轮车104辆、营投网点15个，并对全区营投网点进行统一规范改造。二是整合一、二级干网络，并以经航支撑电商业务发展，优化快递包裹的时限、提高竞争力。三是实行总部项目监控模式和客服联动服务模式，有效提升客户体验。

7. 企业管理水平。一是加大改革创新力度。通过下放权限，实现简政放权，简化人工成本管理，实行“高激励、严考核”的绩效考核机制。二是加大人力资源优化力度。加大管理机制创新，优化人力资源配置，激发活力、提高效率；加强人才队伍建设，充实经营管理和市场营销力量。加大培训力度，提升员工队伍素质和工作能力。三是加强财务管控，提升企业效益。四是营销体系建设取得新进展。（速递物流　蔡建）

福建省

【福建省分公司】 累计业务总收入42.78亿元，比上年增长11.9%。开发产业集群、农产品寄递、仓储配送、专线营销等重点项目，加强收寄、网运、投递全过程管控，提升运行时限和服务质量。累计收寄包裹快递业务量5596.78万件，比上年增长52.32%。“双十一”期间，做好收寄、网运、投递、客服等全环节保障工作，累计处理包裹邮件476万件，上年增长142%。

落实集团公司和省委省政府关于推进农村电子商务发展部署和要求，依托“邮乐网”与邮政企业线上线下渠道与平台优势，线上推进集“卖商集、创业汇、买客集、便民汇”四大功能为一体的福建邮政农村电商创展平台建设，线下大力构建“一市一基地、一县一中心、一乡一站点、一村一福店”的服务体系，服务我省广大农村市场。与省全国电子商务进农村示范县共同推进示范县建设工作。全省建成三明“惠农电子商务双创园”市基地1个、县服务中心5个、乡镇服务站170个、村“福汇店”1.6万个。邮政电商平台共发展农村青年创业者1万多名，为全省450多家中小企业提供线上销售、O2O营销、物流寄递等综合服务，销售福建品牌商品数达16万种。

依托遍布城乡的邮政金融网点，践行普惠金融，服务“三农”、服务中小企业、服务社区。建立邮政金融网点853个、便民服务站2万余个。全省统一组织策划商贸“喜刷刷”“有氧行进操”、代收付“浓情仲夏”、第三方存管等联动营销活动，通过持续、丰富的活动来改善客户体验，提升服务质量。参与全省“敬老月”活动，为老年人办实事，树立“邮政夕阳红”的品牌形象。启动“邮乐购·金融专享”活动，组织积分兑奖、联盟商家优惠购、高端品鉴会、年终客户回馈、客户联谊健康养生理财讲座等活动，增强客户非金融增值服务体验，打造福建邮政代理金融差异化竞争优势。以服务社会民生为宗旨，为城乡居民提供代缴水电费、各类通信费、代开税票和代收税款、代售各类票务、代办交警业务等便民服务。

履行邮政普遍服务和特殊服务职责。在省委省政府和各级党委政府领导关心、重视、支持下，继续发挥邮政作为党报党刊发行主渠道的作用，2017年度重点党报党刊发行提前完成中央、省委下达的收订任务目标，而且发行量实现稳中有升。其中，中央、省级党报党刊收订量60.53万份，比上年增加2.4万份。实施报刊网提速，通过增配车辆、增加人员，明显缩短全省党报党刊的运递时限。认真贯彻省委省政府保密工作要求，进一步强化机要通信保密、安全工作，全省机要通信实现万无一失，连续11年保持机要通信质量安全无事故。省邮政机要通信在传递国家秘密载体的同时，确保“G20杭州峰会”期间邮政机要通信传递安全畅通，配合海关总署做好秘密载体传递工作，确保“特种机要件”寄递安全。

发挥邮政的独特优势，利用邮票、邮资图、邮发报刊等独有产品资源优势，助推省文化品牌的宣传和推广。《世界法医学奠基人——宋慈》纪念邮票在南平县建阳区首发;《中国工农红军长征胜利八十周年》纪念邮票在三明宁化、龙岩长汀两地首发;《中华孝道（二）》特种邮票在三明县尤溪市首发,《扶贫日》纪念邮票在宁德县福鼎市首发。

响应中央、省委省政府关于扶贫工作的指示和要求，主动对接省政府“十三五”扶贫开发专项规划，创新实践金融扶贫、电商扶贫等扶贫模式，坚持精准扶贫与服务“三农”有机结合，为打赢脱贫攻坚战提供有力的金融、电商、物流等综合服务支撑。参与23个省级扶贫开发重点县扶贫项目，开展福建邮政“精准扶贫，邮乐百村”工程，确定100个重点村开展农村电商精准扶贫试点，重点组织古田水蜜桃、平和蜜柚、武平芙蓉李、尤溪桔柚、闽清雪柑等水果以及其他农特产品返城销售，得到各级党委政府肯定和群众称赞。

认真贯彻落实中央和省委关于加强国有企业党建工作要求，加强企业民主管理，建立健全职工代表大会制度，定期向职工代表征集提案，发挥职工代表民主参与、民主监督作用。扎实开展全员创新活动，其中1个项目获得通信行业企业管理现代化创新成果二等奖，2项获得全国交通企业管理现代化创新成果三等奖。（福建省分公司　杨文振）

【邮储银行福建省分行】 下辖8个二级分行、82个一级支行、169个自营网点。省分行机关内设21个一级部门、8个二级部门、1个营业部、1个直属营运中心。员工5176人，平均年龄35岁，本科及以上学历员工占比71%。资产规模1572亿元，年新增各项存款200亿元，余额1512亿元，新增各项贷款164亿元，余额826亿元，不良率0.94%，优于全省同业平均水平。

1. 业务发展。收入36.15亿元，其中负债业务收入占比21.27%，中间业务收入占比13.72%，资产业务收入占比65.01%。小额贷款新增7.91亿元，结余72.4亿元，全国排名列第4位和第7位，其中，发放扶贫小额贷款4051户、余额1亿余元，通过农民合作社、家庭农场等带动建档立卡贫困户脱贫2640户。个人商务贷款新增 -0.05亿元，结余200亿元，全国排名分列第9位和第3位。小企业法人贷款新增 -1.22亿元，结余68亿元，全国排名分列第24位和第9位。消费贷款新增91.96亿元，结余221.57亿元，全国排名分列第12位和第15位。公司贷款新增31亿元，结余125亿元，全国排名分列第16位和第15位。信用卡新增发卡16万张，结存68万张，全国排名分列第9位和第6位。手机银行新增33.24万户，结存激活数57.13万户。

2. 基础管理。(1) 机制创新。提出并实施“311”营销管理模式，落实“名单制 + 项目制 + 联动制” + “团队营销” + “客户分层分级维护”的营销管理方法。开发全流程时限管理系统，建立支行预审制度、平行作业模式和“随叫随到”审批机制。制定领导人约谈管理办法。（2）财务管理。上线ERP系统、大总账系统、税务管理系统等大财管系统，实现“营改增”平稳运行，开展了“增收节支”活动。开发存款定价模型和公贷后评估模型，全年新发放一般性贷款综合利率6.67%，高于全国平均水平94BP。规范采购集中管理和进度管理，全年完成采购项目63个。（3）人资资源管理。建立预算目标认档管理办法，出台7大类重点业务发展奖励办法。引进应届毕业生149人，引进同业人才35人。完成员工专业技术职务评聘，开展信贷客户经理助理、信用卡直销团队等外包工作。（4）营运管理。实现营运中心挂牌，完成稽核、授权、资金汇划等业务上收，实行网点综合柜员制，开展现金备付金压降活动，全年平均现金备付金率降至0.8%。渠道管理方面，网点转型综合评估列全国第1位，8家低效网点中有6家扭亏为盈，网点服务态度类投诉量共285笔（含代理），比上年减少218笔，降幅43.33%。重点工程建设项目投产10个。

3. 风险管理。（1）合规管理。开展“两个加强，两个遏制”“回头看”暨案防专项治理、“内控达标年”等活动，处理违规人员1.1万人次，经济处罚111万元，累计违规积分10080分。开展营业网点安全管理标准化达标试点工作，堵截各类诈骗风险事件99起，挽回经济损失220余万元。审计项目103个，整改问题1200多个，挽回经济损失200多万元。（2）信用风险。建立支行预审制度、平行作业模式和一级支行长不良贷款责任追究制度，实行信贷员和审查审批人员评价考核和准入退出机制，推行新业务开办前的风险评估和开办后的后评价制度。退出小企业等各类高风险客户56户，退出金额2.5亿元，信用卡高风险客户止付及降额8480户，金额1亿元，追责违规操作人员3466人次、处罚金额163万元，对17个支行长的上年不良贷款管理责任予以追究。资产保全方面，处置不良贷款8.21亿元，比上年增长79.98%。其中清收4.36亿元，核销3.85亿元，清收核销呆账1.14万元。

4. 党的建设。（1）党建基础。完成省、市分行党委党建、监察机构调整设置，开展“两学一做”“强基固本”“党员政治生日”等活动，落实党组织关系排查、党员档案核查“大起底”、党费补缴等工作，创新建立“1+1”党建工作模式以及“党建微信息”“党建微课堂”宣传新方式，建成“强基固本”一级支行达标单位57家，在集团公司“迎‘七一’、谈党建、‘两学一做’”征文活动中，11篇论文获奖并荣获“优秀组织奖”。（2）廉洁建设。严格履行“一岗双责”，开展“两个责任”约谈工作，落实廉政谈话制度，开展“四风”问题专项督导检查，签订党风廉洁建设责任书277份，梳理80个廉洁风险点，开展任前谈话100人次、提醒谈话72人次、诫勉谈话20人次，约谈各市分行党委书记和纪委书记16人次，业务招待费、会议管理费、车辆使用费分别减少25.15%、24.56%和16.34%。

5. 企业文化。增加面向普通员工的重大疾病保险，装修14个网点和行部大楼，面积5778平方米，改善员工的生产条件和办公环境，推进“两家”建设，建成“职工小家”157个，5家单位荣获总行“模范职工之家”称号，常态化开展“两节”慰问、灾后慰问等工作，参与全国、全省银行业乒乓球、篮球等各类比赛并屡获佳绩，产生银行业“千佳网点”、全国邮政金融“优秀支行”、全国“金牌支行长”、“十佳明星大堂”等先进集体和个人，省分行被列入2015—2017届“全国文明单位”培育对象，被《福建日报》评为“金口碑社会责任卓越奖”“金口碑‘三农’金融服务银行奖”和“2016年度绿色金融创新奖”。（邮储银行　马静）

【邮储银行厦门市分行】 收入6.11亿元，其中银行自营收入4.84亿元，利润6423万元，人均利润8.36万元，点均利润200.72万元，人均劳动生产率62.96万元。各类贷款余额222.19亿元，比年初增长41.16亿元，增幅22.74%；各项存款余额162.70亿元，比年初增长29.75亿元，增幅22.38%。不良贷款余额1.24亿元，比年初减少1100.90万元，不良贷款率0.56%，比年初减少0.19%。

1. 业务发展。个人储蓄存款期末余额129.13亿元，年增13.19亿元，结存市场占有率6.21%，排名全市第五，创造历史新高。信用卡年累计发卡25689张，完成率居全国邮储系统首位，卡户激活率52.96%，位居单列市第二，信用卡各项风控指标均优于全国平均水平。个人住房贷款净增21.10亿元。小额贷款业务结余量突破亿元大关，净增量排名计划单列市第一，其中再就业小额担保贷款放款量和市场占有率居全市首位。“两岸金融研发中心”和“两岸人民币业务中心”正式挂牌成立，实现全国首笔对台跨境人民币贷款、掉期项下质押融资等业务突破，初步构建两岸金融业务合作体系及两岸客户营销互动机制。国际结算量全年累计16.84亿美元，位居全国第三，实现跨境人民币结算业务量17.99亿元，位居全国第四。跨境货物贸易人民币业务量及跨境人民币业务量比上年增幅分别位居全市银行业第一位和第三位。手机银行结存客户激活率62.4%，保持全国第一；电子银行交易替代率88.4%，其中个人网银等四个电子渠道交易替代率达59.2%，保持全国第一；个人客户电子银行达54.0%，上升至全国第二位。

2. 网点服务。全辖55个网点实现“零投诉”，比上年增长34.15%，客户投诉处理及时率和满意率继续保持100%。营业网点经营管理转型工作及综合服务在2016年全国服务检查工作中，平均得分居榜首，服务环境、服务行为等获评“中国邮政储蓄银行优秀规范化活动组织单位”。湖里区机场支行获评“中国银行业协会文明规范服务五星级示范网点”，湖里区金尚支行、集美区杏北支行、同安区支行营业部获评“2016 年度厦门市民满意银行网点”，李心等 2 名员工获评中国银行业“明星大堂经理”荣誉称号，谢婉婉等 3 名员工获评 2016 年度总行“明星大堂经理”荣誉称号。

3. 风险防控。建立健全业务条线量率双线评价机制，完善不良限额动态监测和分级预警体系，全年开展常规性综合检查和案件风险排查 129 次，项目审计 22 个，抽查各类样本 3337 笔，涉及金额 14.68 亿元。未发生重大风险事件和资金安全事件，各类风险限额控制良好。

4. 综合管理。建立健全财务集中核算模式，完成“营改增”及 ERP 系统建设工作，优化财务资金管理模式，业务及管理费环比下降超百万元；完成营运中心建设，充实人才队伍，整合客户经理团队，建立健全人员培养及内部交流机制，选拔条线后备人员 122 名，个人柜员岗等多岗位总行资格证书应持持证率 100%；骨干网络可用率、系统完好率和主干设备完好率高于 99.9%，生产网病毒感染率低于 0.5%，计算机系统运行情况考核成绩位居全国前列；公司结算集中处理考评平均得分位居计划单列市第一，会计稽核各项基准考核指标月度平均分居全国前列。

5. 品牌建设。开展“普及金融知识万里行”“金融消费者权益日”等主题宣传活动百余场，负面舆情管理工作名列全国前三。（邮储银行　马静）

【速递物流福建省分公司】 业务收入 21.03 亿元，比上年增长 11.5%，规模列全国第四位。

1. 国内标准快递业务。业务量 2882 万件，比上年增长 18.3%；业务收入 4.08 亿元，比上年增长 11.8%。一是对接总部“市场抢夺战”部署，组织开展综合平台“百团争冠”PK 赛、省际类、零售市场等专项竞赛。全省 7 个地市收入预算目标。二是稳固拓展政务市场，狠抓公安两证项目快证率，二代证和出入境快证率分别为 67% 和 64%，收入 8084 万元，比上年增长 33%；紧抓司法两院项目运营质量，收入 2510 万元，比上年增长 26%；持续优化公安交警项目流程，收入 1760 万元；实现国税、检察专递和法院跨域诉讼专递项目全省统谈分签，增加收入 260 万元。三是推进商务市场“三大战役”，开展金融行业销号营销，收入 4213 万元；以三大通信运营商和终端商为切入点，开展通信行业专项营销活动，收入 1870 万元；加大重点市场能力投入，推行专人和团队入驻，楼宇和园区项目收入增幅分别 46% 和 49%；开发总部级总对总客户 2 户，省级总对总客户 9 户，增加收入 521 万元。四是搭建省内极速鲜平台，运作 2 个总部项目、4 个省内项目，收入 56 万元。五是增值业务收入 12805 万元，其中收件人付费收入 7319 万元，比上年增长 49%。六是加大电子渠道宣传推广，省内自主微信平台关注量 36.8 万个，比年初增加 15.7 万个；电子支付 76.7 万笔，占邮件量比重由年初的 3.4% 提高到 21.5%；热敏使用率 73.9%，增长 7.4%。

2. 电商业务。电商业务业务量 5130 万件，业务收入 3.54 亿元，规模列全国第三位。一是加快推进“仓储 + 配送 + 供应链金融”电商服务模式，全省仓配规模 7.5 万平方米，增加入仓项目 28 个，总入仓项目 55 个，收入 7474 万元，增幅 29%，占电商客户收入比重 22%，增长 6%；供应链金融融资额度 2300 万元，增强仓储客户的合作黏性。二是加快电商重点流向市场抢夺，通过调整淡旺季运费结算标准和开展淡季增量活动，提高汽车专线淡季运载量。开通 11 条电商专线，通过市场化运作，运营成本明显下降，全程时限水平平均提升 1 天。三是开展销号营销，夯实电商基础客群。聚焦微商及网购退换货市场，加大宣传及市场挖掘力度，全省增加电商客户 2427 户，增加收入 5155 万元。

3. 国际速递业务。业务收入 8 亿元，比上年增长 39.9%。一是通过发展跨境 E 系列产品，以项目管理方式省市联动，创新校企合作模式，借助政府政策优势和提供仓储增值服务，提高客户黏合度。实现国际 e 邮宝收入增长 58%，净增 2.29 亿元，拉动全省国际收入增长 40%。二是通过国际 EMS 时限监控，打造 11 条国际精品线路，稳定运营品质，树立客户经理营销信心。通过提高国际标件业务业绩计算系数，组织开展国际 EMS 业务会战，对接总部国际 EMS 暑期促销活动和国际标件旺季营销活动，化解发展阻力，稳步发展国际标件业务。三是通过建立商业口岸项目运营团队，完善商业口岸配套资质，制定福州、厦门进出境快件监管中心管理办法，推动快件监管

速递物流福建省漳州市分公司通过改进包装增强保温性、实行专线运输等方式，保证客户在春节期间能欣赏到水仙花。（新闻宣传中心 / 提供　何培晖 / 摄）

中心启动，促进能力转换为生产力。福州、厦门进出境快件监管服务中心投入运行，实现自主运营，处理量14199吨，收入976万元。四是强化互换局处理能力建设，提升国际运营质量。通过完善厦门国际邮件处理中心晋江分中心的功能，开展国际互换局运营质量提升奖励活动，提升福州和厦门（含晋江分中心）互换局邮件处理能力，实现日均处理量破10万件。

4. 物流业务。物流业务收入4.38亿元，其中合同物流3.98亿元，比上年增长9.4%。通过业务拓展，增加博世、奔驰、卡特等大项目，扩大合同物流业务规模。发展O2O模式下的电商业务，运行柒牌、李宁等项目。发展集物流及供应链金融一体化的冷链物流业务。与互联网科技公司深度合作，完善供应商体系。

5. 启动并推进“众创众享工程”。全省试点单元103个，涵盖综合揽投部、专业揽投部、县营业部、揽投站、仓储中心、楼宇园区、重点道段和重点大客户等多种类型；试点单位累计业务收入19584万元，比上年增长19.3%。

6. 运营服务能力。一是网络承载能力。省内网增加跨地市固定邮路1条增加运能5吨，阶段性增加临时加班线路8条以上，运能增加约60吨。增加广东、江苏、浙江、河南、山东等省际电商专线10条，日均增加陆运运能50吨以上。二是生产处理能力。福州、厦门自动分拣机旺季峰值处理效率比上年增长10%，晋江市分公司处理中心日最高处理能力超过8万件。三是网运质量管控能力。收件—出口封发、出口封发—发运超时占比比上年减少10%以上，标准快递出口次日妥投率、快包出口四日递率比上年增长2%—5%。四是信息技术保障能力。五是网运成本。航空运输单价平均减少10%，省际汽车运输单价平均下降3%—10%。六是运行管控能力。全面落实质效考核体系，内部调度当班解决率增幅25%，客户投诉率稳定在2‰以内。

7. 企业管理水平。一是财务集中管控。通过“众创众享”的损益分析，引导基层关注收入结构、人员效率和成本管控等对盈利能力的影响，加快盈利模型的推广和应用。加强欠费精细化管控，规范用户欠费的基础工作，重点督促超账期欠费的回收，加快资金的回笼速度。推进财务信息化，完成ERP各子模块的上线工作。加强税收及政府扶持政策的研究，争取“重点物流企业扶持政策”等各类补贴794万元。二是优化人员结构。速递专业一、二、三线人员比例分别为66.5%、28.7%、4.8%。三是提升队伍素质。推进“揽投员、分拣封发员、驾驶员”三支队伍轮训项目。（速递物流 [illegible]）

【中邮证券福建省分公司】

1. 经纪业务。10月31日，累计开户54818户，其中本年开户23717户。累计托管资产2.48亿元，完成应达指标81.57%，新增有效户1457户，完成指标48.02%。信用业务：截至10月31日，融资融券累计征信16户（其中已开户9户，已授信待开户4户，待授信3户），两融开户数分公司排名第3位，信用账户总值490万元。

2. 资管投行。向总部上报11个投行项目，9个资管项目，其中投行通过4个项目，资管通过6个项目，产生收入0.7万元。

3. 短程战役。8月17日，分公司与省邮政分公司启动为期两周的“中邮证券第三方存管短程业务竞赛”。竞赛期间，全省累计发展中邮证券第三方存管客户12938户，其中邮政开户11083户，完成集团公司下达指标的170.5%。

4. 协同发展。年度营销活动中，与邮政和邮储紧密协同，围绕客户资产数和交易数，高度重视邮银两家存量高端客户的转化工作，将已投资证券市场的邮政员工和其他有证券投资需求的客户引导到中邮证券开户并交易，通过开展“交易有礼”“提升有礼”活动，带动客户资产提升。

5. 全员营销。在营销竞赛活动中，走访目标客户，通过与客户的深入沟通，了解掌握客户的业务发展和投资需求，向客户推介中邮证券的产品和服务，抓住各种时机发展中邮证券客户。开展全员营销活动，每位员工主动参与营销活动，利用节假日去发展、营销客户，取得较好的成绩。

6. 发展大客户。以经纪人制度为抓手，从他行挖大客户，从大客户中挖掘两融客户，促进了收入快速增长。一是成立两融业务小组，专门负责两融客户的开发、维护，以及两融业务的风险控制。两融业务小组坚持“夯实基础、精耕细作”的原则，以“客户利益为中心”，以为“客户提供专业化服务”为目标，拓展两融业务。二是政策鼓励，激发邮银发展中邮证券两融客户的积极性。在“邮证同心 迁户有礼”专项营销活动方案中，对成功发展两融客户的发展单位，明确给予500元/户的政策奖励。三是存量开发，积极营销。两融小组的客户推荐人定期将普通账户资产50万元以上的客户名单导出，筛选出符合申请办理两融业务条件的客户，逐一电话回访。

7. 差异化竞争能力。首先，建立“信息天天发”的业务制度，每天三次把中邮证券晨报、股市午评、收盘看法、研报、股票池等信息推送给用户，为客户投资决策做好信息服务方面的支持；其次，建立“股市沙龙、高端客户交流活动、产说会”的客户服务制度，促进与客户的良性互动，举办37场中邮证券业务产说会，1场年度投资策略报告会，参加活动的客户人数约2000人；最后，建立一个由5人组成的讲师队伍，能够满足地市和县发展单位半个月到一个月的客户活动讲课任务。

8. 银证联动机制。联合省邮储银行、省邮政分公司召开业务推进会、培训会。利用邮储、邮政现有的营销力量，走访机构客户，推介中邮证券的资管投行业务。

9. 运营保障能力。一是在总部的支持下，推进各种新业务上线，使得分公司成为新设分公司中业务种类较全的机构。二是不断推进运营优化。通过邮件、OA、每月经营月析汇报等渠道，向总部提交运营优化建议 30 余条，内容涉及开户流程优化、单视频见证、转账额度调整、网上自助交易功能实现等。三是积极开展运营培训。建立运营晨夕会制度，使业务学习固定化、制式化。四是为满足客户现场交易需求，完成“C 类营业部”升级为“B 类营业部”的工作。（中邮证券　黄颖琼）

海南省

【海南省分公司】 营业总收入 9.83 亿元，比上年增长 8.95%，完成集团公司预算的 102.52%。收支差额累计完成 5771 万元，劳动生产率 22.97 万元 / 人，比上年增长 8.6%。

1. 业务发展

（1）代理金融业务。以“余额为核心，保险理财为辅助”的理念，发挥金融网点业务发展激励办法的杠杆作用，推动网点转型和有效收入增长，业务结构逐步优化。代理金融业务累计收入 66700 万元，比上年增长 8.13%，271 个邮政代理金融渠道网点转型覆盖率 100%。

（2）包裹快递业务。升级省内互寄邮件“次日递”项目，开通海口与三亚、儋州等 9 个市县之间“当日递”精品线路，在海口、三亚等地实施“营揽投”改革，促进揽收能力、服务质量提升。抓住重点时节，水果、农产品等重点项目，以激励机制为抓手，以拓展社会代理渠道为补充，促进包裹快递业务高速增长。收入 6760 万元，比上年增长 36.49%。

（3）平台运营。一是农村电商项目。根据集团农村电商“十件实事”部署，按照“项目化推进、目标化管理”要求，推进综合便民服务平台建设运营。结合服务海南全域旅游，在三亚与海南春光食品有限公司合作开辟“特产公司 + 邮政网点 + 邮乐购 + 全域旅游”的“四位一体”模式。在五指山争取政府投资在 7 个乡镇建设 22 个电子商务便民服务站，助力精准扶贫。安装使用“邮掌柜”的邮乐购店 1863 个，完成集团公司计划 124.2%。二是增值业务。开发培育车险等新业务，拓展和优化便民服务站渠道，加快专业规模发展。电商业务收入 7495 万元，比上年增长 10.57%。

（4）文化传媒业务。函件集邮业务方面，抓住长征 7 号、5 号火箭在文昌航天发射中心发射、中国集邮文化季等营销热点，依托文昌航天邮局、三沙邮驿等 7 个主题邮局，借力微信商城平台，拓展线上线下销售渠道。集邮业务累计收入 4055 万元，比上年增长 11.7%。函件业务累计收入 1894 万元，比上年增长 2.54%。报刊业务累计收入 6560 万元，完成计划目标 104.56%。

2. 企业改革

（1）采购力度。以“集约、高效、科学、规范”为目标，主动对接浙江分公司义乌集采中心，对营销积分兑换礼品、办公用品、业务耗材等进行统一招标采购，节约企业成本。修订采购管理办法，规范采购流程，对海口邮件处理中心等重大工程、采购项目要求纪检、审计部门全过程参与监督。采购项目 96 个，比上年增长 174%，比预算节约资金 1051.68 万元。

（2）人力资源。促进技术与业务进一步融合，信息技术局 11 人从事网运信息化、员工培训等工作。完成省分公司机关车队管理改革，机关车队驾驶人员从 15 人减至 6 人；推进工贸公司改革，妥善安置人员充实到包裹快递“营揽投”一线，理顺工贸公司与主业之间的资产关系，规范收入核算。

（3）信息化手段加强安全风险防控。利用全省邮政集中监控中心开展安防工作，15 个市县分公司的 93 个农村网点业务库实现夜间异地值守；加强邮银风控管理合作，创新代理金融网点风控检查方式，对海口美苑路支行、澄迈和岭支行等 4 个网点实行整体式接管，有效防控风险。

3. 基础能力建设

（1）实物网建设。海口邮件处理中心工程被海南省政府纳入年度省重点建设项目，于 9 月 8 日奠基并开工建设，完成 2015 年 66 个网点的普遍服务和机要通信基础设施建设任务并通过竣工验收。

（2）陆运网建设。省际陆运邮件传递时限加快半天至一天，省内互寄邮件“次日递”项目运行质量稳步提升。推进县域转运、分拣和投递“三合一”生产流程优化；中心局、海口、三亚分公司等实施技术改造创新，邮件处理效率不断提高。中心局疏运邮件 1401.35 万件，比上年增长 128.37%。“双十一”期间，中心局日处理包裹邮件最高峰 11.32 万件，各市县分公司日均投递量也翻番增长。实现邮件不积压、不滚存、不逾限，“双十一”期间服务质量保持稳定。

（3）信息网建设。完成海南邮政电子商务平台网络安全技改工程、通用积分管理系统、“营揽投”改革等 10 个省内信息网建设项目的建设。自主设计的金融网核心网络设备国产化试点项目正式实施。

4. 服务质量

把南沙群岛邮政局列为普遍服务营业场所，向省邮政管理局进行报备，彰显国家主权。海南所有乡镇实现重点党报当日见报率 100%；单独设置省机要通信局，加强全省邮政机要通信管理；城市快递包裹当日妥投率和妥投信息实时反馈率、农村快递包裹及时妥投率和妥投信息实时反馈率等全面达标。11183工单处理效率显著提升。中国邮政开办120周年系列客户营销活动效果明显。

5. 全面从严治党

（1）健全组织体系。落实党建工作编制，人员配备到位，党建部门职责明晰，完成全省邮政党组清理规范工作，5个党委、2个党总支、32个党支部，30个任期届满的党委（党支部）全部如期完成换届选举，党组织的战斗力得到增强。

（2）思想引导。认真开展"两学一做"学习教育。深入学习党章党规、十八大及十八届历次全会精神和习近平总书记系列讲话精神，开展各级党组织书记讲党课、主题征文、建言献策、"我是党员，我在一线"等活动，在海南邮政微信企业号、公司网站、《海南邮政报》开设学习专栏，促进党员干部增强政治意识、大局意识、核心意识、看齐意识，激发党员干部发挥先锋模范带头作用。

（3）规范权力。履行"一岗双责"，始终坚持党对企业的领导，把规矩挺在前面，确保党的制度的落实。成立党建工作领导小组，建立"一级抓一级，一级带一级，层层抓落实"的工作制度；坚持民主集中制，完善党组工作规则、总经理办公会议事规则、集中采购管理等30项制度并坚决执行。组织开展党建工作述职，对全省邮政党员干部进行履职评议，开好民主生活会，开展交心谈心，批评和自我批评，做到自觉接受监督。

（4）发展环境。持续巩固中央专项巡视反馈问题自查整改和"四风"整改"回头看"工作的成效，全面完成整改工作。对3个单位进行巡视，并强化巡视结果的应用，在选人用人上做到"能上能下"；召开党风廉政建设联席会议，及时掌握党风廉政建设的新动态、新情况和新问题。加大执纪问责的力度。对拟提任领导干部，在经营、管理、服务等方面存在问题的单位的主要领导，个人事项填报不认真的领导人员，由省分公司党组、纪检组长或纪检部门负责人对其进行约谈，约谈38人次。

6. 员工关怀。倡导"辛勤工作，愉快生活"的理念，为员工办实事，让员工共享企业发展的成果。组织召开省分公司一届四次职工暨工会一届三次会员代表大会，提案办结率100%。加大干部尤其是优秀年轻干部的选拔培养力度，选拔10名干部员工分赴浙江、湖北跟班挂职锻炼1个月，选派优秀年轻员工到基层关键岗位锻炼。全省15个市县分公司建成职工食堂；继续为员工购买重大疾病保险和意外伤害保险，为员工解决后顾之忧。开展海南邮政十大出彩员工评选活动，启动"出彩邮政人"全省巡回宣贯活动，激发员工创业热情。（海南省分公司　韩冰）

【邮储银行海南省分行】 下辖海口、三亚2家二级分行，16家一级支行，350个营业网点（自营网点79个、邮政代理金融网点271个），员工1593人。资产总额582亿元，信贷资产不良率0.32%。收入9.4亿元，比上年增长13%。比2012年增长95%，利润增幅排名全国第四名，平均增幅48%。

1. 业务发展。（1）结合省政府美丽乡村建设，拓展"进社区、近万家"＋美丽乡村活动，推动个人金融业务，收入和业务量增长。通过"三个创新"充分挖掘储蓄增长潜力：一是中间业务产品创新。推出"保管箱""车主卡"、青年卡、易汇通卡等创新产品。二是农村金融服务创新。创新推出瓜菜款、农业化肥归集、征地款交叉营销活动，共享客户资源，通过不同业务品种的叠加，强化对农村地区金融支持。三是渠道创新。电子银行的交易替代率88.93%，提高智能化服务水平和营运效率。省分行荣获人行海口中心支行"农村支付服务环境建设奖""创新奖"两大奖项。"进社区、近万家"项目荣获总行"个人金融转型竞赛活动目标达成奖一等奖"。（2）零售信贷。一是扎实做好农民小额贴息贷款的发放工作。截至12月31日，累计发放农民小额贴息贷款11340笔，金额10.68亿元，完成省政府下达任务的164.3%。二是开展"走产业、走总部"专题活动。加强对槟榔加工、水产养殖和果蔬种植等市场开发，挖掘潜在市场，提高新型农业经营主体贷款占比。三是消费贷款完成总行计划的340.83%，完成率全国系统内排名第一位。（3）公司业务。一是搭建平台，谋求突破。推进总行与省政府签订合作协议，7月29日，在北京签订战略合作协议；促使省发改委专门召开重点企业座谈会，进行银企对接；加强总部营销，实现"行业、市场、客户"三大突破。公司客户比上年增长300%，扭转公司客户少，结构单一的落后局面。二是丰富贷款特色产品。省分行渔业信贷产品已形成现船抵押贷款、南沙生产渔船抵押贷款、小微在建渔船抵押贷款等产品特色。发放渔船抵押贷款1.32亿元，公司业务累计收入3亿余元，收入占比36.8%，比上年增长30.35%，公司业务收入超收2000余万元，为全行超额完成总行高档目标做出较大贡献。（4）金融市场业务。在政府引导产业基金项目上破冰，通过竞标，参与海口市城乡统筹发展股权基金10亿元。金融市场收入5067万元，协助公司业务的发展，取得良好成效。

2. 管理工作。（1）财务管理。一是引入分档认领机制，完成情况是银行成立以来历史最好水平。二是强化定价指导。增加贷款收益率7.18%（全国平均5.32%），排名全国第3位。三是在全省财务集中的基础上，规范专项支出项目。四是推进营改增财务管理工作。五是压缩三公经费。三公经费从2012年的2374万元下降到2016年的约700万元，下降71%。（2）人力资源。一是强干部、精队伍。坚持"崇德尚贤、选贤任能"的用人导向，以业绩选人、以能力用人，配齐配强干部队伍。二是调机构、强管理。三是与绩效挂钩，规范薪酬发放，进一步提高、规范、保障员工的福利待遇。

3. 风险管控。严控风险，确保运营安全，继续采取“整体移位、驻点排查”方法，对全省有潜在风险的重点业务、重点分支行进行逐一排查。清收逾期贷款5364万元，核销金额1095万元，全面完成总行下达的清收计划、核销计划、贷款减值、风险限额四项指标，其中，清收计划完成接近150%，核销计划完成137%，信贷资产不断不良贷款率0.32%，始终处于优良水平。

4. 党建工作。按照上级要求组建党委党建工作部，机构人员逐步到位；开展基层党组织“强基固本”建设工程、“政治生日”主题活动、“两学一做”学习教育工作；组织召开“三严三实”专题教育民主生活会和“四风”问题整治情况“回头看”专题民主生活会；学习“乐东经验”与“两学一做”专题教育活动结合起来，改进全行干部员工思想作风、工作作风，参加海南省党风政风行风《承诺与兑现》电视评价，2015年度在公共服务单位中，荣获第五名。（邮储银行　马静）

【速递物流海南省分公司】 业务收入实现4241万元，比上年增长29.68%。

1. 业务发展。标准快递业务创收1291万元，比上年增长12.55%；电商业务创收1511万元，比上年增长38.5%。（1）专项营销活动。以加快国内标准快递业务发展为目标，省分公司组织开展“激发活力　提高效能”“市场抢夺战”“电子渠道推广活动”为主题的劳动竞赛。开发客户148户，增加收入635万元，上门揽收服务响应时间基本控制在30分钟以内。（2）拓展重点市场。开展对政务类、商务类、电商类市场以及合同物流的开发拓展工作，组织营销团队开展市场调查、上门走访推介和驻点营销，推行专揽作业，推进“三进工程”，实行楼宇进驻巡点服务。政务类业务275万元，比上年增长37.67%；商务类业务实现813万元，比上年增长12.65%；有5个产品上架“极速鲜商城”销售。物流拓展海口市郊的烟草配送业务，中标“海口烟草A、B包线路”配送项目，成功启动红塔卷烟项目。（3）实施“三进工程”。进驻33个商务圈商厦写字楼、园区校区、产业集群市场，进驻率91.67%，开发65个新客户。“三进工程”达到阶段性目标。

2. 运行管控。（1）作业组织。优化海口同城网，启动海口同城当日递；优化航空发运组织，及时编制73个重点城市水果邮件出口发运计划，支撑水果业务的发展；优化民航发运线路，补充采购61条航空线路，提高航空邮件发运时限。（2）运行质量。推进“一会一中心”的质量管控制度，调整运行监控职能，成立质量管控工作小组，制订质效考核办法，强化对运行质量的检查考核，运行质量显著提升。（3）客服质量。制定快速理赔管理办法，优化规范客服组织，加强客服能力培训，及时处理客服工单，为客户提供主动服务，提升客户体验，客服水平明显提升。申诉率下降到8.5%，投诉率下降到0.59%，问题邮件48小时及时回复率98%，理赔及时率90%。（4）专项治理。开展“邮件丢失和虚假信息专项治理活动”“违规经营自查活动”“国际e邮宝专项视检活动”等专项活动，加强日常业务视察检查，规范生产作业以及经营秩序。

3. 企业管理。（1）营销队伍建设。细化政务类、电商等五个专业化营销中心职能，邀请集团级内训师对营销员和揽投员进行培训，通过日晨会和周例会强化营销管理，抓好首席客户经理制、分层开发维护制等营销制度办法的贯彻落实，推进营揽配合，共同组织开发客户。（2）财务管理。开展盈利模式建设，定期开展效益分析；加强日常成本核算管理，严格控制成本支出，按月分析各部门业务收入、成本费用、用户欠费等情况，加强对成本报账的审核把关，强化资金管理，开展应收账款清缴活动，加快资金回流。成本7991万元，比上年减少3.53%。（3）人力资源管理。优化用工结构，将邮件处理岗位11名人员调整到营销、揽收岗位；组织做好非核心部分的生产作业的劳务承揽，启动“双定”工作，开展揽投和邮件处理岗位的定额定员；加大人工成本管控力度，按照业务发展水平控制人工成本支出。（4）ERP项目上线工作。按要求完成ERP系统财务模块相关工作，及时推进各模块上线，完成投资项目计划模块、采购库存管理模块、资金模块的前期静态数据搜集、培训、上线工作；开展NC与ERP数据核对，打好单轨运行基础。

4. 党建工作。根据从严治党要求，以“党建促发展，发展强党建”为主线，以“两学一做”学习教育为抓手，强化作风建设，夯实党建工作基础，为企业经营发展提供坚实的思想、政治和组织保障。在党建工作目标任务落实情况检查中，得到股份公司检查组的高度好评。5月，成立中国邮政速递物流股份有限公司海南省分公司“两学一做”学习教育指导协调小组，印发《中国邮政速递物流股份有限公司海南省分公司开展“两学一做”学习教育实施方案》，组织党员干部认真学习习近平总书记系列重要讲话精神和党章党规，学习十八大六中全会精神，参加集团公司和股份公司举办的专题讲座，撰写学习心得，开展交流讨论，举行党规党纪廉政知识测试等活动，学习教育效果不断巩固，党员干部理想信念和党性意识进一步增强。完成省分公司团组织换届。7月，设立监察部、党委办公室、党委组织部、党委党建工作部，健全党建组织基础。完成各支部书记换届，制定党委工作规则，完善“三会一课”等制度办法，推行党务公开，开展民主评议党员工作，强化党员干部管理。严格执行中央八项规定、集团公司党组20条实施意见以及速递物流23条实施细则，开展巡视问题整改情况“回头看”和“四风”问题整治情况“回头看”。9月，在公司内部开展作风建设月活动，干部员工的工作作风得到进一步转变。严格落实党风廉政建设主体责任，与各部门签订年度党风廉政建设责任书，开展执纪监督问责，按季度对各部门责任制落实情况进行检查考核，约谈各部门主要负责人，党风廉政建设工作得到全面推进。

5. 工会工作。以加强和谐企业建设为重点，加强企业民主管理，切实维护职工的权益，推进员工素质工程建设，12月，举办纪念中国邮政开办120周年岗位技能竞赛；开展领导班子和领导人员民主测评，召开职代会，审议《公司2016年经营绩效考核办法》和《“众创众享工程”实施方案》。开展两个工会小家建设，开展慰问帮扶工作。（速递物流　蔡珒）

重庆市

【重庆市分公司】

1. 经营发展

业务收入38.37亿元，列全国第16位，比上年上升2位；比上年增幅19.51%，排名全国第1位，高于全国平均增幅6.44%；完成集团公司预算进度111.23%，排名全国第1位，高于全国平均预算进度5.5%；收入增幅、完成集团预算进度创下发展速度“全国双第一”。实现利润5.4亿元，列全国第4位，比上年上升2位；收入利润率14.1%、净资产收益率45.1%，发展效益也创下“全国双第一”。劳动生产率26.9万元/人，排名全国第5位，比上年增幅18.9%，列全国第3位，比上年均上升1位。集团公司综合效益标杆指标体系中（20个关键指标），重庆市分公司17项优于全国平均水平，其中11项达到或超过全国优秀水平，4项达到或超过全国良好水平；收入利润率、净资产收益率、代理金融收入占比、收入增长率、成本费用率5项排名全国第1位。

2. 转型发展

（1）储蓄业务。新增储蓄余额规模237.22亿元；余额规模1753.81亿元，排名全国第10位；期末余额市场占有率13.26%，连续五年排名全国第1位。代理金融业务收入27.85亿元（集团口径），比上年增幅23.46%，排名全国第1位。

（2）代理保险业务迅猛发展。代理寿险新单保费规模89.7亿元，比上年增幅20.58%，排名全国第4位；手续费率3.97%，比上年增长1.61%。其中，期交保费11.85亿元（其中，中邮价值型期交保费1.2亿元）。代理车险保费规模1.92亿元，收入3920万元，排名全国第6位；市场占有率1.32%，排名全国第2位。

（3）包裹快递业务。收入1.93亿元，比上年增长32.6%。其中，国内标准快递、快递包裹收入增幅均排名全国第6位。年新增协议客户近2000户，实现协议客户收入1.08亿元，比上年增长122.4%。

（4）农村电商。促进重庆农村电商发展，做好“电子商务进农村”全国综合示范县建设，重庆市分公司分别与市商委、农委，以及秀山、黔江、忠县、彭水、城口、巫溪、云阳、石柱、酉阳等9个区县政府签订农村电商战略合作协议，政企融合、共同推进农村电商发展。建成区县农村电商运营中心30个、农村电商乡镇服务中心320个、村级农村电商服务站6594个，村级覆盖率82.76%，邮政成为重庆农村电商的主渠道和龙头企业。建成邮乐网重庆馆和区县特色馆32个，实现全市涉农区县线上平台全覆盖；带动210余家农业企业、3000余款有品质保障的特色产品销向全国；线上线下联动交易超5000万元。开通邮掌柜6594个，安装助农取款设备3637台，提供进销存管理、商品批发代购、便民缴费、助农取款等服务，产生交易1171万笔，交易金额90余亿元。建设“邮保姆”“邮助手”“邮掌柜”运营保障队伍，依托邮乐农品网区县特色馆，打造重庆邮政农村电商运营“保姆式”服务模式、“农产品爆款”网购模式、“业务联动”（金融、包裹、电商增值）发展模式。

（5）邮务类业务。一是媒体收入比上年增长160%，排名全国第9位；电影票、儿童剧商演等创新项目收入1300万元。二是生肖文化季、集邮文化季两大品牌项目完成进度均名列所在小组第2名。三是超额完成2017年度大收订目标，比上年增长4.99%。四是开展“双税双代”便民服务；全国首创烟草零售合作。五是开展院坝会、场镇会3600余场，助推全年农资销售完成5121万元。

（6）板块协同。邮银双方共同制定储蓄存款协议利

重庆市渝北分公司举办“正能量，树榜样”普法主题书信活动。（重庆市分公司/提供　王承麒/摄）

率，实现低成本发展；合力做好邮储银行上市宣传；联合开展“排雷行动”“飞行检查”等专项检查活动。邮速双方共同建立有效沟通机制，加快邮速网运资源整合，强化旺季生产支撑保障，推动寄递业务发展。邮保双方落实中邮期交“百亿工程”，联合开展跨年战役、营销培训、质量和风险排查活动。

3. 能力建设

重庆市分公司投入资金4.41亿元，加大能力建设，支撑业务发展。

（1）基础设施建设。实施“三农”仓配项目17个，网点建设改造项目138个；新增、更新邮运和投递车辆315台，新增分拣皮带机3套、装卸皮带机41台，PDA 326只；安装智能包裹柜511台，新建人工自提点761个；扩充邮件处理中心、投递场地12处，增加面积3650平方米；第二邮件处理中心于2016年12月开工建设。

（2）实物网。处理快递包裹邮件2302万件，比上年增长147%，快递包裹的收寄能力提升至10万件/日、分拣处理能力提升至20万件/日、投递能力提升至12万件/日。组织实施市至区县快递包裹和普邮、报刊的分网运输，确保快递包裹邮件每日实现“2进2出”；优化打造主城当日递网络，主城六区、渝北指定区域互寄快递包裹实现当日递；深入实施“营分运投”全环节流程优化，建立涵盖“营分运投”全环节的陆运网运行质量考评体系，陆运网综合指标年末排名全国第3位。“渝新欧”铁路至德国法兰克福运邮测试并获得成功，中欧铁路通道运邮首次全线打通。

（3）平台建设。线下平台：建成城市综合服务网点6465个；建成农村综合服务网点11278个；投放ATM/CRS 330台，累计2269台，网点覆盖率85.59%，比上年增长13.89%；新建各类主题邮局16个，新建更新报刊亭76个，投放移动展业设备80套。线上平台：全年新增手机银行95万户，列全国第9位；电子银行交易替代率75.96%，比上年增长12.67%；O2O平台上线运行，通过组织爆款商品、设置VIP客户回馈板块，扩大了“渝邮惠”商城影响。

（4）普遍服务和特殊服务。加强邮政基础设施建设，确保全市邮政普遍服务水平持续提升。114个空白乡镇邮政网点全部建成并开业运营，保障偏远地区人民群众用邮需求；机要文件失密丢损率为零，连续24年保持机要通信质量全红；扎实做好党报党刊投递工作，特别是《人民日报》《重庆日报》等党报党刊赠阅农村地区的投递服务，以“农家书屋”赠阅投递为例，投递各类期发报刊5000余万份。推进便民服务建设，累计建成便民服务站3988个、“三农”服务站2750个、村邮站2418个、报刊亭704个；建成人工自提点3812个（其中智能包裹柜930台）。依托便民服务平台、渠道，重庆市分公司开办20余项代理代办代收代缴便民业务，基本覆盖与市民生活息息相关的代收代缴水费、电费、气费、通信费、广电费等基础民生服务，改善和提升邮政服务水平。狠抓寄递时限管理，国内普通邮件全程时限综合达标率98.8%，列全国第3位。

4. 全面从严治党

（1）党建工作。围绕全面从严治党，重庆市分公司党委通过压实管党治党责任，强化“四同”抓落实，健全完善党建工作机制，做到党建工作与企业生产经营“同研究、同部署、同落实、同考核”；深入开展“两学一做”学习教育，确保“两学一做”学习教育取得实效；调整、优化党组织架构，将主城八区分公司党组织划转到地方，并明确地方党委与邮政党组织间的工作关系，推动基层党组织建设；严格落实中央八项规定精神和集团党组20条实施意见，扎实开展“四风”问题整治情况“回头看”工作，确保活动取得实效。全力抓好集团公司党组巡视整改工作，确保巡视整改落实工作扎实推进。

（2）企业文化。选树先进典型，组织开展“2015年度感动重庆邮政十大人物”评选、“庆‘五一’”“庆‘七一’”先进模范表彰等活动，表彰各类先进集体269个、先进个人427人，秀山分公司投递员刘江荣获全国“五一劳动奖章”；组织开展“创新创优”“超级营销英雄”等劳动竞赛活动10余项，扎实推进“万众创新”活动，持续加强管理创新和科技创新，征集创新课题119个，提交成果41个。民生关爱持续加强：实现慰问工作“两个全覆盖”（节日全覆盖和建档困难职工全覆盖），惠及39个基层单位1600余名员工；继续实施为员工办好事实事项目，特别是扩大“暖冬计划”实施范围，解决了近万名一线人员冬季工作期间保暖问题。持续推进“建家”工作，累计建设改造各类“职工之家”“职工小家”406个（其中示范型职工小家118个）。（重庆市分公司　孙勤渝）

【邮储银行重庆市分行】 下设21个一级部门、10个二级部门；下辖8家二级分行（含市分行营业部）和39家一级支行（含营管部）。员工总人数4343人。营业网点1725个（自营243个）；在线运行ATM机2753台（自营615台）。资产规模2430亿元，比上年增长281亿元，列全市同行第6名。各类存款余额2354亿元，增长275亿元，其中个人储蓄存款2204亿元。各项贷款余额522亿元，增长4.28亿元，比上年增长0.83%。实现自营收入29.36亿元，比上年增长3%；净利润7.69亿元，比上年增长16.41%。成本收入比49%，点均利润351万元，人均利润18万元。

1. 改革创新。一是理顺二分管理体制。在落实二级分行风险管理、经营管理责任的同时，按责权利相匹配的原则，下放人财物等资源配置的权限，二级分行主体责任更加明确。二是深化机构损益核算。按照现代企业“权责明确、科学管理”的要求，在各级分支行推行机构损益核算，并将损益核算结果与人财物资源配置、激励约束、绩效考核等挂钩。三是改革绩效考核机制。改革以收入为核心的激励机制，建立以利润为中心的绩效考核体系，推行人工成本零基预算，实行以人均利润、点均利润为核心指标的绩效考核办法，应用损益核算结果，建立按价值（利润）贡献取酬的分配模式，改变平均分配、打破管理人员绩效按职级分配的终身制。四是优化选人用人机制。将二级分行管理的干部任免、人员调配等权限下放到二级分行，制定干部提拔任用的相关制度，出台了客户经理、专业岗位职级晋升办法。选人用人更加公开、透明、规范，选人用人的导向更加明确。

2. 转型发展。一是经营发展。各级机构（人员）更加注重质量、效益、规模均衡发展。由过去不计成本、不顾风险、盲目追求规模的粗放式发展模式，转变为现在更加注重发展的质量和效益。二是资源整合。各级机构认真履行主体责任，围绕利润和价值创造，合理配置资源，使有限资源尽量发挥和创造最大效益，资源配置的价值创造导向不断形成。通过实施三化一体、提质增效、营运集中、会计日常稽核外包等，盘活人力资源 200 余人。三是业务结构。加大负债业务、中间业务、新业务的发展力度。中间业务收入规模 3.44 亿元，比上年增长 91.12%，占总收入比重 11.7%，比上年增长 5%。

3. 经营发展。一是经济资本运行良好。分行实现经济增加值 2.17 亿元，列全国第 14 位，比上年上升 1 位；实现人均经济增加值 4.97 万元，全国排第 16 位；经济资本回报率 16.59%，全国排第 13 位，经济资本回报率高于全国平均水平 0.88%。信贷资产收益率 5.21%，存款付息率 1.54%，存贷业务利差率 3.67%。二是零售金融。储蓄存款余额 449 亿元，增长 44 亿元，5 万元以上价值客户 26 万户，资产总额 327 亿元，占全行增长客户资产的 103%。信用卡增长发卡 4.5 万张，结存 33.6 万张，交易笔数比上年增长 90 万笔，比上年增长 17%。大理财业务累计销售 48.5 亿元，代理保险业务突破 2 亿元，比上年增长 39%。手机银行客户增长 112 万户，激活率高于全国平均水平 10%，电子银行交易替代率 77.56%，比上年增长 10.83%。小额贷款累计投放 23.6 亿元，结余 22.4 亿元。探索电商平台业务，加快推广公积金贷款、优家贷、车保贷等业务，累计投放 116 亿元，其中综合消费贷款全年发放 23 亿元，占比 19.42%。试点运行零售信贷工厂项目。三是公司短板有所拉长。公司存款余额 154 亿元，比上年增长 2.28%，存款日均余额 150 亿元，比上年增长 17.54%，贷款余额 44 亿元，比上年增长 16.28%。取得重庆市政府债券主承销资格，累积承销政府债券 67.5 亿元，获得市财政 3 个现金管理和委托账户管理资格，带动公司存款 18 亿元。公司授信项目获批 188 亿元。全年办理福费廷业务 46 亿元。四是金融市场快速发展。全年增长同业存款 31 亿元，增长资产证券化 134 亿元，增长投资银行理财 175 亿元。托管规模 1696 亿元，全国排名第 3 位；增长 1057 亿元，全国排名第 2 位。逐步建立起托管业务在西部地区的中心地位。

4. 运营效率。一是搭建营运中心组织架构，明确营运中心主要工作流程，界定职责边界和业务处理范畴，与会计与营运部共同推动全行个人网点授权、汇划放款、公司结算和会计稽核集中处理，初步实现运管分离的组织管理模式。二是积极推进个人网点授权集中和切片外包工程，1721 个网点全部纳入个人集中授权范围，提高集中授权作业效率。三是改变原会计核算分散处理的模式，统一汇划放款业务作业模式和标准，减少核算环节、提高核算效率，实现全市分支行汇划放款业务上收至一级分行集中处理。四是会计稽核扫描补录外包平稳移交，将资金汇划业务纳入会计稽核范围，对资金汇划业务的审核审批权限进行有效监督，进一步保证了业务资金的安全。五是稳步推进业务系统优化上线，完成现金与凭证系统升级、人行通系统功能改造以及全国资金清算系统、中间业务平台接电子印章系统、公司结算业务系统“一户通”结算功能上线等系统优化改造工作。

5. 风险防控。完成风险监控和不良资产规范管理“两个平台”建设，完善全人员、全流程、全方位的全面风险管理体系。加强不良贷款监测及信贷业务动态预警监测，约谈 6 家分支机构，下发 5 次风险提示和 15 次督导整改通知书。开展消费贷款业务检查和排查工作，退出存在异常情况项目 85 个。针对不同风险阶段的风险客户，制定“一户一策”的风险缓释、化解方案，累计回收逾期贷款本金 0.8 亿元。充分运用“贷款重组”“分步还款、分部解押”“转期贷”“减额续贷”等风险化解、缓释措施，累计化解、缓释风险金额 2.37 亿元，核销呆账 2.4 亿元。（邮储银行　马静）

【速递物流重庆市分公司】 收入 38234 万元，比上年增长 13.59%。其中，速递业务收入 27709 万元，比上年增长 16.23%；物流业务收入 9550 万元，比上年增长 4.22%。

1. 推进与市公安局交巡警总队共建公安交通管理互联网中心，签订为期五年的战略合作协议。车管项目收入近 1700 万元，比上年增长 13%。收入规模列全国第八位。

2. 与市高院联合行文，出台加强法院专递工作的规范性文件，全市法院专递项目收入 1200 余万元，比上年增长 50%。

3. 做强出入境项目，对月均办证量超过 1500 个的办证大厅全面实行派驻。全市出入境项目收入 680 万元，比上年增长 19%，寄递转化率比上年增长 8%。

4. 入驻楼宇300余栋，入驻人员270人；拥有商务客户4800余户，形成收入近亿元，比上年增长15%。

5. 与重庆机电集团、小康工业集团、北汽银翔集团、中烟集团重庆公司、满集网等签订合作协议，成立项目组对统签客户提供派驻式全方位服务。与平安财险等达成总对总战略合作，拓展区县电销保单配送市场；与长安集团达成全国统谈统签统结分寄协议，拓展长安公司驻武汉、哈尔滨、济南、兰州等地市中转站合格证寄递业务。

6. 签约唯品国际、麦乐购、马斯特等新客户，并作为其唯一物流供应商；入驻团结村保税区；完成蜜芽宝贝两次"大促"，揽收近100万件；推动赛诚公司成功落户两寸保税港区开展保税仓储服务，作为快递企业唯一代表配合协助海关完成全国统版通关系统联调联试及切换工作；推出1小时回应、24小时不间断主动客服的"1+24"服务新模式。

7. 与澳大利亚、新西兰、美国、法国、荷兰、德国等国家的境外公司取得联系并实现合作。商业快件收入近1600万元，比上年增长450%。

8. 开发2个海外仓客户并上线运作，其中北碚"国贵贸易"海外仓客户已发货200余吨，收入200万元，成为目前全国最大的海外仓客户。

9. 开展"四风"问题整治"回头看"工作。梳理查找"四风"方面仍存在的主要问题6个，制订相应整改措施9条并整改完成。（速递物流　蔡建）

【中邮保险重庆市分公司】 服务范围遍布38个区县1715个网点。实现总保费9.58亿元，比上年增长28.4%，完成预算进度120.5%，进度列全国第二。实现新单期交保费3.37亿元，其中，价值型新单期交保费1.23亿元，比上年增长165.4%，完成预算进度112.9%，排名全国第四。保障期10年及以上期交新单保费3331万元，比上年增长138%，完成预算进度123.4%，增幅、进度分列全国第二。在重庆邮银渠道期交市场占比位列全市第四。

1. 经营发展情况。（1）队伍共建。全面扩大共建范围，实现七大片区全覆盖，在全市范围内建立一支230余人、具有重庆本地特色的宣讲师团队。举办"首届'中邮保险杯'代理金融内训师精英大赛"，成立由10名精英讲师组成的首支重庆邮政金融宣讲团，探索并初步形成基于邮政企业特色和邮政保险发展实际的队伍打造经验方法，对渠道的支撑效能实现跨越式提升，形成了邮银保三方同荣共进、同频共振的发展态势。（2）业务价值。5—6月，联合重庆邮政涪陵区分公司启动为期50天的"一号行动"专项营销活动。活动期间涪陵区长期保障型产品1000余万，为当期全国地市级单位长期保障型规模第1名。（3）践行社会责任。8月24日，联合重庆市南川区邮政分公司开展"守护明日之星　关爱留守儿童"的公益活动，此次活动秉承邮政保险的服务宗旨，履行社会责任，邀请南川区53名留守儿童到邮政公司参加趣味活动、赠送其学习用具，强化中邮保险品牌形象。

2. 营运管理情况。（1）投诉处理水平。加强投诉和咨询管理，修订完善客户投诉管理办法，强化责任意识、主体意识，细化处理流程及要求，落实首问负责制，确保对于客户投诉和咨询件在第一时间响应并迅速有效给予解决或答复，及时化解矛盾纠纷，避免事态升级，全年有效投诉件数为零，投诉和咨询处理时效保持同业领先，获得2016年重庆市人身保险公司投诉处理考评第一名。（2）品质管控。改善承保业务品质，提升客户管理水平，为客户提供良好的承保及售后服务，确保客户有满意的服务体验感。参与重庆市人身保险公司服务评价考评，定量指标总得分为86.73分，多项指标均优于行业平均水平，在全市20家参评人寿保险公司中排名第5名，获评A类A级公司。（3）续期业务发展。推进转型发展和价值成长，期交"百亿工程"顺利收官。为推动续期业务发展，探索邮保联动续期催收机制，加强续期业务管控，以97.46%的宽末综合达成率和93.94%的保费继续率完成2016年度业务指标，并在2016年度续期业务发展优胜奖评比中，获"续期指标先进奖"一等奖。

3. 合规管控情况。（1）合规管控。未发生资金案件、重大操作风险事件，未接到监管部门转办的重大投诉及风险提示和监管处罚等事件。在重庆市保监局和人民银行2015年保险行业风险状况年度评价和金融机构综合评价中，均获得A级评价，为重庆屈指可数的"双A"机构之一。（2）风险管控。9月，参加由重庆市保监局、人行重庆市营管部、重庆市保险行业协会主办的"重庆保险业反洗钱知识竞赛"，荣获团队三等奖。（3）合规氛围营造。征文《里程碑的你》刊登在《纪念〈中华人民共和国反洗钱法〉颁布实施十周年文集》（《中国反洗钱实务》，2016年第10期）。此文集中，全国仅刊载2家保险公司的作品。（中邮保险　王森龙）

四川省

【四川省分公司】 邮政总收入67.13亿元，比上年增长12.77%，高于地方经济增速5.27%，低于全国平均水平0.3%，完成预算目标106.31%。代理金融、包裹快递和文化创意业务分别收入44.98亿元、4.19亿元和8.3亿元。代理金融收入规模保持全国第5位；包裹快递收入增长41.18%，超全国平均比上年增长10%；增值业务收入规模列全国第3位，函件收入增长16.71%列全国第一；跨年度报刊大收订流转额突破10亿元。16个市州收入突破两亿（其中成都突破10亿元）、6个县收入过亿。实现利润3.77亿元，货币资金状况持续改善，比上年增长4.6亿元；收入利润率、成本费用利润率比上年增长超过3%，成本费用比上年增长低于总收入比上年增长2.85%；用户欠费率3.79%，控制在集团公司标准值之内；劳动生产率22万元/人，增长10.42%，省公司跻身全国邮政一类省，在集团公司2015年绩效考核中，首次被评为A类单位。

1. 业务发展

（1）包裹快递业务。将包裹快递发展纳入效能监察，出台实施“包裹快递三年规划”，推行营揽投一体化和仓配一体，建仓52处；出台全程时限标准，开展时限承诺服务，邮件传递提速，用户体验提高。

（2）代理金融业务。实施“聚焦效能 深化转型”项目，完成“冲刺350亿”余额增长目标。新增余额362.74亿元，列全国第7位，余额规模2871亿元，列全国第5位；新增余市场占有率列全省同业第一；完成保费129.94亿元。在集团“十强百优千佳”竞赛中，资阳、达州、成都入围百优地市，17个网点入围千佳网点，达州华蜀南路支局成为全省首个余额5亿余元的代理金融网点。

（3）农村电商业务。量质并重、建用结合推进农村电商发展，出台实施《农村电商（2016—2018年）总体实施方案》，组建省市县运营团队，建成邮乐购站点1.82万个，交易金额48.9亿元，发展会员41万。农村电商工作得到国家、省委省政府等领导的充分肯定，涌现出三台、西充、安岳、雅安等多种模式，西充农村电商工作机制被商务部全国推广。

2. 创新改革

（1）创新工作机制。将创新改革作为全省邮政“十三五”时期的“一号工程”，出台《四川邮政全员创新方案》，建立工作机制，明确职责分工，设立专项资金，形成课题征集、申报、转化、推广完整体系。设置管理现代化创新、科技创新、小技改小发明三大奖项，为激发全员创新活力提供机制保障。

（2）产品创新。以市场为导向、以客户为中心创新产品服务，提高邮政产品服务和市场需求的契合度。包裹快递实施主动客服，试点同城派揽；代理金融推进代理营销类、代理中邮消费贷、ETC业务开办；文化创意类业务建成信息联播平台，开展跨界合作，拓展报刊微信订阅渠道，推广集邮网厅销售；电商平台产品服务不断丰富，代理车险保费规模3.46亿元，列全国第4位，实现翻番增长。

（3）工作创新。各单位主动加大创新工作力度，创新工作氛围更加浓厚。代理金融提出“打不一样的跨赛”，联动开展“优惠购”客户回馈活动；绵阳市试点邮速整合，资阳探索市级“三合一”作业，德阳市试行快递农村加盟；部分市州试点便民渠道叠加车险、包裹揽收等业务；熊猫邮局尝试“跨界经营”。

3. 核心竞争能力

（1）代理金融能力。改造代理金融网点238个，实施网点转型912个，累计建成转型网点2057个，覆盖率100%。布放CRS 455台，CRS/ATM总量达4000台，点均1.57台；上线移动展业设备249套；新增手机银行158.6万户、网银127.7万户，电子银行替代率74.82%，比上年提升11.7%列全国第一。

（2）寄递网能力。开通3条省际直达邮路，实施东北路向快包航空运输；对11个市州、48个县邮件处理中心进行扩能改造，开展县域“三合一”流程优化；建成省级指挥调度平台，组开省内二干、支线二频次邮路。组建营揽投部84个、营揽投片区591个；配备电动三轮车1473辆、三轮摩托车1148辆、投递汽车616辆、PDA3159台；实施56处投递网改造；智能包裹柜4300余台。

（3）信息化建设。数据综合应用平台上线，一期接入业务数据200亿条、容量4T，研究课题60余个；完成ERP部分子模块、网点授权集中、ETC业务系统、合规管理、资金汇划等十余个集团级、省级系统上线；启动硬件资源池管理系统建设；邮政信息网整体运行良好。

4. 企业管理

（1）财务管控。突出利润和战略导向，实行差异化绩效管理；实施预算动态管理，注重过程管控；推进对标管理，加大成果分析应用，优化配置资源；集中核算效率进一步提升；基本完成“子改分”股权划转、资产权属变更等工作。

（2）人力资源管理。按照战略人力资源管理转型要求，持续推进人力资源管理制度设计、资源配置、共享服务三大平台建设。整合设立省电商分销局，完成简阳市分公司划转成都相关工作。

（3）投资管理。围绕重点环节安排资金6.34亿元，加强项目过程管控，提高投资效能；完成国拨资金项目清

四川省分公司开办代办交警业务，为客户就近办理交警业务提供便利。（四川省分公司/提供 周兵/摄）

理；落实新机场航空邮件处理中心建设用地。加强采购闭环管理和过程评估，完善供应商库、专家库建设，推行统谈分签分付和社会化采购，实施集中采购项目 30 个，直接采购金额 1.56 亿元，采购工作更加规范高效。

（4）审计监督。加大经济责任审计、专项审计和工程审计力度，开展审计 573 项，审计金额 3.45 亿元。工程审计综合审减率 8.67%，审减金额 2557 万元；开展领导干部经济责任审计 43 项，审计监督预防作用不断提升。

（5）安防形势。落实安全生产主体责任，强化员工人身、资金、邮件、行车、信息网和消防等安全管理；资阳市乐至县永和储蓄所成功阻止一起持枪抢劫案件；打造 310 人的合规检查队伍，邮银共同组建省级飞行检查大队；建成 20 个市（州）智能管控平台中心；推行"非现场 + 现场"合规检查，开展"两个加强，两个遏制""回头看"、打击治理电信违法犯罪、代理销售、自助设备、"十条禁令""合规基本法"贯彻落实等专项检查；加大违规收寄管理、处罚力度，确保寄递安全。

5. 服务质量

（1）普遍服务。开展普遍服务专项检查，持续改善农村和边远地区服务能力。增配农村投递车辆、设备，加密网运频次，上调包裹快递代办费标准，多措并举推进乡镇局所覆盖和"补白局所"运营，农村及时妥投率 92.28%。完善机要通信安全设施，实现生产系统全省统版、现场监控联网，机要通信安全得到进一步加强，连续 23 年保持质量全红。

（2）融入地方经济。省委、省政府、省政协领导多次听取邮政工作汇报，并作出专门批示；编制完成四川邮政"十二五"发展规划；新增战略合作单位 15 家，承办中国邮政第三期明信片开奖、第十六届西博会参展、纪念长征胜利 80 周年集邮巡展和《四川大学建校 120 周年》邮票首发式等大型活动；汪洋副总理在布拖县九都乡邮乐购站点调研精准扶贫时，充分肯定邮政"农村电商 + 精准扶贫"模式。

（3）提升服务质量。加强视察体系建设，规范经营行为，着力解决用户反映突出的寄递服务质量等热点问题；妥善处理用户投诉，用户投诉量比上年下降 17.4%；开展无着邮件清理，无着邮件量比上年减少 45.6%；四川省 2016 年行风状况群众满意度测评，省公司在 18 个公共服务行业中名列第 5 位。

6. 全面从严治党

（1）党建工作主体责任。继续将党建和党风廉政建设纳入绩效管理并逗硬考核；扎实开展"两学一做"学习教育，认真贯彻十八届六中全会精神，学习贯彻《关于新形势下党内政治生活的若干准则》《中国共产党党内监督条例》，严格规范党内政治生活。

（2）开展党风廉政建设。强化领导干部遵规守纪和廉洁从业教育，严格落实中央八项规定精神，开展"四风"整治和"三项整改""回头看"，坚决防止"四风"反弹，制定完善省公司党组工作规则、总经理办公会议事规则等一批制度办法；对 10 个单位开展内部巡察。持续推进和谐企业建设。坚持共享发展，将建设幸福邮政、增强员工获得感作为工作落脚点。落实企业民主管理，完成职工代表换届，立案处理职代会提案 7 件；开展慰问帮扶，为 274 名困难员工子女发放金秋助学金 22.36 万元，为 1036 名医疗互助会员支付补助金 160.33 万元；开展"中国邮政开办 120 周年"纪念活动、2011—2015 年四川邮政"双先"评选、职工文艺展演、"重走长征路，再续邮政情"等大型活动；省公司党组荣获省直机关"四好"先进班子、落实党风廉政责任制先进单位等荣誉称号；彭州迎宾路支行被授予全国"工人先锋号"，壤塘县投递员罗郎泽尔伍被授予四川省"五一劳动奖章"；康定—德格邮路车队荣获"中国道德领袖品牌"，7 个单位、6 名个人荣获全国邮政金融"双优"表彰；3 人荣获四川省杰出企业家、优秀企业家荣誉称号。（四川省分公司　钟劲）

【邮储银行四川省分行】 下辖 21 个市（州）分行，1 个直属支行，140 个一级支行，资产规模 4778 亿元，列省内同业第 4 位。个人存款市场占有率列全省第 2 位，市场占有率列全省第 1 位。公司信贷余额列全国第 3 位，净增列全国第 3 位，贷款年均增速在各项贷款余额大于 1000 亿元的省内大型商业银行中列第 1 位。

1. 转型升级。一是队伍结构不断优化，开展"三定"工作，推进客户经理制建设。二是网点转型深入推进，不断提高网点单点产能，累计推广示范网点 240 家，其中总行级 59 家。三是机构管理初见成效，加强等级行制度建设，不断优化分支行考核体系，引导支行将工作重点调整到以利润为中心。四是科技创新取得突破，"优友宝"落地推广，增长商户 1550 户，增长用户 1.3 万户；ETC 成功上线，开创"互联网 +ETC"服务新模式，增长用户 1.9 万户。网点智能预处理系统、ETC 移动支付系统获总行创新项目奖，ETC 项目获集团科技创新三等奖。客户经理积分系统、信贷签约流程管控系统、理财及代销一专双录系统等自主研发项目顺利上线。五是强化顶层合作。与德阳、达州、攀枝花等 6 个市州政府，与国开行、中国五冶、中冶建工等 8 家大型企业签订战略合作协议，累计授信超过 3000 亿元。对接省高院、省国资委、省公安厅、四川电信等超过 30 家省级政府部门和企业。

2. 基础管理。一是风险内控规范化。完善风险限额政策，健全风险管理组织体系。探索"1+3"的审计模式，创建和修改审计模型 61 个。二是案件防控制度化。狠抓《合规管理办法》的贯彻执行，加强对履职情况的监督。邮银联合组建系统内首支专职飞行检查大队，开展10次接管式飞行检查，发现19处重点隐患，惩处两项重大违规操作，柜面操作违规率从1.2%下降到0.5%。建成两个总行级安全管理标准化达标试点网点，新远程监控中心正式启用。三是会计营运标准化。实现资金汇划业务集中处理，成为全国第二个试点上线单位，冠字号码管理系统完成率98.1%。营运中心在总行会计营运质量考评中20项指标列全国第一位。四是授信管理流程化，区域授信政策研究工作多次受到总行通报表扬。五是财务管理精细化。做好“营改增”，加强利率定价管理，各项贷款（除小额贷款）执行利率均高于全国平均水平。完成省分行本部搬迁工作。六是人力资源科学化。加强领导班子建设，严格执行干部选拔任用流程，建立健全以人均利润、人均EVA为核心的弹性人工成本分配办法。开展各类培训4368期，参训人数9.5万人次，比上年增长164%和101%，省分行集中培训教室建成使用。七是效能监察常态化。制定出台《效能监察暂行办法》，开展《合规管理办法》和《客户经理管理办法》2个专项监察项目和17个日常监察项目。全年下发督办单28份，督办事项75个，督办完成率100%。

3. 和谐银行。一是全面从严治党。深入落实“两个责任”要求，加强党风廉政建设责任制。扎实开展“四风”问题整治“回头看”，强化《准则》和《条例》的宣传贯彻。加强信访处理，受理信访件办结率100%。充实完善全省监察干部和人员配置，到位率100%。二是加强党的建设。出台《关于加强基层党建工作创新指导意见》，推进“强基固本”建设工程；开通“行长直通车”，创新建立基层调研问题清单。通过专题讲座、动员大会和专题党课等形式深入开展“两学一做”学习教育，创新方式开展党员“政治生日”主题活动和建党95周年纪念活动。选举产生省分行第一届共青团委员会。三是落地金融扶贫。联手邮政创新开展了“金融立体扶贫”工作，建成扶贫金融服务站172个，开发“扶贫惠农”和“惠农易贷”扶贫小额贷款。在21个市州累计建立“风险补偿基金”，累计为建档立卡贫困户发放贷款2万笔，金额14亿余元，金融立体扶贫工作得到国务院汪洋副总理称赞。四是关心关怀职工。为员工谋福利，增加4项补充医疗保险，加大困难职工帮扶力度，新建职工之家22个、职工小家326个，举办首届职工田径运动会。

4. 践行普惠金融。坚持服务社区、服务“三农”、服务中小企业的定位，自觉履行“普之城乡，惠之于民”的社会责任，先后荣获银行业年度特别大奖、区域经济最具影响力品牌、最具社会责任企业奖、最佳个人信贷银行奖、最佳手机银行、最佳高端信用卡、普惠金融服务大众社会责任奖、年度最佳小微金融服务银行、年度最佳创新服务银行、年度金牌理财师（郫县支行潘叶倩）、年度社会责任典范奖、深受持卡人喜爱的信用卡、服务“三农”典范奖、服务小微企业典范奖以及2016金麒麟（四川）最具创新价值服务奖、2016年度区域经济最具影响力品牌和四川银行业协会颁发的十大扶贫典型案例、十大扶贫爱心组织等荣誉，社会地位和品牌影响力提升。（邮储银行　马静）

【速递物流四川省分公司】 业务总收入7.07亿元，比上年增长5.7%，绝对值排名全国第13位。其中，速递业务量2641.4万件，比上年增长20.3%，业务收入4.87亿元、比上年增长16%；物流业务收入1.88亿元，比上年减少18.1%。

1. 国内标准快递业务。标准快递业务10—12月连续3个月增长15%以上。全省标准快递业务量1382万件，业务收入2.44亿元，比上年增长3.2%。一是政务市场拓展成效明显。销号式开发项目57个，身份证“邮政直通车”实现一体化市州全覆盖。二是商务市场开发取得新进展。增加客户61家，开发以“星空购物”为代表的代收货款重点项目。紧盯商厦写字楼、园区校区、产业集群市场，“三进”工程推进。三是专项营销活动实现新突破。四是出港邮航运量逐月攀升。

2. 电商业务。电商业务收入1.21亿元，比上年增长23.8%。拓展有货网、金太阳等存量项目业务规模，开发菜鸟、三只松鼠、罗莱家纺等规模电商项目。仓配项目增加业务量33万件，增加业务收入664万元，管理仓储面积1.95万平方米。7月正式开行成都—广东电商专线。

3. 国际业务。国际速递业务量187.4万件，比上年增长2.5倍；业务收入9020万元，比上年增长85.6%。跨境电商产业园启航季顺利推进，聚集全国两千余家出口跨境电商企业、出口跨境电商平台等跨境电商产业链节点。引进沿海大卖，搭建省内跨境电商出口产业园平台。四川首单通过蓉欧班列运载的跨境电商零售出口商品，于10月8日抵达罗兹并完成全欧清关派送工作。

4. 物流业务市场。一是规模项目拓展取得新成效。开发物流客户22家，其中五百万级项目2个，百万级项目6个。通过存量项目拓展和项目开发增加物流收入5215万元，长虹智易家项目收入4000万元以上，比上年增加2000万元。好丽友项目仓库总面积3800平方米，建成全省第一个高位标准化运营的物流仓库，收入1000万元以上。二是供应链金融业务取得新进展。开发上线美清实业京东金融仓配一体化项目，年收入230万元，利润率20%以上。三是输出型质押监管项目下线57个，缩减敞口8.64亿元。

5. 深化机制改革。一是营销体系建设持续深化。推进五个中心建设，分层分级强化客户管理。形成自上而下、上下联动的营销架构。二是“众创众享工程”全面实施。全省摘标实施单位115个，摘标收入3.45亿元。

6. 网运支撑。全省收寄速递邮件量2969.5万件，比上年增长17.5%，其中国内速递邮件量2836.9万件，比上年增长14.68%。标准快递业务量1989.5万件，比上年增长5.1%。进口投递量6348.9万件，比上年增长2.7%。一是以闭环管理为手段，重点管控指标稳步提升。二是推出承诺服务，提升时限水平。三是开展全流程优化和标准化工作，提升运行效率。四是加强网运成本管控，提升网运效益。

7. 运营监控体系。一是客服平台体系建设更加完善。强化内部客服，工单及时审核率达到98.1%。二是质量监控体系建设更加完善。完善质效考核办法，重点城市标准快递系统跟单处理工作逐步加强，当班批注率98%。三是视察检查体系建设更加完善。

8. 企业管控。一是财务管控力度不断加大。确立全省邮政速递物流盈利模型。调整预算编制思路，建立全省预算完成分析和主要指标对标分析体系。二是人力资源管控不断增强。健全领导干部选拔任用的相关规章制度，在全省范围内开展选人用人自查与整改工作。完善薪酬分配制度。合理控制用工总量。三是资费管理水平不断提升。按照“市场化＋规范化”的原则，提高资费的灵活性和竞争力。四是审计监督工作不断强化。开展2015年度财务收支真实性专项审计工作，审计总金额9.65亿元。五是能力建设投资力度加大。六是安全生产管理力度加强。

9. 全面从严治党。一是健全和完善各级党的组织机构和工作机制，夯实党建工作基础。二是扎实开展“两学一做”学习教育，加强思想建设。三是严明党的纪律，推进党风廉政建设。严格落实党风廉政建设责任制，落实中央八项规定精神，不断深化作风建设。四是发挥工会桥梁纽带作用，构建和谐氛围。（速递物流　蔡玮）

【中邮保险四川省分公司】 总保费19亿元，全国排名第六，完成年度预算目标的102.8%，其中趸交保费实现9.74亿元。实现期交新单保费3.58亿元（不含财寿嘉），排名全国第六，比上年增长67.2%。其中长期期交新单保费5833万元，全国排名第四，完成年度预算目标的108%。承保邮储银行四川省分行的两项保险以及省邮政分公司和速递物流公司的企补医疗项目；3月与省邮政分公司签订团险兼业代理合作协议，启动兼业代理试点工作。分公司团险保费完成1676万元，规模列全国第四。标准退保率1.64%，犹豫期撤单率5.42%，新契约合格率98.95%，重空单证核销率100%，续期综合达成率94.7%，保全资料流转时效1.35天，理赔7日调查率95.48%，亿元保费投诉量0.27件/亿元，均达到总公司考核要求。

1. 转型发展。一是强化政策支撑。沿用《2016年度省分公司对各市州分公司经营绩效考核办法》对中邮保险业务发展、营运管理等方面实行的5分考核制。二是强化整合发展。在完成省邮政分公司、速递物流两项团险业务续保工作的同时，加强团险业务的整合发展：承保省分行的两项保险和四川邮政、速递的职工补充医疗保险；与省邮政分公司签订团险兼业代理合作协议，并以眉山为试点启动兼业代理业务。

2. 资源整合。一是优化共建模式。联合省邮政分公司出台《关于开展全省邮政保险理财营销、内训师队伍共建的通知》，针对网点柜员、理财经理、营销骨干和内训师4个群体分别制定共建方案。二是强化共建效果。按照“一市一策略、一点一方案”思路，打造邮政转型网点理财经理队伍和基层骨干营销队伍；启动“金话筒”杯四川中邮保险内训师培养计划，通过组织参加TTT培训，兼职内训师技能大赛以及“万里行军　千场讲座”等活动，提升内训师的专业素质和授课能力，有缓解基层培训力量不足现状。三是提升队伍归属感。联合省邮政分公司创新完善荣誉体系建设，举办四川邮政中邮保险第一届“金熊猫奖”年度颁奖典礼。

3. 营运管理。一是满期给付平稳。完成9.88万余件、17.49亿元的满期给付工作，给付量占到全国的31%，未发生重大客户纠纷和投诉。二是续期催收高效。全年实现续期保费3.3亿元，比上年增长50%，完成年度预算目标的103.77%。

4. 基础工作。一是完善制度。下发涉及基础管理、人事管理、新闻宣传等经营管理制度35项。二是提升财务效益。完成“营改增”相关系列工作，规范“营改增”后各项财务工作流程；开展ERP系统相关管理模块上线工作。三是加强员工能力建设。一方面员工队伍建设实现“1+N”，以每周一学为主、季度集中培训为辅提升全员队伍综合素质，并同步实行人才培养计划，公文写作队伍、各联络员队伍等专业团队建设计划；另一方面员工绩效考核实现“1+N”，根据各部门及岗位职责，在科学制定和实施全员绩效考核办法的同时，又陆续制定实施公文管理考核、团险理赔考核及有关证书考取情况考核的专项考核办法。四是强化系统建设。率先实现系统团险理赔试算，创新团险理赔模式；率先实现自动报表提取通报功能，提升经营管理效能；率先实现微信企业号“小合微课堂”、“理赔直通车”、营销工具等支撑功能，企业号关注人数6000余人，基本覆盖全省市州、县区、网点的中邮保险人员，提升分公司信息化水平；基本完成保险业务免填单系统测试及上线工作。

5. 风控管控。一是与邮、银联动共推开展以“铸盾行动”为主题的满期给付、疑似冒名退保可疑数据和保单品质专项治理三项排查活动。二是配合集团公司及总公司组织开展的财务收支审计、高管审计等项目，对发现问题及时整改；率先在全国探索开展自主审计项目。

6. 企业价值。一是与资阳市精神文明建设办公室、资阳市邮政分公司、资阳市雁江区碑记镇人民政府在资阳市碑记镇宝山村联合开展“让爱流淌——守护明日之星，关爱留守儿童”公益活动。二是开展对南充市新丰寺村的精准扶贫工作，根据村委的需求，赠送价值近万元的办公设备。

7. 党的工作。一是成立党建工作、党风廉政建设的领导小组，设立党委办公室、党委组织部和党委党建工作部及监察部并足额配备专岗人员，健全完善党的机构。二是坚持开展中心组学习，召开领导班子“三严三实”专题民主生活会，组织开展“两学一做”教育活动。三是认真落实一岗双责，与部门负责人签订党风廉政建设责任书，围绕“四风”整治建立并完善相关规章制度，并开展党委主要领导讲党课、参观陈毅故里和《长征精神光照千秋不忘初心继续前进》图片展、重温入党誓词、观看《永远在路上》专题片以及征文、知识测试等活动。

8. 员工幸福工程。一是率先在全国召开第一届一次职工大会，建立健全职代会各项工作制度，设立总经理信箱、工会主席信箱、主席接待日、纪检监察信访投诉信箱等沟通渠道。二是落实“手拉手”互助基金工作，向总部上报2名员工互助基金申请资料。（中邮保险　王森龙）

【中邮证券四川省分公司】 内设市场部、资管投行部、运营风控部、综合部4个职能部门。员工19人，其中研究生学历5人，大专以上学历14人，分别占职工总数的26.32%、73.68%。证券客户账户数67100户，客户资产3.13亿元，比上年增长28.81%；经纪业务收入390.92万元，净收入268.9万元；资管投行业务收入40.6万元。

1. 经纪业务。客户账户数67100户，客户托管资产31344.21万元。比上年增加46274户，资产增加7000万元；其中邮储三方存管账户数54263户；证券经纪业务全年交易额87.57亿元，营业收入338.59万元，其中，手续费及佣金、利息支出206.73万元。融资融券业务，两融业务客户累计9户，新增两融客户7户，两融资产规模4382万元。实现两融业务收入137.05万元，其中融出资金利息收入97.91万元。股票质押业务，金鸿小贷业务累计开户190户，放贷金额637.87万元。债券业务，全年债券交易金额12.33万元，债券逆回购交易金额16359.1万元。证券投资基金业务，实现基金交易金额5746.55万元；销售南方安裕养老基金25户、31.1万元；金鹰鑫瑞基金1639户、520.94万元。营销队伍建设，签约证券经纪人5人，发展证券客户110户，资产总额6260万元，实现交易手续费收入8.53万元。板块联动，与省邮政分公司、省邮储分行联合出台“中邮证券业务竞赛营销活动竞赛方案”，以发展邮储银行卡绑定三方存管为抓手联动发展。对全省地市邮政企业、邮储银行走访、沟通、宣传，进行“中邮证券介绍及客户开发”与“中邮证券业务操作实务”专题培训20多场次；对全省21个市州分片区成立工作组，建立QQ群、微信群，通报数据，电话沟通发展措施建议，推进发展。

2. 资产管理业务。寻求与四川地区金融同业机构的联系，整理出省内金融机构名单，重点以省内城市商业银行为主要拜访对象，寻求理财委外业务和金融市场投资通道业务合作机会，与自贡、宜宾、乐山城商行达成委外业务合作意向；开展金融市场业务合作。按照邮储金融市场投资需求，帮助邮储银行联系非标、定增、股票质押等业务，开发甘孜州公积金中心4900万存单质押业务、达州商业银行9000万非银同存业务、乐山商业银行50000万非银同存业务。实现资管业务收入30.6万元。

3. 投资银行业务。与邮储银行联合协作，为企业提供“中邮证券新三板挂牌+邮储银行新三板挂牌贷款”的新三板综合金融服务，开发“自贡兆强新三板挂牌财务顾问”项目并签约。按照投行部制定的私募债通道业务发展模式，拜访省内资产规模500亿元以上的城商、农商行，寻求私募债通道业务合作，与达州商业银行达成“达州市政府债务置换私募债通道项目”合作意向。实现投行业务收入10万元。

4. 运营风控做好运营支撑保障，在全省集中开户见证高峰期，结合客户排队人数、地市预约开户情况，分班、分时段灵活安排人员见证、审核；建立两融业务岗位AB角，督促岗位相互制衡、交叉检查；及时对人员岗位变动权限调整和港股通新业务的岗位角色权限增设；组织开展业务培训与测试，建立定期专项测试制度。从理论、系统操作两个层面，对运营人员定期抽查，反复检验、固化学习成果；按公司要求完成网上开户账户档案核查工作；配合完成深港通、网上开户系统优化升级测试，通过微信、官网、交易软件、行情软件发布新业务上线公告。风险合规制度执行，认真执行公司风险合规制度，未出现一笔合规风险。按要求开展合规经营自查及评估工作；按照人行反洗钱工作部署，结合总部修订的《证券交易委托代理业务管理制度》《经纪业务客户适当性管理制度》，组织分公司员工学习，在业务办理操作中严格遵照执行；按照公司《关于加强创业板投资者适当性管理工作的通知》，从加强投资者教育、规范业务受理、创业板开通回访、创业板后续管理等方面防范创业板业务风险。投资者教育，5月开展“防非打非”专项活动宣传月，将典型案例整理后在营业厅现场向客户宣讲，发放反洗钱专题宣传手册；9—10月按照中国人民银行成都分行要求，向客户发放“纪念反洗钱法颁布十周年”宣传手册并开展宣传教育活动。

5. 党建工作。3月，按照公司党委要求，经请示省邮政分公司直属机关党委，同意成立中共中邮证券有限责任公司四川省分公司临时党支部，并选举产生临时党支部委员。开展“两学一做”学习教育，制定“两学一做”实施方案，购买学习书籍资料向每个党员发放。督促党员干部参加中邮网院的网络学习和自学。组织党员干部学习党的政策法规知识，集中观看《红旗漫卷西风——红军长征在四川》纪录片、《榜样》等视频，通过学习教育活动，党员干部党性修养得到加强。

6. 人力资源管理。制定分公司员工考勤管理办法、业务发展奖励办法。完成分公司副总经理和三名员工的招聘、入职及“五险一金”办理；开展员工培训和后续职业培训；督促员工认真记录工作日志；每周组织三次业务知识、规章制度的培训，提升员工业务能力。

7. 财务管理。编制分公司年度财务预算；按税务部门要求开展“营改增”，并完成税务登记变更、工商备案登记；配合总部开展财务 ERP 系统测试及上线。（中邮证券　黄颖琼）

云 南 省

【云南省分公司】 内设 13 个部室、10 个直属单位。下辖 16 个州市分公司、129 个县（区、市）分公司。从业人员 10974 人，劳产率 18.39 万元 / 人。对外服务网点 1831 处，其中约 76.13% 分布在农村。每个邮政网点平均服务面积 215 平方公里，平均服务人口 2.58 万。承担省际干线邮路 8 条，省内干线邮路 127 条，城市投递线路 1557 条，农村投递线路 5448 条。有投递局（所）1616 个，城区每日平均投递次数 2 次，农村每周平均投递次数 3 次，行政村通邮率 100%。全年全省完成业务总收入 23.35 亿元，比上年增长 12.26%，完成集团收入预算全国排名第 14 位，收入比上年增长全国排名第 15 位。16 个州市分公司实现业务收入比上年正增长，12 个州市增幅超过两位数。利润及业务总支出在预算进度内。

1. 经营质效

（1）三大增长极。累计收入（不含短信及车务代办收入）11.87 亿元，占总收入的 50.84%，比上年增幅 12.94%，增收 1.36 亿元，超计划任务 5283 万元。余额规模 702.69 亿元，年度新增存款 136.96 亿元，全国排名第 16 位，比上年多增 84.42 亿元；新增存款增幅 24.21%，全国排名第 5 位，较全国平均增幅高 7.37%。包裹快递业务，强化项目引领，以项目推动发展成效显著，业务持续正增长。收入 2.91 亿元，比上年增长 13.79%，规模全国排名第 17 位，完成集团预算目标的 113.9%，超绝对值 3548 万元。收入规模成为仅次于代理金融的第二大业务。农村电商，加快全省邮政农村电商渠道建设，分层分级分批加快全省邮政农村电商渠道社会加盟示范点建设，各州市积极与当地供销社、农业合作社、农副企业合作，将特色农产品上线邮乐网，打造地方特色馆，依托邮乐网、分销、邮掌柜等渠道，累计实现 130 余万斤农副产品进城，销售额 1 千万元。

（2）邮务类业务。函件专业收入 9700 万元，完成集团公司全年计划进度的 100%，完成计划进度全国排名第 25 位，收入绝对值全国排名第 21 位。集邮专业收入 1.36 亿元，完成全年计划进度 102.35%，比上年增长 11.31%，完成计划进度全国排名第 16 位。报刊专业报刊订阅流转额规模创历史新高，教材发行稳步发展。收入 2.73 亿元，完成进度 106.74%。2017 年度报刊大收订实现流转额 4.97 亿元，完成集团公司下达计划 100.9%，比上年增长 3.9%，绝对值 1858 万元，流转额规模全国排名第 18 位；微信在线订阅实现流转额 238 万元，全国进度排名第 12 位。增值业务积极培育新增长点，狠抓重点项目，落地车务代办，深化农电项目潜力，巩固商旅业务基础。加快与移动、税务、保险、中石油、中石化等行业深度合作。收入 1.95 亿元，完成预算进度的 106.37%，比上年增长 20.42%，收入绝对值全国排名第 18 位。分销业务坚持订单销售模式，加强库存欠费管理，规范引入供应商和产品，发挥线上线下渠道优势，转型发展常态化项目。实现销售额收入 6142 万元，完成预算进度 122.84%。机要通信业务实现质量全红的目标。

（3）总部项目营销。省市联动，创新谋划第四届南博会，从技术服务、业务服务到参展，全方位展现云南邮政新形象；“两油”项目进一步拓展，全省累计纳入邮政资金归集项目的中石化、中石油站点数 1253 个，比上年新增站点 676 个；宏远药品配送项目推进，深入拓展县域市场，配送累计 33.9 万件，比上年增长 119.58%。云通服、云岭先锋等总部项目有序开展。

2. 能力建设

（1）综合服务平台建设。以便民服务站为基础推广“邮掌柜”系统，加快渠道布局。全省累计发展 2718 个“邮掌柜”站点、4753 个便民站、555 名邮助手、2332 个邮乐小店，产生订单 43 万余笔，总交易额 3156.6 万元，批销金额 323.7 万元。

（2）网路结构优化调整。优化干线网路结构，加快邮件传递时限，开通昆明至南京、济南、杭州 3 条一级干线直达汽车邮路，梳理 52 个重点城市间快递包裹运行计划；做好省内网路优化，提升网路运行双效。加强陆运网质量体系建设，有效提升全省网运运营水平，努力打造出适应云南寄递业务发展的网运体系。

（3）营投能力。优化网点布局，加大对营业网点搬迁建设改造力度和硬件设施投入。投入资金 3903 万元，改造普遍服务营业网点 82 个，营业网点电子化联网率 98.6%。配置投递 PDA 2669 台、电动三轮车 639 辆；新

6月12—17日，第四届中国—南亚博览会暨第二十四届中国昆明进出口商品交易会在云南省昆明市举办。云南省分公司首次作为参展商参与此会。（云南省分公司／提供）

建社会加盟揽投站119个、揽投点636个；城市投递站内部处理时间从1.5—2小时缩减至1小时内。

（4）信息技术。完成省中心机房一期改造，省内骨干网重构优化、省际网扩容改造工程，在线更新网运、营业、投递、商函等系统服务器，完成金融授权集中、合规管理等10多项信息化工程上线工作，有力支撑业务发展。技术与业务融合创新，应用云平台、大数据、移动互联网等新技术，完成电商寄递平台、金融客户识别推送、汇兑风险监控等系统的自主研发及推广。

（5）邮件处理能力。在工程任务重、要求高、时间紧的情况下，完成昆明邮区中心局新型双层包分机上线及大理、昭通、文山等七个邮件处理中心工艺改造，并经受住“双十一”邮件处理高峰期的考验。

3. 企业管理

（1）财务管控。把以财务模块为核心的ERP系统作为落实先进财务管控理念、提升财务管理水平的重要工具，发挥好ERP系统的作用。顺利完成总账、应收、应付、资产、资金、管理会计、投资项目计划管理、内部往来、报表合并模块等的上线推广工作，确保ERP项目整体推进。引入财务对标管理，实施全网资金集中管理和全网闲置资产集中盘活，强化投资计划管理，加强用户欠费管理。

（2）人力资源管理和配置效能。强化干部管理制度建设，严抓干部监督管理，全年梳理修订干部管理制度21项。贯彻落实人才规划，初级人才选拔评价工作顺利实施。建立省级大学生见习基地，拓宽企业用工招聘渠道。全年累计接收见习人员250人次，正式录用86人，上半年获得政府专项补贴68.7万元。提升薪酬配置效能，强化薪酬分配管理，在全国率先建立完善人工成本管控体系，并得到集团肯定。员工福利保障平台平稳运行，企业年金工作稳健运营。强化培训工作实效，培训管理质量和效率明显提升，积极开展技能鉴定工作，全面完成全年鉴定工作计划。

（3）审计监督。完成审计项目973个。财务收支与绩效审计有效融合，将诊断式审计思路与方法运用于经济责任审计工作中。完成电商业务资金、重点市场揽投业务等的审计调查工作，实现企业管理与风险控制关口前移。

（4）安防能力。投资改造和新建涉及监控、业务库建设等28个安防项目，新增及更新运钞车38辆，标准运钞车213辆；达标业务库87座；新增54个网点保安的配置。

（5）服务质量。新增13个空白乡镇局所补建运营任务，配合省邮政管理局开展各项监督管理工作。加强全省邮政服务质量监督检查，加大考核，落实责任，各项关键通信服务质量指标完成情况较好，申诉处理满意率96.4%；有责客服投诉工单下降50%；重点投递考核指标均超集团规定达标值。

4. 党建和党风廉政建设

（1）党建工作。认真学习十八届五中、六中全会精神，强化党员“四个意识”。进一步强化全面从严治党责任，深入扎实开展“两学一做”学习教育；建立健全党的组织体系和工作机构，推动“四个同步”落实，规范基层党建工作，加强基层党组织建设，提高党委的政治核心作用、支部的战斗堡垒作用和共产党员的先锋模范作用，努力促进党建工作和企业生产经营管理工作深度融合。

（2）党风廉政建设。强化反腐倡廉教育，认真开展“党风廉政宣传教育月”活动，加强对“三重一大”决策制度贯彻落实和采购招标工作的监督检查，强化落实从严治党监督责任；落实中央专项巡视组反馈问题整改工作，积极配合集团公司党组第五巡视组开展巡视工作，认真开展省内全面从严治党的专项巡查工作；强化作风建设，严格落实中央八项规定，扭住“四风”问题不放松；强化纪律审查工作力度；加强纪检监察队伍建设。

5. 和谐企业建设

（1）精神文明建设。开展常态化精神文明创建活动，云南邮政道德讲堂活动形成规模效应、品牌效应。先进典型选树工作持续推进，施庭荣家庭荣获全国文明家庭称号，是全国邮政系统唯一获此殊荣的家庭；昭通镇雄县分公司罗坎支局荣获全国“工人先锋号”；保山市分公司荣获全国2016年通信行业用户满意企业；德宏和版纳州分公司荣获全国邮政用户满意企业。

（2）职工关爱工程续开展为职工办“十件实事”工作，开展200个“职工小家”建设工作，改善支局所职工生产生活条件；出台职工疗休养管理办法，落实职工休息休假制度；启动第四期职工互助关爱工程和第一期女职工关爱计划；开展第三届职工体育健身年主题活动；做好送温暖工作；组织昆明地区公租房分配工作。

（3）民主管理和民主监督。召开第二届职工代表大会，推动省级职代会制度作用的发挥，调动和激发全省邮政职工工作的积极性和创造力。

（4）扶贫工作。贯彻落实省委省政府关于“挂包帮”“转走访”工作的统一部署，充分发挥邮政优势，以项目带动扶贫工作落地，创新开展电商扶贫，为复制推广得底么模式奠定基础。（云南省分公司　甘静）

【邮储银行云南省分行】

1. 业务发展。自营收入16.70亿元，超总行预算1.3亿元；实现考核利润1.21亿元，超总行预算3900万元。收入比上年增长1.31亿元，增幅8.51%；净利润实现扭亏，增幅超过200%。业务及管理费增幅1.8%，远远低于收入8.5%的增幅；成本收入比51.12%，比上年减少3.35%；收入利润率、人工成本利润率、网均利润实现扭亏。自营储蓄存款余额净增20.66亿元、公司存款时点余额净增40亿元，日均余额净增27.8亿元，年度增量和余额均达到历史最高水平。个人存款市场占有率6.96%，累计增幅居全省第3位；单位存款市场占有率0.89%，排位提升1位，累计增幅也居全省第3位；贷款市场占有率1.98%，排位提升2位。截至12月31日，小额贷款实现净增19.57亿元，完成总行下达小额贷款业务计划目标的456.18%，在全国小额贷款年度净增额和增幅上都排名全国第1位。

“惠农易贷”落地。省分行成为云南省首批精准扶贫贷款承办行，在全国率先开办“惠农易贷”扶贫贷款业务并成功落地，发放“惠农易贷”产品1986笔，结存9762万元。年净增41.83亿元，其中，住房贷款净增35.51亿元；个人消费贷款结余市场占有率2.36%，比年初增长0.85%，年新增市场占有率9.39%，较年初增长4.03%。供电企业贷结余1.3亿元。全省助保贷、税贷通落地分行超过7家，公立医院、水电、助保贷、税贷通5个产品增加贷款接近3.3亿元。实现首个社保收入专户的突破，带来近7亿元的公司存款。河南省灵宝模式在个旧市上线，创造3亿元的财政存款。福费廷业务余额45.27亿元，比上年增长41.38亿元，全国排名第11位，比去年上升12位，实现净利润1200万元。与省财政厅签订省本级国库现金管理协议，提供智能资金池产品服务，实现财政存款日均余额11.01亿元。45亿元昆石路融资租赁保理业务成功落地，是全国单笔最大供应链融资业务。昆明“以购代建”基金成功投放。昆明“以购代建”基金（国内首只供给侧改革基金）落地。联动发展“以购代建”基金下游各级单位账户的开户，个人征地补偿款的代发，带动公司存款大幅增长。

2. 风险管控情况。不良贷款余额（全口径）9.07亿元，不良率1.87%，不良率比8月高点（2.8%）降低近1%。不良贷款清收处置7.53亿元，完成总行下达处置目标的301%，冲回拨备3.1亿元。不良贷款移交后全年现金清收2.44亿元，完成总行年初计划（2650万元）的919.64%。“三道防线”在案件防控中的核心发挥作用，“内控达标年”活动扎实，问题整改和问责率均达95%，未发生资金案件。盯住风险领域和风险问题，做实各类审计项目。出具审计报告44个，审计发现问题182个，提出有建设性和可操作性的审计建议104条。加大对问题整改、重大违规问题责任追究与审计意见落实情况的监督力度，跟踪整改发现问题91个，督促问责违规行为员工人员50人次。

3. 经营管理。（1）人力资源管理。一是加强用工管理，优化人力资源配置。结合全行业务发展情况，合理控制全行人员规模，根据网点规划调整优化定岗定编。按照全省信贷业务组织运营模式，合理配置人员，促进高效业务发展。二是加强绩效考核管理，完善绩效考核制度。三是完善干部管理机制，制定人才发展规划，建立后备干部数据库，持续开展上下交流与跟岗培训。（2）财务管理。全省成本收入比51.12%，比上年减少3.35%，收入利润率4.52%，比上年增长9.13%。变革预算管理模式，各级机构更加关注经营效果。“营改增”工作顺利推进。资负管理持续深化。在采购实施中切实注重资金使用效益的提升，通过发挥集中采购功能作用，激发市场竞争，实现节约资金1175.68万元，节支率15.24%。工程建设质量控制更加严格、施工周期明显缩短。（3）授信管理。压缩二级分行的授信审批授权，采取多种措施处置并化解风险。小企业“减额续贷”业务91笔，金额62868万元；展期业务3笔，金额3200万元，实现风险的“软着陆”。（4）直管支行管理模式。探索利润中心管理模式，成立的省分行直管支行，做好在昆省级机构客户、大型企业、央企在云南分、子公司等集团客户的综合金融服务。发挥直管支行位于昆明的区位优势，做好省市分行上下联动，加快业务有效发展，提高省会城市对全省收入利润的贡献度，发挥了在经营发展、综合金融服务的示范作用。（5）低效网点。开展对低效网点的整治提效工作，对17个低效网点中9个冗余网点撤并，对8个低效网点内部挖潜。（6）会计营运管理。推行限时处理、量化考核、现场督导、集中整治等举措，营运中心各类质量及效率指标不断改善，且均达到总行的控制目标要求。现金备付率下降至1.05%，提升现金备付管理效率，减低资金风险隐患。（7）品牌管理。被评为“最受消费者信赖的银行卡”“昆滇2016年度服务‘三农’突出贡献奖”、2016云南银行业最佳服务支行（昆明董家湾支行）等奖项。（邮储银行　马静）

【速递物流云南省分公司】 业务收入31696万元，比上年增长4.17%。速递业务收入17348万元，比上年增长2.21%；物流业务13092万元，比上年增长7.23%。

1. 速递业务。制定大客户经理配置标准、专职客户经理分等分级、升降级标准等。启动政务开发，以出入境项目、身份证项目、公安交管类项目等为重点，加大对政务项目的精准营销，瞄准商务市场。开展异地标准快递营销，运作极速鲜、母亲节鲜花、野生菌项目，入驻全省60个重点商厦、园区。开通昆明至广州、杭州、成都的电商专线。国际快件监管中心日均处理量突破1万件、峰值2.1万件。“磨憨国际陆运快件监管中心”于11月1日开工建设。“众创众享”经营单位范围扩大至58个。创新推广“众创众享工作法”，从基础管理、规范作业、业务经营等多举措推进“众创众享”工作。

2. 物流业务。云商工程以中粮产品销售为主导，初步构建部分州市线下商流渠道，实现普洱传统销售以及昭通渠道＋特供的两种模式探索。云网工程搭建省内骨干网＋落地配＋批量配的多种组合，形成省内从昆明直发全部县市的物流服务网络，完成全省84个县渠道建设工作和试票测试。中石化项目成功续签仓储及运配2016—2017年运作合同，增加场地1000平方米。安利项目家居配送业务通过优质服务回归。完成1.2万平方米国药仓储和邮区中心局1.1万平方米的仓储合作。

3. 运营质量。一是提高省内网络竞争力。开展省内互寄次日递时限承诺，昆明下行一体化州市标准快递次日递提高至12月31日的92.51%，一体化地州上行到昆明的标准快递次日递由年初的86.28%提高到12月31日的88.17%。二是围绕客户需求，提升客户体验。对全省11个重点大客户提供主动跟踪服务，客户整体满意率超过90%，理赔及时率100%，居全国第1位；申诉率2.8%，居全国第7位。全省投诉率0.69%，比上年减少50%以上。物流重点项目考核得分戴尔居全国第1位、惠普居全国第7位，苹果项目投递及时率居全国第5位。三是强化质量管控。开展“虚假信息专项整治”“邮件丢失专项整治”、明确全省揽投服务“五条红线”，加强各环节收寄规格和重量稽核，确保G20峰会等全国重大节庆活动期间邮政通信安全。四是推进信息化应用。全省进口邮件名址匹配率店铺93.8%，全省信息操作规范率98.95%。

4. 队伍建设。一是启动“双定”工作，加强人力资源配置。完成省内双定二次培训和各州市分公司、省邮件处理中心标准测算工作，并在昆明地区选择适合的站点开展“双定”标准推广试点工作。通过省内“劳动用工管理办法”的推广实施，促进劳动用工市场化配员机制的转变，优化岗位人员结构，有效调整企业三线比例。二是分层组织培训，创建学习型组织，营造学习氛围。全省开展集中培训17期，培训人员913人，远程培训10期，培训人员675人，全员培训率83.8%。

5. 财务管理。以“发展以经营为中心，管理以财务为重点，资源以效益为导向”为管理理念，以“促进改革发展”为目标，以“提升盈利能力”为重点，推动由“管理型财务”向“经营型财务”转变，由“企业管理”向“价值管理”转变。加强资金管理，强化资金周转及支撑。强化集中采购，集约化降本。深化财务信息化、企业资源共享工作。全年完成资金管理系统、报账系统、税务管理系统，特别是企业资源信息系统（ERP）11个模块的全面上线。（速递物流　蔡建）

贵州省

【贵州省分公司】

1. 经营质量。业务收入25.36亿元，完成集团公司下达计划的106.84%，完成进度排全国第9位，收入规模列全国第22位，比上年增长14.11%，增幅列全国第10位；在集团公司对全国31个省分公司分类排名中列第12位、在17个二类省分公司中列第4位。代理金融业务比上年增长12.03%，包裹快递业务收入2亿余元，增值业务收入规模列全国第9位，函件业务收入规模较上升3位，报刊业务完成年计划的103.89%，集邮业务提前三个月、分销业务提前两个月完成全年计划。全省9个市州分公司业务收入均实现两位数增长，91个县级经营单位全部收入正增长。

2. 运营效益。有效收入15.96亿元，占总收入的62.95%；管理费用中非生产性费用比上年减少22.81%；货币资金存量9.28亿元；企业净利润超集团公司计划7737万元；国有资产保值增值率109.41%，资产负债率控制在合理区间；劳产率24.92万元，员工年平均收入比上年增长15.14%，其中一线员工收入增幅16.62%。

3. 项目营销。代理金融业务年累计新增余额112.73亿元；标准快递业务收入规模列全国第7位；电商快包比上年增长174.90%，增幅排全国第1位；2017年报刊流转额进度和增幅均排全国第1位；集邮业务邮品销售收入4678万元、佳邮评选活动创收超过2000万元、纪念长征胜利八十周年集邮巡展活动收入823万元；短信业务增幅排全国第2位，有效加办率排全国第1位；约投挂号业务比上年增长12倍，增幅排全国第1位；总部项目比上年增长73.41%。

4. 转型升级。代理金融网点转型覆盖率100%，标准版转型网点526个，占比64.54%，年新增有效客户64.63万人；累计销售期缴保险3.48亿元，占总保额的47.96%，占比排全国第1位；新增理财保有量16.43亿元，占代理金融总收入比重提高1.47%。年累计新增电子银行客户61.74万户，累计结存252.09万户；中邮证券累计开户4147户。代理车险业务实现保费1.1亿元，比上年增长14倍。报刊零售实现图书巡展销售码洋606.64万元，规模排全国第7位；建成动漫报刊亭142个。集邮业务“贵金属”“钱币”等收藏产品形成收入5000万元。函件业务举办“文化惠民”商演58场，实现项目收入726万元。

5. 体制机制改革。中邮证券贵州分公司、集团公司贵安新区分公司挂牌成立，组建省分公司包裹快递部、保安押运公司、农村电商精准扶贫项目组和省机要通信局。推进省级会计集中核算，实现集团公司规定的服务项目全部上收。贵阳、遵义市分公司单设监察室，其余市州配齐专职党建工作人员。

6. 包裹快递改革。统一实施营揽投一体化改革，建成揽投部104个；在遵义市播州区分公司实施县域融合发展试点、安顺市夏云开发区支局试点业务外包。

7. 网运改革。全省干线、市趟封解车率均90%以上，实现县以上区域普包、快包、挂刷、经快及标准快递散件外走、二码合一操作；县域邮件内部处理平均缩短1小时。完成贵阳至北京邮路“火改汽”工作，推行“私车公助”。党报党刊推行报邮分频运输，当日见报率100%。

8. 财务管理。合理编制财务预算，修订完善房屋土地资产租赁管理办法，出台加强土地、房屋资产确权办证指导意见，推进“子改分”整体工作，完成税收优惠政策备案，开展无名址函件量收和统计检查。

9. 人力资源管理。三级领导人员提任6人，对7人的任职岗位调整，完成305名领导干部人事档案“三龄两历一身份”核实、398名四级干部人事档案审核与集中管理、重点岗位因私出国（境）备案登记和“一报告两评议”工作。选派4名干部到集团公司交流，14名干部在省内进行双向交流。用工总量控制在1万人左右，91人被评为初级人才，40人被评为高技能人才。落实领导人员工资总额与人均工资“双调控”政策。累计举办各类培训班94期、培训20902人次，组织2585人参加职业技能鉴定考试，1481人通过鉴定。

10. 网运管理。一级干线准点率98.40%，及时卸车率、准班率100%；二级干线准点率93.37%，及时卸车率100%。省内邮件互寄次日递率82.30%，同城邮件互寄次日递率95.48%，省际进出口邮件时限达标率均96%以上。

11. 内控管理更加有力。开展市州分公司2015年度财务收支真实性、电商业务资金等专项审计、2016年生肖邮票基础管理与销售行为审计监督检查；审计工程项目126个5464万元，审减550万元，审减率10.07%。完成“佳邮评选”活动和G20峰会期间邮政生产与寄递安全保障工作。问题督促整改率93.66%，对3717人进行责任查究。

12. 基础建设。投入资金3.05亿元，实施基础建设项目154个：整修、翻建网点和危旧局房投入7470万元，建设5个县分公司综合楼投入1597万元，建设“三农”仓储中心投入479万元，贵阳邮区中心局双层包裹分拣机技术改造投入6971万元。

13. 信息化。实现ERP系统工程（第二批）推广上线：完成集中授权、移动展业等系统上线和代收缴版燃气费等系统改造，成功开发面单打印、电商运营中心报表等系统；CRS/ATM台日均交易率198笔，排全国第2位，交易替代率排全国第6位。9个市州分公司视频集中监控中心进入验收和试运行阶段。

14. 营投能力建设。新增普遍服务网点43个、“三农”服务站3540个、村邮站156个，累计建成农村电商站点9042个，新增火车票代售点384个。新增运钞车40辆、电动三轮车512辆，新增CRS/ATM机具347台、移动展业设备和存折存取款机等新型金融机具273台、手持智能终端1109台，布放智能包裹柜近100台。

15. 服务能力。包裹快递当日妥投率、妥投信息实时反馈率、邮政金融服务投诉率等6项指标全部达标。全省一周投递7次的乡镇44个，所有乡镇每周投递频次均不少于5次，建制村直接通邮率86.69%。无着邮件专项整治成效显著，全省机要通信服务连续26年实现质量全红。

16. 党的建设。开展“两学一做”学习教育，设立市州分公司党委和党的纪律检查委员会。选送200余名干部参加各级党校教育培训班，出台党支部组织生活规范，修订基层党建述职测评工作实施方案，标杆党员活动室累计成99个。

贵州省分公司推进农村电商精准扶贫工作。（贵州省分公司／提供）

17. “两个责任”。各市州分公司党政主要负责人签订年度党风廉政建设责任书，开展“四风”问题整治情况“回头看”活动；抽查测量办公用房70余间、公务用车近40辆，监督工程建设、物资采购等招投标52次、商务谈判17次、监督资金2.33亿元；排查岗位607个1542人，梳理廉洁风险点739个，制定和修订制度97项，完善工作流程128项。

18. 执纪监督。出台“三重一大”决策失误纠错改正、回避规定等制度。成立巡视工作联络组，对全省2013年以来的相关成本费用、领导培训和薪酬、个税代缴及工程管理等事项开展专项财务检查和整改。对644名党员干部开展预防谈话，核查64名三级人员廉政档案，信访件办结率100%。

19. 人文关怀。2名优秀B类合同工转招为A类合同工，476名优秀劳务工转招为B类合同工；512个农村支局“职工小家”全部建成；为6212名职工办理工会会员普惠卡；深入151个基层单位慰问困难职工、劳模、离退休人员和交流干部3290人次；基层员工年度绩效奖基数上调5%；继续开展职工重病医疗互助赔付和“金秋助学”行动；调增6个市州分公司增量补贴和1个市州分公司公积金缴存比例；组织全省60名优秀员工进行素质能力提升培训；启动全省合同用工重大疾病和意外伤害商业保险；落实全省邮政员工带薪年休假制度；大学生公寓建成并投入使用。

20. 社会责任。助力“农产品进城”，为贫困农户621人增收157万元，参与中财办对口扶贫剑河县、惠水县雅水镇摆亚村对口帮扶工作，投入道路修建、养殖项目资金32.50万元，与22户贫困户开展系列接对帮扶。

21. “争先创优”。贵阳市息烽县分公司投递部、黔南州独山县分公司麻尾支局获省级“工人先锋号”荣誉称号；贵阳市分公司投递员王明霞、安顺市关岭县分公司投递员卢胜熙荣获贵州省“五一劳动奖章”。选派33人参加各级青年文明号号长培训。（贵州省分公司　王莹）

【邮储银行贵州省分行】 下辖9个二级分行、1个直属支行，27个一级支行、111个二级支行，953个营业网点（138个自营、815个邮政代理），员工2536人。其中，各类专业技术人员785人，本科以上学历1616人，分别占职工总数的30.95%、63.7%。

1. 业务规模。资产规模1050.9亿元，比上年增长164.6亿元，增幅18.6%。各项贷款余额357.65亿元，比上年增长95.27亿元，增幅36.31%。其中，公司贷款余额年净增63亿元，在省内20家商业银行中排名第6位，小企业贷款年净增额全国排名第3位，各项贷款定价均高于全国平均水平，年新增存贷比60%。负债规模1020.3亿元，比上年增长159.14亿元，增幅18.48%。其中，个人存款余额年净增128亿元，在省内20家商业银行中排名第3位。

2. 经济效益。邮政金融收入27.91亿元，比上年增加2.63亿元，增幅10.4%。其中，银行自营收入13.93亿元，比上年增加1.15亿元，增幅9%，完成总行预算目标的106.7%。实现利润总额2.48亿元，增幅70.8%。财务集约管理化程度提高，成本收入比52.9%，收入利润率17.8%，中间收入占比9.52%，各项指标优于上年同期。业务招待费、会议费、差旅费三费合计866.9万元，比上年减少605.2万元，降幅41.1%。

3. 业务拓展。开展小额贷款“三天放款”和农业龙头企业“走总部”活动。零售贷款余额155.57亿元，比上年增长27.49亿元。探索贫困村党组织“第一书记”金融扶贫模式，制定“8931”五年目标。创建6家国家级农业示范区特色支行、4家总行级特色支行，贷款主要投向新型农业经营主体，提升“三农”服务能力。在电力、交通、能源行业共计授信超100亿元，授信300.58亿元，贷款结余64.97亿元，较上年增长311%。完成六盘水“三变”基金项目申报工作，购买贵州省政府地方债62.17亿元，设立“中邮铜仁武陵山扶贫投资发展基金”50亿元，实现基金业务零的突破。推进“政银合作”和“融资担保机构合作”，签署合作协议27份。

4. 管理水平。完善各项制度，强化精细化管理，管理水平持续提升。以审慎经营为原则，强化风险管控能力，加强合规文化建设，开展反洗钱、消费者权益保护知识和非法集资等宣传工作，深入贯彻“十条禁令”。持续强化会计与营运基础工作，开展80多场次现场检查，组织清理久悬挂账资金613.99万元；加强备付金管理，全年平均备付率1.17%，比上年减少12.7%。配合人民银行2015版第五套100元纸币发行，完成新钞发行工作；以信审促信管，加强信贷中台能力建设，强化中台风险防范能力，推动信贷业务的健康持续发展。

5. 金融服务能力。实施各项工程建设项目，完成逻辑集中国际业务、网点授权集中、第三方存管、全省财务报账等系统的上线工作。开展39个网点改造项目的工程建设工作，全省50%以上网点环境及条件得到较大改善，服务能力和企业形象得到较大的提升。在30个网点开展经营管理转型项目，加大对自营网点的调整、改造力度，通过迁、建、调整等手段，彻底治理低效网点。加大存取款机的布放力度，加快离行式自助银行的建设步伐，开通自助设备跨行转账业务功能，提升服务能力。在2016年度贵州省青年“岗位大练兵　争做服务明星”提升岗位能力、提升服务水平“双提升”活动中，“特农贷”荣获贵州省2016年度“双提升”活动金点子方案二等奖。

6. 形象建设。与贵州广播电视台综合广播策划推出“邮储伴您行——声音里的贵州”全媒体大型系列活动，在贵州消协公布的银行业消费评议报告中，邮储银行满意度位居全省第二。入围2015贵州100强企业，位列第57位。在中国银行业文明规范服务星级营业网点及贵州省银行业文明规范服务百佳示范单位评选中，贵阳市小河支行、黔西南州分行营业部等7个网点被评为星级网点，凯里市北京东路支行、六盘水钟山西路支行、铜仁市分行营业部评为贵州省百佳示范单位。贵阳市金阳支行等10家青年文明号创建集体被授予青年文明号称号，荣获中央金融团工委“2015—2016年度银团合作工作优秀项目”表彰，被评为“贵州省金融精准扶贫先进单位”。

7. 党的建设。坚持思想建设与队伍建设并举，扎实开展“学乐东，转作风，见行动”活动，结合党员“政治生日”活动和“强基固本”建设工程，10个“强基固本”示范单位全面达标。夯实党建基础，党支部由45个增加到72个，17名优秀同志入党，在延安举办党组织书记培训班，全年共培训党员干部954人次。扎实推进“两学一做”学习教育，真学、真做、真提高，“四个意识”记得牢，开展7次专题讲座，现场专题课9次，支部专题学习会79次。全面落实“两个责任”，逐级签订了《2016年度党风廉政建设责任书》，厘清责任清单。（邮储银行 马静）

【速递物流贵州省分公司】 收入1.45亿元，比上年增长20.2%。业务量532.8万件，比上年增长26.5%，占全省快递行业总量的4.7%；业务总收入占全省快递业务收入的6.65%。标准快递及时妥投率从年初75.01%提升到80.31%；48小时及时回复率90%指标值；申诉率和投诉率控制在总部规定范围内；人力资源效能方面，全省员工1142人，增加收入2436万元，人均劳产率12.95万元/人。

1. 标准快递业务。集中资源重点攻坚身份证和法院文书等政务项目实现市场新突破，推进全省百个营销项目、开展“市场抢夺战”抢滩标准快递揽收失地，推进全省45个核心写字楼派驻及政务市场“蓝海战役”竞赛活动，收入6747.9万元，比上年增长9.2%，增幅全国排名第15位。其中，电商物流分公司收入1921万元，完成年计划的143.6%，比上年增长61.8%。

2. 电商业务。8月开发E标“8+3”产品，和航空公司谈判将发运成本降低，抢占电商市场，促进业务的高速发展。8—12月E标创造收入341万元，是1—7月的5倍，比上年增长6倍。收入1421.2万元，比上年增长89.7%，增幅列全国第1位，全省8个经营单位全部实现正增长并且完成年计划目标，与上年比增幅最高的达到300%。

3. 国际业务。组建国际业务团队，派出到福建分公司学习操作流程、资费体系、营销技巧及中邮海外仓建设等经验，开办海关监管仓；针对留学速递、进出口贸易企业、跨境电商等重点客户开发新航道英语等8家国际客户。收入277.5万元，比上年增长3.4%。

4. 项目管控。梳理项目操作流程，强化标准化作业，解决物流项目运作中“人、财、物”资源浪费现象，强化项目运营质量管控。业务发展逐步向效益规模和竞争能力并重转变，提升物流业务收入抗风险能力。通过益佰、华为等项目的拉动，收入3330.6万元，其中六盘水分公司成绩突出，完成收入486.7万元，比上年增长70%。

5. 售后服务。开展蓝海战役力促二代证和护照项目高速发展，二代证项目收入增长81%，收入规模从上年580万元上升至1050万元，护照收入增长28%，净增100万元的收入。将项目售后服务集中到客服中心，通过主动客服促进法院专递等项目的发展，仅下半年该项目就实现64%的增长。其中二代证项目黔东南分公司实现增长93%，电商物流分公司实现增长88%；护照项目黔东南分公司实现增长236%、毕节分公司实现增长165%；法院专递项目贵阳分公司实现增长135%。

6. 渠道建设。针对重点区域、市场增加设置揽投部或代办点。贵阳分公司成立中南揽投部，提高手机销售市场商圈的响应速度；黔东南分公司在凯里市开发区设立揽投站，及时覆盖开发区产业园客户；毕节分公司在金沙、威宁、赫章、纳雍四个非一体化县设置代办点。为建设优质渠道代办点，全省代办点由上年的518个收拢到475个，清理长期未产生收入的代办点43个，代办点产生收入169.97万元，比上年增加75.15万元，增幅79.25%。

7. 县域融合经营。与省邮政分公司沟通，洽谈县域融合经营发展思路，制定实施办法，解决县域两个经营主体的问题，集中邮速双方资源，进行重点区域的发展、对重点业务的全省性开发。

8. 网络平台。和航空公司谈判，建立经济航空网络，抢占电商市场，促进业务发展。筹备引进邮航，增强航空网络能力。加强与航空地服公司的合作，提高进出口邮件在航空集散中心的处理效率。与邮政分公司调整省内陆运网组织，增加贵阳至普定、纳雍、兴仁、仁怀4个县（市）的直达邮路，调整贵阳地区三县一市每天组开双频邮路，调整黔东南凯里到所属县区全部为双频邮路；组开贵安新区市内转趟车、白云等营业部的趟车加车等。

9. 商业保险。与民航多次协商，对出口的航空总包邮件未通过安检时实施开袋逐件安检，确保航空邮件安全，提高邮件出口时限。将邮件转运外包民航货运公司，提升时限水平。省分公司与民航货运公司联合对贵阳航空进出口邮件的丢失、损坏和延误进行投保，降低企业风险。

10. 主动服务。增强客服力量，充分利用主动客服系统将法院专递、京东项目、二代身份证项目、海关监管仓项目等 VIP 客户纳入主动客服范围，集中进行监控，通过系统的跟踪，动态反馈邮件状态，用户满意度提升。其中法院专递项目返单率从 10 月的 24% 提升至 12 月的 70%；妥投率从 10 月的 81% 提升至 12 月份的 96%。法院专递项目 8—12 月实现 64% 的增长。

11. 开展清欠管控。明确欠费各环节责任，制定每个单位的欠费控制目标，对超账期欠费加大领导人员绩效挂钩力度，对各营收单位清欠进度每月督办通报。全省在收入增长 2436 万元的情况下，把欠费从 3066 万元控制到 2437 万元，下降 629 万元。电商物流分公司工作显著，在欠费 1527 万元的基础上收回欠费近 900 万元。（速递物流　蔡建）

【中邮证券贵州省分公司】 12 月 27 日，中邮证券贵州省分公司开业。集团公司副总经理张荣林，中邮证券董事长宋英忠，贵州省分公司总经理张斌，邮储银行贵州省分行行长任建新，中邮证券副总经理、中邮证券贵州分公司总经理于晓军，贵州省分公司副总经理吴卓、王明君，速递物流贵州省分公司总经理万卫民，以及贵州省邮政分公司三级副以上领导人员和中邮证券贵州分公司全体员工出席开业仪式。张荣林、宋英忠作重要讲话。张荣林、宋英忠、张斌、于晓军共同为中邮证券有限责任公司贵州分公司开业启动水晶球。（中邮证券有限责任公司贵州分公司中邮证券　黄颖琼）

西藏自治区

【西藏分公司】 收入累计 2.83 亿元，比上年增长 7.4%，完成集团公司预算 100.7%。

1. 业务发展

（1）代理金融业务。业务收入 7519.73 万元，比上年增长 3.11%，年新增金融资产 5.08 亿元，新增储蓄余额近 6 亿元，3 个地市分公司新增余额过亿元。推进渠道建设，新增 10 个代理金融网点，网点数量 71 个；新入网 CRS 机 40 台，在用的 CRS 机和 ATM 机总量已达到 163 台，新增 POS 商户 296 户，在用 POS 商户以达到 896 户，新增助农取款点 127 户，结存助农取款点 231 户。4 月 8 日成立区分公司邮政代理金融风险合规管理委员会。

（2）包裹业务。以电商协议客户开发、揽投队伍建设为重点，以抢抓包裹快递寄递市场为动力。4 月 7 日成立包裹快递部，全面负责包裹业务开展。累计开发电商协议客户 278 户，完成业务量 9.5 万件；组建揽投部 10 个，揽投人员 226 人，揽收业务量 15.6 万件；新增、更新 97 辆投递车、54 台电动三轮车，配置 231 台 PDA；27 套智能包裹柜全部安装到位并投入运营，自提点 104 个；收入 6684.63 万元，占总收入的 23.6%。

（3）报刊业务。开拓数字阅读市场，丰富报刊零售品种，发展个人市场，整合多种资源稳固纸质媒体的忠实读者群体。业务收入 3038 万元，比上年增长 5.9%。2017 报刊大收订提前 9 天完成流转额计划，进度全国第二，集团公司特发贺电以示祝贺。

（4）集邮业务。以《中国邮政开办一百二十周年》纪念邮票首发、第三届中国西藏旅游文化国际博览会等活动为契机，做好各项主题项目营销；借助旅游资源、民俗文化以及特色公共题材，开发特色邮品，实现“一地一品、一县一册”的目标；通过集邮协会、集邮展览，营造集邮文化氛围，培育西藏集邮市场，全年集邮业务收入 3321 万元，比上年增长 10%。集邮品毛利率 59%，全国排第二。

（5）函件业务。配合地方旅游文化飞速发展的经济快车，与区旅游发展委员会签订战略合作协议，巩固景点门票、账单业务的市场地位，开发约投挂号市场的力度，研发具有西藏特色的函件新产品；在条件成熟的地方建设主题邮局，积极拓宽社会代理渠道，通过承办“把‘人间圣地 · 天上西藏’寄出去”宣传推广活动等多途径拉动函件业务，收入 2050 万元。

（6）电商分销业务。依托邮政综合便民服务平台加快向渠道平台经营转型，发挥“线上 + 线下”渠道优势，拓展农村电商市场，完善服务“三农”体系，狠抓基础管理，强化分销产品市场化运作水平。建成农村电商网点 136 个，建设运营天上西藏 E 邮网上平台，上线各类特色农产品 153 种，销售 2489 笔。收入 1105.74 万元，比上年增长 60.38%。

（7）增值业务。把便民服务站、农村电商网点建设作为拉动代收代缴类业务的重要手段。在原有航空机票、火车票等业务的基础上叠加体彩业务，代销体彩 438.57 万

9 月 10 日，“天上西藏邮局”在第三届中国西藏旅游文化国际博览会推出。（西藏分公司 / 提供）

元，收入 30.57 万元。打造“交管 + 车险 + 会员服务”的业务发展模式，将代收交通违法罚款、车险等业务进驻车辆综合检测站；加大邮保合作范围，年累计实现保费金 507.25 万元，业务收入 67.1 万元。加强警邮合作项目，将代收交通违法罚款业务正式推动上线运营，实现代收罚没金额 1205 万元，业务收入 34 万元；带动交警违法短信业务加办 8333 笔，业务收入 25 万元。

2. 能力建设

（1）项目建设。加大生产和运营能力建设，全年统筹安排固定资产投资 9470 万元，完成投资 6800 万元。装修改造代理金融网点 29 个，局所整修 21 处，县级机要场地改造 66 处，购置智能包裹柜 130 台，ATM/CRS 41 台、电动三轮车 38 辆、乡邮车 11 辆，以及网点营业及信息化终端设备等。

（2）网运能力。加大网运能力建设，实现以拉萨为中心，辐射日喀则、那曲、山南、林芝等周边四个地市的次日递。推广“自办 + 委办”运输模式，地市至县周三班以上邮班新增 23 个，周二班仅剩 14 个县。不断优化网运生产流程，干线汽车邮路实施 PDA 封车解车扫描操作；调整省际分拣封发关系，将 74 个省际分拣封发格口调整到 30 个；采取网运系统与县分公司营业、投递系统互联互通的作业模式，简化流程，实现提速提效。推行 KPI 考核评价体系，全面落实质量结算考核，提升陆运网运行质量。

（3）信息支撑建设。完成 15 项集团公司重点工程和 7 项区内重点工程建设工作，自主开发软件系统 5 个。积极组织开展好“金融系统安全运行年暨运维质量竞赛活动”，在全国邮政企业信息网运行维护考核成绩排名全国第三，比 2015 年提高 13 个名次。

（4）运营支持。实现代理金融网点视频监控、稽查和邮运车辆 GPS 监控集中化，风险预警与处置更加高效。11185 客服中心呼入 7.6 万余次，接通率 99.7%，客户满意度 98.7%。处理包裹快递客服工单 5.9 万笔，实现集团公司对西藏分公司考核的转正。

3. 企业管理

（1）财务支撑。实行经营利润摘档管理，促进地市分公司做大做强经营规模。合理安排成本费用，加大农牧区网点和代理金融、包裹快递业务的投入，乡邮费用增长 42%，营销费用增长 43%；保障生产性开支，运输费用增长 32%；严控非生产性支出，“三公”经费下降 24%。强化全面预算管理，科学编制现金预算，深入推进财务标杆工作，为实施零基预算奠定基础。加强资金资产的管理，开展在建工程清理工作，完成系统内往来账款清理，解决了集邮、邮资封片、分销等业财数据不一致的问题。推进集中核算流程优化，在全区推广使用报销报账系统。

（2）人力资源管理。制定和完善加强领导人员监督管理的 10 余项规章制度。完善绩效考核办法，建立按岗位付薪、按业绩付薪、按贡献付薪的激励机制。通过招聘大学生、推进业务外包、流程优化多措并举，盘活人员满足重点业务发展需求。持续做好后备干部和中长期培养对象的推荐选拔管理；完成了区分公司本部经营管理人员竞聘工作，选派 20 人到集团和山东、湖北、河南分公司挂职交流，区、地双向交流 8 人；23 人通过营销、科技和技能三个序列初级人才评定。组织开展远程和集中培训 49 期，培训 5800 人次；全区从业人员持证率 79%，增长 4%。

（3）审计监督。改进领导人员经济责任审计方式，完成 1 个地市分公司领导人员经济责任审计，追踪审计整改，提高审计质量。开展 2015 年度财务收支和全区邮政电商业务资金专项审计调查。加强工程建设项目审计管理，实施工程审计质量自查，审计中央预算内资金建设项目执行情况以及资金使用情况，工程建设审计更加关注合规性，全年完成工程建设审计项目 54 项，审减金额 121.8 万元。

（4）安全生产管理。狠抓敏感时期、重要时段以及重大活动期间的企业内部各项安全稳定工作和寄递渠道安全工作，确保实现“三不出”维稳工作目标。严格落实各项安全生产责任制度，加强枪支、消防安全管理和网点安防建设。严格落实《中国邮政储蓄银行代理营业机构管理办法（修订）》，组织开展“飞虎队”接管式突击检查、“夜鹰”突击检查以及邮银联合检查等，确保了金融“零案件”的目标。

（5）ERP 系统建设。完成投资、采购模块以及财务内控段、报表模块的建设，标志着企业管理向标准化、一体化又迈进一步，报刊业务、银企直联等外围系统的集成，提高了业财数据的准确性和规范性。

4. 服务水平

（1）普遍服务和特殊服务。做好党报党刊发行和投递服务工作，助农取款设备 231 台，投递农牧区邮件 3310 万件（份）。按照集团公司和区邮政管理局工作要求，加强机要通信管理和整改工作，确保机要通信质量全红，连续 24 年保持机要通信质量无事故。加大对服务质量的监督检查考核力度，建立邮件赔偿基金，加快邮件查验赔偿速度。邮政服务综合满意度测评 83 分，阿里分公司被评为“2016 年通信行业用户满意企业”。

（2）补白网点运营。565 个补建乡镇邮政局（所），按照邮政普遍服务标准开办信函、包裹、报刊等基础邮政业务。各单位积极采取乡邮员代办，与政府、商超、电信运营商合作等运营模式，逐步探索出了一条适合西藏邮政乡镇网点运营的发展之路。

5. 党的建设

（1）党建工作。建立健全党建工作体系，落实全面从严治党责任。深入学习贯彻党的十八大和十八届三中、四中、五中、六中全会精神以及习近平总书记系列重要讲话精神，扎实开展“两学一做”学习教育。加强党的组织建设，健全区地两级党的工作机构，设立党组（委）办公室、党组（委）组织部、党组（委）党建工作部。切实加强基层党组织建设，完成分公司机关党委换届选举工作，开展党（团）员挂牌亮身份“争做优秀党（团）员，争创先进党支部”活动，发展17名预备党员，19名预备党员如期转为正式党员。深入开展创先争优强基惠民驻村工作，顺利完成第九、十、十一批驻村工作队轮换，向驻村点捐赠善款1.2万元，100件“母亲邮包”，8000余件衣物、文具、办公家具等物资以及500余份“儿童营养包”。

（2）廉政建设。按照全面从严治党新要求，把握运用监督执纪问责“四种形态”，完成纪检组长专司纪检工作，排查整改全区四级副及以上领导干部行为，加强对节日期间遵守廉洁纪律的监督检查，推进廉洁风险防控体系建设，完成对那曲等4个单位的党风廉政建设的现场检查工作，对昌都等3个单位进行效能监察。完成所有信访件的核查办结。积极配合集团公司党组巡视组开展巡视，并认真完成巡视整改任务。对“三重一大”制度执行情况进行监督检查，审核各类合同130余份，参与干部考察13次，开展廉政谈话56人次。

6. 文化成果

（1）参与第三届藏博会，宣传西藏旅游文化。自治区财政补贴资金4200万元用于空白乡镇网点运营。完成集团公司与自治区政府战略合作协议签订工作，加强与县级政府的战略合作，深化与旅游、公安交警、人社、银行、保险、电信、电力、铁路、体彩等区内机关事业单位和企业集团的合作。在《西藏日报》开设专栏宣传报道邮政发展成就，展示了西藏邮政良好形象。

（2）举办纪念中国邮政开办120周年暨人民邮政在藏开办65周年系列活动。1个集体、3名个人荣获省部级以上荣誉，12名基层一线职工荣获“感动西藏”先进邮政人物。完善员工慰问制度，建立了意外伤害与重大疾病保险制度，进一步关心爱护离退休干部职工。筹集67.8万元用于送温暖活动和旺季生产慰问，惠及职工400余人。启动第五轮互助保障金计划，向39名职工发放互助保障金12.73万元。

（3）实施幸福工程，解决27个县级单位职工如厕及生活用水问题。完成10个“职工小家”升级改造，累计有45个“职工小家”投入使用。员工收入水平不断提高，工资总额和营销费用增幅8.3%。（西藏分公司　何峥艳）

【邮储银行西藏分行】 下设6个专门委员会、设置15个一级部门、8个二级部门；下辖拉萨、林芝和山南3个一级支行，其中拉萨市支行下辖14个二级支行。在职员工280人，其中区分行机关118人，拉萨市支行143人，林芝市支行10人，山南市支行9人。职工中大专及以下学历59人，占比21%，本科学历212人，占比76%，研究生学历9人，占比3%。男女比例104：176，员工平均年龄32岁。少数民族职工112人，占全行总人数的40%。87个邮政金融网点，其中自营网点16个，覆盖3个地市，代理网点71个；各类网点中县及县以下网点48个，县域覆盖率70%；汇兑网点实现全区县域全覆盖；邮政金融的网点已覆盖全区大部分县域，在区内金融营业网点中仅次于农行位居第二；设立助农取款服务点123个，服务客户超过42.6万户。总资产90.2亿元，各项存款余额87.5亿元，各项贷款余额28.5亿元。全区邮政金融收入2.83亿元。

1. 业务发展。（1）公司金融。公司重点项目营销良好，办理财政存款、基础设施贷款、重点企业续贷或流贷支用，参与银团贷款。与拉萨市、山南市政府签订扶贫项目贷款框架协议和“十三五”支持地方经济发展战略合作协议。与四川省分行签订“战略合作协议”，加大与兄弟省分行业务合作力度。小企业金融业务不断创新，积极推进资金流水贷、政府采购贷、税贷通、医保POS流水贷、助保贷等新业务的拓展营销，走政府、走企业专项营销活动深入开展。（2）零售业务。营销退休金代发，与相关单位签订资金归集服务协议。完成电力缴费系统项目开发、运行和全区推广工作，自主开发“园区一卡通”金融IC卡行业应用项目。（3）金融市场业务。加大对自治区政府、国有重点企业和优势产业的投贷联动、债券承销等全方位金融服务，首次成功营销自治区政府地方债1.73亿元。参与自治区产业发展基金、基础设施建设发展基金的设立。

2. 改革创新。（1）业务营运架构。推行“扁平化”和“大部制”模式，在区分行设立零售金融部和公司金融部两个“大部”，将拉萨市支行下设的三个部门与区分行相应部门进行合并，成立公司金融中心、小微企业金融中心、消费金融中心和“三农”金融中心。实现组织作业的集中和管理职能的优化，使全分行的经营管理水平得到提升。（2）精准扶贫。在全国邮储银行系统首创“扶贫富农贷”新产品，率先在山南市扎囊县成功发放西藏银行业机构首批产业扶贫贷款。（3）邮银合作。探索向邮政代理机构延伸信贷业务营销工作，以拉萨、林芝、山南3个市8个县邮政公司为试点，开办小额贷款代理营销工作，发放各类小额贷款28笔945万元，填补西藏县及县以下代理机构无信贷服务的空白。

3. 风险管控。风险管理体系。推进“全面风险管理纲要”建设工作。加大风险排查、检查和分析研判力度。自主清收分行第一笔大额不良贷款，不良贷款率比上年度减少0.42%，全行不良贷款率0.1%，为全国最低。网点合规检查工作深入，问责整改工作全面展开，全年保持零案件的良好态势。洗钱工作扎实有效，连续两年被人民银行拉萨中心支行评为“反洗钱先进调研团队”。消费者权益保护工作成绩显著。

4. 党建工作。以开展“强基固本”建设工程和“两学一做”学习教育为契机，加强全行员工政治理论学习。通过开展基层党建工作现场述职评议会、党委党风廉政建设述职述廉和“三严三实”民主生活会，强化基层党组织建设，促进党建工作全面落实。组织开展劳动竞赛和岗位练兵活动，通过劳动竞赛累计完成478个营销项目，增幅58.8%。开展评先推优工作，1个支行和1名支行长分别荣获集团公司“优秀支行”和“优秀支行长”荣誉称号，1人荣获西藏金融工会“五一劳动奖章”，1人被西藏邮政公司评为“2016感动西藏·先进邮政人物”称号。（邮储银行　马静）

【速递物流西藏分公司】 业务总收入5303万元，比上年增长2.18%，其中速递业务收入2270万元，物流业务收入2015万元。运行质量持续提升，安全生产工作取得一定成效，人均劳动生产率25.99万元，比上年增长11.69%。

1. 标准快递业务。开发运作万达华、卫计委、地理杂志、寺庙书屋、农家书屋等寄递项目，实现业务收入161万元。开展高考录取通知书、学生档案、“思乡月”等专项营销活动，收入180万元，支撑标准快递业务发展。

2. 电商业务。适应客户需求开办E标准业务。利用“双十一”，开展业务促销活动，开发藏喜堂、藏奇、德丽慧等电商客户，创造业务收入1万元，实现电商E标准业务的零突破。借力快递包裹业务，开展“军营包裹”专项营销活动，实现业务收入38万元，比上年增长19%。

3. 国际业务。为拓宽国际邮件寄递渠道，在涉外酒店设置业务受理台专项收寄国际邮件，同时利用非邮渠道有效支撑国际业务发展，实现业务收入7万元。

4. 物流业务。移动、铁塔、烟草等合同物流项目收入1876万元，占物流总收入的93%。零担物流业务实现业务收入139万元。

5. 创新经营机制：建立“营销中心开发维护＋渠道中心揽收投递”的协同营销机制，明确各中心客户分等分级开发维护标准。开展“众创众享工程”试点工作，城西揽投部全年完成业务收入338万元。

6. 政策支撑。制定重点业务发展超收奖励办法和“市场抢夺战”配套激励政策，全年支付奖励资金39.31万元。修订《大客户管理办法》，建立大客户用邮情况分析通报机制，基本实现大客户的规范管理、动态管理和目标管理。推广自助寄递平台和电子支付渠道，全年向客户推送微信支付5400笔，提升客户用邮体验。

7. 网络运行。进出口邮件133.04万件，其中收寄出口55万件，比上年增长14.27%；进口投递78.04万件，比上年减少17.8%。网络运行平稳有序，各项主要指标呈现稳中有升的趋势。调整出口标准快递省际经转关系，一频次出口邮件量明显增加，拉萨出口标准快递三日递时限提升6%。对新理赔、跟单和内部客服等系统进行上线推广，建立全过程逐环节电子信息化管控的新理赔流程。

8. 财务管理。推进预算管理工作，实行成本费用责任机制和预算执行预警机制。完成财务收支、工程、用户欠费和资费审计工作，覆盖率100%。对经营秩序、违规违纪、客户流失、资费跑冒滴漏等违规行为开展专项检查。推进ERP系统建设，开展数据清理核对工作。

9. 人力资源管理。制定《人才培养管理实施办法》《领导人员管理规定》和《三级副及以下非领导职务设置与管理规定》等人事制度。开展“双定”工作，通过加强工时精细化管理，优化组织机构和人员结构，落实“降本增效”工作要求。开展职业技能鉴定工作，员工持证上岗率80.67%。（速递物流　蔡建）

陕西省

【陕西省分公司】

1. 业务发展。收入36.08亿元，完成集团公司下达计划的105.42%，增幅13.43%，超全国平均水平0.36%。其中邮务类收入5.2亿元，代理金融收入26.67亿元，包裹快递收入2.28亿元。代理金融业务年新增余额230亿元，余额规模1660.96亿元。理财保有量年新增16.1亿元。代理金融网点实现百分之百转型，在全国网点转型验收中位居第2。中邮保费新增13.6亿元，提前两个月完成全年计划。代理保费累计64.5亿元，标准保费实现翻番。包裹业务落实集团包裹快递业务改革部署，快包业务量比上年翻番，收入增幅居全国第4，以“农产品进城项目”为抓手，包快业务量收大幅提升，获全国包快业务竞赛“国内业务发展贡献奖”。电商分销便民服务站点均收益居全国第4。陕西邮政被省电商行业协会评为“陕西十大电商企业”和“陕西电商物流标杆企业”。39个县政府明确邮政作为农村电商寄递主渠道，23个县区分公司与政府签订农村电商合作协议。全国首家省级运营农村电商批销业务在陕西试点。邮务类业务信函专业以全媒体广告、文化商演、玩转亚洲项目为支柱，实现对传媒、文化旅游市场的深度开发；集邮专业成功举办第十七届全国邮展，“网厅＋微店”线上销售增幅188%，《长征胜利八十周年》等主题营销活动受到集团公司高度评价；报刊专业完成2017年大收订，举办图书展销48场，组织开展首届“书香三秦”报刊评选活动。

2. 市场竞争能力。探索邮务类业务“互联网+”，拓展手机银行、网上银行业务渠道。打通包裹业务前端收寄、邮运网络、系统对接等关键环节，开发包裹辅助通关系统，实现进出口邮件与国际小包系统对接。推行人力资源薪酬模块与银企互联互通，实现员工薪酬发放闭环管理。“关中大同城”网和省内邮路同步运行，省内80%以上县市之间实现次日递，省际进出口邮件时限达标率97%以上。西安与全国51个重点城市之间T+3日递率达84%。全面完成县域“三合一”班组整合与流程优化。加强网运与投递环节协调对接，建设专投段道140余条、代投自提网点2500多个，全省邮运时限提速明显。中国邮政西安邮件处理中心项目启动建设。

3. 企业管理。突出发展效益导向，根据业务收入和利润增量核定用工总量。严肃薪酬分配纪律，规范人工成本提取发放管理。实施弹性人工成本管控，推进揽投计件工资制，实现全省薪酬集中发放，薪酬绩效激励作用更加凸显。队伍素质不断提升，初级人才考试通过率居全国第5，高技能人才培养工作受到集团公司肯定。依托ERP系统加强资金管控，开启全新预算质询管控模式，实现全省财务集中核算。规范采购程序，健全评审制度，全年招标项目投资节约率20%。全年完成审计项目405个，综合审减率16.5%，节支2829万元。党政同责抓好安全生产，实现全年资金安全“零案件”目标，代理金融风控管理经验在全国推广，获得全国通信行业、邮政企业管理创新成果二等奖。

4. 服务质量。全面开展普遍服务自查。党报党刊发行稳定增长，机要通信万无一失。举办客户联谊、客户回馈等活动，深度维系客户资源。推行用户申诉处理派驻制，申诉处理满意率97%。落实精准扶贫，从金融、教育、电商、基础设施改造等七个方面入手，在集团公司定点扶贫的商洛市商州区、洛南县扎实开展扶贫工作，实施基础设施扶贫项目26个，建设电商便民服务站51处。在省内扶贫工作方面，帮扶榆林吴堡县南王家山村成立了养合社。省分公司被评为全省“农村电商扶贫先进企业”。

5. 党的建设。推进全面从严治党，深入开展“两学一做”学习教育活动，深入学习十八届六中全会精神，实现党建学习常态化。落实党建及纪检监督组织机构，健全基层党组织“三会一课”等制度，基层党组织战斗堡垒和党员先锋模范作用进一步发挥。严守党的政治纪律、政治规矩和中央八项规定，加强《准则》《条例》学习和警示教育。开展全省党风廉政责任制专项检查，实现省、市两级党组织全覆盖。对中央巡视、省分公司“四风”整治及专项自查中发现的问题及时整改，修订下发制度196项，全年“三公”经费比上年减少22.3%。“两个责任”约谈常态化，“一岗双责”得到严格落实。注重发挥精神文明建设的凝聚和推动作用，“尚德讲堂”、志愿者活动深入开展，邮政职工先进事迹广泛宣传。

6. 和谐发展。坚持以人为本，落实局务公开，主动维护职工合法权益，妥善处理职代会提案。深入推进“职工之家”等建设活动，积极开展走访慰问、困难职工救助帮扶工作。积极开展先进创树活动和企业文化宣贯推广工作。举办纪念中国邮政开办120周年系列活动。建成全国第二家中国邮政报“全媒体示范记者站”。（陕西省分公司 常雅楠）

【邮储银行陕西省分行】 总资产2638.69亿元，比上年增长13.99%。各项存款余额2584.16亿元，比上年增长14.67%。各项贷款余额789.23亿元，比上年增长32.24%。实现营业收入38.71亿元，比上年增长11.22%，收入规模排全国第14位，收入增幅排全国第6位。

1. 个人银行业务。个人客户达1564.32万户，其中个人VIP客户76.12万户。（1）个人存款业务。个人存款余额2168亿元，比年初增长282亿元，增长14.97%。其中，个人活期存款增长30.19%，个人定期存款增长69.81%。（2）“三农”金融业务。“三农”金融贷款业务余额100.02亿元，发放贷款80.62亿元，其中，小额贷款余额59.41亿元，年发放贷款54.55亿元；个人商务贷款余额40.61亿元，年发放贷款26.07亿元。（3）小企业金融业务。小企业法人贷款余额36.15亿元，发放贷款36.87亿元。7月，分行小企业金融部独立，全省“三化”建设逐步推进。（4）消费信贷业务。个人消费贷款业务累计发放贷款39363笔、108.22亿元；年净增78.68亿元，新增贷款市场占有率至省内同业第3位，消费贷款余额114677笔、279.5亿元。（5）银行卡业务。借记卡结存发卡量2852.08万张，全年消费金额344.70亿元，比上年增长15.20%。其中，绿卡通IC借记卡结存发卡量533万张。信用卡全年消费金额127亿元，比上年增长38%；期末透支余额17亿元，比上年增长31%。（6）养老金业务。代收代付养老金1786万笔，其中代收养老金41万笔，代发养老金1745万笔，代收“新农保”交易笔数41万笔，交易金额1.2亿元。（7）代销基金、国债业务。加强与优秀基金公司合作，代销基金的产品总额12.53亿元。代销凭证式国债4期，实际销售2.81亿元，代销储蓄国债（电子式）8期，实际销售6.4亿元。（8）代理保险业务。代销寿险、财险、健康险、意外险等产品169款，其中保障型保险产品71款，占比42%；全年实现代理保险保费79.71亿元。

2. 公司银行业务。（1）公司存贷款业务。公司存款规模419.7亿元，比年初增长50.9亿元；公司贷款余额264.99亿元，比年初增长44.15亿元。公司存款、公司贷款年增幅分别排全国第15位、第9位。（2）贸易融资业务。成立邮储西咸“一带一路”（陕西）自贸区建设基金，是总行第二笔百亿级以上政府类产业基金。贸易金融余额1.97亿元，比年初增长1.56亿元。（3）票据业务。直贴业务规模提升，票据敞口承兑联动效果明显。票据贴现交易量74亿元；承兑业务累计签发金额24亿元，拉动保证金存款6.3亿元，理财3.92亿元，全国排名第12位。

3. 资金业务。（1）市场交易业务。票据转贴现占规模余额28.84亿元，比年初增长82.91%，转贴现交易量158.62亿元，交易笔数55笔；机构理财交易规模350.25亿元，比年初增长368.31%，交易笔数575笔。（2）投资业务。协助总行营销及参与投后管理的项目收入3.22亿元。余额总计144.7亿元。（3）同业融资业务。协助总行营销同业融资业务，其中，存放同业余额为1.5亿元，同业存放余额为12亿元。（4）理财业务。理财产品余额175.22亿元，比年初增长51.28亿元，增幅41%；机构理财产品余额（含开放式理财）226.05亿元。（5）贵金属业务。代理贵金属交易金额9229万元，实物贵金属交易金额1765万元。（6）托管业务。分行托管资产规模1104.83亿元，比上年末增长29.44%。

4. 渠道拓展。（1）网点建设。营业网点1251个，其中，自营网点219个，占比17.50%；代理网点1032个，占比82.50%；自营网点县域覆盖率82.22%。（2）电子银行。电子银行客户规模687万户，其中，手机银行客户规模490万户，激活率为38.3%。电子银行交易替代率82.4%，交易笔数达到3.56亿笔，交易金额2609亿元。ATM总量达到2223台，交易笔数1.4亿笔，交易金额1377亿元；新建离行式自助银行7处。

5. 信息科技。以集团总部“安全运行年竞赛”为抓手，创新运维管理手段，强化生产网后台系统运行支撑，实现全年各系统运行平稳。配合总行完成22个项目省内上线，省内自主研发能力不断提升，累计开展项目实施32个，其中我行自主开发的有10个。省分行作为总行授予首批全国六家科技创新实验室之一，“网点综合服务管理平台项目”“金融综合智能柜台项目”荣获总行“科技创新优秀项目奖”。“金融综合智能柜台项目”同时荣获集团“科技创新成果一等奖”。省分行申报的“ATM流水无纸化改造”被总行列为优秀重点推广项目。

6. 风险管理。信用风险管理方面，强化限额管理，下发《中国邮政储蓄银行陕西省分行2016年度风险政策与风险限额方案》《关于落实信用风险管理工作的通知》等文件，提升全行信用风险管理工作成效。多措并举，强化监测与通报，扎实开展定期资产风险分类及资产风险分类偏离度检查工作，实现了对信用风险的有效管控。市场风险管理方面，开展市场及价格风险的识别、计量和分析报告，加强与会计主管部门联动，提高风险报告和分析质量。流动性风险管理方面，监测全行流动性风险主要指标，我行流动性风险处于可控范围，资金运用基本平衡，行内资金周转正常，流动性管理整体良好。操作性风险管理方面，强化柜面操作风险管理，关注前台印鉴管理工作；扎实管理，做好凭证整理和寄递管理工作，严控短少凭证等重大风险问题，完成50期《风险内参》编制。（邮储银行　马静）

【速递物流陕西省分公司】 收入33640万元，比上年增长12.77%，提质增效成效明显，综合质效基本达标，“二次创业”胜利收官。

1. “创客计划”实施。全省围绕“创客年”，建机制、组队伍、强素质，签约创客1338人，组建创客团队227支，完成“百团千人”目标。全省揽投部实现速递收入1.74亿元，增幅29%，咸阳新区、西安咸宁、榆林长城路等9个揽投部增幅超100%，校园、特色市场、段道创客团队收入比上年增长40%以上。通过营业部和创客团队大力推广“E站通”品牌，将“E站通”代办点作为揽投部渠道的有力补充，发挥增量增收作用；探索引进加盟商，弥补自身运营能力的不足。增加“E站通”代办点571家、加盟商30家，收入过百万元。

2. 业务发展。全省快包业务量813.43万件，比上年增长107.54%，收入5491万元，比上年增长72.56%；速递业务占比比上年增长8%，达75%。西安、宝鸡与企业联合开展樱桃大会战，发运量超10万件，专业公司收入近百万元，猕猴桃收寄收入近350万元。渭南冬枣、柿饼等寄递收入突破200万元。全年发运时令鲜邮件120多万件，收入突破1300万元。良品铺子、三只松鼠等电商标杆项目上线运营，全年发货51万件，创收411万元；开发聚米、衡水老白干仓配项目，创收20余万元。咸阳公司引进佳帮手项目，全年发货量突破百万件，创收528万元。西安菜鸟下沉仓“双十一”发货近万件。以国际EMS精品线路和“西安—韩国首尔”直航线路为突破口，利用政府优惠政策，搭建跨境电商出口渠道，通过微信培

陕西省宝鸡市眉县分公司通过“农村电商＋包裹快递”模式助力当地猕猴桃种植户脱贫致富。（陕西省分公司／提供）

训提高全省国际邮件揽收技能。国际业务全年收入 5227 万元，比上年增长超过 200%。开展全省物流业务“1+2”客户营销活动，中标 2016 陕汽汽车配件公路运输项目和旧件运输项目，咸阳公司开发恒瑞医药运输项目，宝鸡公司开发砀山海升现代农业项目。

3. 网络能力。重点地区网络能力进一步加强，西咸同城网投入运营，推出同城半日达服务，62 辆新能源电动汽车投入使用；以“1+X”模式调整优化省内网，满足省内新产品网运需求；协调推进快递包裹改革，完成全省速递营业部快包出口时限频次编制和快包处理全面移交，终端能力得到进一步释放；信息化应用持续增强。

4. 基础能力。完成投资额 4010 万元，总部直管项目投资 3278 万元，草滩工程一期投产，增加仓储面积 1.3 万平方米、处理场地 1.6 万平方米，机场处理中心工程完成可研批复、设计方案；对良品铺子等项目专项投资 732 万元。

5. 服务水平。推行闭环管理，制定质量问题闭环管理实施方案，建立客服环节发现问题、质控环节分析问题、视检环节专项调查、质控环节督促整改的闭环管理模式。推进主动客服。开展主动客服人员系统操作及工单判责方培训 34 次、批量查询系统培训 5 次。推广协议客户主动客服，加大主动客服监控力度。开展视察检查。组织开展全省视察检查培训及全省交叉检查，实现视察检查全覆盖。开展邮件丢失和虚假信息专项整治工作，邮件丢失和虚假信息得到有效管控。

6. 创新管理。人力资源配置得到优化。通过开展双定，用工总量控制取得成效，用工结构趋好，在岗职工一、二、三线比为 62：30：8，达到总部目标。运营成本大幅降低。调整邮航发运计划，提升邮航满舱率，补仓运费下降 247.26 万元；严把经济邮件上航关，经济上航量从日均 100 吨下降到 45 吨；推行航空运能集中采购，降低网运成本 200 万元。欠费管理更加细致。审计和安全管理持续加强。

7. 党建工作。“四个同步”抓党建，以“两学一做”学习教育为主线，以“四个同步”狠抓党建工作落实，为改革发展提供坚强的政治和组织保证；建立健全党建工作责任制，分级落实管党治党责任，落实党风廉政建设“两个责任”；健全监督检查机制，通过调研走访、专项检查，促进各单位党建工作落实；以“三会一课”为核心，推进基层党建工作，全年 61 位各级党组织书记为党员讲党课，组织党员培训 16 班次、1101 人次。

8. 企业荣誉。西安市雁塔分公司荣获全国邮政速递物流系统唯一的全国“工人先锋号”，涌现出丁义宁、郑点等 10 个创客先锋个人，延安枣园、西安雁塔中贸广场等 10 个创客先锋团队，引领和激励全员创业争先。（速递物流　蔡建）

【中邮保险陕西省分公司】 保费收入 16.4 亿元（含续期），比上年增长 73%，完成计划的 109%，进度排名全国第 5 位；新单保费 13.9 亿元，规模排名全国第 10 位，进度 105.2%，比上年增长 72%；实现期交新单保费 2.4 亿元（不含财寿嘉），完成计划 115%，比上年增长 57%，进度排名全国第 2 位。[其中，期交保费（含续期、财寿嘉）7.8 亿，期交占比 48%，比上年提高 18%]，在全国开展的两次财寿嘉销售活动中，完成销售计划，并排名全国第一；实现团险保费收入 1876.24 万元，完成年计划的 131.21%，综合排名全国第二。荣获保监局和行业协会授予“分类监管评价结果评定 A 类”单位；营业部被省保协授予“2016 年陕西省寿险业标准化服务 AAA 级网点”；“2016 年度合规与风险管理工作会上被总公司评为综合评价全国排名第一”；获得全国营运技能竞赛个人三等奖和金牌讲师大赛前十名；被总公司授予“团险预算目标达成奖”；荣获“中邮保险职工气排球比赛团体第二名及最佳一传奖”，荣获陕西邮政系统职工气排球比赛冠军，并被总公司授予“中邮保险工会先进集体”；荣获总公司“中邮保险全员创新成果活动二等奖及优秀组织奖”；“迎‘七一’、谈党建、‘两学一做’征文活动评比优秀组织奖”。

1. 业务发展。（1）保费收入。中邮保费 16.4 亿元（含续期），比上年增长 73%，完成总公司 15.15 亿元计划的 109%，进度排名全国第五位。（2）高效业务。围绕富富余 3 号、财寿嘉、百倍宝、多多保、福寿绵绵等期交产品，推广策划全省范围的“假日出行，邮政让您更安心”百倍保主题活动，“五一”“五四”节点营销活动。在全省 50 个优质网点，举办产说会 29 场，收集客户信息卡 539 份，实现期交新单保费 604 万元。“六一”节点营销举办产说会 24 场，幼儿园营销活动 3 场，电影院观影活动 1 场，实现期交新单保费 1085.4 万元（不含财寿嘉）。联合省邮政公司专门下发《关于短期内集中力量突击发展中邮期交业务的通知》仅 13 天，销售财寿嘉 20049.3 万元，日均销量 1542.3 万元，全国占比 10.14%，位列第三名。全年开展各类产说会 328 场。全年实现期交保费（含续期、财寿嘉）7.8 亿元，期交占比 48%，比上年增长 18%。（3）团险业务。启动策划新农合小额补充医疗、省行和省公司白金卡客户激活卡、集邮年册激活卡、快递市场团险、烟草集团团险、长安信托账户管理式团险等近 10 个重点团险项目，并开发华衡实业和华弘物业两家系统外客户，启动集邮形象年册激活卡项目。开发系统外团险客户 22 个，实现保费 19 万元。对西安邮政的 20 个县区分局和专业局兼业培训，收到兼业客户信息 60 余条，实现兼业保费 9.78 万元。面向全省邮政公司和邮储银行团险客户 2.6 万名，展开培训 53 场次，团险保费实现 1876.24 万元，比上年增长 25%。实行分片负责制，专人负责各地市团险理赔服务工作，定期前往地市收取理赔资料，团险理赔案件 1530 件，赔付金额 459.77 万元。（4）运营能力。新契约合格率 97%，比上年增长 7.8%；平稳应对年 A 集中退保、满期给付等多个业务高峰，全年完成保全处理 6.85 万件，比上年增长 58%；新契约抽检 1.4 万件，比上年增长 43%；举办全省营运业务技能大赛，在全国大赛中 2 名同志获得三等奖，省市县人员专业能力不断提升。（5）营销培训。建立讲师队伍，省分公司专职讲师 5 人，市县兼职讲师 191 人。1 名优秀讲师荣获总公司第二届“星火传递杯”讲师技能大赛“十佳明星讲师”称号。组织公司内部专兼职讲师评级工作，最后有 4 名讲师获高级资格，6 名获得中级资格，10 名获得初级资格。通过为期 4 个月的培训选拔，191 名兼职讲师通过考试，被聘为“中邮保险陕西分公司兼职讲师”。深入省内 10 个地市，结合“三三制”的指标要求，为市县基层人员培训 441 场，授课时间 367 小时，参训人次 4960 人。

2. 风险防范管控。开展“两两”“回头看”，发现并整改问题 11 项，其中“五虚”问题一项。内控合规检查覆盖 7 个地市、31 个县、63 个网点，符合监管要求。开展反洗钱风险自评估工作，完成客户身份识别 54250 件，排查可疑交易 620 余笔。审批关联交易 48 笔，发生关联交易金额 8257.85 万元，及时防范和化解案件风险。

3. 管理水平。开展四级以下非领导职务评聘工作，建立健全管理人员职务晋升通道。开展专业技术职务资格管理，聘任专业技术职务 62 人次，运用“今目标”管理软件，对员工考勤、外勤人员出勤地点、各种物料、休假的申请及审批，降低人力管理成本和时间成本。开展“企业内部培训师培养——课程开发”讲师大联盟培训班，全体员工参加此次培训。全年培训工作侧重分专业、分层次进行培训，全体员工培训 14 次，参训人员 1200 人次，人均 72 课时。鼓励员工参加寿险管理师认证考试工作，具备高级寿险管理师资格 10 人，中级寿险管理师 66 人。

4. 全面从严治党。（1）“两学一做”学习教育。开辟微信专栏、悬挂制度牌、制作宣传展板、购买学习用书等；党员集中学习、专题辅导讲座、专题研讨以及支部“每月一学”；访学延安红色教育基地、观看《榜样》《大国工匠》等教育影片；通过四大板块间的交叉讲党课，增进交流；微信答题以及参加总公司开展的“迎‘七一’、谈党建、‘两学一做’”征文活动。组织全体党员集体学习 15 次、集体研讨 4 次、专题讲座 11 次、交叉讲党课 3 次、微信答题 4 次。在接受省直属机关工委“两学一做”学习教育督查组专项检查中受到好评，并接受第七督查组的现场学习和观摩。（2）党风廉政建设。与各部门负责人签订《中邮保险陕西分公司 2016 年党风廉政建设责任书》，将责任压力逐级进行传导。制定党风廉政建设工作考核方案，对落实党风廉政责任制有关情况逐项评分考核，督促各部门负责人履职尽责。扎实开展岗位廉洁风险自查，构建风险防控优化体系。通过对 10 个部门、50 个岗位的 78 名员工的多方式排查核定，梳理出 89 个廉洁风险点，研究确定 218 条防控优化措施。对自查发现的 4 个问题，制定 8 项整改措施；对当前未发生的 18 个问题，制定 43 项预防措施。截至 12 月 31 日，51 项整改及预防措施均落实执行并长期推进。扎实开展“四风”问题整治“回头看”工作。领导班子以上率下，以身作则，带头查摆，梳理出 9 条相关问题，并对之进行整改推进。

5. 和谐企业建设。设立主席信箱、职工意见建议箱，畅通员工诉求表达渠道。开展全员创新活动，征集管理现代化创新成果 4 个、合理化建议 18 条，在总公司评选中获得管理现代化创新成果二等奖和优秀组织奖。加强选先树优工作，授予 7 名员工“优秀女员工”称号，授予 7 名员工“青年标兵”称号。（中邮保险　王森龙）

【中邮证券陕西省分公司】

1. 板块联动。全面开展并深入推进与陕西省邮政分公司、邮储银行陕西省分行的合作，借助邮政、邮储的网点渠道资源，通过低成本扩张和空白区竞争策略，共享网点和客户资源，提升网点的整体竞争力；一是与邮储银行共同开展第三方存管业务的宣传营销活动；二是强化业务培训，对陕西省邮政、邮储开展现场及视频培训会议；三是将分公司现有后台员工全部包挂邮政、邮储营业网点，进行业务讲解和咨询，实现“一对一”无缝对接。

2. 业务情况。

（1）加强运营方面的制度建设，保障经纪业务规范有序开展。分公司严格按照经纪业务总部下发的《经纪业务制度》开展各项经纪业务，不断加强业务办理过程中的规范性和完备性，对业务办理过程中发现的异常情况及时处理并报告，确保风险隐患得到及时处理，客户信息得以准确、有效的传递。

（2）加快融资融券业务推广进度。做好两融客户储备的同时，推进信用业务人员储备工作，对符合条件的客户采取电话、短信、电子邮件等方式进行业务宣传和推广，以邮储银行三方存管业务上线为契机，在各邮储网点做好品牌宣传和业务推广工作。切实加强投资者教育活动。及时、准确地对投教园地的内容进行更新，便于广大投资者及时全面地了解公司最新信息；针对不同的客户群体发放与其相匹配的投教手册、折页等宣传用品，审慎评估客户自身投资需求和风险承受能力。

（3）加强合规专项培训，增强业务人员合规意识。定期组织业务人员合规专项培训，使各个岗位的人员真正做到明职责、细制度、严操作，从事前、事中、事后等业务环节对业务可能存在的风险及隐患进行有效识别、防范和控制，树立正确、科学的合规意识。

（4）以与邮政各板块联动为契机，实现互利共赢。分公司在与邮政全面合作过程中，应以提高客户服务质量、客户管理水平为目标，努力做好分公司与邮政服务网点的有效对接和业务融合。以业务培训为切入点，为各营业网点提供全方位的业务支撑，扩大市场知名度和影响力。（中邮证券　黄颖琼）

甘肃省

【甘肃省分公司】

1. 业务发展

（1）业务发展。代理金融业务累计完成收入 8.55 亿元，比上年增长 17.09%，完成预算进度的 110.49%。包裹快递业务累计完成收入 16385 万元，比上年增长 30.10%，完成预算进度的 103.14%。函件业务累计完成收入 5007 万元，比上年减少 6.31%，完成预算进度的 91.04%。集邮业务累计完成收入 8364 万元，比上年增长 10.67%，完成预算进度的 103.26%。报刊业务累计完成收入 11221 万元，比上年增长 8.85%，完成预算进度的 107.62%。电子商务业务累计完成收入 8104 万元，比上年增长 7.93%，完成预算进度的 106.63%。分销配送业务累计完成收入 1018 万元，比上年减少 24%，完成预算进度的 101.8%。金融业务收入占比比上年增长 1.75%，规模市场占有率比上年增长 0.59%。寄递业务将发展重点确定为标准快递和快递包裹业务，收入占比比上年增长 5.2%。净利润指标超集团公司下达计划 436 万元，货币资金余额 4.05 亿元。

（2）项目营销。全省确定 6 个专业 68 个重点营销项目，其中 11 个列为省分公司重点挂牌督导项目，通过明确目标、落实责任、项目督导、通报考核、省市帮扶、专业联动等方式，促进业务发展。代理金融业务发展：一是持续转型，效果明显。全面实施“三大转变”（即：业务发展的重心由单纯的依靠窗口转向窗口内外结合，由单纯的柜面营销转向柜面营销和项目营销结合，由重视一、四季度旺季发展转向注重全年均衡发展），业务发展取得突破。二是项目营销，拓宽市场。全年外出务工项目累计沉淀余额 30.77 亿元，特色资金项目累计沉淀余额 31.2 亿元，“客户节”“优惠购”活动拉动余额增长近 30 亿元。三是总量提升，结构优化。累计新增金融资产 154 亿元，比上年增多 52 亿元，点均新增金融资产 3560 万元；新增储蓄余额 100 亿元，比上年增多 73 亿元，创历史新高。四是注重线上，拓宽渠道。累计新增手机银行客户 41 万户，手机银行存量客户达到 139 万户，结存激活率 50.88%，全国排名第 4 位；电子银行交易替代率 79.54%，全国排名第 2 位。包裹快递业务发展：一是标准快递稳定增长。标准快递业务比上年增长 11.6%，排名全国第 10 位。二是快递包裹发展再上台阶。快递包裹业务比上年增长 79.28%，排名全国第 19 位。三是特色产业做出规模。明确各市州县特色产品寄递项目，仅苹果寄递项目就收入 1241 万元，达上年收入规模的 4 倍多；天水樱桃项目收入 70 多万元、民勤蜜瓜项目收入 50 多万元。四是电商市场有效介入。全年新注册小微电商客户 280 户，收入贡献超过 300 万元。电商分销业务发展：一是农村电商扎实推进，通过天水现场会全面启动“农村电商—邮乐购”建设推广工作。二是“1 个木本核心业务”（储蓄短信）和“3 个增值公共服务业务”（商旅票务、代收代缴、代理车险）加快发展。三是分销联动项目推进成效明显，分销节庆项目加强与金融、寄递专业联动，取得综合效应。传统业务发展：集邮业务开展生肖贺岁季项目、首届文博会项目等重点营销活动，成效显著。拓展“互联网 +”集邮营销新渠道，取得新突破。定向盘活库存 1209 万元，完成计划目标的 103%。推进“千万市百万县”函件传媒转型升级工程。报刊大收订圆满完成，“一报一刊”媒体平台建设粗具规模。

2. 集中管控及内部运行

（1）集中管控。财务管理：一是加强预算管理，发挥引导作用。建立重点成本项目预算管理台账，强化预算执行的准确性和严肃性。制定邮路普遍服务补贴办法，全年安排增量补贴 1899 万元，保障基层单位履行普遍服务的成本需求。二是完善绩效激励，突出利润导向。优化绩效考核指标，建立战略绩效体系，调整对利润完成情况的考核评价方式，以收入利润率、营销费用率、定向压库率等指标为重点，完善对重点标杆指标的绩效考核。三是增强合规意识，开展专项整治。以集团公司巡视整改要求为重点，对营销费管理、现金管理、福利费管理进行专项整治，企业合规意识明显增强。对职工借款和备用金进行专项清理，累计收回资金 389 万元。认真落实邮政服务“三农”项目自查要求，退缴财政资金 798 万元。四是推进系统建设，夯实数据基础。积极推进 ERP 系统、集中核算平台建设和应用，持续开展财务管理和核算流程优化工作，推进系统顺畅运行。人力资源管理：一是用工管理结构不断优化。认真测算并确定全省邮政企业用工总量调控目标和增效配员控制计划。不断改善员工素质结构，全年招收 210 名高校毕业生，择优招用 105 名劳务工，劳务工占比与上年持平。二是人工成本管控持续增强。根据新型弹性人工成本管控办法，下达 2016 年基本预算和弹性预算工资总额计划，以及三、四级领导人员工资总额计划，按序时进度 8.33% 进行整体控制。对领导人员薪酬发放情况进行自查整改，维护了薪酬分配秩序。三是职工教育培训成效显著，全省员工培训 100% 覆盖，培训涵盖各个方面。网运管理：一是推进网路优化，时限全面提升。新开通12条干线邮路，组开13条临时干线邮路，17条邮路增加运行频次。同时，对各县区间的邮路和省内陆运网进行优化调整。通过上述调整，兰州至全国重点城市以及省内互寄时限均大幅缩短，进口邮件时限达标率全国排名第9位。二是推进流水化作业，处理能力增强。完成天水、平凉、武威、张掖等重点单位的流水化改造工作，处理环节平均缩短1个多小时，有力支撑旺季生产。三是推进县域“三合一”，投递提速明显，县域邮件处理时限平均缩短1个小时。四是强化指挥调度体系建设，充实了省级指挥调度中心人员力量，成立了市州分公司网络运营中心。审计管理：一是对屡查屡犯问题加大考核问责。二是对以前年度发现问题集中进行“回头看”，加大整治力度。三是扩大审计管理覆盖面。全年对90个审计对象、316个审计项目、40个县区分公司进行专项审计。查出违规违纪金额231.82万元，促进增收节支838.55万元。建设项目送审金额13713.15万元，审减835.88万元，综合审减率6.1%。提出审计意见和建议140条，促进整章建制38项，规避和降低了企业经营风险。工程和采购管理：一是管理审核更加规范。严格履行合同审批程序，累计完成93个投递场地、局房改造、网点项目的合同审查，61个邮件处理场地改造项目的方案审核，55个县域仓储中心项目的施工图及概预算外审工作。二是过程管控持续深化。建立工程进度月报制度，加强工程进度管控督导。严格执行采购全流程闭环管理，严格执行“三重一大”决策程序，监察部门对集中采购项目进行全过程监督。三是基础管理不断完善。结合集团公司巡视整改要求，以问题为导向，进规范采购方案的制定，加强市州采购档案的管理和指导，修订了网点装修标准化图集。四是物资采购合规集约。依法必须招标项目全部选用招标方式进行采购。累计完成采购项目54个，节约资金3372万元，节约率为27.42%；执行采购预算11533万元，占总采购预算的93.75%。安全管理：一是安全认识不断强化，管理体系不断健全。“安全生产无事故”首要定位得到全省邮政的认同。健全安全生产管理体系，层层签订安全生产责任书，明确各层级的安全责任。定期召开安委会例会，对重点问题进行研究和解决。二是安全检查持续推进，隐患整改效果明显。推进月度检查工作，开展专项检查，保证重要时点、重大事件邮政渠道的万无一失。重点加强代收石油款、农村金融网点提送款等风险点管理以及汇兑网点集中整治，全年检查并整改各类问题隐患1040个。三是金融风控持续强化，内控检查全面开展。对全省所有金融网点按频次要求进行全面风险排查，认真整改问题隐患。借助合规管理系统，对预警信息全部进行现场核查，核查率100%。四是安全投入力度加大，技防能力大幅提升。加大全省视频联网监控设施投入和合规管理系统推广上线，金融网点全部实现合规操作视频调阅和理财类业务录音录像功能。举办各类安全及金融内控培训893次，培训员工12416人。

3. 两网建设

（1）实物网建设。加大对“一体两翼”战略实施过程中薄弱环节的能力投入，下达实物网建设投资8052万元，重点用于市州邮件处理场地建设、网运生产设备购置、营投能力提升等项目。下达邮政普遍服务基础设施专项投资4584万元，安排普遍服务网点翻建和整修项目18个，改造危旧县局房8处，进一步增强发展能力。下达机要通信基础设施专项投资276万元，为机要投递和接发车辆配置车载设备，解决机要运输、投递和接发过程中存在的安全隐患。下达服务“三农”专项投资824万元，增强县域分销配送和农村电商业务的发展能力。

（2）信息网建设。一是项目建设完成。完成了储蓄集中授权、全省信息网网络改造、运行管理平台、网运系统更新等集团统版项目建设，以及智能终端一体机、信息网安全加固等省内信息化项目建设，信息网承载能力有效提升，业务连续性得到保障。二是运维质量不断提升。加强对全网信息安全管控，严格落实终端封网制度，累计封停304个病毒设备；强化对通信运营商和ATM维保厂商服务质量的评估考核，全年累计扣罚17.8万元，有效支撑全省邮政生产经营和客户服务工作。全力做好信息网运维竞赛活动，全国信息网考核排名第6位。

4. 服务水平及质量管控

（1）检查管控更加规范。开展普遍服务投递质量专项整治、邮件丢失专项整治等活动，有力保障G20峰会、文博会期间的邮政服务工作，全年无重大通信服务质量问题发生。

（2）激励方式。完善全省营业投递环节计件制，促进投递人员积极性。

（3）服务质量。以寄递协议客户为抓手，用邮收入比上年增长56.19%。

（4）机要通信质量全红。单独成立甘肃省机要通信局，作为省分公司直属单位，实行省市一体化管理。

5. 落实巡视整改及党建、监察、工会工作

6月3日至7月11日，集团公司党组对全省开展巡视。省分公司严格按照集团公司要求，加强组织领导，落实整改责任，细化整改措施，强化督办落实。对巡视反馈意见和具体问题，提出96项整改任务，制定209项细化措施，按时限要求100%完成整改。以巡视整改为契机，全省邮政党建、纪检、工会等工作不断加强。

（1）全面从严治党责任。一是建立“三级七岗”主体责任清单。明确省市县分公司党的组织机构和工作机构，认真贯彻落实“1583”党建工作总体思路，将领导班子年终绩效与党建工作挂钩考核。二是深入开展“两学一做”学习教育。细化学习任务、强化督导检查、开展考核通

报、做好规定动作。三是全面加强干部监督管理。重点对个人事项报告、选人用人机制进行检查，组织完成了干部档案专审工作。选派人员参加专题培训和创新管理培训，领导干部履职能力不断提升。四是不断夯实基层党建工作。印发《党支部工作手册》，规范基层党组织的工作职责和组织生活制度。认真落实基层党建重点任务，开展党员组织关系集中排查、基层党组织按期换届检查、党费清理收缴、党务干部培训等工作。五是充分发挥党组织服务基层作用。将消灭“饮水难”“如厕难”“取暖难”问题局所作为基层党建负责人的“政治责任”，纳入党建工作考核。认真开展争创“四强”“四优”和创建基层服务型党组织活动，设置党员责任区、党员先锋岗，在生产旺季成立党员突击队，充分发挥党支部战斗堡垒作用和党员先锋模范作用。

（2）纪检监察。一是全力推动整改落实。认真开展“四风”治理情况“回头看”活动，认真开展集团公司专项自查和中央巡视反馈意见整改情况“回头看”工作。“点面结合、标本兼治”，做好集团公司巡视整改工作，所有整改任务按时限要求应完成尽完成。二是认真落实监督责任。党组、纪检组开展廉洁谈话102人次，开展集中采购、选人用人、邮票发行等现场监督52次。三是扎实开展廉洁风险防控工作，年度工作任务按期完成。四是做好党风廉洁教育培训，纪检监察干部教育覆盖面100%。

（3）邮政工会。一是持续推进“心系一线 关爱职工”活动，145处“三难局所”问题全部解决。二是不断完善司务公开和职代会制度，《集体合同》签订率100%。开展“公开解难题、民主促发展”主题活动，对20个市州县分公司班务公开工作进行了督导检查。三是开展冬送温暖、夏送清凉等活动，重点关注机房搬迁、旺季生产等工作的慰问活动。四是职工小家建设投入资金3758.5万元，重点用于基层职工食堂改造和建设，职工覆盖率达到95%以上。陇南分公司职工之家被中华全国总工会授予“全国模范职工之家”称号。补贴资金16.5万元，为甘南藏区邮政网点和投递场所购置44台制氧机，职工生产生活条件得到了进一步改善。将关心关爱员工落到实处，员工幸福指数较往年提升，全员劳产率14万元/人，较上年提高13.77%，人员流失率比上年下降2.35%，队伍稳定率逐步提高。五是开展“三杯三先”等劳动竞赛和全员创新活动。发挥劳模示范引领作用，全省邮政16个单位和个人分别被授予全国“工人先锋号”、甘肃省“五一劳动奖状”、甘肃省“工人先锋号”、“甘肃省优秀工会工作者”等荣誉称号。（甘肃省分公司　李凯）

【邮储银行甘肃省分行】

1. 业务发展。储蓄存款增加117.1亿元，创历史新高；贵金属全年销售5373.9万元；顺应居民投资需求，人民币理财累计销售394.05亿元，增幅83.86%，个人人民币理财结存107.17亿元，增加22.63亿元，增幅26.77%；强化渠道营销，全年信用卡增加发卡5.37万张，收入2477.7万元，增幅113.3%；电子银行客户渗透率42.9%，全国排名第6位，比上年增长18.3%，交易替代率82.9%，比上年增长11.2%；个人网银激活率66.6%，全国排名第5位，手机银行激活率49.3%，全国排名第6位；深化银校合作，发行兰大校友卡，累计发卡8831张，实现我行与211、985高校联名卡的“零突破”。零售信贷全年发放7.65万笔，195.6亿元，净增45.8亿元，年末余额273.8亿元，排全国第18位，较上年提升3位。消费信贷聚焦重点产品，强化平台合作，余额突破百亿大关，占比较上年提升13.5%，信贷结构更加合理。

2. 项目管理。应对财政账户管理政策，着力实施以贷引存、以债引存弥补缺口，存款余额134.4亿元，全年净增26.58亿元，增幅24.7%；公司贷款余额71.5亿元，全年净增32.5亿元，增幅83.4%。总部营销实现重大突破，全年金融资产交易量突破703亿元，收入2.27亿元，增幅27.9%；强化项目带动，与省交通厅签订10年期200亿元的公路产业基金合作协议，首期落地11亿元；与省公航旅签订15年期200亿元“降杠杆”产业基金，首期落地35亿元。抓政策拓项目，承销甘肃省政府地方债30.4亿元，以债引存12亿元，累计中标突破50亿元；为白银有色集团公司发放流贷10亿元，开立全敞口银行承兑汇票2亿元；为白银第三人民医院发放信托贷款2亿元；为省国投授信60亿元，投放流贷15亿元，引存公司存款9亿元；为“两徽”高速发放首笔自营固定资产贷款5亿元；销售同业理财163.9亿元，增幅80.7%。全年票据业务交易量268亿元，直贴、转贴业务量分别达56.6亿元、211.2亿元。小企业结合“双走”活动推进银政合作项目落地，年内批复小微企业助保贷项目7个，合作金额4.6亿元，累计放款超过2亿元。

邮储银行助力首届丝绸之路（敦煌）国际文化博览会。（新闻宣传中心/提供　孙婷/摄）

3. 管理水平。补充和加强后备干部力量，搭建“省管后备干部”“中长期培养对象”和“百名优秀大学生”三个梯队建设平台，建立动态配员机制，以学代培，为基层培养业务骨干；发挥绩效导向，完善绩效考核体系，加大向一线及业绩突出的机构、个人的倾斜力度。强化财务精细化管理，实行预算“一次亮底”管理模式，收入与利润预算目标超额完成。推进财务集中管理，顺应国家政策调整，全行联动确保“营改增”平稳推进；优化财务管理流程，全面实现全行财务集中核算，确保 ERP 系统、大总账系统、税务管理系统的成功上线和顺畅运行。突出利率管控，强化资本约束与价值创造，新发放小企业、个商贷款收益率分别排全国第 2 位、第 5 位，资产负债管理全国排名第 6 位。

4. 服务实体经济。涉农贷款余额 215.2 亿元，占比 56.17%；小微企业贷款余额 151.71 亿元，占比 39.6%，基本完成“三个不低于”指标。聚焦甘肃精准扶贫工作，明确在“十三五”期间，向 58 个贫困县投放信贷不低于 500 亿元的金融扶贫实施意见，省分行领导亲自帮扶和指导 11 家金融扶贫重点支行。总行相关部门领导亲赴秦安、和政等地，与当地政府共商扶贫事宜。全年向 58 个贫困县投放民生类贷款 86.4 亿元。向庆阳地区 500 户贫困户投放 10 年期住房改造小额贷款 2900 多万元。全省建成信用村 200 个，创新农村小额贷款扶贫模式，建立“双联”联系点 47 处，联系户 891 户，开展双联行动 160 余次，自筹捐资捐物 235 万元，办成实事 202 件，全年选派 35 名干部实施驻村帮扶，助力甘南州碌曲县唐科村提前四年整体脱贫。

5. 和谐银行。创新搭建“一群一课”党廉“微”平台，深化廉洁随身“微”教育，形成以“微互动”“微教育”“微提醒”为主的党廉教育新格局，使《准则》《条例》的学习更具针对性；开展党建“六个一”活动，力促“两学一做”学习教育全面落实；理论研究成果丰硕，30 篇优秀研究论文喜获集团、总行和省分行奖项，省分行喜获集团优秀组织奖；强化“四强四优”评选，典型引领和党员先锋模范作用凸显；以“强基固本”建设工程为切入，通过陇西县支行标杆带动，现场会观摩推动，党组织阵地建设得到强化，党员突击队在不良清收等工作中作用明显。深入落实“两个责任”，开展廉政约谈、党廉考评、效能风暴行动，强化“三重一大”决策事项监督，实践好监督执纪问责“四种形态”，畅通信访言路，加大信访查办力度，全年核查信访 11 件；完成集团公司巡视检查工作，整改率达 97.5%；梳理全行岗位廉洁风险点，明确风险点 78 个，防控措施 245 条，全员签订《廉洁风险防控承诺书》2746 份。（邮储银行　马静、甘肃省分行　徐子涵）

【速递物流甘肃省分公司】 1. 业务发展。邮政速递物流收入一季度比上年增长 5.68%，二季度比上年增长 8.16%，三季度比上年增长 9.75%，四季度比上年增长 21.63%。活跃客户开发数量有所增加，其中一季度末活跃客户比上年增长 6.39%，二季度末活跃客户比上年增长 5.58%，三季度末活跃客户比上年增长 11.74%。12 月 31 日，活跃客户数 1754 户，比上年增长 13%，绝对值增加 202 户。重点政务项目稳步比上年增长，检察专递、二代证、护照和医院病历寄递项目收入 528.8 万元，比上年增长 42%。京东落地配项目收入 631.09 万元，比上年增长 80.72%；开发小米项目，完成收入 156.62 万元。物流重点老项目续签带来增量收入 400 万元，开发年收入规模达 150 万元的宁波方太等 5 个合同物流项目。探索生鲜类土特产“线上 + 线下”营销模式，将天水樱桃、酒泉李广杏、兰州水蜜桃、兰州百合等项目纳入总部“极速鲜”商城平台销售，实现新鲜水果、牛羊肉、鲜百合、土特产寄递收入 460 万元，比上年增长 64%，其中天水樱桃收入 64 万元，酒泉李广杏项目收入超 100 万元。加强物流三大平台建设，整合仓储资源 7300 平方米，依托中石化“仓加配”项目引进省内第一个仓储管理系统；稳妥处理供应链金融项目，省内 24 个供应链金融项目，下线 21 个，剩余项目稳步推进下线，较好规避项目监管风险。“五个中心”建设和“众创众享”持续推进。专兼职客户经理增加到 93 人，专揽人员数量增加到 68 人，客户经理人均业绩比上年增长 10% 以上，核心区域揽投力量得到加强。重点市场渗透初见成效，45 个商圈和 17 个校园市场实现定人派驻，35 个重点商圈增收明显。所有经营单元推广众创众享，12 月全省 34 个揽投部、项目部中，业务收入比上年增长的揽投部有 25 个，当月揽投部、项目部增幅最高 164%。

2. 运行方面。一是优化调整网络。争取股份公司总部和地方政府支持，9 月 6 日，开通兰州—天津—南京邮航线路，打通甘肃航空出省大通道。调整兰州—银川一干邮路，实现兰州—银川互寄邮件次日递，次日递率 88%。开通兰州—乌鲁木齐一级干线火车邮路，兰州—乌鲁木齐次日递率由原来的 2.67% 提升至 31.26%。重新制订标准快递邮件航空发运计划，利用邮航和民航加快全省出口标准快递时限，兰州出口次日递城市数量从 7 个增加到 66 个，兰州出口至 72 个重点城市次日递率由年初的 32.52% 提升至 53.2%。二是加大环节控制力度，质量管控成效显著。加强对运行质量的监控和对问题环节的实时调度管理，1—12 月份，全省进口标准快递邮件及时妥投率平均 86.85%，超标准 1.85%，比上年提升 4%；收寄—封发比对超 24 小时逾限邮件占比为 5.67%，比上年减少 19.33%；封发—发运比对超 24 小时逾限邮件占比为 2.17%，比上年下降 0.23%；本地接收—下段比对超 24 小时逾限邮件占比为 20.99%，12 月比年初下降 4.62%；出口超5日未妥投邮件占比为8.05%，比上年减少3.39%。三是三级运营保障体系初步建立。15名专兼职人员组成的三级运营保障体系成功建立，以重点项目时限需求为中心的发运计划和指挥调度体系有序运行，天水樱桃邮件出口次日递率50.35%，酒泉李广杏邮件出口次日递率提升到25.2%，小米手机项目保持时限稳定。四是实施运营标准化工程。兰州市区趟车由“两进两出”升级为“三进三出”。全省非一体化地区583台闲置PDA清退后节约费用111万元。集散中心、各市分公司标准化处理中心系统全面启用，通过推行6S管理等手段，力争用流程换人、用机器换人、用技术换人，全省处理人员数量累计压缩28人。五是信息化能力提升。楼宇管理系统、薪酬管理系统、仓储系统推广应用，全省信息网安全实现日常化管理，省公司视频会议系统上线运行，兰州地区生产网改造全面完成。

3. 管理方面。一是建立资源利用率评价体系。各单位人均揽投量、人均营销收入、车辆利用率、场地利用率、百元成本的效能等指标全部纳入效能评价。实行人财集中管控，对营运资金、人工成本超支实行一票否决制，集中核算和资金集中管理得到加强，人工成本管理和人力资源盘活利用深入开展，外包费用等严格列入人工成本管理。二是加强预算的全环节管控，尤其是资金、人工成本得到控制。根据各单位经营发展情况，动态调整运输费、仓储费等各项成本，做到变动成本以收定支，固定成本贯穿始终，加强预算的过程控制，提高预算执行力。严把成本费用支出审核关，做到成本支出依法合规，现金预算总量平衡。三是企业管理规范性提升。修订“三重一大”制度，制定工程建设、集中采购、干部管理、成本管理、薪酬发放、绩效考核等方面的制度规定，企业重大决策按规定和程序进行。集中采购小组充分发挥作用，完成5个集采项目，执行集中采购141万元。四是督察督办机制初步建立。落实省公司督察督办办法和公文限时办结办法及有关规定，强化效能监察工作，规范会议议定事项落实，强化重点任务、重点工作的任务分解，列出清单，明确责任单位、完成时限和目标要求，有力确保了政令畅通和办事效率。

4. 党建方面。一是组织建设及保障能力提升。完成省公司党委和部分单位党委工作机构的建设，设立党委办公室、党委党建工作部、党委组织部，设立专兼职党建和纪检监察工作人员。将部分直属单位党委改为党总支，理顺组织关系。调整党支部设置，将党支部设在部门，确保一岗双责职责落实。二是重点抓好主体责任、两个责任落实。全面学习宣传贯彻党的十八届六中全会精神，逐级签订年度《党建责任书》和《党风廉政建设责任书》，明确责任事项，坚持季度检查考核和日常督促指导相结合，确保了重点工作有序推进。三是扎实组织开展“两学一做”学习教育。5—12月，全省邮政速递物流各单位分别组织开展丰富的活动，统一配发学习资料，坚持集体学习与个人自学相结合，撰写学习心得，组织开展征文比赛，做好进度督促检查，党委书记和党支部书记分别讲党课，各级党委班子成员自觉过好双重组织生活，全省统一设置“党员示范岗”，在部分监督岗位设置“监督举报牌”，党员先锋模范作用得到发挥。四是开展“四风”整治“回头看”和集团巡视整改。各级党委班子召开“回头看”专题民主生活会，梳理出的6个方面123项具体“回头看”清单，已经整改121项，剩余2项推进。以强烈的政治责任意识配合集团公司开展巡视工作并开展巡视整改，根据集团巡视反馈确定的4个方面27个问题29项整改任务完成28项。（速递物流　蔡玮）

宁夏回族自治区

【宁夏分公司】 主业收入完成4.29亿元，比上年增长13.89%，增幅排名全国第11位，完成集团公司预算的104.79%。代理金融、包裹快递、邮务类业务分别收入2.13亿元、4059万元和1.49亿元，分别比上年增长12.5%、7.3%和17.3%。代理邮储净增余额17.68亿元，余额逾百亿。全年完成利润−6793万元，比上年减亏585万元；劳动生产率完成12.07万元，比上年增长22.5%；人事费用率减少8.4%；欠费率达到集团公司管控要求；在支付以前年度挂账款3415万元情况下，企业存量资金1.33亿元，比上年增加4200万元，其中自有资金800万元，比上年增加1000万元。在岗员工收入比上年增长23.49%。

1. 经营转型

全年净增余额17.68亿元，余额达105.98亿元。区管项目完成28项，收入7463.2万元，占邮务类收入的比重41.8%。加快实体渠道建设，完成5处金融网点改造，调整优化纯邮政网点7处，清理规范代办网点12处，建成村邮乐购站1365处。拓展线上渠道运营能力，五个市分公司集邮网厅全部上线，实现销售额507万元；新增手机银行客户8.95万户，比上年增长32.71%，电子银行交易替代率74.05%；邮乐农品平罗馆和灵武馆上线运行，交易额92.31万元。开通“宁夏邮政生活邮你”微信号，全区邮政各微信平台累计吸粉5.8万人，基于平台的营销模式转型深入人心。调动县域及农村邮政发展积极性，23个县（区）分公司对标赶超，实现快速发展，业务收入全部实现正增长。

2. 机制改革

全年精简超标准设置机构16个，实现减员492人，优化三级人员22人、四级人员109人、管理人员332人；

配备专职客户经理157人、渠道经理27人。修订区分公司对市分公司、直属单位、投资公司的经营绩效考核办法，健全完善区分公司对机关部室负责人和一般管理人员的考核办法。强化预算管控，启动区内业务招待费、会议费、办公费等管理性支出对标管理，降低非生产性支出。加强薪酬分配管控，对竞聘后岗位发生变动的757人执行“易岗易薪”。严格人工成本管控，重点做好收入、劳动生产率、人事费用率等指标分析，确定企业年度人工成本配置规模，减少人工成本523万元。全面推广县域转运、分拣、投递“三合一”流程优化。“双十一”期间，全区邮政进出口快递包裹939万件，比上年增长2.6倍，日处理峰值12.15万件，比上年增长1.78倍。建成自提点813处。

3. 管理水平

（1）用工管理。修订劳务用工转招合同用工管理办法，按照“基本积分＋绩效积分”排名方式，选拔91名优秀劳务工招用为合同工，稳定一线员工队伍。做好网点负责人和柜员的优化调整及考核工作，全年调整支局局长113人，清退不合格用工25人。首次开展面向社会的公开招聘工作，新招聘16名大学生进入企业工作。

（2）财务管理。严控投资规模和集中采购工作，集中采购项目完成29个，资金节约率12%。加强信息化系统应用，完成ERP项目3个主数据和43个模块上线工作，确保系统正常稳定运行。

（3）制度建设。累计修改、完善涉及业务发展、经营纪律、议事规则、选人用人、绩效考核、采购管理、“三重一大”决策等各项规章制度、办法60余项。严格执行“三重一大”事项决策程序，实现科学决策、民主决策，增强干部员工守纪律、讲规矩的意识。

（4）内控管理。开展“平安邮政”创建工作。未发生失泄密事件及机要通信事故。发挥审计监督职能，加大审计问题整改力度，遏制“屡审屡犯”现象，开展各类审计125项。加强法律事务工作，聘请法律顾问提供法律咨询服务，防范经营管理风险。

宁夏分公司工作人员走访种植户，促进农产品网上销售。（宁夏分公司/提供）

4. 能力建设

（1）人才选拔。65人通过集团公司初级人才选拔。对县（区）分公司负责人及160名支局长开展集中培训。举办各类培训598期，培训人员4.1万人次；职业技能鉴定合格率55%，“一岗双证”人员占比41%。

（2）信息网建设。集团统建及区内信息工程建设完成29项，软件引进及自主研发完成10项，优化平台系统功能152项。银川邮件处理中心初步设计得到集团批复。

（3）服务能力。所有空白乡镇网点的开业运营完成。强化邮件寄递安全与时限管理，认真处理好用户投诉、申诉工作。做好金融、报刊、农村电商等精准扶贫工作，提升了企业形象。

5. 和谐企业建设

（1）党的建设。落实全面从严治党“两个责任”，加强党建和党风廉政建设，深入开展“两学一做”学习教育，充分发挥各级党组织和党员在推进企业发展中的作用。加强党的组织体系和工作机制建设，抓好基层党组织设置、换届选举、“三会一课”等制度落实，开展党建述职评议考核工作。深入开展“五有一好”党建服务品牌创建活动及党支部星级评定达标工作。

（2）队伍建设。强化干部管理、考核与监督，完善领导干部评先选优和末位调整机制，对2015年度考评排名末位的2名三级人员降级使用。组织28名机关、专业局与市县管理人员进行“双选双挂”双向交流锻炼。

（3）关爱员工。加强职工小家建设，坚持开展送温暖、金秋助学、重病医疗互助及基层帮服等活动，发放资助及慰问金82.38万元。

（4）精神文明。银川市分公司兰亭苑投递部荣获自治区“工人先锋号”称号，银川邮区中心局函件车间荣获自治区“三八红旗手集体”称号；区分公司被自治区党委宣传部评为全区“清凉宁夏”文化示范先进单位；银川市分公司获得“全区50佳道德讲堂”；李燕、邹文静获得集团公司“优秀所主任”和“优秀支行长”称号。（宁夏分公司办公室　白振峰）

【邮储银行宁夏分行】 设202个营业网点，下辖5个地市分行、22个县（区）支行。总资产规模202.5亿元，各项存款余额194.2亿元，各项贷款余额111.68亿元。自营收入6.58亿元，比上年增长4.4%；利润总额实现1.46亿元，比上年增长57.4%。不良率为2.25%，拨备覆盖率为141.4%。

1. 业务发展。各项存款余额194.2亿元，余额市场占有率3.64%，比年初增长0.34%；年增加存款41.07亿元（含代理年增17.69亿元），创年增加历史纪录。年增存款市场占有率8.1%，列同业第5位，增速高于同业平均水平15.8%。信贷业务结构进一步优化，各项贷款余额111.68亿元。金融市场业务在票据转贴现受市场环境影响、大幅下滑的情况下，同业投资等6类新兴业务发展取得有效突破，超额完成年度预算目标。同业投资、股权融资、债券投资、综合管廊PPP项目、资金托管、机构理财业务投放18.61亿元，其中中冶滨河新区长河大街地下管廊投贷联动PPP项目是全行首个管廊项目。

2. 风险管控。立足区域经济特点和形势，突出重点，狠抓高风险业务及机构的管控，围绕经营管理的突出问题，着力提升风险管理的实效性。强化信用风险监测和预警，严控资产质量管理。加大不良贷款清收化解，以总行各类检查、审计为契机，强化对重点风险、关键风险的防控。强化小微企业风险监测预警，对小微企业贷款分5个类型落实"一户一策"风控措施。构建全面覆盖、指标细化的机构风险评价机制。统筹全行资源提升风险管理水平，在资本管理、机制运行、信用风险、声誉风险、流动性风险、操作风险等七大方面争取先进同业的对标。法律合规管理措施有力，成效显著，落实案防责任制。着力强化案件防控体系建设，建立业务运行和机构管理全覆盖的案件防火墙，反洗钱宣传和案例报送及消费者权益保护工作受到监管单位的好评，荣获人行银川中支《反洗钱法》颁布十周年主题宣传工作先进单位，反洗钱系统监测案例分析和消费者权益保护案例得到人行银川中支充分肯定，消费者保护工作被人行银川中支评定为金融消费者保护A类机构、被宁夏银监局分别评定为银行业消费者保护工作2A级，反洗钱工作被人行银川中支评定为A类。内审职能继续强化，完成内控评价、经济责任审计问题整改、采购和信息科技外包等17个专项审计项目，提出审计建议88条，加强审计整改督导，促进业务规范发展。

3. 基础管理。按照"集中、规范、从严"的要求，深化财务改革，提升科技引领作用，实施强支行战略，狠抓目标任务分解落实，推动各项管理工作有序展开。财务综合改革逐步深化。改革预算管理模式，完成营改增、ERP系统上线，实现财务资金集中管理。开展"财务基础管理达标验收"活动。完成"营改增"工作，开具区内同业第一张"增值税"发票。严格成本费用管理，年末成本收入比为51%，比上年下降7.5%。业务招待费、会议费、差旅费合计下降5.1%。

4. 精准扶贫。创造精准扶贫"蔡川模式"。在全区各市县的山区、金融服务匮乏地区建设126个信用村，信用村以种养殖产业为主，贷款覆盖率80%以上。通过支持村民特色产业发展，推进"输血式扶贫"向"造血式扶贫"转变，破解贫困户发展产业资金不足的难题。固原市原州区寨科乡蔡川村就是其中的典型代表，分行以"好借好还"小额贷款产品为抓手，立足蔡川村资源禀赋，找准金融扶贫切入点，精准对接特色产业，构建了"银行+合作社/致富能人+农户"的金融精准扶贫"蔡川模式"，帮助蔡川实现脱贫致富。

5. 从严治党。把党的建设与经营发展同部署、同推进，从完善机制、加大监督执纪问责、提升执行力入手，营造以党建促发展的良好氛围。完善党的组织建设，成立分行机关党委、机关纪委、分行团委，区分行单独设立党委党建工作部，加强了监察部力量；制定分行《党的工作机构及人员编制方案》；深入开展"两学一做"学习教育活动；党委中心组集中学习10次，聘请党校教授讲课两次，党委书记讲党课，行领导发表理论文章谈观点；开展党员政治生日活动，党的思想建设进一步加强。扎实推进"强基固本"建设工程，规范5个参建党支部建设标准。（邮储银行　马静、宁夏分行）

【速递物流宁夏分公司】

1. 扩大业务规模。中石化项目于2011年8月正式运行，由宁夏分公司为中国石油化工股份有限公司宁夏石油分公司所属加油站进行非油品配送，是集仓储、货物分拣、装卸、配送为一体的合同物流项目，原仓储面积800平方米。2月，宁夏分公司租赁位于德胜工业园区永胜西路一处1500平方米仓库，用于中石化项目的仓储配送与管理，项目操作流程的规范、效率的提高，为合同物流业务的发展提供丰富的运作经验，客户对邮政物流品牌的认可。

2. 反"四风"整改落实情况"回头看"活动。3月，宁夏分公司在区分公司对开展"四风"问题整治情况"回头看"自查自纠。4月10日，对自查出的问题进行整改，对"三严三实"民主生活会提出的问题，中央巡视反馈问题未整改到位的问题制定推进措施。进一步巩固和深化作风建设成果，严防"四风"问题反弹，达到再次教育干部、进一步改善作风、提升形象的效果，以作风建设的新成效推动企业经营发展不断取得新进展，为企业廉洁发展保驾护航。

3. 党员组织关系集中排查工作。3月1日—7月31日，宁夏分公司安排党员组织关系集中排查工作。排查对象为正式组织关系在本党支部的党员，以及正式组织关系转出后未收到组织关系介绍信回执的党员。重点是解除劳动关系党员；退休党员。集中排查的主要任务是，核查党员身份信息，摸清流动党员底数，理顺党员组织关系，健全完善党员档案，对与党组织失去联系党员作出妥善处理。区分公司党委，安排按照集中摸排、联系查找、登记造册、规范管理、组织处置、分析总结等六个步骤开展。通过排查，区分公司基层党组织细化党员台账，夯实组织基础，发挥党支部战斗堡垒作用和共产党员先锋模范作用，为持续推进公司又快又好发展奠定坚实的思想和组织基础。

4. 宁夏分公司开办公安网上车管业务EMS寄递项

目。3月，宁夏分公司与自治区公安厅交通管理局联合完成了公安网上车管业务全流程测试并取得成功。根据双方协商，决定合作开办公安网上车管业务EMS寄递项目。主要面向银川地区（含永宁、贺兰、灵武）车主提供机动车补/换领行驶证和驾驶证、机动车补/换领号牌、机动车补/换领检验合格标志等EMS寄递服务。即用户可根据个人需求，选择线上渠道自行在互联网交通安全综合服务平台提交相关申请资料，自愿选择邮政EMS寄递服务，由公安部门制作牌证后通过邮政特快专递寄送至用户手中。该项业务在银川地区速物覆盖范围内，提供同城、省内异地、省际寄递服务。

5. 物流业务。4月，宁夏分公司与宁夏新华百货商超（良田店）签订“新百网上商城”商品同城配送协议，负责将新华百货网上商城的商品配送至银川市三区内每家每户，实现“最后一公里的”配送服务。

6. 宁夏分公司推行营改增。宁夏分公司自2013年8月1日起，合同物流运输被纳入增值税范围，2014年1月1日起，特快、仓储等纳入增值税范围。5月1日起，全行业纳入营改增，公司通过索要进项税票，降低税负，减少现金流出，提高利润。其中新增主要抵扣项含劳务派遣、外包服务费用6%；住宿费、培训费6%；财产、商业保险6%；房屋租赁、维修费用11%。原则上除在岗工工资、社保、税金以及折旧费用外，其他费用均可取得进项。

7. 宁夏分公司推行“一图一表”客户管理办法。5月，宁夏分公司推行“一图一表”客户维护管理。“一图一表”客户管理工作要求各营业部的揽投员或客户经理一是全面熟悉所分管道段、区域的客户。二是通过协议客户用邮情况表，实时掌握客户等级变动及收入变化，及时发现问题，查找原因，寻求解决方案，同时预警低效客户，改变结算方式，加快资金回笼。三是要求客户经理针对片区客户群体进一步进行市场细分，加紧搜索行业客户，根据市场分类明确发展目标。通过真实走访，了解竞争对手动态，市场环境变化，客户服务需求等情况，做到知己更知彼，从而制定出切实有效的行动方案，紧锣密鼓抢占市场。

8. “众创众享工程”。宁夏分公司为调动基层经营单位的经营积极性，加快业务发展和提升经营效益，探索适合银川区域特点的“众创众享”模式和政策，6月在营业部中开展试点工作。试点期限从6月1日至12月31日。其间，区分公司根据试点单位的成效，完善相关政策、办法，全面推行众创众享工程。

9. 与中汽世邦投资发展（宁夏）有限公司签订战略协议。8月，宁夏分公司正式成为中汽世邦投资发展（宁夏）有限公司综合性服务供应商。中汽世邦投资发展（宁夏）有限公司是开发大型一站式汽车产业综合体的房地产开发企业，拥有完善的产业链辐射体系和较强的资源整合能力。宁夏分公司将为中汽世邦投资发展（宁夏）有限公司提供物流运输、配送、仓储及管理、质押监管、快递包裹、金融等物流环节上的一体化服务。此次战略协议的成功签约，为宁夏邮政速递物流分公司物流业务综合立体式开辟了新领域。

10. 抢占“灵武长枣”生鲜市场。9—10月，搭载极速鲜商城，开展专项营销活动，实现灵武长枣寄递业务收入120万元，比上年增长241.78%。

11. 宁夏分公司获“全国交通运输企业文化建设优秀单位”称号。10月12日，中国交通企业管理协会、交通行业优秀企业管理成果评审委员会发文公布全国交通行业2016年度企业文化建设优秀成果，表彰了全国交通运输文化建设品牌单位、全国交通运输企业文化建设优秀单位等，中国邮政速递物流股份有限公司宁夏回族自治区分公司被授予“2016年全国交通运输企业文化建设优秀单位”称号。

12. 开发银川市国税局发票“网上申领线下配送”业务。11月，由宁夏分公司担任银川市国税局服务方的发票“网上申领线下配送”便民服务正式在银川市范围内推出。发票“网上申领线下配送”解决纳税人往返奔波、排队等候的问题，降低纳税人办税成本，减轻办税厅的工作压力。（速递物流　蔡建）

【中邮保险宁夏分公司】

1. 经营发展。一是保费规模。总保费收入1.7亿元，比上年增长93%，完成预算进度126%。网点出单率60.5%，比上年增长6.05%，网均保费72万元，增加33万元。市场占有率2.1%，比上年增长0.6%，银保市场占有率7.1%，比上年增长1%。二是期交业务。期交业务保费实现8003万元，比上年增长179%，其中：新单价值型期交1975万元，比上年增长19%，完成预算进度82%；续期保费2461万元，比上年增长104%，完成预算进度107%。期交业务占比47%。三是团险业务。团险保费收入110万元，比上年增长28%，完成预算进度110%。四是小额保险规模。实现小额保险保费收入114万元，比上年减少24%，完成预算进度95%。五是规模保费、期交保费渠道占比全国第一。规模保费邮银渠道占比27%，其中邮政27%，邮储银行25%；新单期交保费渠道占比63%，其中邮政64%，邮储银行48%。区邮政公司继续将中邮保险经营目标纳入各市分公司年度经营绩效考核。签订2016年《委托管理协议》，将委托管理费用结算与营运质量、合规管理挂钩。配合开展邮政金融业务跨年度营销竞赛活动，全区销售新年A保费8575万元。争取邮政、银行和速物公司支持，为邮政员工及家属购买“重大疾病保险和意外伤害保险”，开展“人人做贡献”团险业务主题营销活动，制定团险营销方案。参与外部客户团险项目竞标。全年组织培训 45 场、1550 余人次。

2. 营运质量。运营关键业务风险指标管控良好，7 项考核指标中，3 项优于全国平均水平。其中，13 个月保费继续率 91.71%，25 个月保费继续率 94.93%，电话回访成功率 90%，人核件回执回销完成率达到 100%，保全申请资料流转时效 0.48 天，理赔服务时效 3.82 天，亿元保费投诉量 0 件。新契约综合合格率 95.32%、犹豫期撤单率 6.5% 等监控指标符合管控要求。（1）业务流程规范。按照轮岗计划和系统业务权限管理规定，对契约、单证、保全等岗位人员轮岗，梳理调整部分岗位人员业务系统操作权限，做到“岗权相配”。妥善应对满期给付及退保。成立区、市、县领导小组和工作组，召开满期给付电视电话会议，组成培训小组赴各市举办满期给付培训班，开展应急演练，排查大额满期给付风险。（2）技能培训。举办全区中邮保险运营人员业务技能培训、市县新上岗人员业务培训，组织全区运营人员进行业务技能竞赛。客户服务宣传有序推进。组织参加“3 · 15”客户维权宣传活动，“7 · 8”全国保险公众宣传日暨保险文化建设推进周活动，举办“相伴五载　情系中邮”客户答谢会，做客宁夏广播电台《以案说保险》栏目，宣传公司保全、理赔等特色服务和新上市产品。理赔工作取得实效。全年理赔 67 件，赔付金额 103 万元。快速应对“1 · 05”公交车火灾事故和“9 · 27”煤矿瓦斯爆炸事故，及时启动应急预案、开通绿色通道、看望受伤客户，传递中邮保险关爱，树立公司良好形象。

3. 基础工作。（1）风险排查整改与监督力。开展现场检查和风险排查，现场检查覆盖 5 个市、12 个县、47 个网点，排查出风险点 19 项，向渠道下发整改通知书 8 份。对在销售、承保、保全、理赔业务操作方面的风险进行综合评级，发现的问题及时整改跟踪落实，年度合规综合评分 104 分，全国排名第四。接受集团公司财务收支专项审计、总公司对分公司领导的任中审计，认真落实整改。全年审核签订合同 27 份，继续聘请分公司法律顾问。（2）人力资源管理。做好分公司四级非领导职务人员的选聘工作及“一报告两评议”工作。聘任 16 人的专业技术职务。完善绩效考核管理办法，做好员工年度述职考评工作。完成校园和社会招聘工作，招聘 10 名新员工，充实了力量。落实员工培训计划，全年外出专项培训 30 期 55 人次，网络学习培训 12 期 166 人次，综合培训 25 期 550 人次。（3）财务管理。启动 ERP 项目，完成初始数据的清分、迁移，开展基础数据、静态数据、主数据等的采集、导入，实现总账、应付、内往、工程、资产、采购等模块，以及管理会计、合并报表、预算系统上线运行。（4）信息技术支撑。组织开展 2017 年度信息系统病毒管理考核工作，按照委托代管协议与邮政协同做好网络系统维护。按总公司规划做好新系统上线支撑保障，做好支撑经营发展的数据分析。（5）党建工作。成立监察部，调整党的工作机构，设立党委办公室、党委组织部，配备纪检、党务专岗人员。对 19 名党员组织关系进行排查。确定 2 名入党积极分子。建立分公司党委经费专用账户，做好党费收缴管理等工作。（中邮保险　王森龙）

青 海 省

【青海省分公司】 邮政业务收入完成 36141 万元，比上年增长 10.3%，完成集团预算的 103.4%。净利润完成 –8694 万元（不含普遍服务补贴），完成预算的 100%，比上年减亏 3156 万元。全员人均劳动生产率 11.67 万元，比上年增长 8.56%。

1. 重点业务发展

（1）网点转型。年新增余额 9.42 亿元，余额 110.1 亿元，增幅 9.36%；金融总资产净增 17.21 亿元，金融总资产规模 123.69 亿元。9 个市州分公司中，除海西市分公司外，新增余额全部实现正增长；海东、玉树、海南和果洛市分公司超额完成全年余额净增计划目标；西宁市分公司、海东市分公司本年余额分别新增 5.52 亿元、2.07 亿元。全省代理邮储市场占有率 5.5%，新增市场占有率 5.07%，列全省 17 家商业银行第 8 位。

（2）金融网点运营。启动加快深化网点转型工作。网点转型从六个方面着手，建立从上到下的督导机制，制定网点绩效积分考核、网点转型考核等制度办法，并依此对全省 148 个网点实施分类分级考核，激发基层网点活力。123 个金融网点中，标准版（含集团、省级）转型网点占比 59.35%，新增余额占比 67.16%。在集团公司、邮储总行组织的营业网点规范化服务提升活动中，青海省 3 个营业网点被评为“五星级示范单位”，2 个大堂经理荣获“明星大堂经理”荣誉称号。组织召开六次转型工作汇报交流会。加强产品组合，专业联动，将生肖、环湖赛、大美青海等系列高端邮品、“青稞王”分销酒水等产品作为吸引和回馈金融大客户的重要手段，支撑金融业务发展。

（3）保险业务。累计保费 3.03 亿元，比上年增长 11%。其中，期交保费 2048 万元，比上年增长 1927.7%。代理保险（含理财类）业务收入 1500.87 万元，完成全年计划目标的 111.2%。

（4）寄递翼发展。网运能力：10 月，开通省会西宁至格尔木、德令哈、玉树的三条航空经济货运邮路，西宁至各市州府全部实现邮件每日“二进二出”，省内长距离物流运输时限大幅缩短，仅西宁至玉树，两地互寄邮件全程时限就缩短至少 10 小时以上。以西宁为中心，开通 3 小时快速邮路圈，能覆盖到省内 68.1% 的人口。青海省分公司成为省内邮件寄递最快的企业。包裹快递业务：在“限时递 + 大同城”业务基础上，推出 5 元“随心寄”和“返程填仓”物流业务，实施营揽投一体化经营模式，利用渠道资源优势，融入地方枸杞经济、农产品进城等项目，发展协议客户，强化窗口收寄和揽投，包裹快递业务得到迅速发展，全省邮政包裹快递揽收量占比达到总收寄量的 27.4%。其中，省内重点地区揽收能力增强，格尔木市分公司揽收收入占比接近 50%，西宁市分公司、海西州分公司揽收收入占比超 20% 以上。快递包裹业务量完成 67.5 万件，比上年增长 51.51%；业务收入完成 1648.26 万元，比上年增长 33.8%。标准快递业务量完成 76.64 万件，比上年增长 8.62%；业务收入完成 2043.19 万元，比上年增长 14.67%。一年来，包裹快递业务收入保持两位数增长，居各专业增幅前列，提前一个月完成集团预算目标。

2. 强化主体平台经营

（1）传统邮政业务。实施项目带动战略，全省邮政开发大美青海主题邮政文化产品项目 64 个，实现项目收入 1142 万元。函件传媒业务：封片收入实现恢复性增长，全年申报量增长 207%，申报收入增长 125%；账单、商函实现稳步增长；约投挂号、新媒体项目取得新突破。集邮业务：通过举办“青海省首届生肖集藏文化品鉴会”，引领全省生肖系列邮品销售 60 余种 1020 万元，创下青海省生肖邮品营销之最。第十五届环湖赛邮品营销收入 386 万元。中国集邮网上营业厅收入 86 万元，线上营销优势日益凸显。集邮品毛利率 55%，列全国第 5 位，稳居全国先进水平。报刊业务：坚持“求创新、促转型”，党报党刊、行业报刊、畅销报刊稳定发展，微信订阅取得新突破，政务类图书营销常态化，全省邮政提前一个月完成集团公司预算目标，荣获全国报刊专业经营管理“三等奖”。增值业务：4 月，开办国税“双代”业务。年底，全省邮政设国税“双代”网点 110 个，月代收收入从业务开办之初的 1.5 万元增加到 55.3 万元，月均增幅 586.7%，成为增值业务新的增长点。分销业务：累计完成收入 1110.13 万元，比上年增幅 48.2%，增幅排名列全国第 4 位。平均毛利率 44.05%，全国排名第 1 位。酒水业务收入 663.88 万元，比上年增长 119.79%，收入占比达 59.8%。其中，“青稞王”系列收入 322.4 万元，大美青海系列收入 301.64 万元。“亲情粽”“思乡月”项目收入 392.4 万元。

（2）农村电商。省分公司以海南共和电商示范县为试点，集中资源成立共和电商团队，探索农村电商模式。“邮乐共和馆”上线产品 270 余种，累计培训 1751 人 / 次，优化共和县电商配送邮路 7 条，配备 4 辆电商包裹投递专用车，实现所有电商包裹 48 小时内全部配送至村级电商服务点。共和县建成 1 个县级电子商务服务中心、11 个乡镇电商服务站、57 个村级服务站，“县—乡—村”三级电商服务体系逐渐形成。“共和模式”率先在省探索出一条适合高原农牧区，具有线上线下双向流通、多业务叠加、一站式服务等特点的农村电子商务发展模式，得到省各级政府的高度肯定和农牧区群众的普遍欢迎，为青海邮政搭建“政府主导，邮政运营”的青海农村电商物流配送体系创造条件。

（3）平台站点建设。全年邮政新建社会加盟便民服务站 483 个，便民服务站总量 1082 个；新建“三农”服务站 10 个，总量 111 个；新建村邮站 280 个，总量 315 个。全省“邮掌柜”系统新增 616 个，累计开通 747 个。

3. 规范管理

（1）通信质量和服务质量。筹建设立省分公司服务质量部，规范管理。建立省、市（州）、县及网点四级联动的服务质量监管体系，强化监督检查履职管理。重点管控集团公司下达的陆运网管控 12 项重点考核指标，全省邮件时限、妥投率等指标稳中有升，城市包裹快递平均当日妥投率 89.99%，妥投信息实时反馈率 96.65%，均高于集团公司要求的达标值。制定《青海邮政通信质量、服务质量考核办法》《青海邮政业务视察和业务检查管理办法》等制度，形成督促、检查、指导、考核相结合的质量管理格局。通过组织开展通信质量、服务质量劳动竞赛，服务质量及管控水平明显提升，集团公司考核的 15 项通信质量指标全部完成。设立赔偿基金并实现包裹快递业务理赔流程全信息化，提高理赔速度，持续改善客户用邮体验，用户申诉处理满意率 95%。加强机要管理，解决突出问题，严格落实规章制度，确保机要通信万无一失。坚持“严管重罚”原则，全年未发生通信质量、服务质量问题。

（2）规范营投管理。加强营业网点现场整治，规范西宁地区营业宣传橱窗广告，推进营业网点服务标准化、规范化。加强投递管理，规范投递车辆广告。将具备投递功能的乡镇网点纳入投递管理系统，加强“最后一公里”投递服务。11185 客服中心人工接通率 93.88%，客户满意度 99.13%，信息工单办结率 100%，均达到集团考核指标，支撑邮政各项业务发展。

（3）代理金融风险防控和安全生产管理。建立省、市州代理金融风险防控管理体系，强化风险防控队伍建设。制定《青海省邮政代理金融风险防控考核办法》等系列规章制度，使代理金融风险防控有章可循、有据可依。加强案防及合规管理，省分公司与各市州分公司、各市州分公司与员工、省代理业务局与合规检查单位层层签订责任书。通过常规式检查、整体接管式检查、交叉检查、邮银联合检查等方式，对 9 个市州分公司所属 48 个县分公司、86 个网点进行代理金融合规综合检查，网点检查覆盖率 70%。组织开展“两个加强，两个遏制”“回头看”专项检查、全省汇兑和代收付业务专项检查有效提升内控管理水平；完成了“内控达标年”活动各项工作任务。严格落实安全生产责任制，强化资金、邮件、信息网、员工等安全管理。全面推进安防设施达标建设，对22个网点的监控主机和摄像头进行更新，全省123个代理金融网点全部配备保安员。严格监督检查，确保“两会”“G20峰会”等重大活动和节日期间的安全服务工作。开展安全考评，全年未发生各类安全事故，保证“平安邮政”创建工作的顺利实施。

4. 基础管理

（1）财务管理。健全和完善全面预算管控体系，强化对标管理，企业预算执行效果达到预期。全省ERP系统正式上线运行，实现省级会计集中核算。完成资金收支两条线体系搭建，实现全网资金的集中管理。强化企业资产管理及盘活工作，提升了资产效率效益。分阶段组织开展库存盘点和欠费专项清理，用户欠费比年初减少143万元，加速企业资金回笼。

（2）人力资源管理。首次举办青海邮政企业“县（区）分公司总经理培训班”“三级领导干部培训班”和“支局长培训班”，培训参培人员358名，是青海邮政自分营以来最大规模、最高规格、最有实效的培训。通过社招、定向委培等形式新招录115名合同制员工，补充一线储蓄营业等岗位人才。启动第二批50名定向委培生招生及培训工作。推进初级人才评价选拔工作，全省31名初级人才脱颖而出。加强专业技术队伍建设，年内聘任中级、初级专业技术人员451名。加强考前培训，2016年度邮政技能鉴定合格率比上年增长10.2%。推动人工成本配置方式从工效挂钩向预算管理转变，建立“基本预算＋弹性预算”的人工成本配置体系和预算运行监控体系。制定对市（州）、县、网点的分类分级管理考核办法，完善薪酬管理机制。省分公司人力资源支撑中心发挥了应有作用。

（3）项目管理。全省邮政分两批立项20个重点项目，涵盖代理金融、包裹快递、电子商务等重点业务及服务质量提升、网运调整优化、资产盘活等管理类和信息技术应用科技类项目，各市（州）围绕“城市”“城乡”“虫草经济”“枸杞经济”“牧区养殖业”等区域特点确立经营类特色发展项目，通过项目实施，推动全省重点业务、重点工作的快速落地。如深挖枸杞、虫草等特色“项目”资金，枸杞经济带动储蓄余额2.6亿元，虫草经济带动储蓄余额4.88亿元。

（4）审计和集中采购管理。开展2015年度邮政全行业财务收支真实性专项审计、领导干部任职期间及离任前的经济责任审计、工程项目预算审计等全方位监督和审计工作，进一步发挥了审计制约监督职能，完成各类审计项目126个，节支1389.2万元。坚持集中审批、集中采购和集中支付“三集中”管理，加大集中采购范围和力度，提高了议价能力，全年完成省级采购项目23个，节约资金156.48万元，节约率7.4%。

5. 能力建设

（1）实物网。完成西宁邮区中心局新场地、新设备、新流程、新工艺建设，按照建成“企业竞争实力的示范窗口、科技进步的示范窗口、科学管理的示范窗口、社会形象的示范窗口、团队建设的示范窗口”五个示范窗口的要求，提升管理水平，增强网运生产能力。优化流水化作业流程，提高包裹分拣机利用率，实现邮件“快进快出”生产作业模式，在“双十一”高峰期邮件处理量比上年增长3.6倍的情况下从容应对，确保旺季生产“零滚存、零积压、零逾限”的邮件处理目标，为网运、投递时限质量稳定提供支撑。

（2）信息网。完成客户积分管理系统和省内大同城快递业务系统等重点技术开发项目，开展数据分析30次，发挥信息技术对业务的支撑和引领作用。加强信息网的安全和运维管理，全年业务系统优化升级160次，确保业务系统的稳定运行，在集团公司邮政企业信息网运行维护考核中，排名全国第一。实施省内网络扩容改造和新业务系统上线等工程，提升信息网的支撑保障能力。

（3）服务能力。全年固定资产投资6761万元。其中，投资1521万元，对全省37个网点进行改造，持续改善邮政营业及投递用邮环境；投资1324万元，更新全省网点双录设备、安防监控设备、电源设备、网络配套改造设备、排队机、捆钞机等生产设备，并投入运行ATM/CRS设备142台，布放POS机具5764部，布放智能包裹柜20台，采购PDA设备119部，投递电动三轮车57辆，增强了企业终端服务能力和投递水平。

（4）企业发展。西宁邮件处理中心工程如期完成建设任务并交付使用。化隆县群科新区邮政生产综合楼按期完成改造，“青海省员工培训中心”“青海省邮政企业职业技能鉴定中心”正式运营。改进管理方式，注重质量速度，完成2016年全省邮政普遍服务基础设施建设项目33个网点的建设改造任务，使项目及早产生了效益。

6. 党建责任

（1）全面从严治党。成立省分公司党建工作部，组建专兼职党务工作队伍，明确职责。全面实施基层党组织晋位升级长效机制，将领导干部抓党建纳入年度绩效考核，开展基层党组织书记党建工作述职评议。修订完善《青海省邮政分公司党组工作规则》《青海省邮政分公司总经理办公会议事规则》。扎实开展基层党组织建设等“五个专项检查”工作。认真开展“两学一做”学习教育。通过青海邮政微信订阅号“党建专栏”、OA平台“总经理推荐学习材料专栏”及中邮网院学习教育培训等线上学习和上党课、办讲座、承诺践诺等线下活动，“两学一做”学习教育氛围浓厚、成效明显。

（2）党风廉洁建设及反腐倡廉。强化纪检部门执纪监督问责，省、市州、县分公司党风廉政建设责任书签订率100%。强化落实“两个责任”督导检查，对全省各单位进行检查考核。实践监督执纪“四种形态”，加强对领导人员特别是“一把手”的监督。对3名领导人员诫勉谈话，省分公司党组成员与纪检组成员对26个单位、部门的36名主要负责人分别约谈。建立青海邮政企业廉洁风险控制管理系统，推进廉洁风险排查及防控工作。完成中央专项巡视反馈问题整改工作，驰而不息纠“四风”、转作风，深入开展“回头看”工作，不断巩固了整改成果。

（3）干部队伍建设。为充分发挥三级领导人员“关键少数”的作用，制定《关于加强机关作风建设的实施细则》《青海省分公司加强作风建设效能监察问责办法》《青海省分公司三级领导人员月绩效考核管理办法》等制度，“一细则两办法”按月考核兑现，并在青海邮政核心领导微信群进行通报，有力提升各级领导人员履职尽责、干事创业的责任心和执行力。制定《青海邮政企业三级领导任免工作规定》《青海省邮政企业三级领导后备人员管理规定》等规章制度，进一步规范干部选拔、任免的具体程序，完善干部人事管理制度。加强领导班子调整、领导人员选拔任用的监督管理，做到教育培养到位、防范措施到位、监督管理到位。

（4）精神文明建设和企业文化建设。制定青海邮政企业“十三五”发展规划，明确青海邮政发展战略和目标、方向。利用微信平台、板报等形式全方位、多层次开展最新发布的中国邮政企业文化宣传贯彻工作。11月15日，青海省精神文明建设表彰大会在西宁市召开，表彰全省2013—2015年度精神文明建设先进单位及个人。青海省分公司被青海省文明委授予“省级文明行业”称号；青海省分公司、海东市分公司、玉树州分公司荣获“省级文明单位标兵”称号；西宁市分公司、海南州分公司、格尔木市分公司、囊谦县分公司、杂多县分公司荣获“省级文明单位”称号。制定青海邮政“七五”普法规划，全面推进依法治企。省报送参加第十七届中华全国集邮展览的三部五框专题邮集全部获奖。其中，郭小霖的《嗨！我是马，这是我的故事》获“大镀金奖”；陈知勇的《地球发出了SOS》获“大银奖”；汪涛安的《邮政》获“镀银奖”。

（5）关怀员工。投资1718万元，新建甘德、班玛、达日、玛多、门源县分公司综合生产楼，更新西宁市分公司3台锅炉，有力改善职工生产生活条件。深化“职工小家”建设，建成五好“网运职工之家”。深入推进“关爱工程”，开展“帮贫扶困”“互助互济”“金秋助学”等活动。开展“五小创新”主题活动，激发员工创新潜能。持续推进企业民主管理，充实完善职代会、司务公开、集体协商内容，依法稳妥地做好员工权益维护工作。开通“主席信箱”和“投诉热线”，进一步畅通员工诉求表达渠道。完善员工福利保障体系，实现员工收益与企业效益同步增长。（青海省分公司　韩建）

【邮储银行青海省分行】 下辖11个一级支行，1个直属营业部，180个营业网点；省分行内设16个部门，1个营运中心。从业人员952人。实现营业收入7.15亿元，比上年增长29.31%；全年实现净利润1.56亿元，比上年增长27.45%。总资产达300.15亿元，比上年增长10.52%，资产规模居省内商业银行第6位。各项存款余额达291.67亿元，居省内同业第7位，比上年增长13.94%。各项贷款余额达180.42亿元，比上年增长39.29%。拨备覆盖率225.44%。人均劳动生产率77万元，比上年提高16万元，增幅26%；人均利润16.67万元，比上年提高2.76万元，增幅19.81%。超额完成省政府下达的新增50亿元信贷计划。

1. 信贷支持。全行发展公司贷款业务，向青海盐湖工业股份有限公司、省交通厅公路建设等骨干企业和重点项目加大授信和贷款发放，全年累计投放公司贷款52亿元，贷款余额106.78亿元，比上年增加50.12亿元，增幅88.46%。在零售信贷方面，全行零售贷款客户数量达到9374户，比上年增长11%。全行零售贷款余额39.26亿元，增加3.23亿元，增幅9%。行小微企业贷款余额占实体贷款的比例高达27%，在省金融机构中处于最高水平。

2. 个人金融。个人客户资产规模、储蓄余额、中间业务等重点经营指标均衡提升。全省个人客户总资产190.35亿元，比上年增长19.91亿元，增幅11.68%。全省储蓄存款余额163.11亿元，净增13.83亿元，增幅9.26%。销售贵金属产品518万元，收入76万元；全年全省销售代理保险30469.74万元，收入864.33万元。信用卡累计发卡1.24万张，增长40%，增加信用卡客户9109户。全省增加手机银行客户8.5万户；全行电子银行交易替代率75.21%，比上年增长9.24%。

3. 公司金融。日均公司存款余额135.65亿元，业务收入4.65亿元，占省分行收入的65%，比上年增幅85%。省分行参与省政府债券发行工作，参与省债券发行，并成为“2015—2017年青海省政府债券承销团”成员之一。认购省政府债券55.55亿元，占省债券总发行量的14.83%，在14家承销团中排名第5位。

4. 普惠金融和精准扶贫。开创“固定平台+流动金融”服务模式，在提升固定网点服务能力的同时，推进“流动金融”服务，配备3台功能齐全的流动服务车服务全省偏远藏区、农区。全行移动展业设备42台，覆盖全省全部州市，累计通过移动展业办理开卡、电子银行加办等业务8574笔。省分行是青海省仅有的两家扶贫开发金融服务主办银行之一，通过“青春创业扶贫”贷款、“双基联动”贷款、“信贷补短”工程等，有效支持青海省脱贫攻坚。省分行在青海藏区和六盘山特困区等重点支持领域的信贷投放达116.75亿元。

5. 风险管控。不良贷款和不良贷款率分别为1.69亿元和0.94%，完成总行下达的资产质量双限额任务。全面风险管理持续推进。各类风险得到有效控制，全年未发生重大风险事件。风险管理深入到机构风险评价、信贷授权、规模配置、审计检查、绩效考核等领域。开展“内控达标年”“两个加强，两个遏制”“回头看”专项活动，以三项对标、问题整改，夯实内控管理基础。通过网点整体接管式检查、抽取代发业务数据分析检查，提高检查的针对性、实效性和威慑性。强化问责，实施对管理人员责任认定及对屡查屡犯问题的严肃追责，“十条禁令”得到有效落实。全行技防水平、安保能力再上新台阶。安装IP对讲设备，实现全行52个营业网点、110台ATM与监控中心的远程对讲功能。完成省分行监控中心改建工作，实现监控视频自动轮巡、报警画面弹出、接警处理和非现场检查等功能。

6. 信息科技。金融信息系统安全稳定运行，完成移动展业、集中授权、资金汇划系统等17项重点工程。完成省分行办公楼互联网优化改造、中心机房应急演练、IT代维协议等5项重点工作。自主研发能力得到加强，共完成ETC等9项中间业务平台、人力薪酬绩效管理等3项系统的开发。信用卡逾期预警分析课题荣获总行科技创新项目奖，在总行21个项目中列第15名。

7. 管理能力。首次实现全行14个核算单位的集中核算，从报账审核、账户管理、资金管理、凭证管理到报表管理，全流程上收至省分行集中处理，做到“有预算不超支，无预算不开支”。完成ERP系统上线，实现固定资产、应收应付、内部往来及总账账务处理在ERP系统中的平稳运行。完成全行资金汇划业务集中处理模式推广上线工作，有效保证资金汇划业务处理的及时、安全、风险可控。组织完成全省176个网点、182支授权交易的推广上线工作，在加强业务运营风险管理、规范网点业务操作、提升网点服务水平等方面发挥出积极作用。累计审批各类贷款4865笔，审批金额26亿元。绿色信贷覆盖率达70.14%，在全省金融机构中排前列。

8. 队伍建设。严格干部管理，重点加强对领导干部出国（境）的管理监督，实现管理干部因私证件的集中保管和出入境备案工作。规范做好员工招录工作，共招录、引进人员66人。集中培训、远程培训等1100多人次，开展网点负责人、营业主管、理财经理等19个岗位资格考试，172人次取得不同岗位的资格证书。制定一级支行领导班子延期支付管理办法和授信审查审批岗位绩效考核办法等；开展高低柜优化整合工作，提高网点柜员综合业务能力，减少营业台席数量和操作柜员，缓解网点人员压力。

9. 党的建设。加强纪检监察工作，推进惩防体系建设。围绕总行党委纪委的工作要求和部署，以落实监督责任为主责，以强化执纪监督为主业，践行“四种形态”，推进全面从严治党，持续加强党风廉政建设和反腐败工作。全行纪检监察组织体系得到加强，一级支行纪委组建完成并配备专兼职纪检监察人员。组织省分行机关130余人，分两批次参观省纪委廉政警示教育基地。省分行党委组建党委党建工作部，配齐人员，强化党建工作基础。以强化思想建党、夯实党建基础为工作重点，大力营造风清气正的政治生态和干事创业的良好氛围。重点围绕“两学一做”开展党员学习教育，将主题学习贯穿于各项党建活动和日常工作，全体党员的思想政治水平明显提升。认真组织党员过好“政治生日”，建立“政治生日”台账，使党员牢记政治身份。抓好“强基固本”建设工程，规范基层党组织建设。省分行10个基层党支部完成“强基固本”建设工程，基层组织规范化建设在青海省分行全面落地。

10. 品牌建设。省分行立足青海高原，服务大美青海的各项工作得到各级媒体的广泛关注。《金融时报》《青海日报》《中国邮政报》及人民网、新华网等中央和地方主要媒体对青海省分行支持服务地方经济建设、精准扶贫、普惠金融等进行大量的采访报道，累计刊登文章84篇，转载量过万次，有效树立传播邮储银行品牌形象，大幅提升青海省分行社会影响力。

11. 荣誉奖励。省分行被青海省企业信用协会评为2016年第三届青海“企业信用建设示范单位”，省分行行长罗志安被授予“诚信建设优秀企业家”荣誉称号；省分行被青海银监局和银行业协会评为“2016年度绿色信贷工作优秀单位”，省分行行长罗志安荣获“2016年度绿色信贷工作先进个人”荣誉称号；省分行工会被青海省总工会评为“2016年度重点任务考核优秀单位”；海南州支行被中央金融团工委评为2016年度“银团合作优秀派出机构”；西宁城西支行被中国邮政集团公司评为“全国邮政用户满意单位”，西宁城西支行营业部被中国银行业协会评定为五星级服务网点、中国银行业文明规范服务千佳示范单位；西宁市八一路支行被西宁市委市政府授予“文明单位”，被省总工会授予全省女职工建功立业标兵岗；格尔木市支行荣获海西州“巾帼文明岗”荣誉称号；果洛州支行被果洛州委州政府评为“2016年度州级文明单位”；玉树州支行被共青团青海省委评为青海高原青年文明号。（邮储银行　马静）

【速递物流青海省分公司】 总收入3723万元。

1. 企业改革。加强与省邮政企业的沟通协调，推进包裹快递产品、网络资源整合、统一客服体系等重点改革工作。原网运部和信息与质量监控部的整合工作，设置网运和质量监控部，下设客服中心和转运中心。

2. 营销体系建设。5月，完成营销体系建设工作，撤销原挂靠在市场部的大客户营销中心和同城项目部，重新组建政务、商企、电商、物流、渠道和国际六个营销中心，并结合业务发展实际情况，各营销中心自组建后，坚持以市场为导向，以客户为中心，以效益为目标，全面强化营销支撑，提升终端营销能力和运行效果，营销能力明显增强。

3. 重点业务转型发展。按照总部关于开展“国内标准快递业务市场抢夺战”的要求，结合自身实际，制定具体实施方案，明确各营业部和营销中心的工作职责，细化工作措施，并制定相应激励考核办法，推进“标准快递业务抢夺战”。国内标准快递业务收入1723万元，比上年增幅16%。结合西宁重点区域的市场竞争特点，在原有10个重点市场的基础上，增加5个重点市场，突出发展省际标准快递业务。全年重点市场持续发力，有效拉动标准快递业务发展，其中城北牛科创业园、青年创业园、城中香格里拉等重点市场业务收入实现翻倍增长。

4. 推进“三进工程”。按照总部推进“三进工程”的要求，主动发力商务市场，将商厦写字楼、园区校区、产业集群市场作为西宁城区商务市场竞争重点，推开进驻式和嵌入式营销模式，选拔营销能力强的员工开展精准营销。

5. 开展“假日营销”。重点抓好商务市场的假日营销工作，并实行周通报、月分析，动态掌握经营成果。节假日平均揽收量占比从年初的35%提升到52%，部分营业部节假日揽收量占比82%。

6. 项目开发。9月，成立专门项目组入驻西宁市车辆管理所收寄业务，实现政务类业务新突破；商务类项目，做好流程优化和品质提升工作，提高寄递率；电商落地配项目，开发“家家购物”项目，收入46.6万元，“家有购物”“优购物”项目稳中有升；合同物流中石油配送项目收入280万元；“亲情粽”“思乡月”项目，实现销售额170万元；“极速鲜”牛羊肉项目，项目业务收入100余万元。

7. 网络运行能力。利用民航、邮航网络资源，开通省内支线航空邮路提高市场竞争力，提升时限质量指标，提升省际标准快递核心竞争能力。10月，开通省内西宁至德令哈、西宁至玉树、西宁至格尔木等航空邮路，保证每日省会到重点州、市两频次发运，加快省内全程时限。

8. 服务质量。各项KPI指标得以稳中有升，进口邮件及时妥投率90%、上门揽收及时率99%、派揽名址匹配率91%，全年质效考核综合得分133.1分，列全国第三。

9. 党建工作。深入学习贯彻党的十八届三中、四中、五中、六中全会和习近平总书记系列重要讲话精神，强化党委中心组和支部学习。认真抓好党内法规的学习宣传贯彻落实，进一步推进落实好全面从严治党的主体责任和监督责任。开展了以“学党章党规、弘扬‘两弹一星精神’，做一名合格党员”为主题的系列活动，深入推进“两学一做”学习教育常态化制度化，深化拓展“两学一做”学习教育，保证学习教育抓细抓实、抓出成效。（速递物流 蔡玮）

新疆维吾尔自治区

【新疆分公司】 邮政三大板块累计收入39.3亿元，比上年增长2%。其中，邮政公司收入21.2亿元，比上年增长4.4%，完成集团公司收入、利润预算目标；邮储银行收入16.2亿元，比上年增长–1.5%；速递物流公司收入1.84亿元，比上年增长8%。

1. 创新发展

（1）科技创新。区分公司层面的“中国邮政新疆分公司”企业号微信平台、“新邮寄”、“这里是新疆”微信服务号和各地州市分公司层面的“TOYOU”、喀邮惠、“WYOU”巴扎微信平台全面运营，提升线上服务能力。引进邮政人同城业务处理系统，升级西域快递包裹系统。开发邮件实名辅助系统，实现网点邮件实名收寄自动登记。完成邮政金融网点集中授权系统、便民二期系统和网运、投递、营业系统硬件扩容等集团公司统管信息工程以及邮政网点媒体发布平台、代理金融网点集中监控系统一期工程等区内信息化项目。安装开通448台金融自助设备、100台网银体验机和170套智能填单机，促进信息化水平不断提升。开展“网购达人”数据分析，精准高效开展客户走访、“心悦系列”营销活动和客户满意度调查，提升营销活动的针对性和调查结果的有效性。

（2）管理创新。财务预算区分南、北、中三个区域，对安保费、修理费、劳保费采用区域标杆，力求精准配置成本。建立业财协同工作机制，推进损益核算与业务活动有机融合。建立月度对标管理分析通报制度，实行一对一精准分析，提升管理水平。出台内部融资管理办法，推行有偿激励机制，提升资源优化配置水平。完善激励机制。修订年度绩效考核办法，引入差异化策略，结合利润摘档采取逐档递进考核，加大对领导班子效益贡献奖励力度，调低超额利润上缴比例，调动基层单位超收增效积极性。新修订的工资总额包干办法和劳务用工劳动报酬核定原则，激发基层单位创收节支积极性和减员增效主动性。推行业务超收、日均余额增长、包裹业务增量、利润贡献等进行一次性工资总额奖励政策。全区267个团场农村支局正式实施支局局长激励办法，支局长人均薪酬增幅12%，促使团场农村支局局长履职尽责。开展现业、县分公司争先进位竞赛活动。全区82个县分公司累计完成收入8.87亿元，比上年增长9.1%，19个县分公司、5个现业获得能力投入奖励。

（3）支撑创新。加快省际邮件时限。实施乌鲁木齐市至全国52个重点城市提速，乌鲁木齐市至北京等7个城市全程时限T+3日递完成率达到100%，至其他重点城市全程时限控制在6天以内。组开乌鲁木齐市—北京Z70次行李车运邮，出口至北京、天津、河北及东三省的各类邮件传递时限缩短1—2天。17个中心城市利用速递经航8条航线带运省际出口10个省的快递包裹。采取大吨位冷链车直达、邮航包机直飞等方式，组织特色农产品出口发运，加快了鲜果类特色农产品传递时限。优化区内网路组织。完成新疆区县与县间6561个局对的全程时限库编制，公布快递包裹全程时限，4项时限指标全部达标。新开乌鲁木齐—克拉玛依、石河子两个频次大吨位甩挂邮路，调整南疆地区骨干网运输邮路，在阜康、吉木萨尔、奇台实行报刊与快递包裹分网运作，投递出班时间提前2小时以上。打造区内精品线路。开通19条点对点德力西委办快速邮路，解决营业终了邮件不能及时赶发问题。主攻通信市场，开通11条区内次日递精品邮路。提升流程优化水平。完成全区地州中心转运、分拣车间合并以及62个县分公司的转运、分拣、投递“三合一”工作。推广网运系统分拣特快邮件，提升分拣速度和质量。阿克苏、喀什邮区中心局在完成工艺改造的基础上，合理设计处理流程，减少内部处理人员30人。发挥乌鲁木齐邮区中心局包件分拣机的效能，全年邮件上机率92%。

（4）营销创新。全面启动新疆邮政微营销工作，截至12月31日，“新邮寄”“这里是新疆”两个微商城累计关注粉丝11.47万人，产生订单7.81万件，实现销售额314.48万元，联动发展代理金融、包裹快递业务。专业联动、组合营销，收效良好。全区文化惠民演出项目实现协储7538万元、理财283万元、代理保险保额4.2万元；带动集邮、报刊、分销、电商、包裹实现销售收入20.9万元。中秋、端午“免费寄递”活动实现寄递收入660万元；运作特色农产品带动函件业务收入近80万元，实现报刊流转额15.25万元。全区实施营销积分奖励4817万元，比上年增长14.3%。全区215名专职营销人员营销业绩5011万元，人均23万元，比上年增长8.9%，其中业绩超50万元的专职营销人员28人。

2. 转型发展

（1）代理金融。以储蓄余额增长为核心，通过持续开展客户走访营销，加强节日网点氛围营造，紧抓特色市场和客户群开发，业务发展态势持续向好。金融总量快速增长。截至12月31日，全区金融总量594.65亿元，本年新增95.82亿元，比上年增长48.99亿元。储蓄余额规模536.98亿元，本年新增储蓄余额61.83亿元，比上年增长41.73亿元，增长13.01%。网点差异化经营成效凸显。农村网点围绕地方特色市场，开展农业生产全环节营销服务；城市网点以转型推进为抓手，突出综合竞争能力的提升。8个分公司28处网点实施转型发展推动及标杆网点打造，累计新增余额6.4亿元，点均新增余额2284万元，高于其他网点1213万元。中间业务转型发展。紧抓代理保险业务开门红旺季营销有利时机，销售高现价产品10.67亿元，占全年销售额的89.21%。截至12月31日，全区累计销售新单保费11.96亿元，银保市场占比为19.82%。将理财业务作为提升客户黏性的有效方式，全区新增理财保有量19.47亿元，比上年增长7.41亿元。渠道发展速度加快。截至12月31日，全区个人网银客户数达98.6万户，本年新增22.47万户，比上年增长22.8%；手机银行客户数达73.6万户，本年新增27.67万户，比上年增长30.08%。初步搭建邮商联盟平台，发展银联商务POS商户1.7万户，沉淀活期余额3.09亿元。全区代理金融业务完成收入83729万元，比上年增长7.2%，完成预算目标101.6%，超收1309万元。

（2）包裹快递。通过召开现场推进会、做好重点市场重点客户开发、强化揽收团队建设等措施，拓展寄递市场。国内标准快递业务收入9826万元，规模排名全国第6位；比上年增长19.5%，排名全国第5位。通过实施柔性定价机制，快递包裹收入9569万元，比上年增长66%；业务量258万件，比上年增长74%；电商包裹市场占有率达5.51%，比上年增长2.87%。强力推进重点营销项目，单证照业务收入3509万元，比上年增长93.6%；身份证加急转换率由年初的19%提升至50%，收入1064万元；西域快递包裹收入1025万元，比上年增长941万元。强化揽收团队建设，全区建立专兼职揽收团队112个，配备人员940人，实现揽收业绩5103万元。全区包裹快递业务完成收入3.87亿元，其中，国内业务完成收入2.54亿元，比上年增长18.7%；国际业务完成收入7957万元，比上年减少42.6%。

（3）农村电商。完成进销存交易59843笔，交易金额1602.3万元。线上利用微营销平台运作特色农产品进城项目。全区累计运作农产品29.87万件，实现销售额1528.57万元，实现寄递收入546万元。

（4）传统业务。函件业务突出文化传媒融合，拓展新领域。融入会展经济，“十三冬”创收535万元；服务第五届中国—亚欧博览会，收入89.4万元。全区商演项目共演出57场，收入427.5万元。第十二届书信文化活动全面启动，规模效益显著提升，收入突破200万元，比上届增长50万元。紧抓旅游热，10个分公司开发55处景点门票，印制门票416.9万枚，创收418.8万元，比上年增长87.4%。重点推进新项目，10个分公司成功突破邮网信，开发业务30笔，收入53.7万元。8个分公司成功开发政讯通项目，业务覆盖393个行政村，收入30.3万元。全区函件业务完成收入6568万元，完成预算目标106%，超收372万元。集邮业务保持快速健康发展的良好势头。“生肖贺岁季”营销项目收入7384万元，比上年增长50%，完成计划目标148%。举办品鉴赏邮活动130余场，收入1200万元；举办文化季活动86场，收入

2003 万元。借力“十三冬”，实现集邮收入 260 万元。集邮网厅新疆专区销售邮品 3.6 万套，收入 280 万元。全区集邮业务完成收入 15064 万元，比上年增长 15.7%，完成预算目标 107.2%，超收 1010 万元。报刊业务主攻校园市场、政务市场和文创市场，取得较好成绩。全区校园报刊累计完成流转额 2510 万元，比上年增长 18.4%。“两学一做”政务图书收入 183 万元。特色文创产品全区要数 1.8 万套，收入 339.3 万元。截至 12 月 31 日，全区收订 2017 年度报刊流转额 4.67 亿元，完成计划的 100.65%。全区报刊业务完成收入 15977 万元，比上年增长 3.5%，完成预算目标 99.4%。增值业务中短信业务收入 7710 万元，比上年增长 4%；车务代办收入 478 万元，比上年增长 73.4%；拓展代收中石油、中石化、高速公路收费站营业款市场，收入 2871 万元，比上年增长 4.7%。全区增值业务完成收入 19373 万元，比上年增长 1.2%，完成预算目标 95.5%。分销业务调结构、转方式，深化转型发展。快消品、农产品板块收入比上年增长了 9.72% 和 38.6%。以节日营销为契机，五节联送、端午、中秋三项重点活动收入 6832 万元。全区分销业务完成收入 21758 万元，比上年增长 9.95%，完成预算目标 99.2%。

3. 科学管控

（1）人才培养。加强干部队伍建设，补充调整三级经理 41 人次，其中通过竞聘提任 3 人。选派 8 名领导干部参加集团公司、自治区党校培训，外送培训 83 名三级经理，轮训 89 名县分公司副职。选派 6 名机关年轻干部赴县市分公司挂职锻炼，选派 1 名业务骨干参加自治区少数民族中青年科技骨干特殊培养。推进竞聘上岗，择优招录区会计核算中心和人力资源支撑服务中心人员 39 人。校园招聘招录大学生 102 名。择优招录 60 名劳务工为合同工。加大员工培训力度，全年实施 252 个集中培训和 52 个远程培训项目，参培人数 4.1 万人次。推进代理金融从业资格考试，银行和证券（基金销售）持证率比上年增长 7.81% 和 3.61%。开展初级人才评价选拔工作，综合理论考试和素质潜能测评环节合格率为 19.4%，高于全国平均水平 1.3%。

（2）精细管理。发挥预算管理职能，完善财务管控体系，出台利润目标摘档管理办法，制定财务对标管理奖励办法。支撑业务流动资金 1.12 亿元。全区管理性支出比上年减少 643 万元，降幅 20.6%，人均管理费用 1.56 万元，在全国对标中处于优秀水平。实现全网集中管理，全区折旧资金集中比例由 90% 上调至 95%，加大存量资金盘活力度，完善“现金池”支撑功能。确保能力建设资金需求，累计支付投资支出 5813 万元，上缴集团公司集中资金 3718 万元。深化专业责任中心和网点损益核算，全区城市自办盈利网点 353 个，占网点总数的 95.9%，亏损城市自办网点个数比上年减少 16 个。制定集中采购相关管理办法，完成采购项目 38 项，采购金额 3328 万元，节约预算 134 万元。建立较规范的 ERP 系统核算制度及统一的操作流程，确保集中核算顺利推进。人力资源管理方面，出台领导人员管理规定、领导人员任免工作程序等 10 项制度规定。落实了各单位党委党建工作部、党委办公室、党委组织部设置及人员配置。明确纪检监察机构职责和人员编制，并将专职人员配备到位。区代理金融业务局撤销综合部，组建风险合规部。成立业务库集中监控班组，明确人员归属及编制。通过业务外包、劳务承揽、规范清退等措施，统筹推进用工结构优化，全区劳务工占比整体达标。解决 27 个代理金融网点合规经营配员及代理金融岗位人员紧缺的实际问题。

（3）安全防范。认真落实依法治企实施方案，开展普法工作，全员法律意识和法治观念进一步增强。安全管理稳步推进。坚持实行三级安全管理责任制，层层签订目标管理责任书，安全生产责任入脑入心。完成 G20 峰会、新疆第九届党代会、第五届中国—亚欧博览会等重大活动期间的邮政渠道安全保障任务。持续推进基础建设年活动，全年为 14 个单位配备了 88 台 X 光安检机、217 台安检门，邮件处理中心、信息技术中心、金融网点均达到安全防范标准。实行业务库安全集中管控，确保资金安全。成立新疆驿通保安押运有限公司，规范和强化押运管理。完善全区通信服务规章制度，强化服务质量检查考核，全区邮政无重大质量问题发生，无重大投诉及新闻媒体曝光事件。全年各级视检人员检查地州市分公司 811 次、县分公司 2117 次。缮发用户意见征询函 1 万份，综合满意度 88.92 分，比上年提高 0.06 分。机要通信质量连续 16 年保持全红。投递服务质量明显提升，全区新增专投部 25 个。全区包裹快递协同客服工单服务质量各项指标综合排名自 3 月起位居全国前列。开展全区投递服务质量专项整治和邮件传递时限专项检查，降低投诉率。全区配备代理金融检查人员 60 人，达到规定要求。组织开展“代销业务检查”“两个加强，两个遏制”“回头看”“内控达标年”等邮银专项检查、“天山利剑”整体接管式检查和片区互查，全区问责处罚 31.38 万元。全区代理金融网点基本实现集中授权管理，完成合规管理系统一期上线、冠字号码查询系统第一批上线。审计监督日趋强化。完成审计项目 405 个，其中年度绩效考核审计 20 个，离任经济责任审计 6 个，专项审计 2 个，工程项目审计 377 个。工程项目审计金额 5915 万元，审减金额 885 万元，综合审减率为 15%。

4. 服务地方

（1）服务能力。下达各项投资计划 1.4 亿元，其中：固定资产投资 5775 万元。新增金融自助机具 110 台、清分机 97 台、移动展业设备 52 台、A 类点钞机 274 台、现金出纳机、自助发卡机各 5 台。新增 50 台智能包裹柜、

200台可折叠笼车、284台网运PDA。推进中央预算内资金项目，完成县局房建设4处、普遍服务网点改造70处、机要网点改造51处、“三农”项目14处。开工在建县局房16处、普遍服务网点26处、机要项目4处。各单位强化收、发、运、投协同配合，实施人员、车辆、设备、场地统一调度，打赢“双十一”邮运生产攻坚战。11月12—29日，全区处理省际进出口包件341.8万件，比上年增幅67.3%。乌鲁木齐邮区中心局发挥自动化包件分拣机流水化作业效能，连续7天突破包件日处理20万件大关，创造日处理26.7万件的新纪录。完善平台，提升服务品质。全区各类平台渠道建设2189个，其中，新增便民服务站239个、邮件代投点203个、村邮站127个、邮乐购站点1620个。全区邮政依托服务平台，实现7类公共事业费、11种营业款、3类通信费的代收代缴，代收代缴各类资金76亿元。

（2）延伸服务范围。与区国税局续签合作协议。全区代办税务收入7923万元，代开国地税发票172.2万笔，代征税额16亿元，比上年增长22.1%。突破“邮铁”合作，成功开发火车票代售项目。布设自动售取票机25台、人工窗口268个，累计销售铁路客票58.17万张。实现“邮体”合作。“十三冬”营销项目收入841.2万元，被“十三冬”组委会评为先进单位。与新疆体彩中心开展合作，全面代售体育彩票，累计销售彩票16.3万元。推进“邮警”合作。各分公司均与当地交警部门签订合作协议。开展“邮地”合作。与哈密市政府合作，利用邮航专机四次运输哈密“密作贡瓜”和哈密大枣等农产品72.9吨，开辟了新疆农副产品专机运输的先河。

（3）丰富服务内涵。深度挖掘校园市场。开展开学季、高考季、毕业季主题营销活动，收入2771万元。全力巩固棉花市场。12个分公司签订棉花代付协议39份，代付金额15.32亿元，揽收资金12.2亿元，棉花网套包裹累计收入2032万元。提升扩大军营市场。累计收入2235万元，实现寄递收入436万元、销售集邮产品737万元、销售分销产品893万元。发力突破旅游市场。围绕旅游，加快线上线下渠道建设，为新疆旅游发展助力添彩。线上，全力打造了“这里是新疆”微信平台，设“疆游中心”“游在新疆”“邮购新疆”三个板块，吸粉2.27万人，实现订单2.48万件、收入96.48万元。线下，以主题邮局为中心，联合景区周边商家打造“邮游”生态圈。建成主题邮局14个，收入157.26万元。

（4）树立服务形象。开展全区空白乡镇网点建设查漏补缺工作，通过采取设立代办网点、便民服务站、开展流动服务等方式，实现25个空白乡镇的邮政服务工作。全区空白乡镇网点总数359处，达到全覆盖。全区农村邮政网点1077个，农村乡镇邮政局所覆盖率100%。全年批复设立邮政普遍服务网点100处、批复金融低效网点迁址24处、批复暂停金融营业网点4处、批复撤销邮政普遍服务网点22处。社会公益活动进一步丰富。区分公司连续三年参与玩具总动员活动。

5. 党建工作

（1）党性认识。认真学习习近平总书记关于新疆工作总目标再动员会议精神，精心组织“两学一做”学习教育，坚持领导带头，发挥基层党组织主观能动性，激发党员学习动力，真学实做，以学促做。各级党组织书记落实“第一责任”，为党员讲党课，组织专题讨论。

强基层，促党建工作上水平。狠抓党建工作责任落实，将解决基层组织不健全这一重点工作纳入“十三五”规划，逐步扩大基层党组织覆盖面，全区570名党员包挂帮扶基层网点503个，有效降低党组织“空白点”。完成4个单位党组改党委以及11个地市和区分公司直属机关党委各单位换届选举工作。把党建述职评议考核作为常态化工作常抓不懈，“三严三实”民主生活会层层传导压力，逐级落实责任。新疆区邮政党建工作得到自治区党委组织部和自治区直属机关工委的肯定。喀什分公司被选为全国邮政基层党建工作先进典型。“全国劳动模范”马建新当选为自治区第九次党代会代表，全区8个单位11名党员当选为地州市级党代表。

（2）廉政建设。层层签订党风廉政建设责任书，将考核结果纳入绩效考核。对11个单位开展“两个责任”约谈，实现全覆盖。全力推进“四风”问题整治情况“回头看”，对5个地州市分公司专项督导检查。开展机关作风建设效能监察，聚焦作风建设，狠抓落实整改，促进各级机关作风稳步好转。三级以上党员领导干部共深入网点800余次，平均调研57天。廉洁风险防控管理系统上线运行，提升规范化水平。全年受理信访135件，办结率80%。加大责任追究，函询三级经理6人8次，谈话提醒1名，待给予党纪处分1名。1名四级领导干部给予了党纪、政纪处分，另1名四级领导干部待追责处理。

（3）巡视整改。全力配合集团公司党组第五巡视组对新疆邮政企业单位进行专项巡视。认真组织开展巡视整改。针对巡视“反馈意见”的97项整改措施，完成整改任务96项，完成率98.97%。针对巡视组向领导班子反馈的“具体问题与重点关注问题”的123项整改措施，完成122项，完成率达99.19%。新建和修订17项规章制度，促进巡视整改成果制度化运行。各基层单位对照梳理问题406个，完成整改373个，完成率91.87%。

（4）和谐发展。按照各级党委和政府的要求，全力落实各项维稳措施，企业保持整体稳定。推进精神文明创建工作，区分公司机关、12个地州市分公司、38个县分公司顺利通过自治区级“文明单位”验收。开展“民族团结进步年”和“民族团结一家亲”活动，促进了各民族间的交流交往交融。深入开展“访惠聚”活动，继续选派人员参与驻村工作。注重选树先进典型，5名邮政员工分获全国劳模、自治区劳模荣誉称号，2名邮政员工荣获“开发建设新疆奖章”。扎实推进小家建设，全区已建成支局职工小家309个、城市投递员之家51个、网运职工之家16个，县分公司职工小家覆盖率100%。投入员工体检费336.4万元，发放困难、特困员工帮扶基金61.4万元、互助互济基金178.6万元、金秋助学基金19.6万元、各类慰问金141.6万元，累计受益人数1.5万人次。推进福利体系建设，统一提升各单位月岗位绩效基数100元。为机要专业操作序列合同用工设置机要保密津贴，人均月增资80　120元。调整合同用工和保留关系人员“艰贴”标准，人均月增资104元。全年合同用工人均工资预计9.34万元，增长8%；劳务用工人均劳动报酬预计6.62万元，增长18.8%。（新疆分公司　康燕）

为保护金融消费者合法权益、使其远离金融诈骗危害，邮储银行新疆伊犁州分行专门成立“宣讲小分队”，计划长期开展“法律、金融知识齐步进社区”活动。（新闻宣传中心 / 提供）

【邮储银行新疆分行】 内设17个部门，下辖16个地、州（市）分行，95个县支行。全区邮储网点646个，其中，80%的网点分布在县及县以下地区，员工3430人。资产规模863亿元，比上年增长7.7%。各项存款余额830亿元，净增94亿元，比上年增长12.7%。各项贷款余额315亿元，贷款净增16.3亿元（剔除票据各类贷款净增33亿元），比上年增长5.4%。全区邮政金融收入累计完成24.5亿元，比上年增长0.8%，其中，银行自营收入累计完成16.2亿元。实现利润总额3.3亿元，比上年增长31%。不良贷款率1.33%，低于总行限额标准0.04%。

1. 金融扶贫。新疆确定克孜勒苏柯尔克孜自治州为邮储银行新疆区分行分片承贷区域，独家承担克州地区15.66万建档立卡贫困户中约2.2万贫困户、10亿元信贷资金投放的金融扶贫攻坚任务。为助力新疆自治区打好金融扶贫攻坚战，区分行成立金融扶贫工作领导小组和对口支持克州金融脱贫攻坚工作组，召开对口支持克州金融扶贫攻坚工作现场推进会，并在总行的支持下开发“脱贫易贷”扶贫产品。区分行向克州投放扶贫贷款3.3亿元，超自治区下达的年度投放覆盖计划3%。

2. 助力地方经济。认购地方债17.9亿元。出台《中国邮政储蓄银行新疆生产建设兵团区域授信政策指引》，降低兵团地区现代农业、电力供应、氯碱化工、新型城镇化、保障房建设、水务、政府购买、PPP等8个领域的授信准入门槛，助力兵团经济发展。

3. 储蓄余额增长。个人存款余额净增76亿元，其中自营网点增长14亿元，比上年增长9.9亿元，超额完成全年计划。个人存款余额706亿元，余额市场占有率9.43%。

4. 公司业务。成立重点客户、重大项目及兵团业务营销工作领导小组，加强业务拓展，新增金风科技、特变电工2个总行级战略客户，促成总行与金风科技签订战略合作协议。全年公司业务授信405亿元，比上年提高2倍，其中重点客户授信266亿元。实现兵团团场法人贷款产品创新，为拓展兵团市场做好产品准备。公司存款余额124亿元，年净增18亿元。公司贷款余额53亿元，年净增7.9亿元。银行承兑出票6.81亿元，引存6.07亿元。

5. 贵金属业务。开展“邮储有福猴年贺岁金”主题营销活动，销量始终保持全国领先，荣获总行最佳销售奖，全区5名员工获“百强标兵奖”，并获总行奖励大师签售会一场。全年累计销售实物贵金属4005.26万元，比上年增长29.13%，列全国第2位。

6. 信用消费贷款。强化优质单位营销力度，全年信用消费贷款净增25.92亿元，净增额市场占有率位居同业第4位，余额市场占有率5.79%。

7. 党建工作。扎实开展“两学一做”学习教育活动，建立区分行机关党支部联系点工作机制，在19个支行推进“强基固本”建设工程，提高基层党建工作规范性。开展“手抄党章”“党员政治生日”等主题活动，提升党建活动效果。区分行被中央团工委授予2015—2016年度“银团合作”优秀派出机构，并有1人及1个项目荣获全国优秀个人和优秀项目。

8. 职工建设。推进“职工之家”，建成职工小家95个。新疆分行工会、乌鲁木齐、奎屯、石河子分行工会获总行“模范职工之家”称号。区分行在获2016年全区金融系统业务技能竞赛团体第三名；石河子市开发区北四路支行获全国优秀支行荣誉称号；昌吉五家渠市支行李晓萍获全国优秀支行长荣誉称号；阿克苏温宿县支行被评为消费信贷特色支行建设管理优秀单位；乌鲁木齐市分行理财经理拜丽当选为自治区劳动模范。（邮储银行　马静）

【速递物流新疆分公司】

1. 经营发展。业务量1613.29万件。实现业务收入18391万元，比上年增长8%。其中，速递板块收入11934万元，比上年增长29.46%；物流板块收入6037万元，比上年减少18.79%。自营标准特快业务完成6310万元，比上年增长38.93%，全国排名第1位。自营国际速递业务985万元，比上年增长204%，全国排名第1位。在全国邮政2015年至2016年包裹快递业务劳动竞赛中，获得国内业务发展贡献奖。全员劳动生产率16.67万元。一是标准快递业务持续领先。自营标准快递业务6310万元，比上年增长38.93%。其中，省际标准快递增幅8.53%，全国排名第9位。省内标准快递增幅39.69%，全国排名第5位。同城标准快递增幅70.29%，全国排名第2位。二是大客户贡献成效凸显。收入6858万元，比上年增长34.05%，对速递板块增长贡献率79.7%。其中，前10名大客户收入贡献3680.7万元，占速递板块收入30.85%。三是国际业务超常发展，收入985万元，比上年增长204%。其中国际e邮宝656万元，比上年增幅8742%，在国际业务收入中占比66.6%。优化出口e邮宝处理流程和邮路组织，加速俄向e邮宝的处理时限，吸引客户在乌鲁木齐建立边境仓。开通区至俄罗斯赛诚e邮宝航空及陆路专线业务，带动国际业务超常发展。四是物流转型，运用仓储+社会渠道+邮政渠道配送的模式运作老板电器新疆云仓项目，获得“最佳仓储团队奖”。引进云仓客户—武汉清风纸业天猫旗舰店、聚米仓+配新疆云仓项目、波司登羽绒服新疆仓疆内配送业务。尝试冷链物流运输的方式为特殊类客户提供服务。电商物流营销中心中标及签约19家，续签老客户11家。五是电商发展。通过业务结构调整，电商物流主攻仓储型客户并以“仓+配”客户为切入点，带动配送业务发展。全年纯仓储业务收入1222万元，占比21%。“仓+配”客户合计20个，收入361.5万元；电商类仓配客户4个，收入96万余元。六是专项营销。节庆营销实现业务收入340万元，比上年增长42%。其中，端午邮情活动收入110万元，比上年增长68%。中秋思乡月活动收入190.4万元，比上年增长46%。搭载极速鲜商城，陆续上线新疆特色产品，收入比上年增长181%。

2. 改革创新。一是体制机制改革。“子改分”经营体制改革全面到位。“一体两翼”经营战略及包裹快递业务改革深入推进。“北疆电商物流运营中心”应运而生。党的工作机构建立健全。二是“众创众享”。领创营业部31个，领创团队35个，团队领创占比80%，领创人员47人。领创揽投部业务收入4514万元，领创者个人收益平均增长22.2%。三是营销体系。速递物流5+1营销中心实体化建设全面落实。其中速递中心共有员工157人，客户经理15人，开发政务项目45个，商务目标市场70个，电商客户5个。实现业务收入3803.16万元，占公司业务收入的21%，占速递板块收入的32%。物流中心员工5人，客户经理4人，开发或中标项目19个，实现业务收入1949.58元，占公司业务收入的11%，占物流板块收入的33%。四是“三进工程”。开发重点商厦写字楼、园区校区、产业集群和重点市场70个，覆盖率82%。五是“揽收之星”。10—12月，产生“揽收之星”567人，创收629万元，奖励18.04万元。六是盈利模式推广应用。通过推进“众创众享”、精细管控运输和人工成本、推进处理中心成本支出与效益挂钩，确保盈利模式推广应用，全年减少亏损187万元。

3. 支撑能力。全年固定资产投资2071.71万元。乌鲁木齐邮件处理中心竣工验收，启动二期工程立项申请。投资535.3万元，完成跨境电商商业快件监管中心建设。开通乌鲁木齐至西安、南京邮航自主邮路。采取多渠道盘活方式，加快闲置资产处理工作。推广电子下单和电子支付等电子渠道手段。累电子下单3.3万笔，电子支付4.56万笔，电子支付金额368万元。改造升级身份证信息处理系统，上线国际应税系统，累计发送护照业务主动告知短信132万条。坚持优势互补，全面整合大网、专网及社会资源平台，提高资源综合利用率，不断提升运营效益。（速递物流　蔡建）

重要文献

国务院关于落实发展新理念加快农业现代化实现全面小康目标的若干意见

（2015 年 12 月 31 日）

党的十八届五中全会通过的《中共中央关于制定国民经济和社会发展第十三个五年规划的建议》，对做好新时期农业农村工作作出了重要部署。各地区各部门要牢固树立和深入贯彻落实创新、协调、绿色、开放、共享的发展理念，大力推进农业现代化，确保亿万农民与全国人民一道迈入全面小康社会。

“十二五”时期，是农业农村发展的又一个黄金期。粮食连年高位增产，实现了农业综合生产能力质的飞跃；农民收入持续较快增长，扭转了城乡居民收入差距扩大的态势；农村基础设施和公共服务明显改善，提高了农民群众的民生保障水平；农村社会和谐稳定，夯实了党在农村的执政基础。实践证明，党的“三农”政策是完全正确的，亿万农民是衷心拥护的。

当前，我国农业农村发展环境发生重大变化，既面临诸多有利条件，又必须加快破解各种难题。一方面，加快补齐农业农村短板成为全党共识，为开创“三农”工作新局面汇聚强大推动力；新型城镇化加快推进，为以工促农、以城带乡带来持续牵引力；城乡居民消费结构加快升级，为拓展农业农村发展空间增添巨大带动力；新一轮科技革命和产业变革正在孕育兴起，为农业转型升级注入强劲驱动力；农村各项改革全面展开，为农业农村现代化提供不竭源动力。另一方面，在经济发展新常态背景下，如何促进农民收入稳定较快增长，加快缩小城乡差距，确保如期实现全面小康，是必须完成的历史任务；在资源环境约束趋紧背景下，如何加快转变农业发展方式，确保粮食等重要农产品有效供给，实现绿色发展和资源永续利用，是必须破解的现实难题；在受国际农产品市场影响加深背景下，如何统筹利用国际国内两个市场、两种资源，提升我国农业竞争力，赢得参与国际市场竞争的主动权，是必须应对的重大挑战。农业是全面建成小康社会、实现现代化的基础。我们一定要切实增强做好“三农”工作的责任感、使命感、紧迫感，任何时候都不能忽视农业、忘记农民、淡漠农村，在认识的高度、重视的程度、投入的力度上保持好势头，始终把解决好“三农”问题作为全党工作重中之重，坚持强农惠农富农政策不减弱，推进农村全面小康建设不松劲，加快发展现代农业，加快促进农民增收，加快建设社会主义新农村，不断巩固和发展农业农村好形势。

“十三五”时期推进农村改革发展，要高举中国特色社会主义伟大旗帜，全面贯彻党的十八大和十八届三中、四中、五中全会精神，以邓小平理论、“三个代表”重要思想、科学发展观为指导，深入贯彻习近平总书记系列重要讲话精神，坚持全面建成小康社会、全面深化改革、全面依法治国、全面从严治党的战略布局，把坚持农民主体地位、增进农民福祉作为农村一切工作的出发点和落脚点，用发展新理念破解“三农”新难题，厚植农业农村发展优势，加大创新驱动力度，推进农业供给侧结构性改革，加快转变农业发展方式，保持农业稳定发展和农民持续增收，走产出高效、产品安全、资源节约、环境友好的农业现代化道路，推动新型城镇化与新农村建设双轮驱动、互促共进，让广大农民平等参与现代化进程、共同分享现代化成果。

到 2020 年，现代农业建设取得明显进展，粮食产能进一步巩固提升，国家粮食安全和重要农产品供给得到有效保障，农产品供给体系的质量和效率显著提高；农民生活达到全面小康水平，农村居民人均收入比 2010 年翻一番，城乡居民收入差距继续缩小；我国现行标准下农村贫困人口实现脱贫，贫困县全部摘帽，解决区域性整体贫困；农民素质和农村社会文明程度显著提升，社会主义新农村建设水平进一步提高；农村基本经济制度、农业支持保护制度、农村社会治理制度、城乡发展一体化体制机制进一步完善。

一、持续夯实现代农业基础，提高农业质量效益和竞争力

大力推进农业现代化，必须着力强化物质装备和技

术支撑，着力构建现代农业产业体系、生产体系、经营体系，实施藏粮于地、藏粮于技战略，推动粮经饲统筹、农林牧渔结合、种养加一体、一二三产业融合发展，让农业成为充满希望的朝阳产业。

1. 大规模推进高标准农田建设。加大投入力度，整合建设资金，创新投融资机制，加快建设步伐，到2020年确保建成8亿亩、力争建成10亿亩集中连片、旱涝保收、稳产高产、生态友好的高标准农田。整合完善建设规划，统一建设标准、统一监管考核、统一上图入库。提高建设标准，充实建设内容，完善配套设施。优化建设布局，优先在粮食主产区建设确保口粮安全的高标准农田。健全管护监督机制，明确管护责任主体。将高标准农田划为永久基本农田，实行特殊保护。将高标准农田建设情况纳入地方各级政府耕地保护责任目标考核内容。

2. 大规模推进农田水利建设。把农田水利作为农业基础设施建设的重点，到2020年农田有效灌溉面积达到10亿亩以上，农田灌溉水有效利用系数提高到0.55以上。加快重大水利工程建设。积极推进江河湖库水系连通工程建设，优化水资源空间格局，增加水环境容量。加快大中型灌区建设及续建配套与节水改造、大型灌排泵站更新改造。完善小型农田水利设施，加强农村河塘清淤整治、山丘区“五小水利”、田间渠系配套、雨水集蓄利用、牧区节水灌溉饲草料地建设。大力开展区域规模化高效节水灌溉行动，积极推广先进适用节水灌溉技术。继续实施中小河流治理和山洪、地质灾害防治。扩大开发性金融支持水利工程建设的规模和范围。稳步推进农业水价综合改革，实行农业用水总量控制和定额管理，合理确定农业水价，建立节水奖励和精准补贴机制，提高农业用水效率。完善用水权初始分配制度，培育水权交易市场。深化小型农田水利工程产权制度改革，创新运行管护机制。鼓励社会资本参与小型农田水利工程建设与管护。

3. 强化现代农业科技创新推广体系建设。农业科技创新能力总体上达到发展中国家领先水平，力争在农业重大基础理论、前沿核心技术方面取得一批达到世界先进水平的成果。统筹协调各类农业科技资源，建设现代农业产业科技创新中心，实施农业科技创新重点专项和工程，重点突破生物育种、农机装备、智能农业、生态环保等领域关键技术。强化现代农业产业技术体系建设。加强农业转基因技术研发和监管，在确保安全的基础上慎重推广。加快研发高端农机装备及关键核心零部件，提升主要农作物生产全程机械化水平，推进林业装备现代化。大力推进“互联网+”现代农业，应用物联网、云计算、大数据、移动互联等现代信息技术，推动农业全产业链改造升级。大力发展智慧气象和农业遥感技术应用。深化农业科技体制改革，完善成果转化激励机制，制定促进协同创新的人才流动政策。加强农业知识产权保护，严厉打击侵权行为。深入开展粮食绿色高产高效创建。健全适应现代农业发展要求的农业科技推广体系，对基层农技推广公益性与经营性服务机构提供精准支持，引导高等学校、科研院所开展农技服务。推行科技特派员制度，鼓励支持科技特派员深入一线创新创业。发挥农村专业技术协会的作用。鼓励发展农业高新技术企业。深化国家现代农业示范区、国家农业科技园区建设。

4. 加快推进现代种业发展。大力推进育繁推一体化，提升种业自主创新能力，保障国家种业安全。深入推进种业领域科研成果权益分配改革，探索成果权益分享、转移转化和科研人员分类管理机制。实施现代种业建设工程和种业自主创新重大工程。全面推进良种重大科研联合攻关，培育和推广适应机械化生产、优质高产多抗广适新品种，加快主要粮食作物新一轮品种更新换代。加快推进海南、甘肃、四川国家级育种制种基地和区域性良种繁育基地建设。强化企业育种创新主体地位，加快培育具有国际竞争力的现代种业企业。实施畜禽遗传改良计划，加快培育优异畜禽新品种。开展种质资源普查，加大保护利用力度。贯彻落实种子法，全面推进依法治种。加大种子打假护权力度。

5. 发挥多种形式农业适度规模经营引领作用。坚持以农户家庭经营为基础，支持新型农业经营主体和新型农业服务主体成为建设现代农业的骨干力量，充分发挥多种形式适度规模经营在农业机械和科技成果应用、绿色发展、市场开拓等方面的引领功能。完善财税、信贷保险、用地用电、项目支持等政策，加快形成培育新型农业经营主体的政策体系，进一步发挥财政资金引导作用，撬动规模化经营主体增加生产性投入。适应新型农业经营主体和服务主体发展需要，允许将集中连片整治后新增加的部分耕地，按规定用于完善农田配套设施。探索开展粮食生产规模经营主体营销贷款改革试点。积极培育家庭农场、专业大户、农民合作社、农业产业化龙头企业等新型农业经营主体。支持多种类型的新型农业服务主体开展代耕代种、联耕联种、土地托管等专业化规模化服务。加强气象为农服务体系建设。实施农业社会化服务支撑工程，扩大政府购买农业公益性服务机制创新试点。加快发展农业生产性服务业。完善工商资本租赁农地准入、监管和风险防范机制。健全县乡农村经营管理体系，加强对土地流转和规模经营的管理服务。

6. 加快培育新型职业农民。将职业农民培育纳入国家教育培训发展规划，基本形成职业农民教育培训体系，把职业农民培养成建设现代农业的主导力量。办好农业职业教育，将全日制农业中等职业教育纳入国家资助政策范围。依托高等教育、中等职业教育资源，鼓励农民通过“半农半读”等方式就地就近接受职业教育。开展新型农业经营主体带头人培育行动，通过五年努力使他们基本得到培训。加强涉农专业全日制学历教育，支持农业院校办好涉农专业，健全农业广播电视学校体系，定向培养职业农民。引导有志投身现代农业建设的农村青年、返乡农民工、农技推广人员、农村大中专毕业生和退役军人等加入职业农民队伍。优化财政支农资金使用，把一部分资金用于培养职业农民。总结各地经验，建立健全职业农民扶持制度，相关政策向符合条件的职业农民倾斜。鼓励有条件的地方探索职业农民养老保险办法。

7. 优化农业生产结构和区域布局。树立大食物观，面向整个国土资源，全方位、多途径开发食物资源，满足日益多元化的食物消费需求。在确保谷物基本自给、口粮绝对安全的前提下，基本形成与市场需求相适应、与资源禀赋相匹配的现代农业生产结构和区域布局，提高农业综合效益。启动实施种植业结构调整规划，稳定水稻和小麦生产，适当调减非优势区玉米种植。支持粮食主产区建设粮食生产核心区。扩大粮改饲试点，加快建设现代饲草料产业体系。合理调整粮食统计口径。制定划定粮食生产功能区和大豆、棉花、油料、糖料蔗等重要农产品生产保护区的指导意见。积极推进马铃薯主食开发。加快现代畜牧业建设，根据环境容量调整区域养殖布局，优化畜禽养殖结构，发展草食畜牧业，形成规模化生产、集约化经营为主导的产业发展格局。启动实施种养结合循环农业示范工程，推动种养结合、农牧循环发展。加强渔政渔港建设。大力发展旱作农业、热作农业、优质特色杂粮、特色经济林、木本油料、竹藤花卉、林下经济。

8. 统筹用好国际国内两个市场、两种资源。完善农业对外开放战略布局，统筹农产品进出口，加快形成农业对外贸易与国内农业发展相互促进的政策体系，实现补充国内市场需求、促进结构调整、保护国内产业和农民利益的有机统一。加大对农产品出口支持力度，巩固农产品出口传统优势，培育新的竞争优势，扩大特色和高附加值农产品出口。确保口粮绝对安全，利用国际资源和市场，优化国内农业结构，缓解资源环境压力。优化重要农产品进口的全球布局，推进进口来源多元化，加快形成互利共赢的稳定经贸关系。健全贸易救济和产业损害补偿机制。强化边境管理，深入开展综合治理，打击农产品走私。统筹制定和实施农业对外合作规划。加强与“一带一路”沿线国家和地区及周边国家和地区的农业投资、贸易、科技、动植物检疫合作。支持我国企业开展多种形式的跨国经营，加强农产品加工、储运、贸易等环节合作，培育具有国际竞争力的粮商和农业企业集团。

二、加强资源保护和生态修复，推动农业绿色发展

推动农业可持续发展，必须确立发展绿色农业就是保护生态的观念，加快形成资源利用高效、生态系统稳定、产地环境良好、产品质量安全的农业发展新格局。

9. 加强农业资源保护和高效利用。基本建立农业资源有效保护、高效利用的政策和技术支撑体系，从根本上改变开发强度过大、利用方式粗放的状况。坚持最严格的耕地保护制度，坚守耕地红线，全面划定永久基本农田，大力实施农村土地整治，推进耕地数量、质量、生态“三位一体”保护。落实和完善耕地占补平衡制度，坚决防止占多补少、占优补劣、占水田补旱地，严禁毁林开垦。全面推进建设占用耕地耕作层剥离再利用。实行建设用地总量和强度双控行动，严格控制农村集体建设用地规模。完善耕地保护补偿机制。实施耕地质量保护与提升行动，加强耕地质量调查评价与监测，扩大东北黑土地保护利用试点规模。实施渤海粮仓科技示范工程，加大科技支撑力度，加快改造盐碱地。创建农业可持续发展试验示范区。划定农业空间和生态空间保护红线。落实最严格的水资源管理制度，强化水资源管理“三条红线”刚性约束，实行水资源消耗总量和强度双控行动。加强地下水监测，开展超采区综合治理。落实河湖水域岸线用途管制制度。加强自然保护区建设与管理，对重要生态系统和物种资源实行强制性保护。实施濒危野生动植物抢救性保护工程，建设救护繁育中心和基因库。强化野生动植物进出口管理，严厉打击象牙等濒危野生动植物及其制品非法交易。

10. 加快农业环境突出问题治理。基本形成改善农业环境的政策法规制度和技术路径，确保农业生态环境恶化趋势总体得到遏制，治理明显见到成效。实施并完善农业环境突出问题治理总体规划。加大农业面源污染防治力度，实施化肥农药零增长行动，实施种养业废弃物资源化利用、无害化处理区域示范工程。积极推广高效生态循环农业模式。探索实行耕地轮作休耕制度试点，通过轮作、休耕、退耕、替代种植等多种方式，对地下水漏斗区、重金属污染区、生态严重退化地区开展综合治理。实施全国水土保持规划。推进荒漠化、石漠化、水土流失综合治理。

11. 加强农业生态保护和修复。实施山水林田湖生态保护和修复工程，进行整体保护、系统修复、综合治理。到 2020 年森林覆盖率提高到 23% 以上，湿地面积不低于 8 亿亩。扩大新一轮退耕还林还草规模。扩大退牧还草工程实施范围。实施新一轮草原生态保护补助奖励政策，适当提高补奖标准。实施湿地保护与恢复工程，开展退耕还

湿。建立沙化土地封禁保护制度。加强历史遗留工矿废弃和自然灾害损毁土地复垦利用。开展大规模国土绿化行动，增加森林面积和蓄积量。加强“三北”、长江、珠江、沿海防护林体系等林业重点工程建设。继续推进京津风沙源治理。完善天然林保护制度，全面停止天然林商业性采伐。完善海洋渔业资源总量管理制度，严格实行休渔禁渔制度，开展近海捕捞限额管理试点，按规划实行退养还滩。加快推进水生态修复工程建设。建立健全生态保护补偿机制，开展跨地区跨流域生态保护补偿试点。编制实施耕地、草原、河湖休养生息规划。

12. 实施食品安全战略。加快完善食品安全国家标准，到2020年农兽药残留限量指标基本与国际食品法典标准接轨。加强产地环境保护和源头治理，实行严格的农业投入品使用管理制度。推广高效低毒低残留农药，实施兽用抗菌药治理行动。创建优质农产品和食品品牌。继续推进农业标准化示范区、园艺作物标准园、标准化规模养殖场（小区）、水产健康养殖场建设。实施动植物保护能力提升工程。加快健全从农田到餐桌的农产品质量和食品安全监管体系，建立全程可追溯、互联共享的信息平台，加强标准体系建设，健全风险监测评估和检验检测体系。落实生产经营主体责任，严惩各类食品安全违法犯罪。实施食品安全创新工程。加强基层监管机构能力建设，培育职业化检查员，扩大抽检覆盖面，加强日常检查。加快推进病死畜禽无害化处理与养殖业保险联动机制建设。规范畜禽屠宰管理，加强人畜共患传染病防治。强化动植物疫情疫病监测防控和边境、口岸及主要物流通道检验检疫能力建设，严防外来有害物种入侵。深入开展食品安全城市和农产品质量安全县创建，开展农村食品安全治理行动。强化食品安全责任制，把保障农产品质量和食品安全作为衡量党政领导班子政绩的重要考核指标。

三、推进农村产业融合，促进农民收入持续较快增长

大力推进农民奔小康，必须充分发挥农村的独特优势，深度挖掘农业的多种功能，培育壮大农村新产业新业态，推动产业融合发展成为农民增收的重要支撑，让农村成为可以大有作为的广阔天地。

13. 推动农产品加工业转型升级。加强农产品加工技术创新，促进农产品初加工、精深加工及综合利用加工协调发展，提高农产品加工转化率和附加值，增强对农民增收的带动能力。加强规划和政策引导，促进主产区农产品加工业加快发展，支持粮食主产区发展粮食深加工，形成一批优势产业集群。开发拥有自主知识产权的技术装备，支持农产品加工设备改造提升，建设农产品加工技术集成基地。培育一批农产品精深加工领军企业和国内外知名品牌。强化环保、能耗、质量、安全等标准作用，促进农产品加工企业优胜劣汰。完善农产品产地初加工补助政策。研究制定促进农产品加工业发展的意见。

14. 加强农产品流通设施和市场建设。健全统一开放、布局合理、竞争有序的现代农产品市场体系，在搞活流通中促进农民增收。加快农产品批发市场升级改造，完善流通骨干网络，加强粮食等重要农产品仓储物流设施建设。完善跨区域农产品冷链物流体系，开展冷链标准化示范，实施特色农产品产区预冷工程。推动公益性农产品市场建设。支持农产品营销公共服务平台建设。开展降低农产品物流成本行动。促进农村电子商务加快发展，形成线上线下融合、农产品进城与农资和消费品下乡双向流通格局。加快实现行政村宽带全覆盖，创新电信普遍服务补偿机制，推进农村互联网提速降费。加强商贸流通、供销、邮政等系统物流服务网络和设施建设与衔接，加快完善县乡村物流体系。实施“快递下乡”工程。鼓励大型电商平台企业开展农村电商服务，支持地方和行业健全农村电商服务体系。建立健全适应农村电商发展的农产品质量分级、采后处理、包装配送等标准体系。深入开展电子商务进农村综合示范。加大信息进村入户试点力度。

15. 大力发展休闲农业和乡村旅游。依托农村绿水青山、田园风光、乡土文化等资源，大力发展休闲度假、旅游观光、养生养老、创意农业、农耕体验、乡村手工艺等，使之成为繁荣农村、富裕农民的新兴支柱产业。强化规划引导，采取以奖代补、先建后补、财政贴息、设立产业投资基金等方式扶持休闲农业与乡村旅游业发展，着力改善休闲旅游重点村进村道路、宽带、停车场、厕所、垃圾污水处理等基础服务设施。积极扶持农民发展休闲旅游业合作社。引导和支持社会资本开发农民参与度高、受益面广的休闲旅游项目。加强乡村生态环境和文化遗存保护，发展具有历史记忆、地域特点、民族风情的特色小镇，建设一村一品、一村一景、一村一韵的魅力村庄和宜游宜养的森林景区。依据各地具体条件，有规划地开发休闲农庄、乡村酒店、特色民宿、自驾露营、户外运动等乡村休闲度假产品。实施休闲农业和乡村旅游提升工程、振兴中国传统手工艺计划。开展农业文化遗产普查与保护。支持有条件的地方通过盘活农村闲置房屋、集体建设用地、“四荒地”、可用林场和水面等资产资源发展休闲农业和乡村旅游。将休闲农业和乡村旅游项目建设用地纳入土地利用总体规划和年度计划合理安排。

16. 完善农业产业链与农民的利益联结机制。促进农业产加销紧密衔接、农村一二三产业深度融合，推进农业产业链整合和价值链提升，让农民共享产业融合发展的增值收益，培育农民增收新模式。支持供销合作社创办领办农民合作社，引领农民参与农村产业融合发展、分享产业

链收益。创新发展订单农业，支持农业产业化龙头企业建设稳定的原料生产基地、为农户提供贷款担保和资助订单农户参加农业保险。鼓励发展股份合作，引导农户自愿以土地经营权等入股龙头企业和农民合作社，采取“保底收益＋按股分红”等方式，让农户分享加工销售环节收益，建立健全风险防范机制。加强农民合作社示范社建设，支持合作社发展农产品加工流通和直供直销。通过政府与社会资本合作、贴息、设立基金等方式，带动社会资本投向农村新产业新业态。实施农村产业融合发展试点示范工程。财政支农资金使用要与建立农民分享产业链利益机制相联系。巩固和完善“合同帮农”机制，为农民和涉农企业提供法律咨询、合同示范文本、纠纷调处等服务。

四、推动城乡协调发展，提高新农村建设水平

加快补齐农业农村短板，必须坚持工业反哺农业、城市支持农村，促进城乡公共资源均衡配置、城乡要素平等交换，稳步提高城乡基本公共服务均等化水平。

17. 加快农村基础设施建设。把国家财政支持的基础设施建设重点放在农村，建好、管好、护好、运营好农村基础设施，实现城乡差距显著缩小。健全农村基础设施投入长效机制，促进城乡基础设施互联互通、共建共享。强化农村饮用水水源保护。实施农村饮水安全巩固提升工程。推动城镇供水设施向周边农村延伸。加快实施农村电网改造升级工程，开展农村“低电压”综合治理，发展绿色小水电。加快实现所有具备条件的乡镇和建制村通硬化路、通班车，推动一定人口规模的自然村通公路。创造条件推进城乡客运一体化。加快国有林区防火应急道路建设。将农村公路养护资金逐步纳入地方财政预算。发展农村规模化沼气。加大农村危房改造力度，统筹搞好农房抗震改造，通过贷款贴息、集中建设公租房等方式，加快解决农村困难家庭的住房安全问题。加强农村防灾减灾体系建设。研究出台创新农村基础设施投融资体制机制的政策意见。

18. 提高农村公共服务水平。把社会事业发展的重点放在农村和接纳农业转移人口较多的城镇，加快推动城镇公共服务向农村延伸。加快发展农村学前教育，坚持公办民办并举，扩大农村普惠性学前教育资源。建立城乡统一、重在农村的义务教育经费保障机制。全面改善贫困地区义务教育薄弱学校基本办学条件，改善农村学校寄宿条件，办好乡村小规模学校，推进学校标准化建设。加快普及高中阶段教育，逐步分类推进中等职业教育免除学杂费，率先从建档立卡的家庭经济困难学生实施普通高中免除学杂费，实现家庭经济困难学生资助全覆盖。深入实施农村贫困地区定向招生等专项计划，对民族自治县实现全覆盖。加强乡村教师队伍建设，拓展教师补充渠道，推动城镇优秀教师向乡村学校流动。办好农村特殊教育。整合城乡居民基本医疗保险制度，适当提高政府补助标准、个人缴费和受益水平。全面实施城乡居民大病保险制度。健全城乡医疗救助制度。完善城乡居民养老保险参保缴费激励约束机制，引导参保人员选择较高档次缴费。改进农村低保申请家庭经济状况核查机制，实现农村低保制度与扶贫开发政策有效衔接。建立健全农村留守儿童和妇女、老人关爱服务体系。建立健全农村困境儿童福利保障和未成年人社会保护制度。积极发展农村社会工作和志愿服务。切实维护农村妇女在财产分配、婚姻生育、政治参与等方面的合法权益，让女性获得公平的教育机会、就业机会、财产性收入、金融资源。加强农村养老服务体系、残疾人康复和供养托养设施建设。深化农村殡葬改革，依法管理、改进服务。推进农村基层综合公共服务资源优化整合。全面加强农村公共文化服务体系建设，继续实施文化惠民项目。在农村建设基层综合性文化服务中心，整合基层宣传文化、党员教育、科学普及、体育健身等设施，整合文化信息资源共享、农村电影放映、农家书屋等项目，发挥基层文化公共设施整体效应。

19. 开展农村人居环境整治行动和美丽宜居乡村建设。遵循乡村自身发展规律，体现农村特点，注重乡土味道，保留乡村风貌，努力建设农民幸福家园。科学编制县域乡村建设规划和村庄规划，提升民居设计水平，强化乡村建设规划许可管理。继续推进农村环境综合整治，完善以奖促治政策，扩大连片整治范围。实施农村生活垃圾治理五年专项行动。采取城镇管网延伸、集中处理和分散处理等多种方式，加快农村生活污水治理和改厕。全面启动村庄绿化工程，开展生态乡村建设，推广绿色建材，建设节能农房。开展农村宜居水环境建设，实施农村清洁河道行动，建设生态清洁型小流域。发挥好村级公益事业一事一议财政奖补资金作用，支持改善村内公共设施和人居环境。普遍建立村庄保洁制度。坚持城乡环境治理并重，逐步把农村环境整治支出纳入地方财政预算，中央财政给予差异化奖补，政策性金融机构提供长期低息贷款，探索政府购买服务、专业公司一体化建设运营机制。加大传统村落、民居和历史文化名村名镇保护力度。开展生态文明示范村镇建设。鼓励各地因地制宜探索各具特色的美丽宜居乡村建设模式。

20. 推进农村劳动力转移就业创业和农民工市民化。健全农村劳动力转移就业服务体系，大力促进就地就近转移就业创业，稳定并扩大外出农民工规模，支持农民工返乡创业。大力发展特色县域经济和农村服务业，加快培育中小城市和特色小城镇，增强吸纳农业转移人口能力。加大对农村灵活就业、新就业形态的支持。鼓励各地设立农村妇女就业创业基金，加大妇女小额担保贷款实施力度，加强妇女技能培训，支持农村妇女发展家庭手工业。实施

新生代农民工职业技能提升计划，开展农村贫困家庭子女、未升学初高中毕业生、农民工、退役军人免费接受职业培训行动。依法维护农民工合法劳动权益，完善城乡劳动者平等就业制度，建立健全农民工工资支付保障长效机制。进一步推进户籍制度改革，落实1亿左右农民工和其他常住人口在城镇定居落户的目标，保障进城落户农民工与城镇居民有同等权利和义务，加快提高户籍人口城镇化率。全面实施居住证制度，建立健全与居住年限等条件相挂钩的基本公共服务提供机制，努力实现基本公共服务常住人口全覆盖。落实和完善农民工随迁子女在当地参加中考、高考政策。将符合条件的农民工纳入城镇社会保障和城镇住房保障实施范围。健全财政转移支付同农业转移人口市民化挂钩机制，建立城镇建设用地增加规模同吸纳农业转移人口落户数量挂钩机制。维护进城落户农民土地承包权、宅基地使用权、集体收益分配权，支持引导其依法自愿有偿转让上述权益。

21. 实施脱贫攻坚工程。实施精准扶贫、精准脱贫，因人因地施策，分类扶持贫困家庭，坚决打赢脱贫攻坚战。通过产业扶持、转移就业、易地搬迁等措施解决5000万左右贫困人口脱贫；对完全或部分丧失劳动能力的2000多万贫困人口，全部纳入低保覆盖范围，实行社保政策兜底脱贫。实行脱贫工作责任制，进一步完善中央统筹、省（自治区、直辖市）负总责、市（地）县抓落实的工作机制。各级党委和政府要把脱贫攻坚作为重大政治任务扛在肩上，各部门要步调一致、协同作战、履职尽责，切实把民生项目、惠民政策最大限度向贫困地区倾斜。广泛动员社会各方面力量积极参与扶贫开发。实行最严格的脱贫攻坚考核督查问责。

五、深入推进农村改革，增强农村发展内生动力

破解“三农”难题，必须坚持不懈推进体制机制创新，着力破除城乡二元结构的体制障碍，激发亿万农民创新创业活力，释放农业农村发展新动能。

22. 改革完善粮食等重要农产品价格形成机制和收储制度。坚持市场化改革取向与保护农民利益并重，采取“分品种施策、渐进式推进”的办法，完善农产品市场调控制度。继续执行并完善稻谷、小麦最低收购价政策。深入推进新疆棉花、东北地区大豆目标价格改革试点。按照市场定价、价补分离的原则，积极稳妥推进玉米收储制度改革，在使玉米价格反映市场供求关系的同时，综合考虑农民合理收益、财政承受能力、产业链协调发展等因素，建立玉米生产者补贴制度。按照政策性职能和经营性职能分离的原则，改革完善中央储备粮管理体制。深化国有粮食企业改革，发展多元化市场购销主体。科学确定粮食等重要农产品国家储备规模，完善吞吐调节机制。

23. 健全农业农村投入持续增长机制。优先保障财政对农业农村的投入，坚持将农业农村作为国家固定资产投资的重点领域，确保力度不减弱、总量有增加。充分发挥财政政策导向功能和财政资金杠杆作用，鼓励和引导金融资本、工商资本更多投向农业农村。加大专项建设基金对扶贫、水利、农村产业融合、农产品批发市场等“三农”领域重点项目和工程支持力度。发挥规划引领作用，完善资金使用和项目管理办法，多层级深入推进涉农资金整合统筹，实施省级涉农资金管理改革和市县涉农资金整合试点，改进资金使用绩效考核办法。将种粮农民直接补贴、良种补贴、农资综合补贴合并为农业支持保护补贴，重点支持耕地地力保护和粮食产能提升。完善农机购置补贴政策。用3年左右时间建立健全全国农业信贷担保体系，2016年推动省级农业信贷担保机构正式建立并开始运营。加大对农产品主产区和重点生态功能区的转移支付力度。完善主产区利益补偿机制。逐步将农垦系统纳入国家农业支持和民生改善政策覆盖范围。研究出台完善农民收入增长支持政策体系的指导意见。

24. 推动金融资源更多向农村倾斜。加快构建多层次、广覆盖、可持续的农村金融服务体系，发展农村普惠金融，降低融资成本，全面激活农村金融服务链条。进一步改善存取款、支付等基本金融服务。稳定农村信用社县域法人地位，提高治理水平和服务能力。开展农村信用社省联社改革试点，逐步淡出行政管理，强化服务职能。鼓励国有和股份制金融机构拓展“三农”业务。深化中国农业银行“三农”金融事业部改革，加大“三农”金融产品创新和重点领域信贷投入力度。发挥国家开发银行优势和作用，加强服务“三农”融资模式创新。强化中国农业发展银行政策性职能，加大中长期“三农”信贷投放力度。支持中国邮政储蓄银行建立“三农”金融事业部，打造专业化为农服务体系。创新村镇银行设立模式，扩大覆盖面。引导互联网金融、移动金融在农村规范发展。扩大在农民合作社内部开展信用合作试点的范围，健全风险防范化解机制，落实地方政府监管责任。开展农村金融综合改革试验，探索创新农村金融组织和服务。发展农村金融租赁业务。在风险可控前提下，稳妥有序推进农村承包土地的经营权和农民住房财产权抵押贷款试点。积极发展林权抵押贷款。创设农产品期货品种，开展农产品期权试点。支持涉农企业依托多层次资本市场融资，加大债券市场服务“三农”力度。全面推进农村信用体系建设。加快建立“三农”融资担保体系。完善中央与地方双层金融监管机制，切实防范农村金融风险。强化农村金融消费者风险教育和保护。完善“三农”贷款统计，突出农户贷款、新型农业经营主体贷款、扶贫贴息贷款等。

25. 完善农业保险制度。把农业保险作为支持农业的

重要手段，扩大农业保险覆盖面、增加保险品种、提高风险保障水平。积极开发适应新型农业经营主体需求的保险品种。探索开展重要农产品目标价格保险，以及收入保险、天气指数保险试点。支持地方发展特色优势农产品保险、渔业保险、设施农业保险。完善森林保险制度。探索建立农业补贴、涉农信贷、农产品期货和农业保险联动机制。积极探索农业保险保单质押贷款和农户信用保证保险。稳步扩大“保险＋期货”试点。鼓励和支持保险资金开展支农融资业务创新试点。进一步完善农业保险大灾风险分散机制。

26. 深化农村集体产权制度改革。到2020年基本完成土地等农村集体资源性资产确权登记颁证、经营性资产折股量化到本集体经济组织成员，健全非经营性资产集体统一运营管理机制。稳定农村土地承包关系，落实集体所有权，稳定农户承包权，放活土地经营权，完善“三权分置”办法，明确农村土地承包关系长久不变的具体规定。继续扩大农村承包地确权登记颁证整省推进试点。依法推进土地经营权有序流转，鼓励和引导农户自愿互换承包地块实现连片耕种。研究制定稳定和完善农村基本经营制度的指导意见。加快推进房地一体的农村集体建设用地和宅基地使用权确权登记颁证，所需工作经费纳入地方财政预算。推进农村土地征收、集体经营性建设用地入市、宅基地制度改革试点。完善宅基地权益保障和取得方式，探索农民住房保障新机制。总结农村集体经营性建设用地入市改革试点经验，适当提高农民集体和个人分享的增值收益，抓紧出台土地增值收益调节金征管办法。完善和拓展城乡建设用地增减挂钩试点，将指标交易收益用于改善农民生产生活条件。探索将通过土地整治增加的耕地作为占补平衡补充耕地的指标，按照谁投入、谁受益的原则返还指标交易收益。研究国家重大工程建设补充耕地由国家统筹的具体办法。加快编制村级土地利用规划。探索将财政资金投入农业农村形成的经营性资产，通过股权量化到户，让集体组织成员长期分享资产收益。制定促进农村集体产权制度改革的税收优惠政策。开展扶持村级集体经济发展试点。深入推进供销合作社综合改革，提升为农服务能力。完善集体林权制度，引导林权规范有序流转，鼓励发展家庭林场、股份合作林场。完善草原承包经营制度。

六、加强和改善党对“三农”工作领导

加快农业现代化和农民奔小康，必须坚持党总揽全局、协调各方的领导核心作用，改进农村工作体制机制和方式方法，不断强化政治和组织保障。

27. 提高党领导农村工作水平。坚持把解决好“三农”问题作为全党工作重中之重不动摇，以更大的决心、下更大的气力加快补齐农业农村这块全面小康的短板。不断健全党委统一领导、党政齐抓共管、党委农村工作综合部门统筹协调、各部门各负其责的农村工作领导体制和工作机制。注重选派熟悉“三农”工作的干部进省市县党委和政府领导班子。各级党委和政府要把握好“三农”战略地位、农业农村发展新特点，顺应农民新期盼，关心群众诉求，解决突出问题，提高做好“三农”工作本领。巩固和拓展党的群众路线教育实践活动和“三严三实”专题教育成果。进一步减少和下放涉农行政审批事项。加强“三农”前瞻性、全局性、储备性政策研究，健全决策咨询机制。扎实推进农村各项改革，鼓励和允许不同地方实行差别化探索。对批准开展的农村改革试点，要不断总结可复制、可推广的经验，推动相关政策出台和法律法规立改废释。深入推进农村改革试验区工作。全面提升农村经济社会发展调查统计水平，扎实做好第三次全国农业普查。加快建立全球农业数据调查分析系统。加强农村法治建设，完善农村产权保护、农业市场规范运行、农业支持保护、农业资源环境等方面的法律法规。

28. 加强农村基层党组织建设。始终坚持农村基层党组织领导核心地位不动摇，充分发挥农村基层党组织的战斗堡垒作用和党员的先锋模范作用，不断夯实党在农村基层执政的组织基础。严格落实各级党委抓农村基层党建工作责任制，发挥县级党委“一线指挥部”作用，实现整乡推进、整县提升。建立市县乡党委书记抓农村基层党建问题清单、任务清单、责任清单，坚持开展市县乡党委书记抓基层党建述职评议考核。选优配强乡镇领导班子尤其是党委书记，切实加强乡镇党委思想、作风、能力建设。选好用好管好农村基层党组织带头人，从严加强农村党员队伍建设，持续整顿软弱涣散村党组织，认真抓好选派“第一书记”工作。创新完善基层党组织设置，确保党的组织和党的工作全面覆盖、有效覆盖。健全以财政投入为主的经费保障制度，落实村级组织运转经费和村干部报酬待遇。进一步加强和改进大学生村官工作。各级党委特别是县级党委要切实履行农村基层党风廉政建设的主体责任，纪委要履行好监督责任，将全面从严治党的要求落实到农村基层，对责任不落实和不履行监管职责的要严肃问责。着力转变基层干部作风，解决不作为、乱作为问题，加大对农民群众身边腐败问题的监督审查力度，重点查处土地征收、涉农资金、扶贫开发、“三资”管理等领域虚报冒领、截留私分、贪污挪用等侵犯农民群众权益的问题。加强农民负担监管工作。

29. 创新和完善乡村治理机制。加强乡镇服务型政府建设。研究提出深化经济发达镇行政管理体制改革指导意见。依法开展村民自治实践，探索村党组织领导的村民自治有效实现形式。深化农村社区建设试点工作，完善多元共治的农村社区治理结构。在有实际需要的地方开展以村

民小组或自然村为基本单元的村民自治试点。建立健全务实管用的村务监督委员会或其他形式的村务监督机构。发挥好村规民约在乡村治理中的积极作用。深入开展涉农信访突出问题专项治理。加强农村法律服务和法律援助。推进县乡村三级综治中心建设，完善农村治安防控体系。开展农村不良风气专项治理，整治农村黄赌毒、非法宗教活动等突出问题。依法打击扰乱农村生产生活秩序、危害农民生命财产安全的犯罪活动。

30. 深化农村精神文明建设。深入开展中国特色社会主义和中国梦宣传教育，加强农村思想道德建设，大力培育和弘扬社会主义核心价值观，增强农民的国家意识、法治意识、社会责任意识，加强诚信教育，倡导契约精神、科学精神，提高农民文明素质和农村社会文明程度。深入开展文明村镇、“星级文明户”、“五好文明家庭”创建，培育文明乡风、优良家风、新乡贤文化。广泛宣传优秀基层干部、道德模范、身边好人等先进事迹。弘扬优秀传统文化，抓好移风易俗，树立健康文明新风尚。

让我们更加紧密地团结在以习近平同志为总书记的党中央周围，艰苦奋斗，真抓实干，攻坚克难，努力开创农业农村工作新局面，为夺取全面建成小康社会决胜阶段的伟大胜利作出更大贡献！

（新华社北京 2016 年 1 月 27 日电）

国务院扶贫开发领导小组办公室关于促进电商精准扶贫的指导意见

国开办发〔2016〕40 号

各省、自治区、直辖市和新疆生产建设兵团扶贫、发展改革、网信、商务、工业和信息化、交通运输、人力资源社会保障、财政、农业、人民银行、银监、共青团、妇联、残联主管部门、供销合作社、邮政集团公司：

近年来，随着互联网的普及和农村基础设施的逐步完善，我国农村电子商务发展迅猛，交易量持续保持高速增长，已成为农村转变经济发展方式、优化产业结构、促进商贸流通、带动创新就业、增加农民收入的重要动力。但从总体上看，贫困地区农村电子商务发展仍处于起步阶段，电子商务基础设施建设滞后，缺乏统筹引导，电商人才稀缺，市场化程度低，缺少标准化产品，贫困群众网上交易能力较弱，影响了农村贫困人口通过电子商务就业创业和增收脱贫的步伐。

为贯彻落实《中共中央、国务院关于打赢脱贫攻坚战的决定》（中发〔2015〕34 号）和国务院办公厅《关于促进农村电子商务加快发展的指导意见》（国办发〔2015〕78 号）要求，进一步创新扶贫开发体制机制，将电商扶贫纳入脱贫攻坚总体部署和工作体系，实施电商扶贫工程，推动互联网创新成果与扶贫工作深度融合，带动建档立卡贫困人口增加就业和拓宽增收渠道，加快贫困地区脱贫攻坚进程。现就促进电商精准扶贫提出如下指导意见。

一、指导思想

全面贯彻落实党的十八大和十八届三中、四中、五中全会精神，以习近平总书记扶贫开发战略思想为指导，坚持精准扶贫、精准脱贫基本方略，以贫困县（832 个）、贫困村（12.8 万个）和建档立卡贫困户为重点，在当地政府的推动下，引导和鼓励第三方电商企业建立电商服务平台，注重农产品上行，促进商品流通，不断提升贫困人口利用电商创业、就业能力，拓宽贫困地区特色优质农副产品销售渠道和贫困人口增收脱贫渠道，让互联网发展成果惠及更多的贫困地区和贫困人口。

二、总体目标

加快实施电商精准扶贫工程，逐步实现对有条件贫困地区的三重全覆盖：一是对有条件的贫困县实现电子商务进农村综合示范全覆盖；二是对有条件发展电子商务的贫困村实现电商扶贫全覆盖；三是第三方电商平台对有条件的贫困县实现电商扶贫全覆盖。贫困县形成较为完善的电商扶贫行政推进、公共服务、配套政策、网货供应、物流配送、质量标准、产品溯源、人才培养等体系。到2020年在贫困村建设电商扶贫站点6万个以上，约占全国贫困村50%左右；扶持电商扶贫示范网店4万家以上；贫困县农村电商年销售额比2016年翻两番以上。

三、基本原则

1. 政府引导、市场主导。坚持政府引导、扶持不干预、服务不包揽，充分发挥市场在农村电商资源配置中的决定性作用，培育发展贫困地区电商产业，带动贫困人口就业增收脱贫。

2. 多元平台、突出特色。选择国内较为成熟的第三方电商服务平台开展合作，结合不同电商企业发展方向和贫困地区实际情况，注重农副产品上行，突出特色、因地制宜，搭建贫困地区产品和电商平台间的桥梁。

3. 先易后难、循序渐进。对具有一定资源优势、产业和电商基础好、工作积极性较高的贫困县，可首先列入电商扶贫示范，边探索、边总结、边推广。

4. 社会参与、上下联动。整合各类扶贫资源，鼓励引导市场化电子商务平台和电子商务服务商等广泛参与，充分调动贫困群众利用电子商务、参与电子商务产业链的主动性积极性。

5. 鼓励创新、典型引路。坚持以基层实践推动政策体系创新，及时发现和总结电商在推动精准扶贫精准脱贫方面的典型模式，总结推广一批可学习、可操作、可复制、可推广的经验。

四、主要任务

（一）加快改善贫困地区电商基础设施。深入推进电子商务进农村综合示范，重点向国家级贫困县倾斜。扎实推进贫困地区道路、互联网、电力、物流等基础设施建设，改善贫困地区电商发展基本条件。到2020年，宽带网络覆盖90%以上的贫困村，80%以上的贫困村有信息服务站。加强交通运输、商贸、农业、供销、邮政等农村物流基础设施共享衔接，推进县、乡、村三级农村物流配送网络建设，加快贫困地区县城老旧公路客运站改造，推动有条件的贫困村客运场站信息化建设，提升电商小件快运服务能力。推进电信普遍服务试点工作，大力实施信息进村入户工程。（工业和信息化部、财政部、发展改革委、农业部、商务部、交通运输部、邮政集团公司、供销合作总社按职能分头负责）

（二）促进贫困地区特色产业发展。结合贫困村、建档立卡贫困户脱贫规划，确立特色产业和主导产品，推动“名特优新”“三品一标”“一村一品”农产品和休闲农业上网营销。制定适应电子商务的农产品质量、分等分级、产品包装、业务规范等标准，推进扶贫产业标准化、规模化、品牌化。扶持一批辐射带动能力强的新型农业经营主体，培育一批农村电子商务示范县、示范企业和示范合作社。对农产品质量安全检验检测、产地认证、质量追溯、田头集货、产地预冷、冷藏保鲜、分级包装、冷链物流设施等方面给予支持。（农业部、扶贫办、发展改革委、中央网信办、供销合作总社等负责，列第一位的为牵头单位，下同）

（三）加大贫困地区电商人才培训。以精准扶贫为目标，针对建档立卡贫困户、电商创业脱贫带头人、农村青年致富带头人、村级信息员和残疾人专职委员等，制定电商培训计划。整合各类培训资源开展电商扶贫培训，到2020年完成1000万人次以上电商知识和技能培训，培养100万名以上农村青年电商高端人才，实现每个贫困村至少有1名电商扶贫高级人才，形成一支懂信息技术、会电商经营、能带动脱贫的本土电商扶贫队伍。建立贫困学员档案，跟踪贫困人口电商就业创业进展和需求，及时对接后续服务。（扶贫办、各部委系统组织）

（四）鼓励建档立卡贫困户依托电商就业创业。为符合条件的贫困地区高校毕业生、返乡创业农民工和网络商户等发展电子商务提供创业担保贷款，支持贫困村青年、妇女、残疾人依托电子商务就业创业。实施农村青年电商培育工程，支持和指导返乡大学生、青年农民工、大学生村官和农村青年致富带头人通过电商创业就业。结合“巾帼脱贫行动”，扶持贫困妇女参加电商培训，挖掘自身特长，灵活就业创业。发展适合贫困残疾人的电商产业，扶持一批电商助残基地，实施电商助残扶贫行动。组织开展返乡创业试点，积极调动市场资源对接贫困试点地区。（人力资源社会保障部、人民银行、共青团中央、全国妇联、中国残联、发展改革委负责）

（五）支持电商扶贫服务体系建设。动员有志于扶贫事业的电商企业，搭建贫困地区产品销售网络平台和电商服务平台。支持银行业金融机构和非银行支付机构研发满足贫困地区电子商务发展需求的网上支付、手机支付等产品，加快贫困村村级电商服务点、助农取款服务点建设。鼓励贫困县成立电商扶贫协会等社会组织，为农村群众特别是贫困户提供产品集货、分级包装、品牌营销、物流配送、售后保障等服务，提高应对市场的能力；完善中国邮政县乡仓储中心布局；鼓励支持跨境电商发展。（扶贫办、商务部、人民银行、邮政集团公司、供销合作总社负责）

（六）推进电商扶贫示范网店建设。加快贫困村电商扶贫村级站点建设，重点打造4万家电商扶贫示范网店，通过贫困农户创业型、能人大户引领型、龙头企业带动型、乡村干部服务型等多种建设模式，完善电商扶贫示范网店与建档立卡贫困户利益联结机制，以保护价优先收购、销售贫困户农特产品，并义务为建档立卡贫困户提供代购生产生活资料、代办缴费购票等业务，形成“一店带多户”“一店带一村”的网店带贫模式。中国邮政计划到2020年建成50万个邮乐购站点，实现自有网点对贫困县全覆盖，对有条件的贫困村全覆盖。（扶贫办、邮政集团公司、供销合作总社负责）

（七）整合资源，对基层传统网点实施信息化改造升级。加快全国信息进村入户村级信息服务站建设，支持贫困地区“万村千乡”农家店、邮政、供销合作社、快递网点、村邮站和村级综合服务中心（社）信息化改造，拓展经营服务内容，在提供便民超市、农资代销等传统服务的基础上，增加网上代购代售新型服务功能。（商务部、中央网信办、农业部、邮政集团公司、供销合作总社负责）

（八）加强东西部电商扶贫产业对接协作。充分利用东西部扶贫协作工作平台，深化东西部电商产业交流合作。东部省市帮助扶贫协作省份贫困地区建设一批扶贫产业基地，培育一批扶贫龙头企业和合作社，引进一批有扶贫意愿的优质电商企业，组织一批贫困人口通过参与电商扶贫产业链环节增收。贫困地区要充分利用本地劳动力、土地、资源等优势，主动配合做好电商扶贫产业对接协作，承接东部发达地区电商产业转移，支持建立东西部电商扶贫产业对接协作联盟。（发展改革委、扶贫办、商务部、中央网信办负责）

（九）动员社会各界开展消费扶贫活动。以每年扶贫日为时间节点，组织有关电商企业和网络平台，共同举办“邀您一起来网购”等消费扶贫体验活动，集中购买贫困地区土特产品，培育全社会消费扶贫意识，逐步形成电商扶贫的品牌产品、品牌企业。加强贫困地区优质特色农产品、民族手工艺品、休闲农业的宣传推介，鼓励支持电商平台常年开展富有特色的网购活动，共同营造消费扶贫的良好氛围。（扶贫办、中央网信办、农业部、商务部负责）

五、保障措施

（一）加强组织领导。成立由国务院扶贫办、国家发展改革委、中央网信办、商务部、工业和信息化部、交通运输部、人力资源和社会保障部、财政部、农业部、中国人民银行、银监会、共青团中央、全国妇联、中国残联、供销合作总社、邮政集团公司等部门组成的联络工作小组，下设办公室，负责推进电商精准扶贫具体工作。各省要根据脱贫攻坚整体规划和农村电子商务发展实际，切实加强组织领导，分解任务、细化措施、精心组织，指导督促市县抓好落实，努力提高电商精准扶贫成效。

（二）加大扶持力度。贫困县政府可根据当地脱贫攻坚实际，统筹使用各渠道资金支持电商精准扶贫工作，采取以奖代补、政府购买服务等方式，扶持贫困村电商服务站点建设、电商扶贫示范网店建设、特色产业基地建设、电商扶贫人才培养、县乡村农村物流配送体系、仓储配送中心建设、宣传推广等。探索实施土地、科技园区等优惠政策，落实税收相关优惠政策。发挥支农再贷款、扶贫再贷款、再贴现等多种货币政策工具的作用，引导银行业金融机构加大对电商扶贫企业和建档立卡贫困户的信贷投入。各金融机构要推进落实扶贫小额信贷、创业担保贷款、康复扶贫贷款等政策和产品，提高各项贷款产品的覆盖面。

（三）强化社会扶贫合力。商务、农业、邮政、供销等各部门资源重点向电商扶贫示范试点地区倾斜。充分利用各大电商企业“电商下乡”渠道下沉的时机，引导和推动他们在贫困村布局网点。贫困地区要整合各级帮扶力量，充分发挥东西部扶贫协作、定点扶贫等挂职干部和第一书记、驻村工作队、大学生村官等人才作用，把电商扶贫工作作为重要职责和绩效考核的重要内容。

（四）营造良好氛围。充分利用报纸、电视、广播和网络等各种媒体，特别是微博、微信等新媒体，加大对电商扶贫工程的宣传力度，营造电商扶贫的浓厚舆论氛围。及时总结和宣传推广电商扶贫工作中涌现出来的好经验、好典型、好做法，适时召开电商扶贫工程现场会，定期举办电商扶贫论坛，对表现突出的电商扶贫企业和个人推荐到全国层面表彰。

国务院扶贫办　发展改革委　中央网信办　商务部
工业和信息化部　交通运输部　人力资源社会保障部
财政部　农业部　人民银行　银监会　共青团中央
全国妇联　中国残联　供销合作总社　中国邮政

2016年11月4日

国务院办公厅关于转发国家发展改革委营造良好市场环境推动交通物流融合发展实施方案的通知

国办发〔2016〕43号

各省、自治区、直辖市人民政府，国务院各部委、各直属机构：

国家发展改革委《营造良好市场环境推动交通物流融合发展实施方案》已经国务院同意，现转发给你们，请认真贯彻执行。

各地区、各有关部门要充分认识推动交通物流融合发展的重要意义，制定完善配套政策措施，加强政策协同和监管协调，形成工作合力。各省级人民政府要加强组织领导，完善协调机制，结合本地实际抓紧制定具体方案，切实落实各项工作任务，及时研究解决实施过程中出现的新情况、新问题。国家发展改革委要会同有关部门对本实施方案的落实情况进行跟踪分析和监督检查，认真总结和推广经验，重大事项及时向国务院报告。

国务院办公厅

2016年6月10日

（此件公开发布）

营造良好市场环境推动交通物流融合发展实施方案

国家发展改革委

近年来，我国综合交通体系不断完善，物流业持续快速发展，支撑实体经济降本增效的能力明显提升，初步形成了衔接互动的发展格局。但也要看到，我国交通与物流融合发展不足，交通枢纽和物流园区布局不衔接、多式联运和供应链物流发展滞后、运输标准化信息化规模化水平较低等问题仍较为突出，未能有效发挥交通基础设施网络优势，在一定程度上制约了物流业整体水平的提高。为进一步落实物流业发展中长期规划和工业稳增长的有关部署，促进交通与物流融合发展，有效降低社会物流总体成本，进一步提升综合效率效益，现制定本方案。

一、总体要求

（一）指导思想

全面贯彻党的十八大和十八届三中、四中、五中全会精神，认真落实国务院决策部署，按照“五位一体”总体布局和“四个全面”战略布局，牢固树立并贯彻落实创新、协调、绿色、开放、共享的发展理念，以提质、降本、增效为导向，以融合联动为核心，充分发挥企业的市场主体作用，抓住关键环节，强化精准衔接，改革体制机制，创新管理模式，打通社会物流运输全链条，加强现代信息技术应用，推动交通物流一体化、集装化、网络化、社会化、智能化发展，构建交通物流融合发展新体系。

（二）发展目标

到 2018 年，交通与物流融合发展取得明显成效，“一单制”便捷运输制度基本建立，开放共享的交通物流体系初步形成，多式联运比率稳步提升，标准化、集装化水平不断提高，互联网、大数据、云计算等应用更加广泛，公路港和智能配送模式有序推广，运输效率持续提升，物流成本显著下降。全国 80% 左右的主要港口和大型物流园区引入铁路，集装箱铁水联运量年均增长 10% 以上，铁路集装箱装车比率提高至 10% 以上，运输空驶率明显下降，全社会物流总费用占国内生产总值的比率较 2015 年降低 1 个百分点以上。

到 2020 年，初步实现以供应链和价值链为核心的产业集聚发展，形成一批有较强竞争力的交通物流企业，建成设施一体衔接、信息互联互通、市场公平有序、运行安全高效的交通物流发展新体系。集装箱铁水联运量年均增长 10% 以上，铁路集装箱装车比率提高至 15% 以上，大宗物资以外的铁路货物便捷运输比率达到 80%，准时率达到 95%，运输空驶率大幅下降。城乡物流配送网点覆盖率提高 10 个百分点左右。全社会物流总费用占国内生产总值的比率较 2015 年降低 2 个百分点。

二、打通衔接一体的全链条交通物流体系

（三）完善交通物流网络

完善枢纽集疏运系统。尽快打通连接枢纽的“最后一公里”，加快实施铁路引入重要港口、公路货站和物流园区等工程。加快推进部分铁路枢纽货运外绕线建设，提高城市中心城区既有铁路线路利用水平。加强重点城市绕城高速公路建设，强化超大、特大城市出入城道路与高速公路衔接，减少过境货物对城市交通的干扰。鼓励城市充分利用骨干道路，分时段、分路段实施城市物流配送，有效减少货物装卸、转运、倒载次数。

专栏 1　交通物流枢纽集疏运系统工程

1. 铁路引入港口工程

交通运输部、中国铁路总公司加快制定港口集疏运铁路建设方案，实施大连港、天津港、青岛港、宁波—舟山港、广州港、重庆港、武汉港、南京港等港口的集疏运系统建设项目。推进铁路线路引入内陆港、保税港区等。建设武汉港江北铁路二期，宜昌港紫云姚地方铁路，荆州港车阳河港区至焦柳铁路连接线，长沙港新港铁路专用线，岳阳港松阳湖铁路支线，连云港港赣榆港区铁路专用线，重庆珞璜港进港铁路专用线改扩建等。

2. 枢纽周边道路畅通工程

抓紧实施沿海和长江主要港口集疏运改善方案。实施昆明王家营、东莞石龙等 2000 个铁路货场周边道路畅通工程和交通组织优化方案。

优化交通枢纽与物流节点空间布局。统筹综合交通枢纽与物流节点布局，加强功能定位、建设标准等方面的衔接，强化交通枢纽的物流功能，构建综合交通物流枢纽系统。编制实施全国综合交通物流枢纽布局规划，根据区位条件、辐射范围、基本功能、需求规模等，科学划分全国性、区域性和地区性综合交通物流枢纽。实施铁路物流基地工程，新建和改扩建一批具备集装箱办理功能的一、二级铁路物流基地。积极拓展航运中心、重要港口、公路港等枢纽的物流功能，支持重点地区以货运功能为主的机场建设。

专栏 2　全国性和区域性综合交通物流枢纽布局

类别	功能要求	枢纽名称
全国性综合交通物流枢纽	国家交通物流网络的核心节点，应有三种以上运输方式衔接，跨境、跨区域运输流转功能突出，辐射范围广，集散规模大，综合服务能力强，对交通运输顺畅衔接和物流高效运行具有全局性作用。	北京—天津、呼和浩特、沈阳、大连、哈尔滨、上海—苏州、南京、杭州、宁波—舟山、厦门、青岛、郑州、合肥、武汉、长沙、广州—佛山、深圳、南宁、重庆、成都、昆明、西安—咸阳、兰州、乌鲁木齐等。
区域性综合交通物流枢纽	国家交通物流网络的重要节点，应有两种以上运输方式衔接，区域运输流转功能突出，辐射范围较广，集散规模较大，综合服务能力较强，对区域交通运输顺畅衔接和物流高效运行具有重要作用。	石家庄、太原、福州、南昌、海口、贵阳、拉萨、西宁、银川等。

构建便捷通畅的骨干物流通道。依托综合运输大通道，率先推进集装化货物多式联运。编制实施推进物流大通道建设行动计划和铁路集装箱运输规划，做好骨干物流通道布局，到 2020 年初步形成集装箱运输骨干通道。在长三角、珠三角等客货流密集地区，研究推进客货分流的铁路、公路通道建设。有序推进面向全球、连接内陆的国际联运通道建设，加强口岸后方通道能力建设，开辟一批跨境多式联运走廊。

（四）提高联运服务水平

强化多式联运服务。推动大型运输企业和货主企业建立战略合作关系，重点在大宗物资、集装箱运输等方面开展绿色低碳联运服务和创新试点。支持有实力的运输企业向多式联运经营人、综合物流服务商转变，整合物流服务资源，向供应链上下游延伸。拓展国际航运中心综合服务功能，提升长江航运中心铁水联运比重。鼓励铁路运输企业在沿海主要港口与腹地物流园区之间开行小编组、快运

专栏 3　便捷通畅的骨干物流通道布局

以网络化组织为目标，以集装化货物多式联运为重点，逐步在全国推行便捷运输，实现货物在区域间的高效、便捷流通。

1. 南北沿海通道，服务沿海主要经济区、主要城市与港口。

2. 京沪通道，服务京津冀与长三角等地区。

3. 京港澳通道，服务京津冀、中原地区、长江中游与海峡西岸经济区、珠三角等地区。

4. 东北进出关通道，服务东北地区。

5. 西南至华南通道，服务成渝、云贵与北部湾、珠三角等地区。

6. 西北北部通道，服务西北与华北等地区。

7. 陆桥通道，服务西北、中原与东部沿海等地区。

8. 沿江通道，服务长江经济带上中下游地区。

9. 沪昆通道，服务华东、中部与云贵等地区。

10. 国际通道，中欧、中蒙俄、中俄、中国—中亚—西亚、中国—中南半岛、海上等通道。

组织实施物流大通道建设行动计划，不断完善骨干通道布局。

行的钟摆式、循环式等铁路集装箱列车。加快普及公路甩挂运输，重点推进多式联运甩挂、企业联盟及无车承运甩挂等模式发展。制订完善多式联运规则和全程服务规范，完善和公开铁水联运服务标准，健全企业间联运机制。

拓展国际联运服务。完善促进国际便利化运输相关政策和双多边运输合作机制，鼓励开展跨国联运服务。构建国际便利运输网络，建设海外集结点，增加便利运输协定的过境站点和运输线路，开展中欧、中亚班列运输。鼓励快递企业发展跨境电商快递业务，建设国际分拨中心、海外仓，加快海外物流基地建设。在具备条件的城市建设集货物换装、仓储、中转、集拼、配送等作业为一体的综合性海关监管场所。

（五）优化一体化服务流程

推行物流全程“一单制”。推进单证票据标准化，以整箱、整车等标准化货物单元为重点，制定推行企业互认的单证标准，形成绿色畅行物流单。构建电子赋码制度，明确赋码资源管理、分配规则，形成包含货单基本信息的唯一电子身份，实现电子标签码在物流全链条、全环节互通互认以及赋码信息实时更新和共享。支持行业协会及会员企业制定出台绿色畅行物流单实施方案，加快推广“一单制”，实现一站托运、一次收费、一单到底。推动集装箱铁水联运、铁公联运两个关键领域在“一单制”运输上率先突破。大力发展铁路定站点、定时刻、定线路、定价格、定标准运输，加强与“一单制”便捷运输制度对接。

强化一体化服务保障。建立健全企业首站负责、安全互认、费用清算等相关制度。建立政府服务、企业管理、第三方监督的保障体系，确保企业对用户需求及时响应和反馈。研究实施对赋码货物单元从起运地经运输仓储环节至目的地的全程监督服务，对物流各环节及时进行动态调整和应急处置，确保衔接顺畅。

三、构建资源共享的交通物流平台

（六）建设完善专业化经营平台

支持社会资本有序建设综合运输信息、物流资源交易、大宗商品交易服务等专业化经营平台，提供信息发布、线路优化、仓配管理、追踪溯源、数据分析、信用评价、客户咨询等服务。鼓励平台企业拓展社会服务功能，推进“平台+”物流交易、供应链、跨境电商等合作模式。支持平台企业与金融机构合作提供担保结算、金融保险等服务。以服务“一带一路”倡议为导向，推动跨境交通物流及贸易平台整合衔接。

（七）形成信息共享服务平台

依托国家电子政务外网、国家数据共享交换平台、中国电子口岸、国家交通运输物流公共信息平台等，建设承载“一单制”电子标签码赋码及信息汇集、共享、监测等功能的公共服务平台。对接铁路、航运、航空等国有大型运输与物流企业平台，实现“一单一码、电子认证、绿色畅行”；对接社会化平台，引导其结合自身实际对赋码货物单元提供便捷运输。

专栏 4　国家交通运输物流共享服务平台工程

1. 完善国家交通运输物流公共信息服务

完善政务、商务、要素资源、空间地理等信息采集、存储、查询、转换、对接、分析等功能，为企业提供信息查询服务。

2. 整合构建国家交通运输物流大数据中心

完善信息服务与数据资源目录体系，围绕物流诚信、安全监管、公共服务等专题，开展数据交换、存储、监控、查询与统计分析、大数据挖掘等工作，为政府决策、市场运行和公共服务提供信息服务支持。

3. 开展共享服务平台应用推广

打造一批网络交通物流公共服务产品，推广共享服务移动终端应用。

（八）加强对各类平台的监督管理

强化平台协同运作。编制实施国家交通运输物流公共信息平台“十三五”建设方案，建立数据合作、交换和共享机制。加强对各类交通物流服务平台的引导，促进企业线上线下多点互动运行，支持制造业物流服务平台与供应链上下游企业间信息标准统一和系统对接，强化协同运作。

整合共享信用信息。研究出台交通物流信息公开和数据开放相关管理办法。加强各类平台信用记录归集，逐步形成覆盖物流业所有法人单位和个体经营者的信用信息档案，根据信用评价实行分类监管，建立实施“红黑名单”制度和预警警示企业、惩戒失信企业、淘汰严重失信企业的机制。

四、创建协同联动的交通物流新模式

（九）构建线上线下联动公路港网络

完善公路港建设布局。加大政府支持力度，加快全国公路港建设，加强与其他交通基础设施衔接，重点构建一批综合型、基地型和驿站型公路港。鼓励龙头企业牵头组建全国公路港联盟，推动行业内资源共享和跨区域运输组织。

强化公路港功能。推进公路港等物流园区之间运输、集散、分拨、调配、信息传输等协同作业，鼓励公路港连锁经营。整合货源、车辆（舱位）、代理、金融等信息，为物流企业提供运营支撑、系统支持。鼓励推广生产生活综合配套、线上线下协同联动的新模式，促进多业态融合发展。发展往返式公路接驳运输。

专栏5　国家公路港网络工程
1. 综合型公路港 以全国性和部分区域性综合交通物流枢纽为重点，形成约50个与铁路货运站、港口、机场等有机衔接的综合型公路港，提供一站式服务，具备多式联运、信息交易、零担快运、仓储配送、政务管理、配套服务等综合功能。可为超过3000家企业提供服务，货运专线超过500条，静态停车超过3000辆，仓库面积超过8万平方米。 2. 基地型公路港 以区域性和部分地区性综合交通物流枢纽为重点，形成约100个与骨干运输通道快速连通的基地型公路港，具备公路货物运输和综合物流的基本功能。 3. 驿站型公路港 以地区性综合交通物流枢纽和国家高速公路沿线城市为重点，形成一批与综合型和基地型公路港有效衔接、分布广泛的驿站型公路港，具备货物集散、中转换装、往返接驳等功能。

（十）推广集装化标准化运输模式

加大运输设备集装化、标准化推广力度。研究集装化、标准化、模块化货运车辆等设施设备更新应用的支持政策，推广使用托盘、集装箱等标准化基础装载单元。推进多式联运专用运输装备标准化，研发推广公铁两用挂车、驮背运输平车、半挂车和滚装船舶。加快研发铁路快运车辆、新型集装箱平车、双层集装箱车及特需车辆，提高公路集装箱货车、厢式货车使用比率，研究制定江海直达船型等标准，推进专业化航空物流运输工具研发应用。支持发展大型化、自动化、专业化、集约环保型转运和换装设施设备。培育集装箱、托盘等经营企业，鼓励企业构建高效的跨国、跨区域调配系统，推进相关设施设备循环共用。

加强技术标准支撑保障。发展改革、交通运输等部门要加强标准化等基础能力建设，依托现有研究机构和行业协会，加强对国家交通物流技术标准规范、大数据处理等的研究。标准化管理部门和行业主管部门要进一步提高交通物流全链条设施设备标准化水平，加快修订完善物流园区相关标准规范。建立共享服务平台标准化网络接口和单证自动转换标准格式。

（十一）发展广泛覆盖的智能物流配送

发展“互联网＋城乡配送”。加快建设城市公用型配送节点和末端配送点，优化城市配送网络。支持交通运输、物流企业联合构建城市、农村智能物流配送联盟，支撑配送服务向农村延伸。鼓励利用邮政、供销社等网点，开展农村共同配送，结合农村创业需要，发展农村物流服务合伙人，打通农资、消费品下乡和农产品进城高效便捷通道。

推进“互联网＋供应链管理”。鼓励在生产、流通、仓储等单元推广应用感知技术，推动库存、配送信息在供应链上下游及时共享、协同响应。鼓励供应链管理企业采用大数据技术，分析生产、流通、仓储等数据，对原材料、零部件、产成品等运输仓储提供系统化解决方案。

强化“物联网＋全程监管”。充分利用无线射频、卫星导航、视频监控等技术手段，开展重点领域全程监管。规划建设危险品、冷链等专业化物流设施设备，建立和完善危险品物流全过程监管体系和应急救援系统，完善冷链运输服务规范，实现全程不断链。

五、营造交通物流融合发展的良好市场环境

（十二）优化市场环境

发展改革、交通运输、工商、检验检疫等部门要按照简政放权、放管结合、优化服务的要求，进一步完善相关领域市场准入制度。交通运输部门要组织开展道路货运无车承运人试点，研究完善无车承运人管理制度。发展改革等部门要将交通物流企业信用信息纳入全国信用信息共享平台和“信用中国”网站。交通运输、工商等部门要建立跨区域、跨行业、线上线下联合的惩戒机制，加大对违法违规行为的惩戒力度。交通运输、公安、安全生产监管等部门要加大公路超限超载整治力度，规范收费管理。铁路、港口等运输企业要顺应市场供求形势变化，加快完善运输组织方式，整合作业环节，清理和简化收费项目，降低收费标准。

（十三）统筹规划建设

发展改革、交通运输等部门要研究明确不同层级枢纽功能和定位，确定各种运输方式衔接和集疏运网络建设的要求，制定完善全国性、区域性综合交通物流枢纽规划。地方人民政府要编制地区性综合交通物流枢纽规划，加强综合交通物流枢纽规划与土地利用总体规划、城乡规划、交通专项规划的衔接。

（十四）创新体制机制

推进国有运输企业混合所有制改革，支持交通物流企业规模化、集约化、网络化发展。探索在铁路市场引入社会化集装箱经营主体，铁路运输企业要积极向现代物流企业转型，开放各类信息和接口，提高多式联运服务能力。建立海关、边检、检验检疫等口岸管理部门联合查验机制，促进一体化通关。加快出台大件运输跨省联合审批办法，形成综合协调和互联互认机制。

（十五）加大政策支持

国土资源部门要合理界定交通物流公益设施的范围，加大用地支持，在建设用地指标等方面给予保障。利用财政性资金和专项建设基金，鼓励和引导社会投资，加大信贷投放，支持综合交通物流枢纽建设、标准设备生产推广和绿色包装、公共服务信息平台建设等。支持交通物流企业通过发行债券、股票上市等方式多渠道融资。

（十六）强化衔接协调

充分发挥全国现代物流工作部际联席会议的协调作用，研究协调跨行业、跨部门、跨领域的规划、政策、标准等事项，促进政府、企业、中介组织、行业协会等信息公开与共享。行业协会等组织要更好发挥在政企沟通、信息收集、技术应用、标准推广、人才培训等方面的积极作用。

编　后　记

2017年10月，《中国邮政集团公司年鉴（2017）》书稿的编辑工作基本完成。全书在体例、内容表现形式等方面基本延续《中国邮政集团公司年鉴（2016）》风格。原计划于2017年底完成出版印刷工作，但是因为某种原因延迟至2018年。

值此出版之际，衷心感谢集团公司各部门、控股子公司及直属单位、各省（区、市）分公司的大力支持。同时，向为本年鉴的编辑、出版付出辛勤劳动的全体撰稿、审稿人员致谢。

由于经验不足，水平受限，《中国邮政集团公司年鉴（2017）》难免存在不足和错讹之处，诚请不吝指教。

《中国邮政集团公司年鉴》编辑部

2018年2月